U0865882

科学出版社“十三五”普通高等教育本科规划教材

高等医学院校

中医药类系列教材

中医外科学

（第二版）

杨 柳 徐武清 主编

科学出版社

北京

内 容 简 介

本教材为高等医学院校中医药类系列教材之一，简要介绍了中医外科学发展概况、中医外科学基本概念、病因病机、诊法与辨证、治法等基本知识与技能，系统阐述了中医外科学基本理论。同时，本教材详细介绍了临床常见疮疡、皮肤病及性传播疾病、乳房病、肛门直肠病、男科病、周围血管病、甲状腺病、体表肿瘤，以及其他外科疾病的临床表现、诊断、辨证论治方法及调护要点。书末附有方剂索引及病症彩图。本教材部分内容在第一版基础上进行了修订，相关知识点以二维码形式体现。本教材在保持中医外科学理论系统性和完整性的基础上，着力于创新与实用，注重反映目前学科研究的新成果。

本教材适合全国高等医学院校中医、中西医结合临床、针灸推拿等本科专业教学使用。

图书在版编目(CIP)数据

中医外科学 / 杨柳，徐武清主编. —2 版.— 北京：科学出版社，2017.6
科学出版社“十三五”普通高等教育本科规划教材
高等医学院校中医药类系列教材
ISBN 978-7-03-052699-1

Ⅰ. ①中… Ⅱ. ①杨… ②徐… Ⅲ. ①中医外科学－医学院校－教材 Ⅳ. ①R26

中国版本图书馆 CIP 数据核字(2017)第 098677 号

丛书策划：潘志坚　方　霞 / 责任编辑：闵　捷
责任印制：谭宏宇 / 封面设计：殷　靓

科 学 出 版 社 出版
北京东黄城根北街 16 号
邮政编码：100717
http：//www.sciencep.com
南京展望文化发展有限公司排版
广东虎彩云印刷有限公司印刷
科学出版社发行　各地新华书店经销

*

2013 年 6 月第 一 版　开本：889×1194　1/16
2017 年 6 月第 二 版　印张：21　插页：4
2022 年11月第八次印刷　字数：597 000

定价：65.00 元

高等医学院校中医药类系列教材

第二届专家指导委员会

全国高等医学院校中医药类系列教材

《中医外科学》(第二版)编委会

主　　编　杨　柳　徐武清

副主编　马　民　杨文信　张春晖

编　　委(以姓氏笔画为序)

马　民(暨南大学)
江　琼(重庆医科大学)
杨文信(西南医科大学)
张　剑(西南医科大学)
陈　岩(宁夏医科大学)
赖梅生(南方医科大学)
刘洪波(海南医学院)
杨　柳(南方医科大学)
李胜龙(南方医科大学)
张春晖(河北北方学院)
徐武清(宁夏医科大学)

总　序

教材建设是本科教学改革的重要组成部分，是提高高等学院教学质量、培养优秀人才的关键。坚持育人为本，编写符合教育规律和人才成长规律的具有科学性、先进性、适用性的优秀教材，以适应不同类型高等学校和不同教学对象需要，是中医药事业发展的基础性工程。中医药事业的蓬勃发展，对中医药人才培养质量、知识结构、专业能力、综合素质提出了新的、更高的要求，改进和完善中医药类本科教材的重要性和必要性日益突出。教育部在《高等学校"十三五"科学和技术发展规划》中明确指出：把完善"教材体系和专业课程教材内容定期更新机制"纳入人才培养课程体系。因此，为了进一步做好新时期教材建设工作，进一步提高高等医学院校中医类本科教材的质量，完善教材内容，更好地把握高等医学院校和综合性大学中医类专业本科教学改革和课程体系建设，打造中医药类精品系列教材，科学出版社和高等医学院校中医类教材专家指导委员会共同启动了"高等医学院校中医药类系列教材"的修订工作。

本次修订积极响应教育部推动学科领域科学家和领军人才进入专业基础课程和核心课程教材编写的精神，我们仍采用"跨校、跨区域合作，出版社协助"的模式，组织全国三十余所高等医学院校中医药类专业的教学名师、优秀学科带头人、教学一线的教授专家共同参与本次教材的修订。本次修订注重加强顶层设计和组织管理，汇集权威专家智慧，突出精品意识，以"明确培养方向，优化编写体例，打造学生'乐学'"教材为原则，以教育部新版的教学大纲和国家中医执业医师、执业中药师资格考试要求为依据，充分吸收现有各版本中医药类教材的特色与合理之处并有所创新，努力打造遵循中医药教育规律、满足高等医学院校中医药类专业的培养目标需求、具有时代精神的高品质教材。

本次修订从教材规划到编写和编辑的各个环节，精心组织，层层把关，步步强化，意在提高教材的内在质量。在教材内容修订上，注重突出中医思维方式，彰显现代中医药教育理念，努力处理好继承与创新、理论与实践、基础与临床的关系。首先对教材中涉及的所有中医专业名词术语进一步进行了梳理，力争概念准确规范。进一步完善了学科知识、理论体系，促进最新科研成果进教材进课堂，并丰富教学方法和教学技术，注重实践技能培养，切合教学实际和临床实际所需，体现"创新性"和"实用性"；在教材版式设计上，力求编排新颖，版式紧凑，形式多样，主体层次清晰，类目与章节安排合理、有序，体现"清晰性""易读性"及"实用性"。

本系列教材在修订过程中，得到了全国各高等医学院校的大力支持，在此致以衷心的感谢！让我们为精心打造中医药类本科精品教材共同努力！

第二届高等医学院校中医药类教材专家指导委员会

2017 年 5 月

第二版前言

本教材根据高等医学院校中医药类系列教材专家指导委员会相关文件精神而组织编写。主要供全国高等医学院校中医、中西医结合临床、针灸推拿等本科专业教学使用。

本教材编写注重实用性、先进性和继承性，内容上以中医学专业本科教学大纲为基础，在保持中医外科学理论系统性和完整性的基础上，客观反映学科理论与临床研究的新进展，尤其是汲取国内同行有关中医外科学教学研究成果与合理性建议，在病症命名、合理阐述中医外科病症与疮疡范畴及其相关的发病机理、治疗原则，辨证选用中成药，乃至方剂检索等方面都做了新的尝试。尤其是在病症名的选用上确立了尊重现代大众语言文字使用习惯的原则，同时又能够结合学科发展的实际，提出规范中医病症名的一些具体方法。我们认为中医特点的凸显是学术特色和临床优势而不是病名的古僻，中医发展要遵循的最基本原则是语言文字表述的现代化。

本教材在第一版基础上进行了修订，相关知识点以二维码形式体现，使读者更易掌握有关疾病诊断，提高病症辨识能力。此外，还参考《中华人民共和国药典》《新编国家中成药》等书籍增加了各病症的适用中成药，书末附有方剂索引及病症彩图，其中，方剂索引按汉语音序排列以更符合当代习惯。

本教材由全国多所高等医学院校教师分工编写而成，特别感谢第一版教材编委会做出的重大贡献。第二版修订的责任分工是：第一章、第七章第1～3节及17～22节由杨柳负责；第二章、第三章及第五章第1节由江琼负责；第四章及第六章由徐武清负责；第五章第2节及第八章由马民负责；第七章第4～16节及23～25节由杨文信负责；第七章第26～30节及第十四章由张春晖负责；第九章由李胜龙负责；第十章由赖梅生负责；第十一章由陈岩负责；第十二章由刘洪波负责；第十三章由张剑负责；方剂索引、彩图及全书主审由杨柳负责。由于编者对相关知识的取舍标准、学术见解难以完全统一等因素，故本书不妥之处在所难免，敬请各同道不吝赐教，以促使本教材更臻完善和更符合现代中医药教学的需要。

主　编

2017年2月

目　录

下篇　各　论

上篇

总论

第一章　中医外科学发展概况

导　学

通过学习，掌握中医外科学的概念与特点；熟悉历代外科主要医家的学术成就、著述和创造发明；了解明清外科“三大学术流派”的代表人物、代表著作及主要学术思想，中医外科学发展的历史概况及学科发展的新趋向，以史为鉴，明智图强，增强事业发展的信心。

中医外科学是以中医药理论为指导的研究人体体表症状为主的疾病防治规律与方法的一门科学，是中医学的重要组成部分。

中医外科病，主要如疮疡、皮肤病及性传播疾病、乳房病、肛门直肠病、男科病、周围血管病、甲状腺病、体表肿瘤及其他外科疾病等，大多具有局部体表征象的特点。历史上，跌打损伤、金刃刀伤、眼耳鼻喉口腔等病有外征可察的病证也曾属于外科范围。至明清时期，骨伤、耳鼻咽喉、眼科等疾病一般开设独立专科分治。随着医学分科的发展，当代中医外科实际已经呈现了按病证系列进一步细化，形成皮肤科、肛肠科、男性科等分支学科的局面，并在防治疮疡、皮肤病、乳腺病、肛肠病、男科病、周围血管病等方面形成明显的中医药临床优势。

中医外科学有着悠久的发展历史与丰富的文献记载。

在原始社会，人们在劳动和生活中逐渐积累了外伤止血、拔除体内异物、刺开排脓等原始的治疗方法，这可以看做外科的起源。中华民族最古老的奇书——先秦古籍《山海经》保留着大量远古时期的史料，其称“高氏之山，其上多玉，其下多箴石。”晋郭璞（字景纯）《山海经注》说：“箴，可以为砥针治痈肿者。”《黄帝内经》（以下简称“《内经》”）曰：“东方之域，其病多痈疡，其治宜砭石。”箴石即砭石。可以说砭石作为刺痈消肿、放血排脓的工具，是最早的外科手术器械。

殷商时期，甲骨文上有“疾自、疾耳、疾齿、疾舌、疾足、疾止、疥、疕”等外科病记载。周代《周礼·医师章》中有“疡医下士八人，掌肿疡、溃疡之祝药劀杀之齐”的记载，疡医就是外科医生。《五十二病方》是我国现存最早的一部医书，记载有感染、创伤、冻疮、诸虫咬伤、痔漏、肿瘤、皮肤病等很多外科疾病及诊疗方法。

战国时期形成的《内经》为中医药学奠定了理论基础，有关外科学理论与病证在该书中可以找到许多记载。如《内经》中就有“痈疽”篇记载外科病名 17 种；有关疮疡病因病机有“膏粱之变，足生大丁”、“寒气化为热，热胜则肉腐，肉腐则为脓。脓不泻则烂筋，筋烂则伤骨，骨伤则髓消”等论述；《内经》还最早提出了用截趾手术治疗脱疽。

到了汉代，从理论与实践多方面来看，中医外科已初步形成一个独立学科。其中最为典型的事例是《后汉书》记载华佗（字元化）成功进行了世界上最早的剖腹手术。他首次将麻沸散作为全身麻醉剂应用，创造性地解决了外科手术的诸多问题，取得了突出的成就。因而确立了他在外科手术上的崇高地位，后人尊其为外科鼻祖。汉代张机（字仲景）的《伤寒杂病论》提出辨证论治理论，对中医外科学发展也有较大的影响。书中还载有肠痈、寒疝、蛔厥等论述与大黄牡丹汤、薏苡附子败酱散、乌梅丸等治疗方药，至今仍为临床所应用。西汉前后的《金创瘛疭方》是我国第一部外科专著，可惜已失传。

笔记栏

两晋南北朝、隋唐五代时期中医外科学有较快的发展。晋末龚庆宣编撰了我国现存的第一部外科专著《刘涓子鬼遗方》。书中主要内容有痈疽的鉴别诊断与治疗，共收内治、外治处方140余个，并最早创造了用水银外治皮肤病的方法。还记载了以局部有无“波动感”来辨脓和脓肿切口应在下方的经验。

东晋时期葛洪(字稚川)著《肘后备急方》，记载了许多很有价值的医方。如用海藻治疗瘿疾、用狂犬脑敷伤口治疗狂犬咬伤。这是世界上最早用含碘食物治疗甲状腺疾病、用免疫法治疗狂犬病的记载。

隋代巢元方等编写的《诸病源候论》是我国第一部病原病理学专著，书中对不少外科病的病因病机进行了阐述，具有相当的科学水平，如认识到疥疮由疥虫引起，漆疮与过敏体质有关。

唐代孙思邈的《备急千金要方》是我国最早的一部临床实用百科全书，记载了脏器疗法(如食羊靥、鹿靥治疗甲状腺肿大)、葱管导尿法等。用葱管导尿的记载，比1860年法国发明橡皮管导尿早1200多年。王焘的《外台秘要》中也载有不少外科方剂，在业内较有影响。

宋代300余年，中医外科发展渐趋成熟，专著日益增多。如《卫济宝书》(原撰人佚名，东轩居士增注)专论痈疽，李迅著《集验背疽方》，对背疽病源、症状、治疗作了全面论述。陈自明(字良甫)撰《外科精要》，强调对痈疽应辨证施治，区分寒热虚实对症治疗。宋徽宗时由朝廷组织人员编纂《圣济总录》，提出了判断外科病转归及预后的“五善七恶”。王怀隐《太平圣惠方》补充完善了“五善七恶”学说，同时总结了扶正祛邪、内消托里等内治法则。记载了用砒剂治疗痔疮、用蟾酥酒止血止痛、应用烧灼法消毒手术器械等。

金元时期，外科学的代表著作有：朱震亨的《外科精要发挥》，齐德之的《外科精义》、危亦林的《世医得效方》等。其中以《外科精义》影响较大，该书总结了元代以前各种方书的经验，指出外科病是阴阳不和、气血凝滞所致。治疗疮疡应辨别阴阳虚实，采取内外治相结合的方法。

中医外科学到明清时已较为成熟，出现了系统著作和不同的流派，其中最具影响的学术流派是“正宗派”“全生派”“心得派”三大流派。

“正宗派”，以明代陈实功(字毓仁)著的《外科正宗》为代表。该书详载病名，各附治法，条理清晰，收录了自唐至明的许多外科治法，十分完备。被后世医家评价为“列证最详，论治最精”，对中医外科学的发展影响很大。从学术思想来看，该书重视调理脾胃，指出：“盖脾胃盛则多食而易饥，其人多肥，气血亦壮；脾胃弱，则少食而难化，其人多瘦，气血亦衰。故外科尤以调理脾胃为要。”临床上主张应用外治法和手术治疗疾病，外治法有熏、洗、熨、照、湿敷等，并记载手术方法14种。如创制鼻痔的摘除工具、腹腔穿刺排脓术、指关节离断术等。并倡导脓成切开，位置宜下，切口够大，腐肉不脱则割，肉芽过长则剪，这些有效方法沿用至今。还提出换药室应“净几明窗”，对患者冲洗疮口应注意卫生。

“全生派”，以清代王维德(字洪绪)的《外科全生集》为代表。提出“阴虚阳实”的学术思想，创立了以阴阳为核心的辨证论治法则，把复杂的外科疾病分为阴阳两类，如痈阳、疽阴等。主张以“阳和通腠，温补气血”的原则治疗阴证。创立了阳和汤、醒消丸、小金丹、犀黄丸、阳和解凝膏等名方，至今仍广为运用。主张“以消为贵，以托为畏”，反对滥用刀针。汪机的《外科理例》、许克昌的《外科证治全书》有类似的特点。

“心得派”，以清代高秉钧(字锦庭)的《疡科心得集》为代表。高氏提出了“外疡实从内出论”，指出：“夫外疡之发，不外乎阴阳、寒热、表里、虚实、气血、标本，与内证异流而同源者也。”该书将温病学说引入外科病证治，用三焦辨证揭示外科病因与发病部位的规律，指出：“疡科之证，在上部者，俱属风温、风热，风性上行故也；在下部者，俱属湿火、湿热，湿性下趋故也；在中部者，多属气郁、火郁，以气火之俱发于中也。”在治疗上善于运用治疗温病的犀角地黄汤、紫雪丹、至宝丹等治疗疔疮走黄。属于此派的尚有余听鸿的《外证医案汇编》。

此外，明代薛己著的《外科枢要》，记载了有关外科病的理论、经验、方药，第一次详细叙述了对新生儿破伤风的诊治。汪机的《外科理例》提出了“治外必本诸内”的思想，并创制玉真散治疗破伤风。其他还有王肯堂的《疡科准绳》、申斗垣的《外科启玄》、陈文治的《疡科选粹》、窦梦麟的《疮疡经

笔记栏

验全书》等，都很有特色。明代陈司成(字九韶)的《霉疮秘录》是我国第一部论述梅毒的专著，指出此病由性交传染，且会遗传。主张用丹砂、雄黄等含砷的药物治疗，是世界上最早使用砷剂治疗梅毒的记载。

清代的外科著作，尚有陈士铎的《外科秘录》、顾世澄的《疡医大全》、祁宏源的《医宗金鉴·外科心法要诀》等，是学习外科学的重要参考书。吴尚先的《理瀹骈文》专述药膏外治法，总结了不少治疗学上的新成就。近代张山雷于1927年所著的《疡科纲要》，立论、辨证、用药内容简要，对外科学的发展有一定的影响。

中华人民共和国成立后，中医外科学进入了一个历史发展的新阶段。在医学教育、临床医疗、科学研究等方面都取得了显著成就。1956年起各省、市相继成立了中医学院，一批著名的中医外科专家到中医学院任教，出现了以顾伯华、赵炳南、朱仁康等为代表的著名中医外科专家。1960年中医研究院编著《中医外科简编》，1960年起上海、广州、北京、湖南等地中医院校的专家学者先后多次规划协编了全国高等中医药院校使用的《中医外科学》教材，历经多次修订，学科理论规范与临床实用性不断得到提高，为培养中医外科人才打下了良好的基础。同时，图书出版部门还编著出版和重印了大量的中医外科学专著。此外，中医外科学专业研究生教育也有了较大与较快的发展，培养了不少的中医外科人才。1985年10月成立了中华全国中医外科学会，为广泛开展中医外科学术交流，促进中医外科学术的发展和繁荣创造了条件。临床方面，一些特色鲜明、优势明显的专科专病(如皮肤病、乳房病、肛肠病、男科病、周围血管病及疮疡等)建设得到了加强，积累了许多有益的经验，临床诊疗技术取得了较快的进展，科学研究取得了一批新的成果。

(杨　柳)

笔记栏

第二章　中医外科学基本概念

导　学

通过学习，掌握中医外科学常用基本术语的含义；熟悉中医外科学学科范围；了解中医外科疾病命名规律，为深入学习与研究中医外科学奠定理论基础。

第一节　学科范围

中医学历史悠久，医事制度上分科变革较多，治疗范围也不完全相同，因此，学科范围会随之变化。根据文献记载我国医事制度分科最早见于周代，在《周礼·天官》中有食医、疾医、疡医、兽医的记载，其曰："疡医下士八人，掌肿疡、溃疡之祝药劀杀之齐。"从其中疡医掌肿疡、溃疡、金疡、折疡的记载来看，疡科的范围不仅包括肿疡、溃疡，还包括金疡、折疡等外伤病证。再从历代外科著作来看，外科著作中大都附有伤科疾病，甚至还有眼、耳、鼻、咽喉(包括舌、唇、齿)等疾病的诊治记载。虽然范围较广，从医籍著述与临床实践来看，其中疮疡是学科重点与优势技术所在，以致在很长时期人们都使用疡科的概念来命名外科，如唐宋时的外科称为疮肿科，明清时期的外科称为疮疡科，疡科医生称为疡医。外科这个名词最早作为学科定名见于明代汪机的著作《外科理例》。该书前序中说："以其痈疽、疮疡皆见于外，故以外科名之。"说明外科的名称是从痈疽、疮疡生于人体外部这个特点而定义的，是与内科相对而言。外科专书所载疾病共同的特点是叙述人体外部的疾病。因此，中医外科的范围在一定历史时期是比较广泛地包括了发于人体体表，有局部症状，可用肉眼直接诊察到的疾病，如疮疡、乳房病、瘿、瘤、岩、皮肤病、肛肠病、虫兽咬伤、水火烫伤、眼、耳、鼻、喉、舌、唇、齿等疾病。

随着社会发展与病谱的变化，学术不断深入细化，医事分工自然就会出现新的变化。元代危亦林著《世医得效方》，就专辟正骨兼金镞科，将伤科与疡科分立。现在临床上中医骨伤科、眼科、耳鼻咽喉科、皮肤科、乳腺科、肛肠科、男性科等都已经是独立于外科的科室。但是按照我国现行中医学学科规范，中医外科学所包括的病证主要有疮疡、皮肤病及性传播疾病、乳房病、肛门直肠病、男科病、周围血管病、甲状腺病、体表肿瘤以及冻疮、烧伤等体表外伤病等。中医外科学就是研究有关这些病证防治规律与方法的理论与临床实践的科学。

第二节　疾病命名

历代中医外科著作颇多，各家著作所载外科疾病的病名繁多而不统一，有的一个病名涉及多种性质的疾病；有的同一性质的疾病，因所患部位、阶段、形态等不同，而取有几个不同的病名。这固然有地区不同、方言不一的原因，更有学术交流不够、研究不深、缺乏规范的缘由。从中医药文献中寻找疾病命名的规律，对于学习研究学科理论与掌握病证临床特点具有一定的意义。

笔记栏

中医外科学文献有关病名虽然名目繁多，但从病名含义来看，命名的一般规律是：依据部位、穴位、脏腑、病因、症状、形态、颜色、疾病特性、范围大小、传染性等不同角度加以考虑而分别命名。

以部位命名的,如颈痈、背疽、手发背。

以穴位命名的,如人中疔、委中毒。

以脏腑命名的,如肠痈、肺痈。

以病因命名的,如冻疮、水火烫伤、破伤风、漆疮。

以症状命名的,如红丝疔、麻风、乳头破碎。

以形态命名的,如岩、蛇头疔、鹅掌风。

以颜色命名的,如白癜风、丹毒。

以疾病特性命名的,如烂疔、流注。

以范围大小命名的,如疮疡小的为疖,大的为痈,更大的为发。

以传染性命名的,如疫疔。

如何科学合理地对疾病进行命名,是一个涉及面很广的现实问题,有待学术研究的深入,也需要包括吸取现代科学知识,尊重现代语言表述习惯形成的共识。本教材有关疾病命名遵循用现代语言文字表述的基本原则以及学科发展的现状,具体涉及疾病命名时作如下处理。

(1) 病种范围如果已经确定为一个病的,用现代通用的病名表述。如用“带状疱疹”,而不用“蛇串疮”。但是病名对应的情况在正文中都有表述。

(2) 病种范围较广,不确定为一个病的,或说是症/征/证层面的,用传统中医病证名。如用“脱疽”名,可能概括表述有脉管炎、糖尿病坏疽等。

(3) 不用古僻病证名。如不用“青蛇毒”“股肿”,直接用现代病名。

(4) 中医原本就没有的病,直接用现代病名,如“艾滋病”。

第三节 基本术语

中医外科学在其形成与发展过程中,形成了独特的学科理论,其基本术语就有显著的专科特色与含义。认真学习领会其中的内涵,是构建中医外科学基本知识的重要前提。以下择要释义。

疮 有广义和狭义之分。广义是指一切外科疾病的统称,狭义是指发于体表的化脓性疾病,如痈疽类。也指皮肤浅表起丘疹、疱疹,破后腐烂的皮肤病,如黄水疮。

疡 与疮同义。广义统指一切外科疾病。如古代将外科称为疡科,外科医生称为疡医。狭义是指发生于体表的化脓性疾病,如痈疽类。

疮疡 广义是指一切外科疾患的统称;狭义是指发于体表的化脓性疾病。

肿疡 指表现为肿块而未溃破的疮疡。

溃疡 指溃破的疮面,或有溃破疮面的疾病。

痈 通“壅”,指气血被毒邪壅聚而发生于体表皮肉或脏腑的化脓性疾病。有外痈和内痈之分。外痈是指生于体表皮肉之间的化脓性疾患,局部具有红肿热痛的特征(少数初起局部皮色不变),一般范围在 6～9 cm。内痈是生于脏腑的脓肿,如肝痈、肺痈、肠痈。

疽 通“阻”,指气血被毒邪阻滞而发于皮肉或筋骨的化脓性疾病。常分为有头疽与无头疽两类。有头疽是指发生在肌肤间的急性化脓性疾病,初起即有粟粒样脓头,相当于西医学的痈。无头疽是指发于骨骼或关节间等深部组织的化脓性疾病,患部漫肿无头,相当于西医学的骨髓炎、骨结核、化脓性关节炎等。

根盘 指疮疡基底部周围之坚硬区。根盘收束者多为阳证,平塌者多为阴证。

根脚 指疮疡之基底根部。一般多用于有粟粒样脓头的疔疮基底根部的描述。根脚收束者多为阳证,根脚软陷者多为成脓,根脚散漫或塌陷者多提示发生走黄。

护场 指疮疡所形成的局部肿胀范围。“护”有保护之意,“场”为斗争场所。有护场说明正气

笔记栏

充足，抗病能力强，疾病易愈；无护场说明正气不足，抗病能力低下，预后较差。

应指 指用手指按压疮疡有波动感的反应。是辨脓的方法之一。应指提示局部已化脓（或有其他液体）。

袋脓 指脓液蓄积脓腔底部的状态。脓疡破溃或切开后，因溃口小或堵塞，空腔较大，脓液不易排出而蓄积脓腔底部，犹如装在袋底之状。

胬肉 指过度生长高突于疮面或暴翻于疮口之外的肉芽。

臖核 即肿大的淋巴结。臖核肿大，即为淋巴结肿大。

横痃 指梅毒所致的腹股沟淋巴结肿大或性病性淋巴肉芽肿。

结核 泛指一切皮肉之间的核状肿块，包括淋巴结肿大、皮下囊肿、小肿瘤等。与现代医学结核杆菌、结核病不同义。

痰 指发于皮里膜外，肿胀似馒，皮色不变，按之有囊性感，溃后或出黏液，或脓中夹有败絮样物质的疾病。有疮痨性与腺体囊肿性两类疾病，如流痰（骨关节结核）、乳痰（乳房结核）、痰包（舌下腺囊肿）、痰瘤（颌下腺囊肿）等。

瘿 指发于颈部结喉（今称喉结）两侧的病变。因如璎珞之状而得名。即现代医学所称的甲状腺疾病。

瘤 指以结块为主要表现的病变。多因瘀血、浊气、痰湿滞留于人体组织，发于皮肉筋骨而成。如气瘤（神经纤维瘤）、肉瘤（脂肪瘤）、筋瘤（静脉曲张）、血瘤（海绵状血管瘤）、骨瘤（骨瘤、骨肉瘤）、脂瘤（皮脂腺囊肿）。

岩 肿块坚硬如石，高低不平，状如岩穴的疾病。与癌同义，即现代医学指称的恶性肿瘤。

失荣 指颈部的恶性肿瘤。因患者病后面容消瘦，状如枝枯皮焦，失去荣华故名。相当于现代医学所称的颈部淋巴结原发或继发恶性肿瘤。

翻花疮 指疮形如翻花状的皮肤恶性肿瘤。常见患处溃破，胬肉突出，疮口外翻如花蕊，一旦碰伤，流血不止。相当于现代医学所称的鳞状上皮癌、基底细胞癌及良性乳头状瘤等。

毒 指有害的物质，或不能定出确切病因的疾病。如时毒（流行性腮腺炎）、阴毒（恶性肿瘤）、胎毒、痧毒、无名肿毒等。

痔 凡肛门、耳道、鼻孔等孔窍有小肉突起的疾病。生于鼻腔者称鼻痔（鼻息肉）；生于耳道者称耳痔（耳道息肉）等。由于痔的发病以肛门部最多见，现主要指发生在肛门部有突起的疾病。

漏 指溃疡疮孔处流脓经久淋漓不止的病证，好像滴漏一样，故名曰漏。包括有瘘管与窦道两种。瘘管，是指体表与空腔脏腑或空腔脏腑与空腔脏腑之间的病理性管道，具有内口和外口；窦道，是指深部组织通向体表的病理性盲管，一般只具有外口而无内口。两者在外口部均有脓水经久淋漓不止。

斑 指既不隆起，也不凹陷的局限性皮肤颜色改变。如雀斑、汗斑、黧黑斑等。

疹 指皮肤表面出现范围较小的隆起性皮损。如痱子、痤疮、湿疹等皆有疹的表现。

疳 指黏膜部发生的浅表溃疡，呈凹形有腐肉而脓液不多。发于口腔的称口疳。发于牙龈部的称牙疳。发于外阴黏膜部的称下疳。梅毒所致的外阴溃疡又称硬下疳。

痘 指皮肤上起小疱，内含浆液的疾患，如水痘。

癣 凡皮肤增厚伴有鳞屑或有渗液的皮肤病，统称为癣。如牛皮癣（神经性皮炎）、湿癣（湿疹）、干癣（慢性湿疹）、圆癣（体癣、股癣）、花斑癣、头癣、手癣、足癣等。

疥 指由疥虫引起的疥疮；或无原发性皮损而全身剧痒的皮肤病，如干疥（皮肤瘙痒症）。

疣 指皮肤上的良性赘生物。

五善 “善”是好的征象。在病程中表现为善的状态，表示预后较好。五善指心善、肝善、脾善、肺善、肾善。心善为精神爽快，言语清亮，舌润不渴，寝寐安宁；肝善为身体轻便，不怒不惊，指甲红润，二便通利；脾善为唇色滋润，饮食知味，脓黄而稠，大便和润；肺善为声音响亮，不咳不喘，呼吸均匀，皮肤润泽；肾善为身无潮热，口和齿润，小便清长，夜卧安静。

笔记栏

七恶　“恶”是坏的征象。在病程中表现为恶的状态，表示预后较差。五恶指心恶、肝恶、脾恶、肺恶、肾恶、脏腑败坏、气血衰竭。心恶为神志昏糊，心烦舌燥，疮色紫黑，言语呢喃；肝恶为身体强直，目难正视，疮流血水，惊悸时作；脾恶为形容消瘦，疮陷脓臭，不思饮食，纳药呕吐；肺恶为皮肤枯槁，痰多音喑，呼吸喘急，鼻翼翕动；肾恶为时渴引饮，面容惨黑，咽喉干燥，阴囊内缩；脏腑败坏为身体浮肿，呕吐呃逆，肠鸣泄泻，口糜满布；气血衰竭为疮陷色暗，时流污水，汗出肢冷，嗜卧语低。

顺证　外科疾病在发展过程中，按着顺序出现应有的症状者，称为“顺证”。如疮疡表现为初起疮顶高突，红肿疼痛，根脚不散；脓成顶高根收，皮薄光亮，易脓易腐；溃后脓稠色鲜，腐肉易脱，肿消痛减；收口期疮面红活，新肉易生。顺证者一般正气充足，预后较好。

逆证　外科疾病在发展过程中，不以顺序而出现不良的症状者，称为“逆证”。如疮疡表现为初起疮顶平塌，根脚散漫，不痛不热；脓成疮顶软陷，肿硬紫黯，不脓不腐；溃后皮烂肉坚无脓，时流血水，肿痛不减；收口期脓稀淋漓，新肉不生，色败臭秽，疮口难敛。逆证者一般正气虚弱，预后较差。

（江　琼）

笔记栏

第三章 病因病机

导 学

通过学习，掌握外感六淫、感受特殊之毒、外来伤害、情志内伤、饮食不节、过劳损伤等常见病因致病特点；熟悉外科疾病的病机；了解气血、脏腑、经络在中医外科疾病的发生发展及其预后中的作用。

第一节 病 因

中医外科疾病致病因素包括外因与内因两个方面。其中，外因有外感六淫、感受特殊之毒、外来伤害等，内因有情志内伤、饮食失宜、过劳损伤等。

一、外感六淫

风、寒、暑、湿、燥、火六淫能直接或间接地侵害人体而导致外科疾病的发生。《外科启玄》说："天地有六淫之气，乃风寒暑湿燥火，人感受之则营气不从，变生痈肿疔疖。"六淫致病，只有在人体抗病能力低下时，才能成为发病的条件，但有时六淫邪毒的毒力特别强盛，超过了人体正常的抗病能力，也能直接造成外科疾病的发生和发展。

六淫所致的疾病大多具有一定的季节性，如春季多风温、风热，易患热疮、风热疮；夏季多暑热，易生暑疖、暑湿流注；秋季多燥，易患皮肤干燥、皮肤干燥性瘙痒等；冬季多寒，易患冻疮、脱疽等。六淫邪毒致病与环境有关，如北方多风寒，患脱疽、冻疮者多；南方多湿热，患足癣、痱子者多。六淫邪毒致病，可一邪独犯，亦可合邪致病。六淫邪毒致病范围相当广泛，它包括现代医学生物性（细菌、病毒、原虫等）、物理性（高热、低温）、化学性（药物刺激）以及抗原抗体反应等多种因素引起的疾病。

（一）风邪

风为六淫之首、百病之长，是最常见的病因。风为阳邪，善行而数变，其性开泄，风性上行，故发病急，病势快，游走迅速，多为阳证，多侵犯人体上部，见头项宣肿，皮色红，如颈痈、抱头火丹等。风犯肌肤，则见各种斑疹，风团，成块成片，或白或红，此起彼消，或皮肤干燥脱屑、瘙痒，但无滋水，不糜烂，如瘾疹（荨麻疹）。风邪致病特点：其肿宣浮，患部皮色或红或不变，痛无定处，走注甚速，常伴恶风、头痛等全身症状。

（二）寒邪

寒主收引，寒胜则痛，寒邪侵袭人体而致局部气血凝滞，血脉循行失常，易患冻疮、脱疽等病。寒为阴邪，致病一般多为阴证，常侵袭人之筋骨关节，患部多表现为色紫青黯，不红不热，肿势散漫，痛有定处，得暖则减，化脓迟缓，常伴恶寒、四肢不温、小便清长等全身症状。

笔记栏

（三）暑邪

暑为热邪，行于盛夏，暑多夹湿。由于外受暑热，蕴蒸肌肤，汗出过多，或汗出不畅，以致暑湿逗留，易生痱子；复经搔抓，破伤染毒，即可发生暑疖，甚至导致暑湿流注。暑为阳邪，具有热微则痒、热甚则痛、热胜肉腐等特征，故其致病多为阳证，患部焮红、肿胀、灼热、糜烂、流脓，或伴滋水，或痒或痛，其痛遇冷则减，常伴口渴、胸闷、神疲乏力等全身症状。

（四）湿邪

湿为阴邪，其性重浊、黏滞，致病每多缠绵难愈，或反复发作。湿性下趋，故生于下半身的外科疾病，多与湿邪有关。湿邪致病，常与风、寒、暑、热兼夹为患，外科疾病中以湿热、暑湿致病多见，如臁疮、下肢丹毒、暑湿流注等。湿邪致病特点：局部肿胀、起水疱、糜烂、渗液、瘙痒，常伴纳差、胸闷腹胀、大便稀薄、四肢困倦、舌苔厚腻、脉濡或缓等全身症状。

（五）燥邪

燥邪为病，有凉燥与温燥之别，在外科疾病的发病过程中，以温燥者居多。燥为阳邪，易伤阴液，多致皮肤干燥皲裂。燥邪致病特点：易侵犯手足、皮肤、黏膜等部位，出现患部干燥、枯槁、皲裂、脱屑等，常伴口干唇燥、咽喉干燥或疼痛等全身症状。

（六）火邪

火邪属热。其患病大多由于直接感受温热之邪所引起，如疔疮、有头疽、痈、丹毒等。火为阳邪，其病一般多为阳证。火邪致病特点：发病迅速，来势猛急，局部焮红灼热，肿势皮薄光泽，疼痛剧烈，容易化脓腐烂，或有皮下瘀斑，常伴口渴喜饮、小便短赤、大便干结等全身症状。外科疮疡疾病大多表现为热毒、火毒的证候，故疮疡的病因以热毒、火毒最为常见，故《医宗金鉴·外科心法要诀》说："痈疽原是火毒生。"

二、感受特殊之毒

特殊之毒包括虫毒、蛇毒、疯犬毒、漆毒、药毒、食物毒和疫毒、无名毒。外科疾病中，可因虫兽咬伤，感受特殊之毒而发病，如毒蛇咬伤、狂犬病；有因虫蜇刺伤后引起的虫咬皮炎；接触疫畜如牛、马、羊而感染疫毒的疫疔；一些人由于禀性不耐，接触生漆后而发漆疮；服用某些药物或食物后引起疾病，如药毒（药物性皮炎）、瘾疹（荨麻疹）等；此外凡未能找到明确致病的病邪也称为毒，如无名肿毒。毒的致病特点是：发病迅速，常伴有疼痛、瘙痒、麻木、发热、口渴、便秘等全身症状。有的具有传染性，如疫毒。

三、外来伤害

凡跌打损伤、沸水、火焰、冷冻及金刃竹木创伤等一切物理和化学因素都可直接伤害人体，引起局部气血凝滞，郁久化热，热胜肉腐等，导致瘀血流注、水火烫伤、冻伤等外伤性疾病。同时也可因外伤而再感受毒邪，发生破伤风或手足疔疮等。或因损伤后，导致筋脉瘀阻，气血运行失常，筋脉失养而发生脱疽等。

四、情志内伤

情志是指人的内在精神活动，包括喜、怒、忧、思、悲、恐、惊，故称七情。在一般情况下，属于生理活动的范围。如果长期精神刺激或突然受到剧烈的精神创伤，超过了人体生理活动所能调节的范围，使体内的气血、经络、脏腑功能失调而发生外科疾病。如郁怒伤肝，肝气郁结，郁久生火；肝郁伤脾，脾失健运，痰湿内生，以致气郁、火郁、痰湿阻于经络，气血凝滞，结聚成块，形成痰核瘰疬。肝主疏泄，能调节乳汁的分泌与排泄，若产妇精神过度紧张，易致肝胃不和，使乳汁积滞，乳络不畅，邪热蕴蒸，以致经络阻塞，气血凝滞，导致乳痈的发生。又如瘿病的发生，多由于忧思恚怒，情志内伤，以致肝脾气逆，脏腑失和而生。至于肿瘤的发病，更与情志内伤有关，朱震亨认为乳岩是由于"忧怒郁闷，朝夕积累，脾气消阻，肝气横逆"所致；失荣之病，《医宗金鉴》认为乃"忧思恚怒，气郁血热与火凝结而成"。总之，由情志内伤所致的外科疾病，大多发生在乳房、胸胁、颈项两侧等肝胆经循行部位，患处肿胀，或软如馒，或坚硬如石，常皮色不变，疼痛剧烈，或伴精神抑郁、性情急躁易怒、喉间梗塞等症状。

笔记栏

五、饮食不节

恣食膏粱厚味、醇酒炙煿或辛辣刺激之品，可使脾胃功能失调，湿热火毒内生，易发生痈、有头疽、疔疮等，故《素问·生气通天论》说："膏粱之变，足生大丁。"而且由饮食不节，脾胃火毒所致的痈、有头疽、疔疮等病，较单由外邪所引起的更为严重，如消渴病合并有头疽。肛周脓肿、痔疾的发生，也与饮食不节，湿热火毒下注有关，故《素问·生气通天论》说："因而饱食，筋脉横解，肠澼为痔。"皮肤病中的粉刺、酒渣鼻的发生，也与过食醇酒炙煿、辛辣刺激之品有关。

六、过劳损伤

劳损包括房事损伤和劳倦所伤两类。房事损伤主要是指房事过度、早婚、妇女生育过多等因素，导致肾精耗伤，肾气亏损，冲任失调；或因小儿先天不足，肾精不充，均能引起身体衰弱，易致外邪侵袭。肾主骨，肾虚则骨骼空虚，风寒痰邪乘隙入侵，而生流痰；肾阴不足，虚火上炎，灼津为痰，痰火凝结，而生瘰疬，瘰疬治愈之后，可因体虚而复发。肝肾不足，寒湿外侵，凝聚经络，痹塞不通，气血运行不畅可致脱疽。由房事损伤而致的外科疾病，多为慢性疾患，病变可深入骨与关节，虚寒征象多见，患部肿胀不著，不红不热，隐隐酸痛，化脓迟缓；或见阴亏火旺征象，患部皮色暗红，微热，常伴头晕腰酸、神疲乏力、遗精、月经不调等全身症状。劳倦损伤指劳力、劳神过度。劳则伤气，元气虚弱，卫气不固，或发外疡，或生肿瘤。中气下陷，肛门失摄，或生痔疾，或成脱肛。

以上各种致病因素可以单独致病，也可以几种因素同时致病，且内伤和外感常常相合为病。所以对于外科疾病的致病因素，应该具体分析，分别对待。此外，外科疾病的病因与其发病部位有一定的联系。凡发于人体上部(头面、颈项、上肢)的，多因风温、风热所引起，因为风性上行；凡发于人体中部(胸、腹、腰背)的，多因气郁、火郁所引起，因为气火多发于中；凡发于人体下部(臀、腿、胫足)的，多因寒湿、湿热所引起，因为湿性下趋。以上是一般的规律，诊病时还必须四诊合参，综合局部症状和全身症状进行全面分析，才能准确审清病因，推断病机。

第二节　病　　机

外科疾病的主要病机是邪正盛衰，气血凝滞，经络阻塞，脏腑失和。总的来说，是阴阳失衡。

在正常情况下，人体自身以及与外界环境之间保持着相对的动态平衡，即所谓"阴平阳秘"，这是维持人体正常生理活动的基础。当人体在某种致病因素作用下，使脏腑、经络等组织器官的生理功能异常，气血阴阳的平衡协调关系遭到破坏，导致"阴阳失调"时，就会出现各种临床症状，从而导致疾病的发生。

一、邪正盛衰

外科疾病与其他任何疾病一样，正气不足是发病的内在因素，邪气是发病的重要条件。一般来说，阴平阳秘，脏腑功能正常、气血充盛、卫气卫外功能固密，即使外感六淫、内伤七情，也不一定发病，反之，则易于发病。此即"正气存内，邪不可干"。只有在人体正气相对虚弱，卫外不固，抗邪无力的情况下，邪气方能乘虚而入。邪气是发病的条件，是破坏阴阳平衡，损伤正气的主要原因，在一定的条件下甚至起着很重要的作用。如邪气异常强烈、凶猛之时，即使正气充盛，亦能致病。当邪气侵袭人体时，正气就起来抗邪。若正气充盛，抗邪有力，则病邪难于入侵，即不发病。若邪气偏胜，正气相对不足，邪胜正负，则使脏腑功能失调，经络滞塞，气血壅结，致发外科病变。

外科疾病在其发生发展过程中都存在着邪正斗争的基本矛盾，它不但决定疾病证候"邪气盛则实""精气夺则虚"的特性，而且还直接影响着疾病的预后与转归。正气旺盛，临床多为阳证、实证，发展顺利，预后良好。全身症状有高热、烦躁、便结、溲赤、苔黄、舌红、脉实有力等；局部症状因病而

笔记栏

异，如邪实正盛的阳证疮疡，局部高肿根束，焮热灼痛，脓出稠厚，易溃易敛。正气不足则表现为阴证、虚证；正虚邪实或正虚邪恋则容易逆变，预后不良。全身症状见面黄神倦，或潮热盗汗，舌红或淡，脉虚无力等；局部多见患处色白、平塌或坚硬结肿，不红不热，不痛或微痛，溃后脓水清稀淋漓，久不收口，迁延难愈，或毒盛内陷脏腑而为败证。

二、气血凝滞

人身气血相辅而行，循环全身，周流不息。当人体感受六淫邪毒、特殊之毒，承受外来伤害，或情志内伤、饮食失节、过劳损伤，破坏了气血的正常运行，局部气血凝滞，或阻于肌肤，或留于筋骨，或致脏腑失和，即可发生外科疾病。

疾病的发生和发展为动态的变化，因而病理过程也在不断地发展和变化。当致病因素造成了局部气血凝滞之后，可出现疼痛、肿胀、结节、肿块、出血、皮肤增厚、紫斑等。气血阻滞于人体，因部位不同而各具临床特征。如阻于肺则咳喘咯血；阻于肝则胁痛；阻于脾胃则呕吐腹胀；阻于膀胱则淋浊、癃闭、血尿；阻于肌肤则刺痛、肿胀、瘀斑、血肿；阻于筋骨则酸胀疼痛；阻于经脉则肢体拘急，活动不利，甚则麻木冷痛。

外科疾病的发生与否，与人体的气血盛衰有密切的关系。气血盛者，即使外感六淫邪毒，或内伤七情，也不一定发病；反之则易发病。外科疾病的发生和发展，随着病理过程的发展和变化呈动态变化。当致病因素造成局部气血凝滞，通过治疗，去除致病因素，使气血运行恢复正常，则使外科病变得以消散吸收而痊愈。如果局部气血凝滞进一步发展，郁而化热，致使热胜肉腐，血肉腐败，则蒸酿液化而为脓。当脓肿形成后，如治疗得当，及时切开引流，或人体正气不衰，抗病能力尚强，脓肿自行溃破，脓液畅泄，毒从外解，气血凝滞得以通畅，形成溃疡后，脓腐渐除，新肉生长，最后疮口愈合。故临床上治疗外科化脓性疾病，常用和营活血、行气化滞之品。

此外，气血的盛衰直接关系着外科疮疡的成脓、破溃、收口等，对整个病程的长短有一定的影响。如气血充足，外科疮疡不仅易于成脓、破溃，而且也易于生肌长肉而愈合；如气虚者则难于成脓、破溃，血虚者则难以生肌收口，甚至气血虚弱无力抗邪托毒，毒不能随脓出而解，还易发生邪毒内陷，侵入营血，内攻脏腑，引起危重症的发生。故治疗外科疾病必须考虑患者气血盛衰的情况，常用补益托毒之剂，通过补益气血而扶正托毒外出，促使疾病早日康复。可见气血的盛衰，对外科疾病的治疗和预后都有着密切关系。

三、经络阻塞

经络分布于人体各部，内源于脏腑，外通于皮、肉、筋、骨等处，在正常情况下经络具有运行气血、联络人体内外各个组织器官的作用。当各种致病因素引起局部气血凝滞后，则形成经络阻塞，从而反映到人体的体表，产生局部的红肿热痛和功能障碍。当病邪炽盛，由外传里，内侵脏腑；或脏腑内在的病变，由里出表，都是通过经络的传导而形成的。所以说经络与外科疾病的发生、发展、变化有着密切的关系。局部经络阻塞是外科疾病的发病机理之一；同时，身体经络的局部虚弱，也能成为外科疾病发病的条件。如外伤瘀阻后形成瘀血流注，头皮外伤血肿后，常可导致油风的发生等，所谓"最虚之处，便是容邪之地"。

四、脏腑失和

人体是一个完整统一的有机体，外科疾病虽然绝大多数发于体表的皮、肉、脉、筋、骨的某一部位，但与脏腑有着密切的联系。脏腑功能失调，可以导致疮疡的发生。《外科启玄》云："凡疮疡，皆由五脏不和，六腑壅滞，则令经脉不通而生焉。"《素问·至真要大论》说："诸痛痒疮，皆属于心。"肝气郁结、脾胃湿热火毒等均可导致疮疡的发生；肠胃湿热蕴蒸，可发为痤疮；肺肾两亏，可发生瘰疬、流痰。

笔记栏

脏腑内在的病变可以反映于体表，而体表的毒邪通过经络的传导也可以影响脏腑而发生病变。

故有“有诸内必形诸外”“有诸外必本诸内”之说。如有头疽、颜面疔疮、疫疔、毒蛇咬伤等可因热毒、疫毒、蛇毒的毒邪炽盛,或因体虚正不胜邪而使毒邪走散,内攻脏腑。如毒邪攻心,蒙闭心包,扰乱神明,则出现神昏谵语;毒邪犯肺可见咳嗽、胸痛、血痰等,形成走黄、内陷危证。古代医家通过大量临床观察总结这种内外互相关联的情况,概括有“五善”“七恶”的论述,可以作为推断脏腑失和与否的依据。

(江　琼)

笔记栏

第四章　诊法与辨证

导　学

通过学习，掌握望、闻、问、切四诊在中医外科临床中的应用，以及辨阴阳、肿、痛、痒、脓、肿块、溃疡形色等辨证方法及其常用的诊疗技术；熟悉经络辨证、部位辨证的内容；了解辨善恶顺逆的内容与临床意义。

第一节　诊　　法

诊法是指望、闻、问、切四诊。它是临床搜集资料的一种手段，其搜集的资料是临床诊断、鉴别诊断和辨证的依据。

四诊的内容虽然各不相同，但却是一个不可分割的整体，不能偏执一端，必须彼此合参。

外科疾病多有外在局部表现，即使发于内，也多形诸于外，所以外科疾病在诊察的时候，尤其要注意观察外在的局部表现，这明显有异于内科及其他各科。但是任何的局部病变，都与整体息息相关，都可能有阴阳、气血、脏腑功能的变化，所以外科疾病在诊察局部的同时，不要忘记了解全身症状、病史、舌脉等，只有这样，才能得出全面正确的结论。

一、望诊

很多外科疾病“望一眼”便能诊断，甚至鉴别诊断、辨证分型，所以望诊在外科疾病的诊察中显得尤其重要。

（一）望局部

望局部是外科疾病最重要的诊察手段，是外科病望诊的重中之重。

1. 望部位　某些外科病好发于某些特定的部位，如疔疮多发于颜面手足，冻疮好发于暴露部位或四肢末端，丹毒、血栓闭塞性脉管炎、动脉硬化闭塞症、糖尿病坏疽等多见于下肢，雷诺综合征多见于上肢，带状疱疹常发于胁肋部，银屑病好发于头皮、四肢伸侧，神经性皮炎好发于颈后侧，肛裂多发生于肛门截石位的 6 点和 12 点，血栓性外痔多发生于肛门的侧方。凡此种种，通过对发生部位的观察，对疾病的诊断提供一个首选的方向。

2. 望局部形色　望形色又是望局部的重中之重。很多外科疾病的诊断、鉴别诊断，甚至辨证和预后，都可以从望局部形色中获知。如疮疡之病，未溃者为肿疡，已溃者为溃疡。溃疡边缘垂直的为梅毒，潜行的为结核，边缘翻起的为癌性溃疡，溃疡边缘有缺口、周围皮肤乌黑的为臁疮。肿疡之色赤者为热证，色白者为寒证，高突及跟脚收束者为实证，平塌散漫者为虚证。阳证溃疡未脓而突然疮陷色暗，是走黄、内陷的征象；阴证溃疡疮色紫黯，则为难愈、难敛的征象。皮肤病的诊治中，更是根据望局部形色特点进行诊断和鉴别诊断。比如同时皮损脱屑，脂溢性皮炎为淡黄色，银屑病为云母状，玫瑰糠疹为白色糠秕样。

（二）望精神

望精神就是观察患者精神状态的好坏，意识是否清楚，动作是否矫健协调，反应是否灵敏等。

笔记栏

用以判断脏腑阴阳气血的盛衰和疾病的轻重、预后。凡患者精神振作,形容自如,目光有神,呼吸均匀,为有神,是正气未衰,无论新久疾病,皆属佳兆;若精神委顿,形容憔悴,目陷睛暗,呼吸急促或不均匀,为失神,是正气已衰,不论急、慢性疾病,均属凶险。若神识昏糊不清,烦躁不安,为邪入营分,毒传心包的表现,多见于疔疮走黄、有头疽内陷。

(三)望形态

望形态就是观察患者的壮、弱、肥、瘦、动静姿态及体位等。形体肥胖,肤白无华者,多为阳气不足。形削肌瘦,面色苍黄,皮肤干焦者,多为阴血不足。形削已至大肉脱失者,多为精气衰竭。肥胖者多痰,瘦者多火。项背强直,角弓反张,四肢抽搐,则为痉病。行路脚跛者,多为下肢筋骨关节有病;驼背者,多为脊椎有病。若颈项强硬不能转侧者,提示颈项部有病变,如有头疽、颈痈。若患者以手托下颌,而呈颈缩俯形之态,多为颈椎流痰。妇女手托乳房缓慢而行者,多为乳痈。其他如脸若狮面,眉毛脱落者,是麻风。总之,通过观察形态异常可以了解脏腑功能的盛衰、病变的所在,有助于诊断。

(四)望舌象

舌通过经络直接和间接地与许多脏腑发生联系。脏腑的精气上营于舌,脏腑的病变也从舌象上反映出来,通过望舌可以观察脏腑气血的虚实、病邪的深浅、津液的盈亏等病理变化。

望舌包括望舌质、舌苔和舌的形态三方面。如舌质红,在外科急性病中见之多属热证,慢性疾病见之则多属阴虚。红而起刺者属热极,红而干燥者属热盛而津液不足。舌绛为邪热入于营分,多见于疔疮走黄、有头疽内陷。舌质淡白,一般多为气血两虚,淡白而胖,多属阳虚,常见于疮疡溃后、脓出过多或者慢性消耗性疾病的患者,如流痰。舌胖嫩而舌边有齿痕,多属气虚、阳虚,系统性红斑狼疮后期或应用大剂量激素之后,常能见到此种舌质形态。舌光如镜,舌质红绛,伴有口糜,为病久阴伤胃虚,应用大剂量抗生素之后也能见到此种舌质。青紫舌,多属瘀血征象,常见于瘀血流注。白苔,见于外科疾病兼有表证,或属寒证,或属脾胃有湿。黄苔多为邪热蕴结,疮疡在化脓阶段多见此苔。腻苔,多为湿重的征象,白腻为寒湿,黄腻为湿热,若黄腻不化,舌绛起刺,体温升高,疮疡兼见疮陷色暗,则为病情恶化或并发内陷、走黄之象。黑苔有寒热之分,热者是苔黑而燥,为热极化火,火过炭黑所致;寒者是苔黑而薄且润,为阳虚寒极,命门火衰,黑色上泛所致。

二、闻诊

闻诊包括听(声音)与嗅(气味)。听声音,主要是听患者语言气息的高低、强弱、清浊、缓急等变化,以及呃逆、嗳气、喘哮、太息等声音的异常,以辨别病情的寒热虚实。嗅气味,主要是嗅患者的口气、分泌物(如脓、痰、涕)与排泄物的异常气味,以鉴别疾病。

(一)听声音

1. 语声　语声的强弱高低可以反映正气盛衰和邪气性质。高亢洪亮多言躁动者多热证、实证,如胆绞痛、肾绞痛、肠绞痛、化脓性疾病的成脓期。语声低微无力,少言而沉静的,属虚证、寒证,如内脏破裂的大出血、癌症晚期等。言语错乱多属心的病变,如疔疮走黄、疽毒内陷的谵语狂言。呻吟呼号者,为疮疡毒势鸱张或溃烂出现剧烈疼痛的表现,常见于手足疔疮、有头疽酿脓期、癌症晚期、脱疽后期等。

2. 呼吸　一般外科病并不影响肺的呼吸功能,只有重病、大病、危病影响到全身的气血阴阳、脏腑功能的时候,才会出现呼吸的明显变化。如疔疮走黄或疽毒内陷的气粗喘急,是毒邪传肺的表现。气息低促,是正气不足的虚脱现象,多见于久病之人,如癌症晚期等。若急性病患者,由气粗喘息转为气息低促,为正气已伤,病情危重。

笔记栏

3. 呕吐、呃逆　均为胃气上逆所致。声高有力者多属实热,如急性阑尾炎、肠梗阻、胆绞痛等。声低无力者多虚寒。若久病见之,声低无力,多属危证,如癌症晚期见到呃逆,为胃气已绝,预后不良。同样一种疾病,在不同的阶段见到呕吐、呃逆,其病机也可能截然不同,如肿疡初起见之,多为热毒炽盛;溃疡后期见之,多为阴伤胃虚。

（二）嗅气味

主要是通过嗅辨脓液(分泌物)的气味特点判定疾病的性质。溃疡脓液无特殊气味者,容易愈合;如脓液腥臭难闻,病在深里,则较难愈合。儿童头部糜烂结有黄痂,伴有鼠尿臭者是头癣。小腿部腐烂坏死,有浅棕色混浊稀薄脓液,并有恶臭气味者,可能是气性坏疽。其他如已损骨之化脓性指头炎、皮脂腺囊肿感染等,其脓腋及分泌物也多带有臭秽。

三、问诊

问诊是通过询问患者或其陪诊者,以了解病情的一种诊察方法,在四诊中占有重要的地位。问诊首先要抓住患者的主要病痛,然后围绕主要病痛有目的地一步步深入询问。具体的问诊的顺序是,先问现病史,如主要的痛苦感觉、发病日期、发病时的初起症状和病情演变情况、发病的可能原因和诱因、发病后的诊治经过(包括 X 线摄片、病理切片、其他各项检验、服用药物、是否手术等)。其次追询与现病史有关的过去史,家庭中有无遗传性或传染性疾病,以及个人史如月经、胎产、职业等。外科疾病虽然有形可见,但对痛痒等自觉症状必须从询问患者的叙述中得知。具体问诊内容一般按照古人的十问歌中的内容展开。

（一）问寒热

主要询问有无恶寒发热及其发作的时间、特点、寒热的关系、孰轻孰重等。外科疾病见到寒热,标志着病邪鸱盛。如疮疡阳证,初起恶寒发热,多因火毒内发,外感风邪所致,寒多热少者,为风寒表证;热多寒少者,为风热表证。中期发热持续不退,兼之疮疡肿势渐渐增大,为酿脓的征象。后期,脓毒已泄,热度应逐渐下降,若脓泄而发热不退,为毒邪未去,正不胜邪。若疮疡中、后期,出现寒战高热,多为毒邪走黄或内陷。疮疡阴证,初起一般不发热,中期可有低热,后期则往来潮热。

（二）问汗液

询问汗出的情况,首先要问有汗无汗,然后进一步问汗出的时间、出汗的部位、汗量的多少、主要的兼证、与寒热的关系等。表证无汗,外感寒邪,表证有汗;外感风邪。痈证汗出热退,是消散的征象,如汗出热不退,为酿脓的表现。若暑湿流注,汗出热不退,除有酿脓之变外,还应考虑有续发的可能。如流痰、瘰疬等病出现潮热、盗汗或自汗,多是阴虚火旺或气血不足的表现。

（三）问饮食

主要询问口干渴与否,食欲、食量,喜进冷热以及口中的异常气味和味觉等。能食者,病轻。不能食者,病重。渴喜引饮,多为热重;渴不多饮,多为湿重。此外,荨麻疹常与食海鱼、虾、蟹等有关。

（四）问二便

主要询问二便的性状、颜色、气味、时间、量多少以及排便的次数和伴随的症状等。大便秘结,小便短赤黄浊,为火毒湿热内盛的表现;如大便溏薄,小便清长,为寒湿内蕴的表现。小便频数,口干引饮,饮后渴仍不解者,是为糖尿病,应注意其易患疮疡。急性阑尾炎出现大便次数增多,似痢不爽,小便频数似淋,是为酿脓内溃的征象。大便带鲜血,疼者为肛裂,不疼者为内痔。大便形状变细,次数增多,有里急后重、排便不尽感,粪便内有血、脓、黏液者,为直肠癌的症状。

（五）问病因或诱因

因破伤引起的痉厥多为破伤风。因感受疫畜特殊之毒者,多为疫疔。因受针尖、竹木或鱼骨刺伤者,每易发生手足疔疮、类丹毒。如因接触漆器,而禀性不耐者,每易发生接触性皮炎。因服用某些药物,而禀性不耐者,可发生药物性皮炎。

（六）问旧病

即问既往史。如既往得过肺结核者,对骨关节结核、淋巴结核的诊断有帮助。疮疡患有糖尿病者,多顽固难愈。肝肾功能不佳者,黄药子和砒霜制剂等要禁用。因服某些药物,局部见有红色斑片,以往同处有类似发作史者,为固定性药疹。

（七）问职业

有许多皮肤病常与职业有关，如渔民、机器制造工人、染匠，常发生皲裂疮。畜牧业或皮毛制

笔记栏

革等工作者,易发生皮肤炭疽。长期站立工作者,易发生下肢静脉曲张。从事水稻作业的易患稻田皮炎。

(八)问经信

主要询问月经周期、行经天数、经量、经色、经质、兼证、末次月经日期、初潮或绝经的年龄等。月经错后,突发腹痛者,有可能是宫外孕。乳房胀痛,经前加重,经后减轻或消失者,多为乳腺增生症。荨麻疹常在月经前数天开始出现风团,并随月经的干净而消失,且常伴有痛经或月经不调。内服药物凡用破瘀活血、行气通络之品,有碍胎气和影响经量,若不加询问而草率施用,可能造成堕胎和崩漏之弊。

(九)问家族

不少外科疾病和遗传因素有关,如银屑病、性染色体变异等。有些疾病如麻风、疥疮、头癣、性传播疾病等,可在家人中相互传染。患乳腺癌的女性部分有家族史。

(十)问不洁性交

性传播性疾病如梅毒、淋病、尖锐湿疣、生殖器疱疹等多由不洁性交引起。

四、切诊

切诊包括切脉(脉诊)和触诊两大类。

(一)脉诊

脉诊在中医诊治疾病的过程中占有重要的地位。通过脉诊,脏腑虚实、气血盈亏、毒邪盛衰、病位深浅、病势轻重、预后吉凶等皆可测知,并可为辨证分型、确定治法提供依据。外科疾病的发生与全身脏腑气血有着密切的关系,它虽有局部症状可以进行辨证,但如不切脉,则无法详细辨识整体病情。脉诊在外科病的诊治中同样占有重要地位。关于脉诊的内容,在此选择一些和外科有关的内容,分述于下。

1. 浮脉 肿疡脉浮有力,为风寒、风热在表,或为风热邪毒客于上部;脉浮无力,为气血不足。溃疡脉浮,若非外感之邪未净,则有续发的可能;若外感之邪已散,疡无续发,则为气从外泄,是正虚而邪未去。

2. 沉脉 肿疡脉沉,是邪气深闭;溃疡脉沉,是遗毒在内。

3. 迟脉 肿疡脉迟多为寒邪内蕴,气血衰少;溃疡脉迟,多是脓毒已泄,邪去正衰。

4. 数脉 肿疡脉数,为有热,或为酿脓;溃疡脉数,为邪盛正衰。

5. 滑脉 肿疡脉滑而数,为热盛,为有痰,或为酿脓;溃疡脉滑而大,为热邪未退,或痰多气虚。

6. 涩脉 肿疡脉涩,为实邪壅塞,气血凝滞;溃疡脉涩,为阴血不足之象。

7. 大脉 肿疡脉大,为邪盛正实;溃疡脉大,为邪盛病进,其毒难化。

8. 小脉 肿疡和溃疡脉见细而小,多属气血两虚。

以上所述为外科临床常见的八种脉象,可以单见,也可兼见。如浮数互见属表热证,沉迟互见属里寒证。浮、数、滑、大为阳脉,多属热、属实、属阳;沉、迟、涩、小为阴脉,多属寒、属虚、属阴。一般热、实、阳证易愈,寒、虚、阴证难治。

切脉时还须辨明有余与不足,方可得出正确的诊断。一般来说,外科疾病在未溃之时,正是邪盛的时候,应该见有余之脉;已溃之后,邪去正衰,应该见不足之脉,这是正常的现象。若未溃时见不足之脉,如虚、弱、细、缓等脉,则为气血衰弱,毒深邪盛;已溃之后见有余之脉,如实、洪、弦、紧等脉,则为邪盛气滞难化,均为不正常的现象。

若外科疾病在肿疡或溃疡之时,见到结、代之脉,属气血衰弱,寒痰瘀血凝滞,为不良现象;若在痛极之时,也可偶尔出现结、代之脉,但不一定是坏象。不论肿疡、溃疡,若见散、促之脉,为气血衰竭,脏腑之气将绝,且病邪尚在进展,预后多不良。

笔记栏

脉诊虽然重要,但必须与望、闻、问三诊合参,才能全面了解病情,得出正确的诊断,指导具体的治疗。如遇到脉证不符的情况，有时要舍证从脉，有时要舍脉从证。疮疡后期已见腐脱新生，而脉结代或散促，属正气内竭，预后恐有凶变，不能因局部无凶象而等闲视之，这是舍证从脉；又如痈疽初起，偶见脉伏，伏脉本凶，但其症状不重，全身情况良好者，则非危象，此伏脉是正被邪遏，一时所见，预后仍佳，这是舍脉从证。

(二) 触诊

触诊是利用手的感觉触摸病变局部(包括冷热、软硬、压痛、痞块，或其他异常变化等)进行诊断的一种方法。外科疾病大多在体表有形可见，因此，通过触诊检查可以确定疾病的性质和有脓无脓等。如触及明显肿块，界限分明，高肿，灼热，轻按即痛，重按剧痛者，多为阳证、实证；如触之无明显肿块，或肿块界限不清，疮形平坦，不热或微热，重按隐痛或不痛，或喜按者，多为阴证、虚证。如触及肿块高低不平，坚硬如石，推之不移，表面与皮肤粘连，多属癌性肿块，常见的有乳腺癌、甲状腺癌、恶性肿瘤淋巴结转移等病；如肿块表面光滑，硬而不坚，或质软如绵，或按之有囊性感，根脚活动，不与皮肤粘连者，多为良性肿瘤或为囊肿，常见的有结节性甲状腺肿、乳房纤维腺瘤、脂肪瘤等病；如肿块柔软，按之能暂时消失，放手后即回复，或按压肿块处有明显搏动感，为血管瘤。疮疡按之坚硬而无应指者为无脓，按之如鼓而应指者为有脓。触及指趾冰冷，且足背动脉搏动微弱或消失者为脉管炎或动脉硬化闭塞症。此外，肛指检查对前列腺疾病和直肠癌的诊断，也有较大价值。

第二节　辨　　证

一、阴阳辨证

阴阳辨证是一切外科疾病辨证的总纲。外科疾病首辨阴阳，这样才不会发生原则性的错误。外科在辨阴阳属性上有自己的特点，往往依据其发生、发展、症状和转归等方面的相对性，直接辨为阴证或阳证。兹将辨别阴证、阳证的要点分述于下。

1. 发病缓急　急性发作的病属阳；慢性发作的病属阴。

2. 病位深浅　病发于皮肉的属阳；发于筋骨的属阴。

3. 皮肤颜色　红活焮赤的属阳；苍白、紫黯或皮色不变的属阴。

4. 皮肤温度　灼热的属阳；凉、不热或微热的属阴。

5. 肿形高度　肿胀形势高起的属阳；平坦下陷的属阴。

6. 肿胀范围　肿胀局限，根脚收束的属阳；肿胀范围不局限，根脚散漫的属阴。

7. 肿块硬度　肿块软硬适度，溃后渐消的属阳；坚硬如石，或柔软如绵的属阴。

8. 疼痛感觉　疼痛比较剧烈的属阳；不痛、和缓、隐痛、酸痛或抽痛的属阴。

9. 脓液质量　溃后脓液稠厚的属阳；稀薄或纯血水的属阴。

10. 溃疡形色　肉芽红活润泽的属阳；苍白紫黯的属阴。

11. 病程长短　阳证的病程较短；阴证的病程较长。

12. 全身症状　阳证初起常伴有形寒发热、口渴、纳呆、大便秘结、小便短赤，溃后症状逐渐消失；阴证初起一般无明显症状，酿脓期常有骨蒸潮热、颧红，或面色㿠白、神疲、自汗、盗汗等症状，溃脓后更甚。

13. 舌脉　舌红苔黄脉有余者属阳；舌淡苔少脉不足者属阴。

14. 预后顺逆　阳证易消，易溃，易敛，预后多顺(良好)；阴证难消，难溃，难敛，预后多逆(不良)。

上面从阴阳两方面列举了一些现象，但在具体辨证过程中，决不能拘泥于一点。一种病往往同时出现多种症状，不能仅凭其中一个症状定阴阳，要综合分析，譬如急腹症患者就不能单以病位的深浅定阴阳。要辨清真伪，如化脓性乳腺炎，因病位深在，开始时多似阴证，实属阳证。又如深部肌肉脓肿，开始的时候，局部色白、漫肿、隐痛，极像阴证，其实化脓很快，脓质稠厚，溃后易收口，同时

笔记栏

伴有急性热病的全身症状,也是阳证。另外,临床上,很多情况下疾病表现的是阴中有阳,阳中有阴,而不是单纯的阴证或阳证。疾病的属阴属阳也不是固定不变的,往往随着病情的变化而转化,有因误治而阳证转为阴证的,有初起阳证日久正虚而变为阴证的,亦有因治得法而阴证变为阳证的。如有头疽初起本属阳证,因病处脓血大泄而正虚不复,从而由阳转阴;反之,因治之得法,经使用补托之法,病邪由里向外,使正气渐复,阴证又转为阳证。因此,在辨阴证阳证的过程中,要掌握疾病的全部过程,以动态的眼光去辨别病情。只有这样,才能作出正确的辨证,实施有效的治疗。

二、局部辨证

外科疾病最显著的特点是有明显的局部表现。这些局部表现包括肿、痛、痒、脓、麻木、溃疡、肿块、皮肤损害和功能障碍等。通过分析这些局部表现,可以分辨疾病的性质,有利于疾病的诊断和治疗。但是不要孤立地看待这些症状,必须综合分析。

(一)辨肿

肿多由经络阻塞,气血凝滞而成。临床上常根据肿势的缓急、形态、部位、色泽以及伴随症状,判断疾病的性质和轻重。

1. 辨肿的外形　红肿高突,根围收束,不甚平坦,多为实证、阳证。肿势平坦,散漫不聚,边界不清阳证见之,为邪甚毒势不聚;阴证见之,为气血不充。疮疡溃后而见头面、手足虚浮,为脓出过多,病久气血大耗,脾阳不振所致。

根据肿的外形,还可以判定预后。一般来说,凡病发在皮肤浅表、肌肉之间的,肿势高突而焮红,发病较快,多有易脓、易溃、易敛的特点。若病发在筋骨、关节之间,肿势平坦而皮色不变,发病较缓,则有难脓、难溃、难敛的特点。若脓未溃时,高肿转为平塌,鲜红转为暗红无光,多是危象。

2. 辨肿的成因

火肿者,肿而色红,皮薄光泽,焮热疼痛,肿势急剧。多见于阳证疮疡,如疔疮初期、丹毒等。

寒肿者,肿而不硬,皮色不泽,苍白或紫黯,不红不热,常伴有酸痛,得暖则舒。常见于冻疮、脱疽。

风肿者,发病急骤,漫肿宣浮,或游走不定,不红微热,轻微疼痛。常见于颜面丹毒、流行性腮腺炎等。

湿肿者,肿而皮肉重垂胀急,深则按之如烂棉不起,浅则光亮如水疱,搔破流黄水,浸淫皮肤。如深静脉血栓形成、急性湿疹等。

痰肿者,肿势或软如绵,或硬如馒,或硬如结核,大小不一,不红不热,皮色不变。如淋巴结肿大。

气肿者,肿势皮紧内软,不红不热,常随喜怒消长。如甲状腺肿大、乳腺增生症等。

郁结肿者,肿势坚硬如石,或边缘有棱角,形如岩突,不红不热。如乳腺癌等。

瘀血肿者,肿而胀急,色初暗褐,后转青紫,逐渐变黄消退。如皮下血肿等。

3. 辨肿的部位和色泽　因发病部位的组织有疏松和致密的不同,肿的情况也有差异,如病发于手掌、足底等处,因病处组织较疏,肿势易于蔓延,其肿处每较他处大而明显;手指部因组织致密,故局部肿势不甚,但其疼痛剧烈;大腿部由于肌肉丰厚,外观肿势往往不明显。一般浅表的疮肿以赤色为多;而病患在深部的,则以皮色不变者居多,乃至脓熟亦仅透红一点。疔疮、有头疽等病,未溃脓之时由红肿色鲜转向暗红而无光泽,由高肿转为平塌下陷,这是邪毒走黄或内陷之危象。

(二)辨痛

疼痛是由多种因素导致气血凝滞、阻滞不通而形成的一个症状,是外科病最常见的自觉症状之一。疼痛增剧与减轻常为病势进展与消退的标志。临床上常根据疼痛表现的体征、发作的情况与肿痛并发等情况,来辨别其成因与性质,作出疾病诊断与辨证判断。

笔记栏

1. 辨疼痛的成因

热性疼痛者,皮色焮红,灼热疼痛,遇冷则痛减。见于阳证疮疡。

寒性疼痛者,皮色不红,不热,酸痛,得温则痛缓。如动脉硬化闭塞症、血栓闭塞性脉管炎等。

风性疼痛者，痛无定处，忽彼忽此，走注甚速。

因气疼痛者，攻痛无常，时感抽掣，喜缓怒甚。如乳腺增生症等。

因湿疼痛者，多伴有肢体沉重、凹陷性水肿、流液等，或发生于人体下部者。如慢性下肢溃疡、深静脉血栓形成等。

因痰疼痛者，疼痛轻微或无，皮色不变，日久不消。如脂肪瘤、皮脂腺囊肿等。

化脓时的疼痛，肿势急胀，痛无止时，如有鸡啄，按之中软应指。见于疮疡成脓期。

瘀血时的疼痛，初起隐痛，微胀，微热，皮色暗褐，继则皮色青紫而胀痛。见于创伤。

2. 辨疼痛的发作

猝痛者，突然发作，疼痛急剧。多见于急性疾患。

阵发痛者，时轻时重，时痛时停。见于肠梗阻等。

持续痛者，痛无休止，持续不减。多见于疮疡阳证未溃时。痛势缓和，持续较久，多见于阴证初起。

3. 辨疼痛的性质

刺痛：痛如针刺，病变多在皮肤。如蛇串疮。

灼痛：痛而有灼热感，多见于病在肌肤的阳证疼痛。如疖、有头疽、颜面疔疮、丹毒、烧伤等。

裂痛：撕裂样疼痛，病变多在皮肉。如肛裂、手足皲裂较深者。

钝痛：与刺痛相反，反应不甚，疼痛滞钝，病变多在骨与关节间。如骨关节慢性化脓性疾病、骨髓炎转入慢性阶段者。

酸痛：疼痛伴有酸楚感。多见于寒痛、关节病变。如骨关节慢性化脓性疾病。

抽掣痛：牵掣作痛，并放射传导至邻近部位。常见于恶性肿瘤，如乳癌、甲状腺癌、肿瘤晚期颈部淋巴结转移等。

啄痛：痛如鸡啄，呈有节律性跳痛。多见于阳证疮疡如手部疔疮、化脓性乳腺炎等化脓之时。

4. 辨肿痛并作　在外科疾病中，肿、痛往往同时出现，而且机理相似，因此，在辨证时不能孤立地进行分辨，应将肿和痛结合起来看待。

先肿后痛者，其病浅在肌肤，如颈部化脓性淋巴结炎。

先痛后肿者，其病深在筋骨，如化脓性骨髓炎。

痛发数处，同时肿胀并起，或先后相继者，为多发深部肌肉脓肿。

肿势蔓延而痛在一处的，是毒已渐聚；肿势散漫而无处不痛的，是毒邪四散，其势方张。

肿块坚硬如石不移，不痛或微痛，日久逐渐肿胀时觉掣痛者，常为癌性疼痛。

（三）辨痒

痒是一种皮肤不适，引人欲抓的感觉。瘙痒多伴各种皮损表现，如脱屑、丘疹、水疱、风团等。多见于皮肤病，疮疡也有发生。因其原因不一，过程不同，情况也各异。

1. 因其原因来辨

风胜作痒：走窜无定，遍体作痒，抓破血溢，随破随收，不致化腐，多为干性。如银屑病、神经性皮炎、荨麻疹等。

湿胜作痒：浸淫四窜，黄水淋漓，易沿表皮蚀烂，越腐越痒，多为湿性，或有传染性。如急性湿疹、脓疱疮等。

热胜作痒：皮肤隐疹，焮红灼热作痒，或只发于暴露部位，或遍布全身，甚则糜烂、滋水淋漓，结痂成片，常不传染。如接触性皮炎。

虫淫作痒：浸淫蔓延，黄水频流，状如虫行皮中，其痒尤甚，最易传染。如手足癣、疥疮等。

血虚作痒：皮肤变厚、干燥、脱屑、作痒，很少糜烂滋水。如慢性湿疹、银屑病、神经性皮炎等慢性皮肤病。

2. 以其过程来辨

肿疡作痒：一般较为少见，如有头疽、疔疮初起，局部肿势平坦，根脚散漫，脓犹未化之时，可有

笔记栏

作痒的感觉，这是毒势炽盛，病变继续发展的趋势。特别是皮肤炭疽，只痒不痛，而病情更为严重。又如急性化脓性乳腺炎等，经治疗后局部根脚收束，肿痛已减，余块未消之时，也有痒的感觉，这是毒势已衰，气血通畅，病变开始消散。

溃疡作痒：如痈疽溃后，肿痛渐消，忽然患部感觉灼热奇痒，常由于脓液浸渍皮肤，护理不善所致；或因应用汞剂、砒剂、敷贴膏药等引起皮肤过敏所致。如溃疡经治疗后，引流已畅，四周余肿未消之时，或腐肉已脱、新肌新生之际，而皮肉间感觉微微作痒，这是毒邪渐化，气血渐充，助养新肉，将要收口的佳象。

（四）辨脓

脓由气血所化生，因皮肉之间热胜肉腐蒸酿而成。成脓是肿疡在不能消散阶段出现的主要表现，是外科疮疡发展、转归的重要环节，破溃出脓是正气载毒外泄的好现象。肿疡成脓期要辨脓之有无、部位深浅。脓成既溃之后，必须通过望脓的形质、色泽，嗅脓的气味变化，以判断体质的盛衰、病情的顺逆。

按触法

1. 辨脓的有无 可以通过按触法、透光法、点压法和穿刺法等多种方法来进行。

（1）按触法：把两手食指的指端轻放于脓肿患部，相隔适当的距离，然后以一手指端稍用力反复按压，另一手指端即有一种波动的感觉，这种波动感称为应指。经多次及左右相互交替试验，若应指明显者为有脓。在检查时注意两手指端应放于相对的位置，并且在上下左右四处互相垂直的方向检查。若脓肿范围较小，则用左手拇、食两指固定于脓肿的两侧，以右手的食指按压脓肿中央，如有应指的为有脓。

透光法

（2）透光法：医生以左手遮着患指（趾），右手持手电筒放在被检查的指（趾）的下面，从下向上照射，观察指（趾）的背面，未化脓时，清晰鲜红，如见有黑色的阴影则为有脓。此法适用于辨指（趾）甲下的脓。

（3）点压法：手指部的脓肿在脓液很少的情况下，可用点压法检查，简单易行。用大头针尾或火柴头等小的圆钝物，在感染区域轻轻点压，如测得有局限性的剧痛点，显示已有脓肿形成，而剧痛的压痛点即为脓肿部位。

穿刺法

（4）穿刺法：深部的脓肿，当脓已成而脓不多，用按触法辨脓有困难时，可采用注射器穿刺抽脓方法。这种方法不仅可以用来辨别脓的有无，而且可以用来采集脓液标本。在操作时必须注意严格消毒，以及穿刺部位进针的深度等，必要时可在B超介入下进行。

（5）脉诊法：以脉象来辨脓之有无，是中医学独特的辨脓方法，尤其是对内脏脓肿的诊断更具实际意义。一般不论内外，浮数者脓未成，有望消散；紧数者，脓虽未成，但毒已结聚，消散无望，治宜透托；紧去但数者，脓已成，洪数者，脓大成。

2. 辨脓的部位深浅 切开之前，首先辨清脓肿的深浅。

肿块高突，中有软陷，或其上薄皮剥起，或轻按便痛而应指者，病位浅。

肿势平坦，皮厚，不热或微热，不红或微红，重按方痛而应指者，病位深。

3. 辨脓的形质、色泽和气味

（1）辨脓的形质：宜稠不宜清。一般来讲，脓稠厚者，元气较充；淡薄者，元气虚弱。如先出黄稠脓液，后出黄稠滋水，为将敛佳象。薄脓转为厚脓，为体虚渐复，收敛佳象。如脓由稠厚转为稀薄，为体质渐衰，一时难敛。如脓成日久不溃，一旦溃破，脓质虽如水直流，但其色不晦，其气不臭，未为败象。如脓稀似粉浆污水，或夹有败絮状物质，而色晦腥臭者，为气血衰竭的败象。

（2）辨脓的色泽：宜明净不宜污浊。黄白质稠，色泽鲜明，为气血充足之佳象。黄浊质稠，色泽不洁，为气火有余。黄白质稀，色泽洁净，气血虽虚，不是败象。脓色绿黑稀薄，为蓄毒日久，有损筋伤骨的可能。脓中夹有瘀血色紫成块者，为血络损伤。脓色如姜汁，则每多兼患黄疸，病势较重。

笔记栏

（3）辨脓的气味：脓液略带腥味、质稠厚者，多为顺证；脓液腥秽恶臭、质薄者，多是逆证，而且常是穿膜损骨之征。见到蟹沫样物，为内膜已透，属难治之证。

（五）辨肿块

肿块是指体内或体外新生的肿物，是外科疾病中很常见的一种表现。遇到肿块，要辨清其位置、大小、形态、活动度、硬度、边界、疼痛等。

1. 位置 发生在体表的肿物，要辨清楚在皮、在肉、在筋、在脉、在骨。如果其表面的皮肤不能捏起的，说明该肿块在皮内，如皮脂腺囊肿、猪囊虫、汗腺瘤、基底细胞瘤等；肿块在皮下滑动者，说明肿块在皮下，见于体表的一些良性肿瘤，如脂肪瘤、纤维瘤、甲状腺瘤、乳房纤维腺瘤等；肿块随肌肉肌腱伸缩而移动的，见于腱鞘囊肿；若按之柔软似绵，压缩性很大，可能是海绵状血管瘤；触之固定不移，推之不动，与皮肤无粘连者，见于骨瘤、骨疣等；发于腹部者，收紧腹部肌肉后，肿块反而明显的，为腹壁肿块，不明显的，表示肿块位于腹内。肿块的来源多是该区域的脏器和组织，如右下腹肿块可能是回盲部的结肠癌等。

2. 大小 以前都是以实物比喻，如豆、如花生米、如枣、如核桃、如鸡蛋等。现在一般以厘米计算，但只是估算，准确的测量要靠影像学检查。

3. 形态 常见的肿块形态有扁平、扁圆、球形、卵圆、条索、分叶状及不规则形状等。表面是否光滑可协助判定其性质，良性肿瘤因为有完整的包膜，触诊时表面多光滑，而恶性肿瘤多无包膜，表面粗糙，高低不平，且形状不一。

4. 活动度 根据肿块的活动度可以确定肿块的位置或性质。一般来说是良性的肿块活动好，恶性的活动差。但有的肿块不活动或活动差，却不一定是恶性的，如皮样囊肿，镶嵌在颅骨上，致使颅骨凹陷，推之难移。

5. 硬度 从肿块的软硬度可以判定其性质。如骨瘤或恶性肿瘤质地坚硬如石；脂肪瘤则柔软如绵。但有时候囊性疾病伴有囊内出血时，触诊也很硬。

6. 边界 界限清楚的多是良性肿块，不清楚的可能是恶性肿块。炎性肿块或良性肿块感染者，界限也不清楚，要注意分辨。

7. 疼痛 肿块初起多无疼痛。合并感染，或良性肿块出现积压，或恶性肿瘤中后期破溃、压迫周围组织时，可有不同程度的疼痛。

（六）辨麻木

麻木是经脉阻塞之故，或因气血不运，或因热毒炽盛。脱疽早期患肢麻木且冷，为气血不运，脉络阻塞，常易致筋骨腐烂，顽固难愈。疔疮、有头疽坚肿色褐，麻木不知痛痒，伴有较重的全身症状，为毒邪炽盛，常易导致走黄和内陷。

（七）辨溃疡形色

溃疡多由肿疡溃破形成。因疾病性质不同、正气强弱有异，溃疡的形态和色泽也不同。辨溃疡的形色，对疾病的诊断和预后判定都有帮助。

1. 辨溃疡的形态 不同疾病形成的溃疡，形态各异，根据其形态特点可以作出初步诊断。如一般化脓性溃疡，疮边整齐，周围皮肤微微红肿，口大底小，内有少量脓性分泌物。压迫性溃疡，初期皮肤紫黯，很快变黑坏死、液化、流水、腐烂，深浅不一。癌性溃疡，疮面多翻花如岩穴，有的在溃疡底部见有珍珠样结节，内有紫黑坏死组织，渗流血水，伴腥臭味。结核之溃疡，疮口呈凹陷形或潜行性空腔或伴漏管，疮面肉色不鲜，脓水清稀，并夹有败絮状物，愈合缓慢，反复破溃，经久难愈。骨髓炎、关节结核之溃疡，疮口呈凹陷形，常伴漏管形成。麻风溃疡呈穿凿形，常可深及骨部。梅毒性溃疡，多呈半月形，其边缘削直如凿或略微内凹，基底高低不平，存有稀薄臭秽分泌物。

2. 辨溃疡的色泽 观察溃疡的色泽，可以了解正气是否虚衰、属阴还是属阳。一般阳证溃疡，色泽红活鲜润，疮面脓液稠厚黄白，腐肉易脱，新肉易生，疮口易收，知觉正常；阴证溃疡，疮面色泽灰暗，脓液清稀，或时流血水，腐肉不易脱落，或虽脱而新肉不生，疮口经久难敛，疮面不知痛痒。如疮顶突然陷黑无脓，四周皮肤暗红，肿势扩散，多为疔疮走黄之象。如疮面腐肉已尽，而脓水灰薄，新肉不生，状如镜面，光白板亮，为虚陷之象。

笔记栏

三、经络辨证

经络辨证是根据经络学说对临床资料进行分析，判断病属经络与脏腑、体表的联系，从而指导临床治疗的方法。对照病位和经络循行及脏腑所属，可以推求病在何经，或为循经用药提供依据。

（一）人体各部所属经络

头顶正中属督脉，两旁属足太阳膀胱经。

面部、乳部属足阳明胃经(乳房属胃经，乳外属足少阳胆经，乳头属足厥阴肝经)。

耳部前后属足少阳胆经和手少阳三焦经。

手心属手厥阴心包经；足心属足少阴肾经。

背部总属阳经(因背为阳，中行为督脉之所主，两旁为足太阳膀胱经)。

臂部外侧属手三阳经，内侧属手三阴经。

腿部外侧属足三阳经，内侧属足三阴经。

腹部总属阴经(因腹为阴，中行为任脉所主)。

其他如生于目部的为肝经所主；生于耳内的为肾经所主；生于鼻内的为肺经所主；生于舌部的为心经所主；生于口唇的为脾经所主。

（二）具体运用

血多凝滞甚，气少外发缓。凡外疡发于多血少气之经(如手太阳小肠经、足太阳膀胱经、手厥阴心包经、足厥阴肝经)，治疗时要注重破血，注重补托。

气多结必甚，血少收敛难。发于多气少血之经(手少阳三焦经、足少阳胆经、手少阴心经、足少阴肾经、手太阴肺经、足太阴脾经)，治疗时要注重行气，注重滋养。

发于多气多血之经(手阳明大肠经、足阳明胃经)者，病多易溃易敛，实证居多，治疗时要注重行气活血。

临床上，还经常结合经络辨证选用一些引经药物，使药力直达患处，以提高疗效。如入手太阳经的黄柏、藁本，入足太阳经的羌活，入手阳明经的升麻、石膏、葛根，入足阳明经的白芷、升麻、石膏，入手少阳经的柴胡、连翘、地骨皮(上)、青皮(中)、附子(下)，入足少阳经的柴胡、青皮，入手太阴经的桂枝、升麻、白芷、葱白，入足太阴经的升麻、苍术、白芍，入手厥阴经的柴胡、丹皮，入足厥阴经的柴胡、青皮、川芎、吴茱萸，入手少阴经的黄连、细辛，入足少阴经的独活、知母、细辛等。

四、部位辨证

部位辨证，是指按疾病发生在身体的上、中、下不同部位进行辨证的方法。

1. 上部辨证　上部包括头面、颈项和上肢。该处犯病，多风多热，来势迅猛，忽起忽消，根脚收束，肿势高突，疼痛剧烈，溃疡脓稠而黄。常见疾病如面部的疔、痈、疖，皮肤的斑秃、脓疱疮，颈部的痈、有头疽，上肢的疖、疗等。

2. 中部辨证　中部包括胸、腹、腰、背。该部为五脏六腑所居，十二经所过，是人体气机升降的枢纽，气血化生、运行、转化的部位。该处犯病多有情志不畅的刺激史，或素有性格郁闷，多为脏腑功能失调，属气郁火郁。如情志内伤的气机郁滞，郁极还可化火；饮食不节、劳伤虚损、气血凝滞、痰湿凝滞的脏腑功能失和。出现的症状多为呕恶上逆，胸胁胀痛，腹痛，腹胀痞满，纳食不化，便秘溲赤等。常见的疾病如乳腺肿块、腋胁背部的感染、急腹症、肠梗阻、带状疱疹及各种肿瘤等。

3. 下部辨证　下部包括臀、前后二阴、腿、胫、足。该部发病多夹湿邪，或寒湿，或湿热。常见症状有沉重不爽、二便不利，或肿胀如绵，或红肿流滋，或创面紫黯、腐肉不脱、新肉不生。常见疾病如慢性下肢溃疡、动脉硬化闭塞症、下肢深静脉血栓形成、睾丸或附睾的化脓性疾病、附睾结核、鞘膜积液等。

笔记栏

五、辨善恶顺逆

辨善恶顺逆是古代医家通过大量临床观察总结而形成的一套判断疮疡疾病预后好坏的辨证方法。最早载见于宋代《太平圣惠方》,有“五善七恶”之说。迨至明代《外科正宗》始创立五善七恶配合五脏的学说。

善是指虽然患病,但是全身情况尚好的状态。因此,判断其预后较好。

恶是指患病后全身情况不好,症状严重的病态。因此,判断其预后较差。

顺证是指疾病按其发展正常顺序呈现应有的临床表现的病证。是疾病的正常转归,提示预后较好。

逆证是指疾病发展呈现不应有的临床表现的病证。是疾病的异常转归,多提示预后严重,或凶险难治。

仔细分析五善七恶配合五脏的学说,不难发现五善七恶侧重于全身状态的观察,而顺逆证的判断,则多以疮疡局部表现为观察内容。

(一) 辨善证、顺证

1. 五善

心善:精神爽快,言语清亮,舌润不渴,寝寐安宁。

肝善:身体轻便,不怒不惊,指甲红润,二便通利。

脾善:唇色滋润,饮食知味,脓黄而稠,大便和调。

肺善:声音响亮,不喘不咳,呼吸均匀,皮肤润泽。

肾善:并无潮热,口和齿润,小便清长,夜卧安静。

2. 顺证

初起:由小渐大,疮顶高突,焮红疼痛,根脚不散。

已成:顶高根收,皮薄光亮,易脓易腐。

溃后:脓液稠厚黄白,色鲜不臭,腐肉易脱,肿消痛减。

收口:疮面红活鲜润,新肉易生,疮口易敛,感觉正常。

从上可以看出,善证与顺证者,由于正气未衰,气血尚充,能与病邪相争。发生疮疡后,其初起时根脚不散;已成时顶高根收,易脓易腐;溃后脓稠腐肉易脱,肿痛很快消失;收口时新肉易长,疮口易敛。因正能胜邪,毒邪不易扩散,不致侵及人体内脏,也无明显的全身症状。因此,预后良好。

(二) 辨恶证、逆证

1. 七恶

心恶:神志昏糊,心烦舌燥,疮色紫黑,言语呢喃。

肝恶:身体强直,目难正视,疮流血水,惊悸时作。

脾恶:形容消瘦,疮陷脓臭,不思饮食,纳药呕吐。

肺恶:皮肤枯槁,痰多音喑,呼吸喘急,鼻翼翕动。

肾恶:时渴引饮,面容惨黑,咽喉干燥,阴囊内缩。

脏腑败坏:身体浮肿,呕吐呃逆,肠鸣泄泻,口糜满布。

气血衰竭(阳脱):疮陷色暗,时流污水,汗出肢冷,嗜卧语低。

2. 逆证

初起:形如黍米,疮顶平塌,根脚散漫,不痛不热。

已成:疮顶软陷,肿硬紫黯,不脓不腐。

溃后:皮烂肉坚无脓,时流血水,肿痛不减。

收口:脓水清稀,腐肉虽脱,新肉不生,色败臭秽,疮口经久难敛,疮面不知痛痒。

笔记栏

从上可以看出,恶证与逆证者,多为正气虚衰,气血不足。正气虚衰,不能托毒外出;气血不足,气虚不能成其形,血虚不能华其色,并无以酿脓生肌。故疮疡初起时,顶塌根散,已成时,疮顶软陷,肿硬紫黯,不脓不腐;溃后肉坚无脓,肿痛不减;收口时无以助长新肉。更因毒邪扩散,内侵脏腑,则恶证频现,预后不佳。

善恶顺逆是可以相互转化的,临床上应注意,即使见到预后良好的善证、顺证,也不能疏忽,应时刻预防转成预后不良的恶证、逆证;若见到恶证、逆证,也不可惊惶,应及时进行救治,如治疗得当,也能转为善证、顺证。

(徐武清)

笔记栏

第五章　治　　法

导　学

通过学习，掌握中医外科内治法的常用方药及适应证、药物外治法的常用药物及其功效与适应证；熟悉内治法与外治法的应用注意事项，以及引流法、垫棉法、熏法、熨法、热烘疗法、溻渍法的内容；了解药物外治法的常用剂型、常用简易手术疗法的基本方法。

外科疾病的治疗方法，分内治与外治两大类。内治法的基本原则是从整体观念出发，进行辨证施治，许多治疗原则及方药与内科的大体相同，但是外科在长期的医疗实践中因所治病证不同也形成了许多不同于内科的治疗方法，如内治法中的透脓法、托毒法，外治法中的外用药物、手术疗法和其他疗法等，都是外科所独有的。在具体应用时，要根据患者的具体情况来确定具体的治疗法则。一般来说，临床上轻浅小恙或某些皮肤疾患，可以单用药物外治法获效，某些病证又必须施行手术，但大部分外科疾病都是需要内、外治并重而获得满意治疗效果的。

第一节　内治法

内治法主要是指通过药物内服而治病的方法。中医内治的方法非常丰富，分类方法也多，一般的做法是依据方药的功效而分类。就疮疡来说，古代医家总结有消、托、补三大内治法，主要是对应于疮疡的初期、中期、后期而提出的。因此，本教材将消、托、补三大法归入疮疡章分述。结合当代中医外科临床，药物内治法通常可分为解表法、清热法、通里法、温通法、祛痰法、理湿法、行气法、和营法、补益法、养胃法十大类。以下简述通常各法。

一、解表法

用解表发汗的药物，使邪从汗解的治疗方法。正如《内经》所说“汗之则疮已”之意。即通过发汗开泄腠理，使壅阻于皮肤血脉之间的毒邪随汗而解。具体应用时，当分辨风热、风寒，法分辛凉解表与辛温解表。

1. 常用方剂　辛凉解表方，如牛蒡解肌汤、银翘散；辛温解表方，如荆防败毒散、桂枝汤等。

2. 常用药物　辛凉解表药，如薄荷、桑叶、蝉衣、牛蒡子、连翘等；辛温解表药，如荆芥、防风、麻黄、桂枝、生姜等。

3. 适应证　辛凉解表用于外感风热证，疮疡焮红肿痛，或咽喉疼痛，或皮肤间出现急性泛发性皮损，皮疹色红，伴有恶寒轻，发热重，汗少，口渴，小便黄，苔薄黄，脉浮数者。如颈痈、乳痈、瘾疹（风热犯表证）等。辛温解表用于外感风寒证，疮疡肿痛酸楚，或皮肤间出现急性泛发性皮损，皮疹色白，或皮肤麻木，伴有恶寒重，发热轻，无汗，头痛，身痛，口不渴，苔白，脉浮紧者。如瘾疹（风寒束表证）。

4. 注意　疮疡溃后，日久不敛，体质虚弱者，即使有表证存在，也不宜发汗太过，否则汗出过多，体质更虚，易引起痉厥、亡阳之变。所以《伤寒论·辨太阳病脉证并治》说：“疮家，身虽疼痛，不可发

笔记栏

汗,汗出则痉。”

二、清热法

用寒凉的药物,使内蕴之热毒得以清解的治疗方法。在具体运用时,必须分清热之盛衰、火之虚实。实火,宜清热解毒。热在气分者,当清热泻火;邪入营血者,当清营凉血。阴虚火旺者,当养阴清热。

1. 常用方剂 清热解毒方,如五味消毒饮;清热泻火方,如黄连解毒汤;清营凉血方,如犀角地黄汤、清营汤;养阴清热方,如知柏地黄丸;清骨蒸潮热方,如清骨散。

2. 常用药物 清热解毒药,如蒲公英、紫花地丁、金银花、野菊花等;清热泻火药,如黄连、黄芩、山栀、石膏、知母等;清营凉血药,如水牛角、鲜生地、丹皮、赤芍、紫草、大青叶等;养阴清热药,如生地、玄参、麦冬、龟板、知母等;清骨蒸潮热药,如地骨皮、青蒿、鳖甲、银柴胡等。

3. 适应证 清热解毒法适用于红肿热痛,发病急骤,毒邪证情较重的阳证,如疮疡中的疔疮、痈、有头疽等。清热泻火法适用于灼热肿痛,火邪证情明显的阳证,如颈痈、流注、附骨疽、接触性皮炎、脓疱疮等,伴发热,口渴,喜冷引饮,大便燥结,小便短赤,苔薄黄或黄腻,脉数或滑数等。临床上清热解毒法与清热泻火法有时不能截然分开,常合并应用。清营凉血法适用于焮红灼热,血热证情明显的外科疾病,如烂疔、发、大面积烧伤,皮肤病出现红斑、瘀点、灼热,如丹毒、红斑狼疮,可伴有高热,口渴不喜饮,舌红,苔黄腻,脉弦数或弦滑数等。以上三法在热毒炽盛时可同时运用。若热毒内传而见烦躁不安,神昏谵语,舌红绛,苔焦黑而干,脉洪数或细数,如疔疮走黄、有头疽内陷,又当加清心开窍法,常用方药为安宫牛黄丸或紫雪丹。养阴清热法用于阴虚火旺的慢性病证,如红斑狼疮,或走黄、内陷后阴伤有热者。清骨蒸潮热法用于瘰疬、流痰等虚热不退的病证。

4. 注意 应用清热药切勿太过,必须兼顾胃气,如过用苦寒,势必损伤胃气,而致嗳气、反酸、便溏、纳呆等症状。尤其在疮疡溃后体质虚弱者更宜注意,过投寒凉易影响疮口愈合。

三、通里法

用泻下药物使蓄积在脏腑内部的毒邪得以疏通排出,从而达到除积导滞、逐瘀散结、泻热定痛、邪去毒消为目的的治疗方法。通里法又分为攻下(寒下)和润下两法。

1. 常用方剂 攻下法,如大承气汤、凉膈散、内疏黄连汤;润下法,如润肠汤。

2. 常用药物 攻下药,如大黄、枳实、槟榔、芒硝、番泻叶;润下药,如瓜蒌仁、火麻仁、郁李仁、蜂蜜等。

3. 适应证 攻下法用于表证已罢,热毒入腑,内结不散。如外科疾病的阳热实证,焮红高肿,疼痛剧烈,皮肤病皮损焮红灼热,伴口干饮冷,壮热烦躁,呕恶便秘,苔黄腻或黄糙,脉沉数有力者。润下法用于阴虚肠燥便秘。如疮疡、肛肠病、皮肤病等阴虚火旺证,胃肠津液不足,口干食少,大便秘结,脘腹痞胀,苔黄腻或薄黄,舌干红,脉细数者。

4. 注意 运用通里攻下法时,必须严格掌握适应证,年老体衰、妇女妊娠或月经期更宜慎用。使用时应中病即止,不宜过剂,否则会损耗正气,尤其在化脓阶段,过下之后,正气一虚,则脓腐难透,疮势不能起发,反使病情恶化。且若用之不当,损伤肠胃,耗伤正气,易使毒邪内陷。

四、温通法

用温阳散寒、通经活络的药物,使阴寒凝滞之邪得以消散的治疗方法。是治疗寒证的主要治疗方法。临床运用时,分温经通阳,散寒化痰和温经散寒,祛风化湿两法。

1. 常用方剂 温经通阳,散寒化痰方,如阳和汤;温经散寒,祛风化湿方,如独活寄生汤。

2. 常用药物 温经通阳,散寒化痰药,如附子、肉桂、干姜、桂枝、麻黄、白芥子等;温经散寒,祛风化湿药,如细辛、桂枝、生姜、羌活、独活、桑寄生、秦艽等。

3. 适应证 温经通阳,散寒化痰法,适用于体质虚寒痰阻于筋骨,出现患处隐隐酸痛,漫肿不

笔记栏

显，不红不热，口不作渴，形体恶寒，小便清利，苔白，脉迟等内寒现象者，如流痰、脱疽等。温经散寒，祛风化湿法，适用于体虚风寒湿邪袭于筋骨，出现患处酸痛麻木，漫肿，不红不热，恶寒重，发热轻，苔白腻，脉迟紧等外寒证。

4. 注意　阴虚有热者不可施用本法，因温燥之药能助火劫阴，若应用不当，能造成其他变证。临床上应用温通法多配以补气养血、活血通络之品以提高疗效。

五、祛痰法

用咸寒化痰散结的药物，达到消肿散结，软坚化痰的目的，使因痰凝聚之肿块得以消散的治疗方法。一般来说，痰不是疮疡发病的主要原因，而是多种致病因素所引起的一种病理产物，多因外感六淫，或内伤情志，以及体质虚弱等，使水液运行气机阻滞凝聚而成。因此，祛痰法在临床运用时，大多是针对不同病因，配合其他治法，才能达到化痰、消肿、软坚的目的。临床上一般有疏风化痰、解郁化痰、软坚化痰等法。

1. 常用方剂　疏风化痰方，如牛蒡解肌汤合二陈汤；解郁化痰方，如逍遥散合二陈汤；软坚化痰方，如海藻玉壶汤。

2. 常用药物　疏风化痰药，如牛蒡子、薄荷、夏枯草、陈皮、半夏、杏仁等；解郁化痰药，如柴胡、川楝子、郁金、海藻、昆布、贝母、香附、白芥子等；软坚化痰药，如海藻、昆布、浮海石等。

3. 适应证　疏风化痰法，适用于风热夹痰的病证，如颈痈结块肿痛。解郁化痰法，适用于气郁夹痰的病证，如瘰疬、乳癖、肉瘿等。软坚化痰法，适用于痰凝血瘀的病证，如肉瘿、石瘿、瘤等。

4. 注意　因痰所致的外科病，每与气滞、火热相合，故慎用温化之品，以免助火生热。临床应用可根据病变部位经络脏腑之所属而随经用药，如病在颈项腮颐加疏肝清火之品；病在乳房加清泄胃热之品。

六、理湿法

用化湿、淡渗、燥湿的药物，以祛除湿邪的治疗方法。外科疾病中由湿邪而致者，多夹热，其次夹风、夹寒。因此，理湿法很少单独使用，多结合清热、祛风、散寒等法应用。

1. 常用方剂　清热利湿方，如二妙丸、萆薢渗湿汤、五神汤、龙胆泻肝汤等；祛风除湿方，如豨莶丸。

2. 常用药物　化湿药，如藿香、佩兰、砂仁等；燥湿药，如苍术、厚朴、半夏、陈皮等；淡渗利湿药，如萆薢、滑石、薏苡仁、茯苓、车前草等；祛风湿药，如地肤子、豨莶草、威灵仙等。

3. 适应证　外科疾病兼有身体倦怠、脘腹胀闷、胃纳不馨、口甘多涎、大便溏薄，舌苔白腻者，用化湿法；苔厚腻者，用燥湿法，或化湿燥湿合用。下肢疮疡，皮肤病有糜烂渗液者，多用利湿法。清热利湿法，适用于湿热并见之证，如湿疹、接触性皮炎、臁疮等肌肤焮红作痒，滋水淋漓者，用二妙丸、萆薢渗湿汤；患处灼热肿痛，热重于湿，如委中毒、附骨疽等，可选用五神汤；若病变在肝经部位，且因湿热引起的乳发、脐痈、囊痈、蛇串疮等病，则宜清泻肝火、湿热，可用龙胆泻肝汤。祛风除湿法，适用于风湿袭于肌表之病，如白癜风，可用豨莶丸。

4. 注意　湿为黏腻之邪，易聚难化，常与热、风、寒、暑等邪相合而发病，故治疗时必须同时应用清热、祛风、散寒、清暑等法。理湿药过用每能伤阴，故阴虚、津液亏损者宜慎用或不用。

七、行气法

用疏肝理气的药物，使气机条达，气血调和而肿块消散，疼痛减轻的治疗方法。因气为血帅，气行则血行，气滞则血凝，故行气之时，多与活血药配合使用；又气郁则水湿不行，聚而成痰，故行气药又多与化痰药合用。

1. 常用方剂　逍遥散、清肝解郁汤。

2. 常用药物　柴胡、香附、青皮、陈皮、木香、乌药、金铃子、延胡索等。

笔记栏

3. 适应证 病因气机郁滞所致肿块坚硬，不红不热，或肿势皮紧内软，随喜怒而消长，如气瘿、乳癖、乳岩等病。

4. 注意 行气药多香燥辛温，易耗气伤阴，故气虚、阴虚或火盛的患者慎用。此外，行气法在临床上常与祛痰、和营等法配合使用。

八、和营法

用调和营血的药物，使经络疏通，血脉调和流畅，从而达到疮疡肿消痛止的治疗方法。疮疡的形成虽与多种致病因素有关，但其病理多因“营气不从，逆于肉里”而成，故和营法在外科内治法中应用广泛。此外，和营活血法也是治疗皮肤病的一种主要方法。

1. 常用方剂 桃红四物汤、活血化坚汤。

2. 常用药物 桃仁、红花、当归、赤芍、丹参、川芎、泽兰等。

3. 适应证 凡有瘀血见症如舌质紫黯，有瘀斑、瘀点，腹腔肿块和局部瘀血者，皆可用之。皮肤病中凡有瘀血见症，如皮肤结节、赘生物（疣、瘤等）、肿块以及局部皮肤肥厚，硬化性皮损等亦可应用。

4. 注意 和营法在临床上常需与其他治法合并应用，若有寒邪者，宜与祛寒药同用；血虚者，宜与养血药同用；痰、气、瘀互结为患，宜与理气化痰药同用。和营祛瘀的药品，一般性多温热，所以火毒炽盛的疾病慎用，以防助火；对气血亏损者，破血药也不宜过用，以免伤血。

九、补益法

用补虚扶正的药物，使体内气血充足，消除各种虚弱现象的治疗方法。补益法通常分为益气、养血、滋阴、温阳等四法。在疮疡病后期，常用于恢复人体正气，助养新肉生长，促进疮口早日愈合。

1. 常用方剂 益气方，如四君子汤；养血方，如四物汤；滋阴方，如六味地黄丸；温阳方，如肾气丸、右归丸。

2. 常用药物 益气药，如党参、黄芪、白术、茯苓；养血药，如当归、熟地、白芍、鸡血藤；滋阴药，如生地、玄参、麦冬、女贞子、旱莲草、玉竹；温阳药，如附子、肉桂、仙茅、淫羊藿、巴戟肉、鹿角片等。

3. 适应证 凡具有气虚、血虚、阳虚、阴虚症状者，均可用补法。适用于疮疡中后期、皮肤病等凡有气血不足及阴阳虚损者。若肿疡疮形平塌散漫，顶不高突，成脓迟缓，溃疡日久不敛，脓水清稀，神疲乏力者，可用补益气血法；若呼吸气短，语声低微，疲乏无力，自汗，饮食不振，舌淡苔少，脉虚无力者，宜以补气为主；若面色苍白或萎黄，唇色淡白，头晕眼花，心悸失眠，手足发麻，脉细无力者，宜以补血为主；若皮肤病皮损出现干燥、脱屑、肥厚、粗糙、皲裂、苔藓样变，毛发干枯脱落，伴有头晕眼花、面色苍白等全身症状者，宜养血润燥；疮疡或皮肤病等症见口干咽燥，耳鸣目眩，手足心热，午后潮热，形体消瘦，舌红少苔，脉细数者，宜以滋阴法治之；疮疡肿形散漫，不易酝脓腐溃，溃后肉色灰暗，新肉难生，舌淡，苔薄，脉微细，宜以温阳法治之。此外，乳房病或皮肤病中兼冲任不调者，宜用补肾法以调冲任。

4. 注意 疾病有气虚或血虚、阴虚或阳虚，也有气血两虚、阴阳互伤者，应用补法时宜以见不足者补之为原则。如肛门病中小儿、老年人的脱肛，属气虚下陷，可用补中益气汤以补气升提；如失血过多者，每能伤气，气虚更无以摄血，故必须气血双补；又如孤阴不生，独阳不长，故温阳法中每佐一两味滋阴之品，滋阴法中常用一两味温阳药。此外，一般阳证溃后多不用补法，如需应用，也多以清热养阴醒胃为法，当确显虚象之时方加补益之品。补益法若用于毒邪炽盛，正气未衰之时，不仅无益，反有助邪之弊。若火毒未清而见虚象者，当以清理为主，佐以补益之品，切忌大补。若元气虽虚，胃纳不振者，应先以健脾醒胃为主，尔后再进补。

笔记栏

十、养胃法

用调补脾胃的药物，使脾胃健运，纳谷旺盛，从而促进气血生化的治疗方法。疮疡溃后脓血大泄,必须靠水谷之营养,以助气血恢复,加速疮口愈合;若胃纳不振,则生化乏源,气血不充,溃后难敛。养胃法在具体运用时,分理脾和胃、和胃化浊及清养胃阴等法。

1. 常用方剂 理脾和胃方,如异功散;和胃化浊方,如二陈汤;清养胃阴方,如益胃汤。

2. 常用药物 理脾和胃药,如党参、白术、茯苓、陈皮、砂仁等;和胃化浊药,如陈皮、茯苓、半夏、厚朴、竹茹、谷芽、麦芽等;清养胃阴药,如沙参、麦冬、玉竹、生地、天花粉等。

3. 适应证 理脾和胃法,用于脾胃虚弱,运化失职,如溃疡兼纳呆食少,大便溏薄,舌淡,苔薄,脉濡等症;和胃化浊法,适用于湿浊中阻,胃失和降,如疔疮或有头疽溃后,症见胸闷泛恶,食欲不振,苔薄黄腻,脉濡滑者;清养胃阴法,适用于胃阴不足,如疔疮走黄、有头疽内陷、大面积烧伤等见口干少液而不喜饮,胃纳不香,或伴口糜、舌光红、脉细数者。

4. 注意 理脾和胃、和胃化浊两法的运用,适应证中均有胃纳不佳之症,但理脾和胃法适用于脾虚而运化失常,和胃化浊法适用于湿浊中阻而运化失常,区分的要点在于腻苔之厚薄、舌质淡与不淡,以及有无便溏、胸闷、呕恶之症。而清养胃阴法,重点在于抓住舌光质红之症。如果三法用之不当,则更增胃浊或更伤其阴。

由于外科疾病的病情变化错综复杂,以上十法每法均各有其适应证,在具体运用时应根据全身和局部情况,按病情的变化和发展,抓住主要矛盾,力争精确辨证选方用药,以取得满意治疗效果。

第二节 外治法

外治法是指运用药物、手术或配合一定的器械等,直接作用于患者体表某部或病变部位而达到治疗目的的治疗方法。外治法是与内治法相对而言的治疗法则,是中医辨证施治的另一种体现。《理瀹骈文》说:"外治之理,即内治之理,外治之药,即内治之药,所异者法耳。"指出外治法虽然与内治法不同,但其使用药物与临床思维的原则应该是一致的,同样都要进行辨证施治。

中医外科常用的外治法可分为药物外治法、手术疗法和其他疗法三大类。各种疗法有其不同的适应证,具体应用时要根据疾病不同的情况,选择适宜的治疗方法。现代中医外科临床上以药物外治疗法最为常用而具特色与优势。

一、药物外治法

药物外治法是根据疾病所在的部位不同,以及病程发展变化所需,将药物制成不同的剂型施用于患处,使药力直达病所,从而达到治疗目的的一种方法。

药物外治法常用的剂型有膏药、油膏、油剂、糊剂、鲜草药、散剂、酊剂、混悬剂、溶液等。

(一)膏药(硬膏)

膏药古称薄贴,俗称药肉。膏药是按配方用若干药物浸于植物油中煎熬,去渣存油,加入黄丹再煎,利用黄丹在高热下发生物理变化凝结而成的黑色树脂样制剂。也有不用煎熬,经捣烂后再用竹签将药肉摊在纸或布上而成的膏药制剂。现在许多传统硬膏已制成胶布型膏药。

1. 常用药物及适应证 太乙膏、千锤膏、阳和解凝膏、咬头膏。一般适用于疮疡性疾病。由于膏药方剂的组成不同,药物有温凉之异,应用时应注意各膏药不同的适应证。

太乙膏,性偏清凉,功能消肿、清火、解毒、生肌,适用于阳证肿疡、溃疡。

千锤膏,性偏寒凉,功能消肿、解毒、提脓、祛腐、止痛,适用于红肿热痛明显之阳证疮疡。

阳和解凝膏,性偏温热,功能温经和阳、祛风散寒、调气活血、化瘀通络,适用于疮形不红不热、漫肿无头之阴证疮疡未溃者。

咬头膏,功能蚀破疮头,适用于肿疡脓成,不能自破,又不愿接受手术切开排脓者。

笔记栏

2. 用法　使用前须加温软化，趁热敷贴患部。薄型膏药多适用于溃疡，宜勤换；厚型膏药多适用于肿疡，宜少换，一般3～5天调换1次。

3. 注意　膏药敷贴后，有时会引起皮肤焮红，或起丘疹、水疱，瘙痒异常，甚则溃烂等现象，古文献称为膏药风。是因药物致皮肤过敏而引起；或溃疡脓水过多，由于膏药不能吸收脓水，浸渍疮口，浸淫皮肤而引起湿疹。凡见此等情况，可以改用油膏或其他药物。此外，膏药不可去之过早，以免疮面受伤溃破；或使创面形成红色瘢痕，不易消退，有损美观。

（二）油膏（软膏）

传统油膏是以动物油脂、植物油脂、凡士林、蜂蜡等油脂性物质为基质，与配方药物煎熬或捣匀成膏的制剂，相对于硬膏而称软膏。现代制作的软膏则多是将药物研成细末或提取液体或有效成分，与凡士林等基质配成的半固体膏状制剂。或加入乳化剂制成的称为乳膏。具有柔软、滑润、无板硬黏着不舒等优点。现代临床常用乳膏代替油膏。

1. 常用药物及适应证　金黄膏、玉露膏、冲和膏、回阳玉龙膏、生肌玉红膏、疯油膏、青黛散油膏、消痔膏、硫黄乳膏等。一般适用于肿疡、溃疡，皮肤病具有渗液不多、结痂、皲裂、苔藓样变的皮损。

金黄膏、玉露膏，功能清热解毒、消肿止痛、散瘀化痰，适用于阳证肿疡。金黄膏长于除湿化痰，对肿而有结块，尤其是急性炎症控制后形成的慢性迁延性炎症更为适宜；玉露膏性偏寒凉，对焮红灼热明显、肿势散漫者效果较佳。

冲和膏，功能活血止痛、疏风祛寒、消肿软坚，适用于疮疡半阴半阳证。

回阳玉龙膏，功能温经散寒、活血化瘀，适用于阴证疮疡。

生肌玉红膏，功能活血祛腐、解毒止痛、润肤生肌收口，适用于一切溃疡腐肉未脱、新肉未生之时，或日久不能收口者。

红油膏，功能防腐生肌，适用于体表溃疡。

生肌白玉膏，功能润肤生肌收敛，适用于溃疡腐肉已净、疮口不敛者，以及乳头皲裂、肛裂等病。

疯油膏，功能润燥杀虫止痒，适用于神经性皮炎、慢性湿疹、皲裂等。

青黛散油膏，功能收湿止痒、清热解毒，适用于带状疱疹及急、慢性湿疹等皮肤焮红痒痛、渗液不多之症，亦可用于痄腮以及对各种油膏过敏者。

消痔膏，功能消痔退肿止痛，适用于内痔脱出、赘皮外痔、血栓外痔等出血、水肿、疼痛之症。

硫黄乳膏，功能杀虫止痒，适用于疥疮、脂溢性皮炎等。

2. 用法　油膏摊贴外敷，每日或数日1换。乳膏每天外搽2～3次，或涂于纱布上敷贴于患部再加包扎。

3. 注意　凡滋水较多、糜烂较重的皮损，不宜外涂或敷贴油膏。应用凡士林调配油膏引起皮炎时，可试改用植物油或动物油配制；若对药物过敏者，则改用其他药。

（三）油剂

油剂是指将药物放在植物油中煎炸后去渣取油的制剂，或用植物油或药油与药粉调和成糊状的油调剂。通常具有润养、生肌的特点及药物本身相应的作用。常用的植物油为麻油、花生油、茶油等，以麻油最佳。

1. 常用药物及适应证　常用药物如蛋黄油、紫草油、青黛散油等。适用于亚急性皮肤病有糜烂、渗出、鳞屑、脓疱、溃疡的皮损。

蛋黄油，功能生肌敛疮，适用于多种皮肤黏膜溃疡。

紫草油，功能清热解毒、凉血生肌，适用于皮肤红斑、鳞屑、溃疡。

青黛散油，功能清热解毒、凉血消斑，适用于红斑、鳞屑性皮肤病。

2. 用法　每天外搽2～3次。

3. 注意　滋水较多、糜烂较重的皮损，不宜使用。

笔记栏

（四）糊剂

糊剂是将药粉和液体、蜜或饴糖调制成糊状的制剂。古代治疗疮疡时，常用具有箍集围聚、收束疮毒作用的中药与各种不同的液体调制成糊状使用。因此，又将糊剂称为箍围药、敷贴。箍围药用于肿疡初期，可促其消散；或促使疮形缩小，趋于局限；或促使早日成脓和破溃；或消肿截减余毒。

糊剂调配的液体通常使用醋、酒、蜜、饴糖、蛋清，或新鲜植物叶果（如葱、姜、韭、蒜、菊花、银花、丝瓜叶）等的捣出汁。使用时应根据各物秉性不同而区别选择。一般认为醋能散瘀解毒；酒能助行药力；葱、姜、韭、蒜汁有辛香散邪作用；菊花汁、丝瓜叶汁、银花露清凉解毒；鸡蛋清能缓和刺激；饴糖、蜜能够润泽肌肤。如上述液体取用有困难时，则可用冷茶汁加白糖少许调制。

1. 常用药物及适应证 金黄散、玉露散、冲和散、回阳玉龙散糊剂。凡外疡不论初起、成脓及溃后，肿势散漫不聚而无集中之硬块者，均可使用。但是药性有寒热不同，使用时应辨证选方。

金黄散、玉露散，药性寒凉，功能清热消肿、散瘀化痰，适用于红肿热痛明显的阳证疮疡。

回阳玉龙散，药性温热，功能温经活血、散寒化瘀，适用于疮形不红不热、漫肿无头的阴证。

冲和散，药性平和，功能行气疏风、活血定痛、散瘀消肿，适用于疮形肿而不高、痛而不甚、微红微热的半阴半阳证。

2. 用法 一般阳证多用菊花汁、银花露或冷茶水调制；半阴半阳证多用葱、姜、韭捣汁或用蜂蜜调制；阴证多用醋、酒调敷。箍围药敷贴应超过肿势范围。用于外疡初起时，箍围药宜敷满整个病变部位。若毒已结聚，或溃后余肿未消，宜敷于患处四周，不要完全涂布整个患处。

3. 注意 凡外疡初起，肿块局限者，一般宜用消散药。阳证不能用热性药敷贴，以免助长火毒，阴证不能用寒性药敷贴，以免寒湿凝滞不化。箍围药敷后干燥之时，宜时时用液体湿润，以免药物剥落及干板不舒。

（五）鲜草药

鲜草药是指采集新鲜植物药捣烂以供外敷的制剂。如鲜草药方便采集时，完全可以自己制作，使用方便，疗效也好，民间积累有较多的经验。

1. 常用药物及适应证 蒲公英、紫花地丁、马齿苋、芙蓉花叶、七叶一枝花、丝瓜叶、芦荟、仙人掌等。疮疡红肿热痛、创伤浅表出血、皮肤病瘙痒、毒蛇咬伤等均可选择应用。

蒲公英、紫花地丁、马齿苋、芙蓉花叶、芦荟、仙人掌、丝瓜叶等，功能清热解毒消肿，适用于阳证肿疡。

旱莲草、白茅花、丝瓜叶等，功能止血，适用于浅表创伤之止血。

徐长卿、蛇床子、地肤子、泽漆、羊蹄根等，功能止痒，适用于皮肤病瘙痒。

七叶一枝花、半边莲、紫花地丁等，功能解毒消肿，适用于毒蛇咬伤。

2. 用法 先将鲜草药洗净，再用 1∶5 000 高锰酸钾溶液浸泡几分钟后沥干，然后捣烂，敷患处。用于止血时，并加压包扎。每日酌情调换 1～2 次。亦可煎汤冷却后作湿敷。

3. 注意 应注意鲜草药外敷后的干湿度，干后可用冷开水时时湿润，既可保证疗效，又能避免患部干绷不舒。

（六）散剂（掺药）

散剂又名粉剂，是将单味药或复方研成粉末的制剂。临床应用散剂时将药粉掺布于膏药或油膏上，或直接掺布于病变部位，故又谓之掺药。掺药配制时，应研极细至无声为度。植物类药品宜另研过筛；矿物类药品研细后宜水飞；麝香、樟脑、冰片、朱砂粉、牛黄等香料贵重药物，宜另研后再与其他药物和匀。如果研不匀，或颗粒不够细，用于肿疡药性不易渗透，用于溃疡容易引起疼痛。有香料的药粉最好以瓷瓶贮藏，塞紧瓶盖，以免香气走散降低疗效。

散剂是临床上较常用的剂型。药物品种依据其功效及使用方法不同，可分为消散药、提脓祛腐药、腐蚀药与平胬药、祛腐生肌药、生肌收口药、止血药、清热收涩药等几类。

1. 消散药 具有促使疮疡蕴结之毒移深居浅，肿消毒散的作用。

（1）常用药物及适应证：阳毒内消散、红灵丹、阴毒内消散、桂麝散、黑退消等。适用于肿疡初

笔记栏

起而肿势局限尚未成脓者。

阳毒内消散、红灵丹，功能活血止痛、消肿化痰，适用于一切阳证疮疡。

阴毒内消散、桂麝散、黑退消，功能温经活血、破坚化痰、散风逐寒，适用于一切阴证疮疡。

（2）用法：将药粉掺布于膏药或油膏上，贴于患处。

（3）注意：若病变部肿势不局限者，选用箍围药较宜。

2. 提脓祛腐药 具有提脓祛腐的作用。能促使疮疡内蓄之脓毒早日排出，腐肉迅速脱落。主药是升丹及其衍生品。包括小升丹、大升丹、红升丹、黄升丹、九一丹、八二丹、七三丹、五五丹等。也有不含升丹的提脓祛腐药，如黑虎丹、回阳玉龙散等。一切外疡在溃破之初，应选用提脓祛腐药。因为脓水不能外出，则攻蚀越深，腐肉不去则新肉难生，不仅增加患者的痛苦，而且影响疮口的愈合，甚至造成病情恶化而危及生命。

现代科学证明，升丹化学成分主要为汞化合物如氧化汞、硝酸汞等，红升丹中还含有氧化铅，其中汞化合物有毒，有杀菌消毒作用。药理研究证实，汞离子能和病菌呼吸酶中的硫氢基结合，使之固定而失去原有活动力，终致病原菌不能呼吸而趋于死亡；硝酸汞是可溶性盐类，加水分解而成酸性溶液，对人体组织有缓和的腐蚀作用，可使与药物接触的病变组织蛋白质凝固坏死，逐渐与健康组织分离而脱落，具有“祛腐”作用。

（1）常用药物及适应证：红升丹、九一丹、八二丹、七三丹、五五丹、黑虎丹、回阳玉龙散等。凡溃疡初期，脓栓未落，腐肉未脱，或脓水不净，新肉未生的阶段，均宜使用。

升丹，因药性猛烈，临床使用常以熟石膏与之配成不同的比例而命名为五五丹、七三丹、八二丹、九一丹等，升丹的含量依序减少。在腐肉已脱、脓水已少的情况下，宜减少升丹的含量。

黑虎丹，不含升丹，功能提脓祛腐，适用于对升丹过敏者。

回阳玉龙散，不含升丹，功能温经活血、祛腐化痰，适用于溃疡属阴证者。

（2）用法：临床使用时，疮口大者，可掺于疮口上；疮口小者，可黏附在药线上插入；亦可掺于膏药、油膏上盖贴。

（3）注意：升丹属有毒刺激性药品，凡对升丹过敏者应禁用；对大面积疮面，应慎用，以防过多地吸收而发生汞中毒。口腔、咽喉之疾患不宜使用。面部应慎用，以免强烈的腐蚀有损容貌。升丹放置陈久使用，可使药性缓和而减轻疼痛。升丹宜用黑瓶贮藏，以免氧化变质。

3. 腐蚀药与平胬药 腐蚀药又称追蚀药，具有腐蚀组织的作用。掺布患处，能使疮疡不正常的组织腐蚀枯落。平胬药具有平复胬肉的作用，能使疮口增生的胬肉回缩。

（1）常用药物及适应证：白降丹、枯痔散、三品一条枪、平胬丹等。凡肿疡在脓未溃时；痔疮、颈部瘰疬、赘疣、息肉等病；溃疡破溃以后，疮口太小，引流不畅；疮口僵硬，胬肉突出，腐肉不脱等妨碍收口时均可使用。

白降丹，适用于溃疡腐脓、赘疣腐蚀枯落、颈部瘰疬攻溃拔核。

枯痔散，适用于痔疮。

三品一条枪，功能腐蚀漏管，适用于内痔、颈部瘰疬。

平胬丹，适用于疮面胬肉突出，掺药其上，能使胬肉平复。

（2）用法：白降丹用治疮疡，可以桑皮纸或丝绵纸做成裹药，或以米糊作条，插于疮口，使疮口开大，脓腐易出；用治赘疣，可点疣上，使之腐蚀枯落。枯痔散则直接将药涂敷于痔核表面。三品一条枪插入患处。平胬丹可以药散掺于胬肉之上。

（3）注意：腐蚀药多含汞、砒成分，不要长期、过量使用，以免腐蚀过度，或引起汞中毒。对汞、砒过敏者，则应禁用。在头面、指、趾等肉薄近骨之处，不宜使用过烈的腐蚀药物，以免伤及周围正常组织。腐蚀目的达到即止，或改用生肌收口药。

笔记栏

4. 祛腐生肌药 具有提脓祛腐、解毒活血、生肌收敛的作用。掺敷在创面上，能改善溃疡局部血液循环，促使脓腐液化脱落，促进新肉生长。

（1）常用药物及适应证：回阳玉龙散、月白珍珠散、拔毒生肌散、回阳生肌散等。适用于溃疡日久,腐肉难脱,新肉不生;或腐肉已脱,新肉不长,久不收口者。

回阳玉龙散,功能温阳活血、祛腐生肌,适用于溃疡腐肉难脱,肉芽暗红或腐肉已脱,肉芽灰白,新肉不长之阴证。

月白珍珠散,功能清热解毒、祛腐生肌,适用于溃疡腐肉脱而未尽,新肉不生,久不收口之阳证。

拔毒生肌散,功能补气和营生肌,擅治偏气虚者,适用于溃疡腐肉未脱,常流毒水,疮口下陷,久不生肌者。

回阳生肌散,功能回阳生肌,擅治偏阳虚者,适用于溃疡脓水清稀,久不收口之虚证。

(2) 用法:取药粉适量,直接掺布在创面上;或制成药捻,插入创口内。

(3) 注意:祛腐生肌药用于慢性溃疡比较适宜,使用时,应根据溃疡阴阳属性辨证选药。若全身情况较差,气血虚衰者,还应配合内治法,以促进溃疡愈合。

5. 生肌收口药　具有解毒、收敛、促进新肉生长的作用。掺敷疮面能使疮口加速愈合。疮疡溃后,当脓水将尽,或腐脱新生时,若仅靠机体的修复能力来长肉收口则较为缓慢,此时,即可应用生肌收口药。

(1) 常用药物及适应证:生肌散、八宝丹等。溃疡腐肉已脱、脓水将尽时,不论阴证、阳证均可使用。

(2) 用法:掺布于疮面上。

(3) 注意:脓毒未清、腐肉未净时,不宜过早使用。新肉生长缓慢,久不敛口者,宜配合内服药同时应用。

6. 止血药　具有收涩凝血止血的作用。掺敷于出血之处,外用纱布包扎固定,可以促使创口血液凝固,达到止血之目的。

(1) 常用药物及适应证:桃花散、如圣金刀散、云南白药等。适用于溃疡或创伤属于小络损伤而出血者。

桃花散,适用于溃疡出血。

如圣金刀散,适用于创伤性出血。

云南白药,适用于溃疡出血、创伤性出血。

(2) 用法:取适量药粉,直接掺布在创面上,加压包扎。

(3) 注意:若大出血时,必须配合手术与内治等方法急救,以免因出血不止而引起生命危险。

7. 清热收涩药　具有清热收涩止痒作用。掺扑于皮肤病糜烂渗液不多的皮损处,可起到消肿、干燥、止痒的作用。

(1) 常用药物及适应证:青黛散、三石散、止痒扑粉等。适用于皮肤病急性或亚急性皮炎而渗液不多者。

青黛散,功能清热止痒,适用于皮肤病大片潮红、丘疹而无渗液者。

三石散,功能收涩生肌,适用于皮肤糜烂、稍有渗液的皮损。

止痒扑粉,功能收涩止痒,适用于皮肤潮红、瘙痒的皮损。

(2) 用法:每天数次,将药散直接干扑于皮损处,或先涂上一层油剂后再扑药散,外加包扎。

(3) 注意:一般不用于表皮糜烂、渗液较多的皮损处,亦不宜用于毛发多的部位。

(七) 酊剂

酊剂是将药物浸泡于75%乙醇或高度酒中,密封7～30天后滤过所得的浸出剂。

(1) 常用药物及适应证:红灵酒、土槿皮酊、白屑风酊等。适用于疮疡未溃及皮肤病等。

红灵酒,功能活血、消肿、止痛,适用于冻疮、脱疽未溃之时。

土槿皮酊、复方土槿皮酊,功能杀虫止痒,适用于手癣、灰指甲、脚癣等。

白屑风酊,功能祛风、杀虫、止痒,适用于脂溢性皮炎。

(2) 用法:用棉棒蘸药液,直接外涂皮损区,每天1～3次。

(3) 注意:一般酊剂有刺激性,凡疮疡破溃后或皮肤病有糜烂者以及头面、会阴部皮肤薄嫩处

笔记栏

均应禁用。用后易引起皮肤烧灼及剧痛。酊剂应盛于遮光密闭容器中,并在阴凉处保存。

（八）混悬剂

混悬剂是水和粉剂混合在一起的制剂。久置后一些不溶于水的药粉沉淀于水底,使用时需振荡摇匀,故又名振荡剂、振荡洗剂。既往多称本类制剂为洗剂,极易引起误解为洗浴用,应予注意。

(1) 常用药物及适应证：炉甘石洗剂、三黄洗剂、颠倒散洗剂、痤疮洗剂等。适用于急性、过敏性皮肤病。

炉甘石洗剂、三黄洗剂,功能清热止痒,适用于一切急性皮肤病,如湿疹、接触性皮炎,皮损为潮红、肿胀、丘疹等;上述方剂中常可加入1%～2%薄荷脑或樟脑,增强止痒之功。

颠倒散洗剂、痤疮洗剂,功能清热散瘀,适用于痤疮、酒渣鼻。

(2) 用法：用前摇摆振荡药液,使之水粉和匀,以棉签蘸之涂于皮损处,每日3～5次。

(3) 注意：本类制剂不用于外洗。凡皮损糜烂渗液较多,或脓液结痂,或深在性皮肤病,不宜应用。

（九）溶液

溶液是将单味中药或中药复方加水煎熬至一定浓度,滤过药渣所得的制剂。是中医外治处方较常用的剂型。

(1) 常用药物及适应证：黄柏溶液、大黄溶液、苦参汤煎出液,各种单方或复方煎出液。常用于浸渍(湿敷)和熏洗。适用于急性皮肤病,渗出较多的皮损,或伴轻度痂皮性损害,皮肤瘙痒症。也常用于保健美容。

(2) 用法：湿敷时将5～6层消毒纱布置于药液中浸透,稍拧至不滴水为度,敷于患处,一般每1～2小时换1次即可;如渗液不多,可4～5小时换1次。熏洗时,每日1～2次,每次20～30分钟。

(3) 注意：注意水温适宜,避免烫伤。

二、手术疗法

手术疗法是应用各种器械进行手法操作的一种治疗方法。它在外科治疗中占有十分重要的位置。施行手术需要专门之学,本教材仅就当前中医外科临床实际常用的简易手术方法予以简介。

中医外科常用的简易手术方法有脓肿切开法、烙法、砭镰法、挑治法、挂线法、结扎法等,可针对疾病的不同情况选择应用。

脓肿切开法

（一）脓肿切开法

脓肿切开法就是运用手术刀把脓肿切开,以使脓液排出,从而达到毒随脓泄、肿消痛止、逐渐向愈的目的。

1. 适应证　一切外疡确已成脓者,不论阴证、阳证,均可使用。

2. 用法　运用切开法之前,应当辨清脓成熟的程度、脓肿的深浅、患部的血脉经络位置等情况,然后决定切开与否。具体运用时注意：

(1) 切开时机：辨清脓成熟的程度,准确把握切开的有利时机。当肿疡成脓之后,脓肿中央出现透脓点(脓腔中央最软的一点),即为脓已成熟,此时予以切开最为适宜。若肿疡脓未成熟,过早切开则徒伤气血,脓反难成,并可致脓毒走窜。

(2) 切口选择：以便于引流为原则,选择脓腔最低点或最薄弱处进刀,一般疮疡宜循经直切,免伤血络;乳房部应以乳头为中心,放射状切开,免伤乳络;面部脓肿应尽量沿皮肤的自然纹理切开;手指脓肿应从侧方切开;关节区附近的脓肿,切口尽量避免越过关节;若为关节区脓肿,一般施行横切口、弧形切口或"S"形切口,因为纵切口在瘢痕形成后易影响关节功能;肛旁低位脓肿,应以肛门为中心作放射状切开。

笔记栏

(3) 切开原则：不同的病变部位,进刀深浅必须适度,如脓腔浅者,或生在皮肉较薄的头、颈、胁肋、腹、指等部位,必须浅切;如脓腔深者,或生在皮肉较厚的臀、臂等部位,稍深无妨,以得脓为度。切口大小应根据脓肿范围大小以及病变部位的肌肉厚薄而定,以脓流通畅为原则。凡是脓肿范围大,肌肉丰厚而脓腔较深的,切口宜大;脓肿范围小,肉薄而脓肿较浅的,切口宜小。一般切口不能超越脓腔以外,以免损伤好肉筋络,愈合后形成较大瘢痕;但切口也不能过小,以免引流不畅,脓水难出,延长治愈时间。

(4) 操作方法:切开时以右手握刀,同时左手拇、食两指按在所要进刀部位的两侧,进刀时刀刃宜向上,在脓点部位向内直刺,深入脓腔即止,如欲把刀口开大,则可将刀口向上或向下轻轻延伸,然后将刀直出即可。如采用西医手术刀,可应用小号尖角刀以反挑式之执刀法进行直刺,如欲把刀口开大,则可将刀口向上或向下轻轻延伸。

3. 注意 手术器械必须严格消毒,正确使用麻醉方法,保证无菌操作,并注意防止出血和晕刀等情况的发生。在关节和筋脉的部位宜谨慎开刀,以免损伤筋脉,致使关节不利或大出血;凡颜面疔疮,尤其在鼻唇部位,忌早期切开,以免疔毒走散,并发走黄危证。切开后,由脓自流,切忌用力挤压,以免感染扩散、毒邪内攻。

(二) 烙法

烙法古称燔针焠刺,是指将针具烧红后烫烙病变部位,以达到消散、排脓、止血、去除赘生物等目的的一种治疗方法。常用的有平头、尖头、带刃等粗细不同的多种铁针。用于消散的,多选用尖头铁针,用于引流可选用平头或带刃铁针。

1. 适应证 甲下瘀血,四肢深部脓疡、疖、痈、赘疣、息肉以及创伤出血等。

2. 用法 外伤引起的指甲下瘀血,选用平头粗细适当的铁针,烧红后点穿指甲,迅速放出瘀血,患指疼痛即刻缓解,一般不会引起指甲与甲床分离;四肢深部脓疡,可用平头或带刃粗针,灼红后刺入脓疡中心部位。出针时,针具向下斜拖,使疮口开大。一烙不透,可以多烙,烙后应放入药线引流;疖、痈脓疡表浅者,平头粗针烙后,针具直出或斜出,脓汁自流,亦可轻轻挤出脓汁,不必放入药线;赘疣、息肉患者,切除病灶后,用烙法可烫治病根;创伤出血患者用平头粗细适中的铁针,烧红后灼之,即刻止血。

3. 注意 治疗时应注意避免引起患者精神紧张,发生晕厥;烙时,火针应避开大血管及神经,不能盲目刺入,以免伤及正常组织;手、足筋骨关节处,用之恐焦筋灼骨,造成残废;胸肋、腰、腹等部位不可深烙,否则易伤及内膜;头为诸阳之会,皮肉较薄,亦当禁用;海绵状血管瘤、癌肿等病禁用烙法;年老体弱、大病之后、孕妇等不宜用火针。

(三) 砭镰法

砭镰法来源于上古的砭石放血泄毒,又称飞针。现多是用三棱针或刀锋在疮疡患处的皮肤或黏膜上浅刺,放出少量血液,使内蕴热毒随血外泄的一种治疗方法。有疏通经络、活血化瘀、排毒泄热、扶正祛邪的作用。

1. 适应证 适用于急性阳证疮疡。如下肢丹毒、红丝疔、疖疮痈肿初起、外伤瘀血肿痛、痔疮肿痛等。

2. 用法 治疗时局部常规消毒,用三棱针或刀锋直刺患处或特选部位的皮肤、黏膜,令微微出血。刺毕,用消毒棉球按压针孔。红丝疔患者用挑刺手法,于红丝尽头刺之,令微出血,继而沿红丝走向寸寸挑断;下肢丹毒及疖、痈初起,可用围刺手法,用三棱针围绕病灶周围点刺出血。

3. 注意 注意无菌操作,以防感染。击刺时,宜轻、准、浅、快,出血量不宜过多,应避开神经和大血管,刺后可再敷药包扎。头、面、颈部不宜施用砭镰法,阴证、虚证及有出血倾向者禁用。

(四) 挑治法

挑治法是在人体的腧穴、敏感点或一定区域内,用三棱针挑破皮肤、皮下组织,挑断部分皮内纤维,通过刺激皮肤经络使脏腑得到调理的一种治疗方法。有调理气血、疏通经络、解除瘀滞的作用。

1. 适应证 适用于内痔出血、肛裂、脱肛、肛门瘙痒、颈部多发性疖肿等。

2. 用法 常用的方法有选点挑治、区域挑治和截根疗法三种。

(1) 选点挑治:在背部上起第7颈椎,下至第5腰椎,旁及两侧腋后线范围内,寻找疾病反应点。反应点多为棕色、灰白色、暗灰色等按之不退色、小米粒大小的丘疹。此法适用于颈部多发性疖肿。

笔记栏

(2) 区域挑治：在腰椎两侧旁开 1～1.5 寸的纵线上任选一点挑治，尤其在第 2 腰椎到第 3 腰椎之间旁开 1～1.5 寸的纵线上挑治效果更好。本法适用于内痔出血、肛裂、脱肛、肛门瘙痒等。

(3) 截根疗法：取大椎下 4 横指处，在此处上下、左右 1 cm 范围内寻找反应点或敏感点。治疗时，让患者反坐在靠椅上，两手扶于靠背架，暴露背部。体弱患者可采用俯卧位，防止虚脱。挑治前局部常规消毒，用小号三棱针刺入皮下至浅筋膜层，挑断黄白色纤维数根，挑毕，以消毒纱布敷盖。一次不愈，可于 2～3 周后再行挑治，部位可以另选。此法适用于项部牛皮癣等的治疗。

3. 注意　注意无菌操作，挑治后一般 3～5 天内禁止洗澡，防止感染，挑治后当日应注意休息，不吃刺激性食物。对孕妇、有严重心脏病、出血性疾病及身体过度虚弱者禁用本法。

（五）挂线法

挂线法是用普通丝线，或药制丝线，或纸裹药线，或橡皮筋线等来挂断瘘管或窦道的治疗方法。其机理是利用挂线的紧箍作用，促使气血阻绝，肌肉坏死，最终达到切开的目的。挂线又能起到引流作用，可使分泌物和坏死组织随挂线引流排出，从而保证引流通畅，防止发生感染。

1. 适应证　凡疮疡溃后，脓水不净，经内服、外敷等治疗无效而形成瘘管或窦道者；或疮口过深，或生于血络丛处而不宜采用切开手术者，均可使用。

2. 用法　先用球头银丝自甲孔探入管道，使银丝从乙孔穿出(如没有乙孔的，可在局麻下用硬性探针顶穿，引出银丝)，然后用丝线做成双套结，将橡皮筋线 1 根结扎在自乙孔穿出的银丝球头部，再由乙孔退回管道，从甲孔抽出。这样，橡皮筋线与丝线贯穿瘘管管道两口。此时将扎在球头上的丝线与橡皮筋线剪开(丝线暂时保留在管道内，以备橡皮筋线在结扎断开时，用以另引橡皮筋线作更换之用)，再在橡皮筋线下先垫 2 根丝线，然后收紧橡皮筋线，打 1 个单结，再将所垫的 2 根丝线各自分别在橡皮筋线打结处予以结缚固定，最后抽出管道内保留的丝线。

上面介绍的是橡皮筋线挂线法，如采用普通丝线或纸裹药线挂线法，则在挂线以后，须每隔 2～3 天解开线结，收紧 1 次。橡皮筋线因有弹性，一般一次扎紧后即可自动收紧切开，所以目前多采用橡皮筋线挂线法。

3. 注意　如果瘘管管道较长，发现挂线松弛时，必须将线收紧；在探查管道时，要轻巧、细致、避免形成假道。

（六）结扎法

结扎法又名缠扎法，是利用线的紧力，通过结扎，使患部经络阻塞、气血不通，结扎远端的病变组织因失去营养而致逐渐坏死脱落，从而达到治疗目的的一种方法。同时对较大脉络断裂而引起的活动性出血，利用本法结扎血管，可以制止出血。

1. 适应证　适用于瘤、赘疣、痔、脱疽等病，以及脉络断裂引起的出血。

2. 用法　凡头大蒂小的赘疣、痔核等，可在根部以双套结扣住扎紧。凡头小蒂大的痔核，可以缝针贯穿它的根部，再用“8”字式结扎法，或“回”字式结扎法两线交叉扎紧。如截除脱疽坏死的趾、指，可在其上端预先用丝线缠绕十余圈，渐渐紧扎。如脉络断裂，可先找到断裂的络头，再用缝针引线贯穿出血底部，然后系紧打结。结扎所使用的线的种类有普通丝线、药制丝线、纸裹药线等，目前多采用较粗的普通丝线或医用缝合线。

3. 注意　如内痔用缝针穿线，不可穿过患处的肌层，以免化脓；扎线应扎紧，否则不能达到完全脱落的目的；扎线未脱，应俟其自然脱落，不要硬拉，以防出血。

三、其他疗法

其他疗法有引流法、垫棉法、针灸法、熏法、熨法、热烘疗法、溻渍法、冷冻疗法和激光疗法等。以下选择介绍引流法、垫棉法、针灸法、熏法、熨法、热烘疗法、溻渍法。

笔记栏

（一）引流法

引流法是在脓肿切开或自行溃破后，运用药线、导管或扩创等使脓液畅流，腐脱新生，防止毒邪扩散，促使溃疡早日愈合的一种治法。包括药线引流、导管引流和扩创引流等。

1. 药线引流 药线俗称纸捻或药捻,大多采用桑皮纸做成。按临床实际需要,将纸裁成长短宽窄适度,搓成粗细长短不同线形药线备用。将药线插入溃疡疮孔中,借着药物作用及药线的螺纹物理作用,使脓水外流;同时利用药线之螺纹,能使坏死组织附着于药线而使之外出;此外,尚能探查脓肿的深浅,以及有无死骨的存在。探查有无死骨是利用药线绞形之螺纹,如触及粗糙骨质者,则说明疮疡已损骨无疑。采用药线引流和探查,具有方便、痛苦少、患者能自行更换等优点。目前将捻制成的药线经过高压蒸汽消毒后应用,使之无菌而更臻完善。

(1) 适应证:适用于溃疡疮口过小,脓水不易排出者;或已成瘘管、窦道者。

(2) 用法:常用的有外蘸药物法和内裹药物法。药线的类别有外蘸药物及内裹药物两类,目前临床上大多应用外蘸药物的药线。

外蘸药物法分为两种。一种是将搓成的纸线临用时放在油中或水中润湿,蘸药插入疮口;另一种是预先用白及汁与药和匀,黏附在纸线上,候干存贮备用。目前大多采用前法。外蘸药物多用含有升丹成分的方剂或黑虎丹等,因有提脓祛腐的作用,故适用于溃疡疮口过深过小、脓水不易排出者。

内裹药物法是将药物预先放在纸内,裹好搓成线状备用。内裹药物多用白降丹、枯痔散等,因其具有腐蚀化管的作用,故适用于溃疡已成瘘管或窦道者。

(3) 注意:药线应消毒后使用。药线插入疮口中,应将线尾留在疮口外,折放于疮口边缘,再以膏药或油膏盖贴固定,以便于取出。脓水已尽,流出淡黄色黏稠液体时,即使脓腔尚深,也不可再插药线,否则影响收口的时间。

2. 导管引流 用特制的引流导管插入位置深、脓多、引流不畅的脓腔,使脓毒从管中引流而出的一种外治法。目前多采用橡皮管和塑胶管。这种导管引流较之药线引流,更易使脓液流出,从而达到脓毒外泄的目的。

(1) 适应证:适用于急、慢性化脓性骨髓炎,骨与关节结核,流注等脓腔较深、脓液多且不易畅流者。

(2) 用法:将消毒的导管轻轻插入疮口,到达底部后,再稍退出一些即可。当管腔中已有脓液排出时,即用橡皮膏固定导管,外盖厚层纱布,放置数日(纱布可每天更换),当脓液减少后,改用药线引流。导管引流的另一种用法是:当脓腔位于肌肉深部,切开后脓液不易畅流时,将导管插入,引流脓液外出,待脓稍少后,即拔去导管,再用药线引流。

(3) 注意:导管应放置在疮口较低的一端,以使脓液畅流。导管必须固定,以防滑脱或落入疮口内。管腔如被腐肉阻塞,可松动引流管或轻轻冲洗,以保持引流通畅。

3. 扩创引流 是应用手术的方法扩大脓液流出口,使脓腔引流得以通畅的一种外治法。大多用于脓肿溃破后有袋脓现象,经其他引流、垫棉法等无效的情况。

(1) 适应证:适用于痈、有头疽溃疡有袋脓者,颈淋巴结结核溃后形成空腔或皮脂腺囊肿继发感染化脓等。

(2) 用法:在消毒局麻下,对脓腔范围较小者,只需用手术刀将疮口上下延伸即可;如脓腔范围较大者,则用剪刀作"十"字形扩创。颈淋巴结结核之溃疡除扩创外,还须将空腔之皮修剪,使疮面全部暴露;有头疽溃疡的袋脓,作"十"字形扩创后,切忌将空腔之皮剪去,以免愈合后形成较大的瘢痕,影响活动功能;皮脂腺囊肿继发感染化脓的扩创,作"十"字形切开后,将疮面两侧皮肤稍作修剪,便于棉花嵌塞,并用刮匙将渣样物质及囊壁一并刮除。

(3) 注意:扩创后,须用消毒棉花按疮口大小,蘸八二丹或七三丹嵌塞疮口以祛腐,并加压固定,以防止出血,以后按溃疡处理。

(二) 垫棉法

垫棉法是用棉花或纱布折叠成块以衬垫疮部的一种辅助疗法。它是借着加压的力量,使溃疡的脓液不致发生潴留,或使过大的溃疡空腔皮肤与新肉得以黏合而达到愈合的目的。

1. 适应证 适用于溃疡脓出不畅有袋脓者;或疮孔窦道形成脓水不易排尽者;或溃疡脓腐已

笔记栏

尽,新肉已生,但皮肉一时不能黏合者。

2. 用法　应用时将棉花或纱布垫衬在疮口下方空隙处,并用宽绷带加压固定;对窦道深而脓水不易排尽者,用棉垫压迫整个窦道空腔,并用绷带扎紧;溃疡空腔的皮肤与新肉一时不能黏合者,可将棉垫按空腔的范围稍放大,垫在疮口之上,再用阔带绷紧。腋部、腘窝部的疮疡,最易形成袋脓或形成空腔,影响疮口愈合或虽愈合而易复溃,故应早日使用垫棉法。具体应用时,需根据不同部位,在垫棉后采用不同的绷带予以加压固定,如项部用四头带,腹壁用多头带,会阴部用丁字带,腋部、腘窝部用三角巾包扎,小范围的用宽橡皮膏加压固定。

3. 注意　所用棉垫必须比脓腔或窦道稍大。用于黏合皮肉,一般5～7天更换一次,用于袋脓,可2～3天更换一次。应用本法未能获得预期效果时,则宜采取扩创引流手术。应用本法期间,若出现发热、局部疼痛加重者,则应立即终止使用,采取相应的措施。在急性炎症红肿热痛尚未消退时不可应用,否则有促使炎症扩散之弊。

(三) 针灸法

针灸法包括针法与灸法,两者各有其适应证。在外科方面,古代多采用灸法,但近年来针法较灸法应用广泛,很多疾病均可配合针刺治疗而提高临床疗效。灸法是用药物在患部或近处燃烧,借着药力、火力的温暖作用,可以温阳祛寒、活血散瘀、疏通经络、拔引蓄毒。如此肿疡未成者易于消散,已成者易于溃脓,已溃者易于生肌收口。

1. 适应证　针刺适用于颈淋巴结结核、乳腺炎、乳房增生病、湿疹、荨麻疹、带状疱疹、脱疽、内痔术后疼痛、排尿困难等。灸法适用于肿疡初起坚肿,特别是阴寒毒邪凝滞筋骨而正气虚弱,难以起拔,不能托毒外达者;或溃疡久不愈合,脓水稀薄,肌肉僵化,新肉生长迟缓者。

2. 用法　针法一般采取远离病变部位取穴,手法大多应用泻法,不同疾病取穴各异。灸法虽多,但主要有两类,一种是明灸,单纯用艾绒做艾炷置皮肤施灸,此法因有灼痛,并容易引起皮肤发生水疱,所以比较少用;一种是隔物灸,捣药成饼,或切药成片(如豆豉、附子等做饼,或姜、蒜等切片),上置艾炷灸之。此外,还有艾绒配伍其他药物做成药条,隔纸燃灸,称为雷火神针灸。豆豉饼灸、隔姜、蒜灸等适用于疮疡初起毒邪壅滞之证,取其辛香之气,行气散邪;附子饼灸适用于气血俱虚、风邪寒湿凝滞筋骨之证,取其温经散寒,调气行血;雷火神针灸适用于风寒湿邪侵袭经络痹痛之证,取其香窜经络,祛风除湿。至于灸炷的大小、壮数的多少,须视疮形的大小及疮口的深浅而定。总之,务必使药力达到病所,以痛者灸至不痛、不痛者灸至觉痛为止。

3. 注意　凡针刺一般不宜直接刺于病变部位。疔疮等实热阳证,不宜灸之,以免以火济火;头面为诸阳之会,颈项接近咽喉,灸之恐逼毒入里;手指等皮肉较薄之处,灸之更增疼痛。此外,在针灸的同时,根据病情与内治、外治等法共同施治。

(四) 熏法

熏法是运用药水煎沸的热气,或药物燃烧后的烟气上熏,借着药力与热力的作用,使腠理疏通、气血流畅的治疗方法。该法多用于肿疡初起、痔疮或皮肤病等诸多疾患。具体而言,热气熏法是以药水煎沸于小口锅中,使患处直接对准锅口熏之。烟熏法亦名药拈子熏、神灯照法,即按证用药,将药研为细末,以棉纸裹药搓捻,或以油浸之,用时燃点烟熏患处。或点燃柴火后吹灭,用火向患处烘烤,如桑柴火烘法。

附

神灯照法,又称"神火照疗法",是用药物蘸油燃烧后,通过烟气上熏,借助于药力、热与光照作用于患病部位,以治疗疾病的一种方法。本疗法在明清时期的医籍中已有载述。明代陈实功《外科正宗》载:"以棉纸条裹药末、浸麻油后燃点,自外而内,周围照之,疮毒随药气解散,自不内侵脏腑。"清代吴尚先的《理瀹骈文》谓:"神火照法:以蘸麻油点燃,自外而内周围照之,可以散毒气治痘,并一切肿毒。"本疗法一直沿用至今,多有活血消肿,解毒止痛之功。

笔记栏

桑柴火烘法,又名桑枝灸法。见《外科大成》卷一。具体用法为:用新桑枝或桑木枝,劈如指粗,约九寸长,一头燃着吹灭,用火向患处烘烤,火尽再换。每次烘三四枝,日烘两三次,以患处知热为度即可。该法适用于痈疽初起局部患处肿痛,坚而不溃,或溃而不腐,新肉不生,疼痛不止者。有解毒止痛,消肿散瘀,助阳生肌之效。

1. 适应证　肿疡、溃疡均可应用。神灯照法适用于痈疽轻症，未成脓者自消，已成脓者自溃，不腐者即腐；桑柴火烘法适用于疮疡坚而不溃、溃而不腐、新肉不生、疼痛不止之症；烟熏法适用于干燥而无渗液的各种顽固性皮肤病。

2. 用法　点燃药条，或柴火，引烟火熏烤患处，以患者感觉患处温热而能够忍受为度。

3. 注意　随时听取患者对治疗部位热感程度的反应，要避免造成皮肤灼伤。室内烟雾弥漫时，要适当流通空气。

（五）熨法

熨法是把药物加酒、醋炒热，布包熨摩患处，借助药力和热力以流畅气血、疏通腠理的治疗方法。目前常因药物的炒煮不便而较少应用，但临床上单纯热敷还在普遍使用。

1. 适应证　适用于风寒湿痰凝滞筋骨肌肉等证(如急慢性化脓性骨髓炎、骨与关节结核皮色不变、筋骨酸痛)；以及乳腺炎的初起或哺乳期回乳。

2. 用法　风寒湿痰凝滞，筋骨肌肉酸痛等：取赤皮葱连须 240 g，捣烂后与熨风散药末和匀，醋拌炒热，布包熨患处，稍冷即换。有温经祛寒，散风止痛之功。

乳腺炎初起或哺乳期回乳：皮硝 80 g，置布袋中，覆于乳房部，再把热水袋置于布袋上待其溶化吸收，有消肿回乳之功。

3. 注意　同熏法，一般阳证肿疡慎用。

（六）热烘疗法

热烘疗法是在病变部位涂药后，再加热烘，通过热力的作用，使局部气血流畅，腠理开疏，药物渗入，从而达到活血祛风以减轻或消除痒感、活血化瘀以消除皮肤肥厚等治疗目的的一种方法。

1. 适应证　适用于手癣、慢性湿疹、神经性皮炎等皮肤干燥、瘙痒之病证。依据病情，选择相适应的药膏，如手癣用疯杨膏，慢性湿疹用青黛膏，神经性皮炎用疯油膏等。

2. 用法　操作时先将药膏涂于患部，须均匀极薄，然后用电吹风烘(或火烘)患部，每天 1 次，每次 20 分钟，烘后即可将所涂药膏擦去。

3. 注意　同熏法，但一切急性皮肤病禁用。

（七）溻渍法

溻是将饱含药液的纱布或棉絮湿敷患处，渍是将患处浸泡在药液中。溻渍法是通过湿敷、淋洗、浸泡对患处的物理作用，以及不同药物对患部的药效作用而达到治疗目的的一种方法。近年来，溻渍法除了治疗疾病外，在用途上有了新的发展，如药浴美容、浸足保健防病等。

1. 适应证　适用于阳证疮疡初起、溃后；半阴半阳证及阴证疮疡；皮肤瘙痒、脱屑、美容、保健等。

2. 用法　常用方法有溻法和浸渍法。

(1) 溻法：用 6～8 层纱布浸透药液，轻拧至不滴水，湿敷患处。① 冷溻：待药液凉后湿敷患处，30 分钟更换 1 次。适用于阳证疮疡初起，溃后脓水较多者。② 热溻：药液煎成后，趁热湿敷患处，稍凉即换。适用于脓液较少的阳证溃疡，半阴半阳证和阴证疮疡。③ 罨敷：在冷或热溻的同时，外用油纸或塑料薄膜包扎，可减缓药液挥发，延长药效。

(2) 浸渍法：包括淋洗、冲洗、浸泡等。① 淋洗：多用于溃疡脓水较多，发生在躯干部者。② 冲洗：适用于腔隙间感染，如窦道、瘘管等。③ 浸泡：适用于疮疡生于手、足部及会阴部患者，亦可用于皮肤病全身性沐浴，以及药浴美容、浸足保健防病等。

中医外科应用溻渍法积累有丰富的临床经验。如：

2%～10%黄柏溶液，清热解毒，冷溻，适用于疮疡热毒炽盛，皮肤焮红或糜烂，或溃疡脓水较多，疮口难敛的患者。

葱归溻肿汤，疏导腠理、调通血脉，热溻，适用于痈疽初起肿胀。

苦参汤，祛风除湿、杀虫止痒，煎液洗涤，适用于皮肤瘙痒症、尖锐湿疣、银屑病等。

五倍子汤，消肿止痛、收敛止血，煎汤坐浴，适用于内、外痔肿痛及脱肛等。

笔记栏

鹅掌风浸泡方，疏通气血、杀虫止痒，加醋同煎，待温，每日浸泡1～2小时，连续7天，适用于手癣。

香樟木，调和营卫、祛风止痒，煎汤沐浴，适用于瘾疹。

桑皮柏叶汤，润泽头发，增添光泽，煎汤沐头，治发鬓枯黄。

鲜芦荟汁、鲜柠檬汁，敷面，可润肌白面，美容除皱。

热水浸浴全身或浸足可发汗排毒，疏通经络，行气活血，保健防病。若配合按摩穴位，效果更佳。

3. 注意　用溻法时，药液应新鲜，溻敷范围应稍大于疮面。热溻、罨敷的温度宜在45～60℃之间。淋洗、冲洗时，用过的药液不可再用。局部浸泡一般每日1～2次，每次15～30分钟。全身药浴可每日1次，每次30～60分钟，冬季应保暖，夏季宜避风凉。

（江　琼　马　民）

笔记栏

下篇

各论

第六章 疮 疡

导 学

通过学习，掌握疮疡内治消、托、补三大法的代表方与适应证，疮疡三期外治法的治疗原则、代表方药、适应证以及注意事项；熟悉疮疡各病证的概念、临床表现、诊断与治疗。

第一节 概 论

疮疡是各种致病因素侵袭人体后引起的一切体表化脓感染性疾病的总称，包括急性和慢性两大类。是中医外科疾病中最常见的一大类病证。

一、病因病机与临床特点

疮疡的致病因素，有外感（外感六淫邪毒、感受特殊之毒、外来伤害等）和内伤（情志内伤、饮食不节、房事损伤等）两大类。

外邪引起的疮疡，以“热毒”“火毒”最为多见。正如《医宗金鉴·外科心法要诀》所述：“痈疽原是火毒生。”风寒暑湿等引起的疮疡，有的在初起阶段，并不都具有热毒、火毒的红热现象，在不能控制的情况下，病至中期，才能显现。这类疮疡一般都具有阳证疮疡的特点，因为疮疡发生之后，病理过程是不断发展和变化的，而疮疡的最终表现，大多为热毒、火毒之象。

内伤引起的疮疡，大多因虚致病，且多属于慢性。如肾虚络空，易为风寒痰浊侵袭而成流痰；肺肾阴亏，虚火上炎，灼津为痰而成瘰疬。这类疮疡的初、中期多具有阴证疮疡的特点。此外，由于饮食不节，内伤脾胃，导致火毒内生而引起疮疡，虽然有时正气尚未虚衰，但较之单为外邪引起者多为严重，如消渴病合并疖、有头疽等。故疮疡的发生，普遍认为从外感受者轻，脏腑蕴毒从内而发者重。

疮疡在发生发展过程中，由于其病理变化可造成一些特殊形态出现，或由于功能障碍产生某些特殊形态，对诊断有一定的帮助。如患颜面疔疮者步态蹒跚，局部疮口凹陷，皮色暗红，常是走黄的征兆；红丝疔必有红丝一条或数条；蛇头疔损骨，其溃后每多形如蛇头；胸椎流痰，形如鸡胸、驼背；髋关节流痰除两侧臀肌不对称外，甚至患肢短缩，髋部外凸；膝关节流痰大小腿肌肉萎缩后状如鹤膝；髂窝流注使患肢屈曲难伸。此外，辨别疮疡有无损伤骨骼和穿透内膜（即胸膜或腹膜）也很重要。疮疡损伤骨骼多在四肢，肿疡时见局部胖肿，皮面可有细小红丝或青筋暴露，触之骨骼可能增粗，多为损骨；溃疡时疮口胬肉外翻，经久不愈，脓出带臭，以纸捻探之有锯齿感，多为损骨。疮疡透膜多在躯干，肿疡时见肿势漫无边际，按之绵软，或有捻发感，多为气肿或透膜；溃疡时脓出似蟹沫，或夹有气泡，在胸壁有时可听到如儿啼声，取薄纸片贴疮口上做贴纸试验，可见纸片随呼吸而微微煽动，在腹部有时可看到有粪便流出，多为透膜。

二、临床分期与转变

笔记栏

根据疮疡的病变过程，临床上一般可分为初期、中期与后期，各期有不同的临床特点。

1. 初期 主要表现为局部的肿胀。因此，称为肿疡期。当各种致病因素侵入人体后，就会影响人体的生理功能，引起局部气血凝滞，营卫不和，经络阻塞，产生局部肿痛，或伴有发热、口渴、便秘、溲赤等全身一系列病理反应。

2. 中期　主要表现为局部的脓肿。因此，称为脓疡期。疮疡发生后，病邪不能及时控制，就会热胜肉腐，肉腐为脓，从而导致脓肿的形成。临床上以发于体表的脓肿为多见，并多伴有发热、局部疼痛、全身不适等症状。当疮疡毒邪炽盛时，可进一步破坏人体防御功能，通过经络的传导，或侵入内脏，引发内脏脓疡，产生一系列的内在病理反应，如高热、恶心呕吐、烦躁不安、神昏谵语、咳嗽、痰中带血等，甚或危及生命。

3. 后期　可分为溃疡期与收口期两个阶段。脓疡溃破后即进入溃疡期。溃疡后脓液已净，腐肉渐脱，新肉生长为收口期。

疮疡发生后，正邪交争决定着疮疡的发展和结局。疮疡初期，若人体抗病能力较强，正能胜邪，可拒邪于外，热壅于表，使邪热不能鸱张，渐而肿势局限，疮疡消散。临床应该配合积极的治疗，促使初起疮疡消散而不成脓，这是最好的结果，所以古人说："以消为贵"。反之，如果人体抗病能力较差，正不胜邪，热毒深壅，滞而不散，久则热胜肉腐，肉腐而成脓，导致脓肿形成，即进入疮疡中期(成脓期)阶段。此时若治疗得当，及时切开引流，脓液畅泄，毒从外解，形成溃疡，腐肉逐渐脱落，新肉生长，最后疮口结痂愈合；或者抗病能力尚强，可使脓肿自溃，脓毒外泄，同样使溃疡腐脱新生，疮口结痂愈合。若在疮疡的初、中期，人体气血两虚，抗病能力低下，则不能托毒外达，可致疮形平塌，肿势不能局限，疮疡难溃难腐等；如再未能得到及时处理，可使毒邪走散，扩散全身，形成"走黄"、"内陷"，频现恶逆之证而危及生命。疮疡后期，毒从外解，病邪衰退，理应逐渐趋向痊愈，若由于气血大伤，脾胃生化功能不能恢复，加之肾阳亦衰，可致生化乏源，阴阳两竭，同样可使毒邪内陷，危及生命。

三、治疗

疮疡的治疗方法可分为内治与外治两大类，两者常结合应用。重症、危急的疮疡病证，如走黄、内陷等，不仅需要内、外治结合，还须配合西药及支持疗法的治疗。

(一) 内治法

疮疡内治法的总则为消法、托法与补法。

1. 消法　是促使初起的肿疡得以消散的治法。适用于肿疡初期尚未成脓时。具体应用时要针对病因、病情选用清热解毒、和营行瘀、行气、解表、温通、通里、理湿等法则，其中清热解毒为疮疡最常用的治法，代表方如仙方活命饮、黄连解毒汤、五味消毒饮等。此外，还应结合患者的体质强弱，肿疡所属经络部位等，适加不同药物，按此施治，则未成脓者可以内消，即使不能消散，也可移深居浅，转重为轻。若疮形已成，则不可用内消之法，以免毒散不收，气血受损，脓毒内蓄，侵蚀好肉，甚至腐烂筋骨，反使溃后难敛，不易速愈。

2. 托法　是用补益气血和透脓的药物，扶助正气，托毒外出，以免毒邪内陷的治法。此法适用于外疡中期，脓成不溃或脓出不畅的病证。托法又分透托法和补托法。如毒气盛而正气未衰者，可用透脓的药物，促其早日脓出毒泄，肿消痛减，以免脓毒旁窜深溃，代表方如透脓散。正虚毒盛，不能托毒外达，疮形平塌，根脚散漫，难溃难腐的虚证，用补托法，代表方如托里消毒散。

3. 补法　是用补养的药物，恢复其正气，助养其新生，使疮口早日愈合的治法。此法适用于溃疡的后期，毒势已去，精神衰疲，元气虚弱，脓水清稀，疮口难敛者。凡气血虚弱者，宜补养气血，如八珍汤等；脾胃虚弱者，宜理脾和胃，如异功散等；肝肾不足者，宜补养肝肾，如六味地黄丸等。如毒邪未尽之时，切勿遽用补法，以免留邪为患，助邪鸱张，而犯"实实之戒"。具体施治时应根据全身和局部情况，按病情的变化和发展，抓住主要矛盾，立法用药。

笔记栏

(二) 外治法

疮疡外治法应根据疮疡初、中、后期分别辨证施治。

1. 初期(肿疡期)　宜箍围消肿。

阳证者可选用金黄散、玉露散、金黄膏、玉露膏、太乙膏、千捶膏，可加掺红灵丹、阳毒内消散，或用清热解毒、消肿止痛的新鲜草药捣烂外敷。

阴证可选用回阳玉龙散、回阳玉龙膏、阳和解凝膏，加掺黑退消、桂麝散、丁桂散。

半阴半阳证选用冲和散、冲和膏。

2. 中期(脓疡期) 宜切开排脓，或药物排脓。切开排脓时要注意切开时机、切口位置、切口方向的选择。一般选择脓熟时切开排脓。如手部疔疮、附骨疽应及早切开；手指部疔疮应从手指侧面切开，以免影响手指触觉及屈伸功能；有头疽切口应够大，以保证充分引流；切口方向一般是顺着皮纹。排脓药物有咬头膏、千捶膏及掺药白降丹等。

3. 后期(溃疡期与收口期) 宜提脓去腐，生肌收口。溃疡期提脓去腐为主，收口期生肌收口为要。阳证用八二丹、九一丹提脓去腐，阴证用七三丹、五五丹提脓去腐；若疮口太小或成瘘时，宜用白降丹、千金药线腐蚀；疮口胬肉高突时用平胬丹；脓腐干净用生肌散、八宝丹，并根据具体情况配合使用垫棉法或扩创法，以加速疮口愈合。

另外，治疗期间要注意固定和减少局部活动，以减轻疼痛。如颜面部和颌颏部疮疡，应少说话，进食流质；四肢部疮疡，宜抬高患肢，固定于功能位置。

此外，在疮疡的治疗中，还要重视患者的精神调摄，饮食宜忌，日常起居，护理换药等，加强医患配合，争取早日痊愈。

第二节 疖

疖是一种生于皮肤浅表的急性化脓性疾患。本病多发于夏秋季节，突起根浅，肿势局限，焮红疼痛，范围多在 3 cm 左右，易肿，易溃，易敛。初起可分为有头、无头两种，一般症状轻而易治，所以俗话说："疖无大小，出脓就好。"但亦有因治疗或护理不当形成"蝼蛄疖"，或反复发作、日久不愈的"多发性疖病"。本病相当于西医学的单个毛囊及其皮脂腺或汗腺的急性化脓性炎症。

【病因病机】

1. 内郁湿火 素体湿火内郁，或多食肥甘厚腻辛辣炙煿等，使体内湿热火毒外发，或外感风邪，两相搏结，蕴阻肌肤而成。

2. 暑热外袭 在夏秋季节感受暑湿热毒之邪，或因天气闷热，汗出不畅，暑湿热毒蕴蒸肌肤，引起痱子，复经搔抓，破伤染毒而发。

患疖肿后，若处理不当，疮口过小，脓液引流不畅，致使脓液潴留；或由于搔抓碰伤，以致脓毒旁窜，在头皮较薄之处发生蔓延，窜空而成蝼蛄疖。

阴虚内热之消渴病患者或脾虚便溏患者，病久后气阴双亏，更容易感染邪毒，并可反复发作，迁延不愈，而致多发性疖病。

【临床表现】

局部皮肤红肿疼痛，轻者无全身不适，重者可伴发热、恶寒、口干、便秘、小便黄等症状。

1. 有头疖 患处皮肤上有一色红灼热之肿块，约 3 cm 大小，疼痛，突起根浅，中央有一小脓头，脓出便愈。

2. 无头疖 皮肤上有一红色肿块，范围 3 cm 左右，无脓头，表面灼热，压之疼痛，2～3 天化脓后为一软的脓肿，溃后多迅速愈合。

3. 蝼蛄疖 好发于儿童头部。临床上可见两种类型。一种以疮形肿势小，但根脚坚硬，溃脓后脓出而坚硬不退，疮口愈合后，过一时期还会复发，常一处未愈，他处又生。另一种疮大如梅李，相连三五枚，溃后脓出而疮口不敛，日久头皮窜空，如蝼蛄窜穴之状。

笔记栏

4. 多发性疖病 好发于项后、背部、臀部等处，几个到数十个，反复发作，缠绵数年不愈。亦可在身体各处散发，此处将愈，他处又起。尤好发于素体内热亢盛、消渴病及体质虚弱之人。

【诊断】

诊断要点

(1) 发于皮肤毛囊,以头面、项后、背部、臀部多见。

(2) 局部红肿热痛,起病急病程短,出脓即愈。

(3) 发于素体热盛或阴虚内热之人及患消渴病者,易反复发作。

【鉴别诊断】

1. 痈 常为单个发生,肿势范围较大,局部顶高色赤,表皮紧张光亮,伴有明显的全身症状。

2. 颜面部疔疮 初起为粟粒样脓头,根脚深,肿势散漫,出脓较晚而有脓栓,多数患者有全身症状。

3. 有头疽 红肿范围多在 9～12 cm 以上,有多个粟粒样脓头,溃后状如蜂窝,全身症状较重的,病程较长。

【治疗】

以清热解毒为基本治则。临床根据其具体发病季节、部位的不同以及患者体质差异而施治。发于夏秋季节者,宜清暑解毒化湿;体虚毒恋者,宜扶正解毒,需兼养阴清热或健脾和胃。对症状轻微的疖可单纯应用外治法收功。

(一) 内治法

1. 热毒蕴结证

证候 多见于气实火盛患者,轻者疖肿只有 1～2 个,也可散发全身,或簇集一处,或此愈彼起,色红突起疼痛明显;伴发热,口渴,溲赤,便秘。舌质红,苔黄,脉数。

治法 清热解毒。

主方 五味消毒饮(《医宗金鉴》)加减。

成药 清解片,成人每次 5 片,每日 2～3 次吞服,儿童减半量,婴儿服 1/3 量;六应丸或六神丸,成人每次 10 粒,每日 3 次吞服,儿童减半量,婴儿服 1/3 量。

2. 暑湿蕴结证

证候 发于夏秋季节,好发于头面、颈、背、臀部,单个或多个疖肿红、热、胀、痛,抓破或流脓水;伴心烦,胸闷,口苦咽干,便秘,溲赤等。舌红,苔黄而腻,脉滑数。

治法 清暑化湿解毒。

主方 清暑汤(《外科全生集》)加味。

成药 清解片,成人每次 5 片,每日 2～3 次吞服,儿童减半量,婴儿服 1/3 量;六应丸或六神丸,成人每次 10 粒,每日 3 次吞服,儿童减半量,婴儿服 1/3 量。

3. 体虚毒恋证

证候 疖肿散发于全身各处,此愈彼起,不断发生,疖肿较大,易转变成有头疽,疖肿颜色暗红,脓水稀少;伴低热,烦躁口渴,或乏力肢软。舌质红,苔薄黄,脉细数。

治法 扶正解毒。

主方 四妙汤(《外科说约》)加减。

成药 清解片,成人每次 5 片,每日 2～3 次吞服,儿童减半量,婴儿 1/3 量;六应丸或六神丸,成人每次 10 粒,每日 3 次吞服,儿童减半量,婴儿服 1/3 量。

(二) 外治法

(1) 小者用千捶膏盖贴或三黄洗剂外搽,大者用金黄散或玉露散,以银花露或菊花露调成糊状外敷。遍体发疮,破流脓水成片者,用青黛散,麻油调敷。

(2) 脓成则切开排脓,用九一丹掺太乙膏盖贴。脓尽改用生肌散收口。

(3) 红霉素软膏、鱼石脂软膏、莫匹罗星软膏外用,每日 2～3 次。

【预防与护理】

(1) 少食辛辣油炸及甜腻食物,患病时忌食鱼腥发物。

笔记栏

(2) 注意个人卫生,勤洗澡,勤理发,勤换衣,保持局部皮肤清洁。

(3) 夏秋季节多饮清凉饮料,如金银花露、绿豆米仁汤等。

(4) 忌自行挤压搔抓,防止碰伤,以免脓毒弥散,引起其他并发症。有消渴病、肾病等,应及时治疗全身性疾病;体虚者,应积极锻炼身体,增强体质。

第三节 疔

疔是指发病迅速而且危险性较大的急性感染性疾病,多发生在颜面和手足等处。若处理不当,发于颜面者易引起"走黄"而危及生命,发于手足者则可损筋伤骨而影响功能。陈实功《外科正宗·疔疮论》云:"夫疔疮者,乃外科迅速之病也。有朝发夕死,随发随死……"疔的范围很广,包括西医学的疖、痈、淋巴管炎、气性坏疽、皮肤炭疽等。因名称繁多,证因各异,按照发病部位和性质不同,分为颜面部疔疮、手足部疔疮、红丝疔、烂疔、疫疔等。烂疔(相当于西医学的气性坏疽)、疫疔(相当于西医学的皮肤炭疽)较为少见,故以下主要论述较为常见的颜面部疔疮、手足部疔疮与红丝疔三种。

颜面部疔疮

颜面部疔疮是指发生在颜面部的急性化脓性疾病。相当于颜面部疖、痈。其特征是疮形如粟,坚硬根深,状如钉丁之状。该病病情变化迅速,易成走黄危证。颜面部疔疮由于发生部位不同,名称各异。如生在眉心的,叫眉心疔;生在眼胞的,叫眼胞疔;生在鼻部的,叫鼻疔;生在迎香穴的叫迎香疔;生在人中的,叫人中疔;生在人中两旁的,叫虎须疔;生在口角的,叫锁口疔;生在唇部的,叫唇疔;生在颏部的,叫承浆疔;生在地角穴的,叫地角疔等。

【病因病机】

本病总以火热之毒为患,常见病因有下列两种。

1. 感受火热毒邪,蕴结肌肤 感受火热之气,或因昆虫咬伤,或因抓破染毒,毒邪蕴蒸肌肤,以致经络阻隔、气血凝滞而成本病。

2. 脏腑蕴热,火毒结聚 七情内伤,气郁化火,火炽成毒,或恣食膏粱厚味、醇酒辛辣炙煿之品,损伤脾胃,运化失常,脏腑蕴热,发越于外,火毒结聚于肌肤而发为本病。

头面乃诸阳之首,火毒蕴结于此,则反应剧烈,变化迅速,如不及时治疗或处理不当,毒邪易于扩散,有引起走黄的危险。

【临床表现】

多发于唇、鼻、眉、颧等处。初起在颜面部某处皮肤上突起一粟米样脓头,或痒或麻,渐渐红肿热痛,肿胀范围在3~6 cm,根深坚硬,状如钉丁。重者可伴恶寒发热。5~7天,肿势逐渐增大,四周浸润明显,疼痛加剧,脓头破溃。此时可伴发热口渴、便秘、溲赤。7~10天,顶高根软溃脓,脓栓(疔根)随脓外出,随之肿消痛止,身热减退而愈。

凡颜面部疔疮,症见顶陷色黑无脓,四周皮肤暗红,肿势扩散,失去护场,以致头面耳项俱肿,伴壮热烦躁,神昏谵语,胁痛气急,舌红绛,苔黄燥,脉洪数等症状,此乃为疔疮走黄之象。

【诊断】

(一) 诊断要点

(1) 疮形如粟,坚硬根深,状如钉丁之状。

(2) 红肿疼痛,四周浸润明显,化脓时多有脓栓(疔根)随脓外出。

(3) 重者可伴恶寒发热。挤压或治疗不当可致疔疮走黄。

(二) 辅助检查

血白细胞总数及中性粒细胞增高。

笔记栏

【鉴别诊断】

1. 疖　突起根浅,肿势限局,无明显根脚,一般无全身症状。

2. 有头疽　初起即有粟粒样脓头,脓头逐渐增多,溃后状如蜂窝,红肿范围较大,常超过 9～12 cm,多发生于项后背部,发展缓慢,病程较长。

3. 疫疔　初起皮肤患处为一小片红斑丘疹,痒而不痛,其后周围迅速肿胀,中央呈暗红色或黑色坏死,坏死周围有成群灰绿色小水疱,形如脐凹,很像种的牛痘,并有严重的全身症状,具有传染性,从事畜牧业者发病为多。

【治疗】

治疗以清热解毒为大法,宜清不宜温,应聚不应散,慎用发散之品。临证应根据发病部位不同及病变发展不同阶段特征,施治应有所差异。一般初起宜清热解毒,并根据疔疮病位相对应的五脏所属而有所偏重,如发于鼻部者,注重清解肺热;发于唇部,注重清解心脾之热。中期火毒炽盛,宜凉血清营,泻火解毒。其外治根据初起、成脓、溃后三期,分别采用箍围束毒消肿、切开引流或聚毒拔疔、祛腐生肌治疗,切开引流必须脓熟之时施用,切忌早用。

(一) 内治法

1. 热毒蕴结证

证候　疮形如粟,或痒或麻,可见红肿热痛,肿胀范围 3～6 cm,顶高根深坚硬;伴恶寒,发热,头身疼痛等。舌红,苔黄,脉数。

治法　清热解毒。

主方　五味消毒饮(《医宗金鉴》)加减。

成药　蟾酥丸,3～5 粒,吞服,儿童减半;犀黄丸,每服 3 g,每日 2 次。

2. 火毒炽盛证

证候　疔肿增大,四周浸润明显,疼痛加剧,出现脓头;伴发热口渴,便秘溲赤。舌红,苔黄,脉数。

治法　泻火解毒。

主方　黄连解毒汤(《外台秘要》)加减。

成药　蟾酥丸,3～5 粒,吞服,儿童减半;犀黄丸,每服 3 g,每日 2 次。

(二) 外治法

(1) 初起箍毒消肿,用玉露散以金银花露或凉开水调敷,或千捶膏盖贴。

(2) 脓成则提脓去腐,用九一丹、八二丹撒于疮顶部,再用玉露膏或千捶膏敷贴。若脓出不畅,用药线引流;若脓已成熟,中央已软,有波动感时,应切开排脓。

(3) 脓尽宜生肌收口,用生肌散、太乙膏或红油膏盖贴。

(4) 红霉素软膏、鱼石脂软膏、莫匹罗星软膏外用,每日 2～3 次。

【预防与护理】

(1) 平时不要过食膏粱厚味、辛辣炙煿、鱼腥发物。

(2) 全身症状明显者,宜卧床休息。

(3) 发生在口周"危险三角区"者,忌挤压碰撞,以防"走黄"。

(4) 忌内服发散药,忌灸法,忌房事和愤怒。

手足部疔疮

笔记栏

手足部疔疮是指发生于手足部的急性化脓性疾患。由于发病部位、形态及预后不同,而有多种病名。生于指头顶端者,叫蛇头疔;生于指甲周围者,叫沿爪疔;发于指甲旁的,叫蛇眼疔:生于甲后者,叫蛇背疔;生于手指螺纹的,叫螺疔;生于手指骨节间的,叫蛀节疔;一指通肿者,叫泥鳅疔;生于指中节前，肿如鱼肚者，叫鱼肚疔或蛇腹疔；生于手掌中心者，叫托盘疔；生在足掌中心者，叫足底疔。临床较为常见的有蛇眼疔、蛇头疔、蛇腹疔、托盘疔、足底疔等，分别相当于西医学的甲沟炎、化脓性指头炎、手指化脓性腱鞘炎、掌中间隙感染、足底皮下脓肿等。本病若治疗失误，容易损伤筋骨，继而影响手足功能。

【病因病机】

本病总由火毒蕴结，血凝毒滞，经络阻隔，热胜肉腐而成。

1. 外伤染毒 常因外伤如针尖、竹、木、鱼骨刺伤或昆虫咬伤等，感染毒气而发。

2. 脏腑蕴热 脏腑热毒与外邪相搏结，阻于皮肉之间，以致气血凝滞，经络阻隔而发病。

【临床表现】

1. 蛇眼疔 初起多局限于手指甲一侧边缘或甲沟处，有轻微的红肿疼痛，一般2～3天即成脓。如不及时治疗，可蔓延到对侧形成指甲周围炎；若脓液侵及甲下，可形成指甲下脓肿，在指甲背面可透现出黄色或灰白色的脓液积聚阴影，造成指甲溃空或有胬肉突出。

2. 蛇头疔 起初指端觉麻痒而痛，继而刺痛，灼热疼痛，有的红肿明显，有的红肿不明显，随后肿势逐渐扩大，手指末节呈蛇头状肿胀，红热明显。成脓时有剧烈的跳痛，患肢下垂时疼痛更甚，局部触痛明显，往往影响睡眠饮食。常伴恶寒、发热、头痛、全身不适等症状。一般7～10天成脓。溃后脓出黄稠，逐渐肿消痛止，趋向痊愈。若处理不及时，任其自溃，溃后脓出臭秽，经久不尽，余肿不消，多为损骨征象。

3. 蛇腹疔 整个患指红肿，呈圆柱状，形似小红萝卜，皮肤发红而光亮，关节轻度屈曲，不能伸展，手指进行任何活动均会引起剧烈疼痛。7～10天成脓。因指腹部皮肤坚厚。不易测出波动感，也难以自行溃破。溃后脓出黄稠，症状逐渐减轻，2周左右愈合。如损伤筋脉，则愈合缓慢，并影响手指的活动功能。

4. 托盘疔 患侧手掌肿胀高突，失去生理凹陷，形如托盘之状，手背肿胀多更为明显，甚至延及手臂，疼痛剧烈。伴恶寒、发热、纳差等症状。2周左右成脓。因手掌皮肤坚韧，虽已成脓，但不易向外穿透，可向周围蔓延，损伤筋骨。

5. 足底疔 初起足底部疼痛，不能着地，按之坚硬。3～5日有搏动性疼痛。修去老皮后，可见到白头。重者肿势蔓延到足背，痛连小腿，不能行走等。溃后流出黄稠脓液，肿消痛止。

【诊断】

（一）诊断要点

(1) 发病部位多有受伤史，手部发病多于足部。

(2) 局部红肿疼痛明显，易损伤筋骨影响手足功能。

(3) 多伴有恶寒发热等全身症状。

（二）辅助检查

血白细胞总数及中性粒细胞可明显增高。X线摄片检查可确定有无死骨。

【鉴别诊断】

类丹毒 发病前多有猪骨、鱼骨刺等刺伤皮肤，或有破损皮肤接触猪肉、鱼虾史。红肿不如疔疮明显，常表现为游走性的红紫色斑片，一般不化脓。

【治疗】

以清热解毒为主，临证根据发病部位不同及病变发展不同阶段特征，施治应有所侧重。如发于下肢者，注重清热利湿。一般而言，早期慎用辛温发散之品；中期注重托毒透脓；后期注重清解余毒，壮骨荣筋，补益气血。其外治根据初起、成脓、溃后三期，分别采用箍围束毒消肿、切开引流、祛腐生肌治疗。成脓期应尽早切开排脓，并注意切口选择，一般应尽可能循经直开，并应在指(趾)端的侧面切开，或剪去部分边缘组织以扩大引流。溃后需控制胬肉生长，可用祛腐生肌平胬之品；并注意防治损筋伤骨。

笔记栏

(一) 内治法

1. 火毒蕴结证

证候　局部焮热疼痛、肿胀、麻痒;伴恶寒发热,周身不适等。舌红,苔黄,脉弦数。

治法　清热解毒。

主方　五味消毒饮(《医宗金鉴》)或黄连解毒汤(《外台秘要》)加减。

成药　蟾酥丸,3～5粒,吞服,儿童减半;犀黄丸,每服3 g,每日2次。

2. 热胜肉腐证

证候　患处肿势增大,红肿显著,疼痛剧烈如鸡啄,患部中软而应指,功能受限;伴恶寒发热,食少纳呆,大便秘结,小便黄。舌红,苔黄,脉数。

治法　清热解毒透脓。

主方　五味消毒饮(《医宗金鉴》)合透脓散(《外科正宗》)加减。

成药　蟾酥丸,3～5粒,吞服,儿童减半;犀黄丸,每服3 g,每日2次。

3. 湿热下注证

证候　足底部红肿热痛;伴恶寒,发热,头痛,纳呆。舌质红,舌苔黄腻,脉滑数。

治法　清热解毒利湿。

主方　五神汤(《辨证录》)合萆薢渗湿汤(《疡科心得集》)加减。

成药　蟾酥丸,3～5粒,吞服,儿童减半;犀黄丸,每服3 g,每日2次。

(二) 外治法

1. 初期　用金黄膏外敷。蛇眼疔可用10%黄柏溶液湿敷。蛇头疔可用鲜猪胆1枚套住患指,每日1次。

2. 成脓期　脓成应切开排脓,一般应尽可能循经切开,根据患病部位不同,而选择不同的切口。

蛇眼疔宜用刀尖沿甲旁切开排脓。如指甲周围有脓,应在甲根两侧近端各做一切口,并用一横切口将其连接起来。甲下积脓应切除部分指甲,重者如指甲溃空,需要拔除整个指甲。

蛇头疔有脓后应及早切开,在指掌侧面做一纵行切口,贯穿指端直至对侧,保持引流顺畅。

蛇腹疔应在手指侧面做纵行切口,其长度不得超越上下指关节面。

托盘疔应依掌横纹切开,切口应足够大,以保持引流通畅。

切开后,可用药线蘸八二丹或九一丹插入疮口,外敷金黄膏或红油膏。

3. 收口期　脓尽用生肌散、白玉膏外敷。若胬肉高突、疮口难愈者,修剪胬肉后,用平胬丹外敷。若溃烂肿胀,久不收口,是为损骨,可用2%～10%的黄柏溶液浸泡患指,每日1～2次,每次10～20分钟。如有死骨存在,用镊子钳出死骨或整节指骨,方可愈合。

【预防与护理】

(1) 手部易受外伤,平时应注意劳动保护。

(2) 患肢忌持重物,以三角巾悬吊固定。生于手掌部者,宜手背向上,使脓毒容易排泄。

(3) 愈后影响手指屈伸功能者,应早期加强功能锻炼。

(4) 其他参照"颜面部疔疮"。

红　丝　疔

红丝疔是发于四肢,病变以前臂或小腿内侧皮肤呈红丝显露,迅速向上走窜,伴全身不适,甚至出现走黄为特征的急性感染性疾病。相当于西医学的急性淋巴管炎。

笔记栏

【病因病机】

1. 破损染毒　手足部生疔,足癣湿烂或皮肤破损,感染毒邪。

2. 火毒内攻　火毒凝聚,毒流经脉,向上走窜,内攻脏腑,可成走黄之证。

西医学认为本病是由β-溶血性链球菌或金黄色葡萄球菌经由损伤的皮肤、黏膜或其他感染性病灶侵入淋巴管,引起淋巴管及其周围组织的急性炎症,炎症严重者可波及邻近淋巴结,引起急性淋巴结炎。

【临床表现】

手足部多有生疔或皮肤破损等病史,好发于手臂前侧及小腿内侧。

多先在手足生疔部位或皮肤破损处,红肿热痛,继则在前臂或小腿内侧皮肤上起红丝一条,迅速向躯干方向走窜,上肢可停于肘部或腋部,下肢可停于腘窝或胯间,或更向上蔓延(彩图 6-1)。

肘、腋或腘窝、腹股沟部常有臀核作痛。轻者,红丝较细,可无全身症状;重者,红丝较粗,并伴有恶寒,发热,头痛,饮食不振,周身乏力,舌苔黄,脉数等全身症状。

红丝较细的,1～2 日可愈;若红丝较粗,病情较重,有的还可出现结块,一处未愈,他处又起,有的 2～3 处相互串连。病变在浅部的,结块多而皮色暗红;病变在深部的,皮色暗红,或不见"红丝",但患肢出现条索状肿块和压痛。如结块不消而合并化脓者,则肿胀疼痛更剧,化脓在发病后 7～10 天,溃后一般容易收口,若两三处串连贯通,则收口较慢。若伴有高热,神昏谵语,胸痛,咳血等症,是为"走黄"之征象。

【诊断】

(一) 诊断要点

(1) 好发于四肢内侧,发病前有皮肤破损染毒史。

(2) 有红丝一条迅速向上走窜,上肢止于肘、腋窝,下肢止于腘窝、腹股沟等处。

(3) 红丝细部位浅者病情轻,红丝粗部位深者病情重。红丝向四肢末端走向者顺,向躯干走向者逆,可引发走黄。

(二) 辅助检查

血常规检查提示血白细胞总数及中性粒细胞比例增高。

【鉴别诊断】

1. 血栓性浅静脉炎 常有下肢静脉曲张史,下肢有条索状红肿,压痛,发展较慢,全身症状较轻,局部病变消退较慢,消退后常在病变局部出现条索状硬结,周围皮肤颜色黯紫。

2. 下肢深静脉血栓形成 常有久卧、久坐或外伤、手术、分娩史,局部疼痛、肿胀、压痛,将患侧足背向背侧急剧弯曲时,可引起小腿肌肉疼痛。

【治疗】

以清热解毒为主,佐以活血散瘀。临证应根据其发病部位的不同,疾病发展不同阶段的病理特点以及所兼夹,施治有所区别。红丝较细者,多属火毒入络证,治以清热解毒;红丝较粗,全身症状重者,多属火毒入营证,治以清营凉血,化瘀解毒。其外治应首先积极治疗原发病灶,红丝较细者,宜用砭镰法,取效甚快,红丝粗者,可参照痈论治。

(一) 内治法

1. 火毒入络证

证候 患肢红丝较细,红肿热痛;全身症状较轻。舌红,苔薄黄,脉濡数。

治法 清热解毒。

主方 五味消毒饮(《医宗金鉴》)加减。

成药 蟾酥丸,3～5 粒,吞服,儿童减半;犀黄丸,每服 3 g,每日 2 次。

2. 火毒入营证

证候 患肢红丝粗肿明显,迅速向近端蔓延;全身寒战高热,烦躁,头痛,口渴。舌质红绛,苔黄腻,脉洪数。

治法 凉血清营,解毒散结。

主方 犀角地黄汤(《备急千金要方》)、黄连解毒汤(《外台秘要》)、五味消毒饮(《医宗金

笔记栏

鉴》)加减。

成药　蟾酥丸,3～5 粒,吞服,儿童减半;犀黄丸,每服 3 g,每日 2 次。

（二）外治法

(1) 红丝细者用砭镰法。局部皮肤消毒后,以刀针沿红丝行走途径,寸寸挑断,并用拇指和食指轻捏针孔周围皮肤,微令出血,或在红丝尽头挑断,挑断处均盖贴太乙膏掺红灵丹。

(2) 初期可金黄膏、玉露散外敷;结块成脓,则切开排脓,外敷红油膏;如两三处串连贯通者,宜彻底切开贯通的脓腔。或用垫棉加绑缚以加速疮口愈合;脓尽,生肌散、白玉膏收口。

【预防与护理】

(1) 积极治疗原发疮疡。

(2) 避免皮肤损伤。

(3) 忌食辛辣醇酒及虾、蟹等发物。

(4) 其他参照“手足部疔疮”。

第四节　痈

痈是一种发生于体表皮肉之间的急性化脓性疾患。痈有“壅”义,是气血为毒邪壅塞而不通之意。在中医文献中痈有“内痈”“外痈”之分。外痈生于体表,而内痈生于脏腑,如肝痈、肺痈,虽同属痈证范畴,但在辨证论治上和外痈多有不同,本节只叙述外痈。本病的特点是局部光软无头,红肿疼痛(少数初起皮色不变),肿胀范围多在 6～9 cm,发病迅速,易肿,易脓,易溃,易敛,多伴有恶寒、发热、口渴等全身症状,一般不会损筋伤骨,也不会造成陷证。由于发病部位不同,本病有许多名称,生于颈部的,称颈痈;生于腋下的,称腋痈;生于脐部的,称脐痈;生于胯腹的,称胯腹痈;生于委中穴的,称委中毒。相当于西医学的体表浅表脓肿、急性化脓性淋巴结炎。

颈　痈

颈痈是发生在颈部两侧的急性化脓性疾病,俗名“痰毒”。相当于西医学的颈部急性化脓性淋巴结炎。特点是初起局部皮色不变,肿胀,疼痛,灼热,肿块边界清楚。

【病因病机】

1. 外感风温、风热　风温、风热之邪外受,蕴而化火,夹痰壅结于少阳阳明之络。

2. 肝胃火毒上攻　内伤情志,七情郁结,气郁化火,结于少阳脉络;或喜食辛辣等,引动胃火循经上蒸,结于阳明而成。

3. 内夹痰热　过食膏粱厚味,脾胃传化失司,生痰生浊,化热化火,邪气留阻肌肤。

4. 毒邪流窜　因乳蛾、口疳、龋齿或头面疮疖等感染毒邪而诱发。

西医学认为,本病多由其他化脓性病灶经淋巴管至所属区域淋巴结的炎性病变,常见致病菌为金黄色葡萄球菌和溶血性链球菌。

【临床表现】

多见于儿童。常在春季发生,发病前多有乳蛾、口疳、龋齿或头面疮疖等,或附近有皮肤黏膜破伤病史。常生于颈部两侧,但颌下、耳后、颏下等处也可发生。初起结块形如鸡卵,皮色不变,肿胀,灼热,疼痛,活动度不大,逐渐漫肿坚实,焮热疼痛。经 7～10 天,如不消散,即欲成脓,此时结块处皮色发红,肿势高突,疼痛加剧,痛如鸡啄,按之中软而有波动感。溃后流脓黄白稠厚,肿消痛减,10 天左右愈合。

本病多伴有轻重不同的全身症状,如恶寒、发热、头痛、口干、便秘、尿赤等。

笔记栏

【诊断】

诊断要点

(1) 发于颈部两侧或颌下、耳后、颏下等处。

(2) 局部淋巴结肿胀疼痛,边界清楚,形如鸡卵。

(3) 全身伴有风温外感症状。

【鉴别诊断】

1. 痄腮　发在腮部,常双侧并起,皮色不变,酸胀少痛,濡肿,不化脓,1 周左右消退,口内腮腺口红肿,进食时疼痛,有传染性。

2. 臖核　为慢性淋巴结炎。多由头面疮疖、口腔感染等疾病引起,但结核肿形较小,推之活动,一般不会化脓,无全身症状。

【治疗】

治以散风清热,化痰消肿为主。病之初,属风热痰毒证,火郁者清之,夹风者表之,夹痰者化之,使邪去而毒自消;病之中,属热胜肉腐,又兼清火托毒透脓,切忌用苦寒冰伏之剂,使毒滞难化,肿块坚硬,反致难消;病之后期,一般无须内治,但应注意气血损耗,脓出不畅者,注意补托。外治根据初起、成脓、溃后三期,分别采用箍围束毒消肿、切开引流、祛腐生肌治疗。

(一) 内治法

1. 风热痰毒证

证候　颈旁结块,初起色白濡肿,形如鸡卵,灼热,疼痛,逐渐漫肿坚实,红肿热痛;伴有恶寒发热,头痛,项强,咽痛,口干、溲赤便秘。舌红,苔薄黄腻,脉滑数。

治法　散风清热,化痰消肿。

主方　牛蒡解肌汤(《疡科心得集》)加减。

成药　蟾酥丸,3～5 粒,吞服,儿童减半;犀黄丸,每服 3 g,每日 2 次。

2. 肝胃火毒证

证候　颈部白肿(或红肿),肿势散漫,连及颈前、后或耳下,硬结疼痛;伴高热,口渴欲饮,大便秘结,小便黄赤。舌质红,苔黄腻,脉弦滑数。

治法　清热解毒,化痰消肿。

主方　普济消毒饮(《东垣试效方》)加减。

成药　蟾酥丸,3～5 粒,吞服,儿童减半;犀黄丸,每服 3 g,每日 2 次。

【预防与护理】

(二) 外治法

参照"颜面部疔疮"。

(1) 积极治疗原发病。

(2) 饮食宜清淡,忌食鱼腥、辛辣、炙煿之品。

腋　　痈

腋痈是指生在腋部的急性化脓性疾病,又名"夹肢痈"。其特点是腋下暴肿,灼热疼痛,皮色不变,伴恶寒发热,上肢活动不利。相当于西医学的腋下急性化脓性淋巴结炎。

【病因病机】

(1) 上肢皮肤破损染毒,或疮疡等感染病灶,毒邪循经流窜所致。

(2) 肝脾积热,气滞血壅或兼忿怒气郁而成。

西医学认为,本病是淋巴管炎累及相应淋巴结或其他化脓性病灶经淋巴管至所属区域淋巴结的炎性病变,常见致病菌为金黄色葡萄球菌和溶血性链球菌。

笔记栏

【临床表现】

发病前多有上肢皮肤破损或疮疡等病史。初起腋窝突然暴肿，皮色不变，灼热疼痛，同时上肢活动不利，伴恶寒发热、纳差。若肿痛日增，寒热不退，经 10～14 天肿块中央变软，皮色转红，按之波动感明显，溃后脓出稠厚，肿消痛止，容易收敛。若溃后脓流不尽，肿势不退，多因切口太小，或因任其自溃，疮口不大，或因疮口位置偏高，引起袋脓，以致引流不畅，影响愈合。此时需及时扩创，否则迁延时日，难以收口。

全身多伴有轻重不同的恶寒发热，纳呆，舌苔薄，脉滑数等症状；化脓时全身症状加剧，溃后大多减轻或消失。

【诊断】

(一) 诊断要点

(1) 腋下暴肿，灼热疼痛，皮色不变。

(2) 化脓缓慢，易致袋脓，愈合较慢。

(3) 多伴有发热、全身不适等症状。

(二) 辅助检查

血常规检查提示血白细胞总数及中性粒细胞比例增高，并应根据病情作 B 超等检查。

【鉴别诊断】

腋疽　初起结块推之可动，疼痛不甚，约需 3 个月化脓，溃后脓水稀薄，并夹有败絮样物质，收口缓慢，一般无明显全身症状。若发于小儿患者可因在肩部接种卡介苗引起。多无明显全身症状。

【治疗】

本病治疗以清肝解郁，消肿化毒为基本原则。病之初，属肝郁痰火，注重清肝消肿化毒，促其早期消散；病之中，火毒炽盛，需注意清火透脓托毒；病之后期，疮口久不收敛，属气血虚弱，当益气健脾，扶正固本，注意养阴。外治脓成切开，宜低位，切口够大，以利引流，溃后宜注意早期加用垫棉法，以防袋脓，则疮口易合。

(一) 内治法

本病以肝郁痰火证为多见。

证候　腋窝肿胀、疼痛，上肢活动不利；伴发热，心烦，头痛，口苦咽干，大便秘结，小便黄赤。舌红，苔黄，脉弦滑数。

治法　清肝解郁，解毒消肿。

主方　柴胡清肝汤(《外科正宗》)加减。

成药　蟾酥丸，3～5 粒，吞服，儿童减半；犀黄丸，每服 3 g，每日 2 次。

(二) 外治法

1. 初起　金黄膏外敷，或太乙膏掺红灵丹外敷。

2. 成脓　切开排脓，刀法宜循经直开，低位引流。脓尽可掺生肌散，外盖生肌玉红膏，并加盖棉垫，紧压疮口，以加速愈合。

3. 溃后　用药线蘸八二丹或九一丹引流，外盖金黄膏或红油膏；脓腐已尽，外用生肌散、生肌白玉膏。

【预防与护理】

(1) 饮食宜清淡，忌辛辣、炙煿、鱼腥发物。

(2) 疮口收敛后加强上肢功能锻炼。

(3) 保持心情舒畅。

笔记栏

胯　腹　痈

胯腹痈是指生在胯腹部的急性化脓性疾病，古代称为“跨马痈”。其特点是结块肿痛，皮色不变,步行困难。相当于西医学的腹股沟急性淋巴结炎。

【病因病机】

1. 破损染毒 因下肢、阴部疮疖或皮肤破损,外染毒邪循经而发。

2. 湿热内蕴 湿热火毒内蕴,气滞夹痰凝结而成。

【临床表现】

发病者多有下肢、阴部破伤史。初起在胯腹部有一结块,形如鸡卵,肿胀发热,皮色不变,疼痛明显,患侧步行困难,伴恶寒发热等症状。如肿块增大,皮色转红,持续跳痛,伴有恶寒发热、大便秘结等症状,此为化脓之象。

【诊断】

诊断要点

(1) 胯腹部肿块,形如鸡卵,肿胀疼痛。

(2) 髋关节活动受限,步行困难。

(3) 化脓时伴寒热等全身症状。

【鉴别诊断】

胯腹部臖核 多由下肢、阴部疮疖感染等疾病引起,但结块肿形较小,推之活动,一般不会化脓,无全身症状。

【治疗】

(一) 内治法

湿热蕴结证

证候 胯腹部结块肿痛,患肢拘急;伴恶寒发热、口干、小便黄赤。舌红,苔黄腻,脉数。

治法 清热利湿,解毒消肿。

主方 五神汤(《辨证录》)合萆薢渗湿汤(《疡科心得集》)加减。

成药 牛黄解毒片,每服3片,每日3次。孕妇禁用。

(二) 外治法

参照“颜面部疔疮”。

【预防与护理】

(1) 饮食宜清淡,忌辛辣、炙煿、鱼腥发物。

(2) 疮口收敛后加强髋部功能锻炼。

委 中 毒

委中毒是发生在腘窝部的急性化脓性疾病。《医宗金鉴·委中毒》云:“木硬肿痛、微红、屈伸艰难……缓则筋缩而成废疾。”其特点是腘窝部木硬疼痛,皮色不红,小腿屈伸不利,愈后可有短期屈曲难伸。相当于西医学的腘窝部急性化脓性淋巴结炎。

【病因病机】

1. 湿热下注 胆经移热,膀胱湿热结聚,壅而不行,阻于脉络所致。

2. 破损染毒 因患肢破伤、足部溃烂、脚湿气、湿疹等感染毒邪,以致湿热蕴阻,经络阻隔,气血凝滞而成。

3. 寒湿下受 寒湿之邪,自下先受,循足少阳,入于腘中,蕴积化生湿热,气血为之阻隔,而毒成脓生。

西医学认为本病是淋巴管炎累及相应淋巴结或其他化脓性病灶经淋巴管至所属区域淋巴结的炎性病变,常见致病菌为金黄色葡萄球菌和溶血性链球菌。

笔记栏

【临床表现】

发病前多有患侧足、腿破伤史。初起委中穴处木硬疼痛，皮色不变或微红，形成肿块则患肢小腿屈伸困难，行动不便。伴恶寒发热、纳差等症状。如肿痛加剧，身热不退，2～3周后则欲成脓。溃破后2周左右而愈。

脓成后切口过小或位置偏高，或任其自溃，脓出不畅，则影响疮口收敛。疮口愈合后，患肢仍屈曲难伸者，经功能锻炼后，2～3个月可恢复正常。

【诊断】

诊断要点

(1) 委中穴处木硬疼痛，小腿屈伸困难。

(2) 一般2～3周成脓，脓出不畅者愈合较慢。

(3) 可伴恶寒发热等全身症状。

【鉴别诊断】

腘窝囊肿　可发生于腘窝，肿块如核桃大小，呈圆形，表面光滑，质硬，局部稍有微痛，或无感觉，不发热，不化脓，穿刺可抽出胶样液体。

【治疗】

以清热利湿，和营祛瘀为基本治则。初起宜活血化瘀，舒筋散邪，令气血流通，毒邪不得结聚，促其早期消散；及至毒蕴酿脓，则宜清利湿热，散坚消肿，托毒透脓；脓成外溃之后，气血已亏者，疮口久不收敛，则宜补益气血，扶正固本，生肌敛疮。唯脓成切开后易成袋脓，若袋脓则及时扩创，疮口将敛时用垫棉压迫疗法，紧压疮口，以加速愈合。

（一）内治法

1. 气滞血瘀证

证候　初起木硬疼痛，皮色微红，活动稍受限；全身恶寒发热。舌苔白腻，脉滑数。

治法　和营活血。

主方　活血散瘀汤(《外科正宗》)加减。

成药　活血解毒丸，每服3 g，每日2次。

2. 湿热蕴阻证

证候　腘窝部木硬肿痛，焮红疼痛，小腿屈曲难伸；全身恶寒发热，口干不欲饮，纳呆。舌苔黄腻，脉滑数。

治法　清利湿热，和营活血。

主方　活血散瘀汤(《外科正宗》)合五神汤(《辨证录》)加减。

成药　当归拈痛丸，每服6 g，每日3次。

3. 气血两亏证

证候　起发缓慢，肿成难溃，溃后出脓如蛋清状，疮口收敛迟缓，膝之屈伸不利。舌质淡，舌苔薄，脉细。

治法　调补气血。

主方　八珍汤(《正体类要》)。

成药　气血双补丸，每服9 g，每日2次；或归脾丸，每服6～9 g，每日2次。

（二）外治法

(1) 参照“腋痈”。

(2) 脓成不宜过早切开，刀口位置应在腘窝中央折纹偏下方。若溃后流脓不尽，肿势不退，日久不愈，多因切口过小，或因自溃，以致袋脓，引流不畅，脓毒不尽所致，需及时扩创。

(3) 脓出如鸡蛋清样黏液时，用生肌散收口，并以棉垫紧压疮口，可加速愈合。

【预防与护理】

(1) 下肢足踝部位有疮疡、伤口时，应及时治疗。

笔记栏

(2) 疮口愈合后患肢筋缩难伸者，用一个玻璃瓶或竹筒放在地上，嘱患者坐靠背椅上，患肢脚踏在瓶或竹筒上，作伸屈活动的功能锻炼，每次 20～30 分钟，每日 2～3 次，开始滚的幅度小些，以后逐渐加大，直至患肢恢复。

脐 痈

脐痈是指生于脐部的急性化脓性疾病。因其绕脐而生，又称盘脐痈。其特点是病前脐孔出水、尿；初起脐微肿，渐大如瓜，溃后脓稠无臭则易敛，若脓水臭秽则易成瘘，且不易愈合或反复发作。相当于西医学的脐部化脓性感染，脐肠管异常、脐尿管异常继发感染等。

【病因病机】

1. 湿热火毒 饮食不节，情志内伤等致心经火毒，脾胃湿热，移热于小肠，结于脐中气血不通，血凝毒滞而成，因小肠分清泌浊，故其又多兼湿邪。

2. 外伤染毒 脐部湿疹出水，复因搔抓染毒而引起。

3. 先天不足 脐部发育不全，易于感受邪毒而发病。

【临床表现】

发病前有脐部湿疹史，或有脐孔排出尿液或粪便史。初起脐部微痛微肿，渐渐肿大如瓜，皮色或红或白，触之疼痛。成脓时伴发热、口干等全身症状。溃后脓出稠厚而无臭味者容易收口。如溃后脓出臭秽，或夹有粪汁，创口久不收口，脐孔部胬肉高突，脐孔正中下方有条索状硬结，则已形成脐漏。

【诊断】

(一) 诊断要点

(1) 发病前有脐部湿疹史，或有脐孔排出尿液或粪便史。

(2) 脐部肿胀疼痛，脓出臭秽，或形成脐漏。

(二) 辅助检查

对久不收口者，可行瘘管造影检查，以明确诊断。

【鉴别诊断】

脐部湿疹 脐中潮红湿润，或湿烂流滋，瘙痒。

【治疗】

以清火利湿解毒为基本原则。病之初，属湿热火毒，注重清热利湿，促其早期消散，否则有内溃透肠之虑；病之中，火毒炽盛，需注意清火解毒，透脓托毒；病之后期，疮口久不收敛，属脾气虚弱，当益气健脾，扶正固本，注意养阴。外治之法，初起宜消，溃后宜敛，对溃后脓液臭，或夹有粪汁，或排出尿液，或脐翻胬肉，久不收敛者，有溃膜成瘘之虑，应手术治疗。

(一) 内治法

1. 湿热火毒证

证候 脐中肿胀，皮色红，疼痛；伴发热，口干口苦，大便秘结，小便黄赤。舌质红，苔薄黄，脉弦数。

治法 清热利湿，解毒消肿。

主方 黄连解毒汤(《外台秘要》)合四苓散(《丹溪心法》)加减。

成药 黄连解毒丸，每服 10 g，每日 2 次。

2. 气虚夹湿证

证候 创口经久不敛，脐孔部胬肉高突，中心有漏管，脓出臭秽；伴面色萎黄，肢软乏力，纳差，大便溏。舌质淡红，苔薄白，脉细弱。

治法 健脾益气。

主方 四君子汤(《太平惠民和剂局方》)加黄连、鱼腥草。

笔记栏

成药　参苓白术散,每服6 g,每日2次。

（二）外治法

(1) 初起用金黄膏或玉露膏外敷;溃后用红油膏或青黛膏掺九一丹外敷;脓尽改用白玉膏掺生肌散。

(2) 形成脐漏者,可插入七三丹药线或白降丹药捻,化管提脓。必要时可行瘘管切除术及修补术。

【预防与护理】

(1) 积极治疗脐部先天性疾病。

(2) 保持脐部清洁、干燥,勿用手抓弄脐窝。

(3) 脐痈愈后反复发作者,宜手术治疗。

第五节　发

发是指病变范围较痈大的急性化脓性疾病。《中国医学大辞典》说:"痈之大者名发",说明发的病变范围较痈为大,故一般把来势迅猛而病变范围大于痈(痈范围多在6～9 cm)的外疡称为发。发具有发生、发展、变化快、疮面大的特点。其临床表现是在皮肤疏松的部位突然红肿蔓延成片(多在9 cm以上),灼热疼痛,红肿以中心最为明显,而四周较淡,边缘不清,有的3～5天后皮肤湿烂,随即变成褐色腐溃,或中软而不溃,伴有明显的全身症状。生于结喉处的,称为锁喉痈;生于臀部的称为臀痈;生于手背部的,称为手发背;生于足背的,称为足发背。相当于西医学的急性蜂窝组织炎。

锁　喉　痈

锁喉痈是一种生于颈前正中结喉处的急性化脓性疾病,因其红肿绕喉故名。俗称盘颈痰毒。其特点是来势暴急,初起结喉处红肿绕喉,根脚散漫,坚硬灼热疼痛,范围较大,肿势蔓延至颈两侧、腮颊及胸前,可连及咽喉、舌下,并发喉风、重舌甚至痉厥等险症。伴壮热口渴、头痛项强等明显全身症状。相当于西医学的口底部急性蜂窝组织炎。

【病因病机】

(1) 风温毒邪客于肺胃,积热上蕴,夹痰凝结而成。

(2) 痧痘、麻疹之后,体虚余毒未清,夹痰热结聚所生。

(3) 体弱,口唇齿龈生疮、咽喉糜烂感染邪毒所继发。

【临床表现】

初起红肿绕喉,肿势散漫不聚,坚硬灼热疼痛,经2～3天后,肿势可延及颈部两侧,甚至上至腮颊,下至胸前。因肿连咽喉、舌下,可并发喉风、重舌,以致汤水难下,严重者可引起窒息。伴壮热口渴,头痛颈强,纳差,大便干燥,小便短赤;甚至气喘痰壅,发生痉厥。如肿势渐趋局限,根盘渐收按之中软者,为成脓之象;如按之中软应指者,为脓已成熟。

经治疗后,本病转归以根脚渐收,肿势高起,渐趋局限,易溃脓的为顺证;如根脚不收,漫肿平塌,色转暗红,难以溃脓的,则为逆证。溃后脓出黄稠,热退肿消者轻;脓出稀薄,疮口有空壳,或内溃脓从咽喉部穿出,全身虚弱者重,收口亦慢。

【诊断】

笔记栏

（一）诊断要点

(1) 起病急剧,结喉处红肿绕喉,范围较大。

(2) 伴壮热口渴、头痛项强等明显全身症状。

（二）辅助检查

血常规示白细胞总数及中性粒细胞比例明显增高。

【鉴别诊断】

1. 颈痈 初起肿块形如鸡卵，皮色不变，肿胀，灼热，疼痛，活动度不大，7～10日成脓。伴有明显外感风温症状。

2. 甲状腺炎 发病前多有风温，风热症状，颈部结喉两侧结块，皮色不变，微有灼热，疼痛牵引至耳后枕部，较少化脓。

【治疗】

以清热解毒，化痰消肿为大法。病之初，多兼夹风温、风热，佐以疏风清热之品；病之中，火毒炽盛，热胜肉腐，佐以凉血透脓之品；病之后期，注意顾护人体气血阴津及脾胃。成脓后应及早切开减压。

（一）内治法

1. 痰热蕴结证

证候 红肿绕喉，坚硬疼痛，肿势散漫，壮热口渴，头痛项强，大便燥结，小便短赤。舌质红绛，舌苔黄腻，脉弦滑数或洪数。

治法 散风清热，化痰解毒。

主方 普济消毒饮(《东垣试效方》)加减。

成药 六应丸或六神丸，成人每服10粒，每日3次，儿童减半；蟾酥丸，3～5粒，吞服，儿童减半。

2. 热胜肉腐证

证候 肿势限局，按之中软应指，脓出黄稠，热退肿减。舌质红，苔黄，脉数。

治法 清热化痰，和营托毒。

主方 仙方活命饮(《医宗金鉴》)加减。

成药 六应丸或六神丸，成人每服10粒，每日3次，儿童减半；蟾酥丸，3～5粒，吞服，儿童减半。

3. 热伤胃阴证

证候 溃后脓出稀薄，疮口有空壳，或脓从咽喉演出，收口缓慢，胃纳不香，口干少液。舌质光红，脉细。

治法 清养胃阴。

主方 益胃汤(《温病条辨》)加减。

成药 六应丸或六神丸，成人每服10粒，每日3次，儿童减半；蟾酥丸，3～5粒，吞服，儿童减半。

（二）外治法

1. 初起 宜箍围束毒，用玉露散或双柏散，金银花露或菊花露调敷患处。

2. 成脓 脓成则切开排脓，刀法宜循经直开。

3. 溃后 药线蘸九一丹引流，外敷金黄膏或红油膏，脓尽，改用生肌散、白玉膏。

（三）其他疗法

应及早选用有效抗生素治疗。

【预防与护理】

(1) 积极处理原发病灶。一旦发现结喉部红肿不适，应及时治疗，以免延误。

(2) 儿童患者，给药宜浓煎，且少量多次服，每日3～4次。

(3) 箍围药宜注意湿度，使药力易于透达。

(4) 高热时应卧床休息，气喘痰壅时取半卧位。

(5) 初起、成脓期，宜进半流质饮食。

笔记栏

臀　痈

臀痈是发生在臀部的急性化脓性疾病。其特点是病位较一般痈深，范围也大，来势急骤，容易腐溃，收口慢。由肌内注射引起者，俗称“针毒结块”。相当于西医学的臀部蜂窝组织炎。

【病因病机】

1. 湿火蕴结　情志内伤，七情郁结，气郁化火，或横逆脾土，脾失健运，生湿为患；饮食不节，脾胃乃伤，湿热火毒内生，相互搏结，营气不从，逆于肉里，结毒而成。

2. 针毒凝聚　注射时感染毒邪，邪毒直中分肉之间，日久化热，热胜肉腐而成；亦可从局部疮疖发展而成。

3. 湿痰凝滞　慢性者多由湿痰凝结，营气不从，逆于肉理所致；或注射药液吸收不良所引起。

【临床表现】

急性者初起臀部一侧红肿热痛(彩图 6－2)，患肢步行困难，红肿以中心最为明显，而四周较淡，边缘不清。红肿逐渐扩大而有硬结，数天后皮肤湿烂，随即变成黑色腐溃，或中软不溃；溃后一般脓出黄稠，但有的伴有大块腐肉脱落，以致疮口深大，收口较慢。初起即伴恶寒、发热、头痛、骨节酸痛、胃纳不佳等全身症状，待脓出腐肉脱落后，才逐渐减退。

慢性者，患处红热不显，而硬块坚巨，有疼痛与压痛，患肢步行不便，进展较为缓慢，全身症状也不明显。一般经过治疗后，多半能自行消退。

【诊断】

(一) 诊断要点

(1) 一侧臀部红肿疼痛，边界不清。

(2) 化脓后范围大，脓腔深，收口慢。

(3) 伴有恶寒发热等全身症状。

(二) 辅助检查

血常规检查提示血白细胞总数及中性粒细胞比例均增高；B 超检查有助于深部感染的诊断，对是否形成脓肿和定位具有肯定价值；脓液涂片检查和细菌培养常可明确致病菌类型。

【鉴别诊断】

1. 有头疽　初起有粟粒样脓头，痒痛并作，溃烂时状如蜂窝。

2. 流注(转移性脓肿)　漫肿疼痛，皮色如常，不局限于臀部一处，有此处未愈，他处又起的征象。

【治疗】

治疗以清热利湿解毒为要，注重托补及化瘀通络。初起内消，法宜清热解毒，疏通气血，促其消散，脓成后宜托，溃后宜补。外治切开排脓时，切口应低位够大够深，以排脓得畅为目的，溃后脓腔深者用药线引流，疮口有空腔者，用垫棉法加压固定。

(一) 内治法

1. 湿火蕴结证

证候　臀部红肿热痛，或湿烂溃脓；恶寒发热，头身疼痛，纳呆。舌质红，苔黄腻，脉弦数。

治法　清热解毒，和营化湿。

主方　黄连解毒汤(《外台秘要》)合仙方活命饮(《医宗金鉴》)加减。

成药　黄连解毒丸，每服 10 g，每日 2 次。

2. 湿痰凝滞证

证候　漫肿不红，结块坚实，进展缓慢；一般无全身症状。舌质淡红，苔薄白，脉弦缓。

治法　和营活血，利湿化痰。

笔记栏

主方 仙方活命饮(《医宗金鉴》)加减。

成药 小金片,每服3～5片,每日2次。

3. 气血两虚证

证候 溃后腐肉大块脱落,疮口较深,形成空腔,收口缓慢;面色萎黄,神疲乏力,纳谷不香。舌质淡红,苔薄白,脉细弱。

治法 调补气血。

主方 八珍汤(《正体类要》)加减。

成药 气血双补丸,每服9 g,每日2次;或归脾丸,每服6～9 g,每日2次。

(二) 外治法

1. 未溃 红肿灼热明显的,用玉露膏;红热不显的,用金黄膏或冲和膏。

2. 成脓 宜切开排脓,腐黑坏死与健康组织分界明显时,可以进行切开,切口应低位够大够深,以排脓通畅为目的,有腐肉者,可剪除。

3. 溃后 红油膏、八二丹盖贴,脓腔深者,予药线引流;生肌散及白玉膏收口;疮口有空腔不易愈合者,用垫棉法加压固定。

【预防与护理】

(1) 患病后宜卧床休息。

(2) 避免久坐湿地涉水淋雨。

(3) 肌内注射,注意消毒,避免注射染毒。

手 发 背

手发背是生在手背部的急性化脓性疾病。其特点是全手背漫肿,红热疼痛,手心不肿,溃脓迟缓,收口缓慢,日久可损筋伤骨。相当于西医学的手背部皮下疏松结缔组织的化脓性炎症。

【病因病机】

1. 风火湿热 湿火之邪结聚于手背,以致经络阻塞,气血瘀滞,化火蕴毒,外发溃烂。

2. 外伤染毒 手背部外伤,感染邪毒而致。

【临床表现】

初起手背漫肿无头,边界不清,色红灼热,疼痛不适,伴恶寒发热、便干溲赤等全身症状,7～10天后,肿块中间肿胀高突,色紫红,灼热,疼痛如鸡啄,伴高热、口渴、大便结、小便黄。若按之有波动感者,则内脓已成。溃破时皮肤湿烂,脓水色白或黄,或夹有血水,全身症状随之减轻。如2～3周肿势不趋局限或溃后脓水稀薄,则为损筋伤骨之征。

【诊断】

(一) 诊断要点

(1) 手背漫肿,红热疼痛。

(2) 溃脓迟缓,收口缓慢,日久可损筋伤骨。

(3) 可伴有一定的全身症状。

(二) 辅助检查

血常规示白细胞总数及中性粒细胞比例增高。

【鉴别诊断】

1. 托盘疔 病在手掌部,手掌部肿胀高突,失去正常的掌心凹陷或稍突出,并伴手背部肿胀。

2. 毒虫咬伤 手背为毒虫咬伤后,手背皮肤急骤迅速肿起,或红热疼痛,或加风团,伤处有瘀点。毒剧者,剧烈疼痛,伴发皮肤坏死;毒邪走散,循经引起红丝疔;毒邪走散入营,可危及生命。

【治疗】

初起宜疏风清热利湿,和营消肿解毒,促其消散;脓成后宜透托;溃后宜补;并注意患手忌持重,

笔记栏

并用三角巾悬吊固定，手背朝下以利引流。

（一）内治法

1. 热毒蕴结证

证候　手背部红肿热痛，皮肤湿烂；伴发热、恶寒、口渴、便秘，尿赤。舌红，苔黄，脉数。

治法　清热解毒，和营消肿。

主方　五味消毒饮（《医宗金鉴》）合仙方活命饮（《医宗金鉴》）加减。

成药　连翘败毒丸，每次 6 g，每日 2 次，温开水送服。

2. 气血亏虚证

证候　日久肿势不趋限局，脓出稀薄；头晕眼花，神疲乏力，纳差。舌质淡红，苔薄白，脉细弱。

治法　调补气血。

主方　八珍汤（《正体类要》）加减。

成药　气血双补丸，每服 9 g，每日 2 次。

（二）外治法

1. 初起　外敷金黄膏或玉露膏。

2. 脓成　切开排脓。

【预防与护理】

(1) 加强劳动保护。

(2) 患手忌持重，并用三角巾悬吊固定，手背朝下以利引流。

(3) 及时治疗手部外伤，勿使毒邪从破隙而入。

足　发　背

足发背是发于足背部的急性化脓性疾病。其特点是足背高肿焮红疼痛，足心不肿。相当于西医学的足背部急性化脓性炎症、足背部蜂窝组织炎。

【病因病机】

1. 湿热下注　湿热下注，气血凝结，热胜肉腐而成。

2. 外伤染毒　外伤感染毒邪，气血凝滞，瘀热互结而成。

【临床表现】

初起足背红肿，灼热，疼痛，肿势弥漫，边界不清，活动受限，5～7 天后肿胀迅速增大而化脓，伴寒战高热、纳差、恶心欲呕等全身症状。溃后脓出稀薄或夹有血水，皮肤湿烂，全身症状也随之减轻。若局部溃破迟缓，溃后久不收口，可损伤筋骨。

【诊断】

（一）诊断要点

(1) 足背高肿疼痛，足心不肿。

(2) 伴寒战高热等全身症状。

(3) 溃后脓水稀薄，日久可损伤筋骨。

（二）辅助检查

血常规检查提示血白细胞总数及中性粒细胞比例均增高。

【鉴别诊断】

丹毒　皮色鲜红，边界清楚，一般不会化脓，常有反复发作史。

【治疗】

以清热利湿解毒为主。病之初，属湿热下注证，当清热解毒，通利二便；病之中，属热胜肉腐，又兼托毒透脓；病之后期，注意气血损耗，脓出不畅者，注意补托。

笔记栏

（一）内治法

湿热下注证

证候　足背红肿，灼热疼痛，肿势弥漫；伴寒战高热，恶心欲吐，大便秘结，小便黄赤。舌红，苔黄腻，脉滑数。

治法　清热解毒，和营化湿。

主方　五神汤(《辨证录》)合仙方活命饮(《医宗金鉴》)加减。

成药　连翘败毒丸，每次 6 g，每日 2 次，温开水送服。

（二）外治法

参照"手发背"。

【预防与护理】

(1) 患足忌行走，以减少患肢负荷。

(2) 抬高患肢，并使患足侧位放置，以利脓液引流。

第六节　有头疽

有头疽是发生在皮肤肌肉间的急性化脓性疾病。其特点是局部初起皮肤上即有粟粒样脓头，焮热红肿疼痛，易向深部及周围发生扩散，脓头亦相继增多，溃烂之后状如蜂窝。范围常超过 9～12 cm，大者可至 30 cm 以上。好发于项后、背部等皮肤厚韧之处，多见于中老年人，尤其兼有消渴证者，易出现"陷证"。

根据患病部位不同而有不同病名，如生于项部的，名脑疽、对口疽、落头疽；生于背部的，名发背、搭手；生在胸部膻中穴处的，名膻中疽；生于少腹部的，名少腹疽。但其病因、症状和治疗基本相同，故合并论述。本病相当于西医学的痈。

【病因病机】

1. 外感六淫　风温、湿热毒邪侵入肌肤，毒邪蕴聚以致经络阻塞，气血运行失常。

2. 脏腑蕴毒　情志内伤，气郁化火；或由于平素恣食膏粱厚味、醇酒炙煿，以致脾胃运化失常，湿热火毒内生；或由于房事不节，劳伤精气，以致肾水亏损，阴虚火炽，脏腑蕴毒而发。

体虚之人，阴虚内热者及消渴患者常易伴发本病。如阴虚之体，每因水亏火炽，而使热毒蕴结更甚；气血虚弱之体，每因毒滞难化，不能透毒外出，极易发生内陷。

【临床表现】

好发于项后、背部等皮肤厚韧处。多发于中老年人。根据病程演化，临床可分为三期：

初期患处起一肿块，上有粟粒样脓头，肿块渐向四周扩大，脓头增多，色红灼热，高肿疼痛。伴发热恶寒、头痛纳差。

溃脓期肿块进一步增大，疮面渐渐腐烂，形似蜂窝，肿块范围常超过 9 cm，甚至大于 30 cm。伴壮热、口渴、便秘、溲赤等。

收口期脓腐渐尽，新肉生长，肉色红活，以后逐渐收口而愈。

若兼见神昏谵语，气息急促，恶心呕吐，腰痛尿少，尿赤，发斑等严重全身症状者，为合并内陷；若在收口期疮口四周皮肤突然焮红色赤，状如涂丹，系并发丹毒。

整个病程 1 个月左右，病情初期在第 1 周，溃脓期在第 2～3 周，收口期在第 4 周。正如《疡科心得集》所云："对疽、发背必以候数为期，七日成形，二候成脓，三候脱腐，四候生肌。"

【诊断】

（一）诊断要点

(1) 好发于项后、背部等皮肤厚韧处。

笔记栏

(2) 局部初起皮肤上即有粟粒样脓头，焮热红肿疼痛，易向深部及周围发生扩散，脓头亦相继增多，溃烂之后状如蜂窝。

(3) 整个病程约 1 个月，可发生疽毒内陷。

(二) 辅助检查

血常规检查提示血白细胞总数及中性粒细胞比例增高，并应常规检查血糖、尿糖，根据病情作疮面脓液细菌培养及药敏等检查。

【鉴别诊断】

1. 发际疮　生于项后部，病小而位浅，范围多在 3 cm 左右，无明显全身症状，易脓、易溃、易敛，但易反复发作。

2. 脂瘤染毒　患处平时已有结块，与表皮粘连，但基底部推之可动，其中心表面皮肤常有粗大黑色毛孔，挤之有脂浆样物溢出，且有臭味，染毒后红肿限局，脓出夹有粉渣样物质，全身症状较轻。

【治疗】

关键是分辨虚实，辨证论治，按初起、溃脓期、收口期三个阶段，分别采用和营解毒，清热利湿，托里解毒，调补气血之法，谨防疽毒内陷。实证以和营解毒，清热利湿；虚证以扶正托里为大法；外治早期应用箍毒围聚通络消肿药，中期应用提脓祛腐药，后期应用生肌敛疮药，并选用切开、引流、垫棉法等，以透脓达邪，促进疮口愈合。

(一) 内治法

1. 火毒蕴滞证

证候　肿块色红灼热，根脚收束，上有粟粒样脓头，疮面腐烂，流脓黄稠；发热，口渴，便秘，尿赤。舌红，苔黄，脉弦数。

治法　清热利湿，和营托毒。

主方　仙方活命饮(《医宗金鉴》)加减。

成药　三黄丸，每服 9 g，每日 2 次；清解片，每服 5 片，每日 3 次。

2. 阴虚火炽证

证候　疮形平塌，根脚散漫，疮色紫滞，疼痛剧烈，脓腐难化，脓水稀少或带血水；全身高热，烦躁口渴，大便秘结，小便短赤。舌质红，苔黄，脉细数。

治法　滋阴生津，清热托毒。

主方　竹叶黄芪汤(《医宗金鉴》)加减。

成药　三黄丸，每服 9 g，每日 2 次；清解片，每服 5 片，每日 3 次。

3. 气虚毒滞证

证候　肿势平塌，根脚散漫，化脓迟缓，皮色赤暗不泽，脓水稀少，腐肉难脱，疮口成空壳，闷胀疼痛；伴畏寒，高热，精神萎靡，面色少华，口渴喜饮，小便频数。舌质淡红，苔白腻，脉数无力。

治法　扶正托毒。

主方　托里消毒散(《医宗金鉴》)加减。

成药　补中益气丸加三黄丸，各每服 6 g，每日 2 次。

(二) 外治法

(1) 初起用金黄膏加千捶膏外敷。溃脓期用金黄膏掺八二丹外敷；如脓水稀或灰绿，则改掺七三丹。

(2) 腐肉阻塞，脓液积蓄难出而有波动时，可按疮形大小采用“十”字、“十十”字，或平行纵切开术，手术的原则是广泛切开，清除坏死组织，充分引流。收口期用白玉膏掺生肌散外敷。

(3) 疮口腐肉一时不能黏合，可用垫棉法，如无效时，则应采用手术清创。

(三) 其他疗法

(1) 伴有消渴者，应根据血糖、尿糖情况，选择有效的西药控制血糖。

笔记栏

(2) 体虚及病情笃重者应中西医结合治疗。

【预防与护理】

(1) 高热时应卧床休息,多饮开水。

(2) 切忌挤压,患在头项部者可用四头带包扎;患在上肢者宜用三角巾悬吊;在下肢者宜抬高患肢,并减少行动;患在项背部,睡时宜侧卧。

(3) 疮周皮肤保持经常清洁。外敷药膏应紧贴患部,掺药宜散布均匀。

(4) 食宜清淡,忌食鱼腥、辛辣等刺激发物,以及甜腻食物。伴消渴病者,给予消渴病饮食;虚证气血两虚毒滞难化者,可适当增加营养食品。

(5) 精神愉快,忌焦虑愤怒,避免房事,宜避风寒。

第七节 无 头 疽

无头疽是多种发生在骨骼与关节间的化脓性疾病的统称。其特点是儿童多患,发病急骤,初起无头,漫肿,皮色不变,疼痛彻骨,难消,难溃,难敛,溃后多损伤筋骨。因其初起无头故名;因其溃后常脱出败骨,又有附骨疽、咬骨疽、多骨疽之称。若发于骨骼的,多在四肢长骨,如附骨疽等,易伤筋骨;生于关节的,如生于髋关节的环跳疽,生于膝关节的疵疽等,最易造成畸形。临床上常见的附骨疽及环跳疽是无头疽的代表性疾病,本节重点介绍。相当于西医学的急慢性化脓性骨髓炎、化脓性关节炎。

附 骨 疽

附骨疽是一种毒邪深沉、附着于骨的化脓性疾病。其特点是多发于四肢长骨,局部胖肿,附筋着骨,推之不移,疼痛彻骨,溃后脓水淋漓,不易收口,可成窦道,损伤筋骨。《备急千金要方》云:"以其无破,附骨成脓,故名附骨疽。"本病根据发病部位不同,又有不同名称。如生在大腿外侧的,叫附骨疽;生于大腿内侧的,叫咬骨疽;只生在股胫部的,叫股胫疽等。病名虽异,但其病变部位均在四肢长骨,病因、证治大致相同,故合并论述。相当于西医学的急、慢性化脓性骨髓炎。

【病因病机】

1. 余毒湿热 疔疮、疖、痈等发病后,由于治疗护理不当;或麻疹、猩红热、伤寒等病后,患者因肝肾不足,气血两虚,湿热余毒壅盛,深窜入里,留于筋骨,使经络阻塞,气血不和,血凝毒聚而为本病。

2. 骼伤染毒 外来伤害,尤其是开放性骨折,局部骨骼损伤,复因感染邪毒,邪热蕴蒸,以致经络阻塞,凝滞筋骨为患。

【临床表现】

好发于形气未充,骨骼柔弱的儿童,尤多见于12岁以下的男孩。多发于四肢长骨,发病部位以胫骨为主,其次为股骨、肱骨、桡骨。

发病急骤,先有全身不适,寒战,高热达39~40℃,口干,溲赤,便秘。初起患肢疼痛彻骨,1~2日内即不能活动。继之皮肤微红微热,胖肿骨胀。如发生在大腿部时,红肿则不易觉察,病变的骨端具有深压痛和叩击痛,可作为本病早期诊断的重要依据。在发病后3~4周化脓,此时身热持续不退,局部色红胖肿,骨胀明显。溃脓后,脓出初稠后薄,淋漓不尽,不易收口则成窦道。患处可摸到骨骼粗大,高低不平,以药线或探针探之,常可触及粗糙死骨,此时即转为慢性附骨疽。此后常反复发作,流脓,瘘管经久不愈,或时发时愈,窦口周围常并发湿疹、脓疱以及色素沉着。窦口凹陷,死骨可能是一大块,也可能是数小块,小的常能自行排出,大的不能自出,必须待死骨排出,疮口方可愈合。

笔记栏

【诊断】

(一) 诊断要点

(1) 发病急骤,先有全身不适,寒战,高热等。

(2) 局部胖肿,附筋着骨,推之不移,疼痛彻骨。

(3) 病变的骨端有深压痛和叩击痛。

(二) 辅助检查

血常规检查提示血白细胞总数及中性粒细胞比例均增高,血液细菌培养、局部穿刺液细菌培养常呈阳性。同位素^{99m}锝骨扫描对早期诊断本病有帮助。X线摄片检查常在发病2周后才能显示病变。CT检查较X线摄片检查明显提早发现病灶,并可清楚显示软组织的变化,明确炎症位置。

【鉴别诊断】

1. 流注　发于肌肉深部,并不附筋着骨,具有一处未愈他处又起的特点,溃后一般不会损骨,病程较短,愈合较快。

2. 流痰　好发于骨关节间,初起局部和全身症状均不明显,化脓迟缓,6个月至1年以上,溃后脓水清稀,夹有败絮样物质,常可造成残废。

【治疗】

贵在早期诊断,早期正确治疗,尚有消退之机,否则每易迁延为慢性,久久不愈。治疗以清热解毒、化湿和营为大法。病之初,多属湿热瘀阻证,以清热利湿解毒,和营化瘀为主;病之中,多已成脓,火毒炽盛,热胜肉腐,属热毒炽盛证,治以清热利湿,和营托毒为主;病之后期,余毒湿热,凝注骨骼,蚀筋伤骨,辨证为脓毒蚀骨证,治宜调补气血,解毒化湿。外治初期宜夹板固定;脓熟宜早期切开排脓,形成漏道,用腐蚀药或手术治疗;脓尽则用生肌收口之品,有空腔或疮口深者,加垫棉压迫疗法。疾病治愈后,必须继续服药3～6个月,以防其复发。

(一) 内治法

1. 湿热瘀阻证

证候　起病急骤,患肢疼痛彻骨,胖肿骨胀,皮肤微红微热,按之灼热;寒战高热,头痛纳差,口干,溲赤。舌红,苔黄腻,脉滑数。

治法　清热利湿,化瘀通络。

主方　仙方活命饮(《医宗金鉴》)合五神汤(《辨证录》)加减。

成药　活血解毒丸,每服3 g,每日2次;或小金丸,每服2 g,每日2次。

2. 热毒炽盛证

证候　起病1～2周后,高热持续不退,患肢胖肿红赤,剧痛,皮肤焮红灼热,并有波动感。

治法　清热利湿,和营托毒。

主方　黄连解毒汤(《外台秘要》)合五神汤(《辨证录》)加减。

成药　黄连解毒丸,每服10 g,每日2次;犀黄丸或醒消丸,成人每服6 g,7岁以上减半,3～7岁服1/3量,每日2次。

3. 脓毒蚀骨证

证候　溃后成漏,脓水淋漓不尽,久不收口,或时发时愈,患肢肌肉萎缩,可摸到粗大的骨骼,以探针检查常可触及粗糙死骨;伴神疲乏力,面色㿠白,头晕心悸,低热。舌质淡红,苔薄白,脉濡细。

治法　调补气血,解毒化湿。

主方　托里消毒散(《医宗金鉴》)加减。

成药　十全大补丸,每服9 g,每日2次;虎挣片,每服0.3 g,每日2次。

笔记栏

(二) 外治法

(1) 初起用金黄膏或玉露膏外敷,患肢用夹板固定,以减少疼痛,防止病理性骨折。

(2) 成脓期则应早期切开引流,用七三丹或八二丹药线引流,外用红油膏或冲和膏盖贴。脓尽改用生肌散、白玉膏换药。

(3) 对已形成窦道者,用千金散或五五丹药线腐蚀,疮口扩大后改用八二丹药线,太乙膏或红油膏盖贴,也可行手术清创。

(三) 其他疗法

1. 抗生素 急性化脓性骨髓炎或慢性化脓性骨髓炎急性发作时必须及早联合应用足量有效的抗生素,或根据血培养或病变部位穿刺液细菌培养药物敏感试验结果选择抗生素,持续用药至体温正常后2～3周。

2. 支持疗法 适当补充液体;补充多种维生素;根据病情需要可给予少量多次输血,增强机体抗病能力。

3. 手术治疗 对于窦道经久不愈,骨内脓腔形成,死骨或大或不能自行排出者,可选择单纯病灶清除术、蝶形手术、病灶清除后带蒂肌瓣填充骨腔术等;也可在病灶清除基础上酌情选用闭合性持续冲洗——吸引疗法。

【预防与护理】

(1) 积极治疗原发病。

(2) 急性期卧床休息、患肢抬高并用夹板制动,避免活动,防止骨折和毒邪扩散。慢性期,避免负重及跌跤,防止骨折。

(3) 疾病治愈后,必须继续服药3～6个月,以防其复发。

(4) 加强锻炼,增加饮食营养,禁食鱼腥发物及辛辣之品。

环 跳 疽

环跳疽是指发生在环跳穴(髋关节)的急性化脓性疾病。其特点是好发于儿童,起病急剧,局部漫肿疼痛,影响关节屈伸,溃而难敛,易致残废,全身症状严重。《外科大成》云:"环跳疽生环跳穴,漫肿隐痛,尺脉沉紧,腿不能伸。"根据发生的部位不同,中医学有不同的名称,如发生于膝关节的,称疵疽;发于足踝关节的,称足踝疽;生于肩关节的,叫肩中疽;生于肘关节者,叫肘疽;生于腕关节的叫兑疽。病名虽异,但其病因证治与环跳疽相似。本病相当于西医学的化脓性髋关节炎。

【病因病机】

与附骨疽基本相同,也可由髋关节附近外伤感染毒邪或附骨疽脓毒流注关节而引起。

【临床表现】

好发于14岁以下儿童。发病部位在髋关节(环跳穴)。初起即有恶寒、高热、头痛等全身症状。髋部筋骨隐隐作痛,皮色不变,活动障碍。继而疼痛加剧,呈半屈曲状,臀部外突,大腿略向外翻。成脓期皮肤焮热,皮色微红,疼痛剧烈,肿势蔓延腰胯,下及大腿,关节呈半屈曲位;伴高热、口渴、大便秘结,按之有波动感者,为内已成脓。化脓期在发病后1～3个月。溃后流出黄稠脓液,后变稀薄,全身症状减轻,而疮口不易愈合。愈后常见关节畸形、僵硬、不能活动,或造成关节脱位或僵硬,造成残疾。

【诊断】

(一) 诊断要点

(1) 起病急剧,髋关节部漫肿疼痛,影响关节屈伸。

(2) 溃而难敛,易致残废,全身症状严重。

(二) 辅助检查

血常规检查提示血白细胞总数及中性粒细胞比例均增高,血液细菌培养、局部穿刺液培养常呈阳性。X线摄片检查在早期见关节肿胀、积液,关节间隙增宽;以后可见关节软骨破坏,关节间隙变窄,同时骨质有脱钙现象。晚期有增生、硬化、关节间隙消失等。

笔记栏

【鉴别诊断】

1. 臀部流注　病在肌肉,易肿,易脓,易溃,易敛,愈后不损伤筋骨。

2. 髂窝流注　患肢不能伸直,大腿略向内翻,愈后不造成残废。

3. 髋关节流痰　初起局部和全身症状不明显,化脓需 6 个月至 1 年,溃后流出稀薄脓液夹有败絮样物质。

【治疗】

治疗贵在早,若能早期诊断,及时正确治疗,尚有消退之机,否则每易迁延为慢性,久久不愈。以清热解毒,化湿和营为大法。病之初,属湿热下注证,以清热利湿,和营解毒为主;病之中,火毒炽盛,热胜肉腐,属热毒炽盛证,治以凉血清热解毒为主;病之后期,多为气虚血滞证,治宜益气活血,托里透脓。外治法,初期宜夹板固定或皮肤牵引;脓熟宜早期切开排脓,形成漏时,用腐蚀药或手术治疗;脓尽则用生肌收口之品,有空腔或疮口深者,加垫棉压迫疗法。

(一) 内治法

参照"附骨疽"。

(二) 外治法

初期用金黄膏或玉露膏外敷。中期宜切开排脓,切口以横向为宜。溃后期用八二丹、九一丹药线引流。

【预防与护理】

(1) 局部固定,初起则应用夹板固定或皮肤牵引限制患肢活动,以减轻疼痛,防止畸形及病理性脱位。

(2) 加强功能锻炼,防止关节粘连。

第八节　流　　注

流注是发于肌肉深部的转移性多发性脓肿。其特点是好发于四肢、躯干肌肉丰厚处的深部,发病急骤,局部漫肿疼痛,皮色如常,容易走窜,每此处未愈、他处又起,溃后易敛。相当于西医学的脓血症、多发性转移性肌肉深部脓肿、髂窝部脓肿。

本病因发病原因及病情不同而有许多病名,如发于夏秋之间的称暑湿流注;由于疔、疖后引起的,称余毒流注;产后恶露停滞或跌仆损伤而引起的,称瘀血流注;仅发于髂窝部的,称髂窝流注。但其病机、证治基本相似,故一并叙述。

【病因病机】

1. 正气不足　正虚是本病形成的重要因素。正气不充,邪毒流窜血络,使经络阻隔,气血凝滞,着而为患。

2. 感染邪毒

(1) 余毒:因先患疔疮、疖、痈,强行挤压或过早切开,或其他热病失于诊治,火热之毒窜入血分,流于经络,稽留于肌肉之中而发余毒流注。

(2) 暑湿:夏秋季节感受暑湿,暑毒湿热客于营卫,阻于肌肉,致使气血凝滞而成暑湿流注。

(3) 瘀血:跌打损伤,瘀血停留,或产后瘀露停滞,经络为之壅滞而成瘀血流注。

3. 髂窝流注　除由感受暑湿之邪外,还可由会阴、肛门、外阴、下肢破损或生疮疖,或附近脏器染毒,邪毒流窜,以致余毒、暑湿、湿热结聚,气血凝滞而成。

笔记栏

【临床表现】

除头面、前后二阴、腕、踝等远侧比较少见外,其余任何部位均可发生,尤多见于腰部、臀部、大腿后部、髂窝部等处。发病前有疮疖等化脓性病灶,或跌仆损伤,感受暑湿等病史。开始时在四肢近端或躯干部有一处或数处肌肉疼痛，漫肿色白，按之微热，2～3天后，肿胀焮热疼痛明显，可触及肿块。伴寒战高热，全身关节疼痛，头痛头胀，食欲不振等。以后肿块逐渐增大，疼痛加剧，2周左右，肿块中央皮肤微红而热，按之中软而应指，伴壮热不退，时时汗出，口渴欲饮等症。溃后脓出黄稠或白黏脓水，或夹有瘀血块。脓出后肿消痛止，硬块渐消，身热也退，食欲渐增，经2周左右，脓尽收口而愈。

若溃后身热不退，应仔细检查身体其他部位，常有此处未愈、他处又起的现象，伴壮热不退、身体消瘦、面色无华等正虚邪恋之症。

若兼神昏谵语、胸胁疼痛、咳喘痰血等，是为毒传脏腑，导致内陷变证或引发内痈。

【诊断】

（一）诊断要点

(1) 好发于四肢、躯干肌肉丰厚处的深部。

(2) 发病急骤，有寒战高热等全身症状。

(3) 局部漫肿疼痛，皮色如常，容易走窜，每此处未愈，他处又起，溃后易敛。

（二）辅助检查

血常规检查提示血白细胞总数及中性粒细胞比例可增高，血培养可有细菌生长。B超检查有助于明确是否成脓及脓腔的位置、大小。

【鉴别诊断】

1. 流痰 起病缓慢，有结核病史，患肢伸而难屈，局部及全身症状均不明显，化脓需数月或半年左右。

2. 环跳疽 疼痛在髋关节部位，可致臀部外突，大腿略向外翻，患肢不能伸直和弯曲，甚则漫肿上延腰胯，下及大腿。必要时可作髋关节穿刺来鉴别。

3. 历节风 患病关节大多红、肿、热、痛，且呈游定性，有反复发作史，不会化脓溃破，患侧大腿收缩屈曲度较轻。其全身症状也比流注轻。

【治疗】

总宜清热解毒，和营通络之法。初起以祛邪为主，发于夏秋季节者，需兼清暑化湿，暑热又易伤气，尤其是患者为小儿、老人、新产妇人，常气血不足，必须注意顾护气阴；有疮疖疔病史者，宜兼凉血清热之品；有外伤史或产后瘀露引起者，治宜佐用活血化瘀之品。随证候的表现，又宜适当以疏解表邪、理气祛痰、益气健脾等法灵活应用，以促其内消；中期毒已结聚而不能及时成脓者，则应托毒透脓，助以祛邪为治；溃后应尽排脓腐，投以托毒排脓，清解余邪之剂，溃后忌用峻补及慎用寒凉，使邪祛而正安，杜绝因余毒未尽而流窜多发之源。

（一）内治法

1. 余毒攻窜证

证候 发病前有疔疮、痈、疖等病史。四肢或躯干有一处或数处肌肉疼痛，肿胀焮热，肿块色白或微红；伴高热，口渴，甚则神昏谵语，大便秘结，小便黄赤。舌质红，苔黄，脉洪数。

治法 清热解毒，活血行瘀。

主方 黄连解毒汤(《外台秘要》)合犀角地黄汤(《备急千金要方》)加减。

成药 黄连解毒丸，每服10 g，每日2次；犀角地黄丸，每次1～2丸，温开水送下，每日2次。

2. 暑湿阻遏证

证候 多发于夏秋之间，初起恶寒发热，胸闷呕恶，头痛头晕，四肢关节酸痛；大便秘结或溏泄，小便黄赤。舌质红，苔黄腻，脉滑数。

治法 清暑解毒化湿。

主方 五神汤加减(《辨证录》)加减。

成药 醒消丸，每服3 g，每日2次。

笔记栏

3. 瘀血凝滞证

证候　多因劳伤筋脉、跌打损伤或产后恶露停滞而诱发。局部漫肿疼痛，皮色微红，或青紫，起病缓慢，初期一般无全身症状或全身症状较轻，化脓时出现高热，脓液中夹有瘀血块。舌淡红，苔薄黄或黄腻，脉涩或数。

治法　和营活血，祛瘀通络。

主方　活血散瘀汤(《外科正宗》)加减。

成药　醒消丸，每服3 g，每日2次。

（二）外治法

(1) 金黄散、玉露散外敷，局部消肿止痛。

(2) 宜切开排脓，先用八二丹药线引流，脓尽改用生肌散，外用红油膏盖贴。

【预防与护理】

(1) 及时处理疔、疖及皮肤破损等。

(2) 患病之后应卧床休息，以防流注再发他处。

(3) 宜加强营养，并多饮开水或以新鲜西瓜汁代茶饮。

(4) 髂窝流注愈后患肢功能障碍者，应适当作下肢伸屈功能锻炼，或早期进行牵引。

第九节　化脓性腮腺炎

化脓性腮腺炎，是病发于腮腺的急性化脓性疾病。中医古籍称发颐，是由热性病后余毒结聚于颐颌之间而发。《医宗金鉴》："此症又名汗毒，发于颐颌之间，属足阳明胃经。"其特点是颐颌之间肿胀疼痛，张口受限，全身症状明显，伴高热为特征。病势严重者常可出现内陷变证。

【病因病机】

1. 余毒内蕴　多由伤寒或温病治疗不彻底，以致余邪热毒未能外达，结聚于少阳、阳明之络，气血凝滞，腐肉为脓而成。

2. 胃热上壅　饮食不节，恣食膏粱厚味，火毒内生；或因术后脾胃亏损，阴津不足，胃火积聚上攻，蕴络而发。

【临床表现】

多发于成年人，尤多见于伤寒、温病等热性病后，大手术后或体质虚弱者，多数是单侧发病，亦可双侧同时发病。

初起：颐颌之间发生疼痛及紧张感，轻微肿胀，张口稍感困难。继则肿胀逐渐显著，并延及耳之前后，以耳垂下部最著，如压迫局部，在上颌第2臼齿相对的颊黏膜腮腺导管开口处有黏稠的分泌物溢出，张口困难，唾液分泌大为减少，并可出现暂时性口眼歪斜之症。

脓成：发病7～10天，腮腺部疼痛加剧，呈跳痛性，皮色发红，肿胀更甚，肿势可波及同侧眼睑、颊部、颈部等处，压痛明显，按压局部有波动感，同时腮腺导管开口处能挤出混浊黄稠脓性分泌物。

溃后：若不及时切开，脓肿可在颐颌部或口腔黏膜或向外耳道溃破，脓出臭秽。

全身症状　初起有轻度发热，病情严重时可出现高热，口渴纳呆，大便秘结，舌苔黄腻，脉弦数。如患者极度衰弱，或失于调治，或因过投寒凉攻伐之品，常可使肿势漫及咽喉，而见痰涌气塞，汤水难下，神识昏糊等毒邪内陷之证，或可发生暂时性面瘫，病愈后即可恢复正常。

【诊断】

（一）诊断要点

(1) 常由热病、全身性感染、腹部大手术后以及腮腺导管急性阻塞而继发。

(2) 颐颌间肿胀疼痛，张口困难。腮腺导管开口处能挤出混浊黄色脓性分泌物。

笔记栏

(3) 发病急骤,全身症状明显可伴高热或毒邪内陷之证。

(二) 辅助检查

血白细胞总数及中性粒细胞增高。

【鉴别诊断】

痄腮 多发生于5～15岁的儿童,有接触史。发于颐颌之间,但多为双侧性,色白濡肿酸多痛少,不会化脓。

【治疗】

总以清热解毒为法。又有风火、胃火、虚火之分,须分别采用疏风、清脾、益胃、滋补肾水等法。且病邪有在表在经,在里在脏腑之分。一般初起宜消,在表在经者,以疏解为要,治以辛凉,佐以苦寒,使邪毒从外而解,切不可骤用苦寒,反致难化;在里在脏腑者,宜清解为主,用寒凉通里之品,使邪有出路;及至脓成,宜及时切开排脓;毒陷入营,则宜清心开窍,凉营泄热;溃后应注意清解余毒,并分别阴阳以调之,视其气血而补之。

(一) 内治法

1. 热毒蕴结证

证候 红肿结于颐颌,张口不利,焮热疼痛;发热,口渴,大便干结,小便黄赤。舌红,苔黄,脉弦数。

治法 清热解毒。

主方 普济消毒饮(《东垣试效方》)加减。

成药 犀黄丸或醒消丸,每服3g,每日2次;板蓝根冲剂,每服1袋,每日3次。

2. 热毒内陷证

证候 颐颌间肿块平塌散漫,肿热延及面及颈项,焮红灼热,疼痛剧烈,汤水难下,痰涌气粗;伴壮热口渴,烦躁不安,或神昏谵语。舌红绛,苔少而干,脉细数。

治法 清营解毒,养阴生津。

主方 清营汤(《温病条辨》)加减。

成药 安宫牛黄丸,每服1丸,每日1～2次;犀黄丸或醒消丸,每服3g,每日2次。

(二) 外治法

(1) 初起用金黄膏或玉露膏外敷。

(2) 脓成及早切开排脓。

(3) 溃后先用八二丹药线引流,外盖太乙膏;口腔黏膜出脓者,先用等渗盐水漱口,次用青吹口散,每日4～5次;脓尽改用生肌散,红油膏外敷。

【预防与护理】

(1) 平素注意口腔卫生,饭前饭后漱口。

(2) 急性期给予流质或半流质饮食,避免酸性饮食及辛辣刺激之品。保持大便通畅。

(3) 热病后、大手术前后患者要注意口腔卫生,加强口腔护理,经常用板蓝根30g煎汤或淡盐水漱口。

(4) 病久反复发作者,常食酸性食物,或以乌梅咀嚼,急性发作时暂停。

第十节 丹 毒

笔记栏

丹毒是皮肤突然发红、色如涂丹的一种急性感染性疾病。其特点是病起突然,恶寒壮热,局部皮肤忽然变赤,色如丹涂脂染,焮热肿胀,迅速扩大,边界清楚,发无定处,数日内可逐渐痊愈。每多复发。本病发无定处,好发于颜面、腿足。根据其发病部位的不同又有不同的名称,如生于胸腹腰胯部者，称内发丹毒；发于头面部者，称抱头火丹；发于小腿足部者，称流火、腿游风；新生儿多生于臀部，称赤游丹毒。西医学也称丹毒，又称急性网状淋巴管炎。

【病因病机】

1. 血分热毒 素体血分有热，外受火毒，热毒蕴结，郁阻肌肤而发。

2. 破损染毒 肌肤破损（如鼻腔黏膜、耳道皮肤或头皮破伤，皮肤擦伤，脚湿气糜烂，毒虫咬伤，臁疮等），毒邪乘隙侵入而成。

西医学认为，本病是由溶血性链球菌经皮肤或黏膜细小创口，引起皮肤及其网状淋巴管的急性炎症。

【临床表现】

多发于下肢，其次为头面部。新生儿丹毒，常为游走性。可有皮肤、黏膜破损等病史。

发病急骤，初起往往先有恶寒发热、头痛骨楚、胃纳不香、便秘溲赤等全身症状。继则局部见小片红斑，迅速蔓延成大片鲜红斑，略高出皮肤表面，边界清楚，压之皮肤红色稍退，放手后立即恢复，表面紧张光亮，摸之灼手，肿胀、触痛明显。一般预后良好，经 5～6 天后消退，皮色由鲜红转暗红或棕黄色，最后脱屑而愈。病情严重者，红肿处可伴发瘀点、紫斑，或大小不等的水疱，偶有化脓或皮肤坏死。亦有一边消退，一边发展，连续不断，缠绵数周者。患处附近臖核可发生肿痛。

发于小腿者，愈后容易复发，常因反复发作，皮肤粗糙增厚，下肢肿胀而形成象皮腿。新生儿丹毒常游走不定，可有皮肤坏死，全身症状严重。

本病由四肢或头面走向胸腹者，为逆证。新生儿及年老体弱者，火毒炽盛，易致毒邪内陷，见壮热烦躁、神昏谵语、恶心呕吐等全身症状，甚至危及生命。

【诊断】

（一）诊断要点

（1）发病前多有皮肤、黏膜破损等病史。

（2）发病急骤，局部皮肤红赤如丹，压之退色，放手即复，边界清楚，摸之灼手，肿胀、触痛明显。可反复发作。

（3）全身伴有恶寒发热、头痛骨楚等症状。

（二）辅助检查

血常规检查提示血白细胞总数及中性粒细胞比例明显增高。

【鉴别诊断】

1. 发 虽然局部色红，但中间隆起而色深，四周较淡，边界不清，胀痛呈持续性，化脓时跳痛，大多可坏死、溃烂；全身症状没有丹毒严重；不会反复发作。

2. 接触性皮炎 有明显过敏物质接触史；皮损以肿胀、水疱、丘疹为主，伴灼热、瘙痒，但无触痛；一般无明显的全身症状。

【治疗】

以凉血清热，解毒化瘀为基本原则。发于头面者，需兼散风清火；发于胸腹腰胯者，需兼清肝泻脾；发于下肢者，需兼利湿清热。在内服同时应结合外敷、熏洗、砭镰等外治法。

（一）内治法

1. 风热毒蕴证

证候 发于头面部，皮肤焮红灼热，肿胀疼痛，甚至发生水疱，眼胞肿胀难睁；伴恶寒发热，头痛。舌红，苔薄黄，脉浮数。

治法 疏风清热解毒。

主方 普济消毒饮（《东垣试效方》）加减。

成药 黄连上清片，每服 6 片，每日 2 次。

2. 湿热毒蕴证

证候 发于下肢，局部红赤肿胀、灼热疼痛，或见水疱、紫斑，甚至结毒化脓或皮肤坏死；可伴轻

笔记栏

度发热,胃纳不香。反复发作,可形成象皮腿。舌红,苔黄腻,脉滑数。

治法　清热利湿解毒。

主方　五神汤(《辨证录》)合萆薢渗湿汤(《疡科心得集》)加减。

成药　龙胆泻肝丸,每服 6 g,每日 3 次。

3. 胎火蕴毒证

证候　发生于新生儿,多见于臀部,局部红肿灼热,常呈游走性;或伴壮热烦躁,甚则神昏谵语、恶心呕吐。

治法　凉血清热解毒。

主方　犀角地黄汤(《备急千金要方》)合黄连解毒汤(《外台秘要》)加减。

成药　犀角地黄丸,每次 2 丸,温开水送下,每日 2 次。

(二) 外治法

(1) 用金黄散或玉露散冷开水或银花露调敷;或用新鲜野菊花、鲜紫花地丁全草、鲜蒲公英等捣烂外敷。

(2) 皮肤坏死者,若有积脓,可在坏死部位切一个小口,以引流排脓,掺九一丹。

(三) 其他疗法

砭镰法　患处消毒后,用七星针或三棱针叩刺患部皮肤,放血泄毒,或配合拔火罐,令出恶血,任其自流,待自止后,外敷红灵丹、玉露膏。此法只适宜于下肢复发性丹毒,禁用于抱头火丹、赤游丹患者。

【预防与护理】

(1) 患者应卧床休息,多饮开水,床边隔离。流火患者应抬高患肢。

(2) 有皮肤黏膜破损者,应及时治疗,以免感染毒邪。

(3) 因脚湿气致下肢复发性丹毒患者,应彻底治愈脚湿气,以减少复发。

第十一节　走黄与内陷

走黄与内陷是疮疡阳证在病变发展过程中,因火毒炽盛,或正气不足,导致毒邪走散,内传脏腑而引起的一种危险性证候。疔疮毒邪走散为走黄,因疽毒或疔以外的其他疮疡引起的毒邪内传称为内陷。相当于西医学的全身性急性化脓性感染。由于走黄与内陷在病机上有所不同,临床症状也有差异,故分别介绍。

走　黄

走黄是因疔疮火毒炽盛,早期失治,毒势未能及时控制,或因挤压等,使毒邪走散入血,内攻脏腑而引起的一种全身性危急疾病。其特点是疮顶忽然凹陷,色黑无脓,肿势散漫,迅速扩散,伴见寒战高热,烦躁,神昏谵语等七恶见症。相当于西医学的全身性感染、毒血症、败血症、脓毒败血症。《疮疡经验全书·疔疮》云:"疔疮初生时,红软温和,忽然顶陷黑,谓之'癀走',此证危矣。"癀走,即走黄。

【病因病机】

1. 火毒内攻　生疔之后,火毒炽盛内攻脏腑是发生走黄的关键。

2. 失治误治　生疔之后,因早期失治,未能及时控制毒势;或因挤压碰伤,或因过早切开,造成毒邪扩散。

3. 嗜食辛热　嗜食辛热及酒肉鱼腥等发物,或加艾灸,促使火毒鸱张,疔毒走散,毒入血分,内攻脏腑,而成走黄。

笔记栏

【临床表现】

多有疔疮病史，但以颜面部疔疮、烂疔、疫疔合并走黄者多见。

在原发病灶处忽然疮顶陷黑无脓，肿势软漫，迅速向周围扩散，边界不清，失去护场。皮色转为暗红，全身寒战高热，头痛，烦躁不安；或伴恶心呕吐、口渴喜饮、便秘腹胀或腹泻；或伴肢体拘急、骨节肌肉疼痛；或伴发附骨疽、流注等；或伴身发瘀斑、风疹块、黄疸等；甚至伴神昏谵语、痴语谵妄、咳嗽气喘、胁痛痰红、发痉发厥等。

【诊断】

(一) 诊断要点

(1) 多有疔疮病史。

(2) 局部疮顶忽然凹陷，色黑无脓，肿势散漫，迅速扩散，伴见寒战高热，烦躁，神昏谵语等七恶见症。

(二) 辅助检查

血常规检查提示血白细胞总数及中性粒细胞比例显著增高，血液或脓液细菌培养及药敏试验常呈阳性，尿液检查可出现蛋白、红细胞、白细胞和管型，并可根据病情作肝肾功能、电解质测定及心电图、胸部X线摄片、B超等检查。

【治疗】

宜中西医结合救治。可参照温病纲要及时进行救治，急投重剂清热、解毒、凉血之品，并根据疾病发展不同阶段的病机特点详细辨证，选方随证应变，或清热解毒，或清营透邪，或凉血滋阴，或开窍定神。外治主要是处理原发病灶。

(一) 内治法

毒盛入血证

证候　原发病灶处忽然疮顶陷黑无脓，肿势软漫，迅速向周围扩散，边界不清，失去护场，有局部走黄特征；全身寒战高热，汗出口渴，头痛烦躁，小便短赤。甚至伴神志昏迷，痴语谵妄，咳嗽气喘，咳吐痰血，胁肋疼痛，发痉发厥等"七恶"见症。舌质红绛，苔黄干，脉洪数。

治法　凉血清热解毒。

主方　五味消毒饮(《医宗金鉴》)、黄连解毒汤(《外台秘要》)、犀角地黄汤(《备急千金要方》)三方合并加减。

成药　安宫牛黄丸，每次1丸，化服，每日1～2次；犀角地黄丸，每次2丸，温开水送下，每日2次。

(二) 外治法

(1) 疮顶陷黑处用八二丹，外敷金黄膏，四周用金黄散或玉露散冷开水调制以箍围，并时时以冷水湿润之。

(2) 积极处理好原发病灶。具体参照原发疔疮外治。

(三) 其他疗法

1. 抗生素　早期使用大剂量广谱抗生素，可根据细菌培养及药敏试验结果选择有效抗生素，剂量应足够大，两种以上联合使用。

2. 支持疗法　补液，纠正水、电解质、酸碱失衡，补充维生素，必要时多次少量输血。

3. 对症治疗　高热者可用退热剂或物理降温，有感染性休克时，可用升压药物，或应用肾上腺皮质激素。

【预防与护理】

(1) 疔疮尤其是颜面部疔疮切忌挤压、碰伤、过早切开，患病后应及早处理。

(2) 对疔疮重症，应严密观察病情，定时测体温及呼吸、脉搏、血压等，并做好记录。

(3) 绝对卧床休息，并固定患部。

(4) 饮食清淡，忌食辛辣刺激、肥甘鱼腥等发物。

笔记栏

内 陷

凡生疮疡,正不胜邪,毒不外泄,反陷入里,客于营血,内传脏腑,称为“内陷”。临床以有头疽并发内陷者较为多见。因此,又称为“疽毒内陷”。其特点是疮顶忽然凹陷,或溃疡脓腐未净而忽然干枯无脓,或红活的疮面突然光白板亮,同时伴邪盛热极或正虚邪盛或阴阳两竭的全身证候。因内陷的病因及临床表现不同,又可分为火陷、干陷、虚陷三种类型。相当于西医学的全身性感染、毒血症、败血症、脓毒败血症。

【病因病机】

本病的发生,根本原因在于正气内虚,火毒炽盛,加之治疗失时或不当,以致正不胜邪,反陷入里,客于营血,内犯脏腑而成。

1. 阴虚火炽 阴液不足,火毒炽盛,复因挤压疮口,或治疗不当或失时,以致正不胜邪,毒邪客于营血,内犯脏腑,而成火陷。

2. 正虚毒陷 气血两亏,正不胜邪,不能酿化为脓,载毒外泄,以致正愈虚,毒愈盛,从而形成干陷。

3. 阴阳两竭 毒邪虽已衰退,而气血大伤,脾气不复,肾阳亦衰,导致生化乏源,阴阳两竭,从而余邪走窜入营,形成虚陷。

西医学认为,本病主要由致病菌经局部感染灶进入血液循环,并在其内生长繁殖和产生毒素,引起严重的全身反应。常见细菌有葡萄球菌、链球菌、大肠杆菌、铜绿假单胞菌、真菌等。

【临床表现】

多见于老年人,或既往有消渴病。尤易并发于脑疽、背疽患者。

局部症状 疮顶不高或陷下,肿势平塌,散漫不聚,疮色紫滞或晦暗,疮面脓少或干枯无脓,脓水灰薄或偶带绿色,腐肉虽脱而新肉难生,局部灼热剧痛或闷胀疼痛或不痛。

全身症状 高热寒战,或体温不升,头痛烦躁,或精神不振,甚至神昏谵语,气粗喘急;或气息低微,胸闷胸痛,咳嗽痰血,胁肋疼痛,恶心呕吐,腹胀腹痛,便秘或泄泻,汗多肢冷,或痉厥,或黄疸等。

【诊断】

(一)诊断要点

(1)多见于有头疽或既往有消渴病患者。

(2)局部疮顶忽然凹陷,或溃疡脓腐未净而忽然干枯无脓,或红活的疮面突然光白板亮,同时伴邪盛热极或正虚邪盛或阴阳两竭的全身证候。

(二)辅助检查

血常规检查提示血白细胞总数及中性粒细胞比例显著增高,血液或脓液细菌培养及药敏试验常呈阳性,血糖、尿糖增高。

【治疗】

须中西医结合救治。以扶正祛邪为基本大法,并审邪正之消长,随证治之。火陷证,当清热凉血解毒为主,并顾护阴津;干陷证,当益气补血,托毒透邪;虚陷证,当温补脾肾或生津益胃。

(一)内治法

1. 火陷证

证候 多见于疽证1~2候。局部疮顶不高,根盘散漫,疮色紫滞,疮口干枯无脓,灼热剧痛;伴壮热口渴,便秘溲赤,烦躁不安,神昏谵语,或胸胁隐痛。苔黄腻或黄糙,舌质红绛,脉洪数、滑数或弦数。

治法 清热凉血解毒,养阴清心开窍。

主方 清营汤(《温病条辨》)合黄连解毒汤(《外台秘要》)加减。

成药 黄连解毒丸,每服10 g,每日2次;犀黄丸,每服3 g,每日3次。

2. 干陷证

证候 多见于疽证2~3候。局部脓腐不透,疮口中央糜烂,脓少而薄,疮色晦暗,肿势平塌,散

笔记栏

漫不聚,闷胀疼痛或微痛;伴发热或恶寒,神疲少食,自汗胁痛,神昏谵语,气息粗促;或体温不高,四肢厥冷,大便溏薄,小便频数。舌苔灰腻,舌质淡,脉沉细。

治法 益气补血,托毒透邪,清心安神。

主方 托里消毒散(《医宗金鉴》)加减。

成药 安宫牛黄丸,每次 1 丸,化服,每日 1～2 次。

3. 虚陷证

(1) 脾肾阳衰证

证候 多发生于疽证 4 候的收口期,局部肿势已退,疮口腐肉已尽,而脓水稀薄色灰,或偶带绿色,新肉不生,状如镜面,光白板亮,不知疼痛;伴虚热不退,形神委顿,饮食减少,或腹痛腹泻,自汗肢冷,气息低促。舌质淡红,苔薄白,脉沉细或虚大无力。

治法 温补脾肾。

主方 附子理中汤(《三因极一病证方论》)加减。

成药 附子理中丸,每服 6 g,每日 2 次。

(2) 阴伤胃败证

证候 局部症状同脾胃阳衰证;伴舌光如镜,口舌生糜。舌质红绛,脉细数。

治法 生津益胃。

主方 益胃汤(《温病条辨》)加减。

成药 生脉饮,每服 20 mL,每日 3 次。

(二) 外治法

参照"有头疽"。

(三) 其他疗法

抗生素及支持疗法参照"走黄",如有消渴病者,应控制糖类食物摄入,并根据血糖,尿糖检查结果选择有效降血糖药口服或注射胰岛素。

【预防与护理】

参照"走黄"。

第十二节 颈淋巴结结核

颈淋巴结结核,是一种发生于颈项部的慢性化脓性疾病。因其结核成串,累累如贯珠状,中医文献称为瘰疬。又名"疬子颈"或"老鼠疮"。其特点是多见于儿童或青年,好发于颈部及耳后,病程进展缓慢。初起结核如豆,皮色不变,无疼痛,逐渐增大窜生,相互融合成串,成脓时皮色转为暗红,溃后脓水清稀,夹有败絮状物质,此愈彼溃,经久难敛,形成窦道,愈合后形成凹陷性瘢痕。

【病因病机】

1. 肝气郁结 情志不畅,肝气郁结,气郁伤脾,脾失健运,痰湿内生,结于颈项;后期痰湿化热,或肝郁化火,下铄肾阴,热胜肉腐成脓,或溃后脓水淋漓,耗伤气血,虚损难愈。

2. 肺肾阴亏 肺肾阴亏,以致阴虚火旺,肺津不能输布,灼津为痰,痰火凝结,而形成本病。

西医学认为本病系结核杆菌感染。结核杆菌多由口腔(龋齿)或鼻咽部(扁桃体)侵入,也可继发于肺结核。

【临床表现】

好发于颈项及耳前、耳后的一侧或两侧,也有延及颌下、锁骨上及腋窝等处。

初期 颈部一侧或双侧,结块肿大如豆,较硬,无疼痛,推之活动,不热不痛,肤似正常。可延及数日不溃。一般无全身症状。

笔记栏

中期 结块逐渐增大，与皮肤和周围组织粘连，结块亦可相互融合成块，形成不易推动的结节性肿块。若液化成脓时，皮肤微红，或紫黯发亮，扪之微热，按之有轻微波动感。部分患者有低热及食欲不振等全身症状。

后期 液化成脓的结块经切开或自行溃破后，脓液稀薄，或夹有败絮样坏死组织。疮口呈潜行性空腔，创面肉色灰白，疮口皮色紫黯，久不收敛，可以形成窦道。此时部分患者出现低热、乏力、头晕、食欲不振、腹胀便溏等症；或出现盗汗、咳嗽、潮热等症：如脓水转稠，肉芽转成鲜红色，表示即将收口愈合。

【诊断】

（一）诊断要点

(1) 好发于颈项及耳前、耳后的一侧或两侧。

(2) 结核累累如贯珠状，化脓迟缓，脓水稀薄如痰，此愈彼溃形成窦道，收口缓慢。

（二）辅助检查

结核菌素试验呈阳性，红细胞沉降可增快。脓液涂片检查可找到结核杆菌，必要时可作活组织病理检查，有助于确诊本病。

【鉴别诊断】

1. 臖核 臖核即淋巴结肿大，多由头面、口腔等处的疮疖或破损感染而引起，一般为单个较小结块肿大，好发于颌下、颈部、颏下；发病迅速，压之疼痛，不化脓。

2. 失荣 失荣为原发性或转移性颈部淋巴结恶性肿瘤。多见于中、老年人，有口腔、鼻咽部的恶性肿瘤转移至颈部淋巴结，肿块坚硬如石，高低不平，推之固定不移，溃破之后如石榴样，血水淋漓，常伴头痛、鼻衄。

3. 颈痈 发病甚快，起即寒热交作，结块形如鸡卵，漫肿坚硬，焮热疼痛，易肿，易溃，易敛。

【治疗】

总以扶正祛邪为大法。初起患者正气不虚，宜祛邪为主，以疏肝养血，健脾化痰为法；中后期多以滋肾补肺为法；外治初期宜外敷温经活血、散寒化痰之品；脓熟宜切开排脓；后期宜尽量暴露疮面，用七三丹、八二丹或千金散，以提脓祛腐；脓尽用生肌之药，形成窦道者用腐蚀药，形成漏管者则需作扩创或挂线手术。

（一）内治法

1. 气滞痰凝证

证候 结块肿大如豆粒，一个或数个不等，皮色不变，按之坚实，推之能动，不热不痛；无明显全身症状。苔黄腻，脉弦滑。

治法 疏肝养血，健脾化痰。

主方 逍遥散（《太平惠民和剂局方》）合二陈汤（《太平惠民和剂局方》）加减。

成药 小金丸，成人每服 0.6 g，每日 2 次，儿童减半；芩部丹，成人每服 4 片，每日 3 次；内消瘰疬丸，每服 4.5 g，每日 2 次。

2. 阴虚火旺证

证候 结块逐渐增大，皮肤粘连，皮色暗红；全身见潮热、盗汗、咳嗽或见痰中血丝，心烦失眠。舌红，少苔，脉细数。

治法 滋阴降火。

主方 六味地黄汤（《小儿药证直诀》）合清骨散（《证治准绳》）加减。

成药 小金丸，成人每服 0.6 g，每日 2 次，儿童减半；芩部丹，成人每服 4 片，每日 3 次；内消瘰疬丸，每服 4.5 g，每日 2 次。

3. 气血两虚证

证候 溃后或经切开后脓出清稀，淋漓不尽，或夹败絮样物，创面灰白，形成窦道，不易收口；兼见形体消瘦，面色无华，神疲纳差。舌质淡，苔薄或无苔，脉细弱。

笔记栏

治法　益气养血。

主方　香贝养营汤(《医宗金鉴》)。

成药　十全大补丸,每服 6 g,每日 2 次;小金丸,成人每服 0.6 g,每日 2 次,儿童减半;内消瘰疬丸,每服 4.5 g,每日 2 次。

(二) 外治法

(1) 初期局部结块处可敷冲和膏或阳和解凝膏掺黑退消。

(2) 中期外敷冲和膏,如脓成未熟可用千捶膏。若脓已熟宜切开排脓,创口宜大。

(3) 后期用七三丹或八二丹掺于药棉纳入溃口,外敷红油膏或冲和膏。如肉芽红活,脓腐已尽时,改用生肌散、白玉膏。

(4) 如有空腔或窦道时,可用千金散药线,也可用手术方法将坏死组织清除。

(三) 其他疗法

1. 毫针疗法　针刺直接刺入肿大的结块,配肝俞、膈俞,每日 1 次,中等刺激。对已成脓的不宜应用。

2. 挑治疗法　适用于瘰疬初期。先在肩胛下方、脊柱两旁找寻结核点(略高于皮肤,色红,指压不退色的即为结核点)进行挑治;也可在肩井、肺俞及其附近进行挑治。

3. 拔核疗法　适用于肿核较小,不能内消,体质尚好者。用白降丹少许掺于太乙膏上,盖贴于结块处,每 3 天 1 次,结核小的 7 天左右脱落,大的 10 天左右可将结块拔去。待结核脱落后,可改用生肌散、白玉膏。因所用药物有很大刺激性,故使用时必须严格掌握适应证,对结块较大而深在的,或与周围组织粘连的,或年老体弱的,均不宜使用本法。

4. 抗结核治疗　进行正规抗结核治疗,2 种以上抗结核药物联合使用,持续半年至 1 年,或配合肌内注射链霉素1～2 个月。

【预防与护理】

(1) 保持精神愉快,加强锻炼,增强体质。

(2) 适当增加营养,忌食辛辣刺激性食物。

(3) 积极治疗其他部位的结核病变。

第十三节　骨与关节结核

骨与关节结核是指发生在骨与关节间的慢性化脓性疾病。因其成脓后,可在病变附近或较远的空隙处形成脓肿,破溃后脓液稀薄如痰,故中医文献称为流痰。又因其后期可出现虚痨症状,又有“骨痨”之称。本病的特点是好发于骨与关节,病程进展缓慢,初起不红不热,化脓亦迟,脓水清稀,并夹有败絮样物质,溃后不易收口,易形成窦道,常可损筋伤骨而致残废,甚至危及生命。因本病发病部位不同,尚有许多不同名称。如发生于脊背的,叫龟背痰;发生在腰椎两旁的,叫肾俞虚痰;发生在髋部的,叫环跳痰;发生在膝部的,叫鹤膝痰;发生在足踝部的,叫穿拐痰;发生在手指骨节的,叫蜣螂蛀等。名称虽异,但其病因、证候和治法及预后基本一致,故统称为流痰。

【病因病机】

1. 先天不足,肾亏骼空　儿童多由先天不足,骨髓不充,骨骼柔嫩脆弱,若强令早坐,或闪挫折伤,以致气血失和,风寒湿夹痰浊留滞筋骨而成。

2. 后天失调,肝肾亏损　饮食失调,损伤脾胃,脾失健运,痰浊内生;成人房事不节,遗精滑泄,带下多产,以致肾亏骼空,正不胜邪,风寒痰浊乘虚而入,侵袭经隧骨髓。

3. 外来伤害　跌仆损伤,致气血失和,积于肌肉腠理之间,恶血不去,留于经络,日久瘀血化热,肉腐成脓而成。

笔记栏

4. 风寒侵袭　风寒湿痰之邪乘隙而入，而致血脉被阻、寒邪注于筋骨关节之间，不得流行，乃成本病。

总之，本病发生发展皆是内外因杂合而致。内虚是发病的基本原因，外邪和损伤常为本病的诱因。先天不足，后天失调，肾亏骼空，是病之本，风寒侵袭，痰浊凝聚，或有所损伤，是病之标。在整个过程中，其始为寒，其久为热，化脓之际，寒化为热，属阴转阳之变；后期阴愈亏，火愈旺，常出现阴虚火旺证候，因脓水淋漓，又可出现气血两虚的证候。

西医学认为，本病是由人型或牛型结核杆菌引起的一种全身性疾病的局部表现。

【临床表现】

多发于儿童与青少年。80%～90%患者的年龄未超过 14 岁，其中 50%在 5 岁以内。常有肺痨病史或接触史、卡介苗接种史。常可有其他部位的结核病史，尤以肺结核最多。发病部位以脊椎最多，其次为下肢髋、膝、踝关节，其次为上肢肩、肘、腕、指等骨关节间。一般多单发。

1. 初期　骨内虽有病变，但外形症状不明显，不红不热，也不肿胀，仅觉患处隐隐酸痛，继则关节活动障碍，动则疼痛加剧，休息后可减轻，儿童患者常在睡眠时痛醒哭叫，俗称“夜哭”。全身症状不明显。

2. 中期　病后半年至 1 年以上，病变部位渐渐肿起，病变附近或较远处形成脓肿，不红不热或微红热。脓熟时，患处皮肤出现透红一点，按之应指。

3. 后期　溃破之后，疮口流脓清稀，或夹有败絮样物质，久则疮口凹陷，周围皮色紫黯，易形成瘘管，难以收敛。如病在四肢者，则肌肉日渐萎缩；若病变在颈椎、胸椎、腰椎者，则四肢强直不遂或瘫痪不用，甚至二便失禁。如病久元气不支，食欲减退，则身体日渐消瘦，精神日渐委顿，或伴有面色无华，形体畏寒，心悸失眠，自汗；或伴午后潮热，骨蒸盗汗，咽干口燥，食欲减退；或咳嗽痰血，渐成骨痨，预后较差。如脾胃未败，尚有治愈可能。凡病变在大关节者，治愈率较低；若在小关节者，则治愈率较高。

流痰由于发病部位不同，各部位的流痰又有一些特殊的临床表现：

病变在颈椎部者，患者常以手托下颌而呈颈缩俯形之态，颈部旋转活动受限，其脓肿多出现于颈部，甚至可引起呼吸或吞咽困难。

病变在胸椎部者，背脊骨外突，状如龟背，走路时常以两手支撑腰胁，其脓肿多出现于肾俞附近。

病变在腰椎部者，脊骨突出不明显，腰部挺起如板状，行动不便。小儿如患此病证，腰部僵直，失去正常生理前凸曲线，其脓肿大多出现于少腹、胯间或大腿内侧。

病变在髋关节部者，患肢先长后短，大腿、臀部肌肉萎缩，站立时两臀肌不对称，可有跛行，患处不痛，痛反在膝部。脓肿可出现在髋关节附近或大腿外侧较远之处。

病变在膝关节部，可出现大小腿肌肉萎缩，尤以大腿肌肉为甚，关节肿胀明显，状如鹤膝，患肢渐渐不能屈伸。脓肿发生在膝关节周围，日久形成脱位或膝内翻或外翻畸形，患肢较正常为短。

病变在踝关节部，踝部关节前外侧先肿胀，继而流窜至内侧，小腿肌肉萎缩，足常呈下垂，内翻畸形。脓肿出现在踝骨附近。

病变在肩、肘、腕关节部，多发于成年人，关节肿大如梭形，上臂和前臂肌肉萎缩，关节畸形，屈伸不利，脓肿出现在原发病灶附近。

病变在指关节部，患者常为 10 岁以下儿童，以中指指掌关节较多，常呈多发性，关节肿大如蝉腹，脓肿穿破在原发病灶附近。

【诊断】

（一）诊断要点

（1）发于骨与关节，病程较长，进展缓慢。

（2）化脓后脓水清稀，并夹有败絮样物质，溃后不易收口，易形成窦道，常可损筋伤骨而致残废，甚至危及生命。

笔记栏

（二）辅助检查

血常规检查提示血白细胞总数和血红蛋白降低，有混合感染时，白细胞总数及淋巴细胞数比例增高，红细胞沉降率可增快，结核菌素试验常呈阳性，局部脓液涂片检查可找到结核杆菌，X线摄片、CT、MRI等检查对于早期诊断和指导治疗有重要价值，病理检查有助于确诊。

【鉴别诊断】

1. 附骨疽　大多发于长骨干骺端，起病较快，开始即有高热，疼痛剧烈，病变处胖肿，病变的干骺端有深压痛和叩击痛。

2. 流注　发于肌肉丰厚血流缓慢处，无固定部位，随处可生，起病较快，疼痛较轻，成脓较快，溃后易收口。可此处未愈，他处又起。

3. 历节风　虽也发生在关节，日久也可出现肌肉萎缩，关节变形，但初起即有寒热汗出；肢节窜痛无定处，且有多发性关节炎病史。

【治疗】

以扶正祛邪为总则。初起宜补养肝肾为主，温通经络，散寒化痰为辅；脓成，寒化为热者，阴转为阳，宜以补托，以培补肝肾为本，兼清其虚热；溃后日久，非大补无益，壮其脾胃，以滋生化之源。外治初期，固定患处，温药散之；脓成外溃之后，以脱腐肉，除腐骨为上，疮有收敛可愈之望。此外，宜注意增加营养，以协助治疗。

（一）内治法

1. 阳虚痰凝证

证候　患部隐隐作痛，不红不热，肿胀不显，继而关节活动障碍，动则痛甚；伴神疲乏力，食欲减退，畏寒肢冷。舌淡红，苔薄白，脉沉细无力。

治法　益肾温经，散寒化痰。

主方　阳和汤(《外科全生集》)加减。

成药　小金丸，成人每服0.6 g，每日2次，儿童减半。

2. 毒热成腐证

证候　发病数月后，在原发和继发部位渐渐漫肿，皮色微红，或患处出现透红一点，中有软陷，重按应指。舌红，苔黄，脉弦细数。

治法　托毒透脓，清热祛腐。

主方　托里消毒散(《医宗金鉴》)加减。

成药　芩部丹，成人每服4片，每日3次；小金丸，成人每服0.6 g，每日2次。

3. 阴虚内热证

证候　破溃后流脓稀薄，夹有败絮样物，形成窦道；伴有午后潮热，颧红，夜间盗汗，口燥咽干，食欲减退，或咳嗽痰血。舌红，少苔，脉细数。

治法　育阴清热，清除骨蒸。

主方　六味地黄丸(《小儿药证直诀》)合清骨散(《证治准绳》)加减。

成药　青蒿鳖甲片，每服4～6片，每日3次；知柏地黄丸，每服6 g，每日2次。

4. 肝肾亏虚证

证候　破溃后流脓稀薄，夹有败絮样物，形成窦道；或有患肢肌肉萎缩、畸形、瘫痪不用，或腰脊酸痛，强直不遂，盗汗。舌红，少苔或苔薄，脉细数或虚数。

治法　补益肝肾。

主方　左归丸(《景岳全书》)合香贝养荣汤(《医宗金鉴》)加减。

成药　健步强身丸，每服6 g，每日2次。

5. 气血两虚证

证候　疮口流脓稀薄，日久不愈；伴面色不华，形体畏寒，食欲减退，心悸，失眠，自汗。舌淡红，

笔记栏

苔薄白，脉濡细或虚大。

治法　补气养血。

主方　人参养荣汤(《三因极一病证方论》)加减。

成药　人参养荣丸，每服 9 g，每日 2 次。

(二) 外治法

(1) 初期用回阳玉龙膏外敷，或阳和解凝膏掺黑退消盖贴。

(2) 成脓期可穿刺抽脓，或切开引流；溃后期用五五丹药线提脓去腐，外敷红油膏，脓尽可用生肌散收口。

(3) 若形成窦道者，用千金散附在药线上，插入窦道引流化管。

(三) 其他治疗

1. 抗结核治疗　以同时使用 2～3 种抗结核药物(链霉素、异烟肼、利福平等)为佳，有混合感染者加用其他有效抗生素。四肢中小关节可用药 1 年左右，肩、髋、脊柱等大关节应给药 2 年左右。

2. 手术疗法　根据不同病情，采用病灶清除术或关节融合术，彻底治疗原发病灶。

3. 支持疗法　补充维生素，必要时给予少量多次输新鲜血或血浆。

【预防与护理】

(1) 增加营养，提高自身抵抗力。

(2) 长期卧床，或并发瘫痪者，应注意经常帮助其变换体位和擦浴，预防压疮发生。

(3) 病变以关节为主，应限制病变关节活动。凡病变在胸、腰椎者，应睡硬板床；病变在四肢关节者，应用夹板或石膏固定，亦可作皮肤牵引，以保持功能位置。

(4) 积极治疗肺结核、肠结核等原发结核病灶，以预防本病发生。

第十四节　窦　　道

窦道是指一种管道由深部组织通向体表，只有外口而无内口相通的病理性盲管。本病属中医学“瘘管”范畴。其特点是局部疮口，脓水淋漓不尽，病程经过缓慢，较难愈合，或愈合后又易复溃。临床上往往有一个或多个外口，管道或长或短、或直或弯，一般不与内脏有腔脏器相通。

【病因病机】

本病的发生以气血不足为本，而疮面引流不畅，或医治不当或手术中异物留滞为其诱发原因。

1. 气血不足　先天禀赋不足，或年老气血虚弱，或痈疽溃后，脓水淋漓，耗伤气血，气血两虚，不能托毒外出生肌收口，久则成漏。

2. 余毒未尽　痈肿切口过小，脓毒引流、排泄不畅；或手术中残留异物刺激等，使局部毒邪留滞，气血运行受阻，脓腐不脱，新肉不生，溃口久不愈合，日久成漏。

【临床表现】

本病可发生于任何年龄，患病前有手术史或感染史。

局部有一小疮口，色淡，肉芽不鲜，或胬肉高突，常有脓性分泌物溢出，疮周皮肤可呈潮红、丘疹、糜烂等表现，瘙痒不适。有时外口闭合，脓液引流不畅，可引起局部红肿热痛，或伴有轻度发热等症。有时疮口中可有手术丝线、死骨片等异物流出。窦道深浅不一，可有数厘米到数十厘米长(彩图 6－3)。

全身可伴面色无华、食少懒言、神疲乏力、头晕心烦等。

【诊断】

(一) 诊断要点

(1) 局部皮肤可见窦道外口，疮口肉芽不鲜，或胬肉高突。

笔记栏

(2) 疮口愈后又易复溃,脓水淋漓不尽,或有异物排出,病程缓慢,愈合困难。

(3) 可用球头银丝探针探查窦道的走向和深浅。

(二) 辅助检查

X线窦道造影、CT、B超等检查有助于了解窦道位置、形态、数量、长度、走向、分支、残腔以及与邻近组织器官的关系。局部脓液细菌培养加药敏试验有助于指导用药。

【治疗】

以外治为主,宜根据疮面的具体情况,辨证用药。注意取出疮面内的异物,保持引流通畅。内治以补益气血,和营托毒为原则。

(一) 内治法

1. 余毒未清证

证候 疮口脓水淋漓,疮周红肿疼痛,或瘙痒不适,或有胬肉高突;低热。舌淡红,苔黄,脉数。

治法 清热和营托毒。

主方 仙方活命饮(《医宗金鉴》)加减。

成药 新癀片,每服4片,每日3次。

2. 气血两虚证

证候 疮口色淡,肉色灰白,脓水清稀淋漓,经久不愈,新肉不生;伴面色㿠白,神倦乏力,食少懒言。舌质淡,苔薄白或白滑,脉沉细。

治法 补益气血,托里生肌。

主方 托里消毒散(《医宗金鉴》)加减。

成药 十全大补丸,每次9g,每日2次,温开水送服。

(二) 外治法

(1) 先用五五丹或千金散药线引流蚀管,外敷红油膏纱布,每日1次。

(2) 有手术丝线、死骨片等异物时,应及时取出。待脓液由多而稀薄转为少而稠厚时,用八二丹药线引流,外盖红油膏纱布。

(3) 腐尽,肉芽红活,疮口流出黏液稠水而无脓液时,用生肌散,外盖白玉膏。

(4) 患于腹部者,除按上法选用药物外,宜用棉垫加绷带紧压伤口;会阴部的窦道,应用丁字带棉垫紧压会阴部。疮口愈合后应继续压迫2周,以巩固疗效,防止复发。

(三) 其他疗法

病情较重者,必要时应使用有效抗生素治疗。

【预防与护理】

(1) 探查瘘管时宜耐心细致,动作轻柔,切忌用暴力。

(2) 保持引流通畅。

(3) 注意疮面卫生,如疮面渗出较多时,宜勤换药,预防疮周湿疹的形成。

(4) 加强营养,增强抵抗力。

(徐武清)

笔记栏

第七章　皮肤病及性传播疾病

导　学

通过学习，掌握原发性皮损和继发性皮损的概念、形态特征及辨证规律，皮肤病及性传播疾病的常用内治法及代表方剂，皮肤病外用药的使用原则，临床常见皮肤病及性传播疾病的诊断与中医内治、外治辨证论治思维与医疗技术要点；熟悉皮肤病外用药常用剂型，皮肤病及性传播疾病各种病因的致病特点；了解皮肤病及性传播疾病的致病因素。

第一节　概　　论

皮肤覆盖人体体表，由表皮、真皮和皮下组织组成，是人体最大的器官。成年人皮肤面积为1.6～2.0 m^2，总重量约为10 kg，占体重的16%。皮肤病是指发生于人体皮肤、黏膜及皮肤附属器的疾病。目前文献记载的皮肤病有1 500多种，临床常见的皮肤病为200～300种。

性传播疾病是指通过性接触而传染的疾病，简称性病。既往的性病(venereal disease)指以性行为作为主要传播途径的一组传染病，包括梅毒、淋病、软下疳、性病性淋巴肉芽肿和腹股沟肉芽肿5种，称为经典性病。随着医学科学的发展和人类性行为的变化，性病的概念发生了改变。1975年，世界卫生组织(WHO)使用性传播疾病(sexually transmitted diseases，STDs)代替既往性病旧名。目前WHO又建议使用性传播感染(sexually transmitted infections，STIs)来代替性传播疾病，以更好地涵盖那些无症状的感染。性传播疾病目前共有20余种，除上述5种经典性病外，还包括非淋菌性尿道炎、艾滋病(AIDS)、尖锐湿疣、生殖器疱疹、生殖器念珠菌病、滴虫病、细菌性阴道病、阴虱病、传染性软疣、疥疮、乙型肝炎和股癣等。在我国一般不将疥疮、传染性软疣、乙型肝炎、股癣等其列入性传播疾病范畴，因为这些病并非以性接触传播为主。

一、病因病机

皮肤病的病因有外感风、寒、暑、湿、燥、火六淫以及虫、毒、疫疠，内伤七情以及饮食、劳倦和脏腑失调等。其主要发病机理表现为禀赋差异、邪正盛衰、气血不和、经络阻隔、脏腑功能失调几个方面。禀赋不耐、邪盛正衰，可致气血不和、经络阻隔、脏腑功能失调而发病并产生各种病理变化。其间内外因素的相互影响，主次轻重之不同，当结合具体病证仔细斟酌辨别。性传播疾病主要由性接触染毒而致阴器肌肤受袭，毒气结聚局部，或内攻脏腑而变生诸证。

对皮肤病病因病机的辨识，是辨证论治的重要过程。现就皮肤病的常见病因病机特点简要论述如下。

1. 风　风善行而数变，故风邪致病发无定处，游走不定，发病急、消退快、病程短、反复发作。风性向上在外，故常伤及人体上部及体表肌肤，致使气血相搏而瘙痒不止。风性干燥致裂，久留则血燥血虚，血虚则生风，又使肌肤失于濡养，以致皮肤干燥、脱屑、肥厚、粗糙、皲裂。常见皮疹如风团、丘疹、疣目、脱屑等。常见疾病如荨麻疹、皮肤瘙痒症、神经性皮炎等。

2. 寒　寒邪侵入肌表，阻遏卫阳，皮损苍白或青紫，甚则经脉挛缩，屈伸不利，或营卫不和，气血

笔记栏

运行不畅,肌肤失于温煦,而皮肤麻木或冷痛。常见疾病如冻疮、雷诺综合征、硬皮病、血栓闭塞性脉管炎等。

3. 暑　暑为夏令阳热之气,暑邪致病其性炎热,浸淫肌肤而红肿热痛。暑多夹湿,汗出不畅,内蕴肌肤,多为糜烂、渗液、结痂。常见疾病如痱子、疖、脓疱疮、夏季皮炎等。

4. 湿　湿性重浊,其性类水,致病多见渗液。湿性趋下,故发病多在下部。湿性黏滞,故病程缠绵,日久难愈。湿邪易与他邪相兼致病,故可泛发全身。常见疾病如足癣、湿疹、阴囊湿疹等。

5. 燥　因外界气候干燥,或因机体津液内亏,皮肤干燥而致病。燥性干裂,易伤津液。皮肤失于濡润,而见脱屑干裂,毛发不荣,皲裂。常见疾病如手足皲裂、鱼鳞病、干燥综合征等。

6. 火　多因外感热邪,或脏腑实热,熏蒸肌肤为患。火热为阳邪,其性炎上,故致病多在人体上部,火邪易耗气伤津伤阴,故黏膜损害常与火邪有关。火易生风动血,故常出现发斑、出血、皮肤焮红等。常见疾病如面部丹毒、单纯疱疹、带状疱疹、癣、紫癜、药物性皮炎、脓疱疮、疖、蜂窝织炎等。

7. 虫　毒虫咬伤,毒素刺激皮肤,或虫邪寄生肌肤,或寄生肠道使脾胃运化失常,生湿生热,积聚肌肤所致。常见皮疹为皮肤红斑、丘疹、渗液、糜烂,自觉瘙痒或疼痛。常见疾病如虫咬皮炎、疥疮、肛门瘙痒症等。

8. 毒　毒有药物毒、食物毒、虫毒、漆毒等不同,毒邪致病的病机为毒邪直接或间接侵入机体,郁结腠理,外淫肌肤,而出现红肿灼热、丘疹、风团、水疱、糜烂等多种损害,或毒攻脏腑,危及生命。轻者局限一处,或痒或痛,重者泛发全身,甚者皮肤暴肿、大疱、剥脱,有生命之危。有的患者机体禀赋不耐某种物质,经过一定的潜伏期后才发病。常见疾病如药疹、过敏性皮炎、毒虫(蜈蚣、蝎子、蜂)螫伤、毒蛇咬伤、接触性皮炎等。

9. 劳伤　多由外伤致使局部气血运行失常,气滞血瘀所致。发病特点:局部摩擦压迫,而致皮下瘀斑或增厚。常见皮疹如皮肤粗糙、肥厚、皲裂等。常见疾病如手足皲裂、鸡眼、胼胝等。

10. 情志　因七情过激或长期影响,引起体内阴阳、气血失调和脏腑经络功能紊乱,从而导致皮肤病的发生。常见疾病如神经性皮炎、结节性脉管炎、斑秃、皮肤瘙痒症、慢性湿疹等。常见皮疹如红斑、丘疹、皮肤粗糙、肥厚等。

11. 饮食　饮食不节,损伤脾胃,运化功能失常,久而助湿,生痰生热,故皮肤红斑、丘疹、风团、渗液、糜烂。常见疾病如酒渣鼻、湿疹、荨麻疹、痤疮、脂溢性皮炎等。

12. 血瘀　气血失和,或因于外伤,气滞血瘀,皮肤出现瘀斑、色素沉着或减退、肌肤甲错、肥厚、结节、肿块,或觉疼痛。常见疾病如紫癜、皮肤瘙痒症、网状青斑、黄褐斑、白癜风等。

13. 血虚风燥　血虚风燥,肌肤失养,则皮损干燥、肥厚、粗糙、脱屑。风盛则瘙痒,或伴有头晕、目眩、面色苍白。常见疾病如神经性皮炎、银屑病、牛皮癣、白疕、慢性湿疹、老年性瘙痒症、鱼鳞病等。

14. 肝肾不足　先天禀赋不足或久病体虚,精血暗耗,肌肤失养,毛发、筋爪不荣,故皮肤干燥、肥厚粗糙、脱屑,指甲变脆变形,或伴生疣目、血痣,毛发枯槁或脱落、色素沉着、黑眼眶等。多伴有头晕目眩、耳鸣、面部烘热、腰膝酸软等症状。大多呈慢性过程。常见于某些慢性与难治性皮肤病,如红斑狼疮、黄褐斑、白癜风、秃发等。

二、常见症状及其辨证

皮肤病在发病过程中,大多会出现皮肤损害,即皮疹,或并有一些瘙痒、疼痛等不适的症状。一般习惯将皮肤损害称为他觉症状,而将主观感觉到的不适称为自觉症状。临床上常以这些症状作为皮肤病诊断与辨证的主要依据。

(一) 自觉症状

笔记栏

自觉症状是指患者主观感觉到的症状。最常见的症状是瘙痒,其次是疼痛,此外,尚可出现蚁走感、麻木感等。

1. 瘙痒　是一种皮肤不适、引人欲搔的感觉。风、热、湿、寒、瘀、痰、虫淫、血虚等均可致瘙痒。

风邪是最常见的致痒病因,一般由外风所致为多见。通常发生在头、面、耳、鼻等处,重者遍布全身。有流窜不定,泛发的特点,常突然发生,抓破血溢,随破随收,很少化腐,多为干性,皮损多为丘疹、风团、抓痕等。临床上,风邪所致的瘙痒有风寒、风热、风湿热的不同。风寒所致瘙痒,皮疹肤色,遇寒加重,兼畏寒,脉浮等;风热所致瘙痒,皮疹色红,遇热加重,可伴有恶风,脉浮数;风湿瘙痒,抓搔有渗液或起水疱等;风湿热所致瘙痒,皮疹色红,遇热加重,抓搔有渗液或起水疱,伴有恶风,脉浮数。

热邪所致之瘙痒,自觉皮肤灼热作痒、皮疹色红、遇热加重,皮损以红色丘疹、红斑为主,多呈播散性分布,部分融合成片。热入营血之瘙痒,瘙痒难忍而大力搔抓,致皮破出血,并有心烦不安、舌红绛、脉细数等。

湿痒,有浸淫流滋或出现水疱、抓痒沿表皮蚀烂、越腐越痒、缠绵难愈的特点。皮损以丘疱疹、水疱、糜烂、黄痂为主。痒的部位多在下肢、外阴与趾缝处。

寒证瘙痒,遇寒加重,皮疹肤色。外寒者兼畏寒等症状。因脾肾阳虚生内寒所致者,可兼有形寒肢冷、腹胀、大便溏稀、腰酸痛等症状,皮疹风团或呈寒性结节等。

瘀血瘙痒,多局限于某一部位,以暗红色丘疹、结节为主,奇痒欲搔,越搔越痒,搔至渗血方见缓解。皮损可见紫斑、色素沉着等。

痰邪瘙痒,瘙痒经久不愈,皮损以暗红色丘疹、结节为主。

虫痒,自觉剧痒,日轻夜重,浸淫蔓延,黄水频流,状如虫行皮中,具有传染性。常见的皮损为红斑、丘疹、疱疹、糜烂、黄痂或脓疱等。常发生于趾(指)缝、肛门、前阴及少腹、乳房皱襞等处,亦有遍及全身的。

血虚风燥所致瘙痒,自觉瘙痒,时轻时重,呈阵发性发作,搔抓后常有血痂或糠秕样鳞屑,常见皮肤干燥、变厚、脱屑。部位不定,或限一处,或遍布全身,发于秋冬,缓于春季。

2. 疼痛 是一种伴有实质或潜在的组织损伤而出现的不愉快感觉和情绪上的感受。

寒证疼痛表现为局部青紫,疼痛遇寒加剧,得温则缓。

热证疼痛有红肿、发热与疼痛性皮损。

痰凝血瘀疼痛可有痰核结节或瘀斑、青紫,疼痛位置多固定不移。

虚证疼痛多见于年老体弱气血虚衰者,或某些皮肤病后期,虽皮疹已愈,但遗有阵阵疼痛,旷日持久。

3. 灼热感 是皮肤灼热的感觉,为热邪或火邪炽盛,炙灼肌肤所致,多见于急性皮肤病。

4. 蚁走感 是一种有如蚂蚁行走皮肤的感觉,多由虫淫或气血不和所致。

5. 麻木感 是一种皮肤发麻或感觉迟钝、缺失的表现。一般认为是因血虚,经脉失养,或气血凝滞所致。常见于慢性皮肤病后期。麻风病的典型症状之一就是皮肤的麻木感。

(二)他觉症状

他觉症状,是指视觉或触觉发现的皮肤黏膜病变,又称皮肤损害、皮疹。是皮肤病的一种客观形态表现。可分为原发性皮损与继发性皮损两种。

1. 原发性皮损 是皮肤病在病变过程中直接发生及初次出现的皮损。包括斑疹、丘疹、风团、疱疹、结节等。

原发性皮损

(1) 斑疹:为肤色局限性改变的皮损。既不凸起,也不凹下。直径＞1 cm 者可称为斑片。出血性斑疹,直径＜0.3 cm者称瘀点;直径＞0.3 cm 者称瘀斑。红斑为热邪所致,红斑压之退色多属血热,不退色尚有血瘀;红而带紫为热毒炽盛。红斑常见于丹毒、药毒等皮肤病。紫斑为气滞血瘀所致,多见于冻疮、多形红斑;白斑为风邪外搏,气血失和所致,见于白癜风;黑斑多为肝郁气滞,肾气不足所致,常见于黄褐斑、黑变病、雀斑。

(2) 丘疹:为高出皮面的实性皮损。直径通常＜1 cm,抚之碍手。丘疹顶端扁平的称为扁平丘疹。丘疹顶部有较小水疱或脓疱时,称丘疱疹或丘脓疱疹。介于斑疹与丘疹之间,稍隆起的皮损称斑丘疹。若皮疹直径＞1 cm 或丘疹互相融合成扁平隆起呈片状则称为斑块。丘疹,急性者色红多

笔记栏

为血热、风热所致，见于风疹，药疹；慢性者为正常肤色或稍暗，为气滞血瘀，见于慢性湿疹、接触性皮炎、神经性皮炎。

（3）风团：为皮肤上的局限性水肿隆起性皮损。常骤然发生，迅速消退，发作时伴有剧痒，消退后不留痕迹。肤色风团为风寒所致，红色风团为风热所致。常见于荨麻疹。

（4）疱疹：为含有液体高出皮面的腔隙性皮损。包括水疱、大疱、脓疱。小者如针尖或米粒大的称小水疱，直径＞1 cm 者称大疱。疱内含有脓液者称脓疱。疱疹的通常含义是指水疱，内液清明或微浊。疱疹的疱壁一般较薄易破，破后形成糜烂，干燥后结痂脱屑。疱疹常发生于红斑之上。多属湿热或热毒所致，常见于湿疹、接触性皮炎、虫咬皮炎、足癣等。疱内为血样液体者称血疱，红色或紫红色，常见于出血性带状疱疹、损伤、紫癜等。大疱多为心火妄动，脾虚失运，湿热之邪伏郁于内，不能疏泄而成，见于天疱疮、大疱性表皮松解症。脓疱内液浑浊或为黄色，脓疱周围常有红晕，破后形成糜烂，溢出脓液，结脓痂，多由湿热相搏，或热毒炽盛所致，常见于脓疱疮等。

（5）结节：为皮下或高出皮面的实质性小团块样皮损。质较硬，大小不一，境界清楚。多由气血凝滞所致，常见于结节性红斑、结节性痒疹等病。结节按之疼痛者，为结节性红斑。结节灰暗为湿毒郁结，如结节性痒疹；结节颜色不变，质地柔软者为气滞、寒湿或痰核结聚，可见于瘰疬性皮肤结节或皮肤囊肿。

继发性皮损

2. 继发性皮损　是原发性皮损经过搔抓、感染、治疗处理和在损害修复过程中演变而成的皮肤损害。有鳞屑、糜烂、痂、抓痕、溃疡、皲裂、苔藓样变、瘢痕、色素沉着、皮肤萎缩等。

（1）鳞屑：为表皮角质层脱落的皮损。大小、厚薄不一，小的呈糠秕状，大的为数厘米或更大的片状。急性病后见之，多为余热不清；慢性病见之，多由血虚生风、生燥、皮肤失养所致。皮疹底色红而干燥起屑为血热风燥，见于银屑病初期，底色淡红而干燥起屑，多为血虚风燥，见于银屑病、玫瑰糠疹后期；油腻性皮屑为湿热，见于脂溢性皮炎。

（2）糜烂：为表皮或黏膜上的浅在性缺损。常有浆液渗出，多由脓疱、水疱、浸渍演变而成，或由丘疹破损所致。因损害较浅，通常愈后不留瘢痕。红肿糜烂渗出为湿或湿热所致，如湿疹，脓疱疮。

（3）痂：皮损处的渗液、脓、血与脱落组织及药物等混合干燥后形成的附着物。脓痂多为热毒或湿毒，如脓疱疮。血痂为血热络伤，血溢所致，如瘙痒症。滋痂多为湿热所致，如湿疹。

（4）抓痕：由抓伤表皮而形成的点线状损害。常因皮肤瘙痒而反复用力搔抓，见抓痕表面结有血痂。多由风盛或内热所致。身起红斑，血痕累累，为血热风盛，见于痒疹、慢性湿疹。皮色如常，搔抓出血，为血虚生风，见于瘙痒症。

（5）溃疡：为皮肤溃破深达真皮以下的损害。通常愈后形成瘢痕。溃疡边缘色红，疮面深陷，脓汁稠臭者为热毒所致，见于痈溃破后形成的溃疡；慢性溃疡，边缘苍白，疮面浅平，脓汁稀薄者为寒湿所致，如结核性溃疡。若溃疡经久不敛，肉色灰暗则属气血两亏，如臁疮等。

（6）皲裂：为皮肤上的线形坼裂状损害。多由血虚、风燥所致。常发生于掌跖、耳周、口角、关节附近，多为寒邪外侵或血虚风燥所致。常见于手足皲裂、皲裂性湿疹。

（7）苔藓样变：为皮肤增厚、粗糙、皮纹加宽、增深、干燥、局限性边界清楚的损害。常为一些慢性瘙痒性皮肤病的主要表现，多由血虚风燥所致。常见于神经性皮炎、慢性瘙痒性皮肤病。

（8）瘢痕：为皮肤受损后，由新生组织修复形成的表面光滑、缺少正常皮纹的皮损。也即是伤口愈合而形成的瘢痕。可呈现增生性和萎缩性的不同表现。增生性瘢痕表现为隆起的表面光滑的无毛发的索状或形状不规则的暗红色略硬的斑块，多见于瘢痕体质者，是局部气血凝结不化所致。萎缩性瘢痕表现为表皮变薄，肉色光滑柔软，常为气血不足。另有一种肿瘤性皮肤病，又称瘢痕瘤、瘢痕疙瘩，与一般瘢痕不同。

笔记栏

（9）色素沉着：为皮肤颜色加深的皮损，由皮肤中色素增加所致，多呈褐色、暗褐色或黑褐色。色素沉着有属原发性的如黄褐斑、黑变病等，多由肝火、肾虚引起；有属继发的，如一些慢性皮肤病之后期局部皮肤色素沉着，多因气血不和所致。

(10) 皮肤萎缩：指皮肤变薄，发生凹陷改变的皮损。系皮肤或皮下组织破坏或变性所致。多为气血不运之虚证，常见于盘状红斑狼疮、皮肤结核。

(11) 毛发变化：毛发干枯变黄、缺乏光泽、容易脱落，或少年白发，多由血虚肾亏，毛发失荣或气滞血瘀所致，可见于各种秃发、白发症等。

(12) 爪甲变化：爪甲薄而软为肝肾不足；爪甲干燥而脆裂变形为血燥；爪甲色变为气血瘀滞或虫蛀。

三、治疗

皮肤病的治疗方法一般分内治、外治两大类，应用时需根据病因病机、皮损特点、患者体质、病情的轻重等进行辨证论治。个别皮肤病可能仅是病发体表，未影响到脏腑，仅用外治法即可。但许多皮肤病病因病机及临床症状不仅限于局部，大多与脏腑、气血、经络有密切的关系，既可在皮肤出现皮疹，也可引起全身性的病理反映。因此，治疗皮肤病，既要重视局部皮疹辨证，更要重视局部与整体结合的辨证论治。

（一）内治法

皮肤病的中医内治法非常丰富，常用的内治法有祛风法、清热法、祛湿法、润燥法、活血法、温通法、软坚法、补肾法等。掌握各治法的适应证及其代表性方药，是中医皮肤病临床学习与实践的重要基础。

1. 祛风散寒

适应证　风寒证。瘙痒，皮损多为丘疹、风团、抓痕等。皮疹肤色，遇寒加重，兼畏寒，脉浮等。

代表方剂　桂枝汤、麻黄汤。

常用药物　桂枝、麻黄、荆芥、防风、白芷、羌活、独活、紫苏、生姜、葱白等。

2. 祛风清热

适应证　风热证。瘙痒，皮疹色红，遇热加重，可伴有恶风，脉浮数。

代表方剂　消风散、银翘散。

常用药物　金银花、连翘、桑叶、薄荷、牛蒡子、菊花、蝉蜕、升麻等。

3. 清热利湿

适应证　湿热证。瘙痒，皮疹色红，遇热加重，搔抓有渗液或起水疱，伴有舌苔黄腻，脉滑数。常见疾病如湿疹、足癣、丹毒、脓疱疮、荨麻疹等。

代表方剂　龙胆泻肝汤、萆薢渗湿汤。

常用药物　茵陈、蒲公英、山栀子、黄柏、苍术、地骨皮、泽泻、萆薢、龙胆草、薏苡仁、土茯苓、车前子、滑石等。

4. 清热解毒

适应证　热毒证。皮损色泽鲜红，焮热肿胀或脓疱、瘀斑。多伴有发热喜凉，口渴饮冷，面红目赤，小便短赤，大便燥结，舌红苔黄而燥，脉洪数或弦数等症状。常见疾病如皮肤疖肿、丹毒、药疹等。

代表方剂　黄连解毒汤、五味消毒饮。

常用药物　黄连、黄柏、黄芩、山栀子、金银花、地丁、蒲公英、鱼腥草、天葵、生地、生石膏、板蓝根等。

5. 凉血解毒

适应证　血热证。皮肤损害为红斑鲜艳，或紫红，或有出血点，紫癜。多伴有发热、神昏、谵语、尿黄、便结、舌红苔黄、脉弦而数。常见疾病如皮肤疮疡、药物性皮炎、过敏性紫癜、进行期银屑病、系统性红斑狼疮急性发作、红皮病、急性皮肌炎、天疱疮急性期，虫咬皮炎等。

代表方剂　犀角地黄汤、清热地黄汤、化斑解毒汤。

常用药物　山栀子、水牛角、黄芩、蒲公英、紫草、板蓝根、丹皮、生地、赤芍、大青叶等。

6. 活血化瘀

适应证　气滞血瘀证。皮损以结节、瘀点、紫斑、肥厚、发硬、色素沉着、弥漫性肿胀、苔藓样变等多见。或伴有胸胁胀痛，肿胀，斑块，疼痛，刺痛，舌质紫有斑点，脉弦涩等。常见疾病如带状疱疹

笔记栏

后遗神经痛、神经性皮炎、皮肤淀粉样变、结节性痒疹、扁平苔藓、过敏性紫癜。

代表方剂　桃红四物汤、大黄䗪虫丸。

常用药物　桃仁、红花、丹参、归尾、赤芍、鬼箭羽、三棱、莪术等。

7. 润燥法

适应证　血虚风燥证、血热风燥证。皮肤损害表现为皮肤干燥、粗糙、皲裂、鳞屑，毛发干枯脱落，皮肤瘙痒。可伴有口干唇裂，目涩，咽干舌燥，心烦而怒，夜不安宁，舌红苔少，脉细数等全身症状。常见疾病如鱼鳞病、银屑病静止期、慢性湿疹、神经性皮炎。

代表方剂　当归饮子、凉血消风散。

常用药物　当归、何首乌、生地、玄参、麦冬、石斛、玉竹、百合等。

8. 温通法

适应证　寒邪阻络证。皮损表现为色淡白或青紫，温度偏低，或疼痛，得暖则缓。可伴有恶寒喜暖，口淡不渴，面色苍白，手足厥冷，小便清长，大便溏泄，舌淡苔白滑，脉迟或沉等表现。常见疾病如冻疮、雷诺综合征、肢端动脉痉挛。

代表方剂　阳和汤、当归四逆汤。

常用药物　当归、桂枝、肉桂、干姜、细辛、鸡血藤等。

9. 软坚法

适应证　结节、肿块。皮损表现为结节、肿块，皮色不变或青紫，可伴有疼痛、瘙痒不适。常见疾病如结节性红斑、结节性痒疹、瘰疬性皮肤结节或皮肤囊肿等。

代表方剂　海藻玉壶汤、小金丸。

常用药物　海藻、昆布、全蝎、蜈蚣、玄参、浙贝母等。

10. 补肾法

适应证　肾虚证。皮损表现为皮肤干燥、肥厚粗糙、脱屑，指甲变脆变形，或伴生疣目、血痣，毛发枯槁或脱落、色素沉着、黑眼眶等。多伴有头晕目眩、耳鸣、腰膝酸软等症状。肾阴虚者面部烘热、盗汗，脉细数。肾阳虚者面目浮肿、手足欠温，脉弱。常见于某些慢性与难治性皮肤病，如黑变病、黄褐斑、硬皮病、红斑狼疮、脱发、鱼鳞病等。

代表方剂　六味地黄汤、附桂八味汤。

常用药物　地黄、当归、枸杞、菟丝子、女贞子、山茱萸、肉桂、淫羊藿、巴戟等。

（二）外治法

外治法一般可分为药物外治法与非药物外治法两大类。皮肤病由于病发体表，外治可以起到直接的治疗作用。因此，皮肤病外治是非常重要的治疗方法。在皮肤病外治之中又以药物外治法为主，药物外治在皮肤病治疗中占有重要的地位。

1. 皮肤病外用药常用剂型及代表药　皮肤病外用药常用的剂型有溶液、粉剂、混悬剂、酊剂、油剂、软膏等，制剂各有不同特点、功效及适应证，临床应用要注意根据药物使用原则做到合理选用。

常用的代表性外用药有：

(1) 溶液：5%～20%的黄柏溶液、大黄溶液等。临床使用的中药溶液多是根据皮损特点辨证处方的复方中药煎出液。可用于浸渍(湿敷)和熏洗。适用于急性皮肤病，渗出较多或脓性分泌物多的皮损，或伴轻度痂皮性损害。湿敷时将5～6层消毒纱布置于药液中浸透，稍挤拧至不滴水为度，敷于患处，一般每1～2小时换1次即可；如渗液不多，可4～5小时换1次。

(2) 粉剂：青黛散、六一散、滑石粉、止痒扑粉等。用法为每天3～5次，扑患部。适用于无渗液性的急性或亚急性的皮炎类皮肤病。

(3) 混悬剂(洗剂)：三黄洗剂、炉甘石洗剂、颠倒散洗剂等。使用时需振荡摇匀。适应于急性皮炎、粉刺等。

(4) 酊剂：复方土槿皮酊、补骨脂酊等。使用时用棉棒蘸药液直接外涂皮损区，每天1～3次。凡急性炎症性皮肤病破皮糜烂者，头面、会阴部皮肤薄嫩处禁用，用后易引起皮肤烧灼及剧痛。

笔记栏

(5) 油剂：蛋黄油、紫草油、青黛散油等。适用于亚急性皮肤病有糜烂、渗出、鳞屑、脓疱、溃疡的皮损，用法为每天外搽 2～3 次。

(6) 软膏：硫黄软膏、青黛膏、疯油膏等。适用于慢性皮肤病具有结痂、皲裂、苔藓样变等皮损。用法为每天外搽2～3 次，或涂于纱布上敷贴于患部再加包扎。凡滋水较多、糜烂较重的皮损，不宜外涂或敷贴软膏。

2. 皮肤病外用药的使用原则　要根据病因与皮肤损害的表现来选择适当的剂型和药物。具体注意点有以下几个方面。

(1) 根据病因用药：病因不同应该选择不同的药物。如疥疮选用杀虫止痒的硫黄软膏；湿疹则选用祛湿止痒的黄连软膏。

(2) 根据病情阶段及皮疹用药：皮肤炎症在急性阶段，若仅有红斑、丘疹、水疱而无渗液，宜用洗剂、粉剂、乳剂；若有大量渗液或明显红肿，则用溶液湿敷为宜。皮肤炎症在亚急性阶段，渗液与糜烂很少，红肿减轻，有鳞屑和结痂，宜用油剂。皮肤炎症在慢性阶段，有浸润肥厚，角化过度时，选用软膏为宜。具体皮疹适宜选用的外用药剂型可参照表 7－1。

表 7－1　不同皮损适宜选用的外用药剂型表

皮肤损害	宜选用剂型	皮肤损害	宜选用剂型
斑	洗剂、软膏	痂	油剂、软膏
丘疹	洗剂	抓痕	洗剂
水疱	粉剂、洗剂	鳞屑	油剂、软膏
脓疱	粉剂、洗剂	糜烂	溶液(用于渗液多者) 洗剂(用于渗液少者)
结节	软膏	皲裂	软膏
风团	洗剂	苔藓样变	软膏

(3) 注意控制感染：有感染时先用清热解毒、抗感染制剂控制感染，然后再针对原来皮损选用药物。

(4) 用药宜先温和后强烈：先用性质比较温和的药物，尤其是儿童或女性患者不宜采用刺激性强、浓度高的药物。面部、阴部皮肤慎用刺激性强的药物。

(5) 用药浓度宜先低后高：先用低浓度制剂，根据病情需要再提高浓度。一般急性皮肤病用药宜温和安抚，顽固性慢性皮损可用刺激性较强和浓度较高的药物。

(6) 随时注意药敏反应：一旦外用药后皮肤出现瘙痒、起水疱等过敏现象，应立即停用，并给予及时处理。

第二节　单 纯 疱 疹

单纯疱疹是一种在热病之后或高热过程中，在皮肤黏膜交界处出现的急性疱疹性皮肤病。临床以口角、唇周、鼻孔周围、面颊出现群集的小水疱为特征。中医文献又称热疮。《诸病源候论·热疮候》曰："初作瘭浆黄汁出，风多则痒，热多则痛，血气乘之，则多脓血，故名热疮也。"《圣济总录·热疮》曰："热疮本于热盛，风气因而乘之，故特谓之热疮。"

【病因病机】

本病多因风热外袭，脾胃积热，阴虚内热所致。发热、受凉、日晒、月经来潮、妊娠、肠胃功能障碍等常为诱发因素。病机关键为热邪蕴蒸皮肤。病位在体表，与肺、胃二经关系密切。

1. 风热外袭　多因外感风热时毒，客于肺、胃二经，热毒互结，熏蒸于上，故出现丘疹、丘疱疹、灼痛。

笔记栏

2. 脾胃积热 因脾胃运化失和，风热之邪乘虚而入，阻于肌肤，故水疱、糜烂。

3. 阴虚内热 由于病久，热邪伤津、虚热内扰，故丘疱疹反复发作。

现代医学认为本病由感染人类单纯疱疹Ⅰ型病毒(HSV-1)引起。

【临床表现】

发病前，局部开始有灼痒紧张感，随即出现红斑，在红斑基础上迅速出现成簇或几簇水疱，高粱米至绿豆大小，有的互相融合，四周有红晕，灼痛，初起水疱透明，2～3天后变为混浊或形成稀薄脓液，4～5天后结痂，逐渐脱落，愈后可留有轻微的色素沉着。严重的可引起附近淋巴结肿大，本病好发于皮肤黏膜交界处，如口唇、唇缘、鼻孔周围，亦可发生于面颊、大腿、臀部、乳房、手指等处的皮肤，以及口、眼、鼻的黏膜；一般无全身症状。在热病之后，可有轻微的全身不适，口干烦躁，胸闷，便结，病程1～2周，但易反复发作(彩图7-1)。

【诊断】

(一) 诊断要点

(1) 口角、口唇等部位皮肤黏膜交界处出现群集性小水疱，周围红晕，水疱干涸后结痂。

(2) 患处皮肤有发紧、轻痒、烧灼感。

(3) 区域淋巴结肿大。

(4) 多发于热性病的中后期。全程1～2周。

(5) 皮疹易于复发。

(二) 辅助检查

人类单纯疱疹Ⅰ型病毒(HSV-1)检查阳性。

【鉴别诊断】

1. 带状疱疹 发病前伴有全身症状，皮疹多见于腰肋间，成簇状、带状排列，刺痛，发于面部者，多沿三叉神经或面部神经的分支分布，常引起剧痛，病程一般2～4周。

2. 脓疱疮 散在性脓疱，好发于面部等暴露部位，初起为水疱，继而成脓疱，疱破结脓痂，有传染性，多发于儿童，夏秋多见。

【治疗】

临床上本病有初起与复发的不同，原发性单纯疱疹治疗比较容易，但复发性单纯疱疹治疗则比较棘手，患者多表现为气阴不足，热邪内蕴，所以治疗上不能只是祛邪攻邪，应祛邪与扶正相结合，必要时可采用中西医结合治疗。除内治外，宜结合外治，以促进水疱的早日干敛结痂，防止合并细菌化脓感染。

(一) 内治法

1. 风热外袭证

证候 口角、唇缘、鼻孔发生成群小水疱，自觉灼热刺痛；伴发热，咽痛、恶风、口干心烦、大便结、小便黄。舌质红，苔薄黄，脉浮数。

治法 疏风清热，化湿解毒。

主方 银翘散(《温病条辨》)加减。

成药 上清丸，每服4丸，每日3次；或板蓝根冲剂，每服1包，每日2次。

2. 脾胃积热证

证候 口周、面颊群集水疱，反复发作；伴有口臭，胃纳差，脘腹胀满不适，大便干结或稀烂不畅。舌红，苔黄厚，脉滑数。

治法 清脾胃除湿热。

主方 清热泻脾散(《医宗金鉴》)加减。

成药 四妙丸，每服6 g，每日3次。

3. 阴虚内热证

证候 病程较长，口周皮疹反复发作，迁延日久难愈；伴咽干唇燥，口渴引饮，心烦少寐，体倦。

笔记栏

舌红少苔,脉细数。

治法　益气养阴清热。

主方　知柏地黄丸(《医宗金鉴》)加减。

成药　知柏地黄丸,每服 6 g,每日 3 次。

(二) 外治法

(1) 青黛膏,外涂患处,每日 2 次。

(2) 六神丸或蛇药片,研细末,香油调匀涂患处,每日 2 次。

(3) 马齿苋 30 g、板蓝根 60 g、冰片 10 g(后下),水煎外洗患处,每日 2～3 次。

(4) 局部糜烂者可用紫草油外涂。

(三) 其他疗法

1. 梅花针疗法　患处皮肤常规消毒,用梅花针叩打患部及周围皮肤,手法由轻到重,边叩打边用消毒棉球擦净渗出液体,使局部皮肤潮红为宜,每日 1 次。

2. 物理疗法　用氦氖激光照射皮疹,每次 5～10 分钟,每日 1 次。也可用频谱仪照射。

【预防与护理】

(1) 对反复发作者应除去诱发因素。

(2) 忌食肥甘厚味及辛辣之品。

(3) 局部保持清洁,促使皮损干燥结痂,防止继发感染。

第三节　带状疱疹

带状疱疹是一种皮肤上出现成簇水疱,并觉疼痛的急性疱疹性皮肤病。临床特点是皮肤上有红斑、水疱,累累如串珠,或呈带状,每多缠腰而发,疼痛明显。本病中医学称蛇串疮、缠腰火丹、火带疮、蛇丹、蜘蛛疮等。

【病因病机】

情志内伤,肝气郁结,久而化火,肝经火毒,外溢皮肤而发;或脾失健运,湿邪内生,蕴湿化热,湿热内蕴,外溢皮肤而生;或感染毒邪,湿热火毒蕴积肌肤而成。年老体弱者,常因血虚肝旺,湿热毒盛,气血凝滞,以致疼痛剧烈,病程迁延。

现代医学认为本病由感染带状疱疹-水痘病毒而致。

【临床表现】

皮损初起为带片状的红色斑丘疹,继而出现绿豆到黄豆大小簇集成群的水疱,累累如串珠,聚集一处或数处,排列成带状,疱群之间间隔皮肤正常,疱液透明,5～6 天后转为浑浊,重者有出血点、血疱或坏死。轻者无皮损,仅有刺痛感,或稍潮红,没有典型的水疱。好发于腰胁部、胸部或头面部,多发于身体一侧,常单侧性沿皮神经分布,不超过正中线。发于头面部者,尤其是眼部和耳部者,病情较重,疼痛剧烈,伴有附近臖核肿痛,甚至影响视力和听觉(彩图 7-2)。

皮肤痛为本病特点之一。发病前患部皮肤常有感觉过敏,皮肤灼热刺痛,或伴轻度发热、全身不适等前驱症状,疼痛有的伴随皮疹同时出现,有的出现在皮疹出现之后,皮肤刺痛轻重不等,儿童轻微,年老体弱者疼痛剧烈,常扩大到皮损范围之外,部分中、老年患者于皮损消退后可遗留顽固性神经痛,常持续数月,甚至更久。

本病多发于春秋季节,以成年患者居多。病程 2 周左右,严重者可迁延日久,一般不超过 1 个月。

笔记栏

【诊断】

诊断要点

(1) 皮损表现为局部带片状红斑,迅即出现成群丘疹、小水疱,周围红晕,各群之间皮肤正常,数日后水疱干涸结痂,愈后有暂时性色素沉着。

(2) 皮损多沿一侧周围神经分布,一般不超过中线,多见于肋间神经或三叉神经分布区。区域性淋巴结肿大,有压痛。

(3) 皮肤疼痛。疼痛可在发病前或伴随皮疹出现,年龄愈大,疼痛愈烈。老年人当皮损消退后,可留有神经痛的后遗症达数月之久。

(4) 一般极少复发,免疫功能低下或恶性肿瘤患者可复发。

【鉴别诊断】

单纯疱疹 多发生于皮肤黏膜交界处,皮疹为针头大小到绿豆大小的水疱,常为一群。1周左右痊愈,但易复发。

【治疗】

(一) 内治法

1. 肝经郁热证

证候 皮损鲜红,疱壁紧张,灼热刺痛;口苦咽干,烦躁易怒,大便干或小便黄。舌红,苔薄黄或黄厚,脉弦滑数。

治法 清肝火,解热毒。

主方 龙胆泻肝汤(《医方集解》)加紫草、板蓝根等。

成药 龙胆泻肝丸,每服6 g,每日3次。

2. 脾虚湿蕴证

证候 颜色较淡,疱壁松弛;口不渴,食少腹胀,大便时溏。舌淡,苔白或白腻,脉沉缓或滑。

治法 健脾利湿。

主方 除湿胃苓汤(《医宗金鉴》)加减。

成药 四妙丸,每服6 g,每日3次。

3. 气滞血瘀证

证候 皮疹消退后局部疼痛不止。舌黯,苔白,脉弦细。

治法 理气活血,重镇止痛。

主方 桃红四物汤(《医宗金鉴》)加制香附、延胡索、莪术、珍珠母、生牡蛎、磁石等。

成药 七厘散,每服1~1.5 g,每日3次。

(二) 外治法

火针治疗——带状疱疹

(1) 初起用青黛散、蛇药调涂;或玉露膏外敷;或三黄洗剂外搽。或用鲜马齿苋、金银花捣烂外敷。每天2~3次。

(2) 水疱破后,用四黄膏或青黛膏外涂;有坏死者,用九一丹换药。

(3) 若水疱不破,可用三棱针或消毒针头挑破,使泡液流出,以减轻胀痛。

(4) 后遗神经痛,用火针治疗,在疼痛皮损处围刺,每周1~2次。

【预防与护理】

(1) 保持局部干燥、清洁。

(2) 注意休息。

(3) 忌食辛辣肥甘厚味。

第四节 疣

笔记栏

疣是由人乳头瘤病毒(HPV)感染皮肤黏膜所引起以良性赘生物为主要临床表现的皮肤病。临床上常见有寻常疣、扁平疣、跖疣和尖锐湿疣等,疣状表皮发育不良也被认为与HPV感染密切相关。中医文献根据其发生部位、皮损差异而有不同的名称，如疣目、扁瘊、鼠乳、跖疣、丝状疣。《医学入门》曰："疣疮如鱼鳞痣，与千日疮一样，多生手足，又名晦气疮，宜艾灸初起者，则余者皆落，神效。"《诸病源候论·疣目候》云："疣目者，人手足边忽生如豆，或如结筋，或五个或十个，相连肌里，粗强于肉，谓之疣目。"

【病因病机】

本病初期多由风热毒邪搏于肌肤而生，由于怒动肝火，肝旺血燥，筋气不荣，肌肤不润所致。此外，跖疣多由局部气血凝滞而成，外伤、摩擦常为其诱因。

1. 血热风燥　肝经血燥，血不养精，筋气不荣，风热邪外搏于肌肤而成。

2. 湿热血瘀　湿热邪毒侵袭，营卫失和，气机受阻，血行不畅，浸淫肌肤，肌肤失养所致。

3. 风热蕴结　外感风热之邪，阻于肌肤而成。

4. 热瘀互结　病程日久，气血运行不畅，郁而化热，热血瘀结，肌肤失养而成。

现代医学认为寻常疣、扁平疣、掌跖疣和丝状疣等是由感染人乳头瘤病毒(HPV)所致，而传染性软疣是由痘病毒所致。近年来发现本病可能与细胞免疫功能有关。

【临床表现】

1. 寻常疣　相当于中医学的疣目，多发于儿童及青年。好发于手背、手指，也可见于头面部。最初为一个针头大至绿豆大的疣状赘生物，呈半球形或多角形，突出表面。色灰白或污黄，表面蓬松枯槁，状如花蕊，粗糙而坚硬。以后体积逐渐增大，发展成乳头状赘生物，此为原发性损害，称母疣。此后由于自身接种，数目增多，一般为2～3个，多则十余个至数十个不等，有时可呈群集状(彩图7-3)。

2. 扁平疣　相当于中医学的扁瘊，多发于青年男女，故又称扁平疣。好发于颜面部和手背。皮损为表面光滑的扁平丘疹，针头、米粒到黄豆大小，呈淡红色、褐色或正常皮肤颜色。数目很多，散在分布，或簇集成群，有的互相融合，常因搔抓沿表皮剥蚀处发生，出现同形反应，而形成一串新的损害，呈条索状排列。一般无自觉症状，偶有瘙痒感，有时可自行消退，但也可复发(彩图7-4)。

3. 传染性软疣　相当于中医学的鼠乳，多见于儿童。好发于躯干和面部。皮损为半球形丘疹，米粒到黄豆、豌豆大小；中央有脐凹，表面有蜡样光泽，挑破顶端可挤压出白色乳酪样物质；数目不定，数个到数十个不等，呈散在性或簇集性分布，但不相互融合。有轻度传染性，愈后不留瘢痕，可自行消失。

4. 掌跖疣　相当于中医学的跖疣。发生在手掌、足底或指(趾)间。皮损为角化性丘疹，中央稍凹，外周有稍带黄色高起的角质环，除去表面角质后，或见疏松的白色乳头状角质物，掐或挑破后易出血，数目多时可融合成片。有明显的压痛，用手挤压则疼痛加剧。常在外伤部位发生，足部多汗者易生本病。

5. 丝状疣　中年妇女较多见。多生于颈项或眼睑部位。皮损为单个细软的丝状突起，呈褐色或淡红色，可自行脱落，不久又可长出新的皮损。一般无自觉症状。

【诊断】

(一) 诊断要点

1. 寻常疣

(1) 好发于手背，手指及头面部。多见于儿童及青年。

(2) 皮损为灰褐色或污黄色半球形丘疹，表面蓬松枯槁，如花蕊，剥之或针挑易出血，数目大小不一。

(3) 一般无自觉症状，病程慢性。

2. 扁平疣

(1) 好发于颜面部及手背。多见于青年男女。

(2) 皮损为淡红色、褐色或正常皮色，针头、米粒至黄豆大小，扁平丘疹，表面光滑，数目不等。

笔记栏

(3) 一般无自觉症状,偶有痒感。

3. 传染性软疣

(1) 好发于躯干和面部。多见于儿童。

(2) 皮损为半球形,有蜡样光泽的丘疹,中央有脐凹,可挤出白色乳酪样物质,数目大小不一。

(3) 可有轻度瘙痒及传染性。

4. 掌跖疣

(1) 好发于足底,或趾间摩擦受压、外伤部位。多见于足部多汗者。

(2) 皮损为角化性丘疹,中央微凹、外周有稍带黄色高起的角质环,除去表面角质后,可见疏松的角质软蕊,边缘有散在黑点,数目不等。

(3) 明显压痛,挤压疼痛加剧。

5. 丝状疣

(1) 好发于颈项或眼睑等处,多见于中年妇女。

(2) 皮损为单个细软的丝状突起,褐色或淡红色。

(3) 一般无自觉症状。

(二) 辅助检查

皮损活检或脱落细胞标本中有人乳头瘤病毒感染的组织病理学特点,或检测到病毒。

【鉴别诊断】

1. 扁平苔藓 须与扁瘊相鉴别。本病多发于四肢伸侧、背部、臀部;皮疹为多角形扁平丘疹,表面有蜡样光泽,多数丘疹可融合成斑片,色呈暗红色;一般瘙痒较重。

2. 鸡眼 与跖疣相鉴别。鸡眼多生于足底和趾间;损害为圆锥形的角质增生,表面为褐黄色鸡眼样的硬结嵌入皮肉;压痛明显,步履疼痛。

3. 胼胝 与跖疣相鉴别。胼胝也发于跖部受压迫处;为不整形角化斑片,中厚边薄,范围较大,表面光滑,皮纹清晰;疼痛不甚。

【治疗】

以清热解毒散结为主要治法。扁平疣、疣目数目较多时,宜内外合治,其余疣多以外治为主。轻症皮损数目少可单用外治疗法,或其他疗法。重症患者,皮损泛发,需内外治并用。

(一) 内治法

1. 寻常疣

(1) 血热风燥证

证候 疣目结节如豆,坚硬粗糙,大小不一,高出皮肤,色黄或红。舌红,苔薄,脉弦数。

治法 养血活血,清热解毒。

主方 治瘊方(经验方)加减。

成药 蒲地蓝消炎片,每服8片,每日2次。

(2) 湿热血瘀证

证候 疣目结节疏松,色灰或褐,大小不一,高出皮肤。舌黯红,苔薄,脉细。

治法 清化湿热,活血化瘀。

主方 紫兰方(赵炳南《简明中医皮肤病学》)加减。

成药 湿毒清胶囊,每服4粒,每日3次;板蓝根冲剂,每服1包,每日2次。

2. 扁平疣

(1) 风热蕴结证

证候 皮疹淡红,数目较多,或微痒,或不痒,病程短;伴口干不欲饮。舌红,苔薄白或薄黄,脉浮数或弦。

治法 疏风清热,解毒散结。

笔记栏

主方　马齿苋合剂(经验方)加减。

成药　板蓝根颗粒,每服 6 g,每日 2 次。

(2) 热瘀互结证

证候　病程较长,皮疹较硬,太小不一,其色黄褐或黯红,不痒不痛。舌红或黯红,苔薄白,脉沉弦。

治法　活血化瘀,清热散结。

主方　桃红四物汤(《医宗金鉴》)加减。

成药　皮肤病血毒丸,每服 6 g,每日 2 次。

3. 其他疣　传染性软疣、掌跖疣、丝状疣,不需内服治疗。寻常疣及扁平疣皮损少者,亦不需内服治疗。

(二) 外治法

(1) 寻常疣可选用推疣法、鸦胆子散敷贴法、电灼法、激光烧灼、液氮冷冻法。

(2) 扁平疣可选用洗涤法、涂法。

(3) 传染性软疣用消毒针挑破,挤出白色乳酪样物,再用碘酒或苯酚外涂。

(4) 跖疣可选用外敷法、电灼法、手术治疗。

(5) 丝状疣可选用推疣法、结扎法、激光烧灼。

(三) 其他疗法

1. 针灸疗法　适用于疣目、跖疣。

(1) 艾灸法:疣目少者,可用艾炷着疣上灸之,每日 1 次,每次 3 壮,至脱落为止。

(2) 针刺疗法:用针尖从疣顶部刺入达到基底部,四周再用针刺以加强刺激,针后挤出少许血液,有效者 3~4 天可萎缩,逐渐脱落。

亦可火针斜刺或直刺皮损以治疗。

火针治疗——扁平疣

2. 西医治疗　内服抗病毒药物、调节免疫药物,外用抗病毒药物。

【预防与护理】

(1) 扁平疣忌搔抓,抓破后会加重损害。

(2) 寻常疣应避免摩擦和撞击,以防出血。

(3) 跖疣应避免挤压。

(4) 传染性软疣应保持局部清洁,抓破后可自身接种,并应避免继发感染。

第五节　脓疱疮

脓疱疮是由金黄色葡萄球菌或乙型溶血性链球菌引起的一种急性化脓性皮肤病。其特点是皮损主要表现为浅在性脓疱和脓痂,有接触传染和自体接种的特性,多发生于夏秋季节,在托儿所、幼儿园或家庭中传播流行。中医文献称为黄水疮或滴脓疮。《洞天奥旨》记载:"黄水疮又名滴脓疮,言其脓水流到之处,即便生疮,故名之。"明申斗垣《外科启玄》亦曰:"黄水疮,一名滴脓疮,疮水到处即成疮。"《外科正宗·黄水疮》云:"于头面耳项忽生黄泡,破流脂水,顷刻沿开,多生痛痒。"

【病因病机】

本病多因湿热交蒸、暑湿热毒蕴于肌表,熏蒸皮肤所致。

笔记栏

1. 暑湿热蕴　夏秋季节,气候炎热,湿热交蒸,暑湿热邪袭于肌表,以致气机不畅,疏泄障碍,熏蒸皮肤而成。

2. 脾虚湿滞　若小儿机体虚弱,肌肤娇嫩,腠理不固,汗多湿重,暑邪湿毒侵袭,更易发病,且可相互传染。反复发作者。邪毒久羁，可造成脾气虚弱。

现代医学认为本病由感染金黄色葡萄球菌和乙型溶血性链球菌引起。

【临床表现】

本病多发于夏秋季节，儿童尤为多见，有传染性。好发于头面、四肢等暴露部位，也可蔓延全身。发病前常先有痱子、虫咬皮炎等瘙痒性皮肤病。

皮损初起为红斑，或为水疱，如黄豆、豌豆大小，经1～2天后，水疱变为脓疱，界限分明，四周有轻度红晕，疱壁极薄，内含透明液体，逐渐变混浊。脓疱较大者，疱壁由紧张渐变弛缓，由于体位关系，疱内脓液沉积为脓清及脓渣两层，形成半月状坠积性脓疱。疱壁破裂后，显出湿润而潮红的糜烂疮面，流出黄水，干燥后结成脓痂，痂皮逐渐脱落而愈，愈后不留瘢痕。脓液流溢之处又常引起新的脓疱发生。皮损处自觉瘙痒。疱破后形成糜烂时疼痛，常可引起附近臖核的肿痛(彩图7-5)。

【诊断】

诊断要点

(1) 好发于头面、四肢等暴露部位，多见于儿童，夏秋季节发病。

(2) 皮损初为红斑或水疱，疱液先清后浊，很快变为脓疱，周围绕以轻度红晕，可有半月形坠积性脓疱，壁薄易破，糜烂、流黄色滋水，结脓痂。常引起附近臖核肿痛。

(3) 自觉瘙痒。重者可有发热、口渴等症状。

(4) 流行于学龄前及学龄期儿童。夏秋季发病，发于暴露部位，以颜面、口周、鼻孔附近为多者，为寻常型脓疱疮。

(5) 继发于痱子、汗腺炎及虫咬后，皮疹为散在性水疱，疱壁薄，大小如豌豆、蚕豆或更大者，为大疱性脓疱疮。

【鉴别诊断】

1. 水痘　多见于冬春季。皮损呈向心性分布，为疏散而对称分布于躯干的黄豆大小的发亮水疱，周围绕以较大红晕，化脓与结痂现象轻微，常侵及黏膜；全身症状明显。

2. 脓窝疮　常因虱病、疥疮、湿疹、虫咬性皮炎等继发感染而成；脓疱壁较厚，破后陷成窝，结成厚痂。

【治疗】

根据患者的皮损情况及有无全身症状，可酌情选用清热解毒的中药制剂。注意保护疮面以防传染。局部以消炎止痒及清除分泌物为治疗原则。

(一) 内治法

1. 暑湿热盛证

证候　皮疹多而脓疱密集，色黄，四周有红晕，破后糜烂面鲜红，附近伴臖核肿大；或有发热，多有口干、便干、小便黄等。舌红，苔黄腻，脉濡数或滑数。

治法　清暑利湿解毒。

主方　清暑汤(《外科全生集》)加减。

成药　消炎解毒丸，每服3.6 g，每日2次。

2. 脾虚湿阻证

证候　皮疹少而脓疱稀疏，色淡黄或淡白，四周红晕不显，破后糜烂面淡红；多有食少、面白无华、大便溏薄。舌淡，苔薄微腻，脉濡细。

治法　健脾渗湿。

主方　参苓白术散(《太平惠民和剂局方》)加减。

成药　参苓白术丸，每服6 g，每日2次。

(二) 外治法

(1) 脓液多者，选用清热解毒的中草药，如马齿苋、蒲公英等煎水湿敷。

笔记栏

(2) 脓液少者,用三黄洗剂加九一丹混匀外搽。

(3) 局部糜烂者,外涂青黛散油。

(4) 痂皮多者,硫黄膏掺九一丹外敷。

(三) 其他疗法

(1) 一般选用敏感的耐青霉素酶的半合成新型青霉素或广谱半合成青霉素,对青霉素过敏者可选用大环内酯类抗生素。

(2) 局部外用可选用莫匹罗星软膏、新霉素软膏等外擦。

【预防与护理】

(1) 夏季勤洗澡、勤换衣,保持皮肤清洁干燥。

(2) 流行期,多饮清凉饮料及防暑降温食品。

(3) 幼儿园、托儿所在夏秋季应对儿童作定期检查,做到早发现、早隔离、早治疗,患儿用品要进行消毒处理。

(4) 患处避免搔抓,禁止水洗,以免病情加重。

第六节　癣

癣是发生在表皮、毛发、指(趾)甲的浅部真菌皮肤病。本病因发生部位不同名称各异。中医文献中根据其发生部位、皮损差异而有不同的名称,如生于头部的白癣称为白秃疮,黄癣称为肥疮;手癣称为鹅掌风;足癣称为脚湿气;体癣称为圆癣;花斑癣称为紫白癜风。如《诸病源候论·白秃候》曰:"言白秃者……白痂甚痒,其上发并秃落不生,故谓之白秃。"《医宗金鉴·外科心法要诀》记载鹅掌风:"此证初起紫白斑点,叠起白皮,坚硬且厚,干枯燥裂,延及遍手。"《诸病源候论》曰:"圆癣之状,作圆文隐起,四畔赤,亦痒痛是也,其里亦生虫。"

【病因病机】

本病多因起居不慎,感受风湿热邪,郁于腠理,淫于皮肤而致。

1. 风湿毒聚　因外受风、热湿毒之邪,郁于腠理,淫于皮肤所致。

2. 湿热下注　久居湿地或感染湿毒,脾胃二经湿热下注而成。

3. 风盛血燥　郁热化燥,气血不和,肤失营养所致,则见皮肤肥厚、燥裂、瘙痒。

【临床表现】

本病为浅部真菌感染性疾病,病变部位在表皮、毛发及甲板,均具有传染性,一般以夏秋湿热季节多见。

1. 白癣　相当于中医学的白秃疮,以学前儿童多见,目前在临床上已较少见。基本损害为大小不一、圆形灰白色鳞屑性斑片。病发常距头皮 0.2～0.8 cm 处折断,发根外围白套状"菌鞘",愈后不留瘢痕,成人期可自愈(彩图 7-6)。

2. 黄癣　相当于中医学的肥疮,多见于农村儿童。基本损害为在炎性红斑上形成毛囊性丘疹、脓疱,干后形成黄癣痂,有特殊"鼠尿"味,愈后可遗留萎缩性瘢痕。病发长短不齐,易于拔除,常伴瘙痒,病程呈慢性进行性而无自愈倾向。可导致永久性脱发(彩图 7-7)。

3. 手癣　相当于中医学的鹅掌风。以成年人多见,男女老幼均可染病。多数为单侧发病,也可波及双手。夏天起水疱病情加重,冬天则皲裂疼痛明显。可反复发作(彩图 7-8)。

皮疹特点是:初起为掌心或指缝水疱或掌部皮肤角化脱屑、水疱,水疱多透明如晶,散在或簇集,瘙痒难忍。水疱破后干涸,叠起白屑,中心向愈,四周继发疱疹,并可延及手背、腕部。若反复发作后。致手掌皮肤肥厚,枯槁干裂,疼痛,屈伸不利,宛如鹅掌。

4. 足癣　相当于中医学的脚湿气,主要发生在趾缝,也见于足底。以皮下水疱,趾间浸渍糜烂,

笔记栏

渗流滋水，角化过度。脱屑、瘙痒等为特征。临床可分为水疱型、脱屑型、糜烂型。

(1) 水疱型：皮损好发于足弓及趾腹面，常为针头大小水疱，伴有瘙痒，疱破后可见鲜红色糜烂面(彩图7-9)。

(2) 脱屑型：发生于足底及足侧缘，以角化过度、大小不一片状脱屑为主，有一定边界，自觉症状不明显。

(3) 糜烂型：主要发生于趾间皮肤，表现为表皮浸渍，呈乳白色，搓去白皮，可露出红色糜烂面，重者伴疼痛感。此型往往易并发感染，引起小腿丹毒、红丝疔而伴见形寒发热等全身症状。

5. 体癣　相当于中医学的圆癣。发于股胯、外阴等处者，称阴癣(股癣)(彩图7-10)。

体癣的皮损特征为环形或多环形、边界清楚、中心消退、外围扩张的斑块。斑块一般为钱币大或更大，多发时可相互融合形成连环形。若发于腰间，常沿扎裤带处皮肤多汗潮湿处传播，形成带形。阴癣发病部位为出汗、潮湿、易受摩擦，故痒感明显，皮损特征与圆癣基本相同。自觉瘙痒，搔抓日久皮肤可呈苔藓样变，病情多在夏季发作或扩大，入冬痊愈或减轻。

6. 甲癣　相当于中医学的灰指(趾)甲，临床以中老年患者多见，常由于手、足癣迁延而致。起病时大多为单个指(趾)甲，逐步累及他甲，患甲表现不一，甲板变混浊，或呈白色，增厚，凹凸不平，脆裂，毁行或萎缩等，有些灰甲常伴甲沟炎，红肿疼痛(彩图7-11)。

7. 花斑癣　相当于中医学的紫白癜风，俗称"汗斑"。本病常发于多汗体质青年，可在家庭中互相传染。

皮损发生于颈项、躯干，尤其是多汗部位以及四肢近心端，为大小不一、边界清楚的圆形或不规则的无炎症性斑块，色淡褐、灰褐至深褐色，或轻度色素减退，或附少许糠秕状细鳞屑，常融合成片。有轻微痒感，常夏发冬愈，复发率高(彩图7-12)。

【诊断】

(一) 诊断要点

1. 白癣

(1) 多见于学龄儿童。

(2) 头皮有圆形或不规则的覆盖灰白色鳞屑的斑片，病损区毛发干枯无泽，常在距头皮0.2～0.8 cm处折断而呈参差不齐，病发根部包绕有白色鳞屑形成的菌鞘，愈后不留疤痕，脱发可再生。

(3) 自觉瘙痒。

2. 黄癣

(1) 多见于农村，好发于儿童。

(2) 初为头皮上红色丘疹或脓疱，干后结蜡黄痂，痂呈蝶形，中贯毛发，除去痂皮，其下为鲜红湿润的糜烂面，有特殊的鼠尿臭，愈后不留疤痕，脱发可再生。

(3) 自觉瘙痒。

3. 手癣

(1) 男女老幼均可染病，以成人多见。

(2) 多数为单侧发病。多发于掌心或指缝，皮下小水疱，破后脱皮，中心自愈，四周续起；发于指间者，斑片潮红，边界清楚，糜烂湿润时有流滋，白皮翘起；发于手掌皮肤肥厚，粗糙鳞屑。

(3) 自觉瘙痒，反复发作。

4. 足癣

(1) 多发于成人，夏秋病重、冬春病减。

(2) 主要发生在趾缝，也见于足底，以皮下水疱，趾间浸渍糜烂，渗流滋水，角化过度，脱屑为特征。

(3) 自觉瘙痒。水疱型、糜烂型常因抓破而继发感染，形成小腿丹毒、红丝疔等。

5. 体癣

(1) 多发于夏季，以青少年男性多见。好发于面部、躯干四肢近端，阴癣则发于股胯、外阴等处。

笔记栏

(2) 皮损初为水疱，后形成钱币状红斑上覆以细薄鳞屑，边界清楚，中心有自愈倾向。阴癣皮损同圆癣。

(3) 自觉瘙痒。

6. 甲癣

(1) 发于指(趾)甲。

(2) 甲板出现高低不平，逐渐增厚或蛀空，甲板变形，失去光泽而呈灰白或淡黄色。

(3) 一般无自觉症状。

7. 花斑癣

(1) 夏发冬愈，好发于多汗体质的青年。常见于颈项、躯干，尤以多汗部及四肢近心端为多。

(2) 皮损为大小不一，边界清楚的圆形或不规则的斑、淡褐、灰褐至深褐色，或轻度色素减退，上覆以少许糠秕状细鳞屑，有轻微痒感，镜检可见糠秕孢子菌。

(二) 辅助检查

1. 真菌直接镜检　将取得的病变部鳞屑或分泌物，用氢氧化钾涂片镜检。结果阳性表示真菌感染，诊断成立。但镜检仅能确定菌丝和孢子的有无，阳性表示真菌存在，但是一次阴性不能完全否定诊断。

2. 真菌培养　可将取得的病变部鳞屑或分泌物作鉴定菌种的培养。深部真菌病需作病变组织的病理学检查。

3. 伍德(Wood)灯检查　在暗室中用 Wood 灯直接照射皮损处，根据荧光颜色进行判断。

【鉴别诊断】

1. 银屑病　全身其他部位有类似皮损，皮损主要为丘疹，上覆银白色鳞屑，刮除银白色鳞屑可见点状出血，头发呈束状，无断发。

2. 湿疹　皮损呈对称性、多形性，边界不清，瘙痒明显，常反复发作，真菌镜检为阴性。

【治疗】

以杀虫止痒为主要治法，必须彻底治疗。以药物外治为主，若皮损广泛，自觉症状较重，或抓破染毒者，则宜内治、外治相结合。抗真菌西药治疗有一定优势。

(一) 内治法

1. 风湿毒聚证

证候　头癣、手足癣，症见皮损泛发，蔓延浸淫，或大部分头皮毛发受累，黄痂堆积，毛发脱而头秃；或手如鹅掌，皮肤粗糙，或皮下水疱；或趾丫糜烂、浸渍剧痒。舌质淡，苔薄白，脉濡。

治法　祛风除湿，杀虫止痒。

主方　消风散(《外科正宗》)加减。

成药　消风止痒颗粒，每服 6 g，每日 3 次。

2. 湿热下注证

证候　脚湿气伴抓破染毒，足丫糜烂，渗流臭水或化脓，肿连足背，或见红丝上窜，胯下臖核肿痛；甚或形寒高热。舌红，苔黄腻，脉滑数。

治法　清热化湿，解毒消肿。

主方　湿重于热者用萆薢渗湿汤(《疡科心得集》)，湿热兼瘀者用五神汤(《辨证录》)，湿热并重者用龙胆泻肝汤(《医方集解》)。

成药　龙胆泻肝丸，每服 6 g，每日 2 次；或肤痒冲剂，每服 4～8 g，每日 2 次。

3. 风盛血燥证

证候　白秃疮、鹅掌风，症见皮损广泛，头部白屑斑驳。断发、脱发，或手如鹅掌，粗糙开裂，瘙痒难忍或疼痛，手部屈伸不利。舌苔薄白或白腻，脉细。

治法　疏风止痒，养血润肤。

笔记栏

主方　消风散(《外科正宗》)合四物汤(《太平惠民和剂局方》)加减。

成药　润燥止痒胶囊,每服4粒,每日3次。

(二) 外治法

1. 头癣　头癣小片病灶者,可采取拔发疗法。其方法是剪短病区头发,涂以雄黄膏或硫黄膏,薄膜盖上,包扎或帽子固定,每日换药1次,连续1周后病发较松动,即可用镊子将其拔掉。应争取在3天内将病发拔完。拔发后继续外涂雄黄膏或硫黄膏,连续2～3周。

2. 手足癣

(1) 水疱型:选用1号癣药水、2号癣药水及复方土槿皮酊外搽;二矾汤熏洗或鹅掌风浸泡方或藿黄浸剂(藿香30 g,黄精、大黄、皂矾各12 g,醋1 kg)浸泡。

(2) 糜烂型:可用1∶1 500高锰酸钾溶液、3%硼酸溶液、二矾汤、苦参汤或半边莲60 g煎汤待温,浸泡15分钟,续用青黛散外扑。

(3) 脱屑型:可选用雄黄膏、硫黄膏、疯油膏、铍宝消炎癣湿药膏外搽,每日3次。或外加用油纸包扎,每晚1次。

3. 甲癣　每日用小刀刮除病甲变脆部分,后搽2号癣药水或30%冰醋酸浸涂。或用鹅掌风浸泡方浸泡,白凤仙花捣烂敷病甲上,或采用拔甲方法。

4. 体癣　可选用1号癣药水、2号癣药水及复方土槿皮酊等外搽;若皮损有糜烂痒痛者,宜选用青黛膏外涂。阴癣不宜用高浓度、刺激性强的复方土槿皮酊等外用药,可用二矾汤、苦参汤熏洗,外涂铍宝消炎癣湿药膏。

5. 花斑癣　选用密陀僧散、2号癣药水,或1%土槿皮酊外搽,每天2～3次。治愈后,继续用药1～2周,以预防复发。

(三) 其他疗法

(1) 对泛发性体、股癣,手足癣或花斑癣,均可服用抗真菌药物,如伊曲康唑、特比萘芬、氟康唑等。同时可选水杨酸苯甲酸酊、复方间苯二酚搽剂、10%冰醋酸溶液、1%～2%咪唑类霜剂或溶液、1%特比萘芬软膏等外用。

(2) 头癣则予以洗头,拔除病发,涂药及内服灰黄霉素(成人每次250 mg,每日2次;儿童10～15 mg/(kg·d)。1个疗程3～4周)或特比萘芬等治疗相结合为佳。手足癣皮肤干燥甚至皲裂者,用软膏剂,局部封包疗效更好。花斑癣皮损面积广泛者,内服伊曲康唑至真菌培养阴性后改为每月服1次,每次0.2 g,以防止复发;外用可选5%～10%硫黄软膏、50%丙二醇及丙烯胺类霜剂或溶液。

【预防与护理】

(1) 重视个人卫生,不用他人毛巾、脚盆,不共穿拖鞋,对公共场所要加强宣传教育和卫生管理。

(2) 同住者或患者家属如有癣病,应同时进行治疗。

(3) 要针对不同癣病传染途径做好消毒灭菌工作。

(4) 早发现,早治疗,坚持治疗,巩固疗效。对患癣病的动物也要及时处理,以消除传染源。

第七节　疥　　疮

疥疮是由疥螨寄生皮肤引起剧痒的传染性皮肤病。其特点是夜间剧痒,在皮损处有灰白色、浅黑色或普通皮色的隧道,可找到疥虫。中医文献称虫疥、癞疥、干疤疥等。继发感染者,称脓窝疥。《诸病源候论·疥候》曰:"疥者……多生于手足,乃至遍体。大疥者,作疮有浓汁,焮赤痒痛是也……湿疥者,小疥皮薄,常有汁出,并皆有虫,人往往以针头挑得,状如水内瘸虫";"瘑疮者……多着于手足间,遂相对如新生茱萸子,痛痒抓搔成疮,黄汁出";《外科大成·疥疮论》曰:"夫疥者……潜隐皮肤,辗转攻行,发痒钻刺。"

笔记栏

【病因病机】

起居不慎，接触疥虫，侵袭皮肤，传染而致，一人患病，殃及家属或共同居住的人，虫郁于肤，气血失和，风湿热蕴结，外泛肌肤而成。

疥螨生活史

现代医学认为本病由疥螨寄生皮肤引起。

【临床表现】

疥疮好发于冬春季节，传染性极强，具有同宿者及家庭中流行倾向。

皮疹好发于指间、腕屈面、腋窝、乳房下、脐周、小腹、腹股沟及生殖器等皮肤薄嫩和皱褶部位。皮疹主要呈针头大小红色小丘疹、丘疱疹、小水疱、隧道、结节和结痂，散在分布。有时在丘疱疹近侧可看见 0.5 cm 左右的线状隧道。多伴剧烈瘙痒，以夜间明显。搔抓后可致抓痕、血痂和继发感染，病程迁延则可致湿疹样皮炎，甚则并发肾炎。男性患者病程长者可伴发阴囊或外生殖器部位疥疮结节（彩图 7-13）。

【诊断】

（一）诊断要点

(1) 好发于冬春季节，有接触传染史。

(2) 好发于皮肤薄嫩和皱褶处，如指间、腕屈面、腋窝、乳房下、脐周、小腹、腹股沟及生殖器等。

(3) 皮损主要为针尖大小红色小丘疹、丘疱疹、小水疱、隧道、结节、结痂。

(4) 常有夜间剧痒。

（二）辅助检查

刮取皮损部位，阳性标本可找到疥螨或椭圆形、淡黄色的薄壳虫卵。

【鉴别诊断】

1. 丘疹性荨麻疹　皮损为散在性、纺锤形小丘疹、丘疱疹及水疱，搔抓后可形成小风团，风团消失后仍为小丘疹；患者多为过敏体质，常伴有胃肠道功能紊乱及扁桃体肿大；易复发；常有蚊虫叮咬史。

2. 湿疹　为红斑、水疱、丘疹等多形性皮损；无一定好发部位；无传染。

3. 虱病　指缝无皮损，皮损主要为继发性抓伤，以腋窝、腰围、阴部等处以及与衣缝皱褶接触部位多见；可找到虱及虫卵。

4. 寻常痒疹　好发于四肢伸侧；丘疹较大；多数儿童开始发病，病程缓慢，秋冬季加重；常并发腹股沟淋巴结肿大。

5. 皮肤瘙痒症　自觉皮肤瘙痒，而无原发性皮疹，可继发抓痕，血痂、苔藓样变；发无定处，指缝少见；发病常与情绪波动、内脏疾病、更年期有关；无集体发病之特点。

【治疗】

以杀虫止痒为主要治法。必须隔离治疗，以药物外治为主，若皮损泛发全身，瘙痒难忍可内服祛风止痒剂或抗组胺药。

疥疮诊治

（一）内治法

本病一般不需内服药治疗，若有湿毒蕴肤证候，可照下辨治。

证候　皮损以水疱为多，丘疱疹泛发，壁薄液多，破流滋水，浸淫糜烂，或脓疱多，或起红丝走窜，臀核肿痛。舌红，苔黄腻，脉滑数。

治法　清热化湿，解毒杀虫。

主方　黄连解毒汤（《外台秘要》）加减。

成药　湿毒清胶囊，每服 4 粒，每日 3 次。

（二）外治法

笔记栏

治疗原则以杀虫为主，硫黄制剂治疗有显著疗效。目前临床常用浓度 5%～20%的硫黄软膏，小儿用 5%～10%、成人用 10%～15%的浓度，若患病时间长，可用 20%的浓度，但浓度不宜过高，否则易产生皮炎。

涂药方法：先以花椒 9 g、地肤子 30 g 煎汤外洗，或用温水肥皂洗涤全身后，再擦药。一般先擦好发部位，再涂全身。每天早、晚各涂 1 次，连续 3 天，第 4 日洗澡，换洗衣被，此为 1 个疗程。一般治1～2 个疗程。因为疥虫卵在产生后 1 周左右才能发育为成虫，停药后观察 1 周左右，如无新皮损出现，即为痊愈。

（三）其他疗法

疗程结束后彻底沐浴，换下的衣服、被褥煮沸消毒。阴囊或外生殖器部位之疥疮结节可予外用糖皮质激素制剂。

【预防与护理】

(1) 加强卫生宣传及监督管理，对公共浴室、旅馆、车船上的衣被应定期严格消毒。

(2) 注意个人卫生。

(3) 接触疥疮患者后，用肥皂水洗手。患者所用衣服、被褥、毛巾等均需消毒。

(4) 彻底消灭传染源，注意消毒隔离。

(5) 发病期间忌食辛燥鱼腥发物。

第八节　虫咬皮炎

虫咬皮炎是指人体被虫类叮咬，接触其毒液或虫体的粉毛而引起的皮炎。较常见的害虫有蚊、螨虫、蠓虫、刺毛虫、隐翅虫、臭虫、跳蚤、蜂等。本病多见于夏秋季节。其特点是皮肤呈丘疹样风团，上有针尖大小的瘀点、丘疹或水疱，呈散在性分布。属中医学"虫毒病"范畴。《外科正宗》云："恶虫乃各禀阴阳毒种而生。见之者勿触其恶，且如蜈蚣用钳，蝎蜂用尾，恶蛇以舌螫人，自出有意附毒害人，必自知其恶也。凡有所伤，各寻类而推治。"

【病因病机】

人体皮肤被昆虫叮咬，接触其毒液，或接触虫体的有毒毛刺，邪毒侵入肌肤，与气血相搏；或禀性不耐，过敏而成本病。

现代医学认为本病为昆虫将口器刺入皮肤吸血，或将毒汁注入人体，引起皮肤过敏和炎症反应。

【临床表现】

本病多见于昆虫孳生的夏秋季节，好发于暴露部位。尤以小儿及青少年多见。起病突然，常可追问到昆虫叮咬病史，或有在昆虫生活环境中暴露接触史。皮损以丘疹、风团或瘀点为多见，亦可出现红斑、丘疱疹或水疱，皮损中央常可见有刺吮点，散在分布或数个成群。由于搔抓而水疱破裂，引起糜烂，有的可继发感染，或局部臖核肿大。多伴有剧烈瘙痒、灼热或刺痛感。一般无全身不适，严重者有畏寒发热、头痛、恶心、胸闷、呼吸困难等全身中毒症状。一般 4～5 天可逐渐消退，也可因搔抓而致继发感染或糜烂、渗液、结痂等湿疹样变化。临床上因虫类不同，其表现也有差异。

1. 蠓虫皮炎　叮咬后局部出现瘀点和黄豆大小的风团，奇痒，个别发生水疱。

2. 螨虫皮炎　粟米至黄豆大小的红色丘疱疹，或为紫红色的肿块或风团，有时可见虫咬的痕迹。

3. 隐翅虫皮炎　皮损多呈线状或条索状红肿，上有密集的丘疹、水疱或脓疱，自觉灼热、疼痛(彩图 7－14)。

4. 桑毛虫皮炎　皮损为绿豆至黄豆大小的红色斑丘疹、丘疱疹或风团，剧痒。

5. 松毛虫皮炎　皮损为斑疹、风团，间有丘疹、水疱、脓疱、皮下结节等，可伴有关节红肿疼痛，甚至化脓，但脓液培养无细菌生长。

6. 蜂蜇伤　刺蜇处有明显的灼痛、瘙痒，皮损为小出血点、瘀点、红肿、风团，严重时可出现休克

笔记栏

中毒全身症状。

【诊断】

诊断要点

(1) 本病多见于昆虫孳生的夏秋季节，好发于暴露部位。尤以小儿及青少年多见。

(2) 皮损以丘疹、风团或瘀点为多见，亦可出现红斑、丘疱疹或水疱，皮损中央常可见有刺吮点，散在分布或数个成群。由于搔抓而水疱破裂，引起糜烂，有的可继发感染，或局部臖核肿大。

(3) 多伴有剧烈瘙痒、灼热或刺痛感。一般无全身不适，严重者有畏寒发热、头痛、恶心、胸闷、呼吸困难等全身中毒症状。

(4) 不同的虫类，可以根据不同的临床表现进行诊断。

【治疗】

虫咬皮炎系因由虫咬或接触其毒毛、毒液而引起。轻症可单用中药外治，重症患者应采用中西医结合，内外治并举，综合治疗方法，以迅速控制病情，治疗中应注意，根据不同的昆虫种类，采用不同的治疗方法，以加强疗效。

(一) 内治法

热毒蕴盛证

证候　皮疹较多，成片红肿，水疱较大，瘀斑明显，皮疹附近臖核肿大；伴畏寒，发热，头痛，恶心，胸闷。舌红，苔黄或腻，脉弦数。

治法　清热解毒，消肿止痒。

主方　五味消毒饮(《医宗金鉴》)合黄连解毒汤(《外台秘要》)加减。

成药　季德胜蛇药片，每服4～10片，每日2～3次。

(二) 外治法

(1) 初起红斑、丘疹、风团等皮损，可选用清凉油、驱风油、1%薄荷三黄洗剂(即三黄洗剂加薄荷脑1 g)外搽。

(2) 病发毛发处者，剃毛后外搽50%百部酊杀虫止痒。

(3) 感染邪毒，水疱破后糜烂红肿者，可用马齿苋煎汤湿敷，再用青黛散油剂涂搽；或外用颠倒散洗剂外搽。

(4) 松毛虫、桑毛虫皮炎可用橡皮膏粘去毛刺，外涂5%碘酊。

(5) 蜂螫皮炎应先拔去毒刺，火罐吸出毒汁，用紫金锭磨水外涂，或用季德蛇药片磨粉外涂。

(三) 其他疗法

(1) 外涂炉甘石洗剂止痒。隐翅虫皮炎外用肥皂水或1∶(5 000～8 000)高锰酸钾溶液湿敷，再涂1∶10聚维酮碘溶液。

(2) 可选抗组胺类药物止痒，糖皮质激素抗炎。

【预防与护理】

(1) 保持环境清洁卫生，消灭害虫。衣服、被褥应勤洗勤晒，防虫藏身。

(2) 儿童在户外玩耍，要涂抹防虫叮咬药物。

(3) 发病期间忌海鲜鱼腥等发物，多饮水，多吃蔬菜、水果，保持大便通畅。

第九节　接触性皮炎

笔记栏

接触性皮炎是一种因皮肤或黏膜接触某些物质后所引起的炎症。其特点是：发病前均有致敏物接触史。中医文献根据接触物质不同及其引起的症状特点而有不同的名称，如因接触漆引起者，称漆疮；因贴膏药引起者，称膏药风；因接触马桶所引起者，称马桶癣。《诸病源候论·漆疮候》云:"漆有毒,人有禀性畏漆,但见漆便中其毒,喜面痒,然后胸臂胫皆悉瘙痒,面为起肿。"《外科启玄》云:"凡人感生漆之毒气,则令浑身上下俱肿,起疮如痱子,如火刺,刺而痛,皮肤燥裂。"

【病因病机】

由于患者禀赋不耐,皮肤腠理不密,接触某些物质,例如漆、药物、塑料、橡胶制品、染料和某些植物的花粉、叶、茎等,使毒邪侵入皮肤,蕴郁化热,邪热与气血相搏而发病。

1. 风热蕴肤　禀赋不耐,腠理疏松,风湿热邪侵袭,蕴郁化热,相搏而发。

2. 湿热毒蕴　禀赋不耐,腠理疏松,接触某些物质,毒邪侵入皮肤,与气血相搏,气血失和,邪郁化热,外泛肌肤而成。

3. 血虚风燥　病久耗伤营血,阴血亏虚,生风化燥,肌肤失养而成。

现代医学认为引起接触性皮炎的病机有两种:

1. 原发性刺激　接触的物质本身具有强烈的刺激性或毒性。

2. 变态反应　由敏感个体接触变应原引起的接触性皮炎,属迟发型变态反应。

【临床表现】

发病前常有明确的外界物质接触史。具有一定的潜伏期:初起发病为4～20天不等,平均为5～7天,若重复致敏,即再次接触致敏物常在24小时内诱发。若为原发性刺激引起的则潜伏期长短不一,主要由刺激物的刺激性强弱而定。皮疹范围大多局限于接触部位。皮损边缘较清楚,与致敏物形态相仿,皮损较一致,反应程度可不一致,从红斑、丘疹、疱疹直至大疱、溃疡等。反复发作者可呈苔藓样变。多伴有瘙痒、灼热感,严重可伴低热等全身症状。停止接触致敏物,皮疹常在短期内获愈,一般病程为1～2周(彩图7-15)。

【诊断】

(一) 诊断要点

(1) 发病前有明显的接触史。除强酸、强碱等强烈刺激物外,一般都有一定的潜伏期。

(2) 好发于接触、暴露部位。

(3) 皮损一般为红斑、肿胀、丘疹、水疱或大疱、糜烂,渗出等,少数可引起坏死或溃疡、皮肤局限性水肿,皮损多局限于接触部位,边界清楚,大小形状与刺激物大抵一致。

(4) 自觉灼热、瘙痒。一般无全身症状。

(二) 辅助检查

皮肤斑贴试验:将可疑致敏物用适当溶剂配制成一定比例的浓度做斑贴试验,若阳性,则提示患者对被试物过敏。皮肤斑贴试验是诊断接触性皮炎的最可靠和最简单的方法,但不宜在急性期进行,避免加重病情。

【鉴别诊断】

1. 急性湿疹　无明显接触史。皮损为多形性、对称性,部位不定,边界不清,病程较长,易转变为慢性。

2. 颜面丹毒　无接触史。皮损以水肿性红斑为主,色如丹涂脂染,自觉灼热、疼痛,无痒感,全身症状明显。

【治疗】

接触性皮炎是一种因接触刺激物或致敏物而引起的皮炎。故在治疗时应首先寻找原因,脱离接触,并积极对症处理。中医内治多选用凉血化斑药,佐以解毒利湿,临床疗效较佳。渗出明显者可选用中药或西药湿敷治疗;少量渗出可选用糊剂、霜剂外搽;慢性期苔藓化明显可选用中药酊剂或激素软膏外用;继发感染者可选用抗生素的外用制剂。

笔记栏

(一) 内治法

1. 风热蕴肤证

证候　起病较急,好发于头面部,皮损色红,肿胀轻,其上为红斑或丘疹,自觉瘙痒,灼热,心烦,口干,小便微黄。舌红,苔薄白或薄黄,脉浮数。

治法　疏风清热止痒。

主方　消风散(《外科正宗》)加减。

成药　皮敏消胶囊,每服4粒,每日3次。

2. 湿热毒蕴证

证候　起病急骤,皮损面积较广泛,其色鲜红肿胀,上有水疱或大疱,水疱破后则糜烂渗液,自觉灼热瘙痒;伴发热,口渴,大便干,小便短黄。舌红,苔黄,脉弦滑数。

治法　清热祛湿,凉血解毒。

主方　龙胆泻肝汤(《医方集解》)合化斑解毒汤(《医宗金鉴》)加减。

成药　龙胆泻肝丸,每服6 g,每日2次。

3. 血虚风燥证

证候　病程长,病情反复发作,皮损肥厚干燥有鳞屑,或呈苔藓样变,瘙痒剧烈,有抓痕及结痂。舌淡红,苔薄,脉弦细。

治法　养血润燥,祛风止痒。

主方　当归饮子(《重订严氏济生方》)加减。

成药　润燥止痒胶囊,每服4粒,每日3次。

(二)外治法

(1) 以潮红、丘疹为主者,选用三黄洗剂、青黛散、樟脑、薄荷等外用。

(2) 伴大量渗出、糜烂,选用绿茶、马齿苋、黄柏等组方煎水外洗,或用黄柏溶液、硼酸溶液等湿敷,漆疮可用鬼箭羽、冬桑叶、杉木刨花煎水外洗。

(3) 糜烂结痂者,选用青黛膏、5%～10%硫黄膏等外搽。

(4) 皮肤肥厚粗糙、有鳞屑,或苔藓样变者,选用软膏或霜剂,如黑豆馏油、皮质激素类软膏。

(三)其他疗法

一般用抗组胺药内服,严重者可短期使用糖皮质激素,有伴发感染可使用抗生素。

【预防与护理】

(1) 明确病因,避免继续接触,与职业有关者,加强劳动防护。

(2) 多饮开水,吃易消化的食品,忌食鱼腥发物、刺激性食品。

(3) 病灶部禁止用热水、肥皂水烫洗,避免搔抓,禁用刺激性强的外用药物。

第十节　湿　　疹

湿疹是一种由多种内外因素引起的具有明显渗出倾向的皮肤炎症性疾病。其特点是皮损对称分布,多形损害,剧烈瘙痒,有渗出倾向,反复发作,易形成慢性等。临床上急性期皮损以丘疱疹为主,有渗出倾向,慢性期以苔藓样变为主,病情易反复发作。因其发生部位或皮损特点不同,中医文献有浸淫疮、旋耳疮、病疮、肾囊风、脐疮、乳头风等不同病名,一般统称为湿疮。《备急千金要方》云:"浅搔之曼延长不止,搔痒者,初如疥,搔之转生汁相连是也";《诸病源候论·浸淫疮候》:"浸淫疮,是心家有风热,发于肌肤。初生甚小,先痒后痛而成疮。汁出浸溃肌肉,浸淫渐阔乃遍体,其疮若从口出,流散四肢则轻。"

【病因病机】

由于禀赋不耐,饮食失节,又兼外受风邪,内外两邪相搏,风湿热邪浸淫肌肤所致。

1. 湿热浸淫　急性者以湿热为主。因禀赋不耐,脾胃失司,内有胎火湿热,外受风湿热邪,蕴阻肌肤而成,或风湿热邪侵袭,营卫失和,气机受阻,湿热蕴结,浸淫肌肤所致。

笔记栏

2. 脾虚湿蕴　亚急性者多与脾虚湿恋有关。饮食失节,伤及脾胃,脾失健运,湿热内生,留恋于内不得疏泄,外泛肌肤而成。

3. 血虚风燥　慢性者则多病久耗伤阴血,血虚风燥,乃致肌肤甲错。

现代医学认为本病的病因复杂,其发生与过敏体质,外来的各种物理、机械、化学、药物及羊毛羽绒等刺激,以及精神紧张、过度劳累、感染病灶、内分泌失调、代谢障碍、饮食鱼虾海鲜或牛羊肉等发物等,均可引起本病。

【临床表现】

1. 急性湿疹

(1) 急性发病,可发于体表任何部位,但以头面、耳后、手足、阴囊、女阴、肛周为多。

(2) 皮损为多形性,可见潮红、丘疹、丘疱疹、水疱、糜烂、流滋、结痂等。皮损边界欠清,多对称分布(彩图7-16)。

(3) 自觉灼热、瘙痒剧烈。

2. 亚急性湿疹

(1) 常由急性湿疹未能及时治疗或处理不当,致病程迁延所致。

(2) 皮损较急性湿疹轻,以丘疹、结痂、鳞屑为主,仅有少量水疱及轻度糜烂。

(3) 自觉剧烈瘙痒。

3. 慢性湿疹

(1) 由急性和亚急性湿疹处理不当,长期不愈,或反复发作而成,也可一开始即呈慢性湿疹。

(2) 皮损多局限于某一部位,如小腿、手足、肘窝、膝窝、外阴、肛门等处。

(3) 皮损表现为皮肤肥厚粗糙,色暗红或紫褐色,皮纹显著或呈苔藓样变,表面常附有鳞屑,伴抓痕、血痂、色素沉着。发生于手足、关节部位者,常易出现皲裂,自觉疼痛(彩图7-17)。

(4) 自觉阵发性瘙痒。

(5) 病程较长,可延至数月至数年。

4. 特定部位的湿疹　有些湿疹容易发生在特定的部位,呈现特定的形状。如耳部湿疹、头部湿疹、面部湿疹、乳房湿疹、脐部湿疹、手部湿疹、阴囊湿疹、小腿湿疹、钱币状湿疹。

【诊断】

(一) 诊断要点

1. 急性湿疹　皮疹以红斑、丘疹、斑丘疹、小水疱为主,界限不清,对称分布,剧烈瘙痒,抓之糜烂、渗液。

2. 亚急性湿疹　皮损以小丘疹、鳞屑、结痂为主,仅有少数丘疱疹、小水疱及糜烂。

3. 慢性湿疹　皮损增厚、浸润、苔藓样变,境界清楚。

4. 特殊类型湿疹　尚可据不同部位皮损的不同表现进行诊断。

(1) 手部湿疹:疹发手部,多于接触洗涤剂而加重。

(2) 乳房湿疹:疹发乳房,多见于哺乳期妇女。

(3) 外阴、阴囊和肛门湿疹:疹发阴部、肛门,瘙痒剧烈,长期反复则苔藓样变。

(4) 钱币状湿疹:疹如钱币圆形,好发于四肢。长期则苔藓样变。

(二) 辅助检查

可通过做皮肤斑贴试验、点刺实验、血液过敏原检查,以寻找致敏原。

【鉴别诊断】

1. 接触性皮炎　与急性湿疹相鉴别。本病有明确的接触史;常见于暴露或接触部位;皮损以红斑、水疱、大疱为主,边界清楚;去除病因很容易痊愈。

2. 神经性皮炎　与慢性湿疹相鉴别。本病好发于颈项、肘、尾骶部,皮损分布常不对称,有典型的苔藓样变,皮损倾向干燥,无多形性损害。

笔记栏

【治疗】

以清热利湿止痒为主要治法。急性者以清热利湿为主;慢性者以养血润肤为主。

（一）内治法

1. 湿热浸淫证

证候　发病时间短，皮损面积大，色红灼热，丘疱疹密集，瘙痒剧烈，抓破滋水淋漓，浸淫成片；伴胸闷纳呆，身热不扬，腹胀便溏，小便黄。舌红，苔黄腻，脉滑数。

治法　清热利湿，解毒止痒。

主方　龙胆泻肝汤(《医方集解》)合五味消毒饮(《医宗金鉴》)加减。

成药　龙胆泻肝丸，每服 6 g，每日 2 次。或四妙丸，每服 6 g，每日 2 次。

2. 脾虚湿蕴证

证候　发病较缓，皮损潮红，有丘疹，瘙痒，抓后糜烂渗出，可见鳞屑；伴纳少，腹胀便溏，易疲乏。舌淡胖，苔白腻，脉弦缓。

治法　健脾利湿止痒。

主方　除湿胃苓汤(《医宗金鉴》)加减。

成药　参苓白术丸，每服 6 g，每日 2 次。

3. 血虚风燥证

证候　病程长久，反复发作，皮损色暗或色素沉着，或皮损粗糙肥厚，剧痒难忍，遇热或肥皂水后瘙痒加重；伴有口干不欲饮，纳差，腹胀。舌淡，苔白，脉弦细。

治法　养血润肤，祛风止痒。

主方　当归饮子(《重订严氏济生方》)或四物消风饮(《医宗金鉴》)加减。

成药　润燥止痒胶囊，每服 4 粒，每日 3 次。

（二）外治法

1. 急性湿疹　初起仅有潮红、丘疹，或少数水疱而无渗液时，治宜清热安抚，避免刺激，可选用清热止痒的中药如苦参、黄柏、地肤子、防风等煎汤温洗，或用炉甘石洗剂外搽。若水疱破溃糜烂、渗出明显时，外治宜收敛、消炎，可选用黄柏、生地榆、马齿苋、野菊花等煎汤，或 10%黄柏溶液冷敷，再用青黛散麻油调搽。

后期滋水减少时，外治宜保护皮损，避免刺激，促进角质新生，清除残余炎症，可选黄连膏、青黛膏外搽。

2. 亚急性湿疹　治宜消炎、止痒、燥湿、收敛，可选用三黄洗剂、3%黑豆馏油、2%冰片、5%黑豆馏油软膏外搽。

3. 慢性湿疹　治以止痒、抑制表皮细胞增生、促进真皮炎症浸润吸收为主，可选用各种软膏剂、乳剂，根据瘙痒及皮肤肥厚程度加入不同浓度的止痒剂、角质促成和溶解剂，可外搽黑豆馏油软膏、青黛膏、5%硫黄膏，肥厚明显者可用封包疗法。

（三）其他疗法

1. 内服药　以抗炎、止痒为目的，选用抗组胺药、镇静剂。如氯苯那敏、苯海拉明、多塞平、酮替芬、阿司咪唑、氯雷他定、西替利嗪、咪唑斯汀等，可选其中 1～2 种药应用。急性期可选用钙剂、维生素 C、硫代硫酸钠等静脉给药，或用普鲁卡因静脉封闭疗法。合并感染者，加用抗生素。

2. 外用药　急性期无渗液者用氧化锌油，渗出多者用 3%硼酸溶液湿敷，当渗出减少时，可用糖皮质激素霜剂。可与油剂交替使用。亚急性期用糖皮质激素乳剂、糊剂。慢性期选用软膏、硬膏、涂膜剂。对顽固局限肥厚性损害可用糖皮质激素作局部皮内注射，每周 1 次。4～6 次为 1 个疗程。

【预防与护理】

(1) 急性湿疹忌用热水烫洗，忌用肥皂等刺激物洗患处。

(2) 湿疹患者应避免搔抓，以防感染。着棉质衣物，减少刺激。

(3) 湿疹患者应忌食辛辣、鱼、虾、鸡、鹅、牛、羊肉等发物，亦应忌食香菜、韭菜、芹菜、姜、葱、蒜等辛香之品。

笔记栏

(4) 急性湿疹或慢性湿疹急性发作期间，应暂缓预防注射各种疫苗和接种牛痘。

附

婴儿湿疹

婴儿湿疹是发生在婴儿头面部的一种急性或亚急性湿疹，是发于1～2岁婴儿的过敏性皮肤病。其特点是好发于头部，重者可延及躯干和四肢，患儿常有家族过敏史，多见于人工哺育的婴儿。中医文献称“奶癣”、“胎敛疮”。

【病因病机】

1. 胎火炽盛　由于禀性不耐，脾胃运化失职，内有胎火湿热，外受风湿热邪，两者蕴阻肌肤而成。

2. 脾虚湿蕴　由于禀性不耐，脾失健运，湿热内生，留恋于内不得疏泄，外泛肌肤而成。

现代医学有关婴儿湿疹病因尚不完全清楚，目前不少学者认为，本病是婴儿期特应性皮炎的表现，但也有学者认为两者之间存在某些差异。

【临床表现】

临床常根据发病年龄及皮损特点分为以下三型：

1. 脂溢型　多发于出生后1～2个月的婴儿。皮损在前额、面颊、眉周围，呈小片红斑上覆黄色鳞屑，颈部腋下腹股沟常有轻度糜烂。停乳后可痊愈。

2. 湿型(渗出型)　多发于饮食无度、消化不良、外形肥胖、3～6个月的婴儿。皮损有红斑、丘疹、水疱、糜烂、流滋。易继发感染而有发热、纳呆、吵闹、臀核肿大等症状。

3. 干型(干燥证)　多发于营养不良而瘦弱或皮肤干燥的1岁以上婴儿。皮损潮红、干燥、脱屑，或有丘疹和片状浸润，常反复发作，迁延难愈。

【诊断】

(一) 诊断要点

(1) 皮损好发于颜面。

(2) 皮损形态多样，分布大多对称。

(3) 病轻者仅有红的斑片，伴少量的丘疹、小水疱和小片糜烂流滋；病重者，红斑鲜艳，水疱多，以糜烂流滋为主。转为亚急性者，水疱减少，暗红色斑片，丘疹稀疏，覆有鳞屑。

(4) 自觉阵发性剧痒，遇暖尤甚，以致患儿常将头面部在枕上或母亲衣襟上摩擦。或用手搔抓，烦躁，哭闹不安，常影响进食和睡眠。

(二) 辅助检查

血中嗜酸性粒细胞数可增高，免疫球蛋白IgE增高。

【治疗】

(一) 内治法

1. 胎火炽盛证

证候　皮肤潮红，红斑水疱，抓痒流滋，甚则黄水淋漓，糜烂，结黄色痂皮；大便干，小便黄赤。舌红，苔黄腻，脉滑数。

治法　凉血清火，利湿止痒。

主方　消风导赤汤(《医宗金鉴》)加减。

脂溢性者，加地骨皮9 g、生山楂9 g、白花蛇舌草6 g；湿性者，加土茯苓9 g、车前草6 g、苍术6 g、黄柏6 g；干性者，加太子参9 g、麦冬9 g、女贞子9 g。

成药　二妙丸，每服3 g，每日2次。

2. 脾虚湿蕴证

证候　初起皮肤暗淡，继而出现成片水疱，瘙痒，抓破后结薄痂；患儿多有消化不良，大便稀溏，或完谷不化。舌淡，苔白或白腻，脉缓。

治法　健脾利湿。

主方　小儿化湿汤(《朱仁康临床经验集》)加减。

成药　参苓白术丸，每服3 g，每日2次。

笔记栏

(二) 外治法

1. 脂溢型和湿型　用生地榆、黄柏煎水或马齿苋合剂、2%硼酸水外用冷湿敷，待流滋、糜烂减轻后，选用青黛散油、黄连油或蛋黄油外搽。

2. 干型　用三黄洗剂、黄柏霜外搽。

第十一节 药物性皮炎

药物性皮炎是指由于药物应用而引起的皮肤、黏膜炎症反应，亦称药疹。其临床特点是发病前有用药史(如注射、内服、吸入、外用等)，并有一定的潜伏期，常突然发病，皮损形态多样，颜色鲜艳，可泛发或仅限于局部。本病严重时可引起内脏器官的损害，甚至危及生命。中医文献称为药毒。《证治准绳·疡医》:“背上细疮者如浸淫1～2天，如汤火伤，烦躁多渴……次服丹药刚剂所致，红润者生，紫黯者死”;《外科正宗》:“砒毒者，阳精大毒之物，服之令人脏腑干涸，皮肤紫黑，气血乖逆，败绝则死。”《疡医大全》:“误中砒毒浑身紫累，有解不效。”

【病因病机】

本病总由先天禀赋不耐，药毒侵犯所致。

1. 热毒入营 禀血热之体，受药毒侵扰，火毒炽盛，燔灼营血，药毒入营，血热沸腾，热极生风，风热相搏，郁于肌腠，外发皮肤，内攻脏腑，则发本病。

2. 湿毒蕴肤 禀湿热之体，受药毒侵扰，体内湿热蕴蒸，郁于肌肤。

3. 气阴两虚 病久药毒灼伤津液，气阴两伤，肌肤失养，或阴液耗竭，阳无所附，浮越于外，病重而危殆。

容易引发本病的药物有西药抗生素类、磺胺类、解热镇痛类、巴比妥类、血清制品及疫苗;中药板蓝根、大青叶、穿心莲、鱼腥草、大黄、蟾蜍、地龙，外用含汞丹药等，临床上中成药引起药疹的也很多。

药疹的发病机制复杂，现代医学认为可分为超敏反应机制和非超敏反应机制两大类。

【临床表现】

本病症状多样，表现复杂，但基本上都具有以下特点：发病前有用药史，原因除去易于治愈;有一定的潜伏期，第一次发病多在用药后5～20天内，重复用药常在24小时内发生，短者甚至在用药后瞬间或数分钟内发生;发病突然，自觉灼热瘙痒，重者伴有发热、倦怠、全身不适、纳差、大便干燥、小便黄赤等全身症状;皮损分布为全身性、对称性，可泛发或仅限于局部，皮损形态多样，颜色鲜艳。

临床上常见以下类型：

1. 荨麻疹样型 表现与荨麻疹相似，风团大小形态不一，色红，持续不退，散在分布于躯干、四肢，严重者可出现口唇、包皮及喉头血管神经性水肿，发热，关节疼痛，淋巴结肿大，蛋白尿等(彩图7-18)。

2. 麻疹样或猩红热样型 皮损为散在或密集、红色、针头至米粒大的斑疹或斑丘疹，对称分布，泛发全身，以躯干为多，严重者可伴发小出血点。猩红热样型的皮损初起为小片红斑，从面颈、上肢、躯干向下发展，2～3天内可遍布全身，并相互融合，致全身遍布红斑，面部、四肢肿胀，酷似猩红热的皮损，常有不同程度的瘙痒。

3. 固定红斑型 皮损为类圆形或椭圆形的水肿性紫红色斑，直径2～3 cm，常为一个，偶可数个，边界清楚，严重者其上有水疱。停药后1周余红斑消退，留下黑色色素沉着斑，经久不退，如再服该药或同类药物，常于数分钟或数小时后，在原发皮损处发痒，继则出现同样皮损，皮损可发生在任何部位，但以口唇、口角、龟头、肛门等皮肤黏膜交界处为多。

4. 多形红斑样型 皮损为豌豆至蚕豆大小圆形或椭圆形水肿性红斑、丘疹，中心呈紫红色，或有小水疱，境界清楚，多对称分布于四肢伸侧、躯干、口腔及口唇，有痒感，重者可在口腔、鼻孔、眼部、肛门、外生殖器及全身泛发大疱及糜烂，疼痛剧烈，可伴高热、肝肾功能障碍及肺炎等，病情险恶。

5. 湿疹皮炎样型 此型特殊，大多先由外用磺胺或抗生素软膏引起接触性皮炎，使皮肤敏感性增高，以后再服用同样的或类似的药物而引发。皮损为粟粒大小的丘疹及丘疱疹，常融合成片，泛发全身，可有糜烂、渗液，类似于湿疹，自觉瘙痒，或伴有发热等全身症状。

笔记栏

6. 剥脱性皮炎型 为严重的类型，起病急，常伴高热、寒战。皮损初起呈麻疹样或猩红热样。在发展过程中逐渐融合成片，终至全身弥漫性红肿，可有糜烂、丘疱疹或小疱，破裂后渗液结痂。至2周左右，全身皮肤脱屑，呈鳞片状或落叶状，手足部则呈手套或袜套剥脱，以后头发、指（趾）甲也可脱落。口唇黏膜潮红、肿胀，或发生水疱、糜烂，影响进食。眼结膜充血、水肿、畏光、分泌物增多，重者可发生角膜溃疡。全身淋巴结肿大，可伴有支气管肺炎、中毒性肝炎，白细胞显著增高或降低，甚至粒细胞缺乏。病程常超过1个月，重者因全身衰竭或继发感染而死亡。

7. 大疱性表皮松解型 为最严重类型，死亡率高。起病急骤，全身中毒症状较重，有高热、疲乏、咽痛、呕吐、腹泻等症状，皮损为弥漫性紫红色或暗红色斑片，常起始于腋部或腹股沟，迅速遍及全身，触痛显著，旋即于红斑上出现大小不等的松弛性水疱。稍一搓拉即成糜烂面，或形成大面积的表皮坏死松解，尼氏征阳性，严重者常因继发感染，肝肾功能障碍，电解质紊乱或内脏出血及蛋白尿，甚至氮质血症而死亡。

除上述类型外，本病还可出现紫癜型、痤疮样型、系统性红斑狼疮样反应、天疱疮样皮损及假性淋巴瘤综合征等。

【诊断】

诊断要点

(1) 发病前有用药史。

(2) 有一定潜伏期，第一次发病多在用药后5～20天内，重复用药常在24小时内发生，短者甚至在用药后瞬间或数分钟内发生。

(3) 皮损突然发生，色泽鲜明一致，除固定性药疹外，多为对称性或广泛性分布，进展较快。

(4) 自觉症状一般常有灼热、瘙痒，多数伴有发热、倦怠，严重者可伴有肝、肾、心脏等内脏损害。

【鉴别诊断】

1. 猩红热 无用药史，发病骤然，高热，头痛，咽痛，全身中毒症状明显，皮肤呈弥漫性针头大小的点状红色丘疹，肘窝、腋窝、腹股沟处可见排列成线条状瘀点，初期舌乳头红肿肥大，所见之“杨梅舌”“口周苍白圈”为其特征。

2. 麻疹 9～11天潜伏期，出现鼻流涕，眼部充血，怕光，分泌物增多，初期口腔黏膜可见蓝白色小点，周围有红晕，经2～5天皮损发齐。发疹时高热，出疹5～7天后体温下降，皮损开始消退。

【治疗】

首先停用一切可疑致敏药物及结构近似的药物，鼓励患者多饮水，以加速致敏药物的排泄。中医辨证论治以清热利湿解毒为主。重症宜中西医结合治疗。外用药治疗以无刺激性、抗炎止痒、收敛为原则。

（一）内治法

1. 热毒入营证

证候 皮疹全身泛发，色鲜红或紫红，潮红肿胀，甚则紫斑、大疱、血疱；伴高热烦躁，神志不清，口唇焦燥，口渴不欲饮，大便干，小便短赤。舌红绛，苔少或镜面舌，脉洪数。

治法 清营解毒凉血。

主方 清营汤（《温病条辨》）加减。

成药 复方青黛胶囊，每服4粒，每日3次。

2. 湿毒蕴肤证

证候 皮疹为红斑、丘疹、水疱，甚则糜烂渗液，表皮剥脱；伴灼热、烦躁，口干，自觉剧烈瘙痒，大便燥结或溏薄，小便黄赤，或有发热。舌红，苔薄白或黄，脉滑数。

笔记栏

治法 清热利湿解毒。

主方 萆薢渗湿汤（《疡科心得集》）加减。

成药 湿毒清胶囊，每服4粒，每日3次。

3. 气阴两虚证

证候　见于重症药疹后期,皮疹消退,或呈大片膜状脱屑;伴低热,口渴,乏力,气短,大便干,尿黄。舌红少苔,脉细数。

治法　益气养阴清热。

主方　增液汤合益胃汤(《温病条辨》)加减。

成药　知柏地黄丸,每服 6 g,每日 3 次。

(二) 外治法

(1) 皮损潮红无渗出者,用马齿苋或大青叶煎汤外洗,或炉甘石洗剂外涂。

(2) 皮损潮红肿胀、糜烂渗出者,用马齿苋或黄柏煎汤冷湿敷,青黛散麻油调敷。皮损脱屑干燥,用麻油或甘草油外擦;皮损结痂,用棉签蘸麻油或甘草油揩痂皮。

(三) 其他疗法

重症药疹,宜采用中西医结合疗法,除上述内治、外治方法外,应早期足量使用糖皮质激素,如氢化可的松每日 300～400 mg,或地塞米松每日10～15 mg,维生素C 2～3 g,加入 5%～10%的葡萄糖溶液 1 000～2 000 mL 中,静脉滴注。至病情缓解,再改泼尼松或地塞米松口服。同时应根据病情需要,配合使用抗生素以防止继发感染。

【预防与护理】

(1) 预防本病发生的关键是合理用药,严格掌握用药指征、药量及使用时限。用药前必须询问患者有无药物过敏史。对青霉素及抗毒血清制剂,用药前要做过敏试验。

(2) 用药过程中要注意观察用药后的反应,遇到全身皮肤瘙痒、出疹、发热者,要考虑药疹的可能,争取早期诊断,及时处理。

(3) 皮损忌用热水烫洗,避免搔抓,忌用刺激性的外用药物。

(4) 多饮开水,忌食辛辣、鱼腥发物。

(5) 重症药疹应按危重患者进行护理。

第十二节　荨麻疹

荨麻疹是一种以骤起风团为主要表现的瘙痒性过敏性皮肤病。本病较常见,15%～25%的人一生中至少发生过一次。临床以皮肤出现瘙痒性风团,发无定处,骤起骤退,消退后不留任何痕迹为特点。中医文献称为瘾疹,亦或称赤白游风、鬼饭疙瘩等。《素问・四时刺逆从论》曰:"少阴有余,病皮痹隐疹",《诸病源候论》曰:"人皮肤虚,为风邪所折,则起瘾疹。热多则色赤,风多则色白,甚者痒痛,搔之则成疮……邪气客于皮肤,复逢风寒相折,则起风瘙瘾疹。"《外科大成》曰:"瘾疹者,生小粒靥于皮肤之中,憎寒发热,遍身瘙痒。"《千金翼方》曰:"风入肌肤则身体瘾疹筋急。"《医宗金鉴》曰:"发于肌肤,游走无定,起如云片,浮肿焮热,痛痒相兼,高累如粟……滞于血分者,则发赤色;滞在气分者,则发白色,故名赤白游风也。"

现代医学认为本病是由于皮肤、黏膜小血管反应性扩张及渗透性增加而产生的一种局限性水肿反应性皮肤病。因此,发生于眼睑、口唇等组织疏松部位,水肿特别明显者,称为"血管性水肿"。

【病因病机】

本病多因素体禀性不耐,人体对某些物质过敏所致。可因食物、药物、生物制品、病灶感染、肠道寄生虫病而发作,或因精神因素、外界寒冷刺激等因素诱发,致使机体营卫失调,邪气郁阻皮腠而致病。

1. 风寒束表　素体禀性不耐,卫外不固,风寒之邪乘虚外袭,卫气与之相争,卫强营弱,失去调和所致。

笔记栏

2. 风热犯表　风热之邪外袭,客于肌表,致使营卫失调而发。

3. 胃肠湿热　饮食不节,过食辛辣肥厚,或肠道寄生虫,使胃肠积热,复感风邪,致使营卫失和,内不得疏泄,外失于透达,郁于皮腠而发病。

4. 血虚风燥　情志内伤,冲任失调,肝肾不足,阴血亏虚,生风化燥,阻于肌肤而发病。

现代医学认为本病由各种内源性和外源性的复杂因素引起皮肤过敏所致。

【临床表现】

皮肤上突然出现风团,色白或红或正常肤色,大小不等,形态不一,或局部出现或泛发全身。或稀疏散在,或密集成片。发无定时,但以傍晚为多。成批出现,时隐时现,持续时间长短不一,但一般不超过24小时,消退后不留任何痕迹,部分一天反复发作多次。自觉剧痒、烧灼或刺痛感。部分患者搔抓后随手起条索状风团(彩图7-19)。

有的患者在急性发作期,出现气促、胸闷、呼吸困难、恶心呕吐、腹痛腹泻、心慌心悸。属于急性者,发病急,来势猛,风团骤然而起,迅速消退,瘙痒随之而止;慢性者,反复发作,经久不愈,病期多在1～2个月以上,甚至更久。

【诊断】

诊断要点

(1) 突然出现的风团,大小不等,形态各异,境界清楚。

(2) 发无定处,也无定时,时隐时现,消退后不留痕迹。

(3) 剧烈瘙痒,或有烧灼、刺痛感。

(4) 部分病例可有腹痛腹泻,或气促胸闷,呼吸困难,甚至引起窒息。

(5) 皮肤划痕试验阳性。

【鉴别诊断】

1. 丘疹性荨麻疹　为风团性丘疹或小水疱;好发于四肢、臀、腰等处;夏季儿童多见。

2. 多形性红斑　可发生于任何年龄,春秋季多见,好发于手足背、掌底、四肢伸侧等处,皮损呈多形性,有红斑、丘疹、风团、水疱、大疱等,常两种以上皮损同时存在,典型皮损为猫眼,即虹彩状,色暗红或紫红。

【治疗】

积极寻找并去除诱因。但是致病原因有时很难找到。中医辨证治疗荨麻疹有较好疗效。营卫失调是本病重要的病理机转,或因风寒热外邪侵袭所致,或因内热熏蒸,或因自身营卫不足,不相调和所致。营卫不和,必将招风侵袭,故风邪是荨麻疹的主要病邪。急性荨麻疹有过敏性休克样症状或有喉头黏膜水肿,应以现代医学方法积极抢救治疗。

(一) 内治法

1. 风寒束表证

证候　多发于冬春季,风团色白或淡,遇风寒则加重,得暖则减;恶寒怕冷,口不渴。舌质淡,苔薄白,脉浮紧,迟或濡缓。

治法　疏风散寒,调和营卫。

主方　桂枝汤或桂枝麻黄各半汤(《伤寒论》)加减。

成药　桂枝颗粒,每服6 g,每日3次。

2. 风热犯表证

证候　多发于夏秋季,发病急骤,风团鲜红,灼热剧痒,遇热则皮疹加重;伴发热恶寒,咽喉肿痛。舌质红,苔薄白或薄黄,脉浮数。

治法　疏风清热,调和营卫。

主方　消风散(《外科正宗》)加减。

成药　荨麻疹丸,每服10 g,每日2次;或消风止痒颗粒,每服6 g,每日3次。

笔记栏

3. 胃肠湿热证

证候　患者多在食鱼虾、酒后发病，风团发无定处，皮肤潮红；伴有脘腹疼痛，腹胀，大便秘结或泄泻，神疲纳呆，甚至恶心、呕吐。舌红，苔黄腻，脉滑数。

治法　通腑泄热，除湿止痒。

主方　防风通圣散(《宣明论方》)加减。

成药　防风通圣丸，每服 6 g，每日 3 次。

4. 血虚风燥证

证候　风团反复发作，色淡红，迁延日久，午后或夜间加剧；伴心烦易怒，口干，手足心热。舌红少津，脉细数。

治法　养血祛风，润燥止痒。

主方　当归饮子(《重订严氏济生方》)加减。

成药　润燥止痒胶囊，每服 4 粒，每日 3 次。

(二) 外治法

(1) 皮疹新发，瘙痒剧烈，可予炉甘石洗剂，摇匀后外搽，每日 4～5 次。

(2) 香樟木、晚蚕沙各 30～60 g，或苍耳草、楮桃叶、苦参、浮萍、艾叶、凌霄花，煎汤外洗。

(三) 其他疗法

1. 西医治疗　急性者，可选用抗组胺制剂、钙剂、硫代硫酸钠等。严重者可短期内应用皮质类固醇激素。皮疹急骤而广泛，或喉头水肿，呼吸困难，或伴胃肠道症状，可皮下或肌内注射 0.1%肾上腺素，或静脉滴注氢化可的松或地塞米松；出现喉头水肿窒息严重者，必要时行气管切开术。

2. 针刺疗法　皮疹发于上半身者，取穴曲池、内关；发于下半身者，取穴血海、足三里、三阴交；发于全身者，配风市、风池、大椎、大肠俞等。耳针取穴肝区、脾区、肾上腺、皮质下、神门等。

3. 神阙穴拔罐　每日 1 次，每次 10～15 分钟。

【预防与护理】

(1) 禁用或禁食某些对机体过敏的药物或食物，避免接触致敏物品，积极防治某些肠道寄生虫病。

(2) 忌食鱼腥虾蟹、辛辣、葱、韭、酒等。

(3) 注意气温变化，自我调摄寒温，加强体育锻炼。

第十三节　神经性皮炎

神经性皮炎是一种以皮肤苔藓样变及剧烈瘙痒为特征的慢性皮肤病。临床特点是颈后、肘部、尾骶部等处皮肤局限性苔藓样变，伴阵发性剧烈瘙痒。中医文献称为牛皮癣。因其好发于颈项部，故又称为摄领疮；因其缠绵顽固，亦称为顽癣。《外科正宗》云："牛皮癣如牛项之皮，顽硬且坚，抓之如朽木。"《诸病源候论·摄领疮候》云："摄领疮，如癣之类，生于颈上痒痛，衣领拂着即剧，是衣领揩所作，故名摄领疮也。"《疡医大全·癞癣部》："顽癣抓之全不知痛。牛皮癣顽硬且坚，抓之如朽木。"

【病因病机】

本病多因心绪烦扰，情志内伤，郁久化热，复感外邪，风湿热搏结于肌肤，使营血失和，经脉失疏，气血凝滞，或病久肤燥失养所致。

1. 肝郁化火　情志不遂，肝火郁滞，火热浮于营血而发斑疹。

2. 风湿蕴肤　风湿热邪，蕴阻肌肤，气血凝滞，腠理疏泄不畅，而发斑疹。

3. 血虚风燥　病久耗伤阴液，营血不足，血虚生风生燥，皮肤失于濡养，肤燥瘙痒。

现代医学认为本病病因尚不清楚，搔抓及慢性摩擦可能是主要的诱因或加重因素，病程中形成

笔记栏

的瘙痒—搔抓—瘙痒的恶性循环,是造成本病发展并导致皮肤苔藓样变的关键环节。

【临床表现】

皮损初起为有聚集倾向的多角形扁平丘疹,皮色正常或略潮红,表面光泽或覆有菲薄的糠秕状鳞屑,以后由于不断地搔抓或摩擦,丘疹逐渐扩大,互相融合成片,继之则局部皮肤增厚,纹理加深,互相交错,表面干燥粗糙,并有少许灰白色鳞屑,而呈苔藓样变,皮肤损害可呈圆形或不规则形斑片,边界清楚,触之粗糙。由于搔抓,患部及其周围可伴有抓痕、出血点或血痂,其附近也可有新的扁平小丘疹出现。自觉阵发性奇痒,入夜尤甚,搔之不知痛楚(彩图7-20)。

情绪波动时,瘙痒也随之加剧。因瘙痒可影响工作和休息,患者常伴有失眠、头昏、烦躁症状。临床上按其发病部位、皮损多少分为泛发型和局限型两种。局限型,皮损仅见于颈项等局部,为少数境界清楚的苔藓样肥厚斑片;泛发型,分布较广泛,好发于头、四肢、肩腰部等处,甚至泛发全身各处,皮损特点与局限型相同。

【诊断】

诊断要点

(1) 皮损好发于颈部、肘部、上眼睑、尾骶部及小腿伸侧等处。

(2) 皮损初起为有聚集倾向的多角形扁平丘疹,由于不断地搔抓或摩擦渐成苔藓样变。

(3) 自觉阵发性奇痒,入夜尤甚,搔之不知痛楚。情绪波动时,瘙痒也随之加剧。

(4) 病程慢性,反复发作。

【鉴别诊断】

1. 慢性湿疹　多有皮肤潮红、丘疹、水疱、糜烂、渗出等急性湿疹的发病过程,皮损以肥厚粗糙为主,伴有丘疹、水疱、糜烂、渗出,边界欠清,病变多在四肢屈侧。

2. 原发性皮肤淀粉样变　多发在背部和小腿伸侧,皮肤为高粱米大小的圆顶丘疹,色紫褐,质较硬,密集成群,角化粗糙。

3. 银屑病　皮损基底呈淡红色,上覆以银白色糠秕状鳞屑,剥去后有薄膜现象和点状出血,可见全身其他部位皮损。

【治疗】

本病治疗以疏风清热,养血润燥为治则,舒缓患者紧张情绪,避免各种不良刺激。对继发感染者应采用抗菌药物,及时控制感染。

(一) 内治法

1. 肝郁化火证

证候　皮损色红;伴心烦易怒,失眠多梦,眩晕心悸,口苦咽干。舌边尖红,脉弦数。

治法　疏肝理气,清肝泻火。

主方　龙胆泻肝汤(《医方集解》)加减。

成药　龙胆泻肝丸,每服6 g,每日2次;当归龙荟丸,每服6 g,每日2次。

2. 风湿蕴肤证

证候　皮损呈淡褐色片状,粗糙肥厚,剧痒时作,夜间尤甚,并伴有部分皮损潮红、糜烂、湿润和血痂。苔薄白或白腻,脉濡缓。

治法　祛风利湿,清热止痒。

主方　消风散(《外科正宗》)加减。

成药　肤痒冲剂,每服9 g,每日3次。

3. 血虚风燥证

证候　皮损灰白,抓如枯木,肥厚粗糙似牛皮,瘙痒夜间尤甚,病程较长;伴心悸怔忡,失眠健忘,女子月经不调。舌淡,苔薄,脉沉细。

治法　养血润燥,祛风止痒。

笔记栏

主方 当归饮子(《重订严氏济生方》)加减。

成药 乌蛇止痒丸,每服 2.5 g,每日 3 次;或润燥止痒胶囊,每服 4 粒,每日 3 次。

(二) 外治法

(1) 肝郁化火证、风热蕴肤证可用三黄洗剂外搽,每天 3～4 次。

(2) 血虚风燥证可外用黄连膏加热烘疗法,局部涂油膏后,热烘 10～20 次,烘后可将所涂药膏擦去,每天 1 次,4 周为 1 个疗程。

(三) 其他疗法

1. 针刺疗法 常取穴曲池、血海;备用穴为合谷、三阴交。中强刺激,每天 1 次,留针 15～30 分钟。

2. 梅花针 苔藓样变明显者,可用梅花针叩击皮损,以少量渗血为度,每天 1 次。

3. 火针疗法 常规消毒,用中粗火针,轻轻点刺皮损,每周 1～2 次。

火针治疗——神经性皮炎

【预防与护理】

(1) 忌食烟、酒、辣椒等刺激性食物,禁用手搔抓及热水烫洗。

(2) 内衣宜穿棉布制品,不宜穿过硬的衣服,以免刺激皮肤。

(3) 保持心情舒畅,避免精神刺激。

(4) 有胃肠道功能失调者,应予纠正;有传染性病灶应适当处理。

第十四节 皮肤瘙痒症

皮肤瘙痒症是指以皮肤瘙痒为主观感觉而无原发性皮损的疾病。临床以自觉皮肤阵发性瘙痒,搔抓后常出现抓痕、血痂、色素沉着和苔藓样变等继发性损害为特征。临床上有局限性和泛发性两种,局限性者多见于前阴和肛门周围,泛发性者则觉全身瘙痒。中医文献称为风瘙痒,亦称痒风。《诸病源候论·风瘙痒候》云:"风瘙痒者,是体虚受风,风入腠理,与气血相搏而俱,往来于皮肤之间。邪气微,不能冲击为痛,故但瘙痒也。"《外科证治全书·痒风》云:"遍身瘙痒,并无疮疥,搔之不止。"

【病因病机】

本病或因血热内蕴,外感之邪侵袭;或因饮食不节,过食辛辣、油腻或饮酒,湿热壅盛,内不得疏泄,外不得透达,泛于肌肤而成;或老年患者,久病体虚,气血不足,血虚生燥,肌肤失养而致。

1. 风热血热 风湿热外袭,蕴肤化燥,肌肤失于疏泄濡养而瘙痒。

2. 湿热壅盛 饮食不节,过食辛辣、鱼腥发物,或饮酒损伤脾胃,致湿热内蕴,熏蒸肌肤,而发为瘙痒。

3. 血虚风燥 老年或久病体虚者,气血亏虚,血虚风燥,肌肤失养,而致病。

现代医学认为本病最常见的因素是皮肤干燥,其他如系统性疾病(如糖尿病、肝胆病、肿瘤等)、肠道寄生虫、局部炎性刺激、精神紧张等均可引起或加重本病,必要时应注意辅以相关检查。

【临床表现】

本病好发于老年及青壮年,多见于冬季,少数也有夏季发作者。瘙痒开始即为全身性,或先由一处开始,继而波及全身。主要表现为阵发性剧烈瘙痒,尤以夜间为重。亦因饮酒、情绪变化、受热、搔抓、摩擦后发作或加重。无原发性皮损,由于剧烈搔抓,可引起抓痕、表皮剥脱和血痂,日久皮肤可出现肥厚、苔藓样变、色素沉着以及湿疹样变等损害。患者常因瘙痒剧烈而影响睡眠,伴有头晕、精神忧郁及食欲不振等症状。除瘙痒外,有时还可有烧灼、蚁行等感觉。老年人因皮肤腺体功能减退,皮肤萎缩、干燥、粗糙,易泛发全身性瘙痒,称为老年瘙痒症。发生在秋末及冬季,因气温骤冷所诱发者常因瘙痒而致失眠或夜寐不安,称冬季瘙痒症,一般春暖可愈;发于夏季,由湿热、汗液所诱发者,称夏季瘙痒症,入冬则轻。局限性瘙痒者多见于前阴和肛门周围。

笔记栏

【诊断】

诊断要点

(1) 好发于老年及青壮年,多见于冬季。

(2) 全身性或局限性皮肤瘙痒,仅有继发皮损而无原发性皮肤损害。

(3) 阵发性瘙痒,尤以夜间为甚。

【鉴别诊断】

1. 虱病 虽有全身皮肤瘙痒,但主要发生在头部、阴部,并可找到成虫或虱卵,有传染性。

2. 疥疮 好发于皮肤皱褶处,皮疹以丘疱疹为主,隧道一端可挑出疥螨。

【治疗】

中医辨证以祛风清热,凉血润燥为主,并发内部疾病时,及时寻找原因,采用标本兼顾、内外兼治的方法。

(一) 内治法

1. 风热血热证

证候 皮肤瘙痒剧烈,遇热更甚,皮肤抓破后有血痂;伴心烦,口干,小便黄,大便干结。舌淡红,苔薄黄,脉浮数。青年患者多见,病属新起。

治法 疏风清热,凉血止痒。

主方 消风散(《外科正宗》)合四物汤(《太平惠民和剂局方》)加减。

成药 皮敏消胶囊,每服 4 粒,每日 3 次;或消风止痒颗粒,每服 6 g,每日 3 次。

2. 湿热蕴盛证

证候 瘙痒不止,抓破后脂水淋漓,继发感染或湿疹样变;常由饮食辛辣、饮酒引起发作或加重瘙痒;伴口干口苦,胸胁闷胀,小便黄赤,大便秘结。舌红,苔黄腻,脉滑数。

治法 清热利湿,祛风止痒。

主方 龙胆泻肝汤(《医方集解》)加减。

成药 湿毒清胶囊,每服 4 粒,每日 3 次;或二妙丸,每服 6～9 g,每日 2 次。

3. 血虚风燥证

证候 皮肤瘙痒、干燥,抓破后血痕累累;如情绪波动,可引起发作或瘙痒加剧;伴头晕眼花,失眠多梦。舌红,苔薄,脉细数或弦数。以老年人为多见,病程较长。

治法 养血润肤,祛风润燥。

主方 当归饮子(《重订严氏济生方》)加减。

成药 润燥止痒胶囊,每服 4 粒,每日 3 次;或乌蛇止痒丸,每服 2.5 g,每日 3 次。

(二) 外治法

(1) 一般瘙痒用百部酊、苦参酒外搽。

(2) 皮肤干燥发痒者,可选用黄连膏等各种润肤膏薄搽。

(3) 皮损有湿疹样变者,用三黄洗剂外搽,每日 3～4 次。

(4) 各型瘙痒症,可选用苦参汤,或苦参、白鲜皮、百部、蛇床子、地肤子等煎水进行药浴或熏洗、熏蒸等治疗。

(三) 其他疗法

1. 局部疗法 按季节及个体皮肤情况选用各种剂型,一般夏季用水剂、冬季用霜剂为好。

2. 针灸疗法 取穴合谷、曲池、血海、足三里、三阴交、委中、承山等,隔天一次。连续 10 次为 1 个疗程。

3. 耳针疗法 取穴枕部、神门、肺区、肾上腺,埋线或埋豆,每周 1 次。

【预防与护理】

(1) 忌食辛辣、鱼腥发物,忌饮酒,多食蔬菜、水果。

笔记栏

(2) 保持心情舒畅,避免搔抓、摩擦或热水烫洗,忌用碱性强的肥皂洗澡。

(3) 内衣要柔软宽松,宜穿棉织品,不宜穿毛织品。

第十五节 玫瑰糠疹

玫瑰糠疹是一种斑疹色红如玫瑰,上覆有糠状鳞屑的皮肤病。一般将初发的斑疹称为母斑,将后发的形态相仿而较小的斑疹称为子斑。本病临床以躯干、四肢近端皮肤出现淡红色或黄褐色圆形或椭圆形斑疹,其长轴与皮纹一致,上覆有糠秕状鳞屑,先有母斑后有子斑为特征。中医文献称为风热疮,亦有风癣、血疳之别称。《洞天奥旨》云:"风热疮,多生于四肢、胸胁。初起如疙瘩,痒而难忍,爬之少快,多爬久搔,未有不成疮者。甚则鲜血淋漓,似疥非疥。"《外科正宗》云:"风癣如云朵,皮肤娇嫩,抓之则起白屑。"《医宗金鉴·外科心法要诀》云:"风癣,即年久不愈之顽癣也,搔之痹顽,不知痛痒。""血疳……由风热闭塞腠理而成。形如紫疥。"

【病因病机】

本病多因外感风热之邪,闭塞腠理,渐致热伤阴液,血热化燥,外泛肌肤所致。

1. 风热蕴肤 过食辛辣炙煿,或情志抑郁化火,导致血分蕴热,复感风热外邪,内外合邪,风热凝滞,郁闭肌肤,闭塞腠理,营卫失和,而发病。

2. 风热血燥 风热之邪,郁于肌肤,日久灼伤阴液,化燥生风,肌肤失于濡养而致。

现代医学认为本病与病毒(如柯萨奇B组病毒)感染有关,细胞免疫反应可能参与本病的发生。

【临床表现】

皮损初发时常于躯干或四肢出现一椭圆形或圆形淡红或黄褐色斑片,直径3~5 cm,边缘不整齐,上覆以少量黏着性糠秕状鳞屑,长轴与皮纹或肋骨平行,此即为母斑,或称前驱斑,母斑大多为1个,但亦可能为2~3个。母斑出现1~2周后,即在躯干及四肢近端出现多数与母斑相同而形状较小的红斑,称为子斑或继发斑。子斑出现后,母斑颜色变得较为暗淡,皮损颜色不一,自鲜红至褐色、褐黄色或灰褐色不等。本病好发于胸、背、腹、四肢近端及颈部,尤以胸部两侧多见,少数也可见于股上部,但颜面、小腿一般不发生,黏膜偶有累及(彩图7-21)。

患者有不同程度的瘙痒,少数完全不痒。部分患者皮损发生前可有全身不适、头痛咽痛等前驱症状。一般无全身症状,但也有部分患者有周身不适,头痛咽痛,轻度发热,颈或腋下臖核肿大等全身症状。本病有自限性,一般经4~6周皮损可自然消失,遗留暂时性色素减退或沉着斑,少数病例可迁延2~3个月,甚至数年不愈,但一般愈后较少复发。

【诊断】

诊断要点

(1) 皮损分布以躯干和四肢近端为主,呈对称性。

(2) 皮损特征为淡红色或黄褐色斑片,圆形或椭圆形,其长轴与皮纹一致,上覆糠秕状鳞屑。

(3) 可有不同程度的瘙痒。

(4) 一般经4~6周后皮损可自行消退,愈后较少复发。

【鉴别诊断】

1. 花斑癣 多发于胸背、颈侧、肩胛等处,皮损为黄豆到蚕豆大小的斑片,微微发亮,先淡红或赤紫,将愈时呈灰白色斑片。一般无自觉症状,或有轻度瘙痒。真菌检查阳性。

2. 体癣 皮损数目少,呈环形。中心有自愈倾向,周边有丘疹、水疱。有传染性,真菌检查阳性。

笔记栏

【治疗】

本病有自限性,在治疗上主要是尽量地缩短疗程,减轻症状。中医以疏风清热止痒为主要治法。初期以疏风清热为主;后期以养血活血为主。

(一) 内治法

1. 风热蕴肤证

证候　发病急骤,皮损呈圆形或椭圆形淡红斑片,中心有细微皱纹,表面有少量糠秕状鳞屑;瘙痒较重,可有新疹发生;伴身热恶风,心烦口渴,大便干,尿微黄。舌红,苔白或薄黄,脉数或浮数。

治法　疏风清热,凉血止痒。

主方　消风散(《外科正宗》)加减。

成药　消风止痒颗粒,每服 6 g,每日 3 次;板蓝根冲剂,每服 1 包,每日 2 次。

2. 血虚风燥证

证候　体质虚弱,病程较长。皮疹暗红或紫红,皮肤干燥,鳞屑较多,伴有抓痕、血痂等。舌红或淡红,苔少,脉细数或弦数。

治法　养血润燥,祛风止痒。

主方　当归饮子(《重订严氏济生方》)加减。

成药　润燥止痒胶囊,每服 4 粒,每日 3 次。

(二) 外治法

(1) 用三黄洗剂外搽,每天 3～4 次。

(2) 用苦参片 30 g、蛇床子 30 g、川椒 12 g、明矾 12 g,煎汤外洗患处,每天 1 次。

(三) 其他疗法

针刺疗法　取穴合谷、曲池、大椎、肩髃、肩井、血海、足三里,宜泻法,留针 10～15 分钟,每日 1 次,10 次为 1 个疗程。

【预防与护理】

(1) 保持心情舒畅,忌食辛辣刺激性食物及鱼腥发物。

(2) 注意皮肤清洁卫生,忌用热水、肥皂等烫洗或洗浴。

(3) 多饮水,保持大便通畅。

(4) 外用药物以选低浓度为宜。

第十六节　银屑病

银屑病是一种以皮肤上出现红色丘疹或斑块,上覆银白色鳞屑为特征的皮肤病。本病好发生于青壮年,多呈慢性与复发性。春冬季节易复发或加重,夏秋季节多缓解。典型表现为鳞屑性红斑,轻刮除鳞屑可见红斑上似有一层半透明的薄膜(此称薄膜现象),用力再刮则可见红斑上露水珠样点状出血。因此,将鳞屑性红斑、薄膜现象和点状出血概括为本病的三大临床特征。中医文献称本病为白疕,反映本病白色鳞屑及难治的特点。亦有称疕风、白壳疮、松皮癣、干癣、蛇虱等。《外科证治全书》云:"白疕,皮肤燥痒,起如疹疥而色白,搔之屑起,渐至肢体枯燥拆裂,血出痛楚,十指间皮厚而莫能搔痒。"《医宗金鉴·外科心法要诀·白疕》曰:"白疕……此证俗名蛇虱。生于皮肤,形如疹疥,色白而痒,搔起白皮。"

【病因病机】

本病多因素体营血亏损,血热内蕴,化燥生风,肌肤失于濡养而成。

笔记栏

1. 血热内蕴　初因内有蕴热,外感风寒、风热之邪,阻于肌肤,蕴结不散而发;机体蕴热偏盛,或性情急躁,心火内生,或外邪入里化热,或恣食辛辣肥甘及荤腥发物,伤及脾胃,郁而化热,内外之邪相合,蕴于血分,血热生风而发。

2. 血虚风燥　素体虚弱,气血不足,或病久耗伤营血,阴血亏虚,生风化燥,肌肤失养而成。

3. 气血瘀滞　病程日久,气血运行不畅,以致经脉阻塞,气血瘀结,肌肤失养而反复不愈。

4. 湿毒蕴阻　湿热内蕴,外受风邪,内外合邪,痹阻经络,阻郁肌肤而发。

5. 火毒炽盛　热蕴日久,生风化燥,肌肤失养,或流窜关节,闭阻经络,或热毒炽盛,气血两燔而发。

现代医学有关银屑病的确切病因尚未清楚。目前认为,银屑病是遗传因素与环境因素等多种因素相互作用的多基因遗传病,免疫介导是其主要发生机制。

【临床表现】

本病好发于青壮年,男性多于女性,有一定遗传倾向;大多数冬季发病或加重,夏季减轻,数年后与季节变化关系不明显。

根据白疕的临床特征,可分为寻常型、脓疱型、关节型和红皮病型四种类型。

1. 寻常型　本病的绝大多数是寻常型。皮损初起为针头大小的丘疹,逐渐扩大为绿豆、黄豆大小的淡红色或鲜红色丘疹或斑丘疹,可融合成形态不同的斑片,边界清楚,表面覆盖多层干燥银白色鳞屑,刮除鳞屑则露出发亮的半透明的薄膜,再刮除薄膜,出现多个筛状出血点。发生在头部,其发呈束状,但毛发正常,无脱落;发生在指甲,则甲板呈顶针状;发生在黏膜,则口腔为灰白色斑片,四周红晕,基底浸润;发生在龟头,则为光滑、干燥性红斑,边界清楚,刮之有白色鳞屑。

皮损可发生于身体各处,对称分布。初发时多发在四肢伸侧、头皮等处。临床上可见点滴状、钱币状、斑块状、地图状、蛎壳状、混合状等多种形态(彩图 7-22)。

病程缓慢,易反复发作。大部分患者病情冬重夏轻,少数夏季加重。病程一般可分为三期:

(1) 进行期:新皮疹不断出现,原皮疹不断扩大,颜色鲜红,鳞屑较多,针刺、摩擦、外伤处可出现皮疹,即"同形反应"阳性。

(2) 静止期:病情稳定,基本无新疹出现,原皮疹色暗红,鳞屑减少,既不扩大,也不消退。

(3) 退行期:皮损缩小,颜色变淡,鳞屑减少,或从中心开始消退,遗留暂时性的色素减退斑或色素沉着斑。

2. 脓疱型　临床上较少见,一般可分为泛发性和掌跖性两种。

(1) 泛发性脓疱型:皮疹初发多为炎性红斑,或在寻常型银屑病的皮损上出现密集的、针尖到粟粒大、黄白色浅在的小脓疱,表面覆盖少量鳞屑,2 周左右消退,再发新脓疱。严重者可急性发病,全身出现密集脓疱,并融合成脓湖,可伴有发热,关节肿痛,全身不适。

(2) 掌跖性脓疱型:皮损仅限于手、足部,掌跖出现对称性红斑,其上密集针尖至粟粒大小的脓疱,不易破溃,2 周左右干枯、结痂、脱皮,脓疱常反复发生,顽固难愈。

3. 关节型　临床上较少见。除有寻常型银屑病的基本皮肤损害外,还伴有关节的酸痛、肿胀、活动受限,甚至变形。以侵犯远端指趾关节为主,常不对称,亦可侵犯大关节和脊柱。受累关节红肿、疼痛,可见骨质破坏,可伴有发热等全身症状。

4. 红皮病型　常由寻常型银屑病发展而成;或由于治疗不当;或外用刺激性很强的药物;或长期大量应用激素后,突然停药而引起。全身皮肤弥漫性潮红、肿胀、浸润,大量脱屑,掌跖角化,指(趾)甲增厚甚至脱落。伴有发热、畏寒、浅表淋巴结肿大等全身症状。

以上四型可合并发生或相互转化。

【诊断】

诊断要点

1. 寻常型银屑病

(1) 皮损可发生在全身各处皮肤,但以头皮、四肢伸侧的肘膝关节及尾骶部发病最为多见。

(2) 鳞屑性红斑、薄膜现象和点状出血是本病的临床特征。

(3) 自觉瘙痒。

(4) 病程呈慢性,达数月或更长,反复发作,多冬季发病或加剧,夏季自行痊愈或减轻。

笔记栏

2. 关节型银屑病

(1) 具有寻常型银屑病皮损。

(2) 关节出现酸痛、肿胀、活动受限,甚至变形。可累及全身大小关节,类风湿因子阴性。

3. 脓疱型银屑病

(1) 可继发于寻常型银屑病,亦可为原发性。

(2) 皮疹为红斑上出现多数针尖至粟米大小密集的无菌性脓疱。

(3) 皮损仅局限于手、足部。

4. 红皮病型银屑病

(1) 由寻常型银屑病发展而成。

(2) 表现为全身皮肤弥漫性潮红、紫红,甚至肿胀、浸润,大量脱屑,仅有少数片状皮肤正常。

(3) 常伴有发热、畏寒、关节疼痛、浅表淋巴结肿大等全身症状。

【鉴别诊断】

1. 慢性湿疹　多发于屈侧,有剧痒,鳞屑少且不呈银白色,皮肤肥厚,苔藓样变及色素沉着等同时存在,无薄膜现象及点状出血现象。

2. 脂溢性皮炎　皮损边界不清,基底部淡红,鳞屑少而呈油腻性,带黄色,刮去后不呈点状出血,无束状发,日久有脱发,好发于头皮及颜面部。

【治疗】

银屑病是一种顽固难治的皮肤病,常反复发作,目前尚无特效疗法。中医辨证治疗本病,多应用凉血活血、养血润燥、清热解毒等治法,内外兼施。

(一) 内治法

1. 血热内蕴证

证候　多见于进行期。皮损鲜红,皮损不断出现,红斑增多,刮去鳞屑可见发亮薄膜,点状出血,瘙痒明显;伴心烦,口渴,大便干,尿黄。舌红,苔黄或腻,脉弦滑或数。

治法　清热凉血,解毒消斑。

主方　犀角地黄汤(《备急千金要方》)加减。

成药　复方青黛胶囊,每服4粒,每日3次。

2. 血虚风燥证

证候　多见于静止期。病程日久,皮损色淡,不再扩大,多呈斑片状,部分消退,鳞屑较多,自觉瘙痒;伴口干,便干。舌淡红,苔薄白,脉沉细。

治法　养血滋阴,润肤息风。

主方　当归饮子(《重订严氏济生方》)加减。

成药　消银片,每服5~7片,每日3次;或润燥止痒胶囊,每服4粒,每日3次。

3. 气血瘀滞证

证候　多见于静止期或退行期。皮损反复不愈,多呈斑块状,肥厚浸润,鳞屑较厚,颜色暗红,或见色素沉着,肌肤甲错,时有瘙痒,反复发作多年,经久不愈。舌紫黯或有瘀斑、瘀点,脉涩或细缓。

治法　活血化瘀,解毒通络。

主方　桃红四物汤(《医宗金鉴》)加减。

成药　郁金银屑片,每服3~6片,每日3次;或丹参片,每服4片,每日3次。

4. 湿毒蕴阻证

证候　多见于脓疱型银屑病。皮损多发生在腋窝、腹股沟等皱褶部位,红斑糜烂流滋,痂屑黏厚,瘙痒剧烈;或掌跖红斑、脓疱、脱皮;或伴关节酸痛、肿胀、下肢沉重。舌质红,苔黄腻,脉濡滑。

治法　清利湿热,解毒通络。

主方　萆薢渗湿汤(《疡科心得集》)加减。

成药　湿毒清胶囊,每服4粒,每日3次;或苦参片,每服4~6片,每日3次。

笔记栏

5. 火毒炽盛证

证候　多见于红皮病型银屑病。全身皮肤弥漫性潮红、肿胀、灼热痒痛，大量片状脱屑，或有密集小脓疱；伴壮热，口渴，头痛，畏寒，大便干燥，小便黄赤。舌红绛，苔薄或无苔，脉弦滑数。

治法　清热泻火，凉血解毒。

主方　清瘟败毒饮(《疫疹一得》)加减。

成药　连翘败毒丸，每服 6 g，每日 2 次；或复方青黛胶囊，每服 4 粒，每日 3 次。

6. 风寒湿痹证

证候　多见于关节型银屑病，皮损色淡，呈斑片状，鳞屑少，自觉瘙痒，全身关节疼痛不适，舌质淡白，苔薄白，脉沉缓。

治法　祛风除湿，活血通络。

主方　独活寄生汤(《备急千金药方》)加减。

成药　雷公藤多苷片，每服 2 片，每日 3 次。

(二) 外治法

(1) 进行期皮损：可涂黄连膏，每日 3 次。

(2) 静止期皮损：肥厚性皮损，可涂硫黄乳膏，每日 3 次。

(3) 红皮病型：可用青黛散麻油调涂，每日 3 次。

(4) 除红皮病型外，其他各型可在外涂药膏前配合应用中药(如芒硝 500 g，野菊花、侧柏叶各 250 g，枯矾、花椒各 120 g)煎水外洗，以除去鳞屑，增强药效。

(三) 其他疗法

1. 针刺疗法　取穴大椎、肺俞、曲池、合谷、血海、三阴交。头面部加风池、迎香；在下肢加足三里、丰隆。手法中等强度，留针半小时，每日 1 次，10 次为 1 个疗程，症状好转后改为隔日 1 次。

2. 耳针　取穴肺、神门、内分泌、心、大肠穴等。耳穴埋针或压豆。

3. 刺络拔罐　取大椎、陶道、肝俞、脾俞，每日选 1～2 个穴，用三棱针点刺，然后在穴位上拔罐，留罐 5～10 分钟，隔日 1 次，10 次为 1 个疗程。

4. 物理疗法　可用窄波 UVB 照射治疗。

【预防与护理】

(1) 预防感染和外伤，在秋冬及冬春季节交替之时，要特别注意预防感冒、咽炎、扁桃体炎。对反复发作的扁桃体炎合并扁桃体肿大者，可考虑手术摘除。

(2) 忌食辛辣腥膻发物，戒烟酒，多食新鲜蔬菜和水果。

(3) 避免过度紧张劳累，生活要有规律，保持情绪稳定。

(4) 急性期或红皮病型不宜用刺激性强的药物，忌热水洗浴。

第十七节　脂溢性皮炎

脂溢性皮炎是一种皮脂分泌活跃部位皮肤油腻、潮红、瘙痒或起白屑的炎症性皮肤病。临床特点是头面部皮肤油腻、潮红、瘙痒、迭起白屑，脱去又生。患者以青壮年为多，男性多于女性，婴幼儿也有发生。中医文献称为白屑风、面游风。发于胸前者又有名曰“纽扣风”，发于眉间者名曰“眉风癣”。

【病因病机】

过食肥甘厚味之品、辛辣炙煿之味，以致脾胃运化失常，湿热内生，加之外感风邪，风湿热邪蕴结肌肤，而出现湿性皮损。平素血燥之体，复感风热外袭，郁久转而化燥，肌肤失养，甚或风邪郁久，耗血伤阴，血虚阴伤，肌肤失于濡养，则生风化燥，表现为干燥性皮损。《外科真诠》曰：“白屑风初生

笔记栏

发内，延及面目、耳项，燥痒日久飞起白屑，脱去又生。由肌热当风，风邪侵入毛孔，郁久燥热，肌肤失养，化成燥症也。”《外科证治全书》说：“湿热甚者浸黄水，风燥盛者干烈。”说明本病因湿热为主引起的主要症状表现为湿性皮损，而风燥所致者则为干性皮损。

西医学研究发现卵圆形糠秕孢子菌可能是导致或加重本病的主要因素。精神、饮食等促进皮脂溢出的因素可能起促发作用。

【临床表现】

脂溢性皮炎主要以多脂、多毛及多汗部位易发病，损害倾向于淡红色、鲜红色或黄红色斑片，边界清楚，上有油腻性鳞屑或结痂。常由头皮开始，逐渐向面部、耳后、腋窝、上胸部、肩胛部、脐窝、耻骨、腹股沟、阴囊等部位发展(彩图 7-23)。

临床可分为干性型与湿性型两型。

干性型为大小不一的斑片，基底微红，上有弥漫而均匀粉状的干燥性脱屑，在头皮部可堆叠很厚，头皮瘙痒剧烈，梳头或搔抓时头屑易于脱落，而呈白屑纷飞，毛发干枯，伴有脱发。

湿性型多皮脂分泌旺盛，皮面异常油腻，为红斑、糜烂、流滋，有油腻性的脱屑和结痂，常有臭气。在耳后和鼻部可有皲裂，眉毛因搔抓折断而稀疏。严重者，泛发全身，成为湿疹样皮损。

脂溢性皮炎的预后与严重程度和病程有关。婴儿脂溢性皮炎经对症处理后，病程一般持续数周至数月，预后良好，复发罕见。成人脂溢性皮炎有慢性化和复发倾向。病变可持续数年至数十年，温暖季节症状改善，寒冷季节则加重。治疗不当皮损亦可扩展到全身，甚至发展为脂溢性红皮病。一旦发展到红皮病，治疗较为困难，预后差。亦可因搔抓继发感染而出现毛囊炎、疖肿、淋巴结炎，或处理不当引起接触性皮炎或湿疹样变等。

【诊断】

诊断要点

(1) 基本皮疹为头面部红斑上附着油腻性鳞屑或干燥性脱屑。

(2) 皮疹好发于皮脂丰富部位，如头皮、脸面、眉间及胸腋之间，并可自头皮开始，向下蔓延，重者泛发全身。常继发脂溢性脱发、毛囊炎、痤疮等病变。日久头顶部毛发或眉毛可稀疏脱落。

(3) 见于青中年及婴幼儿。

(4) 可有不同程度的瘙痒。

【鉴别诊断】

1. 慢性湿疹　病变境界不明，无油腻性鳞屑，皮肤粗糙增厚，易成苔藓样变。

2. 银屑病　鳞屑呈银白色，无油腻；搔抓后，红斑上有出血点，大多冬重夏轻。

3. 白秃疮　多见于儿童，有长短不齐的断发，发易拔，发根有白色菌鞘，真菌检查阳性。

【治疗】

(一) 内治法

1. 肺胃热盛证

证候　急性发病。皮损色红，并有渗出、糜烂、结痂，剧痒；伴心烦，口渴，大便秘结。舌红，苔黄，脉滑数。

治法　清热止痒。

主方　枇杷清肺饮(《医宗金鉴》)加知母、苦参、徐长卿、天花粉等。

成药　金花消痤丸，每服 4 g，每日 3 次。

2. 脾虚湿困证

证候　发病较缓。皮损淡红或黄，有灰白色鳞屑；伴有便溏。舌淡红，苔白腻，脉滑。

治法　健脾渗湿。

主方　参苓白术散(《太平惠民和剂局方》)加减。

成药　参苓白术丸，每服 6 g，每日 3 次。

3. 血虚风燥证

证候　皮肤干燥，有糠秕状鳞屑，瘙痒，头发干燥无光，常伴有脱发。舌红，苔薄白，脉弦。

治法　养血润燥。

主方　当归饮子(《重订严氏济生方》)加减。

成药　润燥止痒胶囊，每服 4 粒，每日 3 次；或乌蛇止痒丸，每服 6 丸，每日 3 次。

（二）外治法

(1) 干性型发于面部者，用痤疮洗剂或颠倒散洗剂外搽，每天 2 次。发于头皮部者，用白屑风酊或侧柏叶酊外搽，每天 3 次。

(2) 湿性型发于面部者，用苍耳子、苦参各 30 g，白鲜皮、明矾各 10 g，水煎取汁，湿敷或外洗，每天 1～2 次。发于头皮部者，用脂溢洗方(苍耳子 30 g、苦参 15 g、王不留行 30 g、明矾 9 g)煎水洗头。

(3) 面部皮肤干燥脱屑明显者，可用 5%～10%硫黄软膏薄涂于患处，每天 2～3 次。

【预防与护理】

(1) 忌食辛辣刺激食物，如烟酒、辣椒、咖啡、浓茶；少吃油腻甜食；多吃杂粮和新鲜蔬菜、水果。

(2) 生活规律，按时作息，避免精神过度紧张。

(3) 保持大便通畅。

(4) 不用刺激性强的肥皂和洗涤用品。

第十八节　痤　疮

痤疮是一种发生于颜面、胸、背等处的毛囊、皮脂腺的慢性炎症。临床表现以患处出现粉刺、丘疹、脓疱、结节、囊肿及瘢痕等皮肤损害为特征，多伴有油性皮脂溢出。轻者以粉刺、丘疹一两种损害为主，或有少许脓疱。中度损害则见有较多红斑、丘疹、脓疱、结节。严重者可形成囊肿及瘢痕，呈橘皮脸，损害容貌。

中医学早在《内经》中已有“痤”之记载。《素问・生气通天论》曰：“劳汗当风，寒薄为皶，郁乃痤。”张介宾注解：“形劳汗出，坐卧当风，寒气薄之，液凝为皶，即粉刺也，若郁而稍大，乃成小节，是名曰痤。”一些医籍称本病为“粉刺”“肺风粉刺”，细究之“粉刺”是指皮损丘疹如刺，可挤出白色碎米样粉汁的轻症痤疮。古代医籍中还有称本病为“酒刺”“面皰”，当代俗称“暗疮”“青春痘”。

【病因病机】

素体阳热偏盛，加上青春期生机旺盛，营血日渐偏热，血热外壅，复感风热，蕴阻颜面、胸背肌肤，而发本病；或因过食辛辣肥甘之品，肺胃积热，循经上熏，血随热行，上壅于胸面。或湿热久蕴生痰，痰瘀互结，致使粟疹日渐扩大，变生结节、囊肿。基本病因病机以肺经风热、脾胃湿热为主。

【临床表现】

痤疮主要发生于青春期男女的颜面、上胸和肩、背等皮脂发达部位。近年随着社会的进步和人们生活水平的提高，饮食结构的改变，工作学习节奏的加快以及空气环境的污染，痤疮患者日益增多，其发病年龄已向少年化和中年化发展。该病在人群中的发病率为 20%～24%，在青春期人群中的发病率可高达 30%～50%。一般男性发病比例高于女性。

初起为针头大小的毛囊性丘疹，有的为黑头痤疮样，周围色红，用手指挤压，有小米或米粒大黄白色脂栓排出，少数呈灰白色的小丘疹，以后色红，顶部发生小脓疱，破溃后痊愈，遗留暂时色素沉着或轻度凹陷性瘢痕。有的形成结节、脓肿、囊肿及瘢痕等多种形态的损害，甚至破溃后形成多个窦道和瘢痕，严重者呈橘皮脸。临床上常以一两种损害较明显，同时有油性皮脂溢出(彩图 7-24)。

自觉轻微瘙痒或疼痛，病程缠绵，此起彼伏，新疹不断继发，有的可迁延数年或十余年，青春期后可逐渐痊愈。以肺经风热、脾胃湿热、痰瘀凝结证型最为多见。

笔记栏

【诊断】

诊断要点

(1) 皮损好发于颜面、胸背部、臀部等多脂区域，偶尔也可以发生在其他部位。常对称分布，伴皮脂溢出。

(2) 基本损害为毛囊性丘疹，多数呈黑头粉刺样，用手挤压可有白色或黄色脂栓排出，丘疹顶端可出现小脓疱，破溃吸收后遗留暂时性色素沉着及小凹陷状瘢痕。有的形成结节、脓肿、囊肿等多种形态损害，甚至破溃后形成窦道或瘢痕。

(3) 多发于青年人，男女均可发病，青春期过后大多能自愈或症状减轻。

(4) 多无自觉症状，若炎症明显时可引起疼痛或触痛。

【鉴别诊断】

1. 酒渣鼻　多见于壮年，皮疹分布在鼻准、鼻翼为主，两颊前额也可发生，绝不累及其他部位。无黑头痤疮，患部潮红、充血，常伴有毛细血管扩张。

2. 职业性痤疮　常发生于接触煤焦油、石蜡、机油的工人。丘疹密集，伴毛囊角化，面部、手背、肘、膝都可发生。

【治疗】

(一) 内治法

1. 肺经风热证

证候　皮损以颜面黑头或白头粉刺居多，伴红色丘疹，或觉痒痛；鼻息气热，大便秘结，小便短赤。舌质红，苔薄黄，脉数。

治法　疏风清肺。

主方　枇杷清肺饮(《医宗金鉴》)加减。

成药　金花消痤丸，每服 4 g，每日 3 次。

2. 脾胃湿热证

证候　皮肤油腻，间有脓疱、结节，或伴口臭，便秘溺赤；或见脓疱囊肿；病情缠绵，皮疹此起彼伏。舌质红，苔黄腻，脉滑数。

治法　清热除湿解毒。

主方　茵陈蒿汤(《伤寒论》)加减。

成药　清热暗疮胶囊，每服 4 粒，每日 3 次。

3. 痰瘀凝结证

证候　皮疹旷久不愈，坚硬疼痛，色暗不鲜，或伴结节囊肿、瘢痕与色素沉着。舌暗红，苔腻，脉滑。

治法　除湿化痰，活血散结。

主方　海藻玉壶汤(《外科正宗》)加减。

成药　小金丸，每服 1.2 g，每日 3 次。

此外，临证尚可根据相关症状，如失眠、心烦、油脂多、便秘等酌情处方加减。

(二) 外治法

(1) 用颠倒散洗剂或痤疮洗剂外搽，每天 3～5 次。

(2) 适量颠倒散用茶水或凉开水调涂，每天 1～2 次，或晚上涂搽，次晨洗净。

(三) 其他疗法

酌情选用体针、粉刺挑除、火针治疗、耳针疗法。

笔记栏

1. 体针　常选穴大椎、合谷、四白、太阳、下关、颊车。肺经风热加曲池、肺俞；脾胃湿热加大肠俞、足三里、丰隆；月经不调加膈俞、三阴交等，中等刺激，留针 30 分钟，每日 1 次，10 次为 1 个疗程。

2. 粉刺挑除　丘疹、黑头、脓疱，可用火针点刺，稍加挤压，把皮疹上的粉刺或脓疱、脓栓、脓血清除。

3. 火针治疗　结节、囊肿型痤疮可用火针治疗。在具体操作时,若皮损为结节坚硬者,则应在其中心和周围多处点刺,其深度以针尖透过皮肤病变组织,刺入结节中部为宜;若为囊肿,刺破囊壁时则有落空感,然后用棉签轻轻挤出囊内容物。

火针治疗——痤疮

4. 耳针疗法　以患者双侧耳部肺穴为主穴,配以神门、交感、内分泌、皮质下穴。皮脂溢出加脾,便秘加大肠,月经不调加子宫、肝,贴王不留行籽。每次取穴4～5个,外用胶布固定,每日按压上穴3次,每次约10分钟。2～3天换籽1次,5次为1个疗程。

【预防与护理】

(1) 经常用温水、硫黄香皂清洗颜面。

(2) 禁止用手挤压皮疹。

(3) 少食油腻、辛辣及糖类食品,多食新鲜蔬菜和水果。

(4) 保持大便通畅。

第十九节　酒渣鼻

酒渣鼻是一种鼻色紫红,甚则鼻头增大变厚的皮肤病。其特点是初起鼻部潮红,继而伴发丘疹、脓疱及毛细血管扩张,并可形成鼻赘。因鼻色紫红如酒渣故名,又称酒糟鼻、酒皻鼻。

【病因病机】

由肺胃积热上蒸,复遇风寒外袭,血瘀凝结而成;或嗜酒之人,酒气熏蒸,复遇风寒之邪,受阻肌肤所致。

现代医学认为本病发生与毛囊蠕形螨虫感染、颜面血管运动神经功能失调等有关。

【临床表现】

多见于中年以后的男女或嗜酒之人。

皮损以红斑为主,多累及鼻准、鼻翼、两颊、前额等部位;少数鼻部正常,只发于两颊和额部。依据临床症状,可分为三型:

1. 红斑型　皮肤呈弥漫性潮红,开始时为暂时性,寒风刺激或进食辛辣等刺激性食物,或情绪紧张激动时较为明显。日久则持续不退。表面油腻光滑,可见毛细血管扩张。有的数年后可发展为丘疹型(彩图7-25)。

2. 丘疹型　在潮红色斑片的基础上,出现散在性痤疮样丘疹或小脓疱,有的呈豆大坚硬的丘疹,但无痤疮形成,鼻部有明显的毛细血管扩张,纵横交错,形如红丝缠绕,自觉轻微瘙痒,皮色由鲜红逐渐变成紫褐。迁延数年后,极少数可发展成为鼻赘型。

3. 鼻赘型　较少见,多是病期长久者。鼻部结缔组织增生,皮脂腺增大,致使鼻尖部肥大,形成大小不等的结节状隆起,表面凹凸不平,皮脂腺口明显扩大,毛细血管明显扩张,皮色紫红,即为鼻赘。

【诊断】

诊断要点

(1) 颜面中部(以鼻为中心)发生弥漫性潮红,伴发丘疹、脓疱、毛细血管扩张。

(2) 多见于中年人,易复发。

(3) 严重者可瘙痒。

笔记栏

【鉴别诊断】

1. 痤疮　多发于青春期男女,皮疹为散在的红色丘疹,可有黑头痤疮,鼻部常不受侵犯。

2. 脂溢性皮炎　分布部位较广泛,不只局限于面部,有油腻鳞屑,无毛细血管扩张,有不同程度的瘙痒。

【治疗】

(一) 内治法

1. 肺胃热盛证

证候　红斑多发于鼻尖或两翼,压之退色;常嗜酒,便秘,饮食不节,口干口渴。多见于红斑期。舌红,苔薄黄,脉弦滑。

治法　清泄肺胃积热。

主方　枇杷清肺饮(《医宗金鉴》)合茵陈蒿汤(《伤寒论》)加减。

成药　金花消痤丸,每服 4 g,每日 3 次;或牛黄解毒丸,每服 1 丸,每日 3 次。

2. 热毒蕴肤证

证候　在红斑上出现痤疮样丘疹、脓疱,毛细血管扩张明显,局部灼热;口干,便秘。多见于丘疹期。舌红绛,苔黄,脉滑数。

治法　凉血清热解毒。

主方　黄连解毒汤(《外台秘要》)合凉血四物汤(《医宗金鉴》)加减。

成药　牛黄解毒丸,每服 1 丸,每日 3 次。

3. 气滞血瘀证

证候　鼻部组织增生,呈结节状,毛孔扩大。多见于鼻赘期。舌略红,脉沉缓。

治法　活血化瘀散结。

主方　通窍活血汤(《医林改错》)加减。

成药　化瘀祛斑胶囊,每服 5 粒,每日 2 次。

(二) 外治法

(1) 鼻部有红斑、红丘疹者,可用一扫光或颠倒散洗剂外搽,每天 3 次。

(2) 鼻部见脓疱者,可用四黄膏外涂,每天 2～3 次。

(3) 鼻赘形成者,可先用三棱针刺破放血,颠倒散外敷。

【预防与护理】

(1) 避免过冷过热刺激及不洁之物接触鼻面。

(2) 忌食辛辣、酒类等刺激食物和肥甘厚腻之品。

(3) 注意保持大便通畅。

(4) 平时洗脸水温适宜,涂搽药物前应用温水洗净擦干患处。

第二十节　脱　　发

脱发是以头发脱落过多呈现头发稀疏,或局部头发成片脱落而见局部头发缺失的病证。头发部分呈斑片状脱落的称斑秃,因脱发区皮肤光滑而亮,中医文献又称之为油风。头发全部脱光的称全秃。头发、眉毛、胡须、腋毛、阴毛,甚至毳毛全部脱落称普秃。伴见头皮油脂多的脱发称为脂溢性脱发。见于男性鬓角后移、过早谢顶的脱发称为男性脱发或雄性脱发。

【病因病机】

过食辛辣炙煿、醇甘厚味,或情志失调,抑郁化火,损阴耗血,血热生风,风热上窜巅顶,毛发失于阴血濡养而突然脱落,或跌仆损伤,瘀血阻络,血不畅达,清窍失养,发脱不生;或劳倦过度、久病、重病、产后或先天不足,造成脏腑虚损,气血两虚,肝肾不足,精不化血,血不养发,肌腠失温,发无生长之源,毛根空虚而发落成片。其病变在毛发,病位在脏腑,与肝、脾、肾三脏关系密切。

【临床表现】

脱发在临床最常见的是脂溢性脱发和斑秃。

笔记栏

脂溢性脱发者，常见于青壮年男子，伴见头皮油腻、头屑多及头皮瘙痒。日久则前额及头顶部头发稀疏变细，以致脱落秃顶。

斑秃者头发成片脱落而见局部头发缺失。脱发区皮肤光滑而亮，呈圆形或不规则形，小如指甲，大如钱币或核桃，或如手掌，数目一个到数个，可相互连接成片，或头发全部脱光，甚或全身毛发脱落。一般无自觉症状，患者多在无意中发现。常在过度劳累，睡眠不足，精神紧张或受刺激后发生。有自愈倾向，易再脱落，以致病程可持续数月或更久。恢复时，新长出的头发多细而柔软，色淡黄或灰白，以后逐渐变粗、变硬、变黑，最后与健康毛发相同。

因为久病、重病、产后的脱发有相应的病史及临床表现。

【诊断】

诊断要点

(1) 斑秃者发病突然，局部成片脱落而见局部头发缺失，脱发区皮肤光滑而亮。严重时除脱发外，眉毛、腋毛、阴毛均可脱落。头发脱落过多呈现头发稀疏。

(2) 脂溢性脱发者多有头皮油腻、头屑多及头皮瘙痒等症状。日久则前额及头顶部头发稀疏变细，以致脱落秃顶。

(3) 久病、重病、产后脱发者有相应的病史及临床表现，多呈慢性经过。

(4) 脱发区无断发。

【鉴别诊断】

1. 脂溢性皮炎　主要症状是头皮屑多与头皮瘙痒，脱发不是主要症状。

2. 癣　头皮上有白色鳞屑和结痂，头发稀疏区主要为断发长短参差不齐。

3. 黄癣　多见于儿童。头部有典型的碟形癣痂，头皮有萎缩性的瘢痕，其上有残发。

【治疗】

(一) 内治法

1. 湿热内蕴证

证候　前额及头顶部头发稀疏变细，重者发脱过多而秃顶；伴见头皮油腻、头屑多及头皮瘙痒。苔黄，脉滑。

治法　健脾祛湿，疏风健发。

主方　祛湿健发汤(《赵炳南临床经验集》)。

成药　除脂生发片，每服 4 片，每日 3 次。

2. 血热风燥证

证候　突然脱发成片；或伴失眠健忘，头部烘热，心烦易怒，急躁不安等症。舌红苔薄，脉弦细。

治法　凉血息风，养阴护发。

主方　神应养真丹(《外科正宗》)加减。

成药　加味逍遥丸，每服 6 g，每日 2 次；神应养真丹，每服 6 g，每日 2 次。

3. 气滞血瘀证

证候　头发脱落；伴有头痛或胸胁疼痛，情志抑郁等症，病程较长。舌有瘀斑，脉沉细。

治法　行气解郁，活血生发。

主方　通窍活血汤(《医林改错》)或逍遥散(《太平惠民和剂局方》)合桃红四物汤(《医宗金鉴》)加减。

成药　血府逐瘀胶囊，每服 6 粒，每日 2 次。

4. 气血两虚证

证候　多在病后或产后，头发呈斑块状脱落，并呈渐进性加重，范围由小而大，毛发稀疏枯槁，触摸易脱；伴唇白，心悸，气短懒言，倦怠乏力。舌淡，脉细弱。

治法　健脾益气，养血生发。

笔记栏

主方　八珍汤(《正体类要》)或人参养荣汤(《三因极一病证方论》)加减。

成药　养血生发胶囊,每服4粒,每日2次。

5. 肝肾不足证

证候　病程日久,平素头发焦黄或花白,发病时呈大片均匀脱落,甚或全身毛发脱落;头昏,耳鸣,目眩,腰膝酸软。舌淡,苔剥,脉细。

治法　滋补肝肾,填精生发。

主方　七宝美髯丹(《本草纲目》)加减。

成药　七宝美髯丸,每服9 g,每日2次;或斑秃丸,每服9 g,每日3次。

火针治疗——斑秃

(二) 外治法

(1) 头皮发痒,脱发较重,用海艾汤,水煎取药液,用毛巾蘸药液洗溻患处,每天2～3次。

(2) 脱发并有头皮油腻、发痒者,用透骨草30 g、枯矾10 g,煎水2 000 mL外洗,每周2～3次。

(3) 头皮屑多脱发者,用透骨草20 g、侧柏叶15 g、皂角10 g,煎水2 000 mL外洗,每周1～2次。

(4) 斑秃者,用鲜毛姜(或生姜)切片,烤热后涂擦患处,每天数次。

(5) 斑秃者,用5%～10%斑蝥酊,或10%辣椒酊外搽,每天数次。

(6) 各种脱发,均可用脱发再生剂(鲜侧柏叶40 g,首乌、白鲜皮、毛姜各10 g,加75%酒精200 mL,浸泡2周,过滤取液)外擦患处,每日2次。

(7) 病程日久,在脱发区和沿头皮足太阳膀胱经循行部位用梅花针移动叩击,每天1次。

【预防与护理】

(1) 注意精神情志调摄,保持心情舒畅,劳逸结合,睡眠充足。

(2) 注意头发卫生,不用碱性强的肥皂洗发,理发后尽量少用电吹风。

(3) 增加营养,饮食宜多样化,克服和纠正偏食的不良习惯。

第二十一节　白 癜 风

白癜风是一种皮肤出现白斑为主要表现的皮肤病。临床以局部或泛发性白色斑片,形态不一,并无痛痒为特征。中医文献又称其为白驳风。《诸病源候论·白癜候》曰:"白癜者,面及颈项身体皮肉色变白,与肉色不同亦不痒痛,谓之白癜。"

【病因病机】

本病总由气血不和,脉络瘀阻所致。

1. 肝郁气滞　七情内伤,肝气郁结,气机不畅,复感风邪搏于肌肤,气血失和,而发本病。

2. 肝肾阴虚　先天禀赋不足,或后天亏虚,致肝肾阴虚,精血不足,生化无源,气血虚弱,皮肤失荣,而发白斑。

3. 气滞血瘀　外伤跌仆,或暴怒伤肝,均可导致气滞血瘀,经络阻塞,不能荣养皮肤,而发白斑。

西医学对本病病因病理的认识尚不完全明了,有多种学说,多数认为与黑素细胞自身破坏、自身免疫功能失调有关。

【临床表现】

本病可发于任何年龄,但最多见于青年人,皮损处色素脱失,呈乳白色,毛发亦可变白。一般无自觉症状,少数患者初发时局部可有轻微的瘙痒。白斑大小、形态不一。白斑可发生于任何部位,但多见于正常人色素较多的暴露部位及皱褶部位,如面、颈、手指背、腕、生殖器及其周围等(彩图7-26)。

笔记栏

1. 临床根据白斑分布情况分型　可分为寻常型与节段型两型。

(1) 寻常型

局限性:单发或多片白斑,局限于某一部位。

散在性：散在、多发白斑，常呈对称分布。

泛发性：多由散在性发展而来，白斑多相互融合成不规则大片，有时仅残留小片岛屿状正常肤色。

肢端性：白斑初发于人体的肢端，而且主要分布在这些部位。

(2) 节段型：白斑为一片或数片，沿某一皮神经节段支配的皮肤区域走向分布，一般为单侧。

2. 根据白斑的呈现情况分型 可分为完全性白斑、不完全性白斑两类。

(1) 完全性白斑：白斑为纯白或瓷白色，白斑中没有色素再生现象，白斑组织内黑素细胞消失或功能完全丧失。

(2) 不完全性白斑：白斑脱色不完全，白斑中可见色素点，白斑组织内黑素细胞数目减少或功能损伤。

3. 根据白斑的发生与变化情况分型 可分为进展期与稳定期两期。

(1) 进展期：白斑增多，原有白斑逐渐向正常皮肤移行、扩大、境界模糊不清，易发同形反应(在进展期可因机械刺激如压力、摩擦，以及烧伤、外伤后而继发白癜风，这种情况称为同形反应)。

(2) 稳定期：白斑停止发展，境界清楚，白斑边缘色素加深，没有新的白斑出现。

白斑进展和静止常交替进行，有的患者皮损可较长期局限于某些部位，而有些患者则发展迅速，很快波及全身。

【诊断】

诊断要点

(1) 白斑为后天性，呈乳白色，大小形状不一，境界清晰，边缘有色素沉着带。

(2) 皮损区毛发可变白，亦可正常，但无萎缩、硬化及脱屑等变化。

(3) 一般无自觉症状，少数初发时局部可有轻微瘙痒。

(4) 病程缓慢，可持续终身。

【鉴别诊断】

1. 贫血痣 多在出生时即已出现，一般单侧分布，以后很少再继续扩大。摩擦后白斑局部周围皮肤充血发红而皮损处仍苍白，以玻片压之，皮损处与周围变白的皮肤没有特殊界限。

2. 花斑癣 皮损为黄豆、绿豆大小，圆形或椭圆形，边界清楚，大小相似，淡白色斑片，表面有细薄鳞屑，鳞屑中可查见菌丝和孢子。中间皮损可互相融合，四周仍有散在孤立皮损。好发于胸前躯干等多汗部位，夏季多见。

3. 单纯糠疹 好发于儿童头面部，为色素减退斑，而非脱色斑，且皮损边界不清，表面有细微糠状鳞屑。

【治疗】

(一) 内治法

1. 肝郁气滞证

证候 白斑初起突发，或精神受到刺激后出现，斑色乳白，大小不等，形状不一。兼风邪者白斑可轻度充血、瘙痒，亦可随情志变化而加剧；可伴有气郁不舒，心烦不安。舌淡，苔薄白，脉弦细。

治法 疏肝理气，和血祛风。

主方 逍遥散(《太平惠民和剂局方》)加减。

成药 逍遥丸，每服 6 g，每日 2 次；桃红清血丸，每服 2.5 g，每日 3 次。

2. 肝肾不足证

证候 白斑较大色暗，或连成不规则大片，境界清楚，边缘颜色加深，斑内毛发变白，病程长，不扩展，或有家族史；伴腰膝酸软，头晕耳鸣，神疲乏力。舌质淡或红，少苔，脉细弱。

治法 补益肝肾，养血祛风。

主方 六味地黄汤(《小儿药证直诀》)加减。

笔记栏

成药　六味地黄丸,每服 6 g,每日 2 次。

3. 气滞血瘀证

证候　白斑单发或泛发,边缘颜色加深,压之不退,局部或有刺痛,病程长,或有跌仆外伤史;伴胸胁满闷,善太息,妇女经行不畅。舌质黯,或有瘀点瘀斑,脉弦涩。

治法　活血化瘀,祛风通络。

主方　通窍活血汤(《医林改错》)加减。

成药　白癜风丸(浓缩丸),每服 1.5 g,每日 2 次;或白蚀丸,每服 2.5 g,每日 3 次。

(二) 外治法

(1) 30%补骨脂酊,外搽患处,每日 2 次。

(2) 白蚀酊(乌梅、大黄、菟丝子、刺蒺藜、桂枝、甘草各等份,用 75%乙醇浸泡,1 周后取汁备用)外涂患处,每日 2 次。

(三) 其他疗法

火针治疗——白癜风

1. 针灸疗法　体针:取地仓、印堂、合谷、百会、大椎、足三里、阳陵泉、阴陵泉、上星、颊车、上巨虚等穴位,或皮损局部,选 4～5 穴,隔日 1 次,交替针刺。灸法:皮损局部用白醋涂擦后用艾炷直接灸至皮肤发红为止,不留瘢痕。也可用火针治疗,每周 1～2 次。

2. 光化学疗法　是紫外线照射与光敏剂应用相结合的一种疗法。方法是:内服 8 -甲氧补骨脂素(8 - MOP)0.3～0.6 mg/kg,2 小时后照射日光或长波紫外线,每周 2～3 次,连续治疗 3 个月以上。亦可用窄谱中波紫外线照射。其原理是 8 - MOP 在光作用下可促使还原型黑素氧化,增加黑素密度,促进黑素合成与转运,有显著的色素沉着作用。

【预防与护理】

(1) 忌食酸辣刺激性食物。

(2) 少食含丰富维生素 C 的食物。

(3) 适当进行日光浴,有助于白癜风恢复。但应注意照光强度,以免损伤皮肤。

(4) 避免滥涂外用药物,尤其是刺激性强的药物,以防损伤体肤。

(5) 应注意采取适当的措施预防或减少长期应用外用药对皮肤产生的副作用。

第二十二节　黄褐斑

黄褐斑是在面部呈现局限性褐色斑的色素沉着性皮肤病。临床以面部出现对称性呈蝴蝶状黄褐色斑片为特点。中医文献又称其为"面尘""黧黑斑"。《外科证治全书》:"面尘,面色如尘垢,日久煤黑,形枯不泽,或起大小黑斑,与面肤相平。"

【病因病机】

本病多与肝、脾、肾三脏关系密切,气血不能上荣于面为主要病机。

1. 肝郁气滞　情志不畅,导致肝郁气滞,气郁化热,熏蒸于面,灼伤阴血而生。

2. 冲任失调　冲任失调,肝肾不足,水火不济,虚火上炎所致。

3. 脾虚生湿　饮食不节,或忧思过度,损伤脾胃,脾运不健,湿热内生,熏蒸于面。

4. 素体亏虚　素体患有慢性疾病,营卫失和,气血运行不畅,气滞血瘀,面失所养。

西医学有关本病的发病原因不明确,认为多数与内分泌失调有关。

【临床表现】

笔记栏

男女均可发病,但以女性占大多数。如发生于孕妇,多开始于孕后 2～5 个月,分娩后逐渐消失,但也有不消退者;对称发生于颜面,尤以两颊、额部、鼻、唇及颏等处为多见;皮损为淡褐色至深褐色、淡黑色斑片,大小不等,形态各异,孤立散在或融合成片,边缘较明显,一般多呈蝴蝶状(彩

图 7-27)。

一般无自觉症状病情进展缓慢。

【诊断】

(一) 诊断要点

(1) 皮损为淡褐色或深褐色斑片,形状多不规则,典型者在面颊两侧呈蝶形分布。

(2) 主要见于额、眉、颊、鼻及上唇,对称分布。

(3) 常见于中青年女性,无自觉症状。

(4) 夏季加重,秋冬季减轻或消失。

(二) 辅助检查

病理检查:基底细胞层色素颗粒增多,真皮有大量噬色素细胞及游离色素颗粒。

【鉴别诊断】

1. 雀斑 色素斑点较小,分布散在而不融合,多发于青少年女性,有家族史,夏季明显,冬季变淡或消失。

2. 阿狄森病 弥漫青黑或红褐色斑片,除面部外还见于乳晕、外生殖器处,还有全身症状如体重减轻、乏力、血压低等。

3. 里尔黑变病 好发于前额、颧部和颈侧,色素斑上常有粉状鳞屑。

【治疗】

(一) 内治法

1. 肝郁气滞证

证候　面色不华,斑色黄褐;性情急躁易怒,胸胁胀痛,月经不调或有痛经,口苦咽干等。舌红,苔薄,脉弦细。

治法　疏肝理气,活血消斑。

主方　逍遥散(《太平惠民和剂局方》)加减。

成药　逍遥丸,每服 6 g,每日 2 次。

2. 肝肾阴虚证

证候　斑色褐黑,面色晦暗;伴有头晕耳鸣,腰膝酸软,失眠健忘,五心烦热。舌红少苔,脉细。

治法　补益肝肾,滋阴降火。

主方　六味地黄汤(《小儿药证直诀》)合二至丸(《证治准绳》)。

成药　六味地黄丸,每服 6 g,每日 2 次。

3. 脾虚湿蕴证

证候　斑色灰褐,状如尘土附着;伴有疲乏无力,脘腹闷胀,纳呆困倦,月经色淡,白带量多。舌淡胖边有齿痕,脉濡或细。

治法　健脾益气,祛湿消斑。

主方　参苓白术散(《太平惠民和剂局方》)加减。

成药　参苓白术丸,每服 6 g,每日 2 次。

4. 气滞血瘀证

证候　斑色灰褐或黑褐;伴有慢性肝病,或月经色暗有血块,或痛经。舌色紫黯或有瘀点,脉细涩。

治法　理气活血,化瘀消斑。

主方　桃红四物汤(《医宗金鉴》)加减。

成药　化瘀祛斑胶囊,每服 5 粒,每日 2 次。

(二) 外治法

(1) 玉容散(《种福堂方》,白僵蚕、白附子、白芷、山柰、硼砂各 9 g,石膏、滑石各 15 g,白丁香、冰

笔记栏

片各1 g,共研细末),每日早晚蘸末搽面。

(2) 白附子、白芷、滑石各250 g,共研细末,早晚洗面,擦患处。

(三) 其他疗法

1. 针刺　取穴于背部肾俞、肝俞和任脉的气海,进针得气后行平补平泻。或在面部双侧迎香穴进针,得气后留针15～30分钟。

2. 耳穴压豆　取磁珠或中药王不留行籽,按压在病变相应的耳穴上,如肾、肝、心、肺、脾、肾上腺,皮质下、内分泌区,并用香桂活血膏固定,隔日交换1次。

3. 按摩　每日睡前洗净面部,外擦营养霜在黄斑处,用手掌顺摩10次、逆摩18次,交替进行10分钟。促进血液循环,有利色斑消退。

4. 倒膜治疗　应用不同面膜,如石膏膜或中药膜等。先进行按摩,然后将面膜均匀涂在面部色斑上,通过热、冷和收敛的物理作用,起到治疗和美容效果。

【预防与护理】

(1) 避免过多日晒。慎用含香料和药物的化妆品。

(2) 育龄妇女可采用其他避孕方式,尽量不用口服避孕药。

(3) 注意劳逸结合,睡眠充足,避免劳损。

(4) 多食含维生素C的蔬菜、水果,避免辛辣、烟酒。

(5) 调畅情志,减轻精神负担,保持心情舒畅,精神愉快。

第二十三节　多形性红斑

多形性红斑是以红斑为主,兼有丘疹、水疱等多形性皮损的急性炎症性皮肤病。临床以发病急骤,皮损为丘疹、水疱等多形性损害和具有虹膜样红斑为特征。中医文献称为"猫眼疮"、"雁疮"、"寒疮"等。《诸病源候论·雁疮候》:"雁疮者,其状生于体上,如湿癣疬疡,多著四肢,乃遍身,起疮大而热,疼痛。得此疮者,常有春秋二月、八月,雁来时则发,雁去时便瘥,故以为名。"

【病因病机】

总由禀性不耐,腠理不密,感受不耐之物,搏于肌肤而发。

1. 外邪侵袭　素体阳虚血弱之人,阳气不达四末,外受寒邪,致使气血周流不畅,气血凝注,阻于肌肤,而发本病。

2. 脾胃湿热　脾喜燥恶湿,如恣食肥甘,辛辣厚味,伤及脾胃,脾失健运,积湿生热,湿热内蕴,再以春秋两季感受风热之邪,内外合邪,泛发肌肤,而为本病。

3. 毒热入营　素体禀赋不耐,感受药毒,或血热化毒,皆可入扰营血,内攻脏腑,外淫肌肤,则发为重症。

现代医学认为本病常因病灶感染,药物、内脏疾病、食物过敏而引起。

【临床表现】

前驱症状可见头痛、低热、四肢倦怠、食欲不振和关节、肌肉疼痛,扁桃体炎及呼吸道感染症状。皮损表现为红斑、丘疹、水疱、大疱、紫癜、风团互见。按皮损表现临床上可分为斑疹-丘疹型、水疱-大疱型、重症型。

1. 斑疹-丘疹型　此型最多见,也最轻。皮损常对称分布,好发于四肢远端的手足背、前臂和踝部等处。皮疹以红斑和丘疹为主,典型损害为水肿性圆形红斑,或淡红色扁平丘疹,境界清楚,皮损呈远心性扩展,1～2天内直径可达1～2 cm,红斑中央略凹陷,其色较边缘略深,中央为一水疱、紫癜或坏死区,称为靶形损害或虹膜样红斑。伴有轻度瘙痒。无明显全身症状。本病损害可分批出现,皮损消退后可有暂时性色素沉着。整个病程2～4周。本型易复发(彩图7-28)。

笔记栏

2. 水疱-大疱型 皮损分布广泛,除发生在四肢末端外,躯干部皮肤、口腔及生殖器等处黏膜以集簇或散在性水疱或大疱为主要皮疹。可由斑疹-丘疹型发展而来,亦可直接在红斑基础上发生水疱和大疱。疱壁较厚,不易破溃,有时为血疱。黏膜部位的皮损表现为潮红、丘疹、糜烂和浅溃疡。全身症状可有关节痛、发热、蛋白尿和血沉加快等。

3. 重症型 又称 Stevens - Johnson 综合征。前驱症状明显,可有头痛、高热、乏力、口腔与扁桃体肿痛。起病急骤,全身情况严重,患者可在短期内进入衰竭状态。皮损常广泛分布于全身各处,有水肿性红斑、水疱、大疱、血疱和瘀斑等。黏膜损害发生早且严重,口腔、鼻、咽、眼、尿道、肛门和呼吸道黏膜广泛累及,发生大片糜烂和坏死,出现严重毒血症状。患者可伴发支气管炎、消化道出血、关节炎、心肌炎、心包炎、脑水肿和肝肾损害而死亡。

【诊断】

诊断要点

(1) 好发于儿童及青年,春秋季节多见。

(2) 皮损呈多形性,红斑、丘斑、斑丘疹,偶见水疱和大疱。典型皮疹呈虹膜样(靶样),且具虹膜样损害。

(3) 好发于四肢远端,严重者有口腔、鼻腔及眼睑黏膜损害及全身症状。

【鉴别诊断】

1. 多形红斑型药疹 有明显的服药史,无季节性发病特点和一定的好发部位。

2. 冻疮 须与寒冷性多形红斑鉴别。冻疮冬季多见。好发于手足、耳郭、鼻尖及面颊等暴露部位,皮损为深紫色水肿性红斑,无黏膜损害,自觉瘙痒,遇热加剧。

【治疗】

(一) 内治法

1. 风寒阻络证

证候 每于冬季发病,红斑水肿,色暗红或紫红,发于颜面及手足时,形如冻疮;畏寒,遇冷加重,得热则减,小便清长。舌淡,苔白,脉沉紧。

治法 温经散寒,活血通络。

主方 当归四逆汤(《伤寒论》)加减。

成药 大活络丸,每服 1 丸,每日 2 次;或木瓜丸,每服 4 g,每日 2 次。

2. 风热蕴肤证

证候 以红斑、丘疹、小风团样损害为主,颜色鲜红,自觉瘙痒;可伴发热,咽干咽痛,关节酸痛,便干溲黄。舌红,苔薄黄,脉浮数。

治法 疏风清热,凉血解毒。

主方 消风散(《外科正宗》)加减。

成药 皮敏消胶囊,每服 4 粒,每日 3 次;或上清丸,每服 6 g,每日 2 次。

3. 湿热蕴结证

证候 皮疹鲜红,可见水疱、大疱、血疱等;可有黏膜损害,瘙痒明显;伴有发热,口干,关节肌肉酸痛,便干,溲赤。舌红,苔薄黄或黄腻,脉滑数。

治法 清热利湿,祛风止痒。

主方 龙胆泻肝汤(《医方集解》)加减。

成药 龙胆泻肝丸,每服 6 g,每日 2 次;或当归拈痛丸,每服 9 g,每日 3 次。

4. 热毒炽盛证

证候 发病急骤,高热恶寒,头痛乏力,全身泛发红斑、大疱、糜烂、出血;黏膜受累致口腔、二阴溃破糜烂;伴恶心呕吐,关节疼痛,便秘,溲赤,甚或神昏谵语。舌质红绛,苔黄,脉洪数或滑数。

治法 清热凉血,解毒利湿。

主方　清瘟败毒饮(《疫疹一得》)合导赤散(《小儿药证直诀》)加减。

成药　五福化毒丸,每服 1 丸,每日 3 次。

(二) 外治法

1. 熏洗　甘遂、甘草各 9 g,加水 150～200 mL,煮沸 10 分钟后熏洗患部 10～15 分钟,每日 1 次,连续 2 周,适用于风寒阻络证。

2. 湿敷、浸泡　芫花、甘草各 30 g 或生橄榄 30 g 煎水,湿敷或浸泡,外用少许青黛散油或甘草油,适用于糜烂渗液者。

3. 涂擦三黄洗剂　大黄、黄柏、黄芩、苦参各 15 g,加入蒸馏水 100 mL,医用碳酸 1 mL,摇匀用棉签蘸药酒涂擦患处 3 次日,有清热、收涩、止痒之效,适用于风热蕴肤证。

4. 黏膜用药　黏膜糜烂者,可用青吹口散、锡类散等外吹患处,每日 2～4 次。

(三) 其他疗法

1. 针灸与推拿

(1) 风寒阻络证:治以温经散寒,养血通脉。取穴:肝俞、肾俞、命门、关元、内关、足三里、阿是穴。用温针或灸法,先泻后补,留针 20～30 分钟,每日 1 次。

(2) 湿热蕴结证:治以清热利湿。取穴:曲池、足三里、阿是穴。施泻法,留针 20～30 分钟,每日 1 次。

(3) 热毒炽盛证:治以清热利湿。取穴:大椎、曲池、合谷、曲泽、委中。施泻法,留针 15 分钟,每日 1 次。

2. 耳针疗法　取穴:神门、肾上腺、皮质下、阿是穴。每日 1 次。

3. 穴位充氧疗法　取穴:上肢取曲池、外关或大陵、合谷;下肢取上巨墟、阳辅或足三里、光明。

4. 激光治疗　二氧化碳激光照射治疗风寒阻络证,每日 1 次。

5. 西药疗法　对于重症型可选用糖皮质激素、免疫球蛋白、免疫抑制剂等。

【预防与护理】

(1) 寻找并去除致病因素,及时控制感染,停用可疑致敏药物。

(2) 风寒阻络证者需注意保暖,避免寒冷刺激。

(3) 忌食辛辣刺激海腥发物,忌烟酒。

(4) 重症者,若皮肤大疱破溃、糜烂,应加强护理,皮损处及时换药,注意床上用品的消毒、更换,防止感染。

第二十四节　结节性红斑

结节性红斑是一种发生于下肢以结节红斑为主要表现的皮肤血管炎症疾病。临床以皮内及皮下结节,好发于小腿伸侧,自觉疼痛为临床特征。中医文献将本病称为"瓜藤缠""湿毒流注"等。《证治准绳·疡科》:"或问足股生核数枚,肿痛久之,何如?曰:此名瓜藤缠,属足太阳经,由脏腑湿热流注下部所致,用防风通圣散加槟榔牛膝防己主之。"

【病因病机】

本病总因素禀血热内蕴之体,外感风寒湿热之邪,蕴结于肌肤,致经络阻滞,气血凝滞而成。

1. 血分蕴热　素体血分蕴热,外感湿邪,湿与热结,阻塞经络,以致气血运行失畅,气滞则血瘀,瘀阻经络,不通则痛,瘀乃有形之物,故腿胫红节如梅核。

笔记栏

2. 湿热下注　脾虚失司,水湿内生,湿郁化热,循经下注胫,阻隔经络,气血瘀滞,结节丛生。

3. 寒湿凝聚　体虚之人,气血不足,卫外不固,寒湿之邪易侵肌肤,致使阻隔经络,引起气血瘀滞,而发为本病。

现代医学认为本病是一种由真皮深层中、小血管和脂膜炎症引起的结节性皮肤病，可由感染、药物、自身免疫性疾病等激发而致。

【临床表现】

患者多为20～30岁的青年女性，好发于春秋季节。发疹前可有发热、头痛、乏力、全身不适食欲不振、肌痛及关节痛等前驱症状。数日后出现鲜红色圆形结节，直径1～5 cm，稍高出皮面。皮肤紧张，周围水肿，表面热，自觉疼痛或灼热痛。皮疹以小腿伸侧为主，少数可发生于大腿及上臂，偶可见于面部及颈部中，发生在这些部位的结节常小而浅，结节散在分布，每批数个至十几个不等。数日后结节软化，结节不破溃，颜色可由红色变成暗红色至褐黄色。病程数周，愈后不留瘢痕，但可反复发生(彩图7-29)。

部分患者结节持续不退，炎症及疼痛较轻，亦不发生溃疡和瘢痕，称为慢性结节性红斑或迁延性结节性红斑。

【诊断】

(一) 诊断要点

(1) 好发于青年女性，春秋季多见。

(2) 多发于两个小腿胫前及大腿皮肤，直径1～5 cm的红色结节，自觉疼痛和压疼，结节不融合，不破溃。

(3) 伴有轻微的全身症状，如低热、全身不适、肌肉和关节疼痛。

(二) 辅助检查

(1) 血象常有白细胞计数轻度增高，抗链球菌溶血素O可增高，血沉中等度增快。

(2) 病理变化主要为脂肪小叶间隔型脂膜炎。急性期真皮血管周围有慢性炎细胞浸润；间隔中小血管管壁可见炎症性浸润和内膜增生，可有红细胞外溢。陈旧性损害主要为脂肪间隔增宽及间隔周围纤维化和脂肪萎缩。

【鉴别诊断】

1. 结节性血管炎　中年妇女多发，在一定时间内常反复发作，主要为小腿屈侧出现深在大小不等的结节，可遗留纤维性结节。

2. 硬红斑　中年妇女多发，起病缓慢，主要为小腿屈侧出现深而大、暗红色的结节，可破溃。可能有结核病史。

【治疗】

(一) 内治法

1. 湿热瘀阻证

证候　发病急骤，下肢结节，灼热红肿，轻微疼痛；伴发热，下肢浮肿，关节肌肉酸痛，口渴，大便干，小便黄。舌质红，苔黄，脉滑微数。

治法　清热利湿，祛瘀通络。

主方　萆薢渗湿汤(《疡科心得集》)合桃红四物汤(《医宗金鉴》)。

成药　新癀片，每服4粒，每日2次；三妙丸，每服6 g，每日2次。

2. 寒湿阻络证

证候　皮损暗红，此伏彼起，缠绵不愈；伴关节疼痛，遇寒加重，肢冷，口不渴，大便不干。舌质淡，苔薄白或白腻，脉沉缓或迟。

治法　温经散寒，除湿通络。

主方　黄芪桂枝五物汤(《金匮要略》)加减。

成药　大活络丸，每服1丸，每日2次；或木瓜丸，每服4 g，每日2次。

(二) 外治法

(1) 皮下结节较大，红肿疼痛者，外敷金黄膏或玉露膏。

笔记栏

(2) 皮下结节色暗红，红肿不明显者，外敷冲和膏。

(3) 用蒲公英、丹参、紫草各 30 g，荆芥、丹皮、当归各 20 g，煎水外洗，每日 2 次。

（三）其他疗法

针灸疗法 主穴取足三里、三阴交、昆仑、阳陵泉，实证用泻法，虚证用补法。隔日 1 次。

【预防与护理】

(1) 寻找并去除可能的致病因素。

(2) 忌食鱼虾蟹、葱、姜、蒜和酒类等腥发之品。

(3) 急性发作时，应卧床休息，抬高患肢。

(4) 避风寒，防潮湿，冬季注意保暖，以防复发。

第二十五节 红斑狼疮

红斑狼疮是一种以面颊部及其他部位出现局限性持久性红斑，或同时并有心肺肝肾等多脏器损害为主要表现的自身免疫性疾病。由于皮损呈现红斑、萎缩、瘢痕、色素改变，看上去如被狼咬过一样，故有"红斑狼疮"之名。中医文献根据红斑呈现蝴蝶状，称其为"红蝴蝶疮"。临床一般将本病分盘状红斑狼疮与系统性红斑狼疮两大类。盘状红斑狼疮主要为面颊部皮肤损害。系统性红斑狼疮除皮损外，同时有多脏器损害，可以变生"水肿""心悸""咳喘""胸痛""臌胀""癫狂""痹证"诸证。本病起病隐匿或急骤，病变呈进行性经过，预后较差。

【病因病机】

总由先天禀赋不足，肝肾亏虚而成。

1. 热毒蕴结肌肤，内传脏腑 素有肝肾精血不足，阴虚则火旺，虚火上炎；加之腠理不密，日光暴晒，外热入侵，热毒入里，两热相搏，瘀阻脉络，内伤于脏腑，外伤于肌肤，而发病。

2. 肝气郁结 肝郁气滞，郁久化火，致气血凝滞，结于肌肤而成。

3. 邪热炽盛，伤及阴液 病至中后期，邪热渐退，则又多表现为低热、疲乏、唇干舌红、自汗等阴虚火旺、肝肾不足证候。

4. 气血两虚，心阳不足 病至后期热毒之邪损伤阴液，耗伤气血，可致气血、气阴两虚之证；阴损及阳，累及于脾，还可致脾肾两虚，水湿泛滥，膀胱气化失权，而见便溏溲少、四肢清冷、下肢甚或全身浮肿等症。

本病病情常虚实互见，变化多端。六淫侵袭、劳倦内伤、七情郁结、妊娠分娩、日光暴晒、内服药物都可成为发病的诱因。在整个病变过程中，热毒炽盛之证可相继或反复出现，甚或表现为热毒内陷，热盛动风等危重证候。

现代医学有关本病病因不明，目前认为遗传素质、物理因素（如日光照射）、感染因素、药物因素、内分泌因素、精神因素和创伤等都可引起免疫反应异常，而诱发或加重本病。

【临床表现】

本病临床表现错综复杂，变化多端。在疾病早期，症状较单一，且不典型，常仅表现一个或两个器官的症状，颇易误诊。本节主要介绍盘状红斑狼疮和系统性红斑狼疮两型。

1. 盘状红斑狼疮 多见于 20～40 岁的女性，男女之比约为 1∶3，家族中可有相同患者。

皮损好发于面部，尤以两颊、鼻部为著，其次为头项、两耳、眼睑、额角，亦可发于手背、指侧、唇红部、肩胛部等处。初为针尖至黄豆大小或更大微高起的鲜红或桃红色斑，呈圆形或不规则形，境界清楚，边缘略高起，中央轻度萎缩，形如盘状，表面覆有灰褐色的黏着性鳞屑，鳞屑下有角质栓，嵌入毛囊口内，毛囊口多开放，犹如筛孔，皮损周围有色素沉着，伴毛细血管扩张。两颊部和鼻部的皮损可相互融合，呈蝶形外观。黏膜亦可累及，主要发生在唇部，表现除鳞屑红斑外，甚至可发生糜

笔记栏

烂、溃疡。

一般无自觉症状，进展时或日光暴晒后可有轻度瘙痒感，少数患者可有低热、乏力及关节痛等全身症状。

部分患者的皮损可同时或相继在颜面、头皮、手背、足跖等多处部位发生，此称为播散性盘状红斑狼疮。

本病呈慢性经过，患部对日光敏感，春夏加重，入冬减轻，病程中不破溃，亦难自愈，消退后遗留浅在性瘢痕。

先天禀赋不足的盘状红斑狼疮患者，有1%～5%可转变为系统性红斑狼疮或继发皮肤癌变。

2. 系统性红斑狼疮　多见于青年及中年女性，男女之比约为1∶10。

本病早期表现多种多样，症状多不明显，初起可单个器官受累，或多个系统同时被侵犯。常表现为不规则发热，关节疼痛，食欲减退，伴体重减轻、皮肤红斑等。

(1) 皮肤、黏膜损害：约80%的患者出现对称性的皮损，典型者在开始时与盘状红斑狼疮皮损相似，在两颊和鼻部出现蝶形水肿性红斑，为不规则形，色鲜红或紫红，边界清楚或模糊，有时可见鳞屑，病情缓解时红斑消退，留有棕色色素沉着，较少出现萎缩现象。皮损发生在指甲周围皮肤及甲下者，常为出血性紫红色斑片，高热时红肿光亮，时隐时现；发生在口唇者，则为下唇部红斑性唇炎的表现。皮损严重者，可有全身泛发性多形性红斑、紫红斑、水疱等，口腔、外阴黏膜有糜烂，头发可逐渐稀疏或脱落。手部遇冷时有雷诺现象，常为本病的早期表现(彩图7-30)。

(2) 全身症状

1) 发热：一般都有不规则发热，多数呈低热，急性活动期出现高热，甚至可达40～41℃。

2) 关节、肌肉疼痛：约90%的患者有关节及肌肉疼痛，关节疼痛可侵犯四肢大小关节，多为游走性，软组织可有肿胀，但很少发生积液和潮红。

3) 肾脏损害：几乎所有的系统性红斑狼疮皆累及肾脏，但有临床表现的约占75%，肾脏损害为较早的、常见的、重要的内脏损害，可见到各种肾炎的表现，早期尿中有蛋白、管型和红细胞、白细胞，后期肾功能损害可出现尿毒症、肾病综合征表现。

4) 心血管系统病变：约有1/3的患者有心血管系统的病变，以心包炎、心肌炎、心包积液较为常见。有时伴发血栓性静脉炎、血栓闭塞性脉管炎。

5) 呼吸系统病变：主要表现为胸膜炎和间质性肺炎，出现呼吸功能障碍。

6) 消化系统病变：约有40%的患者有恶心呕吐、腹痛腹泻、便血等消化道症状。约30%的患者有肝脏损害，呈慢性肝炎样表现。

7) 神经系统病变：神经系统症状多见于后期，可表现为各种精神、神经症状，如抑郁失眠、精神分裂症样改变，严重者可出现抽搐、症状性癫痫。

8) 其他病变：可累及淋巴系统，表现为局部或全身淋巴结肿大，质软无压痛。累及造血系统见贫血、全血细胞减少。另外，约有20%的病例有眼底病变，如视乳头水肿、视网膜病变。

(3) 实验室检查

1) 一般检查：血常规呈中度贫血，部分患者白细胞及血小板减少，血沉加快，尿中有蛋白及红细胞、白细胞和管型，蛋白电泳白蛋白减少，γ球蛋白、α_2球蛋白增多，白/球蛋白比倒置。

2) 免疫学检查

A. 狼疮细胞阳性率在60%左右，但特异性低。

B. 抗核抗体检查，阳性率在90%以上，其中抗双链DNA抗体特异性高，阳性率为95%，效价与病情轻重成正比。其他如抗Sm抗体、抗SS-A抗体、抗SS-B抗体阳性率为30%左右。

C. 补体及免疫复合物检查，循环免疫复合物升高，血清总补体及C3、C4均降低，尤以C3下降显著。

笔记栏

D. 狼疮带试验检查，用直接荧光免疫法在患者皮肤和真皮连接处检查，可见免疫球蛋白和补体沉积，呈颗粒状、球状或线条状排列的黄绿色荧光带，在系统性红斑狼疮的正常皮肤暴露部位阳性率为 50%～70%，皮损部位高达 90%以上，诊断意义较大。

【诊断】

1. 盘状红斑狼疮　主要根据皮损持久性红斑，有黏着性鳞屑、角质栓及萎缩等特征，必要时作组织学和免疫病理检查确认。

2. 系统性红斑狼疮　青年妇女有不明原因的低热、关节酸痛、乏力、白细胞减少时，应注意皮疹和光敏等现象，并进一步作免疫抗体检查。目前一般采用 1997 年美国风湿病学会(ACR)推荐的系统性红斑狼疮分类标准(表 7－2)。

表 7－2　美国风湿学会(ACR)1997 年推荐系统性红斑狼疮分类标准

项　目	说　　明
颊部红斑	在两颧突出部位，红斑、平或肿胀高起
盘状红斑	片状高起于皮肤的红斑，黏附有角质脱屑和毛囊栓；陈旧病变可发生萎缩性瘢痕
光敏感	对日光有明显的反应，引起皮疹，从病史中得知或医生观察到
口腔溃疡	经医生观察到的口腔或鼻咽部溃疡，一般为无痛性
关节炎	非侵蚀性关节炎，累及 2 个或更多的外周关节，有压痛，肿胀或积液
浆膜炎	胸膜炎或心包炎
肾脏病变	尿蛋白＞0.5 g/24 小时或(＋＋＋)，或管型(红细胞、血红蛋白、颗粒或混合管型)
血液病变	溶血性贫血，或白细胞减少，或淋巴细胞减少，或血小板减少
免疫学异常	抗 ds－DNA 抗体阳性，或抗 Sm 抗体阳性，或抗磷脂抗体阳性(包括抗心磷脂抗体，或狼疮抗凝物，或至少持续 6 个月的梅毒血清试验假阳性，三者中具备一项阳性)
神经病变	癫痫发作或精神病，除外药物或已知的精神紊乱
抗核抗体	在任何时候和未用药物诱发"药物性狼疮"的情况下，抗核抗体滴度异常

标准中临床表现有 7 项，实验室检查 4 项。在该标准的 11 项中同时或相继出现任何 4 项者，即可以诊断为系统性红斑狼疮。

【鉴别诊断】

1. 风湿性关节炎　关节肿痛明显，可出现风湿结节；无系统性红斑狼疮特有的皮肤改变，对光线不敏感；抗风湿因子大多为阳性；红斑狼疮细胞及抗核抗体检查阴性。

2. 类风湿性关节炎　关节疼痛，可有关节畸形；无红斑狼疮特有的皮损；类风湿因子大多呈阳性；狼疮细胞检查多呈阴性。

3. 皮肌炎　多从面部开始；皮损为以双眼睑为中心的紫蓝色水肿性红斑，多发生肌炎症状明显；肌酶、肌酸含量异常。

【治疗】

(一) 内治法

1. 热毒炽盛证

证候　面部蝶形红斑，色鲜艳，皮肤紫斑，关节肌肉疼痛；伴高热，烦躁口渴，抽搐，大便干结，小便短赤。此证多见于系统性红斑狼疮急性活动期。舌红绛，苔黄腻，脉洪数或细数。

治法　清热凉血，化斑解毒。

主方　犀角地黄汤(《备急千金要方》)合黄连解毒汤(《外台秘要》)。

成药　五福化毒丸，每服 1 丸，每日 3 次。

2. 阴虚火旺证

证候　斑疹暗红，关节痛，足跟痛；伴有不规则发热或持续性低热，手足心热，心烦失眠，疲乏无力，自汗盗汗，面浮而赤，月经时少或经闭。舌质红，苔薄，脉细数。

治法　滋阴补肾，清热降火。

主方　知柏地黄汤(《医宗金鉴》)加减。

笔记栏

成药　知柏地黄丸，每服 6 g，每日 3 次。

3. 脾肾阳虚证

证候　眼睑、下肢浮肿，胸胁胀满，尿少或尿闭，面色无华，腰膝酸软，面热肢冷，口干不渴。舌淡胖，苔少，脉沉细。

治法　温肾助阳，健脾利水。

主方　附桂八味丸(《金匮要略》)合真武汤(《伤寒论》)加减。

成药　济生肾气丸，每服 6 g，每日 2～3 次。

4. 气血瘀滞证

证候　面部盘状红斑，色黯或紫，累及耳郭，角质栓形成及皮肤萎缩；或伴胸胁胀痛，脘腹闷胀，头晕纳减，月经失调或痛经，指(趾)瘀斑、瘀点。舌黯红或有瘀点，苔薄，脉沉细弦。

治法　疏肝理气，活血化瘀。

主方　逍遥散(《太平惠民和剂局方》)合血府逐瘀汤(《医林改错》)加减。

成药　逍遥丸，每服 9 g，每日 2 次；血府逐瘀胶囊，每服 6 粒，每日 2 次。

(二) 外治法

皮损处涂白玉膏或黄柏霜，每天 1～2 次。

(三) 其他疗法

(1) 对盘状红斑狼疮的皮肤损害可外用糖皮质激素、局部封闭或液氮作冷冻治疗。

(2) 对急性发作或重型病例，宜在中医辨证施治的基础上选用糖皮质激素、免疫抑制剂、免疫调节剂等进行中西医结合治疗。

【预防与护理】

(1) 避免日光暴晒。无论何型，均应注意避免日光暴晒，夏日应特别注意，外出时应戴遮阳帽或撑遮阳伞，也可外搽防晒霜。

(2) 避免感冒、受凉，严冬季节对暴露部位应适当予以保护，如手套、穿厚袜及戴口罩等。

(3) 避免各种诱发因素，对易于诱发本病的药物如青霉素、链霉素、磺胺类、普鲁卡因胺、肼屈嗪及避孕药等应避免使用，皮损处忌涂有刺激性的外用药。

(4) 忌食酒类等刺激性食品；有水肿者应限制钠盐的摄取；注意加强饮食营养，多食富含维生素的蔬菜、水果。

(5) 注意劳逸，加强身体锻炼，避免劳累，病情严重者应卧床休息。

(6) 肾脏受损害者，应忌食豆类及含植物蛋白高的食品，以免加重肾脏负担。

第二十六节　淋　　病

淋病是指由淋球菌感染引起的泌尿生殖系的炎症性疾病。以尿频、尿急、尿痛、尿道流脓或脓性白带为主要特征。常因性接触而传播。临床以急性尿道炎及女子的子宫颈炎等为多见，极易合并相连器官组织的炎症。中医文献将本病称为“花柳毒淋”。本节所述也仅指淋球菌感染所致的性病。并发症可参照热淋、膏淋、血淋、劳淋以及精浊、子痈、带下等有关病证内容进行辨治。

【病因病机】

总因感受湿热秽毒之邪，蕴结下焦，致经络阻隔，气血凝滞，热胜肉腐，肉腐为脓，发为本病。

(1) 因宿娼恋色或误用秽毒之邪污染之物，秽毒浊邪阻滞于膀胱及肝经，化热化湿，蕴结下焦所致。

(2) 酒色过度、耗损肾气兼感秽毒，使肾升清无能，固摄无权，精微脂液下流而成精浊。

(3) 初起急性发作，多属湿热实证；久病则虚实夹杂，肝肾已亏而淋浊未清；若尿色红赤或带血，

笔记栏

则为湿热炽盛,灼伤血络而致。

现代医学认为淋病的致病菌为奈瑟淋病双球菌,主要通过性接触传染,淋病患者是其传染源,亦可通过间接接触及产道传染,导致局部化脓性炎症。

【临床表现】

淋病最主要的是泌尿生殖系统的化脓性感染,此外,还包括眼、咽、直肠、盆腔和播散性淋球菌感染。本节主要介绍泌尿生殖系统感染症状。

淋病的潜伏期一般为2～10天,平均为3～5天,潜伏期的患者具有传染性。

1. 男性无合并症淋病(单纯性尿道炎)　主要症状为尿频、尿痛、尿道流脓。

(1) 尿频、尿痛:表现为小便次数增多,刚排完尿后又有尿意,排尿时尿道疼痛,尤其是尿道口刺痛或灼热痛,排尿开始时疼痛剧烈,尿排尽后疼痛减轻。

(2) 尿道口流脓:病初为稀薄黏液,逐渐变为黄色黏稠的脓液,有的还带有血性液体。清晨起床时尿道口流出的分泌物较多,可沾污内裤。排出的尿液混浊呈乳白色,以前段尿较为明显(彩图7-31)。

(3) 尿道口潮红水肿,严重者可见尿道黏膜外翻,夜间常有阴茎痛性勃起。

(4) 全身症状:全身症状一般较轻,少数可有发热、全身不适、食欲不振。

2. 男性有合并症淋病　男性尿道炎易合并前列腺炎、精囊炎、附睾炎。

(1) 前列腺炎:患者发热、尿频、尿痛、尿液混浊、会阴部坠胀感。直肠指检:前列腺肿大、触痛。

(2) 精囊炎:急性者发热、尿频、尿痛,终末尿混浊带血,精液带血。慢性精囊炎以血精为特征,常不能自止,可延续数月。致使患者精神紧张,甚至恐惧。精囊炎常导致不育。直肠指检:急性期可触及肿大的精囊并有剧烈疼痛,慢性时精囊发硬,有纤维化。

(3) 附睾炎:以单侧发病居多。阴囊皮肤发红,附睾肿大,疼痛,触痛明显。同侧腹股沟和下腹部有反射性抽痛。

3. 女性无合并症淋病(尿道炎、宫颈炎)　大部分妇女感染淋病后无症状,或症状轻微,主要症状为白带增多;轻度尿频、尿痛和排尿困难。

(1) 尿道炎:轻度尿频、尿痛和排尿困难,尿道口红肿有脓性分泌物。

(2) 宫颈炎:出现多量脓性白带,妇科检查:可见较多脓性分泌物,宫颈充血水肿,触痛、抬举痛,或有宫颈糜烂,宫颈脆性增加,易出血。

(3) 女童淋病:阴道、尿道、会阴部红肿,可出现糜烂和溃疡,阴道有脓性分泌物,排尿困难,或者出现淋菌性结膜炎。

4. 女性有合并症淋病　淋菌性宫颈炎易并发输卵管炎,输卵管、卵巢脓肿,淋菌性盆腔炎,前庭大腺炎。

(1) 输卵管炎:10%～20%的淋球菌感染者可并发此症。常见症状为下腹部疼痛、性交痛、月经不规则及阴道出血。体检时发现附件触痛、子宫颈举痛,宫颈分泌物异常。患者可表现发热等全身不适症状。

(2) 输卵管、卵巢脓肿:常见下腹痛、腰痛,发热,食欲不振、恶心呕吐,下腹部触及痛性肿块。如脓肿破裂则突然发生寒战、高热,头痛,下腹部剧痛,压痛、反跳痛、肌紧张等急性盆腔腹膜炎症状,重者可引起休克。

(3) 淋菌性盆腔炎:淋病如不进行及时治疗,15%可发展为淋菌性盆腔炎。由输卵管、卵巢脓肿破裂引起急性盆腔腹膜炎(症状如上述);输卵管、卵巢等盆腔器官炎症迁延则见下腹坠胀、隐痛,腰酸背痛,月经量增多等慢性盆腔炎症状。日久,输卵管瘢痕收缩引起管腔狭窄或闭塞可引起宫外孕和不孕症。

(4) 淋菌性前庭大腺炎:前庭大腺红、肿、热、痛,严重时可形成脓肿,有全身症状如发热等。

笔记栏

【诊断】

(一) 诊断要点

1. 病史　有性病接触史或其他直接和间接淋病分泌物接触史。

2. 典型的临床表现　男性有尿痛及尿道流脓，女性有轻度尿道不适及阴道脓性白带增多等。

（二）辅助检查

实验室阳性检验结果。① 淋球菌涂片检查：取患者分泌物涂片作革兰染色，可见多形核白细胞内革兰阴性(染成红色)的双球菌。本实验对男性患者具有初步诊断意义，敏感性和特异性达90%以上；女性患者如只作涂片，漏诊率较高，故以做培养检查为宜；② 淋球菌培养：培养后需根据菌落形态，氧化酶试验和糖发酵试验等作进一步鉴定。

【鉴别诊断】

1. 非特异性尿道炎　开始常有明显诱因，如机械性刺激、创伤和器械损伤，检查多为葡萄球菌、大肠杆菌、变形杆菌等，淋球菌检查呈阴性。

2. 非淋球菌性尿道炎　有性接触史，潜伏期1～3周，症状轻微或无明显症状，有少量脓性或黏液脓性分泌物。病原体主要为沙眼衣原体和解脲支原体，少数可为念珠菌或滴虫，淋球菌检查阴性。

【治疗】

（一）内治法

1. 湿热下注证

证候　小便频数涩痛，尿量少而尿意不尽，尿道口红肿刺痒，时流米泔样或脓性分泌物，或晨起有脓痂堵住尿道外口。小腹拘急，会阴沉闷胀痛，腰腹部沉重有下坠感，或见睾丸肿胀疼痛，或见终末血尿或见血精。妇人带下淋漓色黄而秽，检查可见宫颈充血，有较多脓性分泌物，或见前庭大腺红肿热痛甚或形成脓肿。伴发热口苦，胸闷纳呆。舌红苔黄腻或黄糙，脉滑数或弦数。

治法　清热解毒，利湿通淋。

主方　八正散(《太平惠民和剂局方》)加减。

有睾丸肿痛或前庭大腺炎，用龙胆泻肝汤(《医方集解》)加减；形成脓肿者加用透脓散(《外科正宗》)；妇人带下色黄有脓性分泌物者用止带方(《世补斋·不谢方》)合五味消毒饮(《医宗金鉴》)加减。

成药　大败毒胶囊，每服5粒，每日4次；或八正合剂，每服15 mL，每日2次。

2. 阴虚火旺证

证候　尿黄而有热涩之感，排尿时茎中灼痛，或尿道口泌出黄绿色脓性分泌物，阴茎易勃起，或见尿末滴白，尿道口时流黏液黏丝，小便余沥不尽，或见血精，血尿；伴腰膝酸软，头晕耳鸣，手足心热，午后低热，口干舌燥。舌红少苔乏津，脉细数。

治法　滋阴降火，补肾治淋。

主方　左归饮(《景岳全书》)或知柏地黄丸(《医宗金鉴》)加减。

成药　左归丸，每服9 g，每日3次；或知柏地黄丸，每服9 g，每日3次。

3. 气滞血瘀证

证候　病程日久小便热涩刺痛，淋漓不爽，少腹及会阴部坠胀、疼痛，痛引睾丸、阴茎，前列腺触诊质地变硬，或有结节，或见尿道狭窄，脐腹满闷，善太息，纳少嗳气，逢情志不畅则加剧，性功能减退。舌质紫黯，甚或见瘀点瘀斑，脉弦或细涩。

治法　行气活血，兼清余热。

主方　桃红四物汤(《医宗金鉴》)合萆薢分清饮(《医学心悟》)加减。

成药　大败毒胶囊，每服5粒，每日4次。

4. 脾肾亏虚证

证候　病程迁延，小便赤涩热痛不甚，淋沥不已，色如米泔，或流稠状物，会阴部酸胀隐痛，反复发作，日久不愈，劳累后加重；伴头昏神疲，纳少乏力，面色萎黄或畏寒肢冷，腰膝酸软，性功能减退，或有大便溏薄、遗精、阳痿、早泄、女子带下淋漓等。舌淡，苔白腻脉沉迟或细弱。

治法　调补脾肾，升阳化浊。

笔记栏

主方 右归饮(《景岳全书》)合萆薢分清饮(《医学心悟》)加减。

成药 右归丸,每服 9 g,每日 2 次。

(二) 外治法

可选用土茯苓、地肤子、苦参、芒硝各 30 g,煎水外洗局部,每日 3 次。

(三) 其他疗法

敷贴治疗 地龙 1 条,蜗牛 1 个,共捣烂敷脐部,每日 1 次。

【预防与护理】

(1) 杜绝不洁性交,提倡性交时使用避孕套。

(2) 及时规范治疗,并同时治疗性伴侣。

(3) 患病期间暂停性行为,并注意个人卫生。

(4) 忌烟酒、辛辣刺激性食物。

第二十七节 梅 毒

梅毒是由梅毒苍白螺旋体引起的一种全身慢性疾病。临床以多样性皮损(硬下疳、红斑丘疹、扁平湿疣、结节、淋巴结肿大)与多器官损害(皮肤、黏膜、骨骼、心血管、脑、脊髓、五官等)为特点。梅毒主要由性交传染,也可通过其他途径而传染。主要由不洁性事传播而患病者称后天梅毒、获得性梅毒;由患病孕妇通过胎盘引起胎儿发病的称胎传梅毒、先天梅毒;通过一般平常活动、医务接触被感染者称无辜梅毒。

梅毒又可分为早期梅毒(病期<2 年)和晚期梅毒(病期>2 年)。早期梅毒主要有一期、二期梅毒和早期潜伏梅毒。晚期梅毒又称三期梅毒,依据病患部位不同又分为皮肤梅毒、黏膜梅毒、骨梅毒、眼梅毒、心血管梅毒、神经梅毒、消化道梅毒、晚期潜伏梅毒等。早期梅毒以皮肤黏膜损害为主,晚期可造成全身多脏器损害病变,不治可终身带病。

本病因其疮色似杨梅,故古称"杨梅疮""杨梅结毒"等,此外,还有"花柳梅毒""霉疮""疳疮""秽疮""广疮""时疮"等记载。1632 年陈司成所著《霉疮秘录》是我国第一部论述梅毒的专著,"霉疮"病名即出自该书。

【病因病机】

病因染触秽毒,毒气外发于皮毛、外阴,内犯于骨髓、关窍、脏腑,而致疳疮、横痃、杨梅疮、杨梅结毒等诸多复杂证候。秽毒入侵可分为精化传染、气化传染、胎传染毒三途。

1. 精化传染 即性接触传染,包括异性和同性间的性交、肛交及口交、口淫、手淫、有体液交换的接吻等性行为。因同梅毒患者交媾,毒气乘虚入里而患病。

2. 气化传染 主要为接触传染,如与梅毒患者亲吻,误用其不洁之物(如衣服、毛巾、剃须刀等),登厕受梅毒不洁之气等,邪从口鼻肌肤而入而起。其他如哺乳、输入梅毒患者的血液也可传染。

3. 胎传染毒 患梅毒的孕妇,可以通过胎盘使胎儿受染而造成胎儿先天梅毒。

病邪由表入里循经传入内脏或越经犯心,深入筋骨、髓脑等各种器官可导致严重后果。

现代医学证实本病的病原体是梅毒螺旋体,因其透明,不易染色,故又称苍白螺旋体。梅毒螺旋体最适合的生存温度是 37℃,对人体的黏膜与皮肤有亲和性,只感染人类,在人体内可以长期生存,离开人体不易生存,煮沸、干燥、日光、普通消毒剂、洗衣液都可迅速将其杀灭。

【临床表现】

笔记栏

梅毒依据其不同临床类型呈现不同的临床表现。

(一) 后天梅毒

1. 一期梅毒 主要表现为硬下疳和附近淋巴结肿大(梅毒性横痃)。梅毒螺旋体经人体皮肤或黏膜的细微破损侵入人体后，一方面在皮肤、黏膜下繁殖，另一方面很快地沿着淋巴管到达附近的淋巴结，经过2～4周的潜伏期，在侵入部位发生炎症反应，称为硬下疳。硬下疳最常发生于生殖器部位，如男性的阴茎、包皮、冠状沟、包皮系带或龟头，女性的大小阴唇或宫颈；其次，可见于肛周、肛门或直肠；少数亦可见于唇、舌、乳房、手指等处。

硬下疳典型皮损：初起为暗红斑或充血性丘疹，逐渐增大形成黄豆或指甲大小的硬结，继之发生糜烂或溃疡，表面肉红色有少量渗出物，溃疡呈圆形或椭圆形，境界清楚，边缘稍隆起(彩图7-32)。

硬下疳的特点：① 触之有软骨样硬度，表面有浆液性分泌物，传染性极强；② 无疼痛与触痛；③ 通常只有一个，少数2～3个；④ 损害表面清洁；⑤ 未经治疗可在3～8周内自然消失。

梅毒性横痃出现于硬下疳发生后数天或1周，先是一侧腹股沟淋巴结肿大，以后发展为两侧。

梅毒性横痃特点：① 直径1 cm左右，较硬，彼此散在不融合；② 无疼痛及触痛；③ 表面无红、肿、热；④ 不化脓；⑤ 穿刺液中含有梅毒螺旋体；⑥ 可自然消退，但比硬下疳晚。

在硬下疳的初期，大部分患者的梅毒血清反应呈阴性，以后阳性率逐渐增高，到硬下疳出现后7～8周后，大部分患者血清反应变成阳性。

2. 二期梅毒 一般发生在感染后7～10周或硬下疳出现后6～8周。早期症状有流感样综合征及全身淋巴结肿大，有部分患者早期症状不明显。

(1) 二期皮肤黏膜损害(又称二期梅毒疹)

1) 皮疹可有斑疹、斑丘疹、丘疹、丘疹鳞屑性梅毒疹、银屑病样、多形红斑样梅毒疹、毛囊疹、脓疱疹、砺壳状疹、溃疡疹等，皮损内含有大量梅毒螺旋体，有很强的传染性。损害可以单独出现或合并出现，损害分布于躯干、四肢及掌跖部等。掌跖梅毒疹多呈圆形，红铜色红斑，表面有脱屑。

2) 扁平湿疣：好发于外生殖器、肛周等摩擦和潮湿的部位。皮损为1～3 cm扁平隆起斑块或如疣状，表面光滑湿润、污灰色、暗红色或褐色，一般3～5个，有时只有一个，有时十几个，损害内含有大量梅毒螺旋体。

3) 梅毒性脱发：因毛发暂时性营养障碍所致。表现为虫蚀样局限性或弥漫性脱发，不论治疗与否毛发均可再生。

4) 梅毒性白斑：有原发性和继发性两种。原发者为螺旋体引起的色素脱失性病变。好发于颈侧、背腰部或大腿内侧，为色素脱失斑，呈圆形或椭圆形，蚕豆至鸽蛋大小，边缘清楚或不清楚；继发者是由皮疹消退后遗留的色素脱失。

5) 黏膜损害：见于口腔、咽喉或阴道黏膜。初为浸润性红斑，境界清楚，因摩擦可糜烂，被覆白色薄膜，分泌物中含大量梅毒螺旋体，传染性强。

6) 二期梅毒疹的共同特点：① 皮疹多样，分布广泛而对称；② 自觉症状轻微(不痒)；③ 破坏性轻，传染性强；④ 可自行消退。

(2) 其他损害：可发生于骨、眼、神经等组织损害，表现为骨膜炎、关节炎、虹膜炎、脑膜炎等。

3. 三期梅毒(晚期梅毒)

(1) 三期皮肤梅毒

结节性梅毒疹：多数皮下小结节，直径约0.5 cm，呈古铜色，分布局限，不对称。常见于前额、臀、面部、肩部及肩胛间、四肢等处，有的可自然消失，遗留萎缩斑，或发生浅溃疡，愈后遗留浅瘢痕，边缘可以发生新的小结节，自觉症状轻微。

树胶肿：开始时为皮下小硬结，逐渐增大，与皮肤相连，形成浸润性斑块，数周后直径可达4～5 cm以上。中心逐渐软化，发生溃疡，排出血性脓液黏稠如树胶状，持续数月至2年，愈后留下瘢痕。

近关节结节：为发生于肘、膝、髋等大关节附近的皮下结节，对称发生，其表现无炎症，坚硬，压迫时稍有痛感，无其他自觉症状，发展缓慢，不溃破，治疗后可逐渐消失。

(2) 三期黏膜梅毒：主要见于口、鼻腔，为深红色的浸润型，上腭及鼻中隔黏膜树胶肿可侵犯骨质，产生骨坏死，死骨排出，形成上腭、鼻中隔穿孔及马鞍鼻，引起吞咽困难及发音障碍，少数可发生喉树胶肿而引起呼吸困难、声音嘶哑。

(3) 三期骨梅毒：以骨膜炎为多见，常侵犯长骨，损害较少，疼痛较轻，病程缓慢。其次为骨树胶肿，常见于扁骨，如颅骨，可形成死骨及皮肤溃疡。

(4) 三期眼梅毒：可发生虹膜睫状体炎、视网膜炎及角膜炎等，均可引起视力损害。

(5) 三期心血管梅毒：主要有梅毒性主动脉炎、梅毒性主动脉瓣闭锁不全、梅毒性主动脉瘤和梅毒性冠状动脉口狭窄等。

(6) 三期神经梅毒、脑膜梅毒、脑血管梅毒及脊髓脑膜血管梅毒和脑实质梅毒，可见麻痹性痴呆、脊髓痨、视神经萎缩等。

4. 潜伏梅毒(隐性梅毒)　梅毒未经治疗或用药剂量不足，无临床症状，血清反应阳性，排除其他可引起血清反应阳性的疾病存在，脑脊液正常，此称为潜伏梅毒。若感染期限在 2 年以内者称为早期潜伏梅毒，早期潜伏梅毒随时可发生二期复发损害，有传染性；病期在 2 年以上者称为晚期潜伏梅毒，少有复发，少有传染性，但女患者仍可经过胎盘而传给胎儿，发生胎传梅毒。

(二) 先天梅毒(胎传梅毒)

胎传梅毒是母体内的梅毒螺旋体由血液通过胎盘传入胎儿血液中，导致胎儿感染的梅毒。多发生在妊娠 4 个月后。发病＜2 岁者称早期胎传梅毒，＞2 岁者称晚期胎传梅毒。胎传梅毒不发生硬下疳，常有严重的内脏损害，对患儿的健康影响很大，病死率高。

1. 早期先天梅毒　多在出生后 2 周至 3 个月内出现症状。表现为消瘦，皮肤松弛多皱褶，哭声嘶哑，发育迟缓，常因鼻炎而导致呼吸、哺乳困难。皮肤损害可表现为斑疹、斑丘疹、水疱、大疱、脓疱等，多分布在头面、肢端、口周皮肤，口周可见皲裂，愈后留有辐射状瘢痕。此外，也可发生甲周炎、甲床炎、无发、骨髓炎、骨软骨炎、贫血、血小板减少等。大部分患儿可有脾大、肝大，少数出现活动性神经梅毒。

2. 晚期先天梅毒　患儿发育不良，智力低下，可遗留顶骨结节、前额圆凸，马鞍鼻、硬腭高耸、胡森齿、桑葚齿、锁骨内端肥大、舟状肩胛骨、佩刀胫等永久性骨性标志，还可有视网膜炎，角膜炎，神经性耳聋，脑脊液异常，肝脾肿大，鼻或腭树胶肿导致口腔及鼻中隔穿孔和鼻畸形。皮肤黏膜损害与成人相似。

3. 胎传潜伏梅毒　胎传梅毒未经治疗，无临床症状而血清反应呈阳性。

(三) 梅毒的实验室检查

梅毒螺旋体抗原血清试验阳性，或取硬下疳、病损皮肤、黏膜损害的表面分泌物、肿大的淋巴结穿刺液在暗视野显微镜下查到梅毒螺旋体，即可确诊。

【诊断】

1. 一期梅毒的诊断

(1) 病史：即性乱史或配偶感染史，潜伏期 2～4 周。

(2) 典型临床表现：生殖器部位的硬下疳伴近卫淋巴结肿大。

(3) 实验室检查：暗视野显微镜下查到梅毒螺旋体或梅毒血清学试验阳性。

2. 二期梅毒的诊断

(1) 病史：有性乱史和配偶感染史，有硬下疳史，病期在 2 年以内。

(2) 典型临床表现：泛发、对称、有轻度浸润而不痒的各类皮损，掌跖易见脱屑性斑疹，外阴、肛门可发生扁平湿疣、湿丘疹等。

(3) 实验室检查：① 暗视野显微镜可查到梅毒螺旋体(如扁平湿疣、湿丘疹、黏膜斑时可用此法)；② 梅毒血清学试验(二期梅毒血清学试验 100%阳性)。

笔记栏

3. 三期梅毒的诊断

(1) 病史：有婚外性交史或配偶感染史，有一、二期梅毒病史。

(2) 典型临床表现：结节性梅毒疹或皮肤、黏膜、骨骼树胶肿，心血管梅毒，神经梅毒表现。

(3) 实验室检查：① 梅毒血清试验：非梅毒螺旋体抗原试验大多阳性，但也可阴性；梅毒螺旋体抗原试验为阳性。② 脑脊液检查：白细胞和蛋白量升高，性病研究实验室试验(venereal disease research laboratory test，VDRL)阳性。

4. 先天梅毒诊断

(1) 家族史：生母为梅毒患者。

(2) 临床表现：有典型早期或晚期先天梅毒损害或标记。

(3) 实验室检查：① 暗视野显微镜检查：早期皮肤黏膜损害、鼻分泌物、胎盘或脐带查到梅毒螺旋体。② 梅毒血清试验阳性。

【鉴别诊断】

1. 硬下疳与软下疳　软下疳病原菌为杜克雷嗜血杆菌(haemophilus ducreyi)，潜伏期3～7天。初发为外生殖器部位的炎性小丘疹，1～2天后迅速变为脓疱，炎症明显，基底柔软，溃疡较深，表面有脓性分泌物，疼痛剧烈；常多发。

2. 梅毒玫瑰疹与玫瑰糠疹　玫瑰糠疹皮损为椭圆形，红色或紫红色斑，其长轴与皮纹平行，附有糠状鳞屑，常可见较大母斑；自觉瘙痒；淋巴结无肿大；梅毒血清反应阴性。

3. 梅毒扁平湿疣与尖锐湿疣　尖锐湿疣赘生物呈菜花状或乳头状隆起，基底较细，呈淡红色，梅毒血清反应阴性。

【治疗】

由于本病是一种危害性极大的慢性全身性性传播疾病，应该坚持查出必治，治必彻底的原则，追踪随访2～3年。迄今，青霉素仍是治疗梅毒最好的首选药物。明确诊断后应该优先考虑选择青霉素驱梅治疗，并要足量、规范用药(参见下述“西医药治疗”)。在应用青霉素治疗前，必须先做皮试，皮试结果阳性不可应用。本病中医治疗以解毒驱梅为基本治则，可根据患者的具体情况辨证论治。

(一) 内治法

1. 肝经湿热证

证候　多见于一期霉疮，外阴疳疮质硬而润，或腹股沟淋巴结肿大；或出现胸腹、四肢屈侧及颈部杨梅疹，杨梅痘或杨梅斑。伴口苦纳呆，小便赤短涩痛，大便秘结或稀而灼肛。舌红，苔黄腻，脉弦数。

治法　清肝解毒，利湿化斑。

主方　龙胆泻肝汤(《医方集解》)加减。

成药　龙胆泻肝丸，每服6 g，每日2次；或大败毒胶囊，每服5粒，每日4次。

2. 血热蕴毒证

证候　多见于二期霉疮，周身起杨梅疮，色如玫瑰，不痛不痒，或有丘疹、脓疱，鳞屑；兼见口干咽燥。苔薄黄或少苔，脉细滑或细数。

治法　凉血解毒，泻热散瘀。

主方　清营汤(《温病条辨》)合桃红四物汤(《医宗金鉴》)加减。

成药　复方青黛胶囊，每服4粒，每日3次；或大败毒胶囊，每服5粒，每日4次。

3. 毒结筋骨证

证候　见于杨梅结毒，患病日久，在四肢、头面、鼻咽部出现树胶肿，伴关节、骨骼作痛，行走不便，肌肉消瘦，疼痛夜甚。舌质暗，苔薄白或灰或黄，脉沉细涩。

治法　活血解毒，通络止痛。

主方　五虎汤(《霉疮秘录》)加减。

成药　内消瘰疬丸，每服8粒，每日3次。

4. 肝肾亏损证

证候　见于梅毒晚期脊髓痨者，患病可达数10年之久，逐渐两足瘫痪或痿软不行，肌肤麻木或虫行作痒，筋骨窜痛，腰膝酸软，小便困难。舌质淡，苔薄白，脉沉细弱。

笔记栏

治法　滋补肝肾，填髓息风。

主方　地黄饮子(《宣明论方》)加减。

成药　健步强身丸，每服 6 g，每日 2～3 次。

5. 心肾亏虚证

证候　见于心血管梅毒患者，症见心慌气短，神疲乏力，下肢浮肿，唇甲青紫，腰膝酸软，动则气喘。舌质淡有齿痕，苔薄白而润，脉沉弱或结代。

治法　养心补肾，祛瘀通阳。

主方　人参养荣汤(《三因极一病证方论》)加减。

成药　人参养荣丸，每服 6 g，每日 2 次；肾气丸，每服 6 g，每日 2 次。

(二) 外治法

1. 疳疮　鹅黄散或珍珠散外撒，每日 3 次。

2. 横痃、杨梅结毒未溃　选用冲和膏，醋、酒各半调成糊状外敷；或用金黄膏、四黄膏外敷。

3. 横痃、杨梅结毒破溃　可用珍珠层粉撒在创面，外敷四黄膏，每日 1 次；等其腐脓去后，再用生肌膏外敷。

(三) 其他疗法

1. 西医药治疗

(1) 早期梅毒治疗

1) 普鲁卡因青霉素 G 80 万 U，每日 1 次，肌内注射，共 10 天。

2) 苄星青霉素(长效青霉素)240 万 U，每周 1 次，肌内注射，共 2 周。

3) 红霉素或四环素 0.5 g，每日 4 次，口服，共 15 天。肝肾功能不良者禁用。

(2) 晚期梅毒治疗

1) 普鲁卡因青霉素 G 80 万 U，每日 1 次，肌内注射，共 15 天，可间隔 2 周，同上，行第二疗程。

2) 苄星青霉素(长效青霉素)240 万 U，每周 1 次，肌内注射，共 3 周。

3) 红霉素或四环素 0.5 g，每日 4 次，口服，共 30 天。肝肾功能不良者禁用。

(3) 胎传梅毒治疗

1) 普鲁卡因青霉素 G 5 万 U/kg，每日 1 次，肌内注射，共 10 天。

2) 苄星青霉素(长效青霉素)5 万 U/kg，肌内注射，1 次即可。

对青霉素过敏者，不得应用青霉素疗法，可考虑选用红霉素 7.5～25 mg/kg，每日 4 次，口服。

2. 针灸治疗　晚期梅毒，可选用穴位注射或艾灸缓解不适。主穴：关元、中极、次髎、行间、阴陵泉、三阴交、太溪。配穴：眼受损者，加风池、睛明、太阳、肝俞、太冲；有消化系统损害者，加脾俞、胃俞、足三里、上巨虚、下巨虚；有心血管损害者，加心俞、厥阴俞、内关、足三里、膈俞、委中；有呼吸系统损害者，加尺泽、太渊、照海；有泌尿系统损害者，加肾俞、膀胱俞；有骨骼损害者，加大椎、肾俞、阴陵泉、悬钟；有神经系统损害者，加百劳、百会、大椎、肾俞。每日或隔日 1 次，10 次为 1 个疗程。艾灸每次悬灸 20 分钟，适用于证偏虚寒者。

【预防与护理】

(1) 强化精神文明建设，净化社会风尚，禁止嫖娼卖淫，加强性病防治。

(2) 早诊断，早治疗，坚持查出必治，治必彻底原则，并建立随访追踪制度。

(3) 作好孕妇胎前检查，对梅毒患者要避孕或及早终止妊娠。

(4) 患病夫妇双方共同治疗。

笔记栏

第二十八节　尖锐湿疣

尖锐湿疣是由人乳头瘤病毒引起的皮肤黏膜赘生物为主要表现的性病。又称生殖器疣、性病疣。临床以生殖器、会阴、肛门等部位出现表皮瘤样增生,表面轻度角化,有颗粒感为特征。主要通过性接触传染,也可通过接触污秽物、非性行为的密切接触等途径传染。中医文献称为“臊瘊”“臊疣”“骚瘊”。

【病因病机】

主要由房事不洁,或间接接触污秽物品,秽浊湿毒之邪侵入机体,湿热毒邪搏结外阴或密切接触之皮肤黏膜,外发而成赘疣。正气不足,秽毒蕴结不散,赘瘤日益增大,生湿化热,湿热下注,则生糜烂,缠绵难愈。

现代医学认为本病因感染人乳头瘤病毒(HPV)所致,人是 HPV 的唯一宿主。HPV 在人体的温热湿润条件中最易生长增殖,故外生殖器及肛门部位最易感染。其中 HPV 16、18 亚型在生殖器部位有高度致癌性。其传染途径有:① 直接性接触传染;② 间接(或非性)接触传染:接触内衣、裤、浴盆、毛巾;家庭非性行为密切接触;③ 母婴传播:产妇感染 HPV,胎儿娩出时在产道被感染。

【临床表现】

病起于染毒后 1~8 个月(平均 3 个月),在男女生殖器部位(如冠状沟、包皮内外、尿道口、大小阴唇、阴道宫颈口)或其他接触部位出现淡红色,灰白色疣状丘疹,表面凹凸不平,有颗粒感,逐渐增大、增多,互相融合形成乳头样,菜花样或鸡冠状增生物。表面粗糙呈白色、红色或污灰色,并有污秽的分泌物,触之易出血;有时表面潮湿糜烂,如继发感染,则在裂缝中有脓液溢出,散发出奇臭(彩图 7-33)。

初起赘瘤较小时一般无自觉症状,日久赘瘤增多、增大互相融合,出现糜烂,则自觉瘙痒,或有压迫感;如继发感染时或发生在肛门和直肠发生皲裂者可出现疼痛。

【诊断】

(一) 诊断要点

(1) 有性乱史或配偶感染史。

(2) 生殖器、肛门等接触部位见有表面颗粒状、粗糙不平赘生物。

(二) 辅助检查

醋酸白试验阳性(用 3%~5%醋酸外搽或湿敷患处,2~3 分钟以后,病灶稍隆起,局部变白者为阳性,要求变白部位境界清楚,均匀一致。阳性部位即为 HPV 感染部位。本试验既可用于可疑病例鉴别诊断,还可用于治疗时确定手术范围)。

【鉴别诊断】

1. 扁平湿疣　为浸润、光滑的扁平片状隆起,暗视野显微镜检查可于皮损处找到梅毒螺旋体,梅毒血清反应阳性。

2. 绒毛状小阴唇　损害局限于小阴唇,为粟粒大小,黏膜色或淡红色小丘疹,平布如鱼子状,个别发生绒毛状改变。

3. 珍珠样阴茎丘疹　男性阴茎沿冠状沟排列的、粟粒大小皮色或粉红色丘疹,1~3 排,大小均匀一致。

【治疗】

(一) 内治法

1. 湿毒聚结证

证候　外生殖器或肛门等处出现疣状或菜花状赘生物,色褐或淡红,质软,表面秽浊潮湿,触之易出血,常伴恶臭;大便结,小便黄。舌质红,苔黄腻,脉滑或弦数。

治法　燥湿清热,解毒散结。

主方　龙胆泻肝汤(《医方集解》)加减。

成药　龙胆泻肝丸,每服 6 g,每日 2 次;或大败毒胶囊,每服 5 粒,每日 4 次。

2. 脾虚毒蕴证

证候　外生殖器或肛门处反复出现疣状赘生物;屡治不愈,体弱肢倦,食少纳差,声低懒言,大

笔记栏

便溏，小便清长。舌质淡胖，苔白，脉细弱。

治法 益气健脾，化湿解毒。

主方 参苓白术散（《太平惠民和剂局方》）合黄连解毒汤（《外台秘要》）加减。

成药 参苓白术丸，每服 6 g，每日 2 次；四妙丸，每服 6 g，每日 2 次。

（二）外治法

1. 熏洗法 板蓝根、山豆根、木贼草、香附各 30 g，或二矾汤煎水先熏后洗，每日 1～2 次。

2. 点涂法 疣体小而少者，可用五妙水仙膏或鸦胆子油点涂疣体，然后包扎患处，3～5 天换药 1 次。使用时应注意保护周围正常皮肤。

（三）其他疗法

1. 二氧化碳激光手术 利用二氧化碳激光的热效应，可使组织细胞酶失去活性，蛋白质变性进而发生凝固、坏死、炭化和气化。一般先进行局部麻醉，然后用二氧化碳激光点射烧灼，治疗过程中不断用蘸有 3% 过氧化氢的棉签擦去焦痂，以观察治疗深度是否合适，治疗结束后涂擦甲紫或 2% 碘酊。

2. 冷冻 采用液氮冷冻，适用于疣体不太大或不太广泛的患者。

3. 多功能高频治疗仪手术 利用治疗仪热效应使病变组织碳化、气化，从而消除病灶。具体操作方法是在局麻下直接接触病损进行烧灼，最后涂擦甲紫。一般 2 周后创面痂皮脱落痊愈。

4. 手术切除 对较大的疣状团块须进行手术切除。

【预防与护理】

(1) 性伴侣一方患病时，另一方也应接受检查和治疗。

(2) 在治疗期间应禁房事；保持局部清洁和衣物的消毒处理。

(3) 加强个人修养，避免不洁性交。

第二十九节 生殖器疱疹

生殖器疱疹是一种由单纯疱疹病毒感染，引起外阴生殖器皮肤黏膜出现群集小水疱和糜烂为特征的性传播疾病。临床以外阴生殖器皮肤黏膜处出现群集水疱、糜烂，自觉灼痛为特征。中医学称为“阴部热疮”“阴疮”“阴疳”。

【病因病机】

本病多因房事不洁，外感湿热秽毒，困阻外阴皮肤黏膜和下焦经络，外阴生殖器出现水疱、糜烂、灼热刺痛。反复发作者，耗气伤阴，导致肝肾阴虚，脾虚湿困，正虚邪恋，遇劳遇热则发。本病初起多为实证热，反复发作者多为正虚邪恋，虚实夹杂，以阴虚有热为主，后可致气阴两虚。

现代医学认为本病的病原体是单纯疱疹病毒，多数由Ⅱ型病毒感染所致。传播途径主要有直接接触、间接接触和母婴传播三个方面。生殖器疱疹在艾滋病流行的地区，可增加 HIV 感染的风险，同时与宫颈癌发生密切相关。

【临床表现】

原发性生殖器疱疹 潜伏期 2～7 天。原发损害为 1 个或多个小而瘙痒的红斑、丘疹，迅速变成小水疱，3～5 天后可形成脓疱，破溃后表面糜烂、溃疡、结痂，伴有疼痛，皮损单发或融合，男性好发于包皮、龟头、冠状沟、阴茎，偶可见于尿道，女性常发生于外阴、大小阴唇、阴蒂、阴道、宫颈。往往是旧的皮损消退，新的皮损又接着出现。常伴有发热、头痛、乏力、肌痛及腹股沟淋巴结肿大压痛等全身症状。若出现在尿道，可致排尿困难；发生在肛门、直肠，可出现腹痛、便秘、里急后重和肛门瘙痒等。

笔记栏

复发性生殖器疱疹 多在原发皮疹后 1 年内复发，复发间隙期一般 3～4 周至 3～4 个月。发热、受凉、早产、精神因素、消化不良、慢性病、疲劳等导致抵抗力下降常成为诱发的因素。复发性生殖器疱疹临床表现类似原发性生殖器疱疹，且较原发性者无论局部还是全身症状都轻。50%的患者在复发部位出现局部瘙痒、烧灼感及刺痛等前驱症状，一般7～10日皮损可消退愈合(彩图7-34)。

少数生殖器疱疹患者可出现脑膜炎、脑炎、骶神经根炎及脊髓脊膜炎、疱疹性指头炎以及泌尿道广泛感染等并发症。

【诊断】

(一) 诊断要点

(1) 有婚外性交史或配偶感染史。

(2) 生殖器部位出现多个丘疹、小水疱或脓疱，继而糜烂或溃疡。

(3) 自觉疼痛或瘙痒。

(二) 实验室检查

损害部位取材检测到病毒抗原或病毒培养阳性可确诊。

【鉴别诊断】

1. 硬下疳　无痛性溃疡与无痛腹股沟淋巴结肿大有时易与生殖器疱疹的溃疡和淋巴结肿大混淆，但硬下疳基底较硬；可检到梅毒螺旋体，梅毒血清反应阳性。

2. 软下疳　溃疡较深，疼痛，未经治疗不会自行消退；淋巴结肿大疼痛，可穿破；溃疡分泌物量较多，呈灰黄色或脓样；可查到杜克雷嗜血杆菌。

3. 接触性皮炎　有接触过敏史，在接触部位发生水肿、丘疹、水疱、糜烂、渗出。处理得当，1～2周可痊愈。无不洁性交史。

【治疗】

(一) 内治法

1. 肝经湿热证

证候　生殖器部位出现红斑、群集性小水疱、糜烂或溃疡，甚至出现脓疱，灼热，轻痒或疼痛；伴口干口苦，小便黄，大便秘结，初发者多数有腹股沟淋巴结肿痛。舌质红，苔黄腻，脉弦细数。

治法　清热利湿，化浊解毒。

主方　龙胆泻肝汤(《医方集解》)加减。

成药　龙胆泻肝丸，每服6 g，每日2次。

2. 阴虚毒恋证

证候　外生殖器反复出现潮红、水疱、糜烂、溃疡、灼痛，日久不愈，遇劳复发或加重；伴神疲乏力，腰膝酸软，心烦口干，五心烦热，失眠多梦。舌质红，苔少或薄腻，脉弦细数。

治法　滋阴降火，解毒除湿。

主方　知柏地黄汤(《医宗金鉴》)加减。

成药　知柏地黄丸，每服6 g，每日2次。

(二) 外治法

(1) 马齿苋、野菊花、地榆、苦参各30 g，水煎外洗，每日2～3次，每次10～15分钟。

(2) 青黛散麻油调涂，每日2～3次。

(3) 水疱溃破后的糜烂面可用喉风散外喷或用紫草油外搽。

(三) 其他疗法

1. 发作期　应用抗病毒西药，阿昔洛韦，每次200 mg，每日5次。外涂3%～5%阿昔洛韦软膏。初发者，连用7～10日；复发者，连用5～7日。

2. 无症状期　可选用免疫调节剂，转移因子胶囊每次3～6 mg，每日2～3次，口服；胸腺肽肠溶胶囊，每次5～15 mg，每日3次，口服。

【预防与护理】

(1) 树立正确的性观念、性道德，洁身自好，预防感染。

笔记栏

(2) 感染发作期应避免性生活;无症状期性交使用安全套可减少疾病的传播。

(3) 注意生活调摄,预防受凉感冒,加强营养,少食辛辣刺激食品,戒烟酒。

(4) 积极锻炼身体,避免过度疲劳,增强体质,提高抵抗力。

(5) 妊娠期生殖器疱疹如在分娩前出现病毒活动,应行剖宫产。

第三十节　艾滋病

艾滋病(AIDS),全称为“获得性人类免疫缺陷综合征”,是由人类免疫缺陷病毒(HIV)所致的传染病。主要通过性接触及血液、血液制品和母婴传播。一般家庭生活和日常社会活动如握手、拥抱、乘坐公共交通工具,共用游泳池、厕所、电话,接触汗液、眼泪,或被昆虫叮咬不会传播。本病临床以反复出现发热、消瘦、盗汗、困倦、纳呆、腹泻、发斑、出血、昏迷、全身淋巴结肿大,并发恶性肿瘤为特征。由于传染性强、死亡率高、无法治愈,故被人们称为“超级癌症”。艾滋病是20世纪80年代新发现的综合征,难以与中医学的某一病证相对应,临床可根据病情表现的主要方面,大致参考包括“疫疠”“阴阳易”“虚劳”“瘰疬”“癥瘕”等病证进行辨证论治。

【病因病机】

中医认为艾滋病的病因包括邪毒外袭和正气不足两个方面。邪毒为疫疠之气,具有强烈的传染性。大凡吸毒耗气伤精、纵欲滥交致肾精匮乏,机体处于正气不足状态,易为邪毒所犯。或疫毒入血,邪盛正虚,痰浊、瘀血、郁热积聚,变生脏腑失常、气血阴阳失调诸证。或虚实夹杂,正气日虚,邪毒日盛,终至正不胜邪,脏腑败坏,阴阳离决。总之,本病邪毒侵袭,正气不足且正气日虚,邪毒日盛是基本的病因病机。临床以肺卫受邪、肺肾阴虚、脾胃虚弱、脾肾亏虚、气虚血瘀和窍闭痰蒙等病机表现为多见。

现代医学研究表明艾滋病的病原体是“人类免疫缺陷病毒(HIV)”。其传染途径主要有:① 性接触传染;② 血液传染,包括输入被HIV污染的血液、血液成分、使用被HIV污染的注射器或手术器械等间接污染皮肤及黏膜创口,以及移植HIV感染的组织器官;③ 母婴传染,主要通过胎盘传染、分娩时产道传染和产后母乳传染。HIV侵入人体后的主要攻击目标是T淋巴细胞,特别是$CD4^{+}$ T细胞。宿主细胞在HIV侵入1~2周后死亡,大量病毒颗粒被释放,又去感染新的细胞,此过程周而复始,最终导致大量的$CD4^{+}$ T细胞死亡,使人体内辅助性淋巴细胞明显减少,感染者免疫功能遭到严重破坏,导致免疫缺陷。

【临床表现】

典型的HIV感染从感染到死亡过程一般分为无症状潜伏期、持续全身性淋巴结病期、艾滋病相关综合征期、艾滋病期四个时期。

1. 无症状潜伏期　这个时期是HIV病毒进入感染者体内生存、复制的阶段,也是机体的T4淋巴细胞遭到破坏,性质渐变,免疫功能受损的阶段。这一时期一般病程为1~5年,没有其他的临床症状。但是有一部分感染者会在感染的最初2周出现一过性症状,也被称为急性期症状,比如流感、低热、皮疹、腹泻等比较轻微的一些症状表现。这些症状持续不长的时间,这种一过性症状很容易被忽视。这一时期感染者一般体征正常,病情稳定可以跟正常人一样生活,但HIV抗体阳,HIV病毒阳性,且具有传染性。

2. 持续全身性淋巴结病期　通常病程平均为1.5年。在这一时期,HIV病毒已经开始侵犯淋巴结,感染者症状表现为全身至少三处淋巴结肿大,主要发生在腹股沟、腋下或者颈部,肿大的淋巴结质地较硬有弹性,多对称生长,按压无痛感,多无其他临床症状,或者仅有疲劳、消瘦、低热或者夜间盗汗等少量症状,HIV抗体阳性,HIV病毒阳性,具有传染性。

笔记栏

3. 艾滋病相关综合征期　这一时期已经发生临床症状但症状还较轻,而且还没发生肿瘤或者机会性感染(正常菌群在机体免疫功能低下,寄居部位改变或菌群失调等特定条件下引起的感染称为机会性感染)症状。这一时期可由艾滋病潜伏期直接发生,或者自30%的处于持续全身性淋巴结病期的艾滋病感染者发展而来,这一时期病程为1～3年。症状通常有严重的身体不适、消瘦、夜间盗汗、腹泻、口腔病变、皮疹等,HIV抗体检测为阳性,HIV病毒为阳性,并且具有传染性。

4. 艾滋病期　也被称为艾滋病重症期,病程为几个月到两年。由于机体受艾滋病病毒感染后经过太长的时间,$CD4^+$ T细胞被吞噬殆尽,机体免疫功能丧失。艾滋病患者正处于机会性病原所致的感染和恶性肿瘤等疾病的夹击中,机体无力抵抗的濒死边缘,症状错综复杂,可表现为:持续的发热、持续的腹泻、呼吸系统症状、神经系统症状、口腔或皮肤症状、各种恶性肿瘤如卡波西肉瘤、淋巴瘤等。这一时期为艾滋病晚期,病情危重,预后差。

【实验室检查】

1. 免疫学检查　T4淋巴细胞减少,外周血淋巴细胞显著减少,自然杀伤细胞活性下降,B淋巴细胞功能失调。

2. HIV抗体检测　这类方法是确定有无HIV感染的最简单方法。常用的有:酶联免疫吸附法(ELISA)、间接免疫荧光法(HF)、明胶颗粒凝集实验(PA)、免疫印迹检测法(WB)、放射免疫沉淀试验(RIP)。其中前3种用于筛选检查,后2种用于确诊。

【诊断】

(一) 诊断要点

1. 病史　多个性伴、同性恋、静脉药瘾、接受输血、血液制品等病史。

2. 临床表现　反复出现发热、消瘦、盗汗、困倦、纳呆、腹泻、发斑、出血、昏迷、全身淋巴结肿大,并发恶性肿瘤等。

(二) 辅助检查

1. HIV的诊断　HIV检测阳性(初筛试验二次阳性,确诊试验阳性)。对于HIV检测阴性而临床上可疑者,须3个月后复查阴性方可排除HIV感染。

2. AIDS的诊断

(1) HIV病毒抗体阳性,又具有下述任何一项者,可为实验确诊艾滋病患者:近期内(3～6个月)体重减轻10%以上,且持续发热达38℃1个月以上;近期内(3～6个月)体重减轻10%以上,且持续腹泻(每天达3～5次)1个月以上;卡氏肺囊虫肺炎;卡波西肉瘤;明显的,真菌或其他条件致病菌感染。

(2) 若抗体阳性者体重减轻、发热、腹泻症状接近上述第一项标准且具有以下任何一项时可为实验确诊艾滋病患者:CD4/CD8比值＜1,CD4计数下降;全身淋巴肿大;明显的中枢神经系统占位性病变的症状和体征;出现痴呆辨别能力丧失或运动神经功能障碍。

【鉴别诊断】

1. 免疫缺陷病　是一组由于免疫系统发育不全或遭受损害所致的免疫功能缺陷引起的疾病。临床以反复出现各系统的感染性病变为主,常伴各种顽固性咳嗽、鹅口疮、腹泻、关节疼痛、湿疹等症状。原发性免疫缺陷多见于儿童,继发性免疫缺陷多见于成年人,但HIV检测阴性。

2. 特发性 $CD4^+$ T淋巴细胞减少症　表现酷似AIDS,但HIV检测阴性。

3. 原发性卡波西肉瘤　多见于免疫力低下的老年人,HIV检测阴性。

【治疗】

目前尚无特效的疗法。西医的免疫调节剂、抗病毒制剂及综合疗法的实施,以及辨证应用中医药,能够部分控制病情的发展,延长患者的存活时间,提高患者的生存质量。

(一) 内治法

1. 风热犯肺证

证候　见于急性感染期。症见发热、微恶风寒、微咳、身痛、乏力、咽痛。舌质淡红,苔薄白或薄黄,脉浮或浮数。

笔记栏

治法　宣肺祛风,清热解毒。

主方　银翘散(《温病条辨》)加减。

成药　银翘解毒丸,每服 9 g,每日 2 次;连花清瘟胶囊,每服 4 粒,每日 3 次。

2. 肺肾阴虚证

证候　多见于以呼吸系统症状为主的艾滋病早、中期患者,尤以卡氏肺囊虫肺炎、肺孢子肺炎、肺结核较多见。症见发热,咳嗽,无痰或少量黏痰,或痰中带血,气短胸痛,动则气喘,全身乏力,消瘦,口干咽痛,盗汗,周身可见淡红色皮疹,伴轻度瘙痒。舌质红,少苔,脉沉细数。

治法　滋补肺肾,解毒化痰。

主方　百合固金汤(《慎斋遗书》)合贝母瓜蒌散(《医学心悟》)加减。

成药　百合固金丸,每服 6~9 g,每日 2 次。

3. 脾胃虚弱证

证候　多见于以消化系统症状为主者。症见腹泻久治不愈,腹泻呈稀水状便,少数夹有脓血和黏液,里急后重不明显,可有腹痛;兼见发热,消瘦,全身乏力,食欲不振,恶心呕吐,吞咽困难,或腹胀肠鸣,口腔内生鹅口疮。舌质淡或有齿痕,苔白腻,脉濡细。

治法　扶正祛邪,培补脾胃。

主方　补中益气汤(《东垣十书》)合参苓白术散(《太平惠民和剂局方》)加减。

成药　补中益气丸,每服 9 g,每日 2 次;或参苓白术丸,每服 6 g,每日 2 次。

4. 脾肾亏虚证

证候　多见于晚期患者,预后较差。症见发热或低热,形体极度消瘦,神情倦怠,心悸气短,头晕目眩,腰膝酸痛,四肢厥逆,食欲不振,恶心,呃逆频作,腹泻剧烈,五更泄泻,毛发枯槁,面色苍白。舌质淡或胖,苔白,脉细无力。

治法　温补脾肾,益气回阳。

主方　肾气丸(《金匮要略》)合四神丸(《内科摘要》)加减。

成药　金匮肾气丸,每服 5 g,每日 2 次。

5. 气虚血瘀证

证候　以卡波西肉瘤多见。症见周身乏力,气短懒言,面色苍白,饮食不香,四肢、躯干部出现多发性肿瘤,瘤色紫黯,易于出血,淋巴结肿大。舌质黯,或有瘀点、瘀斑,脉沉细无力。

治法　补气化瘀,活血散结。

主方　补阳还五汤(《医林改错》)合消瘰丸(《许履和外科医案医话集》)加减。

成药　补阳还五口服液,每服 10 mL,每日 3 次;内消瘰疬丸,每服 8 丸,每日 3 次。

6. 窍闭痰蒙证

证候　多见于出现中枢神经病症的晚期患者。症见发热、头痛、恶心呕吐、神志不清,或神昏谵语、项强惊厥、四肢抽搐,或伴癫痫或痴呆。舌质暗或胖,或干枯,苔黄腻,脉细数或滑。

治法　清热化痰,息风开窍。

主方　羚角钩藤饮(《医宗金鉴》)加减。

成药　安宫牛黄丸,每服 1 丸,必要时再服 1 丸,中病即止。

(二) 其他疗法

1. 针刺　针灸可以调动机体的免疫系统,提高抗病能力。可选关元、命门、腰俞、脾俞、足三里、内关、合谷、曲池、百会、阴陵泉、风池、委中、列缺等穴,施补法。

2. 耳穴压豆　选交感、神门、肺、肝、肾,取磁珠或中药王不留行籽,按压在病变相应的耳穴上。

【预防与护理】

笔记栏

(1) 加强对艾滋病防治知识的宣传普及。

(2) 加强性道德观念的教育,杜绝不洁性行为,避免与 HIV 感染者、艾滋病患者及高危人群发生性接触。

(3) 禁止静脉吸毒者共用注射器，严格加强普通人群注射消毒管理，提倡使用一次性用品。

(4) 严格选择供血者，防止血源传染。HIV 检测应作为供血者的常规检查项目，使用进口血液、血液成分制品时一定要进行 HIV 检测。

(5) 艾滋病患者或 HIV 阳性者应避孕，已出生婴儿不用母乳喂养。

(6) 加强入境检疫，严防艾滋病传入。

(7) 医务人员，特别是接触艾滋病高危人员的医务工作者要严格遵守操作规程，切实加强自我防护。

(8) 加强心理治疗，创造良好环境，不歧视患者。

【治疗 AIDS 有效中药及其作用机制分类】

现代研究表明，治疗 AIDS 有效的中药，主要是通过中药抗 HIV 的活性，有效抑制 HIV 的繁殖，或通过中药的免疫调节，增强机体免疫功能而产生疗效。按其作用机制，可作如下分类，供辨病用药参考。

1. 抗 HIV 活性的中药　甘草、人参、党参、黄芪、白术、茯苓、当归、大枣、枸杞子、杜仲、淫羊藿、女贞子、冬虫夏草、刺五加、香菇、灵芝、狗脊、三七、丹参、苦参、柴胡、黄连、金银花、黄芩、天花粉、紫花地丁、夏枯草、穿心莲、牛蒡子、螃蜞菊、紫草、贯众、千里光、丁公藤、苦瓜、龙胆草、蒲公英、水牛角、白头翁、防风、白屈菜、姜黄、桑白皮、山豆根、连翘、鱼腥草、大青叶、板蓝根、白花蛇舌草、野菊花、知母、十大功劳叶、虎杖、马兜铃、大蒜、麻黄、雷公藤、麝香、漏芦、巴豆、槟榔等。

2. 促进单核细胞吞噬能力的中药　人参、党参、黄芪、紫河车、淫羊藿、五加皮、白术、黄精、灵芝、蒲公英、金银花、丹参、桃仁、赤芍、川芎、香菇、茯苓、甘草等。

3. 促进巨噬细胞吞噬作用的中药　黄芪、党参、人参、白术、灵芝、猪苓、香菇、当归、地黄、蝮蛇、淫羊藿、补骨脂、刺五加、杜仲等。

4. 增加 T 细胞的中药　人参、灵芝、茯苓、香菇、白术、薏苡仁、黄精、天冬、女贞子、淫羊藿等。

5. 提高细胞免疫力的中药　人参、党参、黄芪、黄精、白术、山药、灵芝、阿胶、菟丝子、淫羊藿、旱莲草、当归、红花、仙鹤草、丹参、生地、女贞子、枸杞子、白芍、川芎、五味子、金银花、黄连等。

6. 提高体液免疫能力的中药　人参、党参、黄芪、白术、灵芝、黄精、淮山药、旱莲草、菟丝子、阿胶、淫羊藿、丹参、红花、川芎、当归、仙鹤草、生地、女贞子、枸杞子、白芍、金银花、五味子等。

7. 延长抗体存活及促进抗体生成的中药　麦冬、玄参、沙参、鳖甲、鸡血藤、阿胶、女贞子等可延长抗体存活时间；肉桂、附子、仙茅、淫羊藿、锁阳、菟丝子可促进抗体生成，提高淋巴细胞转化作用。

(杨　柳　杨文信　张春晖)

笔记栏

第八章　乳 房 病

导　学

通过学习，掌握乳房疾病的检查法及治疗，乳腺炎的病因病机、临床表现、辨证论治及成脓期切开术的要求，乳房纤维腺瘤、乳腺增生病的诊断、鉴别诊断及辨证论治，乳癌的特点、临床表现、辨证论治及其与乳腺增生病、乳房纤维腺瘤的鉴别。

熟悉乳房与脏腑经络的关系，乳腺炎的概念及鉴别诊断，浆细胞性乳腺炎的特点及鉴别诊断，乳房结核的诊断、鉴别诊断及辨证论治，乳房纤维腺瘤、乳腺增生病的概念及病因病机，乳房异常发育症的诊断及其治疗，乳漏的诊断及外治法，乳腺导管内乳头状瘤的诊断、鉴别诊断及治疗，乳癌的概念及病因病机。

了解乳腺炎的预防与护理，浆细胞性乳腺炎的概念，乳房结核概念及病因病机，乳房异常发育症的概念及病因病机，乳漏的病因病机，乳腺导管内乳头状瘤的概念及病因病机，乳癌的预防与护理。

第一节　概　　论

乳房疾病是发生在乳房部位的各种疾病的总称，其包括乳房炎症性病变、发育异常病变、增殖性病变和乳房的各种良恶性肿瘤等，是外科常见病，也是中医外科领域颇具优势和特色的病种。男女均可发病，女性发病率明显高于男性。故《妇科玉尺·妇女杂病》说："妇女之疾，关系最钜者，则莫如乳。"关于乳房疾病，早在汉代就有记载，且对各种乳房疾病的病因、症状、治法都有比较详细的描述，这对后世诊治乳房疾病具有一定的指导意义。

一、乳房与脏腑、经络的关系

乳房位于胸前第2～6肋骨水平之间，左右对称。主要由乳房、乳晕、乳头和乳络等构成。乳房的发育生长及其病变与经络的关系密切，如足阳明胃经行贯乳中；足太阴脾经络胃上膈，布于胸中；足厥阴肝经上膈，布胸胁绕乳头而行；足少阴肾经上贯肝膈而与乳联。冲任两脉起于胞中，任脉循腹里，上关元至胸中；冲脉夹脐上行，至胸中而散。正是由于这些经脉的分布、通调和灌养，从而保证了乳房正常的生理功能。

乳房与脏腑也有密切的关系，乳房有赖于五脏六腑之气血津液的营养。其中肾的先天之精气、脾胃的后天水谷之精微、肝的藏血及疏调气机对乳房的生理、病理影响较大。

二、病因病机

乳房疾病的发生，常因肝气郁结、胃热壅滞、肝肾不足、痰瘀凝结、乳汁蓄积、外邪侵袭等，或因先天遗传、禀赋不足、发育畸形及妊娠失养而成，皆可影响肝肾、脾胃的生理功能而发生病变。如《外证医案汇编》说："乳症，皆云肝脾郁结，则为癖核；胃气壅滞，则为痈疽。"一般而言，乳房感染性疾病多由乳头破碎，感染毒邪，或嗜食厚味致脾胃积热，或情志内伤致肝气不舒，均可引起乳汁壅滞,排泄障碍,久而化热,热胜肉腐而成脓肿。肿块性乳房疾病,则因忧思郁怒,肝脾受损,气滞血瘀痰凝而成"乳中结核"。

三、辨证要点

临床辨证,除局部观察病变外,尚需结合全身症状进行辨证求因,审因论治。其辨证主要有以下四个证型。

1. 肝郁胃热　由于肝气不舒,失于条达;胃经积热,经络阻塞,气血瘀滞,日久化热。症见乳房局部红肿热痛,成脓时则剧痛。常伴有恶寒发热、口渴欲饮、小便短赤、舌苔白或黄、脉弦数等。如乳腺炎、乳房蜂窝织炎。

2. 肝气郁结　情志不畅,郁闷忧思,致肝气不舒,气滞血瘀;肝郁而致脾失健运,痰浊而生,气滞痰瘀互结而成肿核。症见乳房结块,形如桃李,质地坚实或坚硬,表面光滑,推之可动或固定不移。常伴有胸闷不舒、心烦易怒、月经不调、舌苔薄白、脉弦滑等。如乳腺增生病、乳腺癌。

3. 肝肾不足　由于先天不足或后天失调,生育过多,以致肝肾亏损,冲任失调,精血不足,水不涵木,肝火上升,火灼津为痰,痰瘀互结而成核,症见乳房结块。常与发育、月经、妊娠等有关。乳房胀痛常在经前加重,常伴有头晕、耳鸣、腰酸乏力、月经不调、舌苔薄、脉弦细数等。如乳房异常发育症、乳腺增生病。

4. 阴虚痰凝　由于肺肾阴虚,肺津不布,致阴虚火旺,灼津为痰,痰火循经结于乳房。症见乳房结块,皮色不变,微微作痛,化脓迟缓,脓水清稀。常伴有午后潮热、夜间盗汗、形瘦食少、舌质红、脉细数等。如乳房结核。

四、乳房疾病检查法

及时正确地进行乳房检查,对于乳房疾病的早期发现、早期诊断有重要意义。

1. 望诊　患者端坐,将两侧乳房完全显露。观察乳房的位置、大小、形状、是否对称;乳房表面有无块状突起或凹陷;乳房皮肤有无发红、水肿或橘皮样、湿疹样改变等。乳房浅表静脉是否扩张。乳头有无畸形、内陷、抬高、破损、溢液或特殊分泌物及其颜色、性质等。

2. 触诊　检查乳房时间选择,最好在月经来潮的第7～10天,此时是乳房生理最平稳时期,有病变时容易发现。坐位与仰卧位相结合。先检查健侧乳房,再检查患侧,以便对比。正确的检查方法是四指并拢,将指腹平放乳上轻柔触摸,切勿用手指去抓捏,以免将正常的乳腺组织误认为肿块。其顺序是先触按整个乳房,然后按照一定次序触摸乳房的四个象限:内上、外上、外下、内下象限,继而触摸乳晕部分,注意乳头有无溢液或溢血。最后触摸腋窝、锁骨下及锁骨上区域淋巴结。如扪及肿块时应注意:① 肿块的位置、形状、数目、大小、质地、边界、表面情况、活动度及有无压痛;② 肿物是否与皮肤粘连,可用手指轻轻提起肿物附近的皮肤,以确定有无粘连;③ 肿块的性质,应要结合患者的年龄、病史及其他辅助检查方法才可确诊。

乳房检查操作

五、辅助检查

1. X线检查　常用钼靶X线摄片。乳腺癌典型的X线表现为密度增高的肿块影,边界不规则,或有毛刺征,有时可见颗粒细小、密集的钙化点。此检查是鉴别乳腺良恶性病变,尤其是早期发现乳腺癌的有效诊断技术。

2. 超声检查　属无损性检查,可反复使用,可鉴别肿块是囊性还是实质性。B超结合彩色多普勒检查可观察乳房血供情况,提高其判断的敏感性,且对肿瘤的定性诊断可提供有价值指标。热图象、液晶膜、近红外线扫描均可协助诊断。

3. 病理检查　是确定乳房肿块性质的特异性方法。目前常用细针穿刺抽吸细胞学检查,对疑为乳癌者,可将肿块连同周围乳腺组织一并切除,作快速冰冻切片检查。而不宜作单纯切取肿瘤活检。乳头溢液未触及肿块者,可作溢液涂片细胞学检查。乳头糜烂疑为湿疹样乳腺癌时,可作乳头

笔记栏

糜烂部刮片或印片细胞学检查。

六、治疗

乳房疾病的治疗分为内治法和外治法两种。

（一）内治法

1. 疏表解毒法　适用于邪气阻滞经络，营卫不和之证。症见乳房局部肿痛，伴有恶寒发热，舌苔薄白，脉浮数等。治宜疏表清热解毒，代表方剂有瓜蒌牛蒡汤、银翘散等。

2. 清热解毒法　适用于热毒炽盛，肉腐成脓阶段。症见乳房局部红肿高突、灼热疼痛，伴有壮热口渴、尿赤便秘、舌红苔黄、脉弦数等。治宜清热解毒，以抑热毒之势，代表方剂有内疏黄连汤、橘叶散等。

3. 托里透脓法　适用于气血两虚，不能托毒外出，脓成难溃，或溃后脓水清稀者。症见疮形平塌，漫肿不收，日久不易破溃，隐隐作痛；或溃后脓水清稀，久不收口，唇舌淡红，脉沉细无力等。治宜补益托毒，使之毒聚脓透，以利生肌收口，代表方剂有托里透脓汤、托里消毒散等。

4. 解郁化痰法　适用于肝气不舒，情志不畅，失其疏泄，气机不利，运化失司，痰气互结而致的乳腺增生等乳房疾病。症见胸闷不舒、乳房胀痛、舌苔白腻、脉弦滑等。治宜疏肝解郁、化痰软坚，代表方剂有开郁散、逍遥散合小金丹等。

5. 补益扶正法　适用于乳癌、乳房结核破溃后气血不足或见阴虚、或见阳虚之证。患者面色无华，气短无力，食欲不振，唇舌淡红，脉细无力；或潮热盗汗，头晕耳鸣，舌质红，脉细数；或形寒肢冷，大便溏薄，苔白质淡，脉沉迟等症状。或感染性乳房疾病溃破后，脓出毒泄而气血两虚，难于生肌收口者，均可酌情使用补益扶正法，即“虚者补之”。气血虚者，可用香贝养荣汤、归脾汤等；肝肾不足者，可选用右归饮、二仙汤、六味地黄丸等。

6. 调摄冲任法　适用于肝肾不足、冲任失调者。症见乳房肿块或疼痛，多与乳房发育、月经周期、妊娠等有关，伴有腰酸乏力，神疲倦怠，月经失调，舌淡苔薄白，脉沉细等。治宜滋补肝肾、调摄冲任，代表方有右归饮、二仙汤、六味地黄丸等。

（二）外治法

1. 敷贴　首先要辨明乳房疾病的阴阳属性。对于急性乳腺炎、浆细胞性乳腺炎等病阳证者，初起宜清热解毒，活血消肿为主，选用金黄散、玉露散、双柏散等，以水、蜜调后外敷，每日1～2次。或用金黄膏、玉露膏外敷。溃破后宜提毒祛腐，选用八二丹、九一丹药捻引流；脓尽腐脱，肉芽新鲜，改用生肌散、生肌玉红膏等。乳房结核等病阴证者，初起宜温经通络，箍毒消肿，用阳和解凝膏掺桂麝散外敷治疗。溃后宜提脓祛腐，用七三丹药线引流，红油膏盖贴；腐肉新生，用生肌散、生肌玉红膏等。对于乳癌等肿块类乳房疾病，宜温经和阳，化痰通络，消肿止痛，用阳和解凝膏掺黑退消、桂麝散等。

2. 手术　对感染性乳房疾病，如脓肿形成，宜及时切开排脓。肿块性乳房疾病，经积极药物治疗无明显好转时，亦可施行手术。对疑有恶变或确诊为恶性肿瘤，应早期采取手术治疗，以免贻误病情。

七、预防调护

1. 健康饮食　阳证者平素饮食宜清淡为主，阴证者可适当进食温热食物。

2. 心情愉悦　乳房疾病往往与肝郁气滞有关，恼怒忧思易引起或加重乳房疾病，故保持心情愉悦有利于预防调护乳房疾病。

笔记栏

3. 保证睡眠　充足优质的睡眠有利于治疗和预防乳房疾病。

4. 适当运动　适当运动不但有利于心情舒畅，而且有利于预防乳房疾病的发生。

5. 定期检查　每月对乳房做一次自检，定期到医院做乳房检查。

第二节 乳腺炎

乳腺炎课件

乳腺炎是细菌侵入乳房引起的急性化脓性疾病。临床以乳房局部结块，红肿热痛，并有恶寒发热等全身症状为特征。本病属于中医学“乳痈”范畴。因发病情况不同，中医文献又有多种名称：在哺乳期发生的，名“外吹乳痈”；在妊娠期发生的，名“内吹乳痈”；在非哺乳期和非妊娠期发生的，名“不乳儿乳痈”。本病以产后未满月的哺乳期妇女，尤其是初产妇多见，故临床以“外吹乳痈”最为多见。

【病因病机】

1. 乳汁郁积 乳汁郁积是临床上最常见的原因。初产妇乳头破碎，或乳头畸形、内陷，影响充分哺乳；或哺乳方法不当，或乳汁多而少吮，或断乳不当，均可导致乳汁郁积，乳络阻塞结块，郁久化热酿脓，而成痈肿。

2. 肝郁胃热 情志不畅，肝气郁结，失于疏泄；产后饮食不节，脾胃运化失司，阳明胃热壅滞，致使乳络闭阻不畅，郁而化热，形成乳痈。

3. 感受外邪 产妇体虚汗出受风，或露胸哺乳外感风邪；或乳儿含乳而睡，口中热毒之气侵入乳孔，均可使乳络郁滞不通，化热成痈。

现代医学认为本病多因产后抵抗力下降，乳头破损，乳汁郁积，细菌沿淋巴管、乳管侵入乳房，继发感染而成。其致病菌多为金黄色葡萄球菌，其次为白色葡萄球菌和大肠杆菌。

【临床表现】

多见于产后 3～4 周的哺乳期妇女。

1. 初起 常有乳头皲裂，哺乳时感觉乳头刺痛，伴有乳汁郁积或结块，乳房局部肿胀疼痛，皮色不红或微红，皮肤不热或微热。或伴有全身感觉不适，恶寒发热，食欲不振，脉滑数。

2. 成脓 患乳肿块逐渐增大，局部疼痛加重，或见搏动样疼痛，皮色焮红，皮肤灼热。同侧淋巴结肿大压痛。至乳房红肿热痛第 10 天左右，肿块中央渐渐变软，按之应指有波动感，穿刺抽吸有脓液，有时脓液可从乳窍中流出。全身症状加剧，壮热不退，口渴思饮，小便短赤，舌红，苔黄腻，脉洪数。

3. 溃后 脓肿成熟，可自行破溃，或手术切开排脓。若脓出通畅，肿消痛减，寒热渐退，疮口渐愈。若溃后脓出不畅，肿势不消，疼痛不减，身热不退，可能形成袋脓，或脓液波及其他乳络形成传囊乳痈。亦有溃后乳汁从疮口溢出，久治不愈，形成乳漏者。

在成脓期大量使用抗生素或过用寒凉中药，常可见肿块消散缓慢，或形成僵硬肿块，迁延难愈。

【诊断】

（一）诊断要点

(1) 初起乳房内有疼痛性肿块，皮肤不红或微红，排乳不畅，可有乳头破裂糜烂。化脓时乳房肿痛加剧，肿块变软，有应指感，溃破或切开引流后，肿痛减轻。如脓液流出不畅，肿痛不消，可有“传囊”之变。溃后不收口，渗流乳汁或脓液，可形成乳漏。

(2) 多有恶寒发热、头痛、周身不适等症。

(3) 患侧腋下可有淋巴结肿大、疼痛。

(4) 患者多数为哺乳期妇女，尤以产后未满月的初产妇多见。

（二）辅助检查

血白细胞总数及中性粒细胞增高。

笔记栏

【鉴别诊断】

炎性乳腺癌 多见于青年妇女，尤其是在妊娠期或哺乳期。患乳迅速增大，常累及整个乳房的

1/3以上,尤以乳房下半部为甚。病变局部皮肤呈暗红或紫红色,皮肤肿胀有一种韧性感或皮肤深陷呈橘皮样改变,局部无痛或轻压痛。同侧腋窝淋巴结明显肿大,质硬固定。全身症状较轻,体温正常,白细胞计数不高,抗炎治疗无效。本病进展较快,预后不良。

【治疗】

乳腺炎治疗当以消为贵。郁滞者以通为主,成脓者以彻底排脓为要。对并发脓毒败血症者,及时采用中西医结合综合疗法。

（一）内治法

1. 气滞热壅证

证候　乳汁郁积结块,皮色不变或微红,肿胀疼痛;伴有恶寒发热,周身酸楚,口渴,便秘。舌红,苔薄黄,脉数。

治法　疏肝清胃,通乳消肿。

主方　瓜蒌牛蒡汤(《医宗金鉴》)加减。

成药　逍遥丸,每服6 g,每日3次。

2. 热毒炽盛证

证候　乳房肿痛,皮肤焮红灼热,肿块变软,有应指感;或溃后脓出不畅,或切开排脓后引流不畅,红肿热痛不消,有“传囊”现象;伴有壮热,全身症状加重。舌红,苔黄腻,脉洪数。

治法　清热解毒,托里透脓。

主方　瓜蒌牛蒡汤(《医宗金鉴》)合透脓散(《外科正宗》)加减。

成药　新癀片,每服4片,每日3次。

3. 正虚毒恋证

证候　溃脓后乳房肿痛虽轻,但疮口脓水不断,脓汁清稀,愈合缓慢或形成乳漏;全身乏力,面色少华,或低热不退,饮食减少。舌淡,苔薄,脉弱无力。

治法　益气和营托毒。

主方　托里消毒散(《医宗金鉴》)加减。

成药　八珍冲剂,每服1包,每日2次。

（二）外治法

1. 初起　乳汁郁滞,乳房肿痛,乳房肿块,可用热敷加乳房按摩,以疏通乳络。先轻揪乳头数次,然后用五指从乳房四周轻柔地向乳头方向按摩,将郁滞的乳汁渐渐推出。可用金黄膏或玉露膏外敷;或用鲜菊花叶、鲜蒲公英、仙人掌去刺捣烂外敷;或用六神丸研细末,适量凡士林调敷;亦可用50%芒硝溶液湿敷。

2. 成脓　脓肿形成时,应在波动感及压痛最明显处及时切开排脓。切口应按乳络方向并与脓腔基底大小一致,切口位置应选择脓肿稍低的部位,使引流通畅而不致形成袋脓,应避免手术损伤乳络形成乳漏。如果切口在乳晕处,可沿乳晕边缘行弧形切口。如果为乳房深部脓肿,则应在乳房下缘做弓形切口,将乳房与胸大肌筋膜分离后,上翻乳房,切开脓腔,引流脓液。若脓肿小而浅者,可用针吸穿刺抽脓。

3. 溃后　切开排脓后,用八二丹或九一丹提脓拔毒,并用药线插入切口内引流,切口周围外敷金黄膏。待脓净仅有黄稠滋水时,改用生肌散收口。若有袋脓现象,可在脓腔下方放置一棉垫,并予加压包扎,使脓液不致潴留。若有乳汁从疮口溢出,可在患侧用垫棉法束紧,促进愈合;若成传囊乳痈者,也可在疮口一侧用垫棉法,若无效可另做一切口以利引流。形成乳房部窦道者,可先用七三丹药捻插入窦道以腐蚀管壁,至脓净改用生肌散、红油膏盖贴直至愈合。

（三）其他疗法

笔记栏

必要时加用抗生素,可首选青霉素类,或根据细菌培养结果选择。

【预防与护理】

(1) 妊娠5个月后,经常用温开水或肥皂水洗净乳头。乳头内陷者,可经常提拉矫正。

(2) 乳母宜心情舒畅，情绪稳定。忌食辛辣炙煿之物，不过食肥甘厚腻之品。

(3) 保持乳头清洁，不使婴儿含乳而睡，注意乳儿口腔清洁；要定时哺乳，每次哺乳应将乳汁吸空，如有积滞，可按摩或用吸奶器帮助排出乳汁。

(4) 若有乳头擦伤、皲裂，可外涂麻油或蛋黄油；身体其他部位有化脓性感染时，应及时治疗。

(5) 断乳时应先逐步减少哺乳时间和次数，再行断乳。断乳前可用生麦芽 60 g、生山楂 60 g 煎汤代茶，并用皮硝 60 g 装入纱布袋中外敷。

(6) 以胸罩或三角巾托起患乳，脓未成者可减少活动牵痛，破溃后可防止袋脓，有助于加速疮口愈合。

第三节　浆细胞性乳腺炎

浆细胞性乳腺炎是一种以乳腺导管扩张、浆细胞浸润为病变基础的慢性非细菌性感染的乳腺化脓性疾病。其特点是多在非哺乳期或非妊娠期发病，常有乳头内陷或溢液，初起肿块多位于乳晕部，化脓溃破后脓中夹有脂质样物质，易反复发作，形成瘘管，经久难愈，全身炎症反应较轻。本病属于中医学“粉刺性乳痈”范畴。

【病因病机】

素有乳头内陷畸形，加之情志抑郁不畅，肝郁气滞，营气不从，经络阻滞，气血瘀滞，聚结成块，蒸酿肉腐而成脓肿，溃后成瘘；若气郁化火，迫血妄行，可致乳头溢血。

西医学认为，由于乳头内陷或乳腺导管开口堵塞，乳腺导管上皮细胞脱落及大量类脂分泌物积聚于导管内而导致其扩张，积聚物分解产生化学性物质刺激导管壁而引起管壁炎性细胞浸润和纤维组织增生，这种病变逐渐扩展累及部分乳腺而形成肿块，有时炎症呈急性发作则成脓肿，脓液中常夹有粉渣样物排出，脓肿破溃后可形成瘘管。

【临床表现】

多见于青春期后任何年龄段的女性，且均在非哺乳期、非妊娠期发病，大多数患者有先天性乳头全部内陷或部分内陷。多为单侧乳房发病，少数患者亦有双侧乳房先后发病的。本病发展缓慢，病程长达数月或数年，病情表现多样。

1. 乳头溢液　是本病早期表现之一。多表现为间歇性、自发性，并可持续较长时间。溢液性状多为浆液性，也可为乳汁样、脓血性或血性。数量有多有少。输乳孔多有粉刺样物或油脂样物分泌，并带有臭味。

2. 乳房肿块　最为常见。往往起病突然，发病迅速。患者感觉乳房局部疼痛不适，有刺痛或钝痛，并发现肿块。肿块多位于乳晕区，或向某一象限伸展。肿块大小不等，直径大多小于 3 cm，个别可达 10 cm 以上。肿块形状不规则，质地硬韧，表面可呈结节样，边界欠清，无包膜，常与皮肤粘连，但无胸壁固定，可推移。继则肿块局部可出现红肿热痛，红肿范围可迅速扩大，若炎症得不到控制，则可形成脓肿。乳房皮肤水肿，有的可呈橘皮样变，可伴有患侧腋下淋巴结肿大、压痛，一般无全身发热。也有些患者一直以乳房肿块为主诉，持续时间可达数年，始终无明显的红肿表现。

3. 乳腺漏管　脓肿自溃或切开后，反复流脓并夹有粉渣样物，常形成与乳头相通的漏管，经久不愈。

【诊断】

(一) 诊断要点

(1) 本病多发于非哺乳期或非妊娠期的女性。

(2) 发病以一侧乳晕部较为多见，亦有双侧同时发病。患者常伴有乳头内缩史，在凹陷的乳头内可有带臭味的渣样物质分泌。

笔记栏

(3) 乳晕旁有结块，疼痛，皮色微红，7～10 天成脓。溃后脓液带有脂质样物质，久不收口，或反复红肿溃破，形成瘘管。化脓时有发热、头痛。

(4) 反复发作，可致瘢痕形成，在乳晕部出现僵硬之肿块，且与皮肤粘连。

（二）辅助检查

钼钯 X 线摄片、乳头溢液涂片检查，或作肿块针吸细胞学检查，有助诊断。

【鉴别诊断】

1. 乳腺癌 浆细胞性乳腺炎在急性炎症期易与炎性乳腺癌相混淆，炎性乳腺癌多见于妇女妊娠期及哺乳期，乳房迅速增大，发热，皮肤呈红色或紫红色，弥漫性肿大，无明显肿块，同侧腋窝淋巴结明显肿大，质硬固定，病变进展迅速，预后不良，甚至于发病数周后死亡。

2. 乳晕部疖 浆细胞性乳腺炎在急性期局部有红肿热痛等炎症反应，常被误诊为乳晕部一般疖，根据素有乳头内陷、反复发作的炎症以及切开排脓时脓液中夹有粉渣样或油脂样物等特点，与乳房部疖发病部位浅，脓出即愈，溃口不与乳窍相通等，易于鉴别。

3. 乳腺导管内乳头状瘤 导管内乳头状瘤有乳头溢液，呈血性及淡黄色液体，有时乳晕部触到绿豆大圆形肿块，易与浆细胞性乳腺炎相混淆。乳腺导管内乳头状瘤无乳头内陷畸形，乳孔无粉渣样物排出，肿块不会化脓。

4. 乳房部漏管 多为急性乳腺炎或乳房结核溃后形成，病变在乳房部，漏管与乳孔多不相通，无乳头内陷畸形。

此外，还应注意与乳房结核、乳腺增生病及乳房纤维腺瘤相鉴别。

【治疗】

中医药治疗本病有良好的疗效，宜首选。乳头溢液患者，应寻找病因，适当对症处理。乳房肿块尚未成脓时，促其消散。化脓成漏管者，可采用中医内服外治结合治疗。

（一）内治法

1. 肝经郁热证

证候 乳头凹陷，乳晕部结块红肿热痛；伴发热，头痛，大便干结，尿黄。舌质红，舌苔黄腻，脉弦数或滑数。

治法 疏肝清热，活血消肿。

主方 柴胡清肝汤(《外科正宗》)加减。

成药 清热败毒饮，每服 30 mL，每日 3 次；清解片，每服 3 片，每日 2～3 次。

2. 正虚邪滞证

证候 脓肿自溃或切开后久不收口，脓水淋漓，形成乳漏，时愈时发，局部有僵硬肿块。舌质淡红或红，舌苔薄黄，脉弦。

治法 扶正托毒。

主方 托里消毒散(《医宗金鉴》)加减。

成药 八珍冲剂，每服 1 包，每日 2 次。

（二）外治法

(1) 肿块初起时用金黄膏外敷。

(2) 成脓后切开引流，术后创口用八二丹药捻引流，红油膏或金黄膏盖贴。

(3) 形成漏管者，待急性炎症消退后，可根据情况选用切开法、挂线法及垫棉绷缚法等。

（三）其他疗法

1. 手术 可行乳腺区段切除术。少数年龄较大、肿块较大或皮肤粘连严重或形成多个窦道者，可行皮下乳腺切除术或乳房单纯切除术。

2. 西药治疗 感染严重时可用甲硝唑与其他广谱抗生素联合应用。

【预防与护理】

(1) 经常保持乳头清洁，清除分泌物。

笔记栏

(2) 保持心情舒畅。忌食辛辣炙煿之物。

(3) 发病后积极治疗,形成漏管后宜及时手术治疗,以防止病情加重。

第四节　乳房结核

乳房结核是由于乳腺组织受结核杆菌感染而引起的疾病。因其病变后期常有虚痨表现,故中医学称其为乳痨。因溃后脓液稀薄如痰,又名乳痰。其特点是起病缓慢,初起乳房内有1个或数个结块,状如梅李,边界不清,皮肉相连,日久破溃,脓液清稀且杂有败絮样物,常伴有阴虚内热之证。

【病因病机】

多因体质素虚,肺肾阴亏,阴虚则火旺,虚火灼津为痰,痰火凝结成核;或情志不畅,肝郁化火,耗损阴液,更助火势;或肝气犯脾,脾失健运,痰湿内生,阻滞乳络而成。或因肺结核、颈部淋巴结结核等病所继发。

【临床表现】

多见于20～40岁的已婚体弱妇女,并常有其他部位的结核病史。

1. 初起　乳中单个或数个结块,大小不等,边界不清,硬而不坚,推之可动,皮色不变,不痛或微痛,全身症状不明显。

2. 成脓　病情进展缓慢,数月后结块渐大,与皮肉相连,皮色不红或微红,肿块变软,形成脓肿。可有胸胁、腋下结块肿大;常伴潮热颧红、形瘦食少、夜寐盗汗等症;舌苔白或黄,脉数。

3. 溃后　脓肿溃破后,形成单个或数个溃疡,流出败絮样稀薄脓液,局部有潜行性空腔或窦道。伴身体瘦弱、潮热盗汗、食欲减退、神疲乏力等全身症状;舌质红而少苔,脉细数。

【诊断】

(一) 诊断要点

(1) 多见于20～40岁已婚妇女。

(2) 常有身体其他部位结核病史。

(3) 初起乳房结块,不红不痛;逐渐增大,与皮肤粘连,皮色微红,转化成脓,脓肿溃破后,流出败絮状稀薄脓液,可形成窦道和溃疡,愈合缓慢。

(4) 初起全身症状不明显;日久可见潮热、盗汗、消瘦、颧红等症状。

(二) 辅助检查

活动期血液红细胞沉降率加快;结核菌素试验呈阳性;脓液涂片可找到结核杆菌;必要时还可行病理切片检查,以明确诊断。

【鉴别诊断】

乳腺癌　为乳房部恶性肿瘤,常见于40～60岁妇女,乳房内有无痛性肿块,逐渐增大,肿块坚硬,表面高低不平,针吸细胞学或病理切片检查可明确诊断。

【治疗】

原则上常规应用抗结核药物。中医多应用解郁化痰、软坚散结、养阴清热等方法治疗。

(一) 内治法

1. 气滞痰凝证

证候　多见于初起阶段。乳房肿块状如梅李,不红不热,质地硬韧,不痛或微痛,推之可动;或伴心情不畅,胸闷胁胀。舌质正常,苔薄腻,脉弦滑。

治法　疏肝解郁,化痰散结。

主方　清肝解郁汤(《外科正宗》)加减。

成药　小金丹,每服1粒,每日2次;或小金片,每服2～3片,每日2次;内消瘰疬丸,每服8粒,

笔记栏

每日 3 次。

2. 正虚邪恋证

证候　多见于化脓或溃后阶段。乳房结块渐大，皮色暗红，肿块变软，溃后脓水稀薄夹有败絮样物质，日久不敛，或伴有窦道；伴面色㿠白，神疲乏力，食欲不振。舌淡，苔薄白，脉虚无力。

治法　托里透脓。

主方　透脓散(《外科正宗》)加减。

成药　芩部丹，每服 5 片，每日 2 次。

3. 阴虚痰热证

证候　溃后脓出稀薄，夹有败絮状物质，形成窦道，久不愈合；伴潮热颧红，干咳痰红，形瘦食少。舌红苔少，脉细数。

治法　养阴清热。

主方　六味地黄汤(《小儿药证直诀》)合清骨散(《证治准绳》)加减。

成药　六味地黄丸(浓缩丸)，或知柏地黄丸(浓缩丸)，每服 8 丸，每日 3 次。

(二) 外治法

1. 初起　用阳和解凝膏掺桂麝散或黑退消敷贴。

2. 成脓　波动感明显有脓者宜切开排脓。

3. 溃后　七三丹、八二丹药线引流，红油膏盖贴；腐脱肉鲜者，改用生肌散、生肌玉红膏。形成漏管者，用白降丹或红升丹药捻条插入，脓尽后改用生肌散。

(三) 其他疗法

1. 西药治疗　抗结核药常选异烟肼、利福平联合用药。

2. 针灸疗法　百劳穴(第 5 颈椎旁开 1 寸)、膈俞、肝俞，先针后灸。

3. 挑刺疗法　用三棱针挑断白色肌纤维可治本病。在肝俞、膈俞、胆俞、三焦俞挑刺。1 个月为 1 个疗程。操作方法：上述穴位消毒，局麻，用三棱针在穴位处挑纤维，直到挑尽为止。术后用敷料盖好。

【预防与护理】

(1) 保持心情舒畅，情绪稳定。

(2) 增加营养食物，忌食鱼腥发物、辛辣刺激之品。

(3) 积极治疗其他部位的结核病变。

第五节　乳房纤维腺瘤

乳房纤维腺瘤是乳腺纤维组织和腺上皮同时增生所形成的乳房良性肿瘤。其特点是好发于 20～25 岁青年女性，乳中结核，形如丸卵，边界清楚，表面光滑，推之活动，无疼痛，与月经周期无关。本病归属于中医学"乳核""乳癖""乳痞""乳中结核"的范畴。

【病因病机】

(1) 情志内伤，肝气郁结，或忧思伤脾，运化失司，痰湿内生，气滞痰凝。

(2) 冲任失调，气滞血瘀痰凝，积聚于乳房胃络而成。

【临床表现】

常发于 15～30 岁女性，以 20～25 岁女性多见。肿块常单个发生，也可见多个在单侧或双侧乳房内同时或先后出现。形状呈圆形或椭圆形，直径大多在 0.5～5 cm 之间，边界清楚，质地坚实，表面光滑，按之有硬橡皮球之弹性，活动度大，触诊常有滑脱感(彩图 8-1)。

肿块一般无疼痛感，少数可有轻微胀痛，与月经无关。一般生长缓慢，妊娠期、哺乳期可迅速增

笔记栏

大,应排除恶变可能。

【诊断】

(一)诊断要点

(1) 好发于20～25岁女性。

(2) 多生于一侧乳房,单个肿块多见,呈圆形或椭圆形,边界清楚,表面光滑,质地坚硬,活动度大。

(3) 一般无疼痛,少数可有轻微胀痛,与月经周期无关。

(二)辅助检查

B超检查、钼钯X线摄片等有助于诊断。

【鉴别诊断】

乳腺癌 多发于中年以上妇女,乳房肿块质地坚硬,高低不平,边界不清,活动度差,常与皮肤粘连,皮肤可呈橘皮样改变,患侧淋巴结可肿大,必要时可行活组织检查进行鉴别。

【治疗】

对单发纤维腺瘤的治疗以手术切除为宜,对多发或复发性纤维腺瘤可试用中药治疗,可起控制肿瘤生长、减少肿瘤复发,甚至消除肿块的作用。

(一)内治法

1. 肝气郁结证

证候 肿块较小,发展缓慢,不红不热,不觉疼痛,推之可移;伴胸闷叹息。舌质正常,苔薄白,脉弦。

治法 疏肝解郁,化痰散结。

主方 逍遥散(《太平惠民和剂局方》)加减。

成药 平消胶囊,每服4～8粒,每日3次。

2. 血瘀痰凝证

证候 肿块较大,坚硬木实,重坠不适;伴胸闷牵痛,烦闷急躁,或月经不调、痛经等。舌质暗红,苔薄腻,脉弦滑或弦细。

治法 疏肝活血,化痰散结。

主方 逍遥散(《太平惠民和剂局方》)合桃红四物汤(《医宗金鉴》)加减。

成药 增生平片,每服8片,每日2次;乳癖消胶囊,每服5～6粒,每日3次。

(二)外治法

阳和解凝膏掺黑退消外贴,7天换药1次。

(三)其他疗法

手术 一般应作手术切除,尤其是绝经后或妊娠前发现肿块者,或服药治疗期间肿块继续增大者。术后均需作病理检查,有条件应及时作冰冻切片检查。

【预防与护理】

(1) 调摄情志,避免郁怒。

(2) 定期检查,发现肿块及时诊治。

(3) 少吃厚味炙煿食物。

(4) 术后可配合中药治疗,减少复发。

第六节 乳腺增生病

笔记栏

乳腺增生病是一种既非炎症又非肿瘤,以乳腺导管上皮增生、囊肿形成、间质纤维结缔组织增生为特征的一种乳腺结构紊乱性疾病，亦称乳腺纤维囊性增生病。临床以单侧或双侧乳房胀痛、结块为主要特征。属中医学“乳癖”范畴。本病好发于25～45岁的中青年妇女，其发病率占乳房疾病的75%，是临床上最常见的乳腺疾病。根据研究资料发现，该病中的某些病理类型如不典型性导管上皮增生、不典型性小叶增生、乳头状瘤病，属于癌前病变，可以逐渐演变成乳腺癌。

【病因病机】

本病的发生，与肝气不舒、肝肾不足、冲任不调密切相关。

1. 肝气不舒　乳头属厥阴肝，乳房属阳明胃。情志不遂，恼怒急躁，导致肝气郁结，气机阻滞，蕴结于乳房胃络，乳络经脉阻塞不通，引起乳房疼痛；肝气郁久化热，热灼津液为痰，气滞痰凝血瘀，即可形成乳房肿块。

2. 肝肾不足、冲任失调　因肝肾不足，或冲任失调，致使气血凝滞，或脾肾阳虚痰湿内结，经脉阻塞，而致乳房结块、疼痛，常伴月经不调。

【临床表现】

本病好发年龄在25～45岁。社会经济地位高、受教育程度高、月经初潮年龄早、低经产状况、初次怀孕年龄大、未授乳和绝经迟的妇女为本病的高发人群。城市妇女的发病率普遍高于农村妇女。该病临床上以乳房疼痛和肿块为特点。

1. 乳房疼痛　两侧或一侧，可以全乳痛，也可以局限于某一处，一般以肿块处疼痛最明显。胀痛或刺痛，多为胀痛，有的伴有牵涉痛，向胸胁部或肩背部放射，痛甚者不可触碰，行走或活动时也有明显乳痛，时或看到患者托着乳房过马路的情景，严重影响工作和生活。疼痛有的和月经周期相关联，经前加重，经后减轻或消失。疼痛可因情绪不佳而加重。

2. 乳房肿块　单侧或双侧，70%位于乳房外上象限，有片块、结节、条索、颗粒等各种形状，以片块状多见，大小不一，边界不清，质地较韧，推之活动，常有触痛，月经前增大变硬，来潮后缩小变软。

乳房疼痛和乳房肿块可同时出现，也可先后出现，或以乳痛为主，或以乳房肿块为主。个别患者还伴有乳头疼痛、瘙痒，乳头溢液。

【诊断】

(一) 诊断要点

乳房疼痛、肿块。两者或单独出现，或相继出现，或同时出现。同时出现时，或以疼痛为主，或以肿块为主，或疼痛、肿块俱重。

(二) 辅助检查

乳房钼靶X线摄片、B超检查有助于诊断和鉴别诊断。对于肿块较硬或较大或乳头溢液者，可考虑作组织病理学检查。

1. 乳房钼靶X线摄片　乳腺小叶增生可见密度增高的模糊阴影，数目不定，如病变范围小，则可见边缘不规则的小梁，病变范围广泛则乳腺密度均匀增高，失去正常结构。囊性增生为圆形或不规则的弧形的边缘整齐的阴影，周围有一透亮区。

2. B超检查　乳腺增生部位显示为不均匀的低回声区，以及无回声的囊肿。B超检查在某些方面优于X线摄片。X线片不易将乳腺周围纤维增生明显的孤立性囊肿与纤维腺瘤和边界清楚的癌相鉴别，而B超检查则很容易鉴别。

3. 乳头溢液涂片细胞学检查　有乳头溢液者可取分泌物涂片检查，有助于诊断。

4. 细针穿刺细胞学检查　具有较高诊断价值，可多次重复进行而无并发症。在超声引导下进行细针定位穿刺，准确率更高。

5. 活体组织病理切片检查　对怀疑癌变的肿块应取活体组织作病理切片检查。

【鉴别诊断】

1. 乳房纤维腺瘤　单发或多发肿块，质似硬橡皮球的弹性感，表面光滑，易于推动，常在检查时从手指下滑脱，增长缓慢。除肿块外，患者常无明显自觉症状。月经周期对肿块的大小并无影响。

笔记栏

2. 乳腺癌 局限性乳腺增生病肿块明显时，要与乳腺癌相区别。后者肿块更明确，质地偏硬，与周围乳腺有较明显区别，有时有腋窝淋巴结肿大。

【治疗】

止痛与消块是治疗本病的要点。可以内服，也可以外用。内治法中可以辨证论治，也可以根据月经周期遣方用药，更可以用现有的成药治疗。对于长期服药肿块不消反而增大，且质地较硬、边缘不清，疑有恶变者，应手术切除。

（一）内治法

1. 肝郁痰凝证

证候 多见于青壮年妇女。乳房肿块随喜怒消长；伴有胸闷胁胀，善郁易怒，失眠多梦，心烦口苦。苔薄黄，脉弦滑。

治法 疏肝解郁，化痰散结。

主方 逍遥蒌贝散(经验方)加减。

成药 小金丸，每服 0.6～1.2 g，每日 2 次。

2. 冲任失调证

证候 多见于中年妇女。乳房肿块月经前增大变硬，经后缩小变软；伴有腰酸乏力，神疲倦怠，月经失调，量少色淡，或闭经。舌淡，苔白，脉沉细。

治法 调摄冲任。

主方 二仙汤(经验方)加减。

成药 小金丸，每服 0.6 g，每日 2 次；或逍遥丸，每服 6 g，每日 2 次。

（二）外治法

外用乳腺宁贴片，或大黄研末醋调外敷，过敏者禁用。对服药治疗后肿块不消或增大、质地较硬或不均匀、疑有恶性病变者，可考虑手术切除肿块并送病理检查。

【预防与护理】

(1) 保持心情舒畅，情绪稳定，切忌愤怒、抑郁等情绪刺激。

(2) 节制饮食，少食肥甘厚味之品，适当控制脂肪类食物的摄入，戒烟。

(3) 及时治疗月经失调等妇科疾患和其他内分泌疾病。

(4) 对发病高危人群定期检查，进行有关医学知识宣教。向患者及其家属说明本病可能是乳癌的多种危险因素之一，特别是家族中有乳腺癌病史者，需要提高警惕。但又要说明本病与乳腺癌之间并无必然联系，不必产生恐惧心理。

第七节 乳房异常发育症

乳房异常发育症包括男性乳房异常发育症和女性乳房异常发育症两种情况。男子乳房在出生后即应停止发育，如果男子乳房在某个时期出现发育表现，即为男性乳房异常发育症。女性青春期后乳腺开始发育，如果发育过早，或表现为巨乳现象，则为女性乳房异常发育症。中医学称其为“乳疬”，其特点是乳晕下方出现肿块，触之疼痛，或乳房弥漫性肿大。乳房异常发育症有生理和病理的不同。

【病因病机】

1. 气滞痰凝 情志不遂，或暴怒伤肝，以致肝气郁结，气滞则血瘀，气郁则化火，炼液成痰，痰气互结，血脉不畅，致脉络失和，而发病。

2. 肝肾阴虚 房事不节，损伤肾精，或素体肾虚，肾精不能上荣肝木，肝阴不足，疏泄失常、气血瘀阻，经络痞塞，遂结为乳疬。

3. 冲任失调 青春发育期，冲任失调，或肾精不足，不能涵木，木气不舒，则气滞痰凝，以致乳晕

笔记栏

部结核成块。

【临床表现】

男性乳房异常发育症好发于两个年龄段,一个是13~17岁的青春期,一个是50~70岁的老年。发于青春期者,多可自行消退,少数发育成少女型乳房(彩图8-2)。

女性乳房异常发育症主要发生于10岁以前,有自限性。成年女性的乳房异常发育症多表现为巨乳现象。

乳房异常发育症表现为一侧或两侧或相继出现乳晕区隆起,乳晕下可触及一盘状肿物,界限清楚,质地柔韧,有轻微压痛,常在无意中发现。有的呈弥漫性增大,男子状如妇乳,女性可为巨乳。

发于青春期的男孩,有时候伴有一些女性化的征象,如声音变尖、面部无须、臀部宽阔等。发于青春期前的女孩者,多伴有性早熟、第二性征提早出现的现象,如月经来潮。

发于男孩青春期和女孩儿童期的乳房异常发育症多为生理性的,还有一些病理性的乳房异常发育症,如下丘脑—垂体疾病、甲状腺疾病、糖尿病、肺部疾病(肺癌、肺结核)、肾衰透析后、性发育分化异常、慢性结肠炎,心血管疾病(冠心病、高血压)、B族维生素缺乏症、手术创伤、睾丸外伤、肿瘤病变、肝脏疾病、药物使用不当等都可以并发本病。

【诊断】

诊断要点

乳房呈现异常发育的征象,如男性出现状如女性的乳房发育,女性巨乳症等。

【鉴别诊断】

主要是生理性乳房异常发育症和病理性乳房异常发育症的鉴别以及具有相似乳房表现的一类疾病的鉴别。发于青春期男孩和青春期前女孩的多为生理性的。病理性的乳房异常发育症原因很多,鉴别多需要辅助检查,怀疑由甲状腺疾病引起者,需要查甲状腺功能,怀疑为肝病时,要作肝功能及性激素的检查,怀疑肾上腺疾病者,要作肾上腺的影像学检查和相关激素的检查,怀疑为垂体、下丘脑肿瘤者,要作CT或磁共振的检查,怀疑睾丸肿瘤者,需要作影像学检查等。

与乳房异常发育症有相似乳房表现的疾病有男性乳腺炎、男性乳腺癌、男性肥胖性乳房隆起等。乳房炎主要表现为局部的红肿热痛,可以溃破;乳腺癌主要表现为局部坚硬如石的肿块;肥胖隆起者多为弥漫性的脂肪堆积样表现,触之柔软无疼痛。

【治疗】

男孩青春期、女孩性早熟的乳房异常发育,多属生理性的,可自行消退或有自限性,一般不需要治疗。病理性的乳房异常发育症主要是针对病因治疗。乳房异常发育症有的需要手术治疗,但要具体情况具体分析。

(一)内治法

1. 气滞痰凝证

证候　平素性情急躁,乳房结块.疼痛明显;或有胸闷胀痛。舌质偏红,舌苔薄白,脉细弦。

治法　疏肝理气,化痰散结。

主方　丹栀逍遥散(《内科摘要》)加减。

成药　逍遥丸,每服6g,每日2次。

2. 肝肾不足证

证候　乳房结块,疼痛不甚;伴有腰膝酸软,遗精频作,眼眶黧黑。舌红苔少,脉细数。

治法　补益肝肾,佐以化痰软坚。

主方　知柏地黄汤(《医宗金鉴》)加减。

成药　知柏地黄丸,每服6g,每日2次。

3. 冲任失调证

证候　乳房结块,疼痛不甚;伴腰酸神疲,体弱矮小。舌质淡胖,苔薄,脉细无力。

笔记栏

治法　调摄冲任,化痰散结。

主方　二仙汤加减(经验方)。

成药　坤灵丸,每服15粒,每日2次。

（二）外治法

(1) 阳和解凝膏加黑退消外敷,3～5日一次。

(2) 手术治疗

1) 适应证：① 男性乳腺直径大于4 cm,长期不消退者;② 乳房肿大明显,影响容貌者;③ 经较长时间的中西医药物治疗无效者;④ 患者恐癌或疑有恶性变者;⑤ 患者治疗要求强烈而唯有手术才能解决者;⑥ 女性巨乳症。

2) 手术方法：男性分保留乳头与不保留乳头两种乳腺切除术,前者适用于青年人,后者适用老年人。女性巨乳症则施行巨乳缩小整形术。

（三）其他疗法

1. 病因治疗　因药物引起者,停用有关药物,如前列腺增生患者停服己烯雌酚;因肝脏病引起者,应用护肝药物治疗。

2. 西药治疗　双氢睾酮庚烷盐,200 mg,肌内注射,2～4周一次;他莫昔芬,10 mg,口服,每日2次,3个月为1个疗程,一般服用2～3个疗程。

【预防与护理】

(1) 保持心情舒畅。

(2) 忌烟酒及辛辣食物。

(3) 避免使用对肝脏有损害的药物。

第八节　乳　　漏

乳漏是指发生于乳房久不收口或时愈时溃的管道。有窦道和瘘管两种情况。多发生于乳晕部。临床以久不收口,脓水淋漓,时或夹杂乳汁、败絮样、脂质样物,或时愈时溃为特点。

【病因病机】

乳晕部漏管,多因乳头先天内缩凹陷兼以染毒,或脂瘤染毒,局部化脓溃破,疮口久不愈合而成。

乳晕以外的其他部位的乳漏多因乳房化脓性疾病失治、脓出不畅;或切开不当,损伤乳络,脓液和乳汁从疮口溢出,以致长期流脓、溢乳,久不收口而成;或因乳痨溃后失于调养,身体虚弱,日久不愈所致。

因浆细胞性乳腺炎所致者,常见于乳晕部,也可见于乳房部,多因热毒旁窜,淤积而成。

【临床表现】

由于病因不同,其临床表现也不完全一致,但窦道或瘘管的存在则是其共同的特点(彩图8-3)。

由急性乳腺炎等所致者,症见疮口不敛,常溢出乳汁及脓血,疮周皮肤肿胀、潮湿,有时闭合,但不久又自行溃破,或酿脓,时发寒热。除闭合酿脓外,一般无明显全身症状。

由乳痨所致者,外口多凹陷,脓汁清稀,可有败絮状物,疮周皮肤紫黯,常伴有潮热、盗汗、食少乏力等全身症状。

乳晕部漏多发于非哺乳或非妊娠期的妇女。常伴有乳头内缩,先在乳晕部有结块,红肿疼痛,成脓溃破后,脓液中兼有灰白色脂质样物,往往久不收口。若用探针从疮孔中探查,可从乳头的乳管开口中穿出。亦有愈合后在乳头的乳管开口中仍有粉质外溢,带有臭气;或愈后疮口反复红肿疼痛化脓者。

笔记栏

浆细胞性乳腺炎所致者,主要为其脓肿型,多先于乳晕部红、肿、热、痛,继而成脓,溃破成漏,乳头可有脓性溢液。

【诊断】

（一）诊断要点

乳房或乳晕部瘘管,脓水或乳汁淋漓,溃口经久不愈,或愈后复发,反复破溃。

（二）辅助检查

乳腺导管或漏管X线造影常有助于明确管道的走向、深度及支管情况。脓液涂片或细菌培养及药敏试验有助于判定乳漏的性质并指导用药。

【鉴别诊断】

主要是对其原发病的鉴别,以便治疗。

【治疗】

外治为主,内治为辅。外治法中又以手术效果最佳。内治法主要是针对原发病施以相应的治疗。乳痨所致的乳漏,应配合抗结核药物治疗。

（一）内治法

1. 余毒未清证

证候　乳房部或乳晕部漏,反复红肿疼痛,疮口常流乳汁或脓水,经久不愈,局部有僵肿结块,周围皮肤潮湿浸淫。舌质红,苔薄黄,脉滑数。

治法　清热解毒。

主方　银花甘草汤(《外科十法》)加减。

成药　牛黄消炎丸,每服10丸,每日3次。

2. 正虚毒恋证

证候　疮口脓水淋漓或漏乳不止,疮面肉色不鲜;伴面色无华,神疲乏力,食欲不振。舌质淡红,苔薄,脉细。

治法　扶正托毒。

主方　托里消毒散(《医宗金鉴》)加减。

成药　十全大补丸合牛黄消炎丸。十全大补丸,每服6 g;牛黄消炎丸,每服5丸;每日3次。

3. 阴虚痰热证

证候　脓出稀薄,夹有败絮状物质,疮口久不愈合,疮周皮色暗红;伴潮热颧红,干咳痰红,形瘦食少。舌质红,苔少,脉细数。

治法　养阴清热。

主方　六味地黄汤(《小儿药证直诀》)合清骨散(《证治准绳》)加减。

成药　知柏地黄丸,每服6 g,每日2次。

（二）外治法

1. 药物外治法　搔刮瘘管后,置入提脓去腐的药捻。

2. 手术疗法

(1) 切开或扩创引流:瘘口闭合,再次感染化脓时,需要切开引流。乳痈性乳漏,疮口过小,引流不畅,应扩大原疮口,并于低位作对口引流,并使脓液引流通畅。这种治疗只是权宜之计,并不能治愈乳漏。

(2) 瘘管切开搔刮术:适用于浅在的乳漏。局麻后,在探针引导下一次切开瘘管,彻底搔刮管壁,生肌玉红膏换药,直至愈合。

笔记栏

(3) 瘘管切除或单纯乳房切除:彻底切除病灶是治愈乳漏的根本办法。不太复杂的乳漏,可以通过瘘管的单纯切除而治愈,但要掌握好手术时机,一般在炎症最轻、范围最小、细菌培养阴性的时候实施。瘘管复杂或乳房变形、塌陷者,可将患乳切除,有需要时再作二期乳房成形。

【预防与护理】

(1) 及时恰当治疗乳腺化脓性疾病，以防脓毒内蓄，损伤乳络形成乳漏。

(2) 正确掌握乳痈切开的部位、切口的方向和大小，以免误伤乳络成漏。

(3) 注意精神调摄和饮食营养，增强体质，以利疾病康复。

第九节　乳腺导管内乳头状瘤

乳腺导管内乳头状瘤简称乳管内乳头状瘤，是发生于乳腺导管内的一种良性肿瘤，多发生于大乳管近乳头处，也可发生于乳腺的中小导管内。其特点是乳头溢出血性液体，乳头或乳晕部可触及活动、质软、不痛肿块。中医文献有称该病为“乳衄”。《疡医大全・乳衄》曰：“妇女乳房并不坚肿结核，惟乳窍常流鲜血，此名乳衄。”

【病因病机】

由于情志抑郁，肝气不舒，郁而化火，灼伤血络，迫血妄行，旁走横溢而发；或由于思虑伤脾，统血无权，血流胃经，溢于乳窍而成。

【临床表现】

多数患者唯一的表现是自主乳头溢液，血性或浆液血性，间歇性出现，量不多。有的因在内衣上见到棕黄色的血迹才发现。少数患者可以无乳头溢液。此外，大约有1/3的患者在乳头附近摸到肿块，圆形，质较软，光滑活动，不与皮肤粘连，按压肿块时，可从乳头溢出血性或浆液血性液体。有的伴有乳痛、胸闷、烦躁、胸胁不舒等症状。

【诊断】

(一) 诊断要点

(1) 乳头自主溢液，血性或浆液血性。

(2) 乳晕部扪到肿块。

(二) 辅助检查

1. 乳腺导管造影　将造影剂由溢液的乳管开口注入，行钼靶X线轴位和斜位拍片，显示出1～2级乳腺导管内单发或多发的砂粒大小的圆形或椭圆形或条形的充盈缺损，无中断，近端导管多扩张。此方法对诊断乳管内病变与定位有很高的价值。

2. 脱落细胞学检查　此项检查为除外检查。将乳头的血性液体涂在载玻片上，在显微镜下观察，以排除乳腺癌，但假阴性率很高。

3. 活组织检查　是明确肿瘤性质最可靠的检查方法。

【鉴别诊断】

1. 乳腺癌　可见到乳头血性溢液，其溢液多为单侧单孔，常伴明显肿块，且多位于乳晕区以外，肿块质地坚硬，活动度差，表面不光滑。

2. 乳腺增生病　部分患者可伴有乳头溢液，常为双侧多孔，溢液以浆液性为多，血性较少，且有乳房多发肿块和周期性疼痛。

【治疗】

病灶明确者宜首选手术治疗。中医药辨证施治有助于缓解症状，减少复发。

(一) 内治法

1. 肝郁化火证

证候　乳头溢液，颜色鲜红或暗红，乳晕部无结块或可触及肿物，质软，推之活动；可伴烦躁易怒，胸闷胁痛，失眠多梦。舌红，苔薄黄，脉弦。

治法　疏肝解郁，清热凉血。

笔记栏

主方 丹栀逍遥散(《内科摘要》)加减。

成药 丹栀逍遥丸,每服 6 g,每日 2 次。

2. 脾不统血证

证候 乳头淡红色溢液,乳晕部可触及肿块;面色少华,神疲乏力,心悸少寐,大便溏薄。舌淡,脉细。

治法 健脾养血。

主方 归脾汤(《济生方》)加减。

成药 归脾丸,每服 6 g,每日 2 次。

(二) 外治法

一旦病灶明确,应行手术切除。

【预防与护理】

主要是调情志,保持心情舒畅。

第十节 乳 癌

乳癌又称为乳腺癌或乳房癌,中医文献称为“乳岩”,系发源于乳腺导管和小叶上皮组织的恶性肿瘤。其中,来自导管的乳癌占绝大部分。本病是妇女最常见的恶性肿瘤之一,未曾生育或哺乳的妇女、晚育的妇女、月经初潮早或绝经晚的妇女、有乳腺癌家族史的妇女,其乳腺癌的发病率相对较高。男性亦可发病,但很少见。其主要特点是乳房部单发性肿块,质地坚硬,表面不光滑,推之难移,溃后状如岩穴,或凸似泛莲或菜花。

【病因病机】

乳癌的发生主要由于六淫内侵,肝脾气郁,冲任不和,脏腑功能失调,以致气滞血瘀、痰凝、邪毒结于乳络而成。

1. 忧思郁怒,情志内伤 忧思郁怒,情志内伤,则肝脾受损,肝伤则条达失常,而气血瘀滞,脾伤则运化无权,而痰浊内生,以致无形之气郁与有形之痰瘀相互交凝,经络阻塞,日积月累,结滞乳络,而成本病。

2. 肝肾不足,冲任失调 冲任之脉起于气街(胞内),与胃经相连,循经上行乳房。冲为血海,任主胞胎,冲任之脉系于肝肾,肝肾不足,则气血虚衰,无以充养冲任,冲任二脉空虚,气血运行不畅,而致经络阻塞,气滞血瘀,阻于乳中而成病。

3. 六淫内侵,痰瘀毒结 外感六淫,邪毒蕴结,或与痰、瘀互结,蕴阻于乳络,日久化生癌毒而成。也有肝肾阴虚,阴虚则火旺,火旺则灼津炼痰,痰毒瘀血互结乳房而成者。

4. 正气不足,气血两虚 正气不足,则易感受邪气的侵袭,邪客于乳络,致使乳中经络痞塞、气滞血瘀,而发生本病。

5. 饮食不节,脾胃受损 恣食肥甘厚味,损伤脾胃,运化失调,致使痰浊内生,积聚日久,凝结成核,痞阻于乳中,而成乳癌。

总之,忧思郁怒、情志内伤,肝肾不足、冲任失调,饮食不节、脾胃受损,正气不足、气血两虚,六淫内侵是本病的主要致病原因。气滞、血瘀、痰浊、毒邪互结是本病的主要病机特点。

【临床表现】

(一) 一般类型的乳癌

笔记栏

1. 无痛性肿块 多为单发,少数多发,是最常见的临床表现。多数患者因发现乳房无痛性肿块而就诊。绝大部分患者自己偶然触及发现,少部分是体检时发现。肿块可呈扁平状、小结节状或不规则的形状,边界欠清,质硬是其最大的特点。早期肿块能推动,晚期可固定。

2. 乳房皮肤改变　皮肤出现局部凹陷，即所谓"酒窝征"。皮肤增厚水肿，毛囊深陷，呈"橘皮样"改变。晚期肿块表面皮肤溃烂出血，奇臭难闻。

3. 乳头改变　位于乳头下面或附近的肿块可导致乳头凹陷或抬高，或偏向一侧。肿块和胸壁粘连的时候，两侧乳头不在同一水平线上。

4. 乳头溢液　患侧乳头可溢出血性、浆液性、脂油样物，量多少不定。尤其是遇到血性溢液，要高度警惕是否罹患乳腺癌。

5. 腋窝及锁骨上窝淋巴结肿大　乳腺癌转移时可以导致腋窝及锁骨上窝淋巴结肿大，质地较硬，活动性较差，或相互融合。一些隐性乳腺癌往往以腋下或锁骨上淋巴结肿大为首发症状，而乳房内原发病灶很小，临床难以扪及。

(二) 特殊类型乳癌

1. 炎性乳癌　临床少见，多发于青年妇女，半数发生在妊娠或哺乳期。起病急骤，乳房迅速增大，皮肤肿胀，色红或紫红，但无明显的肿块。转移甚广，对侧乳房往往不久即被侵及。早期即可出现腋窝、锁骨上淋巴结肿大。本病恶性程度极高，预后不良。

2. 湿疹样癌　临床较少见。皮肤表现类似慢性湿疹，乳头和乳晕的皮肤发红，轻度糜烂，有浆液渗出而潮湿，有时覆盖着黄褐色的鳞屑状痂皮。病变皮肤质硬，与周围分界清楚。多数患者感到奇痒，或有轻微灼痛。逐渐病变蔓延到乳晕以外皮肤，色紫而硬，乳头凹陷。破溃后易于出血，逐渐乳头蚀落，疮面凹陷，边缘坚硬，乳房内也可出现坚硬的肿块。

【诊断】

(一) 诊断要点

诊断依据

(1) 乳腺内出现单个(少数为多个)无痛性肿块，或局限性增厚，增大较快，质地较硬。

(2) 乳头溢液。特别是伴有以下因素者应引起高度重视：① 年龄在 40 岁以上，特别是超过 59 岁者；② 溢液为单侧或血性；③ 伴发乳房区内肿块。

(3) 乳房皮肤改变，酒窝征、橘皮样变等。

(4) 乳头改变，脱屑、糜烂、回缩、蚀落等。

(5) 一侧腋下或锁骨上淋巴结肿硬。

(6) 辅助检查支持，细胞学检查或病理活检证实。

(二) 辅助检查

1. 超声检查　可见实质性占位病变，形状不规则，边缘不齐，光点不均匀，血流有改变。

2. 钼靶 X 线乳房摄片　癌性肿块表现为中心致密，边缘不整齐，呈毛刺状，在肿块内部或附近可见数量较多的砂粒样钙化点或长条形钙化带。

3. 乳管 X 线造影　乳头有分泌物时，可将刺激性小的灭菌水溶性造影剂，如 50%醋碘苯酸钠 0.2～0.4 mL 自有溢液的乳管开口注入该乳管中，行 X 线造影摄片，对乳头溢液的病因诊断有帮助。

4. 细胞涂片检查　若乳头有溢液，可取分泌物涂片检查，寻找癌细胞。

5. 针吸细胞学检查　用细针穿刺吸出肿块部位组织，作细胞学检查。

6. 活组织病理切片检查　是确诊乳癌的最可靠的方法。可直接切除活检，也可在术中切除后，快速冰冻病理切片。

【鉴别诊断】

1. 乳腺增生病　多有周期性乳房胀痛，经前发生或加重，经后减轻或消失。其肿块多为片状增厚，触之颗粒状，韧而不坚，活动度好。

2. 乳房纤维腺瘤　多发生于 20～25 岁的青年妇女，肿块单发或多发，圆形或卵圆形，边界清楚，表面光滑，质韧，与皮肤无粘连，活动度大。

笔记栏

3. 乳晕部湿疹　与湿疹样癌作鉴别。乳晕部湿疹往往为对称性发作,边界不太明显,其痒较剧,适当的局部治疗,能使症状改善或消失。即使病程较长,但无硬结发生。

【治疗】

采取手术、化疗、放疗、内分泌治疗、中医药等综合治疗。其中手术是主要的治疗方式。手术有根治性乳房切除和保乳手术两种。随着早期发现、早期诊断、早期治疗病例的增多和对乳腺癌认识的提高,保乳手术越来越多。中医药在抗转移复发、防治放化疗的副作用以及晚期乳癌的治疗方面,作用突出,其基本原则是扶正与抗癌并举,在辨证施治的基础上,着意调理冲任,有目的选加抗癌药物,如夏枯草、山慈菇、黄药子、半枝莲、白花蛇舌草、昆布、海藻等。

(一) 内治法

1. 肝郁痰凝证

证候　肿块皮色不变,质硬,边界不清;情志抑郁,或性情急躁,胸闷胁胀,或伴经前乳房作胀,或少腹作胀。舌苔薄,脉弦。

治法　疏肝解郁,化痰散结。

主方　逍遥散(《太平惠民和剂局方》)加减。

成药　乳疾灵颗粒,每服 14 g,每日 3 次。

2. 冲任失调证

证候　月经紊乱,经前双乳胀痛,经后乳痛消失;或婚后从未生育,或有多次流产史,或绝经早,腰膝酸软,烦劳体倦,口干咽燥。舌质淡,苔少或薄黄,脉弦细。

治法　调理冲任,理气散结。

主方　二仙汤(经验方)合逍遥散(《太平惠民和剂局方》)加减。

成药　乳增宁胶囊,每服 6 g,每日 2 次。

3. 正虚毒炽证

证候　肿块扩大,溃后愈坚,渗流血水,不痛或剧痛;精神萎靡,面色晦暗或苍白,纳食量少,心悸失眠。舌质紫或有瘀斑,苔黄,脉弱无力。

治法　调补气血,清热解毒。

主方　八珍汤(《正体类要》)加减。

成药　犀黄丸,每服 10 丸,每日 2 次。

4. 气血两虚证

证候　晚期或手术、放、化疗后,形体消瘦,面色萎黄或㿠白,头晕目眩,神倦乏力,少气懒言,口干;或术后切口皮瓣坏死糜烂,日久不愈。苔薄白,舌质淡,脉沉细。

治法　补益气血,养心安神。

主方　香贝养荣汤(《医宗金鉴》)加减。

成药　小金丹,每服 1.2 g,每日 2 次。

5. 脾肾亏虚证

证候　神情倦怠,心悸气短,头晕目眩,腰膝酸痛,食欲不振,恶心,呃逆频作,或见腹泻。舌淡或体胖,苔白,脉沉细无力。

治法　调补脾肾。

主方　无比山药丸(《太平惠民和剂局方》)加减。

成药　右归丸,每服 6 g,每日 2 次。

6. 阴虚津亏证

笔记栏

证候　头晕眼花,口唇干燥,咽喉疼痛,牙龈肿胀,虚烦难眠,大便秘结,小便短赤。舌质红,无苔,脉细数。

治法　益气养阴。

主方　沙参麦冬汤(《温病条辨》)及大补阴丸(《丹溪心法》)加减。

成药　左归丸，每服 6 g，每日 2 次。

（二）外治法

(1) 对于有手术禁忌，或者远处转移不适宜手术者，可用中药外敷的方法治疗局部的肿块，如黑退消贴敷等。

(2) 手术后创面不愈合或皮瓣坏死者，可先敷九一丹，腐肉脱尽后，再用生肌散。

(3) 手术后患肢水肿：外敷皮硝，每日 2 次。

(4) 化疗后静脉炎：外敷金黄膏，每日 2 次。

(5) 皮肤放射性溃疡：外涂清凉油乳剂，每日 4～5 次。

【预防与护理】

(1) 保持心情舒畅，避免精神刺激。

(2) 饮食清淡，营养合理。

(3) 提倡产后母乳喂养，谨慎使用避孕药。

(4) 普及防癌知识宣传，推广正确的女性乳房自检方法。

(5) 定期开展防癌普查，每年进行一次乳房的超声或钼靶检查。

(6) 积极治疗乳腺良性疾病，术后要注意对侧乳房的保健。

(7) 术后 5 年内禁止怀孕。

（马　民）

笔记栏

第九章　肛门直肠病

导　学

通过学习，掌握肛门直肠疾病的诊断、鉴别诊断和辨证治疗，痔的肛垫理论学说、分类、分期、治疗与手术原则，内痔硬化剂注射疗法、痔上黏膜环切钉合术（简称PPH手术）的适应证及操作方法，肛裂三大症状（便血、疼痛、便秘）、诊断和辨证论治，肛瘘的手术原则、术式选择及个体化操作策略；熟悉肛门直肠的解剖形态和特点，以及肛门直肠疾病的治疗方法；了解肛门直肠疾病的病因病机、预防与护理。

第一节　概　　论

一、解剖

肛管直肠为消化道的末端，是通向体外的出口。直肠发生于内胚层形成的后肠，而肛管则起源于外胚层形成的原肛，由于两者起源不同，所以在组织结构、血液供应、神经支配、淋巴回流方向也各不相同，故齿线作为其分界，是临床上重要的标志。

直肠上端在第3骶椎平面与乙状结肠相接，沿骶、尾骨前面下行，至尾骨平面与肛管连接，形成约90°的弯曲，全长12～15 cm。直肠上部与骶骨曲度一致形成骶曲，与乙状结肠交界处是结肠的最狭窄部分，下端则逐渐扩大为直肠壶腹，为大肠最宽阔部分，它向前膨出，与肛管几成直角形成会阴曲。此二曲为肠镜检查时必须注意的解剖特点。直肠上1/3前面与两侧为腹膜所遮盖，中1/3前面腹膜向前反折成为直肠膀胱或直肠子宫陷凹，直肠下1/3完全在腹腔之外。肠壁肌层与结肠相同，在下部肥厚成为肛门内括约肌。直肠黏膜较厚，有3个半月形的横皱襞，内有环肌纤维，称为直肠瓣。

肛管长约3 cm，其外端为肛门，上端与直肠相连接，周围有内、外括约肌环绕，平时呈环状收缩封闭肛门。肛管的表层，上部为移行上皮，下部为鳞状上皮。

直肠下段由于与口径较小且呈闭缩状态的肛管相接，直肠黏膜呈现6～10个隆起的纵行皱襞，称为直肠柱或肛柱。直肠柱基底之间有半月形皱襞，称为肛门瓣；肛门瓣与直肠柱之间的肠壁黏膜形成向上开口的袋状间隙，称为肛隐窝或肛窦。肛隐窝底部有肛腺体的导管开口。肛腺分布于黏膜下呈分支状，部分分支可达肛管周围组织，肛腺分布在肛管的后壁较多。由于肛隐窝内常积存粪屑，易发生感染，引发肛隐窝炎，进而导致肛门直肠周围脓肿、肛瘘等疾病。直肠柱的基底部有2～6个乳头状突起，称为肛乳头。

肛门瓣与直肠柱的基底在直肠与肛管交界处形成一条锯齿状的环形界线，称为齿线。齿线上、下的组织结构明显不同，是临床上的一个重要标志，具有重要的临床意义。其主要区别如表9-1。

表9-1　齿线与直肠、肛管的解剖关系

	直　肠	（齿线）	肛　管
组　织	黏　膜		皮　肤
动脉供应	直肠上、下动脉　骶中动脉		肛门动脉
静脉回流	直肠上静脉丛回流入门静脉		直肠下静脉丛回流入下腔静脉
神经支配	自主神经支配（无痛觉）		阴部内神经支配（对疼痛敏感）
淋巴回流	上组3个引流方向，回流至腹主动脉周围淋巴结或髂内淋巴结		下组2个引流方向，回流至腹股沟淋巴管，也可到髂内淋巴结

笔记栏

肛门括约肌分为内括约肌与外括约肌。内括约肌是直肠的环状肌在肛管上部的肥大部分,围绕肛管的上 2/3。是不随意肌,有协助排便作用。外括约肌分三部分:皮下部、浅部和深部,受脊髓神经支配,为随意肌。皮下部是环状肌束,不附着于尾骨,围绕肛管下端,位于内括约肌的外下方,两括约肌之间有一沟,称为括约肌间沟,恰与肛门白线相当。皮下部外括约肌常在手术时被切断,不致引起大便失禁。浅部位于皮下部的外上方,后部与尾骨连接构成肛尾韧带,在内括约肌水平面分为两束,围绕肛管再合二为一止于会阴。深部外括约肌位于浅部的上外侧,也是环状肌束,不附着于尾骨。外括约肌深、浅两部围绕直肠纵肌及肛门内括约肌,并联合肛提肌的耻骨直肠肌,环绕肛管直肠连接处,组成一肌环,称为肛管直肠环。此环如手术时被切断,即可引起肛门失禁。

肛管直肠周围有数个间隙,其间充满脂肪组织,容易感染,发生脓肿。骨盆直肠间隙两个,位于肛提肌以上,腹膜反折以下,直肠的两旁。直肠后间隙位于直肠与骶骨之间,也在肛提肌之上,两侧骨盆直肠间隙的后中间。两个坐骨直肠间隙在肛管的两旁,肛提肌以下,坐骨、闭孔内肌的内侧。感染严重时脓液可经肛管的前方和后方,从一个坐骨直肠窝通至对侧坐骨直肠窝,形成"蹄铁形"脓肿。肛门周围间隙,位于坐骨肛管横隔以下至皮肤之间,左右两侧也可于肛管后相通。

肛门直肠的血液来自直肠上动脉、直肠下动脉、肛门动脉及骶中动脉四支动脉供应。直肠上动脉是肠系膜下动脉的末段,在直肠上端后面分为两支,沿直肠两侧下行,在齿线以上分出许多小支与直肠下动脉、肛门动脉吻合。直肠下动脉为髂内动脉的分支,其大小与分布没有一定的规律。肛门动脉由阴部内动脉分出,在肛管分为数小支。骶中动脉是腹主动脉的连接分支,一般很小,与直肠上动脉、直肠下动脉吻合。

静脉的排列与动脉相似,主要来自两个静脉丛,以齿线为界,齿线上为痔内静脉丛(直肠上静脉丛),分布在右前、右后、左侧者最为显著,是内痔的好发部位。直肠上静脉丛向上,经直肠上静脉、肠系膜下静脉入脾静脉、门静脉。齿线下为痔外静脉丛(直肠下静脉丛),汇集于直肠下静脉和肛门静脉,分别通过髂内静脉和阴部内静脉回流到下腔静脉。直肠上静脉无瓣膜,血液可逆向回流,且直肠上静脉丛和直肠下静脉丛在肛门白线附近互相交通,使门静脉系统与体静脉系统相通,在门静脉高压患者,此处是一侧支循环。

肛门直肠的淋巴组织分为上下两组,上组在齿线以上包括直肠黏膜下层、肌层、浆膜下以及肠壁外淋巴网。这些淋巴网的淋巴液主要流向三个方向:向上至直肠后骶骨前淋巴结,再至乙状结肠系膜根部淋巴结,最后至腹主动脉周围淋巴结;向两旁至肛提肌上淋巴结,再至闭孔淋巴结,最后至髂内淋巴结;向下至两侧坐骨直肠窝淋巴结,然后穿过肛提肌至髂内淋巴结。下组在齿线下包括外括约肌、肛管及肛门周围皮下淋巴网,经会阴部汇流至腹股沟淋巴结。上下组淋巴网经吻合支可彼此相通。

直肠受交感、副交感神经支配,属于自主神经系统。肛门的神经支配为体神经系统的阴部内神经的分支,分布至肛提肌、外括约肌、肛管及肛门周围皮肤。所以齿线以上黏膜对痛感迟钝,而肛管和肛门周围皮肤痛觉异常敏锐,炎症或手术创伤可导致剧烈疼痛,并引起反射性肛提肌和外括约肌痉挛。另外,膀胱颈部的肌肉也受阴部神经支配。因此,肛门部疾病或手术可引起小便困难,尿潴留等。

肛管与直肠的主要生理功能是排便、分泌黏液、吸收水分和部分药物。排便是一复杂、精细而协调的反射性生理动作,包括不随意的低级反射和随意的高级反射活动。在正常情况下,粪便储存于乙状结肠内。当结肠出现蠕动时,将粪便推入直肠内,使直肠下端膨胀而引起便意,反射性地引起内括约肌舒张和外括约肌松弛,肛提肌收缩,从而排出粪便。直肠下端的切除、神经反射的障碍、括约肌张力的丧失都可引起大便失禁。

二、检查

笔记栏

肛门直肠疾病是一类特殊的疾病,临床必须进行仔细的专科检查,并结合详细询问所得的病史,才能作出正确的诊断。因此,掌握检查方法十分重要。

检查时，操作必须轻柔，勿使患者感到痛苦，并事先告诉患者，给予适当的解释和安慰。不可在患者毫无思想准备的情况下突然进行，以免患者恐惧而不协作。作肛门直肠检查时要取适当的姿势，在指套和肛门镜上涂以润滑剂，先在肛门口轻柔按摩，嘱患者张口作深呼吸或排便动作肛门部松弛时再徐徐插入。

肛门直肠疾病在进行检查和治疗时，常用下述几种体位。各种体位有不同的优点，应根据检查和治疗的要求选用一种或两种体位。

1. 侧卧位　患者向左或右侧卧，双腿充分向前屈曲，靠近腹部，使臀部及肛门充分暴露，是常用的检查与治疗的体位。

2. 膝胸位　患者跪伏在检查床上，胸部贴近床面，臀部抬高使肛门充分暴露。适用于检查直肠下部、直肠前壁和身体矮小肥胖患者以及乙状结肠镜检查时。

3. 截石位　患者仰卧，两腿放在腿架上，将臀部移到手术台边缘，使肛门暴露良好。是肛门直肠手术时常用体位。

4. 倒置位　患者俯卧床上，髋关节弯曲，两膝跪于床端，臀部抬高，头部稍低。是肛门直肠手术时常用体位。

5. 蹲位　患者作蹲踞或向下用力增加腹压，可查到Ⅱ、Ⅲ期内痔，脱肛、息肉痔。

6. 弯腰扶椅位　患者向前弯腰，双手扶椅，露出臀部。此种体位方便，不需要特殊设备，适用于团体检查。

常用的肛门直肠疾病检查方法有：

1. 肛门视诊　患者取侧卧位，医生用双手将患者臀部分开，检查肛门周围有无内痔脱出、直肠脱出、息肉脱出、外痔、肛裂、瘘管外口、红肿、皮疹等情况。如有异常情况，应观察清楚其位置、大小、形态、色泽、是否出血等。

直肠指检与镜检

2. 直肠指检　患者取侧卧位，并作深呼吸放松肛门，医生以戴有手套或指套的右手食指，涂上润滑剂，轻轻插入肛门，进行触诊检查。可以发现肛管、直肠中下段和肛门括约肌、前列腺、子宫颈等周围组织器官有无异常，如触痛、变硬、波动感、肿块、狭窄、括约肌紧张度。若触及波动感并有明显触痛，多见于肛门直肠周围脓肿；触到柔软、光滑、活动、带蒂的包块，多为直肠息肉或肛乳头瘤；若摸到凹凸不平肿块，质地硬，推之不移，同时指套上有褐色血性黏液者，应考虑为直肠癌；若手指插入肛门时疼痛剧烈，可能为肛裂，不宜再强行插入肛门镜检查。约 70% 的直肠癌可通过直肠指检被发现，而在直肠癌延误诊断的病例中，约有 85% 是因为没有作直肠指检。因此，直肠指检在肛肠检查中十分重要。

3. 肛门镜检查　患者取侧卧位，先将肛门镜涂上润滑剂，嘱患者张口深呼吸，然后慢慢插入肛门内，应先向腹侧方向伸入，待通过肛管后，再向尾骨方向推进，待肛镜全部插入后抽去塞芯，在灯光照明下，仔细观察有无血迹、黏液、溃疡、息肉，再将肛门镜退至齿线附近，查看有无内痔、肛瘘内口、肛乳头肥大、肛隐窝炎、肛裂等。

4. 电子肠镜检查　对原因不明的便血、黏液便、脓血便、慢性腹泻、粪便变形、腹部肿块，中下腹疼痛等症状，应作电子肠镜检查，以明确诊断。电子肠镜是通过安装于肠镜前端的电子摄像探头将肠黏膜的图像传输于电子计算机处理中心，然后显示于监视器屏幕上，可观察到大肠黏膜的微小变化，如大肠息肉、黏膜溃疡、糜烂、出血、色素沉着、血管曲张、黏膜充血、水肿及肿瘤组织等，其采集的图像清晰、逼真，对医生进行疾病的诊断具有很大的帮助。此外，电子肠镜还可以通过肠镜的器械通道送入活检钳取得米粒大小的组织，进行病理切片检查或其他特殊染色，对病变的性质进行组织学定性，如炎症程度、癌的分化程度等进一步分级，有利于了解病变的轻重，指导制订正确的治疗方案或判断治疗效果。通过肠镜器械通道还可对大肠一些病变如息肉、出血、异物等进行内镜下治疗。在内镜前端安置微型超声探头装备成超声内镜(简称 EUS)，可获得肠壁各层次的组织学特征及周围邻近脏器的超声图像，指导肠癌手术前分期、判断黏膜下肿瘤的起源层次及超声特点，还可以引导进行穿刺、引流、注射等检查和治疗。电子肠镜检查前需进行肠道准备，以保证顺利进镜和

笔记栏

满意观察。

5. 球头探针检查　以球头探针自肛瘘外口徐徐插入，按硬索方向轻轻探查，同时以另外一只手食指插入肛内协助寻找内口，探针在肛管直肠内如能顺利穿出的部位即为内口。若因内口过小，探针的球头部不能穿出时，如果在肛内的手指部能感到有触动感，也属内口部位。检查隐窝炎时，可将球头探针弯成倒钩状自发炎的肛窦处探查。以球头探针检查，可以探知肛瘘瘘管的方向、深度、长度，以及管道是否弯曲、有无分支，和肛管直肠是否相通，内口与肛管直肠环的关系等。操作时应耐心、轻柔，禁用暴力，以免造成人工管道而将真正瘘管和内口遗漏，给治疗造成困难。

6. X线检查　钡剂灌肠可观察直肠和结肠形状及是否通过顺利，有无梗阻或狭窄；直肠和结肠的外部病变，如骶骨前畸胎瘤，可见有直肠移位。复杂性肛瘘，瘘管通道不清，内口不明的可作碘化油或15%碘化钠水溶液从外口注入造影。可疑有肺部病变者，可作胸部摄片。对出口梗阻型便秘患者可做排粪造影和结肠传输试验。

7. 超声检查　利用超声和内镜超声可以对肛周和肛管直肠内脓肿、囊肿及其他性质包块进行鉴别，了解肛瘘内口的位置、数量、瘘管的走向、腔隙的大小，提高手术治愈率。

8. 肛管直肠压力测定检查　通过压力感受器对肛管直肠的压力变化进行探测并记录，再通过图形识别进行定量分析的技术，可检查内外括约肌、盆底、直肠功能与协调情况，还可以对肛门直肠疾病手术前、后肛管直肠括约肌功能评价提供客观指标，为临床上疗效判断提供依据。

9. MRI检查　对软组织有较高的分辨率，能够显示瘘管的内口、位置的高低、瘘(窦)道及分支管的走行与直肠周围组织结构(如肛门括约肌、肛提肌)的关系，对肛瘘手术有一定的指导意义。

10. 其他检查　根据患者的情况，结合医院具体实际情况，可选择性地进行直肠镜、乙状结肠镜、CT等检查，也可进行必要的实验室检查，如术前进行血常规、凝血酶原时间、血糖、肝肾功能、大小便常规、心电图、胸片等检查。

其中，直肠指检和肛门镜检查是肛肠科的常规检查项目。根据各种检查方法所得，应及时记录病变部位的情况。通常用截石位表示，以时钟面的十二等分标记法，将肛门平均分为十二个部位，前面会阴部为12点，后面尾骶部为6点，左面中央为3点，右面中央为9点，其余依次类推。检查时发现某一部位有病变，则在相应的截石位图上作一标记。

三、病因病机

肛门直肠疾病的病因病机分析，是对具体的症状和体征加以归纳，找出其致病因素和发病机理，从而“审因论治”，为治疗提出具体的方法。肛门直肠疾病中常见的发病因素有风、湿、热、燥、气虚、血虚等，现将各种因素致病特点及引起疾病的机理扼要分述如下。

1. 风　风邪可引起下血。风性善行数变，且每多夹热，热伤肠络，血不循经而下溢，故风邪引起的便血，其色泽较鲜红，下血暴急呈喷射状。

2. 湿　湿分内、外湿。外湿多因居处雾露潮湿之处而发病；内湿多因饮食不节，损伤脾胃，湿从内生。湿性重着，常先伤于下，故肛门病中因湿而发病的较多。湿与热结，致肛门部气血纵横，经络交错而发内痔；湿热蕴阻肛门，经络阻隔，气血凝滞，热胜肉腐而成脓，易形成肛门直肠周围脓肿，湿热下注大肠，肠道气机不利，经络阻滞，瘀血凝聚，发为直肠息肉。

3. 热　肛门病中因热致病者也较多见。热积肠道，易耗伤津液，而致热结肠燥，则大便秘结不通，便秘日久，可导致局部气血不畅，瘀滞不散，结而为痔；热盛则迫血妄行，下溢则成便血；热与湿结，蕴阻肛门而发肛周脓肿。

4. 内燥　常因饮食不节，恣饮醇酒，过食辛辣等物，以致燥热内结，燥邪易耗伤津液，无以下润大肠，则大便干结，或素有血虚，血虚津乏，肠道失于濡润，而致大便干燥，临厕努责，常使肛门裂伤或擦伤痔核而致便血等。

笔记栏

5. 气虚　脾胃失运，中气不足导致。妇人生育过多，小儿久泻久痢，老年气血衰退，以及某些慢性疾病等，都能导致中气不足，气虚下陷，无以摄纳而引起直肠脱垂不收，内痔脱出不纳；气虚则无力祛邪，不能托毒外出，故肛门直肠周围发生脓肿时，初期症状不明显，难消难溃，溃后脓水稀薄。

6. 血虚　失血过多或脾胃失运，生血乏源，常可导致血虚。肛门直肠疾病中，常因长期便血而致血虚，血虚则气虚，气虚则无以摄血而致下血，更导致血虚，如此往复，形成恶性循环。血虚生燥，无以润滑肠道，则大便燥结，损伤肛门致肛裂，或擦伤内痔而便血。血虚则生肌迟缓，故术后创面不易愈合。

总之，上述各种因素，有的可单独致病，有的可多种因素并存，如风多夹热、湿热相兼等。在病程中，有的为实证，有的为虚证，有的则为虚中夹实。所以在审证求因时，要进行全面的分析。

四、辨证

(一) 辨症状

肛门直肠疾病常见的症状有便血、肿痛、脱垂、流脓、便秘、分泌物等，由于病因不同，表现的症状及轻重程度也不一致。

1. 便血　是肛门直肠疾病最常见的症状，可见于内痔、肛裂、直肠息肉、直肠癌、直肠炎等多种疾病。血不与大便相混，附于大便表面，或便时点滴而下，或一线如箭，出血较多而无疼痛者，多为内痔；便血少而有肛门疼痛者，多为肛裂。儿童便血，大便次数和性质无明显改变，无疼痛者，多为直肠息肉。血与黏液相混，其色晦暗，肛门有下坠感或便意频繁者，多为直肠癌。便血鲜红，血出如箭，并伴口渴、便秘、尿赤、舌红、脉数等症者，多属风热肠燥；便血色淡，伴有面色无华、心悸、神疲、乏力、舌淡、脉沉细等症者，多属血虚肠燥。便血色晦暗夹黏液，常伴口干不欲饮、大便溏薄、小便短赤、舌红苔黄腻、脉濡数者，多为大肠湿热。

2. 肿痛　常见于肛门直肠周围脓肿、内痔脱出嵌顿、外痔水肿、血栓外痔等病。肿胀高突，疼痛剧烈，多为湿热阻滞，可伴有胸闷腹胀、体倦身重、食欲不振、发热、苔黄腻、脉濡数等症状，常见于肛门直肠周围脓肿。肛门缘突发包块伴肿痛，其色紫黯者，多为血栓外痔。肿势平塌，发展缓慢，疼痛较轻，伴全身潮热盗汗，神疲乏力，舌红少苔，脉细数者，多为结核性肛周脓肿。

3. 脱垂　是Ⅱ、Ⅲ期内痔，肛乳头瘤，直肠息肉，直肠脱垂的常见症状。脱垂而不能自行回纳者，多因气虚血弱，中气下陷，无以摄纳，伴有面色无华、头晕眼花、心悸气短、自汗盗汗、舌淡、脉沉细弱等症状。内痔脱出，嵌于肛外，红肿疼痛，不易复位者，多为湿热下迫，若复因染毒，热毒熏灼，则局部糜烂坏死，可伴有寒热烦渴、便干尿黄、舌红、苔黄或腻、脉弦数等症状。

4. 流脓　常见于肛周脓肿或肛瘘。脓出黄稠带腥臭者，多为湿热蕴阻肛门，热胜肉腐而成脓，伴有发热、口苦、身重体倦、食欲不振、溲赤、苔黄或腻、脉弦或数等。脓出稀薄不臭，或微带粪臭，淋漓不尽，疮口凹陷，周围有空腔，不易敛合者，多为气阴两亏兼湿热下注之证，可伴低热盗汗、面色萎黄、神疲纳呆、舌淡红、脉濡细等。

5. 便秘　是肛裂、痔、肛周脓肿、肛管直肠癌的常见症状。腹满胀痛，拒按，大便秘结，伴口臭、心烦、身热溲赤、舌红苔黄燥、脉数等，多属肠胃实热。腹满作胀，喜按而便不润者，伴有面色㿠白、头晕心悸、神疲乏力、舌质淡、脉细无力等，多属血虚肠燥或脾虚不运。

6. 分泌物　常见于内痔脱出、直肠脱垂、肛瘘等，多为湿热下注或热毒蕴结所致。伴有局部肿痛、口干、纳呆、胸闷不舒、便溏或干结、溲赤、舌红、苔黄腻、脉弦数者，以内痔、直肠脱出嵌顿及实证肛瘘多见；分泌物清稀不臭，多为气虚脱肛、内痔脱垂或虚证肛瘘。

(二) 辨部位

肛门直肠疾病常有其好发部位，了解这些情况常有助于诊断治疗。以膀胱截石位表示，内痔好发于齿线以上 3、7、11 点处，赘皮外痔多发生于 6、12 点处，环形的结缔组织性外痔多见于经产妇，血栓外痔好发于肛缘 3、9 点处。肛裂好发于 6、12 点处。肛瘘瘘管外口发生于 3、9 点前面的，其管道多为直行；发生于 3、9 点后面的，其管道往往弯曲，且其内口多在 6 点处附近；凡瘘管外口距肛缘近的，其管道也短(指通向肛内)，凡瘘管外口距肛缘较远的，则其管道也长；环肛而生的马蹄形肛瘘，

笔记栏

其内口常在6点处附近。

五、治疗

肛门直肠疾病的治疗方法可归纳为内治、外治和以手术为主的其他疗法。临床多以外治和手术为主要治疗手段。

（一）内治法

常用于疾病初起或合并其他严重疾病而不能胜任手术者。

1. 清热凉血　适用于风热肠燥便血，血栓外痔初起，方用凉血地黄汤或槐角丸加减。

2. 清热利湿　适用于肛周脓肿实证、肛窦炎等，方用萆薢渗湿汤或龙胆泻肝汤加减。

3. 清热解毒　适用于肛周脓肿实证、外痔肿痛、脱肛嵌顿等，方用黄连解毒汤或仙方活命饮加减。

4. 养血补血　适用于素体气血不足或久病气血虚弱者，方用四物汤或八珍汤加减。

5. 清热通腑　适用于热结肠燥便秘者，方用大承气汤或麻仁丸加减。

6. 生津润燥　适用于血虚津乏便秘者，方用润肠汤或麻仁丸加减。

7. 补中益气　适用于小儿或年老体衰或经产妇气虚下陷的直肠脱垂、内痔脱出者，方用补中益气汤。

（二）外治法

适用于内痔脱垂或有嵌顿、肛周脓肿、肛裂、炎性外痔、血栓外痔、脱肛、肛周皮炎、术后水肿等。

1. 熏洗坐浴法　以药物加水煮沸或用散剂冲泡，先熏洗后坐浴，或用毛巾蘸药汁趁热敷患处，冷则再换。常用药物有芒硝(消肿止痛)、1∶5 000高锰酸钾溶液(术后坐浴)、五倍子汤(收敛止血)、苦参汤(除湿杀虫止痒)。

2. 敷药法　即以药物敷于患处。每天大便后，先坐浴，再外敷药物，每天1～2次，方用九华膏、五倍子散、黄连膏、消痔膏等，具有消炎止痛、生肌收敛止血等作用。此外，尚有清热消肿的金黄膏，提脓化腐的九一丹，生肌收口的生肌散、白玉膏等。

（三）手术

手术是肛门直肠疾病的主要治疗方法，随着基础医学和其他科学技术的进展，目前手术方式也呈现出多样化，需要根据患者的具体情况作出个体化的选择。有关手术适应证、操作方法、注意事项等详见有关各病。

六、预防与护理

(1) 保持大便通畅，不要久忍大便；每天定时排便，临厕不宜久蹲努责；不宜长期服泻剂。

(2) 注意饮食，不喝酒，少食辛辣刺激食物，多食蔬菜水果，以帮助大便通畅。

(3) 保持肛门清洁卫生，要经常洗浴，便纸宜柔软，防止擦伤。

(4) 加强锻炼，增强体质，促进全身气血流畅和增加肠道蠕动，避免较长时间保持久坐、久站同一姿势。采用导引法、提肛运动等方法加强肛门功能锻炼。

(5) 注意休息，早睡早起，避免劳累过度，不熬夜。

(6) 积极治疗相关疾病如便秘、糖尿病、肠炎、痢疾、肛周皮炎、毛囊炎、疖肿等疾病。

附

腰俞麻醉(低位骶管麻醉)

1. 适应证　肛门直肠部的手术，如复杂性肛瘘、肛门直肠周围脓肿、内外痔切除术、肛门括约肌修补术、直肠固定术等。

2. 禁忌证　骶尾骨畸形、腰俞穴局部感染。

3. 常用药物　1%～2%利多卡因10～20 mL。手术时间较长者，可酌情加1∶1 000肾上腺素，每100 mL 4～6滴。

笔记栏

4. 操作方法　患者取侧卧位,屈曲双腿,尽量暴露腰骶部。寻找腰俞穴(骶裂孔),其解剖标志是第4骶骨棘突和左右两骶骨角,三点构成一个三角形,相当于骶裂孔的位置。骶裂孔表面覆盖韧带和皮肤,肥胖者标志不易摸清。局部常规消毒铺巾,术者戴无菌手套,左手摸清骶裂孔的位置,垂直进针,针通过骶尾韧带即有落空感,抽吸无回血,推药阻力不大,证实位置准确,可缓缓推药15～30 mL。待3～5分钟后发挥麻醉效果。一般可维持1.5小时,如果加用肾上腺素,可维持2小时左右。

5. 注意事项　注射麻醉药的速度不宜过快;针口斜面应向尾骨尖,使药液扩散范围小,以增强麻醉效果;注射麻醉药时,应抽吸无回血后方可注射,防止麻醉药直接注入血管,引起药物毒性反应,如遇有药物毒性反应,令患者平卧数分钟,症状即可消失,无须特殊处理,严重者可静脉注射咪达唑仑2～3 mg或50%葡萄糖溶液40～60 mL。

第二节　痔

痔是最常见的肛肠疾病,是肛垫发生病理性肥大、移位及肛周皮下血管丛血流淤滞形成的局部团块。同时,将肛管周围皮下血栓形成及肛缘结缔组织增生形成的皮赘也称为痔。任何年龄都可发病,但以成年人好发。根据痔发病部位的不同,临床上可分为内痔、外痔和混合痔。

内　痔

内痔是发生于肛管齿线以上的痔,是肛垫的支持结构、静脉丛及动静脉吻合支发生病理性改变或移位而形成。内痔是肛门直肠病中最常见的疾病,好发于肛管齿线以上右前、右后和左侧三处。其特点是便血,痔核脱出,肛门不适感。内痔多发生于成年人,儿童少见。

【病因病机】

多因脏腑本虚,静脉壁薄弱,兼因久坐久立,负重远行,或长期便秘或泻痢日久或临厕久蹲努责,或饮食不节,过食辛辣醇酒厚味,导致脏腑功能失调,风燥湿热下迫,瘀阻魄门,瘀血浊气结滞不散,筋脉横解而生痔。日久气虚,下陷不能摄纳,则痔核脱出。

【临床表现】

1. 便血　是内痔最常见的早期症状。初起多为无痛性便血,血色鲜红,不与粪便相混。可表现为手纸带血、滴血、喷射状出血,便后出血停止。出血呈间歇性,饮酒、疲劳、过食辛辣食物、便秘等诱因常使症状出现或加重。出血严重者可出现继发性贫血。

2. 脱出　随着痔核增大,排便时可脱出肛门外,初期可自行回复,进一步加重则需要手托才能回复。

3. 肛周潮湿、瘙痒　痔核反复脱出,肛门括约肌松弛,常有分泌物溢于肛门外,故感肛门潮湿;分泌物长期刺激肛周皮肤,易发湿疹,瘙痒不适。

4. 疼痛　脱出的内痔发生急性血栓时,引起水肿、糜烂,甚至嵌顿坏死,可导致剧烈疼痛。

5. 便秘　患者常因出血而人为地控制排便,造成习惯性便秘,干燥粪便又极易擦伤痔核表面黏膜而出血,形成恶性循环。

【诊断】

诊断要点

1. 症状　内痔初起以便血为主,色鲜红,不与粪便相混,无疼痛,可表现为大便表面带血、手纸染血、滴血或喷射状出血,便后出血即可停止。进一步发展,大便时或伴有肿物脱出肛外,便后可自行复位,或需手托才能复位。

2. 肛门镜检查　可见齿线上方黏膜有不同程度的隆起,表面色红。

3. 分期　根据临床表现,结合肛门直肠检查情况,按照病情轻重程度的不同,可将内痔分为三期。

笔记栏

Ⅰ期：痔核较小，不脱出，以便血为主(彩图 9－1)。

Ⅱ期：痔核较大，大便时可脱出肛外，便后自行回纳，便血或多或少。

Ⅲ期：痔核更大，大便时痔核脱出肛外，甚至行走、咳嗽、喷嚏、站立时也会脱出，不能自行回纳，须用手推或平卧、热敷后才能回纳；便血不多或不出血。

脱出性痔因急性血栓形成伴充血、水肿、疼痛，不能回纳，称为嵌顿痔。

【鉴别诊断】

1. 肛乳头肥大　齿线附近呈锥形或鼓槌状的赘生物，灰白色，质地较硬，无便血，过度肥大者，可脱于肛门外。

2. 直肠息肉　较多见于儿童和老年人。常有便血，但多无射血、滴血现象。脱出的息肉一般为单个，有长蒂，头圆，表面光滑或颗粒状，质地较痔核硬、较肛乳头柔软，活动度大。

3. 直肠脱垂　脱出物呈环状或可见螺旋状皱褶，表面光滑，色淡红或鲜红，一般不出血，脱出后有黏液分泌，括约肌松弛。

4. 直肠癌　中老年多见。粪便中混有脓血、黏液、腐臭的分泌物，便意频数，便次增多，里急后重，晚期大便变细，指检可触及菜花状肿块，或凹凸不平溃疡，质地硬，不能推动，指套带新鲜血迹和黏液。

5. 肛裂　便血也呈鲜红色，但同时伴疼痛，检查可见肛管前后壁裂口。

6. 下消化道出血　溃疡性结肠炎、克罗恩病、直肠血管瘤、憩室病、大肠息肉、家族性息肉病等，常有不同程度的便血，需作电子肠镜检查才能鉴别。

【治疗】

痔的治疗应遵循以下原则：无症状的痔可不需要治疗，有症状的痔重在减轻、消除症状，而非根治，宜尽量采用非手术治疗，解除痔的症状应视为治疗效果的标准。痔的治疗包括一般治疗、非手术治疗和手术治疗。一般治疗是指包括改变饮食结构、保持大便通畅、改变不良排便习惯、防治便秘和腹泻、温水坐浴、保持会阴清洁等，这些措施对各类痔以及其他肛肠病的预防和治疗都是有着积极意义的。对Ⅰ期内痔以非手术治疗为主，Ⅱ期内痔也可先进行非手术治疗，包括局部用药(栓剂、软膏、乳膏及洗剂等)，改善局部血管丛静脉张力的口服药，硬化剂注射治疗、套扎治疗及各种物理疗法，如微波治疗、红外线凝固疗法、射频治疗、铜离子电化学治疗法、冷冻疗法、双极电凝治疗等。对于非手术治疗效果欠佳的Ⅱ期内痔、Ⅲ期内痔以及伴急性血栓形成者宜进行手术治疗，手术可视具体情况选择混合痔外切内扎术和吻合器痔上黏膜环切钉合术(简称 PPH 术)等术式。

(一) 内治法

中医学对痔进行辨证论治是其特色和优势，可用于各期痔，尤其适用于Ⅰ期内痔出血；或内痔嵌顿伴有继发感染；或年老体弱，或内痔兼有其他严重慢性疾病，不宜手术治疗者。

1. 风伤肠络证

证候　大便带血、滴血或喷射状出血，血色鲜红，或有肛门瘙痒。舌红，苔薄黄，脉数。

治法　清热凉血祛风。

主方　凉血地黄汤(《外科大成》)加减。

成药　槐角丸，每服 9 g，每日 1～2 次。

2. 湿热下注证

证候　便血色鲜，量较多，肛内肿物外脱，可自行回缩，肛门灼热，重坠不适。苔黄腻，脉弦数。

治法　清热利湿止血。

主方　脏连丸(《证治准绳》)加减。

出血多者加地榆炭、仙鹤草。

成药　槐角丸，每服 9 g，每日 1～2 次。

3. 气滞血瘀证

证候　肛内肿物脱出，甚或嵌顿，肛管紧缩，坠胀疼痛，甚则内有血栓形成，肛缘水肿，触痛明

笔记栏

显。舌黯红,苔白或黄,脉弦细涩。

治法 清热利湿,祛风活血。

主方 止痛如神汤(《医宗金鉴》)加减。

成药 云南白药胶囊,每服1～2粒,每日4次。

4. 脾虚气陷证

证候 肛门下坠感,内痔脱出需手托还纳,便血色鲜或淡;面色少华,神疲乏力,少气懒言,纳少便溏。舌淡胖,边有齿痕,苔薄白,脉弱。

治法 补气升提。

主方 补中益气汤(《东垣十书》)加减。

成药 补中益气丸,每服9 g,每日3次。

(二) 外治法

适用于各期内痔及内痔嵌顿肿痛、出血等,常用下述方法。

1. 熏洗法 各期内痔及内痔脱出或伴脱肛者都可应用。以药物加水煮沸,先熏后洗,或用药液作热湿敷,具活血止痛,收敛消肿等作用,常用五倍子汤、苦参汤。

2. 外敷法 适用于各期内痔及手术后换药。以药物敷于患处,具有消肿止痛、收敛止血、祛腐生肌等作用,应根据不同症状选用各种油膏、散剂,常用消痔膏、五倍子散等。

3. 塞药法 用药物制成栓剂,塞入肛内,具有消肿止痛止血作用,如痔疮栓等。

4. 枯痔法 即以枯痔散、灰皂散等腐蚀性药物敷于Ⅱ、Ⅲ期能脱出肛外的内痔痔核表面,具有强度腐蚀作用,能使痔核干枯坏死,达到痔核脱落痊愈的目的。此法目前已少采用。

(三) 其他疗法

硬化剂注射

1. 注射法 此法在国内外早已被采用。按其所起的作用不同,可分为硬化萎缩和坏死枯脱两种方法。由于坏死枯脱疗法术后常有大出血、感染、直肠狭窄等并发症,故目前国内外普遍应用的都是内痔硬化剂注射疗法。由于不断改进注射法和注射剂,因此,扩大了注射疗法的适应证。

适应证:Ⅰ、Ⅱ内痔;血管肿型Ⅲ期内痔;兼有贫血者;混合痔的内痔部分。

禁忌证:外痔;内痔伴肛门周围急慢性炎症或腹泻;内痔伴有严重肺结核或高血压、肝肾疾病及血液病患者。

常用药物:消痔灵、芍倍注射液、5%～10%石炭酸甘油、5%鱼肝油酸钠、4%～6%明矾液。硬化萎缩药如果注射剂量大、浓度高时也可以导致内痔坏死枯脱,成为坏死剂。

硬化萎缩注射法:侧卧位,视痔核大小和注射达到目的选择是否麻醉,如果Ⅰ期内痔,注射以解决内痔出血为目的,则可无需麻醉,在肛镜直视下用0.1%苯扎溴铵酊作局部消毒,以皮试针筒(5号针头)抽取1∶1消痔灵(用2%利多卡因配)、1∶1芍倍注射液(同消痔灵)、5%石炭酸甘油或4%～6%明矾液,于痔核中部进针,刺入黏膜下层后注射,边退边注射,使药液尽量充满黏膜下层和黏膜层血管丛中,注入药量多少的标志以痔核弥漫肿胀、黏膜呈水泡状为度,一次可注射多个内痔,一般注射总量在3～10 mL,患者会感到坠胀不适,一般持续3～4小时后自行消失。如果是Ⅱ、Ⅲ期内痔,注射以解决内痔脱出为目的,则可在麻醉下进行,除了直接在痔核中部注射外,可先在内痔核稍上方痔上动脉区注射,注射方法同上,总量可达15～30 mL,注射后当天避免过多活动,并不宜排便。硬化剂注射对止血有明显的效果,也可以使内痔核起到一定的硬化萎缩作用。但要防止注射部位过浅,以免引起黏膜溃烂,过深则易引起肌层组织发生硬化。

注意事项:① 注射时必须注意严格消毒,每次注射都须以苯扎溴铵酊消毒进针处。② 必须用5号针头进行注射,否则针孔大,进针处容易出血。③ 注射药液时宜缓缓进行。④ 进针的针头勿向痔核内各方乱刺,以免过多的损伤痔内血管,引起出血,致使痔核肿大,增加局部的液体渗出。⑤ 注意勿使药液注入外痔区,或注射位置过低使药液向肛管扩散,造成肛门周围水肿和疼痛。⑥ 操作时应先注射小的痔核,再注射大的痔核,以免小痔核被大痔核挤压、遮盖,从而增加操作的困难。

笔记栏

2. 插药疗法(枯痔钉疗法) 枯痔钉具有腐蚀作用,能使痔核干枯坏死,达到痊愈的目的。本方法具有疗效确实、操作简单、痛苦少等优点,但对痔面呈灰白色(纤维化)、质较硬的Ⅲ期内痔疗效较差。枯痔钉的配方有有砒、无砒两种。因没有国药准字枯痔钉药物,现已经逐渐被弃用。

3. 结扎疗法 此法是中医传统的外治法,除丝线结扎外,也可用药制丝线、纸裹药线缠扎痔核根部以阻断痔核的血液流通,使痔核坏死脱落,创面修复自愈。结扎疗法虽是一种古老的方法,但具有科学基础,在临床上有比较广泛地应用,尤其随着器械的改进,采用负压吸引的自动胶圈套扎方便、快捷,疗效也显著提高,受到患者的欢迎。

(1) 贯穿结扎法

适应证:Ⅱ、Ⅲ期内痔,对纤维型内痔更为适宜。

禁忌证:肛门周围有急性脓肿或湿疹者;急慢性腹泻者;严重肺结核、高血压、肝肾疾患或血液病的患者;临产期孕妇。

术前准备:① 用等渗盐水或1%软皂水300 mL作清洁灌肠,如在门诊手术者,可塞入开塞露排空大便。② 患者取侧卧位(患侧在下)或截石位,充分暴露臀部。③ 肛门周围剃毛。④ 肛周消毒后铺消毒巾。

操作方法:① 局麻或腰俞麻醉后消毒肛管及直肠下段,再用双手食指进行扩肛,使痔核暴露。② 用弯血管钳夹住痔核基底部,用左手向肛外同一方向牵引,右手用持针钳夹住已穿有丝线的缝针,将双线从痔核基底部中央稍偏上穿过。③ 将已贯穿痔核的双线交叉放置,并用剪刀沿齿线剪一浅表切口,再分端进行"8"字形结扎或作"回"字形结扎。④ 结扎完毕后,用弯血管钳挤压被结扎的痔核,也可在被结扎的痔核内注射6%明矾溶液,加速痔核的坏死。⑤ 最后将存留在肛外的线端剪去,再将痔核送回肛内,并用红油膏、八二丹少许涂入肛内,用纱布、橡皮膏固定。

环形内痔采取分段结扎,先将环形内痔划分为几个痔块,在所划分的痔块的一侧,用两把止血钳夹起黏膜,于中间剪开,同法处理痔块的对侧。然后用止血钳将痔块基底夹住,同时去掉痔块两侧的止血钳,于齿线附近剪开一小口用圆针丝线贯穿"8"字结扎。同法处理其他痔块。各结扎点之间,注意保留黏膜桥不得少于0.4 cm。

注意事项:① 结扎内痔时,宜先扎大的痔核,后扎小的痔核。② 缝针穿过痔核基底部时,不可穿入肌层,否则,结扎后可引起肌肉层坏死或并发肛门周围脓肿。③ 结扎术后当天不要解大便,若便后痔核脱出时,应立即还纳,以免发生水肿,加剧疼痛。④ 在结扎后的7～14天,为痔核脱落阶段,嘱患者避免剧烈运动,保持大便通畅,以避免术后的大出血。

(2) 胶圈套扎法:本法是通过器械将小乳胶圈套入痔核根部,利用胶圈较强的弹性阻止血循环,致使痔核缺血、坏死、脱落,从而治愈内痔。目前多采用自动胶圈套扎器进行套扎。

适应证:各期内痔及混合痔内痔部分;对PPH术或其他疗法后痔块或肛垫回缩不全者,进行补充治疗;直肠局灶性病变,如直肠息肉等。

禁忌证:单纯外痔;混合痔的外痔部分;肛乳头肥大;直肠息肉疑有恶变者。

操作步骤:插入肛窥器,消毒直肠与肛管,显露齿状线和内痔块,经肛窥器置入枪管并对准目标,在负压抽吸下组织即被吸入枪管内(自带负压或接电动负压吸引),当负压值达到−0.1～−0.08 mPa时,即可释放胶圈,从而将目标组织牢牢套住,打开负压释放开关,释放被套扎的组织。

操作要点与注意事项

1) 目前有两种套扎方法:"痔块直接套扎法"和"痔上黏膜套扎法"。前者是直接套扎痔块基底部黏膜(距齿状线上1.5 cm,不少于1 cm),后者是套扎痔块上方的黏膜(距齿状线2～3 cm)。

2) 对于Ⅰ、Ⅱ期内痔,一般采用直接套扎法即可。而对于Ⅲ期内痔,联合采用直接套扎法与痔上黏膜套扎法(即所谓倒三角套扎法),效果更好。

3) 倒三角套扎法:于痔块基部套扎一个点,在其上方成等腰三角形再套扎两个点。

4) 套扎点依痔块具体部位而定。一次治疗可套扎2～5个点。

笔记栏

5）可重复治疗，间隔时间 4 周以上，直至症状好转或消失为止。

6）无论采用哪种套扎方法。套扎点至少应位于齿状线上方 1 cm，切勿扎住齿状线或肛管皮肤，否则可引起剧痛或重度坠胀感，严重者可导致出血与感染。

7）术前嘱患者排便，或用开塞露诱发排便。

8）术后保持大便通畅；禁食辛辣、酒类等食物；可配合使用坐浴、外用药膏、肛门药栓等；术后酌情使用抗生素。

9）术后有急便感或坠胀感，一般 1～3 天后可自行缓解。如遇术后较大量出血，可视情况给予压迫、重新套扎或缝扎止血。

（四）手术治疗

Ⅱ、Ⅲ期内痔因反复脱出后导致相应方位的肛管皮肤肥厚、松弛、外翻，齿状线模糊、消失。因此，Ⅱ期内痔后期和Ⅲ期内痔往往成为混合痔，在手术治疗这种脱出性内痔时同时需要注意处理其相应的外痔部分才能取得良好效果，常用的手术方法有混合痔外切内扎术和吻合器痔上黏膜环切钉合术（简称 PPH 术），具体操作请见“混合痔”的“手术治疗”。

外　　痔

外痔发生于齿状线以下，是由痔外静脉丛扩大曲张或痔外静脉丛破裂或反复发炎纤维增生而成的疾病。其表面被皮肤覆盖，不易出血。其特点是自觉肛门坠胀、疼痛、有异物感。由于临床症状和病理特点的不同，可分为静脉曲张性外痔、血栓性外痔和结缔组织外痔等。

结缔组织外痔

结缔组织外痔是指急、慢性炎症的反复刺激，使肛门缘皱襞的皮肤发生结缔组织增生、肥大，痔内无曲张的静脉丛。包括哨兵痔、赘皮外痔。肛门异物感为其主要症状。

【病因病机】

肛门裂伤、内痔反复脱垂或产育努责，导致邪毒外侵，湿热下注，使局部气血运行不畅，筋脉阻滞，瘀结不散，日久结为皮赘。

【临床表现】

肛门边缘处赘生皮瓣，逐渐增大，质地柔软，一般无疼痛，不出血，仅觉肛门有异物感，常因染毒而肿胀，自觉疼痛，肿胀消失后，赘皮依然存在（彩图 9-2）。

若发生于截石位 6、12 点处的外痔，常由肛裂引起，又称哨兵痔或裂痔；若发于 3、7、11 点处的外痔，多伴有内痔；赘皮呈环形或形如花冠状的，多见于经产妇。

【诊断】

诊断要点

结缔组织外痔肛门边缘处赘生皮瓣，逐渐增大，质地柔软，一般无疼痛，不出血。

根据临床表现及肛肠科常规检查即可诊断。

【治疗】

一般不需内治。当外痔染毒发炎肿痛时，可外用熏洗法，用苦参汤（《疡科心得集》）加减；或外敷消痔膏、黄连膏等。对反复炎症或赘皮较大影响清洁卫生者，可考虑在无炎症的情况下手术切除。

笔记栏

静脉曲张性外痔

静脉曲张性外痔是指痔外静脉丛发生扩大曲张，在肛缘形成的柔软团块。有静脉曲张外痔的患者，多伴有内痔。儿童因皮肤薄嫩，可在用力排便时出现肛周皮肤静脉曲张隆起的现象。

【病因病机】

多因脏腑本虚，静脉壁薄弱，兼加便秘久蹲，经产，负重努力，腹压增加，或Ⅱ、Ⅲ期内痔反复脱出，致筋脉横解，瘀结不散而成。

【临床表现】

发生于肛管或肛门缘皮下，平时不明显，多在排便或下蹲等腹压增加时出现，呈暗紫色，触之柔软，无触痛，常呈环形，便后或经按压后包块可缩小或消失。一般仅有坠胀不适感，无疼痛。

【诊断】

诊断要点

发生在肛管或肛缘皮下，局部有椭圆形或长形肿物，触之柔软。便时或下蹲等致腹压增加时，肿物增大。

根据临床表现及肛肠科常规检查即可诊断。

【鉴别诊断】

1. 血栓外痔　大多发生于肛门口左右两侧皮下，突然肿起，形如葡萄，色呈青紫，按之较硬光滑，有不同程度的疼痛。

2. 肛门直肠周围脓肿　肛门周围疼痛，出现硬块，色红，逐渐增大化脓溃破。

3. 结缔组织外痔　皮赘可缓慢增大，按之质地较软，排便及腹压增加时皮瓣无明显变化。

【治疗】

（一）内治法

一般不需内治，若染毒者可按湿热下注证治疗。

证候　便后肛缘肿物隆起不缩小，坠胀明显，甚则灼热疼痛或有滋水；便干尿赤。舌红，苔黄腻，脉滑数。

治法　清热除湿，活血散瘀。

主方　萆薢化毒汤(《疡科心得集》)合活血散瘀汤(《外科正宗》)加减。

成药　龙胆泻肝丸，每服 6 g，每日 3 次。

（二）外治法

肿胀明显时，可用熏洗、外敷法，方法同结缔组织外痔。

（三）其他疗法

手术治疗　可作静脉丛剥离切除手术。

适应证：单纯性静脉曲张性外痔；静脉曲张性混合痔的外痔部分。

操作方法：取截石位或侧卧位，在局麻或腰俞麻醉下，肛门消毒，用组织钳提起外痔组织，以剪刀环绕其痔根四周做一梭形切口，切口上端必须指向肛门中心呈放射状，再用剪刀分离皮下曲张的静脉丛，将皮肤连同皮下组织一并切除。用凡士林或红油膏纱条覆盖创面引流，无菌敷料包扎。每天便后用 1∶5 000 高锰酸钾液坐浴，更换敷料至痊愈。

血栓性外痔

血栓性外痔是指痔外静脉破裂，血块凝结，血栓形成。其特点是肛门缘突然剧烈疼痛，并出现黯紫色肿块。

【病因病机】

由于内热血燥，或便时努责，或用力负重等，致肛门缘痔外静脉丛血管破裂，离经之血凝滞皮下而成。

【临床表现】

肛门部突然剧烈疼痛，肛缘皮下可见黯紫色圆球形肿块，肿块敏感，稍触碰即引起疼痛，排便、

笔记栏

坐下、走路,甚至咳嗽等动作时均可加重疼痛。

【诊断】

(一) 诊断要点

(1) 常发生于肛门口截石位 3、9 点处,患者以中年男子占多数,常有便秘或用力负重、久坐、熬夜、喝酒等诱因。

(2) 症状:起病时,肛门部突然剧烈疼痛,肛缘皮下可见黯紫色圆球形肿块,肿块敏感,稍触碰即引起疼痛,排便、坐下、走路,甚至咳嗽时,疼痛加重。随着血栓逐渐机化吸收,包块可逐渐缩小,疼痛逐渐减轻。血栓越大则吸收越慢。

(二) 辅助检查

可见肛缘皮肤表面隆起一黯紫色圆形包块,质地较硬,边界清晰,有明显触痛。

【鉴别诊断】

1. 内痔嵌顿　既往有内痔脱出病史,突然不能还纳,导致嵌顿在肛门口,疼痛时间较长,皮瓣水肿,消退缓慢,表面糜烂,伴感染时有分泌物和臭味。

2. 肛裂　肛门疼痛呈周期性,便鲜血,局部检查可见 6 或 12 点处有纵行裂口。

【治疗】

(一) 内治法

一般按风伤肠络证治疗。

证候　肛缘肿物突起,肿痛剧烈难忍,肛门坠胀疼痛,局部可触及硬性结节,其色黯紫;伴便秘,口渴,烦热。舌紫,苔黄,脉弦涩。

治法　清热凉血,消肿止痛。

主方　凉血地黄汤(《外科大成》)加减。

成药　痔特佳胶囊,每服 2～4 粒,每日 2 次。

(二) 外治法

用中药苦参汤熏洗坐浴,并外敷消痔膏。

血栓外痔摘除术

(三) 手术治疗

适应证:血栓较大,疼痛较剧,较严重的影响工作、生活,预计血栓吸收时间较长者。

操作方法:取侧卧位,病侧在下方,局部消毒,局麻后,在血栓外痔中央做放射状或梭形切口,用止血钳将血块分离,并摘除,然后修剪伤口两侧皮瓣,使创口敞开,凡士林纱条覆盖创面,纱布包扎固定。每天便后熏洗坐浴后换药。

混合痔

混合痔是指内、外痔静脉丛相互沟通吻合,内痔部分和相应方位的外痔部分形成一整体者。兼有内痔、外痔的双重症状。

【病因病机】

多因Ⅱ、Ⅲ期内痔反复脱出,或因便秘久蹲,妊娠分娩,负重努力,腹压增加,致筋脉横解,瘀结不散而成。

【临床表现】

多发生于截石位 3、7、11 点位处,其中又以 11 点位最为多见。内痔与外痔相连,无明显分界,括约肌间沟消失。用力排便或负重等致腹压增加,可一并扩大隆起。内痔部分较大者,常可脱出肛门外。

笔记栏

【诊断】

(一) 诊断要点

(1) 发病部位:好发于肛门的右前、右后及左侧,即截石位 3、7、11 点处。

(2) 症状：与内、外痔相同，且兼而有之，主要表现为便血及(或)肛门坠胀疼痛，初始为手纸染血、大便表面带血、滴血，有时甚至射血，晚期则便后痔核脱出，轻者可自行还纳，重者则用手送回，局部有异物感，兼见大便秘结，或排便不爽等症。

(二) 辅助检查

肛门镜检查：可见同一方位内痔与外痔相连，齿状线模糊或消失(彩图 9-3)。

【治疗】

(一) 内治法

病情轻时可参见内痔辨证治疗。

(二) 外治法

肿胀疼痛时可参见血栓性外痔的外治法。

(三) 手术治疗

较严重的混合痔，影响工作、生活、学习者可以进行手术治疗，如混合痔(其中内痔部分为Ⅱ、Ⅲ期)患者、急性嵌顿痔患者等。常见有两种术式。

1. 混合痔外切内扎术

适应证：该术式为手术治疗痔的传统常用术式，所有混合痔均可以采用该术式，但以结缔组织外痔为主的混合痔，痔核大而不多(如 1～3 个)、痔间有分界的混合痔为理想适应证。

操作方法：取截石位，局部消毒，局部浸润麻醉或腰俞麻醉，将混合痔充分暴露，钳夹提起外痔部分，做"V"字形皮肤切口，切开外痔皮肤剥离静脉丛至齿线上方内痔核基底部，然后用弯形血管钳夹住被剥离的混合痔中内痔的基底部，在内痔基底正中用圆针粗丝线贯穿作"8"字形结扎，距结扎 0.3～0.5 cm 剪去被游离的混合痔组织，使在肛门部呈一放射状创面。同法处理其他痔核，创面用油纱条敷盖，纱布包扎固定。术后当天限制大便，以后每次便后用 1∶5 000 高锰酸钾溶液或温水坐浴，常规换药。

若混合痔的外痔静脉丛不很明显，可在外痔中间做一放射状切口，然后用止血钳剥离静脉丛，修剪两侧皮瓣，成一小"V"字形切口。外痔剥离时要选好切口，照顾外痔部分的整体关系，手术中注意保留适当的黏膜和皮肤，以防术后肛门直肠狭窄。术后处理参见内痔"贯穿结扎法"。

手术后的常见反应及处理方法

(1) 疼痛：手术后用 2%利多卡因 10 mL，于中髎或下髎封闭(每侧 5 mL)，或口服去痛片、安乃近等。影响睡眠时可肌内注射苯巴比妥钠 0.1 g 或盐酸哌替啶 50～100 mg。

(2) 小便困难：应消除患者精神紧张，因肛门敷料过多或压迫过紧引起者，可适当放松敷料，下腹部热敷或针刺三阴交、关元、中极，留针 15～30 分钟，或用 1%利多卡因 10 mL 长强穴封闭，必要时采用导尿术。

(3) 出血：内痔结扎不牢而脱落，或内痔枯萎脱落时，可出现创面渗血，甚至小动脉出血。对于创面渗血，可用凡士林纱条填塞压迫，或用桃花散外敷；至于小动脉出血，必须显露出血点，进行缝扎，彻底止血。如出血过多，面色苍白，血压下降者，应快速补液、输血、抗休克。

(4) 发热：一般因组织坏死、吸收而引起的发热不超过 38℃，除加强观察外，无须特殊处理。局部感染引起的发热，应用清热解毒药或抗生素等。

(5) 水肿：以朴硝 30 g 煎水熏洗，每日 1～2 次，或用 1∶5 000 高锰酸钾溶液热水坐浴后，外敷消痔膏，也可用热水袋外敷。

PPH 术

2. 吻合器痔上黏膜环切钉合术(简称 PPH 术)

原理：利用痔疮吻合器将部分内痔及其上方的直肠黏膜和黏膜下组织环行切除并同时进行瞬间吻合，既阻断了痔的血液供应，又将滑脱组织悬吊固定，将病理状态的肛管直肠恢复到正常的解剖状态。该术式保留了部分肛垫，手术切除和吻合均在齿线以上进行，因此，对肛门功能影响小，也可有效地减轻疼痛。

笔记栏

适应证：Ⅱ、Ⅲ期内痔，以内痔为主的混合痔或静脉曲张型混合痔，轻度直肠黏膜脱垂，尤其是环形一圈者应当首选 PPH 术，可以取得痛苦小、愈合快、并发症少的理想效果，与外切内扎术相比，痔核越多、范围越广，其优势越明显。

操作方法

（1）蛛网膜下腔阻滞麻醉生效后，患者取截石位，臀高头低以充分暴露视野，常规术野消毒、铺巾。

（2）痔核较大时，为显露视野，可用四把无创伤钳分别夹住肛缘处皮肤使左、右侧痔块适度外翻，用特制的环形肛管扩张器的内芯进行扩肛，然后套在一起插入肛管，取出内栓。

（3）观察痔核情况，视痔核大小、直肠黏膜脱垂程度等情况决定荷包缝合的高度，一般选择在齿状线上方 3～4 cm 做荷包，齿线模糊或消失无法辨认时可在内痔核上 0.5～1.5 cm 处作荷包缝合，荷包缝合应在黏膜下层潜行，可视情况采用 2 个半圈、1 圈、2 圈或 1 圈加对侧牵引等方式。

（4）将痔疮吻合器张开到最大限度，经肛管扩张器将其头端插入到荷包缝合线的上方，收紧荷包缝线，用配套的持线器经吻合器的侧孔将荷包缝线交叉拉出，向手柄方向用力牵引。

（5）待被缝合结扎的黏膜及黏膜下组织进入吻合器套管内，吻合器指示红线到达底线位置后停留约 10 秒（女性患者应注意检查确认未将阴道后壁组织牵拉入吻合器中），击发，同时完成内痔痔核上方黏膜及黏膜下层组织的切除和钉合。

（6）吻合器击发后，保持其在关闭状态数秒。将吻合器完全松开轻轻拔出，旋转半边镜仔细检查吻合口有无活动性出血或渗血，如有，则应给予缝扎止血。

（7）仔细观察未见吻合口出血后，撤除肛管扩张器在肛内填塞油纱一块覆盖在吻合口上，灭菌纱布包扎固定。

注意事项

（1）荷包缝合是 PPH 术的最关键步骤，其缝合位置和深度直接关系到手术效果。深度宜在黏膜下层，太浅易引起黏膜撕裂，至吻合不全；太深则使吻合时黏膜不易靠近，悬吊作用弱，同时易损伤括约肌而致术后吻合口狭窄。击发后钉合口的位置宜在齿状线上方 0.5～1.5 cm 处。

（2）对合并肛乳头瘤、肛裂、较大肛缘皮赘者，应一并处理。

（3）注意防范大出血、肠瘘、直肠阴道瘘、盆腔感染、吻合口感染等并发症的发生。术后定期复查，避免发生吻合口狭窄。

TST术

3. 选择性痔上黏膜切除钉合术（简称 TST 术）

原理：同 PPH 术。

适应证：是非环状脱出性痔，操作步骤和 PPH 术类似，手术时视脱出性痔的具体情况选用一开环、二开环、三开环和大 C 环组件做选择性切除，对无脱出无须切除的肛垫部分进行保护，是对 PPH 术的补充，其优势是可以有效地避免吻合口的狭窄，术后坠胀、灼热感、便意感、小便困难等症状较 PPH 术轻。

【预防与护理】

（1）养成每天定时排便的良好习惯，防止便秘和腹泻，蹲厕时间不宜过长，宜 5 分钟内。

（2）注意饮食调和，多喝开水，多食蔬菜、水果，少食辛辣刺激食物。

（3）避免久坐久立，进行适当的活动或定时作肛门括约肌运动。

（4）发生内痔应及时治疗，防止进一步发展。

（5）保持肛门清洁卫生，便后注意清洗，便纸宜柔软。

第三节 肛隐窝炎

笔记栏

肛隐窝炎是肛窦、肛门瓣发生急慢性的炎症性疾病，又称肛窦炎。常并发肛乳头炎、肛乳头肥大。其特点是肛门部坠胀疼痛不适和肛门潮湿有分泌物。肛隐窝炎是肛周脓肿的重要原因。因此,及早治疗肛隐窝炎对预防肛周脓肿有重要意义。

【病因病机】

多因饮食不节,过食醇酒厚味,辛辣炙煿;或熬夜劳累,虫积骚扰,湿热内生,下注肛门;或因肠燥便秘,破损染毒而成。

【临床表现】

自觉肛门部坠胀不适,便意感,排便时因粪便压迫肛窦,可感觉肛门疼痛,一般不甚剧烈,数分钟内消失。若致括约肌挛缩则疼痛加剧,常可出现不排便时的短时间阵发性刺痛,并可波及臀部和股后侧。粪便常有少许黏液,此种黏液常在粪便前流出,有时混有血丝。若并发乳头肥大,并从肛门脱出,可使肛门潮湿瘙痒。

【诊断】

(一) 诊断要点

症状:肛门部坠胀,排便时肛门轻微胀痛,肛门部潮湿瘙痒或有少许黏液流出。

(2) 肛门指检有肛管紧缩感,肛窦发炎处有压痛。

(二) 辅助检查

(1) 肛门镜检查:可见肛窦和肛乳头红肿,或有少量脓性分泌物溢出。

(2) 用探针探查肛窦时,肛窦变深,触痛,或有少许脓性分泌物溢出。

【鉴别诊断】

1. 肛裂　疼痛的时间较长,有特殊的疼痛周期和疼痛间歇期,多有便秘和便血,检查可见肛管有纵行裂口。

2. 直肠息肉　若并发肛乳头肥大时,需和直肠息肉鉴别。病变在齿线以上的直肠黏膜,色红,质地软,易出血。

【治疗】

积极治疗本病,对预防肛周脓肿、肛瘘的发生有重要意义,可先采用保守治疗,无效或有合并症时,即采用手术治疗。

(一) 内治法

一般按湿热下注证治疗。

证候　常见肛门坠胀不适,或可出现灼热刺痛,便时加剧,粪夹黏液,肛门湿痒;伴口干便秘。苔黄腻,脉滑数。

治法　清热利湿。

主方　止痛如神汤(《医宗金鉴》)或凉血地黄汤(《外科大成》)加减。

成药　龙胆泻肝丸,每服 6 g,每日 3 次。

(二) 外治法

1. 熏洗坐浴法　用苦参汤煎水先熏洗后坐浴,每天 2 次。

2. 塞药法　痔疮宁栓,每天坐浴后塞入肛内,每天 2 次,或用红油膏、九华膏搽入肛内。

(三) 其他疗法

肛窦内已成脓者,或伴有乳头肥大、隐性瘘管者,宜手术治疗(彩图 9-4)。

1. 切开引流法

适应证:单纯肛隐窝炎或成脓者;或有隐性瘘管者。

操作方法:肛门部消毒,在局麻或腰俞穴位麻醉下,取截石位或侧卧位,在双叶肛门镜下暴露病灶,沿肛窦做纵行切口,使引流通畅,创口用红油膏纱条或黄连膏纱条压迫止血并引流。术后,每天便后坐浴、换药。

2. 切除法

适应证:本病伴有肛乳头肥大者。

笔记栏

操作方法：准备同上，在双叶肛门镜下，暴露病灶，将肛窦、肛门瓣做纵行切口，并剥离至肛乳头根部(如相应方位内痔较大，可分离至内痔核基底部)，用止血钳夹住基底部，贯穿结扎后切除，创口用药及术后处理同上。

【预防与护理】

(1) 保持排便通畅及肛门清洁，及时治疗慢性肠道炎症、便秘及腹泻等。

(2) 不喝酒，不熬夜，少食辛辣、刺激、炙煿之品。

第四节 肛 裂

肛裂是指肛管皮肤的纵行裂开，严重者可全层裂开并形成感染性溃疡。其特点是肛门疼痛(全层裂开者可呈周期性疼痛)、出血、便秘。在肛门部疾患中，其发病率仅次于痔。中医学将本病称为“钩肠痔”、“裂痔”等。

【病因病机】

由于阴虚津液不足或脏腑热结肠燥，大便秘结、粪便粗硬、排便努责，使肛门皮肤裂伤，湿热侵入，染毒而成。

【临床表现】

主要症状为排便时疼痛，严重者因排便时肛管扩张刺激溃疡面引发撕裂样疼痛，或刀割样疼痛，或灼痛，排便后数分钟到十余分钟内疼痛减轻或消失，称为疼痛间歇期。随后又因括约肌持续性痉挛而剧烈疼痛，可持续数小时，使患者坐卧不安。病情严重时，咳嗽、喷嚏都可引起疼痛，并向骨盆及下肢放射。同时可见大便时出血，鲜红色，一般量少，或附着于粪便表面，或手纸染血，或滴血。

【诊断】

诊断要点

(1) 多见于20～40岁的青壮年，好发于肛门齿线以下截石位6、12点处，男性多发于6点处，女性多发于12点处。

(2) 症状：排便时肛门疼痛，排便后数分钟内疼痛减轻或消失，随后又因括约肌痉挛而剧烈疼痛，疼痛持续数小时至十余小时。同时大便表面带血，或滴血，大便秘结。

(3) 患者常有习惯性便秘，干燥粪便常使肛管皮肤撕裂而引起疼痛，又因恐惧排便时的疼痛而不愿定时排便，加重便秘，形成恶性循环。

(4) 肛门视诊肛管前后壁皮肤可见纵行裂口或纵行梭形溃疡，可行试探性指检，如疼痛剧烈，不宜强行插入，以免加重患者痛苦。

(5) 根据不同病程，可将肛裂分为两类。

早期肛裂：发病时期较短，创面底浅色鲜红，边缘整齐，呈梭形，柔软且有弹性(彩图9-5)。

陈旧性肛裂：病程长，反复发作加重，溃疡色淡白，底深，边缘呈“缸口”增厚，底部形成平整较硬的灰白组织。由于裂口周围组织的慢性炎症，常可伴发结缔组织性外痔(又称哨兵痔)、皮下瘘、肛乳头肥大、肛窦炎等。因此，梭形溃疡、哨兵痔、皮下瘘、肛乳头肥大和肛窦炎等病理改变，成为陈旧性肛裂的特征。

【鉴别诊断】

1. 结核性溃疡 溃疡面可见干酪样坏死物，底不平，色灰，疼痛不明显。

2. 早期肛管上皮癌 溃疡部位不定，边缘和基底不规则，质硬，活检有助鉴别。

3. 肛门皲裂 多由肛门湿疹、肛门瘙痒等继发，裂口为多发，位置不定，一般较表浅，疼痛轻，出血少。不会引起结缔组织性外痔和肛乳头肥大等并发症。

笔记栏

4. 梅毒性溃疡　患者多有性病史，溃疡不痛，位于肛门侧面，对触诊不敏感。溃疡呈圆形或梭形，微微突起，较硬，有少量分泌物。双侧腹股沟淋巴结肿大。

【治疗】

（一）内治法

1. 血热肠燥证

证候　大便干硬，数日一行，便时肛门疼痛，或手纸染血或大便表面带血或滴血，裂口色红；腹部胀满，尿黄。舌偏红，脉弦数。

治法　清热润肠通便。

主方　凉血地黄汤(《外科大成》)合脾约麻仁丸(《伤寒论》)加减。

成药　润肠丸，每服1～2丸，每日2次。

2. 阴虚津亏证

证候　大便干结，数日一行，便时疼痛，点滴下血，裂口深红；口干咽燥，五心烦热。舌红，苔少或无苔，脉细数。

治法　养阴清热润肠。

主方　润肠汤(《证治准绳》)加减。

成药　麻仁润肠丸，每服1～2丸，每日2次。

3. 气滞血瘀证

证候　肛门刺痛明显，便时便后尤甚。肛门紧缩，裂口色紫黯。舌紫黯，脉弦或涩。

治法　理气活血，润肠通便。

主方　六磨汤(《世医得效方》)加红花、桃仁、赤芍等。

成药　云南白药胶囊，每服1～2粒，每日4次。

（二）外治法

1. 早期肛裂　每天便后或睡前以1∶5 000高锰酸钾液坐浴，也可用苦参汤或花椒食盐水坐浴，有促进血液循环、保持局部清洁、减少刺激的作用；然后用生肌玉红膏蘸生肌散，涂于裂口，每天1～2次。

2. 陈旧性肛裂　可用七三丹搽于裂口，3～5天后，改用生肌白玉膏、生肌散收口。另外，可选用封闭疗法，于长强穴用1%～2%利多卡因5～10 mL作扇形注射，隔天1次，5次为1个疗程。

（三）其他疗法

陈旧性肛裂和非手术疗法治疗无效的早期肛裂，可考虑手术治疗，并根据不同情况选择不同的手术方法。

1. 扩肛法

适应证：适用于早期肛裂，无结缔组织外痔、肛乳头肥大等合并症者。

操作方法：取截石位或侧卧位，在腰俞麻醉下，术者戴橡皮手套，并将双手食指和中指涂上润滑剂，先用右手食指插入肛内再插入左手食指，两手腕部交叉，两手食指掌侧向外侧扩张肛管，以后逐渐伸入两手中指，持续扩张肛管3～4分钟，使肛管内外括约肌松弛，术后即可止痛。肛裂创面经扩大并开放、引流通畅，创面很快愈合。手术中注意勿用暴力快速扩张肛管，以免撕裂黏膜和皮肤。术后，每天便后用1∶5 000高锰酸钾溶液坐浴。

陈旧性肛裂手术

2. 肛裂侧切术

适应证：适用于不伴有结缔组织外痔、皮下瘘等的陈旧性肛裂。

操作方法：侧卧位或截石位，局部消毒麻醉，在肛门一侧距肛缘1.5 cm处做一纵行切口，深达皮下，以止血钳暴露内括约肌，在直视下用两把血管钳夹住内括约肌下缘后剪断之，切口一般不缝合，以红油膏纱条嵌压引流。术后，每天便后坐浴，换药至痊愈。

笔记栏

3. 切除切开法

适应证：适用于陈旧性肛裂，伴有结缔组织外痔、肛乳头肥大等。

操作方法：取侧卧位或截石位，局部消毒麻醉，以肛裂裂口为中心做一梭形切口，切除肛裂创面瘢痕组织及栉膜带、哨兵痔、肥大肛乳头，如果相应方位内痔核较大可能影响引流者，可一并分离到内痔核部位后，于基底部上钳，缝扎后切除，切断外括约肌皮下部及部分内括约肌，外端适当延长，使切口成一底小口大的"V"字形开放创口，引流通畅，用红油膏纱条嵌压创面，再用纱布覆盖固定。术后，每天便后坐浴，换药至痊愈。

4. 纵切横缝法

适应证：适用于陈旧性肛裂伴有肛管狭窄者。

操作方法：在腰俞穴麻醉下，取侧卧位或截石位，局部消毒后，沿肛裂正中做一纵切口，上至齿线上 0.5 cm，下至肛缘外 0.5 cm，切断栉膜带及部分内括约肌纤维，如有潜行性皮下瘘管、赘皮外痔、肛乳头肥大、肛窦炎也一并切除，修剪裂口创缘，再游离切口下端的皮肤，以减少张力，彻底止血，然后用细丝线从切口上端进针，稍带基底组织，再从切口下端皮肤穿出，拉拢切口两端丝线结扎，使纵切口变成横缝合，一般缝 3～4 针，外盖红油膏纱条，纱布压迫，胶布固定。术后，进流质饮食或软食 2 天，控制大便 1～2 天。便后用 1∶5 000 高锰酸钾液坐浴，肛内注入九华膏换药，5～7 天拆线。

【预防与护理】

（1）养成良好的排便习惯，及时治疗便秘。

（2）饮食中应多含蔬菜水果，防止大便干硬，避免粗硬粪便擦伤肛门。

（3）注意肛门清洁，避免感染。肛裂发生后宜及早治疗，防止发展成陈旧性肛裂。

第五节 肛 痈

肛痈是指肛管直肠周围间隙发生急慢性感染而形成的脓肿。相当于西医学的肛门直肠周围脓肿。这种脓肿的发生绝大部分与肛门腺感染化脓有关。由于发生的部位不同，可有不同的名称。如生在肛门旁皮下，称为肛门旁皮下脓肿；生在坐骨直肠窝，称为坐骨直肠窝脓肿；生在骨盆直肠间隙，称为骨盆直肠间隙脓肿；生在直肠后间隙，称为直肠后间隙脓肿。中医学对本病也有不同的称谓，如脏毒、悬痈、坐马痈、跨马痈等。其特点是多数发病急骤，疼痛剧烈，或伴有高热，破溃后多形成肛漏。

【病因病机】

多因过食肥甘、辛辣、醇酒等物，湿浊不化，热邪蕴结，下注大肠，蕴阻肛门，瘀血凝滞，热胜肉腐成脓，而发为痈疽；亦有因肺、脾、肾亏损，湿热乘虚下注而成。

西医学认为本病系由于肛窦感染后沿肛腺导管向肛管直肠周围间隙蔓延而成。

【临床表现】

本病男性多于女性，尤以青壮年为多，主要表现为肛门周围疼痛、肿胀、有结块，伴有不同程度的发热、倦怠等全身症状。

由于脓肿的部位和深浅不同，症状也有差异，如肛提肌以上的间隙脓肿，位置深隐，全身症状重而局部症状轻；肛提肌以下的间隙脓肿，部位浅，局部红、肿、热、痛明显而全身症状较轻。

【诊断】

诊断要点

局部红肿疼痛，硬块逐渐增大变软，或伴寒战、高热、乏力等全身症状。由于部位不同，可有不同的症状和体征。

1. 肛门旁皮下脓肿 发于肛门周围的皮下组织内，局部红、肿、热、痛明显，可扪及硬块，脓已成，则质地变软，全身症状轻微，穿溃后多形成低位肛瘘。

2. 坐骨直肠窝脓肿　位于肛管与坐骨结节之间,感染区域比肛门皮下脓肿广泛而深。初起仅感肛门部不适或微痛,逐渐伴有发热、畏寒、头痛、食欲不振等全身症状,随后局部症状加剧,肛门有灼痛或跳痛,在排便、咳嗽、行走时疼痛加剧,甚则坐卧不安。肛门指诊,患侧丰满,有明显压痛。

3. 骨盆直肠间隙脓肿　位于肛提肌以上,腹膜以下,位置深隐,局部症状不明显,有时仅有直肠下坠感,但全身症状明显。肛门指诊,可触到患侧直肠壁处隆起、变硬、压痛。因蔓延较广,易形成高位肛瘘,宜及早切开排脓。

4. 直肠后间隙脓肿　症状与骨盆直肠间隙脓肿相同,直肠内有明显的坠胀感,骶尾部可产生钝痛,并可放射至下肢,在尾骨与肛门之间有明显的深部压痛。肛门指诊,直肠后壁隆起、饱满感和触痛。

本病一般 5 天成脓,若成脓期逾月,溃后脓出灰色稀薄,不臭或微臭,无发热或仅低热,应考虑结核性脓肿,或伴其他全身性慢性疾病。

【鉴别诊断】

1. 肛周毛囊炎、疖肿　病灶只在皮肤或皮下,因发病与肛窦无病理性联系,穿溃后不会形成肛瘘。

2.骶骨前畸胎瘤　是胚胎发育异常的先天性疾病。较小的畸胎瘤,其症状与直肠后脓肿早期相似。但指诊直肠后有肿块,光滑,无明显压痛,有囊性感,如肿瘤增大压迫直肠可发生排便困难。若继发感染,骶尾部可出现肿痛并溃破,X 线检查可见骶骨与直肠之间的组织增厚和肿瘤,内有不定型的散布不均钙化阴影、骨质、牙齿和尾骨移位。

3. 骶髂关节结核性脓肿　病程长,有结核病史,有全身症状,骨质有变化,病灶与肛门和直肠无病理联系。

4. 肛门会阴部急性坏死性筋膜炎　肛门或会阴部、阴囊部由于细菌感染而使周围皮肤组织大面积坏死,此病病变的范围广,发病急,常蔓延至皮下组织及筋膜,向前侵犯阴囊部。

【治疗】

(一) 内治法

1. 火毒蕴结证

证候　肛门周围突然肿痛,持续加剧,肛周红肿,触痛明显,质硬,表面灼热;伴有恶寒,发热,便秘,口干尿黄。舌红,苔薄黄,脉数。

治法　清热解毒。

主方　仙方活命饮(《医宗金鉴》)合黄连解毒汤(《外台秘要》)加减。

成药　牛黄解毒片,每服 10 片,每日 3 次;或六神丸,每服 10 粒,每日 3 次。

2. 热毒炽盛证

证候　肛门肿痛剧烈,持续数日,痛如鸡啄,难以入寐,肛周红肿,按之质地变软或穿刺有脓;伴有恶寒发热,口干便秘,小便困难。舌红,苔黄,脉弦滑。

治法　清热解毒透脓。

主方　透脓散(《外科正宗》)加减。

成药　六神丸,每服 10 粒,每日 3 次;或蟾酥丸,每服 3 丸,每日 3 次。

3. 阴虚毒恋证

证候　肛门肿痛,皮色暗红,成脓时间长,溃后脓出稀薄,疮口难敛;伴有午后潮热,心烦口干,夜间盗汗。舌红,苔少,脉细数。

治法　养阴清热解毒。

主方　青蒿鳖甲汤(《温病条辨》)合三妙丸(《医学正传》)加减。

肺虚者,加麦冬、沙参、马兜铃;脾虚者,加白术、山药、扁豆;肾虚者,加龟板、玄参,生地改熟地。

成药　知柏地黄丸,每服 9 g,每日 2 次。

笔记栏

（二）外治法

1. 初起　实证用金黄膏、黄连膏外敷，位置深隐者，可用金黄散调糊灌肠，虚证用冲和膏或用阳和解凝膏外敷。

2. 成脓　脓成，宜早期切开引流，并根据脓肿部位深浅和病情的缓急选择手术方法。

3. 溃后　用红油膏纱条引流，脓尽改用生肌散纱条，日久成瘘者，按肛瘘处理。

（三）其他疗法

1. 手术方法

肛周脓肿切开引流术

（1）一次切开扩创手术法：适用于浅部脓肿，切口呈放射状，长度应与脓肿等长，并适当扩创使引流通畅，同时寻找齿线处感染的肛隐窝或内口，将切口与内口之间的组织切开，并搔刮脓腔清除干净，以避免形成肛瘘，术后创口内置油纱条覆盖引流。

（2）一次切开挂线手术法：适用于深部及范围较广的脓肿，如坐骨直肠窝脓肿、骨盆直肠间隙脓肿、直肠后间隙脓肿及马蹄形脓肿等。

操作方法：在腰俞麻醉下，患者取截石位，局部消毒，于脓肿波动明显处，或穿刺抽脓指示部位，做放射状或弧形切口，如果范围大，可做多切口，充分排脓后，以食指分离脓腔间隔，然后用过氧化氢溶液或生理盐水彻底冲洗脓腔，修剪切口扩大成梭形（可切取脓腔壁送病理检查）。然后以球头探针，自脓肿切口探入并沿脓腔底部轻柔地探查内口，另一食指伸入肛内引导协助寻找内口，探通内口后，将球头探针拉出以橡皮筋线扎于球头部，通过脓腔拉出切口，将线两端收拢结扎，创口内填以油纱布条，外敷纱布，宽胶布固定。

术后处理：酌情应用抗生素及缓泻剂，每次便后用 1∶5 000 高锰酸钾液坐浴、换药。挂线一般约 10 天自行脱落，10 天后不脱落者可酌情紧线或剪除，此时创面已修复浅平，再经换药后，可迅速愈合，无肛门失禁等后遗症。但须注意术后有否高热、寒战等，如有则应及时处理。

（3）分次手术法：适用于体质虚弱，或不愿住院治疗者，或内口不明确的脓肿。切口应在压痛或波动明显部位，尽可能靠近肛门，切口呈弧状或放射状，须有足够长度，用油纱布条引流，以保持引流通畅。如形成肛瘘后，再按肛瘘处理。病变炎症局限和全身情况允许者，如发现有内口，可采用切开挂线法，以免二次手术，但必须配合足量的抗生素，控制术后感染。

2. 手术中注意点

（1）定位要准确：一般在脓肿切开引流前应先穿刺，待抽出脓液后，再行切开引流。

（2）切口：宜行放射状切口，深部脓肿时注意避免损伤括约肌。

（3）引流要彻底：切开脓肿后要用手指去探查脓腔，分开脓腔内的纤维间隔以利引流。

（4）预防肛瘘形成：术中可尽量切开原发灶肛隐窝，可防止肛瘘形成。

【预防与护理】

（1）保持大便通畅，注意肛门清洁。

（2）积极防治肛门病变，如肛窦炎、肛腺炎、肛乳头炎、肛裂、直肠炎、内外痔等。

（3）患病后应及早治疗，防止炎症范围扩大。

第六节　肛　　漏

肛漏是指直肠或肛管与肛门周围皮肤相通所形成的瘘管。一般由原发性内口、瘘管和继发性外口三部分组成，也有仅具内口或外口者。内口为原发性，绝大多数在肛管直肠交界的齿线处肛窦内；外口是继发的，在肛门周围皮肤上，有的不止一个。肛漏多是肛门直肠周围脓肿的后遗症。相当西医学的肛瘘，其特点是以局部反复流脓、疼痛、瘙痒为主要症状，并可触及或探及瘘管通到肛内。

【病因病机】

笔记栏

肛门直肠周围脓肿溃后，余毒未尽，蕴结不散，血行不畅，疮口不合，日久成漏；亦有虚劳久嗽，肺脾两虚，邪乘下位，郁久肉腐成脓，溃后成漏。漏管久不收口，邪气留连，耗伤气血。

西医学认为，肛瘘与肛周脓肿分别属于肛周间隙化脓性感染的两个病理阶段，急性期为肛周脓肿，慢性期即为肛漏。

【临床表现】

1. 流脓 是肛漏的主要症状，脓液多少与瘘管长短，多少有关，新生瘘管流脓较多，分泌物刺激皮肤而瘙痒不适，当外口阻塞或假性愈合，瘘管内脓液积存，局部肿胀疼痛，甚至发热，以后封闭的瘘口破溃，症状方始消失。较大的高位肛漏，因瘘管位于括约肌外，不受括约肌控制，常有粪便及气体排出。

2. 疼痛 瘘管通畅无炎症时常不感疼痛，只感觉局部发胀和不适，行走时加重。当瘘管感染或脓液排出不畅而肿胀发炎时，可引起疼痛。内漏时常感到直肠下部和肛门部灼热不适，排粪时感到疼痛。

3. 瘙痒 由于脓液不断刺激肛周皮肤，常感觉瘙痒，肛周潮湿不适，皮肤变色、表皮脱落，纤维组织增生和增厚，有的形成湿疹。

4. 排便不畅 复杂性肛漏经久不愈，可引起肛门直肠周围形成大的纤维化瘢痕或环状的条索，影响肛门的舒张和闭合，大便时感到困难，有便意不尽的感觉。

5. 全身症状 在急性炎症期和复杂性肛漏反复发作时，可出现不同程度的发热，或伴有消瘦、贫血、体虚等长期慢性消耗症状。

临床上常将肛漏分为下述两类。

1. 单纯性肛漏 是指肛门旁皮肤仅有一个外口。直通入齿线上肛隐窝之内口者，称为完全漏，又叫内外漏；若只有外口而无内口，称为外漏，又叫外盲漏；若只有内口与瘘管相通，而无外口的，称为内肛漏，又叫内盲漏。

2. 复杂性肛漏 是指在肛门内、外有三个以上的开口；或管道穿通两个以上间隙；或管道多而支管横生；或管道绕肛门而生，形如马蹄者，称为马蹄形肛漏(彩图 9－6)。

1975 年全国首届肛肠学术会议制订肛漏的统一分类标准，以外括约肌深部划线为标志，瘘管经过此线以上为高位，在此线以下为低位，其分类如下。

1. 低位单纯性肛漏 只有一个瘘管，并通过外括约肌深层以下，内口在肛窦附近。

2. 低位复杂性肛漏 瘘管在外括约肌深层以下，有两个以上外口，或两条以上管道，内口在肛窦部位。

3. 高位单纯性肛漏 仅有一条管道，瘘管穿过外括约肌深层以上，内口位于肛窦部位。

4. 高位复杂性肛漏 有两个以上外口及管道有分支窦道，其主管通过外括约肌深层以上，有一个或两个以上内口者。

另外，肛漏瘘管的走行有其一定的规律性，称为索罗门定律：将肛门两侧的坐骨结节划一横线，当瘘管外口在横线之前距离肛缘 5 cm 以内，内口多在肛窦处，且内外口在同一方位，其管道多为直行；若外口在距离肛缘 5 cm 以外，或外口在横线之后，内口多在后正中齿线处，其瘘管多呈弯曲或马蹄形。这一定律对肛漏内口的确定及治疗有重要价值。

【诊断】

诊断要点

(1) 本病可发生于各种年龄和不同性别，好发于成年人，但婴幼儿也不少见。

(2) 通常有肛门周围脓肿反复发作史，并有自行溃破或曾作切开引流的病史。

(3) 症状：在肛门部有间歇性或持续性流脓，久不收口。一般初形成的肛漏，流脓较多。脓液不断浸渍肛门周围皮肤，可引起瘙痒，有时可伴发肛周湿疹。

(4) 肛门视诊可见肛周皮肤有一个或多个瘘口，外口可有外突的肉芽组织，低位肛漏可在肛周皮下触及硬索，高位或结核性者一般不能触及。

(5) 以球头银丝探针探查，常可找到内口。另外，X 线碘油造影术对复杂性肛漏，可明确其分支

笔记栏

管道情况。

【鉴别诊断】

1. 肛门部汗腺炎　肛门周围皮肤的汗腺发生炎症，常可在肛周皮下形成瘘管及外口，流脓，并不断向四周蔓延。检查时可见肛周皮下多处瘘管及外口，皮色暗褐而硬，肛管内无内口。

2. 藏毛窦　一种少见的皮肤上含有毛发的窦道。这类窦道最常见于肛门后部尾骨处背侧，称为尾部藏毛窦。本病多见于青壮年，发病年龄平均21岁左右，以男性为主。在尾骨部背侧中线的原发窦道在皮肤开口，深2～3 cm，末端有小腔，窦道内含毛发，有时毛发在窦道口伸出。

【治疗】

一般以手术为主，内治法多用于手术前后以增强体质，减轻症状，控制炎症发展。

(一) 内治法

1. 湿热下注证

证候　肛周经常流脓液，脓质稠厚，肛门胀痛，局部灼热，肛周有溃口，按之或有索状物通向肛内。舌红，苔黄，脉弦或滑。

治法　清热利湿。

主方　二妙丸(《丹溪心法》)合萆薢渗湿汤(《疡科心得集》)加减。

成药　龙胆泻肝丸，每服6 g，每日3次。

2. 正虚邪恋证

证候　肛周流脓液，质地稀薄，肛门隐隐作痛，外口皮色暗淡，漏口时溃时愈，肛周有溃口，按之质较硬，或有脓液从溃口流出，且多有索状物通向肛内；伴有神疲乏力。舌淡，苔薄，脉濡。

治法　托里透毒。

主方　托里消毒饮(《医宗金鉴》)加减。

成药　补中益气丸合脏连丸，各服6 g，每日2次。

3. 阴液亏虚证

证候　肛周溃口，外口凹陷，漏道潜行，局部常无硬索状物扪及，脓出稀薄；可伴有潮热盗汗，心烦口干。舌红，少苔，脉细数。常见于结核性肛漏。

治法　养阴清热。

主方　青蒿鳖甲汤(《温病条辨》)加减。

肺虚者，加沙参、麦冬；脾虚者，加白术、山药。

成药　知柏地黄丸，每服6 g，每日3次。

(二) 其他疗法

成人肛漏一般不能自愈，需要手术治疗。但有两种特殊性质的肛漏需要先进行原发病的治疗，否则术后难以愈合或容易复发，这两种特殊的肛漏就是结核性肛漏和克罗恩病导致的肛漏，目前发病率也有增高的趋势，因此，需要加以重视和警惕。手术成败的关键，在于正确地找到内口，并将内口切开或切除，根据瘘管的高低，目前采用的常用术式有切开疗法、切开加挂线疗法两种。

1. 切开疗法

适应证：低位单纯性肛漏和低位复杂性肛漏。

禁忌证：肛门周围有严重皮肤病患者；有肺结核病、梅毒、血液病等不宜手术者。

操作方法：取截石位或侧卧位，常规消毒，腰俞麻醉、局部浸润麻醉(可加静脉麻醉)，先在肛门内塞入一块纱布，再从瘘管外口注入1%亚甲蓝液，如纱布染有颜色，则可有助于寻找内口，也便于在手术时辨认瘘管走向；将球头探针从瘘管外口轻轻插入，同时将食指插入肛门，引导探针自内口探出，自外口沿探针方向切开皮肤和皮下组织及瘘管外壁，直到整个瘘管完全切开为止。瘘管全部敞开后，用刮匙将瘘管壁上染有亚甲蓝的坏死组织和肉芽组织刮除，修剪创口两侧的皮肤和皮下组织，形成一口宽底小的创面，使引流通畅；仔细止血，创面填塞油纱条，外垫纱布，宽胶布压迫固定。

低位肛瘘切开扩创术

笔记栏

2. 切开加挂线疗法　是治疗高位肛漏的一种常用手术方法。此法具有简便、经济，止血好，对肛门功能影响相对小，引流通畅等特点。其机理在于利用结扎线的机械作用，以其紧缚所产生的压力或收缩力，使局部组织的血运受阻，而发生缺血性坏死，缓慢切开，使断端有与周围组织产生非炎症性粘连的机会，防止了肛管直肠环突然断裂回缩而引起的肛门失禁。目前多以橡皮筋代替丝线，可缩短疗程，减轻术后疼痛。

适应证：高位单纯性肛漏和高位复杂性肛漏。

禁忌证：同切开疗法。

操作方法：取截石位或侧卧位，常规消毒，腰俞麻醉或局部浸润麻醉(可加静脉麻醉)。在肛门内塞入一块纱布，再从外口注入 1%亚甲蓝液，按摩使亚甲蓝弥散，以便确定内口位置和瘘管走向；在球头探针尾端缚扎一橡皮筋，再将探针头从瘘管外口轻轻向内探入，同时将食指伸入肛管内引导，确定内口后从肛门拉出。注意在插入探针时不能用暴力，以免造成假道。如有许多外口，应探明各支管之间，各支管与主管内口的关系；将经过外括约肌皮下部、浅部及其下方的低位管道部分先予切开；将贯穿在外括约肌深部和耻骨直肠肌的高位管道部分的橡皮筋拉紧，用止血钳夹住后在其下方用粗丝线双重结结扎，修剪创缘达引流通畅；用油纱条填塞创口，外垫纱布，宽胶布固定。

若以药线挂线，将药线收紧，打活结，以备以后紧线；亦可将药线的一端穿入另一段药线内，由肛门牵出，使线绕瘘管周围成为双股线，然后收紧，打一活结。每隔 1～2 天紧线 1 次，直至挂线脱落。

术后处理：术后须保持大便通畅.必要时可给予润下剂；术后疼痛可给予止痛剂或采用耳针；每天便后用 1∶5 000 高锰酸钾溶液坐浴，再换药，一般挂线后，橡皮筋在 1～2 周内脱落，若结扎橡皮筋较松，可以再紧线 1 次；若所挂组织仅剩一点没有脱落，可以剪开。伤口必须从基底部开始生长，防止表面过早粘连封口呈桥形愈合。

肛瘘手术的基本处理原则是：① 正确寻找并处理好内口；② 创面引流要通畅；③ 应尽量保留肛管直肠环。以上两种术式是目前肛漏治疗的主流术式，但在操作中需要根据具体实际情况进行个体化灵活处理才能取得理想效果。尤其对于高位肛漏，虽然挂线术对肛门功能相对影响小，但如果所挂肛管直肠环组织过多，仍然会导致不同程度的控便能力下降、肛门变形、直肠黏膜下移和黏液外漏。因此，对于高位肛漏宜尽量行低位切开高位引流术，将内口及肛管直肠环下方的瘘管完全敞开并适当扩创，成外大内小创面以利引流通畅，使瘘管从底部长起；如果因瘘管小，外扩创无法达到引流通畅的目的再考虑挂线治疗，挂线时尽量少挂肛管直肠环组织，达到引流通畅的目的即可。如为低位复杂性肛漏，不论内外口有多少个都可以一次性将所有内口切开，支管视情况可采取切开、旷置、挂浮线、切开缝合等方法。采用生物蛋白胶封堵术治疗肛漏已经越来越成熟，其治疗肛漏具有操作简便，手术创伤小，术后疼痛轻，不损伤肛门功能和瘢痕小的优势，目前已经成为探索微创治疗肛漏的热点。

【预防与护理】

(1) 经常保持肛门清洁，养成良好卫生习惯。

(2) 不宜过食辛辣刺激食物，不熬夜，不喝酒。

(3) 及时治疗肛隐窝炎、腹泻、便秘等疾病。

(4) 发现肛门周围脓肿，宜早期切开排脓，一次性手术治疗可以防止后遗肛漏。

(5) 肛漏患者应及早治疗，避免外口堵塞后引起脓液积聚，排泄不畅，引发新的支管。

(6) 术后换药宜认真仔细，防止创口假性黏合(桥形愈合)，肛漏复发。

第七节　脱　　肛

笔记栏

脱肛是直肠黏膜、肛管、直肠全层和部分乙状结肠向下移位，脱出肛门外的一种疾病。其特点

是直肠黏膜及直肠反复脱出肛门外伴肛门松弛。相当于西医学的肛管直肠脱垂。

【病因病机】

小儿气血未旺，老年人气血衰退，中气不足，或妇女分娩用力耗气，气血亏损，以及慢性泻痢，习惯性便秘，长期咳嗽均易致气虚下陷，固摄失司，以致肛管直肠向外脱出。

【临床表现】

1. 脱出　这是直肠脱垂的主要症状，早期排便时直肠黏膜脱出，便后自行复位，随着病情的发展，逐渐不能自行复位，需用手复位，久之直肠全层或部分乙状结肠脱出，甚至咳嗽、负重、行路、下蹲时也会脱出。

2. 出血　一般无出血症状，偶尔因大便干燥时，擦伤黏膜有滴血，粪便带血或手纸擦拭时有血，出血量少，色鲜红。

3. 潮湿　由于肛门括约肌松弛，收缩无力，过多的分泌物沿肛管流出；或由于反复脱出，复位困难，脱垂部分暴露时间较长，容易受到刺激，致使分泌物增多，造成肛门周围皮肤潮湿。

4. 瘙痒　由于直肠黏膜经常脱出在外，以致直肠黏膜充血，水肿或糜烂，渗液刺激肛周皮肤，甚至造成皮肤发炎，出现瘙痒。

5. 坠胀和疼痛　由于黏膜下垂，反复脱出，脱垂的长度和宽度逐渐增加，致使直肠或结肠套叠，压迫刺激肛门部，出现坠胀感，或有里急后重感。严重者可有腹部或下腹部钝痛，其痛多向下肢放射，引起尿频。部分患者有一侧或双侧髋部疼痛，可向下延伸至小腿。

6. 嵌顿　便时肛门直肠黏膜脱出，未能及时复位，以致局部静脉回流受阻，继而发生黏膜充血，水肿并导致脱出部分嵌顿。随着嵌顿时间延长，黏膜由红色逐渐变成暗红色，甚至出现表浅黏膜糜烂坏死，或脱垂段因肛门括约肌收缩而绞窄坏死，患者症状随之由局部反应发展为全身反应，出现体温升高，小便困难，疼痛坠胀加重，坐卧不安。

【诊断】

诊断要点

(1) 多见于幼儿、老年人、久病体弱者及身高瘦弱者。女性因骨盆下口较大及多次分娩等因素，发病率高于男性。

(2) 症状：起病缓慢，无明显全身症状，早期便后有黏膜自肛门脱出，便后能自行回纳，以后渐渐不能自然回复，需手托或平卧方能复位。日久失治，由于直肠各层组织向下移位，直肠或部分乙状结肠脱出，甚至咳嗽、蹲下或行走时也可脱出。患者常感大便不尽和大便不畅，或下腹部坠痛，腰部、腹股沟及两侧下肢有酸胀和沉重感觉。因直肠黏膜反复脱出暴露在外，常发生充血、水肿、糜烂、出血，故肛门可流出黏液，刺激肛周皮肤，可引起瘙痒。

(3) 检查可见肛口呈散开状，指检常发现肛门括约肌松弛，收缩力减弱。肛门镜可看到直肠内黏膜折叠。

我国 1975 年全国首届肛肠学术会议制订了直肠脱垂统一分度标准，而后又分别于 1992 年和 1994 年两次全国会议上进行了修订。

Ⅰ度：指直肠黏膜脱出，触之柔软，无弹性，不易出血，排大便或增加腹压时，直肠黏膜脱出肛门外，长度在 3 cm 以内，便后脱出部分可自行回纳，一般无明显自觉症状(彩图 9－7)。

Ⅱ度：指直肠全层脱垂，呈圆锥状，淡红色，表面为环状而有层次的黏膜皱襞，触之较厚，有弹性，大便时直肠全层外翻脱出，长度在 4～8 cm，不能自行还纳，需用手助其还纳，多伴有肛门括约肌松弛。

Ⅲ度：指直肠全层、肛管脱垂，或合并部分乙状结肠脱出，呈圆柱形。此期不仅在排便时直肠脱出，而且在咳嗽、打喷嚏、排气、行走、久站、久坐时都可脱出。其直肠全层或肛管及部分乙状结肠外翻脱出，长度在 8 cm 以上，用手复位都比较困难。可伴有肛门括约肌松弛，直肠黏膜糜烂、肥厚，便血，大便失禁等症状。

笔记栏

【鉴别诊断】

内痔脱出　痔核分颗脱出，无环状黏膜皱襞，色红，容易出血。

【治疗】

（一）内治法

1. 脾虚气陷证

证候　便时肛内肿物脱出，轻重不一，色淡红，伴有肛门坠胀，大便带血；神疲乏力，食欲不振，甚则头昏耳鸣，腰膝酸软。舌淡，苔薄白，脉弱。

治法　补气升提，收敛固涩。

主方　补中益气汤(《东垣十书》)加减。

腰酸耳鸣者，加山萸肉、覆盆子、诃子。

成药　补中益气丸，每服 9 g，每日 3 次。

2. 湿热下注证

证候　肛内肿物脱出，色紫黯或深红，甚则表面部分溃破、糜烂，肛门坠痛，肛内指检有灼热感。舌红，苔黄腻，脉弦数。

治法　清热利湿。

主方　萆薢渗湿汤(《疡科心得集》)加减。

成药　龙胆泻肝丸，每服 9 g，每日 3 次。

（二）外治法

1. 熏洗法　以苦参汤加石榴皮、枯矾、五倍子，煎水熏洗，每天 2 次。

2. 外敷法　五倍子散或马勃散外敷。

（三）其他疗法

1. 针灸

(1) 体针及电针：取穴长强、百会、足三里、承山、八髎、提肛穴。

(2) 梅花针：在肛门周围外括约肌部位点刺。

2. 注射法

(1) 黏膜下注射法：将药液注入直肠黏膜下层，使分离的直肠黏膜与肌层粘连固定。此法分为直肠黏膜下层点状注射法和柱状注射法两种。

适应证：Ⅰ、Ⅱ度直肠脱垂，以Ⅰ度直肠脱垂效果最好。

禁忌证：直肠炎、腹泻、肛周炎及持续性腹压增加疾病。

药物：6%～8%明矾溶液。

操作方法：取侧卧位或截石位，局部消毒后，将直肠黏膜暴露肛外，或在肛门镜下，齿线上 1 cm，环形选择 2～3 个平面，或纵行选择 4～6 行。每个平面或每行选择 4～6 点，各点距离相互交错，每点注药 0.2～0.3 mL，不要过深刺入肌层，或过浅注入黏膜内，以免无效或坏死。总量一般为 6～10 mL，注射完毕，用塔形纱布压迫固定。柱状注射是在脱出肛门外的直肠黏膜 3、6、9、12 点齿线上 1 cm 开始，在黏膜下层作柱状注射，长短视脱出长度而定，每柱药量 2～3 mL，注射完毕，送回肛内。注射当天适当休息，不宜剧烈活动。流质饮食，控制大便 1～3 天。一般 1 次注射后可收到满意效果，若疗效不佳，7～10 天后再注射 1 次。

(2) 直肠周围注射法

适应证：Ⅱ、Ⅲ度直肠脱垂。

禁忌证：肠炎、腹泻、肛门周围急性炎症。

药物：6%～8%明矾溶液。

术前准备：术前晚上和术前各灌肠 1 次。

操作方法：在腰俞麻醉或局麻下，取截石位。局部和肛内消毒，术者戴无菌手套，选定在距离肛

笔记栏

缘1.5 cm的3、6、9三个进针点，然后用细长腰穿针头和20 mL注射器吸入注射药液，选3点处刺入皮肤、皮下进入坐骨直肠窝，进入4～5 cm，针尖遇到阻力，即达肛提肌，穿过肛提肌，进入骨盆直肠间隙。此时，另手食指伸入直肠内，仔细寻摸针尖部位，确定针尖在直肠壁外，再将针深入2～3 cm，为了保证针尖不刺入直肠壁内，以针尖在直肠壁外可以自由滑动为准。然后缓慢注入药物6～8 mL，使药物呈扇形均匀散开。用同法注射对侧，最后在6点处注射，沿直肠后壁进针，刺入4～5 cm，到直肠后间隙，注药4～5 mL，三点共注射药量20～24 mL。注射完毕，局部消毒后，用无菌纱布覆盖。卧床休息，控制大便3天。注射后1～3小时内肛门周围胀痛，一般可自行缓解。术后2～3天，有时有低热，如不超过38℃，局部无炎症者为吸收热，如超过38℃，局部有红肿等炎症改变时，应给予抗生素治疗。

3. 手术治疗　脱肛的手术治疗方法很多，目前较常用的有直肠瘢痕支持固定术、肛门紧缩术和直肠悬吊术(可在腹腔镜下操作)。

【预防与护理】

(1) 患脱肛后，应及时治疗，防止发展到严重程度。

(2) 避免负重远行，积极治疗慢性腹泻、便秘、慢性咳嗽等，防止腹压过度增高。

(3) 局部可采用丁字形托带垫棉固定，或每天进行提肛运动锻炼。

第八节　直肠息肉

直肠息肉是指直肠内黏膜上发生有赘生物。中医古籍称为息肉痔。直肠息肉是常见的直肠良性肿瘤，可分为单发性和多发性两类，前者多见于儿童，后者多见于中老年。若很多息肉积聚在一段或全段大肠者，称息肉病。本病少数可恶变，尤以多发性息肉者较多见，息肉病者则必然发生恶变。

【病因病机】

湿热下迫大肠，肠道气机不利，经络阻滞，瘀血浊气凝聚而成。

【临床表现】

因息肉大小及位置的高低不同，其临床表现亦有差异。位置较高的小息肉一般无症状；如息肉发炎，表面糜烂，大便时往往有鲜血及黏液随粪便排出；直肠低位带蒂息肉，大便时可脱出肛门外(彩图9-8)。小的能自行回纳，大的便后需用手推回。常伴有排便不畅、下坠感等。多发性息肉以腹痛、腹泻、便血为主要症状。如息肉并发溃疡及感染，则症状加重，大便次数增多，稀便内常见泡沫，秽臭，有时带脓血黏液，里急后重。久之，癌变后则出现体重减轻、消瘦无力、贫血等。

【诊断】

诊断要点

(1) 2～8岁的幼儿发生息肉，80%为单发；而成年人，尤其是50岁以上出现息肉，多为结肠、直肠腺瘤，常为多发。

(2) 症状：多有便血，色鲜红，可伴有黏液或有肛门坠胀。位置低的带蒂息肉，大便时可脱出肛门外，小的可自行回纳，大的便后需用手推回。

(3) 直肠指检对低位息肉有重要诊断价值，可扪及圆形柔软肿物，活动度大。直肠镜或乙状结肠镜检查并取活体组织行病理检查是完全必要的。

笔记栏

【鉴别诊断】

1. 直肠癌　可有大便习惯的改变，便意频繁，大便变细变扁，便血色暗红，多与黏液相混。直肠指检可触及基底不平，质硬推之不移的肿块，直肠镜下活检有助诊断。

2. 肛乳头肥大　发生在肛窦部附近，质地韧，软硬度介于息肉和直肠癌之间，表面光滑，多灰白色，无便血，大者可脱出肛外。

3. 内痔　两者均可脱出、便血。但内痔位于齿线上，好发于左中、右前、右后三处，质地软，指检一般不能扪及包块感，基底宽而无蒂，便血量较多。多见于成年人。

【治疗】

本病以手术和外治法为主，伴出血或其他兼症者，或多发性息肉者可应用内治法治疗。

（一）内治法

1. 风伤肠络证

证候　便血鲜红，滴血，带血，息肉表面充血明显，脱出或不脱出肛外。舌红，苔白或薄黄，脉浮数。

治法　清热凉血，祛风止血。

主方　槐角丸（《太平惠民和剂局方》）加减。

成药　清解片，每服 5 片，每日 3 次。

2. 气滞血瘀证

证候　肿物脱出肛外，不能回纳，疼痛甚，息肉表面紫黯。舌紫，脉涩。

治法　活血化瘀，软坚散结。

主方　少腹逐瘀汤（《医林改错》）加减。

成药　云南白药胶囊，每服 1～2 粒，每日 4 次。

3. 脾气亏虚证

证候　肿物易于脱出肛外，表面增生粗糙，或有少量出血，肛门松弛。舌淡，苔薄，脉弱。

治法　益气健脾。

主方　参苓白术散（《太平惠民和剂局方》）加减。

成药　参苓白术丸，每服 6 g，每日 3 次。

（二）外治法

灌肠法　适用于多发性息肉。

(1) 6%明矾液 50 mL，保留灌肠，每天 1 次。

(2) 乌梅 12 g、五倍子 6 g、五味子 6 g、牡蛎 30 g、夏枯草 30 g、海浮石 12 g、紫草 15 g、贯众 15 g，浓煎为 150～200 mL，每次 50 mL，保留灌肠，每天 1 次。

（三）其他疗法

肛乳头瘤手术

1. 高频电圈套器（PSD）切除术　适用于较大有蒂息肉。按常规插入肠镜，找到息肉所在部位，看清息肉的大小、形状和基底情况，并将腔内残留的液体吸干净，以免在操作时影响视野和干扰电凝电流。通过肠镜活检道插入圈套器（Snar），调节角度钮使金属套圈对准息肉，并将息肉套入电凝息肉圈套器的套圈中，可旋转镜身协助将息肉套住，然后逐步抽紧，关闭套圈，当助手感到有阻力时，即停止抽紧，术者同时踏电凝开关数秒钟至基底发白，再踏电切开关数秒钟并命助手迅速抽紧圈套割下息肉，此时创面已电凝。操作时动作要轻柔协调，防止暴力将息肉机械切除，否则会引起出血。切下息肉后，应仔细观察创面有无渗血现象，若有出血，可经内窥镜用凝固电极电灼止血，注意不可凝固太深，以免引起穿孔。如无凝固电极可在局部喷涂 1∶1 000 去甲肾上腺素。

2. 结扎法　适用于低位带蒂息肉。侧卧位或截石位，局部消毒，局麻扩肛后，用食指将息肉轻轻拉出肛外，或在肛镜下，用组织钳夹住息肉轻轻拉出肛外，用圆针丝线在息肉基底贯穿结扎，然后切除息肉。

笔记栏

3. 电烙法　适用于较高位的小息肉。膝胸位或俯卧位，在肛镜或肠镜下找到息肉，直接用电灼器烧灼息肉根部，无蒂息肉可烧灼中央部，但烧灼不宜过深，以防损伤深部组织。术后卧床休息 1 小时。1 周后复查，若脱落不完全可电灼第 2 次。

4. 微波治疗　是利用微波热效应将直肠息肉烧灼切除，近年来，微波治疗趋于普遍，通常是采用特殊微波治疗仪在结肠内窥镜直视下行烧灼切除术，操作中须小心谨慎，否则烧灼过度可致肠穿孔等严重并发症。

5. 内镜黏膜下剥离术(EMR)　主要用于治疗大肠侧向发育型息肉。采用电子肠镜引导，双人进行操作。先用圈套器套住病灶，提起观察其活动度，然后对平坦隆起型病灶行黏膜下 1 点或 2 点(视病灶大小)注射生理盐水 5～10 mL，使病变隆起与黏膜下分离。见抬举征阳性时，选择适当的电流功率和电切指数，行 EMR。如遇切除时间稍长时，应适当增加注入生理盐水以避免息肉基底部黏膜切除时穿孔。

6. 直肠结肠切除术　对高位多发性腺瘤、息肉已经癌变和家族性息肉病，必要时可考虑作直肠结肠切除术。

【预防与护理】

(1) 及时治疗肛门内外痔、脱肛、肛窦炎及慢性肠炎等疾病。

(2) 保持肛周清洁卫生，养成定时排便习惯。

(3) 40 岁以上人士宜行肠镜检查，发现肠息肉宜及时切除并定期复查。

第九节　肛管直肠癌

肛管直肠癌是发生在肛管直肠上的恶性肿瘤，病至后期，因肛门狭窄犹如锁住肛门一样，故中医古籍称为锁肛痔。其发病年龄多在 40 岁以上，偶见于青年人。根据发病部位不同，可分为直肠癌和肛管癌。一般直肠癌多为腺癌，而肛管癌原发于肛管皮肤，故多为鳞状细胞癌。其特点是便血，大便习惯改变，大便变形，腹痛等。肛门部瘢痕组织、湿疣、肛瘘等病变亦可诱发癌变。

【病因病机】

忧思抑郁，脾胃失和，湿热蕴结，日久化毒，乘虚下注，浸淫肠道，气滞血瘀，湿毒瘀滞凝结，而成肿瘤；或饮食不洁，久痢久泻，息肉虫积，损伤脾胃，运化失司，湿热内生，热毒蕴结，流注大肠，蕴毒积聚，结而为肿。总之，湿热下注，火毒内蕴，结而为肿是本病之标；正气不足，脾肾两亏乃本病之本。

【临床表现】

初期表现为直肠黏膜或肛门皮肤有一突起的小硬结，无明显症状，病情进一步发展，可出现一系列改变。

1. 便血　直肠癌最常见的症状，血为鲜红或暗红，量不多，常同时伴有黏液，呈持续性，易被误认为内痔。

2. 排便习惯改变　直肠癌另一个常见的早期症状，表现为排便次数增多，便意频数，有里急后重，排便不尽感，但无粪便排出，有时便秘，同时肛门内有不适或下坠感觉，粪便中有血、脓、黏液，并有特殊的臭味。

3. 大便变形　病变后期，由于癌症侵犯使肠腔狭窄，粪便少，大便形状变细、变扁，并出现腹胀、腹痛、肠鸣音亢进等肠梗阻征象。

4. 转移征象　锁肛痔可经几条途径转移。首先是直接蔓延，后期穿过肠壁，侵入膀胱、阴道壁、前列腺等邻近组织，若侵及膀胱尿道时有排尿不畅及疼痛。另外，可经淋巴向上转移至沿直肠上静脉行走的淋巴结。10%～15%的患者在确诊时癌症已经通过门静脉血行转移至肝脏，出现肝大和黄疸。若癌细胞沿着神经扩散，侵及骶骨神经丛时，在直肠内或骶骨部可有剧烈持续性疼痛，并向下腹部、腰部或下肢放射。

笔记栏

晚期患者可出现食欲不振，全身衰弱无力，贫血，极度消瘦等恶病质表现。

肛管癌较少见，早期肿块较小，可活动，呈疣状。进一步发展，在肛门部可看到突起包块或溃疡,基底不平,质硬(彩图 9-9),局部扩散可侵入肛门括约肌、阴道后壁、会阴、前列腺和膀胱,也可有腹股沟淋巴结转移,经血循转移至肝、肺、骨、腹膜等处。

【诊断】

(一) 诊断要点

(1) 症状:早期排便习惯改变,便次增多或减少,可伴有肛门坠胀。继则发生便血,色鲜红或暗红,伴有黏液,且便次增多,有里急后重感,或有脓血便。晚期排便困难,粪便变细变扁,甚至出现肠梗阻征象。

(2) 直肠指检:在直肠肛管癌的早期诊断上具有极其重要的意义。80%的直肠癌位于手指可触及的部位,手指可触及肠壁上硬结性肿块或溃疡,推之不移,肠腔上常有狭窄,指套上染有血、脓和黏膜。

(二) 辅助检查

(1) 直肠镜检查:不仅可以看到直肠内病变的范围,而且可以钳取小块组织作病理检查,以明确诊断。

(2) 若指检未发现直肠病变,但临床症状明显,则应作肠镜检查明确诊断。

【鉴别诊断】

早期排便次数增多或便血,应与痢疾、肠炎、内痔出血等鉴别;指检触到肿块,应与息肉、肛乳头肥大等鉴别;肛管癌性溃疡,应与肛漏等鉴别。

1. 内痔　可有便血、脱出、便意感等症状。但便血呈间歇性,无黏液,指诊痔块柔软。

2. 炎症性肠病　表现为便次增多、腹痛、便血,便中混有脓样分泌物等,肠镜检查可见肠黏膜充血、水肿、糜烂或溃疡,病理检查可明确诊断。

3. 直肠息肉　有便血、黏液血便、里急后重、脱出等症状,内窥镜检查,可见肠腔内突起性肿块,病理检查可以确定其是否恶变。

【治疗】

(一) 内治法

1. 湿热蕴结证

证候　肛门坠胀,便次增多,大便带血,色泽暗红,或夹黏液,或下痢赤白,里急后重。舌红,苔黄腻,脉滑数。

治法　清热利湿。

主方　槐角地榆丸(《外科大成》)加减。

成药　脏连丸,每服 6 g,每日 2 次。

2. 气滞血瘀证

证候　肛周肿物隆起,触之坚硬如石,疼痛拒按,或大便带血,色紫黯,里急后重,排便困难。舌紫黯,脉涩。

治法　祛瘀攻积,行气解毒。

主方　桃红四物汤(《医宗金鉴》)合失笑散(《太平惠民和剂局方》)加减。

成药　云南白药胶囊,每服 1～2 粒,每日 4 次。

3. 气阴两虚证

证候　面色无华,消瘦乏力,便溏,或排便困难,便中带血,色泽紫黯,肛门坠胀;或伴心烦口干,夜间盗汗。舌红或绛,苔少,脉细弱或细数。

治法　益气养阴,清热解毒。

主方　四君子汤(《太平惠民和剂局方》)合增液汤(《温病条辨》)加减。

成药　补中益气丸合知柏地黄丸,各服 6 g,每日 2 次。

(二) 外治法

肛管癌溃烂者可外敷九华膏或黄连膏。

笔记栏

（三）其他疗法

1. 灌肠　败酱草 30 g、白花蛇舌草 30 g，水煎 80 mL，保留灌肠，每天 2 次，每次 40 mL。

2. 手术　本病一经诊断，就应早期手术治疗。若癌肿局限于直肠壁而且只有局部淋巴结转移的患者，可行根治性手术。当晚期肛管直肠癌已广泛转移，不能行根治性手术时，可行乙状结肠造瘘术，以解除梗阻，减轻患者痛苦。

3. 放疗与化疗　作为辅助治疗有一定疗效。较晚期的直肠癌术前放疗可以改善局部情况。化疗配合根治性切除可以提高 5 年生存率。

【预防与护理】

(1) 饮食宜多样化，避免长期偏食高脂肪、高蛋白、低纤维素饮食，多食富含纤维素和维生素的新鲜蔬菜。

(2) 积极治疗有癌变可能的疾病，如炎症性肠病、血吸虫病、肛瘘、直肠息肉及息肉病等。

(3) 普及肿瘤知识，开展普查工作，做到早就诊、早检查、早治疗。可及时发现癌前病变或早期癌肿，对提高治愈率有重要意义。

（李胜龙）

笔记栏

第十章　男 科 病

导　学

通过学习，掌握男科病的基本概念以及临床常见男科病证如睾丸炎与附睾炎、阴囊蜂窝组织炎、附睾结核、睾丸鞘膜积液与精索鞘膜积液、前列腺炎、前列腺增生症、男性不育症、勃起功能障碍的概念、临床表现、诊断要点，并能应用相关知识对其进行鉴别诊断和辨证治疗；熟悉男科病总的病因病机、辨证论治；了解临床常见男科病的病因病机及预防与护理。

第一节　概　　论

男科病是男性特有的疾病，以男性外生殖器阴茎、阴囊疾病，内生殖器睾丸、输精管道（附睾、输精管、射精管、尿道）和附属腺（精囊、前列腺、尿道球腺）疾病为主。早在殷墟出土的甲骨文及商周的著作中已有男女生殖器结构、功能及男科病用药的记载。《内经》也记载了前阴病、精气病等男科病病名，认为男科病病因有六淫侵袭、情志影响、房事太过、先天不足、人为损伤、自然变化等，对男科病诊断则强调望诊、闻诊；治法则有药物疗法和非药物疗法；预防则重视保精养生。《伤寒杂病论》提出了男科病多虚劳的辨证论治理论，对遗精、不育、阴冷等病证的诊治体现了理法方药的一贯性。《诸病源候论》对不育、遗精、阳痿、阳强等10余种男科病进行了专门论述，认为男科内伤诸疾，病位多在肾，病机多属虚，尤其强调不育症病位在肾，外阴痒疮肿痛之疾，则多为邪伤肝肾、毒气蕴滞使然；指出男性养生宜房事适度、固护真元。《证治汇补》说："遗精之主宰在心，精之藏制在肾。"故精的藏泻与心肾有关。男性生殖器官的位置主要与足厥阴肝经、足少阴肾经、足太阳膀胱经的循行部位有关。故《外科真诠》说：男子玉茎（阴茎）属肝；马口（尿道）属小肠；阴囊属肝；肾子（睾丸）属肾；子之系（精索）属肝。

一、病因

男科病因亦不外乎外感和内伤。但男子以精为本，而外感六淫中湿、热、寒邪更易与精气相搏而致病，故湿、热、寒邪和疫疠是主要外感致病因素。情志内伤、劳逸失度、饮食不节及素体亏虚是主要内伤致病因素。

1. 湿邪　湿热下注，蕴结膀胱，气化不行，则成淋证、癃闭；湿热遏久，转成湿毒，下注前阴可发疳疮、肾囊风；湿从寒化可致寒疝。湿邪为病多以阴部重坠，阴囊潮湿，小便混浊不利，苔腻，脉濡滑为特征。

2. 热邪　外感火热之邪常见睾丸肿痛、茎中痛痒，其中实热以生殖器局部红肿、焮痛、淋浊、茎痛为特点。虚热以潮热、盗汗、遗精、血精为特点。

3. 寒邪　寒犯肝脉可见少腹阴冷胀痛、睾丸坠胀、阴囊冷湿、阳缩等。脏腑虚寒可见阳痿、阳缩、遗精、不射精或精液清冷等。

4. 疫疠　男科疫疠多见于男女不洁之性交，或外生殖器不洁而致的感染性疾病，临证以下体灼热瘙痒灼痛、阴茎溃烂、红肿、疮疹、流脓等为特征。

笔记栏

5. 情志内伤 惊恐伤肾，易引起阳痿、早泄、遗精、滑精等。忧思伤脾，气血化源不足而不能生精，则精少、射精无力或不射精。怒伤肝，肝失疏泄，可见交接不泄、性交茎痛、阳痿。

6. 劳逸失度 体劳过度，则耗气伤筋，易致阳痿、筋疝。思虑过度，意淫于外，则伤心脾，致肾气不固，出现遗泄耗精诸症。房事失节，则耗伤肾精，致阳痿、早泄、生育力低下。手淫过度，则既耗伤肾精，又损伤宗筋，使心肾冲任受损，可出现阳痿、早泄、血精、阴痛、小便滴沥、头昏健忘、神疲腰酸等。

7. 饮食不节 过食肥甘，痰湿内生，郁阻经络，可致乳疬、阳痿、阴茎硬结。饮酒过度，湿热蕴于精室，可见血精、淋证、死精不育。过食辛热燥烈助阳伐阴之品，可使冲任蕴热，热扰精室，宗筋受损，出现遗精、早泄、阳强。过食生冷寒凉之物，易损脾肾阳气，久之则见精室虚寒、精气清冷、阳痿不育。

二、病机

男科病的病理机转与脏腑失调、气血失常、经络失和有密切的关系。脏腑失调，主要表现在心、肝、脾、肾的功能失调；气血失常主要是精、气、血互相转化，生成失去常态；而经络失和则主要是经络循行发生障碍。

（一）脏腑失调

1. 心 心为君主之官，为君火，肾精需心火温煦。若心火下劫，肾水妄动，或心火亢旺，肾水不济，心肾不交，可出现精浊、血精等。

2. 肝 肝藏血主疏泄，又主筋。玉茎为宗筋所聚，肝失疏泄，筋失其养，可发生阳痿。疏泄失司，精道被阻，可致不射精。肝脉络阴器，肝失疏泄，气滞血瘀，水液不行，湿热浊精阻于肝经，可致子痈、囊痈、睾丸鞘膜积液、精癃等。

3. 脾 脾主运化。脾虚不能运化水谷精微于各脏腑，脏腑功能失调，可见遗尿、遗精、阳痿、不育等；不能运化水液，水液积聚，可形成睾丸或精索鞘膜积液；湿聚成痰，滞于阴茎，则发为子痰、阴茎痰核。脾虚不摄，膀胱失约，可致小便淋漓失禁。水精下流，则发为尿浊；脾不统血，可致血尿。

4. 肺 主气司呼吸，主宣降，为水之上源，使水道通调而下行膀胱。若肺失宣降，水道不利，可发生癃闭；肺气虚弱，水道失制可发生小便失禁。

5. 肾 肾主水、藏精、主生殖，开窍于二阴。故阴茎、睾丸、精液、尿液的病变都与肾有关。肾精亏损、阴虚内热，可见遗精早泄；相火下移膀胱，可发为热淋、血淋；火扰精室可见精浊，灼伤血络可见血精、尿血；阴虚火旺，炼津为痰，可发为子痰及阴茎痰核；火扰精室，可见精浊与血精、梦遗、早泄等。肾阳不足，精关不固，可致白浊、遗精、早泄；肾精亏虚可引起不育；阳虚宗筋痿而不用，可发生阳痿；肾阳虚衰，膀胱气化失司，开合失常，可引起癃闭、尿失禁。

6. 膀胱 膀胱为州都之官，主藏尿，赖肾的气化以排泄。肾气不足，气不化水，膀胱逼尿肌无力，引起尿潴留。膀胱开合不利，湿热内生，则发生尿频、尿急、尿痛。

（二）气血精液失常

1. 气血 气血为精液的物质基础，气虚则无以统摄精血，血虚则不能化生精液，气血两虚可致阳痿、早泄、遗精白浊、精少不育、阴痒、肾囊风等。气滞血瘀可致小便涩痛、淋漓不爽，或阴茎硬结、阳痿或阳强，或阴茎疼痛，或精道不通、射精不能等。

2. 精、液 精室亏虚、生殖之精匮乏，可致阳痿、早泄、寡欲少欢、精液稀少、无精射出、不育。精关不固、精失密藏，可致遗精、滑精、漏精，甚至精脱不禁、早泄等。

三、辨证论治

笔记栏

男科病常见的病证有湿热下注、气血瘀滞、痰浊凝结、脾肾两虚、肾阴亏虚、肾阳不足、中气下陷、心火炽盛、寒湿凝聚、肝郁气滞、心肾不交等。其辨证论治的关键在于辨证与辨病相结合，男性泌尿生殖系统的局部微观辨证与全身各系统的宏观辨证相结合。

1. 湿热下注证 若阴囊红肿热痛或睾丸肿大疼痛，小便短赤，烦躁易怒，口苦纳呆，苔黄腻，脉弦滑数，则为湿热下注，肝经湿热，治宜清泄湿热，疏肝解郁，用龙胆泻肝汤。若阴囊内积水，口干少津，大便秘结，舌干苔少，脉细弱而数，则为脾经湿热，治宜清热化湿，用萆薢分清饮。若尿频尿急，尿黄赤，茎中热痛，白浊，舌红苔黄腻，脉滑数，则为膀胱湿热，治宜清热利水，用导赤散。

2. 气血瘀滞证 睾丸硬结，少腹、会阴、睾丸胀痛或刺痛，排尿困难或闭塞不通，或尿有血块等，治宜行气活血，气滞为主者用橘核丸、枸橘汤加减；血瘀为主者用代抵当丸、活血散瘀汤加减。

3. 痰浊凝结证 睾丸或附睾部慢性肿块，或阴茎上的结节，病灶部位皮色不变，不热不痛，舌边有齿印，苔薄白，脉濡或细滑，治宜温阳化痰散结，用阳和汤。若寒痰郁久化热化火，则病灶局部发红发热，疼痛，或化脓溃破，全身可出现微热，食欲不佳，潮热，舌红苔少，脉细数，治宜清热化痰散结，方用消核丸。

4. 肾阴亏虚证 阳事易兴，精浊，血精，遗精早泄，健忘少寐，小便黄热而淋漓不爽，五心烦热，舌红苔少，脉细数，治宜滋肾养阴，用六味地黄丸或大补阴丸。

5. 肾阳不足证 形寒肢冷，腰膝冷痛，夜尿次数增多或癃闭，性欲减退，阳痿不举，遗精，精冷，精少，精弱不育，舌淡胖苔白，脉沉迟无力，治宜温补肾阳，用附桂八味丸或右归饮。

第二节 睾丸炎与附睾炎

睾丸炎与附睾炎是指发生于睾丸或附睾部位的非特异性化脓性炎症性疾病，即中医文献所称子痈。因中医学称睾丸为肾子，故名。临床以睾丸或附睾肿胀疼痛为特点。有急性与慢性之分。急性者发病急，睾丸或附睾红肿热痛，并伴有全身热证表现。慢性者多继发于急性子痈后，或并发于慢性前列腺炎、慢性精囊炎，仅表现为睾丸或附睾硬结、微痛或微胀、轻度触痛等。马培之注《外科全生集》曰："子痈与囊痈有别，子痈则睾丸硬痛……"

【病因病机】

1. 湿热下注 外受寒湿，化生湿热；或饮食不节，过食肥甘、辛辣炙煿，湿热火毒内生；或房事不洁，外染湿热秽毒；或跌仆闪挫，肾子受损，经络阻隔，气血凝滞，郁久化热，肉腐成痈。

2. 气滞痰凝 郁怒伤肝，情志郁结，肝郁气结，经脉不利，血瘀痰凝，发于肾子，则为慢性子痈。

现代医学认为本病多由细菌感染引起；支原体、衣原体感染，尿液反流也可引起本病。

【临床表现】

1. 急性子痈 突然发作的附睾或睾丸肿大疼痛。疼痛程度不一，轻者仅有不适，重者痛如刀割，行动或站立时加重。痛域可为局限性，也可沿输精管放射至腹股沟、直肠及下腹部。伴有恶寒发热或寒热往来、食欲不振、口苦、口渴欲饮、尿黄、便秘等全身症状。专科检查发现附睾或睾丸拒按，触摸时痛觉敏锐，触痛常传导至患侧精索附近的下腹部。化脓性急性子痈溃脓后疼痛程度减轻，但脓毒波及阴囊，可引起阴囊红肿，甚至化脓，脓肿自溃或切开引流后脓出毒泄，症状消退迅速。疮口容易愈合。

2. 慢性子痈 常伴有邻近性腺的慢性感染(如慢性前列腺炎、慢性精囊炎)，或继发于急性子痈之后。阴囊疼痛、发胀、下坠感，疼痛可放射到下腹部及同侧的大腿根部。多无全身症状。专科检查时可触及附睾增大、变硬，有结节，伴轻度压痛，同侧输精管增粗。

【诊断】

(一) 诊断要点

1. 急性子痈

(1) 突然发作的附睾或睾丸肿大疼痛。

(2) 附睾或睾丸拒按，痛觉敏锐。

(3) 伴恶寒发热或寒热往来等全身症状。

笔记栏

2. 慢性子痈

(1) 阴囊发胀、下坠、疼痛感,疼痛可放射到下腹部及同侧的大腿根部。

(2) 睾丸或附睾增大、变硬、有结节,伴轻度压痛,同侧输精管增粗。

(3) 有邻近性腺慢性感染病史或急性子痈病史。

(二) 辅助检查

急性期血常规检查可有白细胞总数增高,尿常规检验亦可见有白细胞。

【鉴别诊断】

1. 病毒性睾丸炎(卵子瘟)　多见于青少年,常有病毒性腮腺炎病史,在痄腮消退后又突然发热,同时睾丸肿痛,一般不会化脓,病程多为7～10天。

2. 子痰　发病缓慢,附睾结节疼痛轻微,仅在触摸时感觉隐痛。输精管增粗,或有串珠状结节。病灶与阴囊壁层粘连,溃后有稀薄豆渣样分泌物,易形成窦道。常有结核病史。

3. 嵌顿性斜疝　疝块嵌闭于阴囊,不能回纳腹腔,也可发生阴囊部疼痛、肿胀,偶被误为急性子痈。全面的病史询问及系统认真的体格检查,可发现疝块常有反复下坠阴囊的既往病史,以及肿物与睾丸仍有一定界限的特点。

4. 睾丸肿瘤　睾丸肿瘤的早期肿物,须注意与慢性子痈鉴别。睾丸肿瘤的肿块质地坚硬,沉重感明显,附睾常不易摸到。

【治疗】

急性子痈在辨证论治的同时,可配合使用抗生素,在药敏试验未获结果前,可选用抗菌谱较广的抗生素。慢性子痈多应用中医药治疗。

(一) 内治法

1. 湿热下注证

证候　多见于急性子痈,睾丸或附睾肿大疼痛,继则阴囊皮肤红肿,皱纹消失,焮热疼痛,少腹抽痛,脓肿形成时,按之应指;伴恶寒发热。舌质红苔黄腻,脉滑数。

治法　清泻肝经湿热。

主方　龙胆泻肝汤(《医方集解》)加减。

成药　蒲公英胶囊,成人每服4粒,每日3次;龙胆泻肝丸,成人每服9 g,每日2次,儿童减半量,婴儿服1/3量。

2. 气滞痰凝证

证候　多见于慢性子痈,阴囊疼痛、发胀、下坠感,疼痛可放射到下腹部及同侧的大腿根部,附睾增大、变硬,有结节,轻度压痛,同侧输精管增粗。舌质淡,苔薄腻,脉滑。

治法　疏肝理气,化痰散结。

主方　橘核丸(《济生方》)加减。

成药　犀黄丸,成人每服3 g,每日2次,温开水或陈酒送下,儿童减半量,婴儿服1/3量。

(二) 外治法

1. 急性子痈　未成脓可用金黄散或玉露散水调匀冷敷。或鲜木芙蓉花、叶或鲜地丁捣烂外敷。病灶有波动感、穿刺有脓者,及时切开排脓引流;脓稠、腐肉较多时可选用九一丹或八二丹药线引流。脓液已净而溃口未愈时,外用生肌白玉膏。

2. 慢性子痈　可用葱归溻肿汤坐浴,或冲和膏温敷。温热药液的局部应用,如时间较长,对睾丸的曲细精管的生精功能有一定影响。因此,未生育患者不宜采用。肿块日久,治疗无效,尤其是诊断有怀疑者,应考虑手术治疗。

笔记栏

(三) 其他疗法

1. 抗生素疗法　急性子痈可选青霉素类、头孢类、喹诺酮类等广谱抗生素。

2. 针刺疗法　急性睾丸炎和附睾炎可用泻法针刺太冲、大敦、阳池、曲池、血海任意2穴,每日1

次，每次10分钟。

【预防与护理】

(1) 注意保持外生殖器清洁，减少感染机会。

(2) 外生殖器部位有包茎、龟头炎、尿道狭窄以及其他炎性疾患，应及时治疗。

(3) 急性子痈患者应卧床休息，抬起阴囊。对已切开排脓者要注意引流通畅。

(4) 饮食忌醇酒、肥甘厚味、辛辣炙煿。

第三节　阴囊蜂窝组织炎

阴囊蜂窝组织炎是发于阴囊部位的急性化脓性疾病。临床以阴囊皮肤红肿热痛、皮紧光亮、形如瓠状而睾丸无肿痛为特点。中医文献又称囊痈、肾囊痈。《外科大成》曰："夫囊痈者，阴囊红肿热痛也"，《医宗金鉴》云："肾囊痈，肾囊红肿，发为痈"，都是指的本病。

【病因病机】

1. 外感湿毒　久著汗湿衣裤、坐卧阴湿之地、外感湿毒浸淫，郁久化热，蕴积阴囊成痈。

2. 外伤染毒　囊痒搔抓，外伤染毒，湿热火毒蕴结阴囊，经络阻隔，气滞血瘀，瘀久化热成痈。

3. 饮食不节　过食膏粱厚味，恣啖生冷，脾失健运，湿热内生，下注肝肾之络，阴囊湿热毒邪凝结，气血壅滞，乃成痈肿。

【临床表现】

初起阴囊皮肤出现红肿、灼热、压痛明显，腹股沟淋巴结肿大，但睾丸不肿大。继则阴囊肿胀进一步快速发展，甚则肿大如瓠，发烫、发亮、发硬、坠胀疼痛(彩图10－1)。

可伴有发热、恶寒或轻度寒战，口干、喜冷饮、小便赤热、大便干结等全身症状。治疗后热退痛止，肿胀能较快消退。若身热不退，肿痛不减，便欲成脓；若红肿趋向局限、隆起，为脓肿形成。

【诊断】

(一) 诊断要点

(1) 阴囊红肿热痛，局部有肿块，触痛明显，但睾丸不肿大，继则化脓，溃后痛减。

(2) 常伴腹股沟臀核肿大、发热恶寒等全身症状。

(3) 阴囊蜂窝织炎局部弥漫性红肿，以水肿为著，不一定化脓。阴囊脓肿者，红肿较局限，脓肿形成时隆起而波动。

(二) 辅助检查

部分患者血常规检查可有白细胞总数增高。

【鉴别诊断】

1. 子痈　睾丸或附睾肿硬疼痛，早期阴囊肿胀不明显，当病变穿破睾丸白膜后炎症才向阴囊扩散。囊痈初期即出现阴囊红肿灼热，炎症一般不波及睾丸。

2. 脱囊　多有阴囊皮肤外伤史，阴囊由红肿而迅速紫黑腐烂，甚至睾丸暴露，病程进展快，易发生内陷，病情危重，是一种发于阴囊的特殊性坏疽性病，临床少见。

3. 睾丸或精索鞘膜积液　阴囊肿大，但肤色不红，肤温不热，柔软，有囊性感，透光试验阳性，睾丸或精索鞘膜积液较大时有坠胀感，但疼痛不明显，无全身恶寒发热证候。

【治疗】

内治以清热解毒利湿或滋阴除湿为主，初起宜配合抗生素。外治同一般痈肿。

(一) 内治法

1. 湿热下注证

证候　阴囊红肿焮热，坠胀疼痛，拒按，腹股沟臀核肿痛，酿脓时局部胀痛、跳痛、阴囊有局灶性

笔记栏

隆起,指压有波动感;可伴有全身发热,口干喜冷饮,小便赤热。舌红绛,苔黄腻或黄燥,脉弦数或紧数。

治法 清肝泄热,解毒利湿。

主方 泻热汤(《外科全生集》)加减。

成药 龙胆泻肝丸,成人浓缩丸每服 8 丸,每日 2 次;水丸每服 1 袋,每日 2 次;大蜜丸每服 1～2 丸,每日 2 次;儿童减半量,婴儿服 1/3 量。

2. 肝肾阴虚证

证候 囊痈脓肿溃后,热退痛定;伴口干,盗汗,倦怠,腰膝酸软。舌红苔少,舌根苔腻,脉细数。

治法 调补肝肾,清热利湿。

主方 滋阴除湿汤(《外科正宗》)加减。

成药 知柏地黄丸,成人每服 9 g,每日 2 次,儿童减半量,婴儿服 1/3 量。

(二) 外治法

(1) 未成脓者用玉露散、金黄散或双柏散冰水调糊冷敷。

(2) 若红肿范围较大者,用三黄汤(大黄、黄柏、黄芩)煎汤作冷湿敷,频换敷料,保持冷湿,有利于消炎退肿止痛。

(3) 已成脓者及时切开排脓引流,切口以最近脓肿病灶并有利于引流为原则,宜卧刀直切,注意避免损伤鞘膜与睾丸,引流可用乳胶片或半边胶管。

(三) 其他疗法

饮食疗法 热盛未溃或已溃而热毒未尽者,宜服丝瓜粥。脓成欲溃或已溃者,宜服冬瓜绿豆粥;溃后体虚乏力纳差者,宜服茯苓山药粥。

【预防与护理】

(1) 及时正确处理阴囊部外伤,注意保持阴囊部的清洁及干燥。

(2) 卧床休息,或将阴囊用阴囊带托起,以减轻疼痛。

(3) 已切开排脓者要注意引流通畅。

(4) 勿饮酒,忌食鱼腥和肥腻、辛辣炙煿食物。

第四节 附睾结核

附睾结核是附睾为结核杆菌感染所致的慢性炎症性疾病,临床以初起附睾硬结,逐渐增大与阴囊皮肤粘连、形成脓肿,脓肿穿破后流脓稀薄如痰、形成窦道,经久不愈或暂时愈合后又反复穿破为特点。因本病后期阴囊反复穿破流脓如漏,故明清中医文献称其为"穿囊漏"。又因本病初期具有结核不散、不红不热、缓慢增大、不痛或微痛的"痰核"特征,后期有稀薄如痰之脓液溃出,后世中医认为"子痰"命名更切合临床,故称其为"子痰"。肾子部位的结核性感染,多在附睾,很少原发于睾丸,睾丸结核多是附睾结核直接蔓延所致。附睾结核发病隐匿,对男性生殖器官破坏性很强,故早诊断、早治疗尤为重要。据统计,发病早期约 1/3 为双侧病变,病程 1 年时则变为 3/4。附睾结核引起双侧附睾管阻塞,或结核病灶破坏睾丸曲细精管可导致不育。

【病因病机】

1. 肝肾亏虚 子系(精索)和肾子(附睾与睾丸)为肝肾之络脉所过。素体肝肾不足,络脉空虚,浊痰乘虚侵袭肝肾络脉,结聚肾子,发为本病。

2. 阴虚内热 素体阴虚,虚火内生,铄津为痰,痰热互结,阻于经络,结于肾子而成。浊痰从热而化,热胜内腐而成脓。

3. 阳虚痰凝 素体阳虚不能运化水湿,痰湿内生,流痰循经,结为痰核,留于肾子。

笔记栏

4. 气血亏虚　病久不愈，阴损及阳，阴阳两虚，气血两亏。

现代医学认为男生殖系统结核发病最初是在前列腺和精囊，因其位置深、症状少，早期诊断困难，容易被忽视。相应最早出现明显症状的是附睾结核。由于男生殖系统结核常与泌尿系统结核同时存在，故附睾结核常成为临床早期发现肾结核的线索。

【临床表现】

初期发病缓慢，附睾逐渐肿大、无痛或轻微疼痛，附睾上有不规则硬结，硬结可局限于尾部或发展到全部附睾甚至蔓延到睾丸，使睾丸肿硬，睾丸附睾分界消失，但压痛不明显；输精管变粗变硬，有串珠样结节，亦无明显压痛，有时合并少量鞘膜积液（继发性睾丸或精索鞘膜积液）；此期经过较长，常无全身症状。数月或数年后进入成脓期。此时病变部位继续逐渐增大，肿大的附睾（或合并睾丸近附睾处肿硬）与阴囊皮肤粘连后，阴囊亦渐肿胀，颜色暗红，伴轻微的疼痛；部分患者伴有低热盗汗、倦怠食少、腰酸腿软、脉象细数等阴虚内热症状。溃后脓液穿破阴囊，形成窦道，流出稀薄脓液，夹有败絮状物，疮口凹陷内翻，不合并感染时疼痛仍不明显，窦道长期不易愈合，有时闭合一段时间后又再次出现破溃。此期阴虚内热之症状继续存在，由于反复不愈，病久阴损及阳，出现肢冷畏寒、面色㿠白、腰膝酸软、阴囊寒冷、脉弱无力等阴阳两虚之症状。

少数患者，特别是经一次创伤之后的患者，发病呈急性。发病时阴囊部红肿、疼痛，局部压痛明显并有全身发热，似急性子痈。以后形成脓肿，破溃，转入慢性阶段。

【诊断】

（一）诊断要点

(1) 本病多发生于20～40岁青壮年，儿童和老人较少见，婴幼儿罕见。

(2) 既往有泌尿系统或其他系统结核病史。

(3) 多数起病缓慢，附睾逐渐肿大，有无痛或微痛不规则硬结；输精管变粗变硬，有串珠样结节。数月或数年后进入成脓期，肿大的附睾与阴囊皮肤粘连，阴囊亦渐肿胀，颜色暗红。溃后脓液穿破阴囊，形成窦道，流出稀薄脓液，夹有败絮状物，疮口凹陷内翻，窦道长期不愈或反复愈合后再次破溃。

(4) 早期常无全身症状，后期可有低热盗汗、倦怠食少、腰酸腿软、脉细数等阴虚内热症状。病久出现肢冷畏寒、面色㿠白、腰膝酸软、阴囊寒冷、脉弱无力等阴阳两虚症状。

(5) 直肠指诊发现前列腺和精囊变硬，出现结节。

（二）辅助检查

24小时尿浓缩抗酸杆菌检查、脓液涂片结核杆菌检查、脓液结核杆菌培养阳性可确诊。

【鉴别诊断】

1. 附睾炎　常为慢性前列腺炎、精囊炎的并发症。附睾增大、有硬结，但为单个性硬结。输精管虽有增粗，但无串珠状结节的特征。阴囊皮肤无窦道形成。

2. 附睾肿瘤　附睾尾部发现有实质性肿块，属良性肿瘤者，表面光滑，界限清楚；属恶性肿瘤者，表面不光滑，结节状，质地硬韧，界限不清。影像检查有助于鉴别。

3. 精液囊肿　位于附睾头部，光滑圆形，硬小（张力较大），透光试验阳性，穿刺有乳白色液体，显微镜下见有死精子。

【治疗】

扶正杀虫为本病治疗原则。早期药物内治即可，成脓以后就必须中西医结合，内外治结合，抗痨与扶正、提高机体免疫力结合治疗。

（一）内治法

1. 浊痰凝结证

证候　肾子处酸胀隐痛，附睾逐渐肿大，有无痛或微痛不规则硬结；输精管变粗变硬，有串珠样结节；无明显全身症状。苔薄，脉滑。

笔记栏

治法　温经通络，化痰散结。

主方　阳和汤(《外科全生集》)加减。

成药　小金片，成人每服 4 片，每日 2 次。或小金丹，每服 1 粒，每日 2 次。

2. 阴虚内热证

证候　肾子与阴囊皮肤粘连，色转暗红，酿脓时可有轻微波动；伴有午后潮热，盗汗，倦怠颧红，消瘦。舌红，苔薄黄，脉细数。

治法　滋阴清热，除湿化痰，佐以透脓解毒。

主方　滋阴除湿汤(《外科正宗》)合透脓散(《外科正宗》)加减。

成药　知柏地黄丸，成人每服 1 丸，每日 3 次。

3. 气血两虚证

证候　溃后疮口久不愈合，流脓稀薄，夹有败絮状物，疮口凹陷内翻，形成窦道，窦道长期不愈或反复愈合后再次破溃；伴虚热不退，面色无华，倦怠食少，腰酸肢软。舌边有齿痕，苔薄白，脉弱无力。

治法　益气养血，化痰消肿。

主方　十全大补汤(《医学发明》)加减。

成药　十全大补丸，成人每服 1 丸，每日 3 次；人参养荣丸，每服 1 丸，每日 3 次。兼服小金片，成人每服 4 片，每日 2 次；或小金丹，每服 1 粒，每日 2 次。

(二) 外治法

1. 未成脓　消肿散结，外敷冲和膏，每日 1～2 次。

2. 已成脓　切开引流，切开初期可用提毒化腐药线引流，脓腐排净后用生肌药收口。

3. 窦道形成　化腐药线、药条置入窦道，腐蚀窦道壁去腐生新，促进愈合。

(三) 其他疗法

1. 西药抗结核治疗　异烟肼、利福平、吡嗪酰胺、乙胺丁醇等选用 2～3 种联合运用，治疗 1～2 年。

2. 针灸治疗　早期可灸大敦，或平补平泻照海，补三阴交、关元、针后加灸。溃后补法针关元透气海，平补平泻中极、血海、三阴交，灸气门、三角。

【预防与护理】

(1) 加强体育锻炼，注意饮食营养，提高机体抗病能力。

(2) 普及防痨知识，落实防痨措施，重视结核病的防治。

(3) 已经形成慢性窦道者须经常换药，并注意引流的通畅。

第五节　睾丸鞘膜积液与精索鞘膜积液

睾丸或精索鞘膜积液是睾丸或精索鞘膜囊内液体积聚量超过正常，引起睾丸或精索出现囊性肿大的疾病。临床以阴囊内出现无痛无热、皮色正常、逐渐增大、囊性感的卵圆形肿物为特点。中医文献称为水疝。本病可分为原发性与继发性两种。前者多见于婴儿，中医学也称偏坠，《婴童百问》云："又有水疝名偏坠……小儿生下亦有如此者，不疼不痛"，即是说的前者；后者多见于成人，《灵枢·刺节真邪》曰："故饮食不节，喜怒不时，津液内溢，乃下留于睾，水道不通，日大不休，俯仰不便，趋翔不能"，即是说的后者。

笔记栏

【病因病机】

1. 肾气不足　肾主水，先天肾气不足，胎中发育不良，肾子下降后通道闭合不全，水液易于下趋，集注睾丸而成先天性睾丸或精索鞘膜积液。老年肾气亏虚，命门火衰，水液不能蒸腾气化，水湿留着睾鞘或精索鞘膜形成积液。

2. 脾失运化　脾主湿，素体脾虚，脾阳虚冷，运化乏力，湿邪内盛；或饮食不节，酒湿内伤，脾胃虚弱；或外感寒湿，脾失健运，水湿内停，下注阴器而成。

3. 肝失疏泄　肝主疏泄，肝寒不疏，局部水液正常分泌与吸收功能失调，水湿停留肝经脉络，结聚肾子、子系而成。

4. 睾丸外伤　睾丸外伤，瘀血阻塞肾络水道，致继发性睾丸或精索鞘膜积液。

5. 感染虫疾　虫积阻滞于肝络，清浊相混，流注睾鞘而成。

【临床表现】

阴囊肿大，触之阴囊内有光滑的肿物，多数为卵圆形，一般无压痛，有弹性或波动感，睾丸可因积液包裹而不易扪及，单侧发生者偏坠一侧。肿胀严重时，阴囊光亮如水晶，坠胀不适（彩图 10-2）。

先天性交通性睾丸或精索鞘膜积液因与腹腔相通，在平卧时挤压积液，可使之逐渐缩小甚至完全消失，站立时又复增大。原发性睾丸或精索鞘膜积液的阴囊皮肤正常，积液张力较大。继发性睾丸或精索鞘膜积液积液张力不大，比较柔软。外伤引起者有明显的外伤史，伴有睾丸肿痛。

【诊断】

（一）诊断要点

(1) 阴囊内卵圆形、无压痛、有弹性或波动感、光滑囊性肿物，坠胀不适。

(2) 交通性睾丸或精索鞘膜积液平卧缩小或消失，站立时又复增大。

(3) 一般透光试验阳性。

(4) 穿刺可抽到液体，但疑为肿瘤者不宜穿刺。

（二）辅助检查

B 超检查可确诊。

【鉴别诊断】

1. 狐疝　交通性睾丸或精索鞘膜积液与狐疝都可能发生时大时小，或随体位变化而时有时无的肿块。但狐疝的肿物透光试验阴性，肿块部在咳嗽时有冲击感，有时可听到肠蠕动音。

2. 睾丸肿瘤　睾丸肿瘤无疼痛，形状可似睾丸鞘膜积液，但睾丸肿瘤有肿物持续增长的病史，肿物较沉重，透光试验阴性。

3. 阴囊水肿　阴囊皮肤肿大，状若水晶；不像睾丸或精索鞘膜积液皮色正常，多伴有腹水及下肢水肿。

4. 精液囊肿　常位于睾丸的后上方，与附睾头贴近。穿刺液呈乳白色，其中含有死精子。

【治疗】

睾丸或精索鞘膜积液的治法有药物内治、穿刺药物注射、手术疗法等。具体运用应根据患者年龄、病因分类、积液多少、症状轻重等来选择最简单、经济、合理的方法。

（一）内治法

1. 肾气亏虚证

证候　多见于婴幼儿。站立、哭叫时肿块增大，平卧时肿物缩小，肿物过大时，阴囊光亮如水晶。舌淡苔薄白，脉细滑。

治法　温肾通阳，化气行水。

主方　济生肾气丸(《济生方》)加减。

成药　济生肾气丸，成人每服 8 g，每日 3 次，儿童减半量，婴儿服 1/3 量。

2. 湿热下注证

证候　睾丸或精索鞘膜积液，阴囊潮湿而温热，或有睾丸肿痛，小便赤热。舌红，苔腻，脉数。

治法　清热利湿。

笔记栏

主方　大分清饮(《类证治裁》)加减。

成药　萆薢分清丸,成人每服 9 g,每日 3 次,儿童减半量,婴儿服 1/3 量。

3. 寒湿凝聚证

证候　多见于病程长久者。发病缓慢,阴囊肿胀逐渐加重,坠胀不适,严重者阴茎内缩影响排尿,皮肤增厚,阴囊寒凉潮湿;可有面色少华,神疲乏力,腰酸腿软,便溏,小便清长。舌淡苔白,脉沉细。

治法　温阳散寒,化气行水。

主方　水疝汤(《房芝萱外科经验》)加减。

成药　五苓散,成人每服 6～9 g,每日 2～3 次。

4. 瘀血阻络证

证候　有睾丸损伤或睾丸有肿瘤病史,能触到肿块伴疼痛,积液为血水,多不能透光。舌紫黯,苔薄。

治法　化瘀行气利水。

主方　活血散瘀汤(《外科正宗》)加减。

成药　活血丸,成人每服 3 g,每日 1 次。

(二) 外治法

1. 药物温熨法　婴儿原发性睾丸或精索鞘膜积液,或成人继发性睾丸或精索鞘膜积液属肾虚寒湿者用小茴香、橘核各 100 g,研成粗末,炒热装布袋内温熨局部,每次 20～30 分钟,每日 2～3 次,下次使用时仍需炒热。可连用 3～5 天再换药。

2. 药液浸洗法　继发性睾丸或精索鞘膜积液属湿热下注者可用朴硝 250 g 装布袋内罨敷。或用五倍子、枯矾各10 g,1 天 1 剂,加水 300 mL,煎 0.5 小时,待适当温度,将阴囊置入药液中浸泡,每次 20～30 分钟,每日 2～3 次,下次浸泡时再将药液加温。

(三) 其他疗法

1. 手术疗法　疗效肯定,适用于各种类型的睾丸或精索鞘膜积液;若合并疝或肿瘤者,只能选用手术治疗。但少数可发生阴囊血肿、感染、精索损伤等并发症。

睾丸鞘膜积液手术

2. 注射疗法　穿刺抽液后注入一定量硬化剂,使鞘膜脏层与壁层粘连而闭塞鞘膜腔或抑制鞘膜过度渗出,硬化剂可选四环素。与腹腔相通之鞘膜积液禁用。具体方法:局部严格消毒并局麻后,用 17 号动脉造影穿刺针由囊肿上极刺入囊腔,拔掉针芯有液体流出后,插入硬膜外管至鞘膜腔的最低部位,拔出穿刺针,使囊内积液由导管排出,待无液体外流后,将四环素溶液(四环素 500 mg 加生理盐水 5 mL)由导管缓慢注入腔内。拔出导管按摩穿刺部位。积液送检,大多数于治疗后 2～3 周积液消失,必要时重复治疗 1 次。与腹腔相通之鞘膜积液禁用。

【预防与护理】

(1) 积极治疗原发病,减少或避免继发性睾丸或精索鞘膜积液的发生。

(2) 睾丸或精索鞘膜积液手术治疗后宜卧床休息,并将阴囊抬高以促进术后恢复。

第六节　前 列 腺 炎

笔记栏

前列腺炎是一种常见于中青年男性的以会阴、骨盆、耻骨上区或外生殖器疼痛并伴有不同程度排尿问题和射精障碍的生殖系统综合征。因中医学将前列腺称为精室,且前列腺炎患者多有会阴、腰骶、耻骨上区等部隐痛不适,尿道口常有少量白色分泌物溢出,故中医文献将此病称为“精浊”。临床以发病缓慢、病情顽固、反复发作、缠绵难愈,会阴部、腰骶部、耻骨上区等部位隐痛不适,尿道口常有少量白色分泌物溢出为特点。即《素问·玉机真藏论》所云:“少腹冤热而痛,出白”。

前列腺炎分为四型:Ⅰ型为急性细菌性前列腺炎,是一种前列腺的急性感染。Ⅱ型为慢性细菌性前列腺炎,是一种前列腺的复发感染。Ⅲ型为慢性非细菌性前列腺炎/慢性盆痛综合征(CP/CPPS),是没经证明的感染。亚型分为:① 炎症性慢性盆痛综合征,② 非炎症性慢性盆痛综合征。Ⅳ型为无症状炎症性前列腺炎。

【病因病机】

1. 房事不洁 房事不洁,湿热之邪从精道内侵精室,致精室湿热壅滞、气血瘀阻而成。

2. 相火妄动 所愿不遂,相火妄动,或忍精不泄,肾火郁而不散,离位之精郁滞精室为相火所灼,败精郁热搏结精室而发。

3. 饮食不节 嗜醇酒肥甘厚味或辛辣炙煿,酿生湿热,注于下焦,结于精室而发。

4. 外感湿热毒邪 外感湿热毒邪,壅聚于下焦精室而成。

【临床表现】

急性者,发病急骤,寒战高热,腰骶部及会阴部疼痛,常有尿频、尿急、尿痛及直肠刺激症状。形成脓肿时常发生尿潴留。直肠指检前列腺饱满肿胀,压痛明显,局部温度增高。

慢性细菌性前列腺炎、慢性非细菌性前列腺炎/慢性盆痛综合征、无症状炎症性前列腺炎三者中除慢性细菌性前列腺炎可能有尿路感染症状外,其余临床症状几乎没有差异,主要症状为尿频,排尿时有不适感、烧灼感、排尿不尽感,常有睾丸、精索、会阴、腰骶部隐痛不适,便后或尿后尿道口有白色分泌物溢出。此外,部分患者因病程过长而忧虑,常出现头晕目眩、神疲乏力、腰膝酸软、性功能障碍等症状。

【诊断】

(一) 诊断要点

1. 急性前列腺炎

(1) 突发会阴部胀痛,疼痛向腰骶及大腿根部放射,常伴尿频,尿急、尿痛及直肠刺激症状。

(2) 直肠指检前列腺饱满肿胀,压痛明显,局部温度增高,形成脓肿时或可触及波动感并常发生尿潴留。

(3) 全身症状有恶寒发热、头身疼痛、口干口苦、小便黄赤等。

2. 慢性前列腺炎

(1) 常有尿频,排尿不适感、烧灼感、尿不尽感。

(2) 常有耻骨后区、睾丸、精索、会阴、腰骶隐痛不适。

(3) 或便后或尿后尿道口常有白色分泌物溢出。

(二) 辅助检查

1. 急性前列腺炎 血常规检查白细胞及中性粒细胞增多;尿常规检查白细胞增多;尿道分泌物革兰染色常可找到致病菌;细菌培养及药敏试验可确定病原体及敏感药物。

2. 慢性细菌性前列腺炎 前列腺按摩液镜检白细胞增多,卵磷脂小体减少或消失,前列腺液细菌培养见固定的致病菌生长。

3. 慢性非细菌性前列腺炎 前列腺液镜检同上,但前列腺液细菌培养无固定的致病菌生长。

【鉴别诊断】

1. 慢性附睾炎 阴囊、腹股沟部隐痛不适,类似慢性前列腺炎。但慢性附睾炎可扪及增粗触痛的结节。

2. 前列腺增生症 仅见于老年男性,以尿频、排尿困难、尿线变细、残留尿增多为主,通过B超、经肛门前列腺指检可协助诊断。

3. 精囊炎 精囊炎和慢性前列腺炎同时发生,除有类似前列腺炎症状外,还有血精及射精疼痛的特点。

【治疗】

细菌性前列腺炎特别是急性细菌性前列腺炎应配合敏感抗生素治疗。慢性前列腺炎病程较

笔记栏

长，中医学认为“病久多瘀”，治疗时宜酌加行气活血药物以提高疗效。

（一）内治法

1. 气滞血瘀证

证候 少腹、会阴、睾丸坠胀不适，或有血尿，血精。舌紫或有瘀点，苔白或黄，脉沉涩。

治法 活血散瘀。

主方 前列腺汤（经验方）加减。

成药 前列通瘀胶囊，每服 4 粒，每日 3 次。

2. 湿热蕴结证

证候 尿频、尿急、尿灼热刺痛，排尿或大便时尿道口有白浊溢出，会阴、腰骶、睾丸坠胀疼痛。苔黄腻，脉细数。

治法 清热利湿。

主方 八正散（《太平惠民和剂局方》）或龙胆泻肝汤（《医方集解》），或用大分清饮（《类证治裁》）加减。

成药 清浊祛毒丸，每服 8 g，每日 2 次；龙胆泻肝丸，每服 6 g，每日 2 次。

3. 阴虚火旺证

证候 腰膝酸软，头昏眼花，失眠多梦，遗精或血精，阳事易兴，排尿或大便时尿道有白浊滴出。舌红苔少，脉细数。

治法 补肾滋阴，清泻相火。

主方 知柏地黄汤（《医宗金鉴》）合萆薢分清饮（《医学心悟》）加减。

成药 知柏地黄丸，每服 6 g，每日 3 次；萆薢分清丸，每服 6 g，每日 3 次。

4. 肾阳虚损证

证候 头昏神疲，腰酸膝冷，阳痿早泄，甚至稍劳后即尿道有白浊溢出。舌淡胖，苔白，脉沉细。

治法 温肾固精。

主方 金锁固精丸（《医方集解》）合右归丸（《景岳全书》）加减。

成药 金锁固精丸，每服 1 丸，每日 2 次；右归丸，每服 5 g，每日 3 次。

（二）外治法

（1）野菊花栓或前列安栓塞肛，每次 1～2 粒，每日 1～2 次。

（2）气滞血瘀或湿热蕴结证用金黄散 15～30 g，山芋粉或藕粉适量，水 200 mL，调煮成薄糊状，微冷后保留灌肠每日 1 次。或用葱归溻肿汤坐浴，每次 20 分钟，每日 2～3 次。其他证型的前列腺炎用四物汤合大承气汤，坐浴或保留灌肠，每日 1～2 次。

（三）其他疗法

1. 针刺疗法 急性前列腺炎早期湿热下注证，选膀胱俞、中极、阴陵泉。多用平补平泻法，隔日针刺 1 次。慢性前列腺炎选用腰阳关、气海、关元、中极、肾俞、命门穴、志室、三阴交、足三里，上述穴位分组交替使用，中弱刺激，隔 1～2 日 1 次，并可配合艾条灸法。

2. 物理疗法 可选用超短波理疗、局部超短波透热、局部敏感抗生素离子导入法治疗。

3. 抗生素治疗 根据病原体检查及药敏试验结果合理选用抗生素治疗。

【预防与护理】

（1）预防感冒着凉。受凉之后，可引起交感神经活动兴奋，使尿道内压增加，前列腺管也因收缩而排泄障碍，产生郁积充血，往往使症状发生反复或加重。

（2）注意饮食。不要过食肥甘厚味、辛辣炙煿之品，勿吸烟饮酒，喝酒后可引起前列腺充血，使症状加重。

（3）生活要有规律。保持心情舒畅，注意劳逸结合，不要久坐或长时间骑车，以防影响会阴部血液循环。性生活不要过于频繁，不要性交中断，强忍精出，宜戒除手淫习惯。

笔记栏

(4) 积极治疗身体其他部位的慢性感染病灶，如慢性扁桃体炎、溃疡性结肠炎等。

(5) 前列腺按摩时，用力不宜过大，按摩时间不宜过长，按摩次数不宜过频。急性前列腺炎则禁忌按摩。

第七节　前列腺增生症

前列腺增生症即良性前列腺增生症的简称，过去又叫前列腺肥大，是一种前列腺腺体及间质组织细胞增生导致前列腺增大，引起排尿障碍的老年男性常见病。临床以进行性尿频、尿线变细、射程缩短、排尿困难为特征。《素问·宣明五气》云："膀胱不利为癃"，《素问·奇病论》曰："有癃者，一日数十溲"，都反映了该病的特点。因本病病在精室，临床以尿频为特征，故中医文献又将此病称为精癃。

【病因病机】

前列腺增生的发病基础是年老脾肾虚衰，气化不利，血行不畅。脾肾气虚是发病之本；痰瘀互结、阻于下焦是发病之标；气滞血瘀、湿热下注是发病的诱因及伴随证型。肾虚血瘀是其基本病机与病源所在。

1. 脾肾两虚　脾气虚推动乏力，不能运化水湿；肾阳虚命门火衰，膀胱气化无权。年老脾肾气虚，终致痰湿凝聚，阻于尿道，而生本病。

2. 气滞血瘀　肝气郁结，疏泄失常，致气血瘀滞，阻塞尿道；或年老之人，气虚阳衰，不能运气行血，久之气血不畅，聚而为痰，痰血凝聚水道；或憋尿过久，败精瘀浊停而不散，凝滞于溺窍，致膀胱气化失司，而发为本病。或房劳竭力，瘀结精室，久成癥块，阻塞水道，终发为癃。

3. 湿热蕴结　水湿内停，郁而化热，或饮食不节，酿生湿热，或外感湿热，或恣饮醇酒，聚湿生热等，均可致湿热下注，蕴结不散，瘀阻下焦，诱发本病。

现代医学认为前列腺增生必须具备两个条件：一是高龄，二是正常功能睾丸的存在。研究发现前列腺组织内双氢睾酮的增加可能是本病发生的主要原因，前列腺增生患者双氢睾酮（DHT）的含量比正常人高3～4倍。

【临床表现】

一是尿频。早期症状仅以尿频为主，特别是夜尿次数增多，每次尿量不多，起病缓慢，逐渐加重。二是排尿困难。在尿频的同时尿线变细、尿流缓慢、射程缩短、排尿时间延长、排尿费力，逐渐出现尿流中断和尿后余沥。三是尿潴留。部分患者因便秘、寒冷、劳累、饮酒等刺激可诱发急性尿潴留，致使尿液点滴不通，严重时可因膀胱内残余尿量增多，出现充溢性尿失禁（又称假性尿失禁）。部分患者还可合并尿路感染，出现尿频、尿急、尿痛等膀胱刺激症状；有的可伴发膀胱结石或血尿。长期慢性尿潴留患者，可出现神疲乏力、食欲不振、消瘦贫血、口渴、皮肤黏膜干燥、舌苔增厚、血中非蛋白氮增高等慢性尿毒症病象。

【诊断】

（一）诊断要点

(1) 多见于55岁以上的老年男性。

(2) 渐进性排尿困难。尿频，夜间为甚。伴尿线变细、尿流缓慢、射程缩短、排尿费力、排尿时间延长，并逐渐出现尿流中断和尿后余沥。

(3) 肛门直肠指诊前列腺增大、中央沟变浅或消失、表面光滑、中等硬度而具有弹性。

（二）辅助检查

B超检查可显示增生的前列腺，并可测定残余尿量。膀胱镜检查、膀胱造影等对诊断本病亦有帮助。

笔记栏

【鉴别诊断】

1. 前列腺癌 两者同为男性老年病，且在前列腺增生的病例中有10%～25%患者可发前列腺癌。但前列腺癌患者直肠指检前列腺多不对称，表面不光滑，可触及不规则、无弹性的硬结。晚期可出现骨盆疼痛等骨转移症状。前列腺特异抗原（PSA，特别是复合PSA）增高，前列腺酸性磷酸酶增高。B超定位引导下前列腺穿刺可确诊。

2. 前列腺结核 前列腺可稍增大，较硬，呈结节状。一般有泌尿生殖系结核病史和体征。

3. 前列腺结石 直肠指诊可扪及正常或增大的前列腺，质硬，边界清楚，较大的结石可扪及摩擦感。骨盆区X线平片可见耻骨联合区的一侧或双侧有阳性结石影。

4. 神经源性膀胱功能障碍 也有排尿困难等类似下尿路梗阻症状。但前列腺一般不大，多有神经系统的病变或糖尿病、脑血管病等，肛门括约肌松弛，收缩能力减弱或消失，阴茎海绵体反射消失。通过膀胱测压试验或尿流率检查可协助诊断。

【治疗】

中医治疗以通为用，温肾益气，活血利尿是其基本的治疗法则。出现并发症时应采用中西医综合疗法。

（一）内治法

1. 脾肾气虚证

证候 尿频，尿线细，滴沥不畅，点滴不尽，排尿无力，甚或尿闭不通或夜间遗尿；神疲乏力，纳谷不香，面色无华，腰膝酸软无力，或有便溏脱肛。舌淡苔白，脉细无力。

治法 补脾益气，温肾利尿。

主方 补中益气汤（《东垣十书》）加菟丝子、肉苁蓉、补骨脂、车前子等。

成药 补中益气丸，每服6 g，每日2次。

2. 气滞血瘀证

证候 小便不畅，尿线变细或点滴而下，或尿道涩痛，闭塞不通，或会阴、小腹胀满隐痛，偶有血尿或血精。舌质黯或有瘀点瘀斑，苔白或薄黄，脉弦或涩。

治法 活血化瘀，通关利水。

主方 代抵当汤（《证治准绳》）加瞿麦、萹蓄。或沉香散加减。

伴血尿者，酌加大蓟、小蓟、三七；瘀甚者，可加穿山甲、蜣螂虫。

成药 癃闭舒胶囊，每服3粒，每日2次。

3. 湿热下注证

证候 小便频数黄赤，尿道灼热或涩痛，排尿不畅甚或点滴不通，小腹胀满；发热，口苦口渴不欲饮，大便秘结。舌暗红，苔黄腻，脉滑数或弦数。

治法 清热利湿，消癃通闭。

主方 八正散（《太平惠民和剂局方》）加减。

成药 八正胶囊，每服4粒，每日3次。

4. 肾阴亏虚证

证候 小便频数不爽，淋漓不尽；伴有头晕目眩，腰酸膝软，失眠多梦，咽干。舌红苔黄，脉细数。

治法 滋肾养阴。

主方 知柏地黄汤（《医宗金鉴》）加味。

成药 知柏地黄丸，每服6 g，每日2次。

5. 肾阳不足证

证候 小便频数，夜间尤甚，尿线变细，余沥不尽，尿程缩短，点滴不爽，甚则尿闭不通；精神萎靡，面色无华，畏寒肢冷。舌质淡润，苔薄白，脉沉细。

治法 温补肾阳，通窍利尿。

主方 济生肾气丸（《济生方》）加减。

笔记栏

成药　济生肾气丸,每服 6 g,每日 2 次。

(二) 外治法

用于小便不通时急则治其标,如未见效则应导尿。

1. 脐疗法　小便不通可用麝香适量填脐中,再以葱白捣烂敷脐上,外用胶布固定;或食盐 250 g,炒热、布包熨小腹部;或取独头蒜 1 个、生栀子 3 枚、盐少许,捣烂如泥敷脐部。

2. 取嚏或探吐法　用消毒棉签刺激鼻腔取嚏,或以皂角粉适量吹鼻取嚏,或用消毒棉签刺激咽喉探吐,使上窍开则下窍自通。

(三) 其他疗法

1. 西药治疗

(1) 5α 还原酶抑制剂:非那雄胺(保列治),每次 5 mg,每日 1 次;爱普列特,每次 10 mg,每日 1 次。

(2) α 受体阻滞剂:盐酸特拉唑嗪,每次 5 mg,每日 1 次;盐酸坦索罗辛,0.2 mg,睡前口服,每日 1 次。

(3) 生长因子抑制剂:太得恩(通尿灵),每次 50 mg,每日 2 次,饭前服,6 周为 1 个疗程。

(4) 花粉制剂:普适泰片,每次 1 片,每日 2 次;前列康片,每次 4 片,每日 3 次。

2. 手术疗法

(1) 手术适应证:① 残余尿在 60 mL 以上者。② 因梗阻诱发膀胱憩室、结石、肾及输尿管积水者。③ 由于梗阻引起慢性或反复发作的泌尿系感染者。④ 急性尿潴留或反复出现尿潴留,经非手术治疗无效或导尿失败者。

(2) 手术方法:经尿道前列腺电切术、耻骨上经膀胱前列腺摘除术、耻骨后前列腺摘除术、经会阴前列腺摘除术、经尿道前列腺气化切除术等。

3. 针灸疗法　对尿潴留患者可针刺中极、归来、三阴交、膀胱俞、足三里等穴;灸气海、关元、水道等穴。

4. 物理疗法　如微波、射频、激光等。

【预防与护理】

(1) 有前列腺增生病史者,要注意及时排尿,勿长时间憋尿,避免膀胱过度充盈。

(2) 不要过度劳累,慎起居,避风寒,忌饮酒、喝浓茶及食辛辣刺激食物。

(3) 保持大便通畅,保持阴部清洁卫生。

(4) 长期留置导尿管者应定期更换尿管,冲洗膀胱,防止感染。

第八节　男性不育症

育龄夫妇同居 1 年以上,性生活正常,未采取避孕措施,女方有受孕能力,由于男方的原因而致女方未能受孕或虽能受孕但不能怀胎、分娩者,称男性不育症。“不育”之词最早见于《周易》“妇孕不育”。《内经》称不育症为“无子”,提出:“男子七八精少,八八天癸绝而无子。”《神农本草经》称不育症为“无子”、“绝育”,并介绍了有关的治疗药物。随着男科学的发展,中医学与西医学渐趋结合,同称“男性不育症”。既往统计已婚夫妇不育者占 10%～15%,其中 50%～60%为女方原因,20%～25%是男方原因,20%～25%为男女双方的原因。但近年来我国男性不育患者正呈逐年增长的趋势。故对不育患者来讲,男女双方均应去医院检查,尽早找出病因,及时进行治疗。

笔记栏

【病因病机】

不育的原因很多,《广嗣纪要·择配篇》有“天、漏、犍、怯、变”五不男说。清代《辨证录》有“精寒、气衰、痰多、相火盛、精稀少、气郁”六病说。不育症的发生大多因精少、精弱、精清、精寒、精薄、精热、精稠、精瘀、死精、无精、阳痿、滑精及不射精等引起,与肾、心、肝、脾多脏尤其是肾脏关系密切。

1. 肾气虚弱 禀赋不足,肾气虚弱,命门火衰,则阳痿不举或举而不坚,甚至阳气内虚,无力射精;房劳伤肾,病久伤阴,精血耗散,则精少精清;元阴不足,阴虚火旺,相火偏亢,则遗精盗汗,精热黏稠不育。

2. 肝郁气滞 郁怒伤肝,肝气郁结,疏泄无权,宗筋痿而不举;气郁化火,肝火亢盛,灼伤肾水,肝木失养,宗筋拘急,精道被阻,亦可导致本病。

3. 湿热下注 素嗜肥甘滋腻、辛辣炙煿之品,损伤脾胃。脾失健运,痰湿内生,郁久化热,湿热蕴积下焦,阻遏命门之火,致阳痿遗精、早泄;或外感湿热,下注精窍,死精败血瘀阻精关,窍道滞塞不通,射精不能而成不育。

4. 气血两虚 思虑过度、劳倦伤心,心气不足,心血亏耗;大病久病,元气大伤,气血两虚,血虚不能化生精液,而精少精弱、阳事不兴,引起不育。

现代医学认为男性不育的病因是多方面的,对不育症患者来讲,可能是多种因素的综合作用。任何阻碍精子产生、储存、获能、输送及精卵结合的因素均有可能引起不育。

【临床表现】

不育症患者的临床表现因原发病而异,有的无任何明显症状,有的或轻或重具有一些以下症状。

(1) 精神抑郁、闷闷不乐,记忆力减退、头昏耳鸣,潮热心烦、失眠多梦,反应迟钝等神经精神症状。

(2) 性欲淡漠、遗精、早泄、滑精、阳痿、不射精等性功能减退症状。

(3) 尿频、尿急,尿黄短少,夜尿多,余沥不爽等泌尿系症状。

(4) 饮食减少或腹胀、腹泻等消化系症状。

(5) 睾丸结核、附睾炎,睾丸炎、精囊炎、前列腺炎、鞘膜积液、隐睾症、精索静脉曲张、先天性输精管或精囊阙如等生殖系统疾病。

(6) 第二性征发育差,上半身与下半身比值大于1,腋窝、耻骨处、面部、体毛稀少,缺乏正常男子毛发分布,男子女性化等发育异常症状。

【诊断】

(一) 诊断要点

男性不育症的诊断包括疾病的诊断和病因的诊断。疾病的诊断根据育龄夫妇同居1年以上,性生活正常,未采取避孕措施,女方有受孕能力,由于男方的原因而致女方未能受孕即可确立。而病因的诊断则要复杂得多,一般应从以下几方面进行。

1. 详细了解病史

(1) 职业:有无与放射线接触史、与有毒物品接触史及高温作业史等。

(2) 既往史和个人生活史:有无腮腺炎并发睾丸炎病史,有无隐睾、结核、附睾炎、睾丸炎、前列腺炎、生殖器损伤或手术史,有无其他慢性病及长期服药情况,是否经常食用棉籽油,有无饮酒、嗜酒习惯等。过去精液检查情况是否正常。

(3) 性生活情况:性功能有无异常,性交时间,频度以及能否射精等。

(4) 婚姻史:婚龄、时间,有无前婚史,前配偶有无妊娠、流产和曾生育过子女,避孕情况等。

(5) 配偶健康情况:现配偶有无前婚史、曾否怀孕过,各种妇科检查结果如何,如子宫内膜活检、输卵管通气、通液或造影以及基础体温测定、B超检查等。

2. 全面的体格检查

(1) 全身检查:如体型、发育营养状况、血压、胡须、腋毛、阴毛分布、乳房发育等情况。

(2) 外生殖器检查:阴茎的发育、尿道开口位置、睾丸位置、大小、质地、有无肿物及压痛等。我国成年男性正常睾丸容积一般为15～25 mL,若＜11 mL则提示有生精障碍。附睾、输精管有无结节、压痛或阙如,精索静脉有无曲张。

(3) 前列腺和精囊触诊:肛门指诊触摸前列腺和精囊大小、硬度、有无结节及压痛,并作前列腺

笔记栏

液检测。

（二）辅助检查

1. 精液分析　检查前应禁欲5～7天，用手淫或体外射精法收集精液，15分钟内送检。正常值范围是：精液体积≥1.5 mL；精子总数一次射精≥39×10^6/mL；精子浓度≥15×10^6/mL；活力分前向运动(PR，%)、非前向运动(NP，%)、不动精子，前向运动精子(PR)≥32%，总运动精子(PR+NP，%)≥40%；精子存活率≥58%；精子正常形态≥4%；pH≥7.2；液化时间<60分钟。

2. 精液生化测定　① 精液果糖测定：正常人精液果糖含量为1.2～4.5 mg/mL，不育症患者精液果糖若低于1.2 mg/mL时，多提示无精子存在。② 精液前列腺素的测定：精液前列腺素E(PGE)含量正常值为33～70 μg/mL，不育症患者精液中PGE浓度均较正常为低，在11 μg/mL以下者约占41%。

3. 精子穿透宫颈黏液试验　方法较多，如Botella-Unsia试验、Ruiz-Velasco试验及Huhner试验等，以了解精子穿透宫颈黏液的能力。

4. 精子凝集试验　测定血清内精子凝集抗体以诊断是否为免疫性不育。常用明胶凝集试验、试管-玻片凝集试验及精子制动试验等来检测抗精子抗体。

5. 睾丸活组织检查　帮助鉴别阻塞性无精子症与睾丸生精功能障碍所致无精子症，并对估计预后和拟定治疗方案有一定的参考价值。

6. 输精管道的X线检查　体检未见异常，精液检查无精子或精子极少，睾丸活检显示生精功能存在，可行输精管、精囊造影以了解是否存在狭窄梗阻以及阻塞的部位、程度，病变的性质和范围。某些排精障碍患者如尿道和膀胱颈部无力、尿道嵴肥大、尿道嵴部先天性囊肿者，可有逆行射精，需用尿道造影帮助诊断。因输精管造影会给患者带来一定损伤，临证中宜取慎重态度。

【鉴别诊断】

首先应鉴别是女性不孕还是男性不育。因此，除男方应进行系统检查外，女方亦必须进行系统检查。在排除女方病因后，还应分清是生理性不育还是病理性不育，前者是指性交方法不当引起的不育，后者则指由各种疾病所致的不育。进而再分清是器质性不育还是功能性不育，器质性不育一般通过查体和遗传学检查可明确。睾丸实质的病变则应进行睾丸活检才能确诊。精液化验是男子不育症患者的常规检查，以此确诊各种精液异常所致的不育症。免疫学检查是鉴别是否免疫性不育的唯一方法。

【治疗】

古方多从肾论治，或补肾阴，或温肾阳。其实男性不育症证候类型颇多，宜多种法则辨证运用，绝无一方一药通治所有不育症而获显效者。

（一）内治法

1. 肾阳虚衰证

证候　腰酸腿软，疲乏无力，面色皖白或灰暗，性欲减退，阳痿早泄，小便清长，精子数少，活动力弱，或肾气虚弱无力送出精液。舌质淡，苔薄白，脉沉细。

治法　温补肾阳，益肾填精。

主方　羊睾丸汤(经验方)加减。

成药　金匮肾气丸，每服6 g，每日2次。

2. 肾阴不足证

证候　头晕耳鸣，浑身乏力，手足心热，遗精滑泄，精少精薄，精子活动力弱或精液黏稠不化。舌红少苔，脉沉细而稍数。

治法　滋补肾阴，清泻相火。

主方　知柏地黄汤(《医宗金鉴》)加减。

成药　知柏地黄丸，每服6 g，每日2次；六味地黄丸，每服6 g，每日2次；五子衍宗丸，每服6 g，

笔记栏

每日2次。

3. 肝郁气滞证

证候　精神抑郁,胸闷不舒,两胁胀痛,嗳气泛酸,不思饮食,性欲低下,阳痿不举或举而不坚,或性交时不能射精。舌质暗,苔薄,脉弦细。

治法　疏肝解郁,温肾助阳。

主方　柴胡疏肝散(《景岳全书》)加减。

成药　逍遥丸,每服6 g,每日2次。

4. 湿热下注证

证候　头晕身重,少腹急满,小便短赤,阳事不兴或阴茎勃起不坚,精子数少或死精子过多。舌苔薄黄,脉弦滑。

治法　清热利湿。

主方　萆薢分清饮(《医学心悟》)加减。

成药　萆薢分清丸,每服6 g,每日2次。

5. 气血两虚证

证候　身体虚弱,神疲力倦,面色萎黄,头昏目眩,性欲减退,阳事不兴或精子数少,成活率低,活动力弱。舌质淡苔薄白,脉沉细无力。

治法　双补气血。

主方　十全大补汤(《医学发明》)加减。

成药　十全大补丸,每服6 g,每日2次。

（二）其他疗法

1. 西药疗法

(1) 绒毛膜促性腺激素(HCG):适用于垂体功能减退(如矮小缺乏性成熟等);24小时尿17-酮类固醇减少;睾丸活检显示曲细精管不发育,基底膜增厚,含有许多不成熟生精细胞,间质水肿;精子化验数量减少,成活率低者。每次2 000单位,每周2次,肌内注射,3个月1个疗程。

(2) 睾酮:适用于24小时尿促性腺激素、17-酮类固醇、17-羟类固醇数值均在正常范围内,睾丸活检显示曲细精管正常,间质细胞正常的少精症。用法:① 小剂量用法,甲睾酮5～10 mg,每日2次,口服。也可与绒毛膜促性腺激素合用。② 大剂量用法,丙酸睾酮50 mg,每周3次肌内注射,12周为1个疗程,6个月内出现效果。

(3) 氯米芬:适用于特发性精子减少症,血中FSH水平正常者。对睾丸活检显示精子发育不全者疗效不佳。用法:每次50 mg,每日1次口服,1个月为1个疗程,停药半月开始下次疗程,共用3个疗程,每月作一次精液分析。大剂量使用该药,如出现视力模糊、闪烁感等副作用应立即停止用药。

(4) 精氨酸:是构成精子头部的主要成分,并能增强精子的活动能力。可用于少精、弱精症患者。用法:每次4 g,每日1次,溶于水口服;连续3个月。

(5) 维生素类:维生素A、维生素B、维生素C、维生素E可改善曲细精管产生精子的功能。用法:维生素A,每次2.5万单位,每日3次;维生素B_1,每次20 mg,每日3次;维生素E,每次50 mg,每日3次;维生素C,每次300 mg,每日3次口服;连续应用3～4个月。

(6) 硫酸锌糖浆:精液中含有微量元素锌,它是精子代谢的必需物质,能增加精子活力。用法:每次10 mL,每日3次,饭后服;一般服2个月后停药。

2. 对症疗法

(1) 精液不液化:① α淀粉酶50 mg,混入可可脂内,做成药栓,长3 cm,性交前5～10分钟置入阴道内。此药不改变精液的酸碱度,对精子也无其他害处。② 玻璃质酸酶1 500单位,每日1次肌内注射,20天为1个疗程。

(2) 死精症的治疗:如系前列腺炎和精囊炎所引起,应治疗前列腺炎、精囊炎。

(3) 不射精的治疗：① 性生活指导，对性交时不知阴茎要在阴道中滑动摩擦，或性交时心情紧张导致不射精的患者可收到事半功倍之效。② 盐酸麻黄碱，每次 25 mg，每日 3 次口服，能增强精道平滑肌的收缩射精。

(4) 免疫性不育症的治疗：① 有生殖道炎症者应予抗感染治疗。② 女方因阴道吸收精子而产生抗精子抗体者，使用避孕套性交持续半年。③ 男子自身存在抗精子抗体者，可用醋酸泼尼松片 5 mg，每日 3 次，连服 1 个月。

3. 针灸疗法　第一组选曲骨、三阴交，灸关元、中极；第二组选肾俞，灸命门、腰阳关。隔日 1 次，两组交替进行。针刺用补法，灸用隔姜灸，10 次为 1 个疗程，连续 3 个疗程。

4. 推拿疗法　患者侧卧不用枕头，舌抵上腭，意守丹田，双腿屈曲，用右手中指端逆时针方向旋转按摩会阴 100 次，继而仰卧，再用双手中指指端同时逆时针方向旋转按摩急脉(经穴名，位于髂前上棘与耻骨连线中点稍下方陷处)100 次。

5. 饮食疗法　男子不育症患者，宜经常吃些韭菜、韭菜子、核桃、山药、狗肉、麻雀、鱼、虾之类食品，以温肾助阳，调和脏腑，益气养血，滋肾填精。

(三) 手术疗法

1. 精索静脉高位结扎术　适应于因精索静脉曲张所致不育者。

2. 睾丸固定术　对隐睾患者应尽早施行睾丸固定术，一般不要超过 9 岁，双侧者宜在 6 岁前手术。

3. 梗阻病灶去除术　睾丸活检证实睾丸曲细精管生精功能正常，而精道 X 线造影发现某一段精道有梗阻者，可将梗阻病灶去除，把断端吻合恢复通道，如病变在附睾尾部，可手术切除尾部，行输精管附睾头吻合术。

【预防与护理】

(1) 及时进行青春期性卫生知识教育，对未婚和新婚青年进行婚前教育，科学地指导青年男女正确认识两性关系。

(2) 勿过量饮酒吸烟，少吃芹菜，不食棉籽油。

(3) 积极治疗有关疾病如病毒性腮腺炎、附睾炎、前列腺炎、精囊炎、精索静脉曲张等。

(4) 消除有害因素的影响，对接触放射线、有毒物品或高温环境而致不育者，宜脱离原环境。

(5) 性事要适度，利用女方排卵期间进行性交，并注意性交体位，可提高受孕机会。

第九节　勃起功能障碍

勃起功能障碍是指持续不能达到或维持充分的勃起以获得满意的性生活。按其程度分为轻、中、重三度。本病的临床特点是阴茎痿软，或举而不坚，不能插入阴道进行性交。中医文献又称阳痿，《景岳全书·阳痿》曰："凡男子阳痿不起，多由命门火衰，精气虚冷，或以七情劳倦，损伤生阳之气，多致此证；亦有湿热炽盛，以致宗筋弛缓，而为痿弱者。"按其病因分为心理性、器质性和混合性三大类。

【病因病机】

阳痿的发生与肝、肾、心、脾功能失调密切相关。年龄较小或体质强壮者，其病多与心肝相关，乃心神与情志之变；年龄较大或体质衰弱者，多与脾肾相关，为虚损之疾。然其理归结到一点，乃阳道不兴，功能失用之故。

1. 肝郁气滞　肝主疏泄又主筋，阴茎为宗筋所聚。情志不遂，忧郁不舒，肝郁气滞，失其调达，宗筋不用，发为本病。

2. 脾失健运　脾主思、主运化，为气血生化之源，思虑劳倦，暗耗心脾气血，饥饱失调，化源不足，气血不旺，不能下养玉茎，发为阳痿。

笔记栏

3. 湿热下注　外感湿热或过食辛辣肥甘厚味，酿生湿热，下注肝经，湿热灼伤宗筋，致宗筋弛纵不举而痿。

4. 肾虚失养　手淫频繁，房事过度，戕伐太过，精气耗损；或发育不全，先天肝肾不足，宗筋失于温养，致作强不能，渐成阳痿。

5. 惊恐伤肾　恐为肾志，恐则伤肾，惊则气下，猝受惊恐，太过伤肾，则阳道立痿，持久恐惧，则阳事不振，遂发本病。

【临床表现】

本病的主要临床表现是阴茎痿软，或举而不坚，不能插入阴道进行性交，或插入即软，不能完成性交。同时因原发病和证型的不同，可或轻或重地具有一些以下症状：或阴囊潮湿，舌苔黄腻，脉象弦数；或阴囊湿冷，少腹拘急，舌苔白，脉沉弦或沉迟；或腰膝酸冷，肢体畏寒，夜尿频作，小便清长，舌质淡，脉沉细迟；或五心烦热，潮热盗汗，舌质红，舌苔薄黄或剥脱，脉象细数。

【诊断】

(一) 诊断要点

(1) 阴茎痿软，不能勃起。

(2) 虽有勃起，但起而不坚不硬，不能插入阴道。

(3) 虽能勃起插入阴道，但插入即软，不能完成性交。

勃起功能障碍的诊断根据患者持续不能达到或维持充分的勃起以获得满意的性生活即可确立。复杂的是其病因的诊断和轻重程度的判断。这就需要详细询问病史，了解阳痿的病程、发病进展情况；既往有无精神创伤，是否患过糖尿病、动脉粥样硬化、高血压、高脂血症、慢性前列腺炎或精囊炎；是否施行过前列腺摘除术、绝育手术、下腹部手术；有无外伤史；服用过何种药物等。并进行全面的体格检查和专科检查，特别是乳房、神经系统、睾丸及外生殖器方面的检查，注意患者第二性征发育情况。并可让患者填写勃起功能国际问卷，然后根据评分情况判断是否阳痿及阳痿病情程度。

(二) 辅助检查

辅助检查包括夜间勃起功能测定、性激素水平测定、阴茎血压测定及盆腔血管同位素扫描、盆腔和阴部内动脉造影、阴茎血管活性药物试验、阴茎血管彩色超声检查、阴茎海绵体造影、神经系统检查、心理学检查等，以鉴别功能性或器质性阳痿。

【鉴别诊断】

1. 早泄　同房时阴茎能正常勃起插入阴道并射精。但插入即泄，或射精过早，妨碍了性生活的正常进行。

2. 假性阳痿　阴茎能正常勃起插入阴道进行性交，并很快达到高潮射精而获得快感，但因不能满足配偶而遭到非议，便自以为是阳痿而求治。这种情况不属阳痿。

【治疗】

年轻体壮者，病多在心肝，实证占多数，治以调和心肝为主；年老而体弱者，病多在脾肾，虚证或虚实夹杂证占多数，治以调补脾肾为先。阴茎之举，全靠血充，不论何因或病程新久，均可适当加入活血之品。同时，还要注意患者情志因素的变化，给予必要的性知识和医学知识的解释，正确运用心理疏导方法，配合各种方法治疗。

(一) 内治法

1. 肝气郁结证

证候　阴茎逐渐痿软，或阳痿突生；伴精神不畅，情志抑郁，胸胁胀满或窜痛，善太息，平素多疑善虑，纳食不香。舌淡或红，苔薄，脉弦或细弦。

治法　疏肝解郁。

主方　逍遥散(《太平惠民和剂局方》)加减。

成药 逍遥丸，每服 6 g，每日 2 次。

2. 心脾两虚证

证候 阴茎临房不举，或举而不坚不久；伴心悸不宁，精神不振，夜寐多梦，不思饮食，倦怠乏力，面色不华。舌质淡，苔薄白，脉细。

治法 补益心脾。

主方 归脾汤(《济生方》)加减。

成药 归脾丸，每服 6 g，每日 2 次。

3. 湿热下注证

证候 阳事不举，或阴茎易举而不坚；伴阴部潮湿臊臭，两腿酸重，体困乏力，大便不调，小便短赤。舌红，苔黄腻，脉滑数或沉滑。

治法 清热利湿。

主方 龙胆泻肝汤(《医方集解》)加减。

成药 龙胆泻肝丸，每服 9 g，每日 2 次。

4. 气滞血瘀证

证候 阴茎临举不坚，经久不愈，或服滋补反甚；伴精神抑郁，会阴胀感，睾丸刺痛，或少腹抽痛，肌肤粗糙失润。舌质紫黯，边有瘀点，脉沉涩。

治法 理气活血，化瘀通络。

主方 血府逐瘀汤(《医林改错》)加减。

成药 大黄䗪虫丸，每服 6 g，每日 2 次。

5. 心肾惊恐证

证候 阴茎不举，凡有性欲要求时则心悸怔忡；伴精神苦闷，胆怯多疑，失眠多梦，腰膝酸软无力。舌淡，苔薄白，脉弦细或细弱无力。

治法 宁神益肾。

主方 天王补心丹(《摄生秘剖》)加减。

成药 五子衍宗丸，每服 9 g，每日 2 次；杞菊地黄丸，每服 9 g，每日 2 次。

6. 肾阳亏虚证

证候 阳事不举，或举而不久，多由正常而逐渐不举，终至痿软不起；伴阴部冷凉，形寒肢冷，腰膝酸软，头晕耳鸣，面色㿠白或黧黑，精神萎靡。舌质淡，苔薄白，脉沉细。

治法 补肾壮阳。

主方 右归丸(《景岳全书》)加减。

成药 金匮肾气丸，每服 9 g，每日 2 次；龟龄集，每服 1 丸，每日 3 次；右归丸，每服 9 g，每日 2 次。

7. 肾阴亏虚证

证候 阳事不举，或举而不坚，多由正常而逐渐不举，终至痿软不起；伴腰膝酸软，眩晕耳鸣，失眠多梦，遗精，形体消瘦。舌红少津，脉细数。

治法 滋阴补肾。

主方 左归丸(《景岳全书》)加减。

成药 六味地黄丸，每服 9 g，每日 2 次；青娥丸，每服 9 g，每日 2 次。

(二) 外治法

(1) 露蜂房适量烧灰，于临卧时用水涂敷阴茎。

(2) 肾虚者，用蛇床子、韭菜子、淫羊藿、蜂房各等量，煎水候温浸泡阴茎，每晚 1 次，每次 15～20 分钟。

(3) 湿热者，用蛇床子、千里光、土茯苓、苦参、马鞭草适量，煎水候温浸洗阴茎，每晚 1 次，每次 10～15 分钟。

笔记栏

（三）其他疗法

1. 体针　选中极、关元、气海、肾俞、命门、三阴交、会阴、阳痿穴(肾俞穴上 2.5 寸、督脉向外开 1 寸处)等,每次用3～5 穴针刺,或加灸。

2. 耳针　选精宫、外生殖器、睾丸、内分泌等耳穴,留针 10～30 分钟,隔日 1 次或埋针 3～5 天。

3. 穴位注射　鹿茸精注射液 4 mL,注入气海、关元、中极、曲骨、足三里(双)各 0.5 mL、命门 1 mL,隔日 1 次。也可用维生素 B_1 50 mg 或丙酸睾酮 5 mg,轮流注射关元、中极、肾俞,隔 2～3 天 1 次。

【预防与护理】

(1) 畅情怀,调饮食,节房劳,适劳逸,勤锻炼,增强体质,提高抗病能力。

(2) 学习必要的性知识,正确对待性的自然生理功能,减轻对房事的焦虑心理,消除不必要的思想顾虑。

(3) 积极治疗全身性疾病和泌尿生殖系统疾病,慎用对性功能有抑制作用的药物。

(4) 早诊断、早治疗,切忌讳疾忌医,隐瞒病情,贻误治疗时机。

(5) 叮嘱女方要体贴、谅解男方,帮助男方树立战胜疾病的勇气。不可指责或轻视男方,使患者在谅解、温暖的气氛中增强信心,以有益于精神调养和疾病的康复。

（赖梅生）

笔记栏

第十一章 周围血管病

导 学

通过学习，掌握周围血管病的常见症状及体征；下肢深静脉血栓形成的概念与特点、病因病机、临床表现及内治法；血栓性浅静脉炎的病因病机、临床表现及内治法；下肢静脉曲张的概念与特点及其治疗；下肢静脉性溃疡的病因病机、临床表现及内外治法；脱疽的概念、特点与病因病机、临床表现、诊断及鉴别诊断、治疗；雷诺综合征的概念、临床表现、诊断及内外治法。了解上述各病症的预防与护理。

第一节 概 论

中医学称周围血管为经脉、脉络、脉管，故将周围血管疾病统称为“脉管病”，是指发生于心、脑、肾等脏器组织血管以外的血管疾病。可分为动脉病和静脉病，常见的动脉病包括血栓闭塞性脉管炎、动脉硬化性闭塞症、动脉栓塞、多发性大动脉炎、动脉瘤等，另外，还包括肢端动脉舒缩功能紊乱疾病，如雷诺综合征、红斑性肢痛症等；静脉病包括血栓性浅静脉炎、深静脉血栓形成、下肢慢性静脉功能不全等。

在我国，周围血管病是常见病、多发病，其总体发病率有继续上升的趋势。中医治疗周围血管病可以追溯到远古，此后历代都在不断发展。从1954年开始，以应用中医中药治疗血栓闭塞性脉管炎为开端，以病串证，同病异治，取得显著疗效，降低了该病的截肢率，进一步确立了中医在治疗周围血管病中的地位，突出显示了中医治疗周围血管病的优势。中医治疗周围血管病方法手段丰富，包括有内服、外敷、药熨、药浸、药浴、穴位封闭、中药静脉滴注以及清创换药、手术疗法等，临床具有辨病与辨证相结合、宏观辨证与微观辨证相结合、内治法与外治法相结合的鲜明特色。

一、病因病机

周围血管疾病的病因可分为内因与外因两大类。外因包括外感六淫、特殊毒邪（烟毒）、外伤等；内因包括情志内伤、饮食不节、房劳虚损等。

周围血管疾病病机特点是血瘀。瘀血形成是关键的病理改变，它既是诸种因素导致机体功能失调后产生的病理产物，又可作为致病因素去参与疾病发展过程。从邪正关系和疾病发展过程来看，周围血管疾病早期的病机是邪气致瘀，邪实而正不虚；中期是邪正相争、病情机转的阶段，如邪轻正盛，治疗正确、及时，则邪去病愈；如邪盛正虚，病情发展，则导致正气虚损，瘀阻伤正。因此，在血管病的早期多为因邪致瘀，瘀为新瘀而病急；后期多为因瘀致虚，瘀久伤正，瘀血多为陈旧之瘀。发病过程中尚有瘀久化热，从阴转阳等改变。

此外，周围血管疾病的病因病机尚有禀性不耐、遗传因素、冲任失调等，临证时亦要重视。

笔记栏

二、常见症状及体征

1. 疼痛 肢体疼痛是常见的症状，通常分为间歇性和持续性两类。

(1) 间歇性疼痛：血管疾病引起的间歇性疼痛有下列三种类型。

1) 间歇性跛行：慢性动脉阻塞或静脉功能不全时，步行时可以出现小腿疼痛，迫使患者止步，休息片刻后疼痛缓解。因此，称为"间歇性跛行"。疼痛程度不一，表现为沉重、乏力、胀痛、钝痛、痉挛痛或锐痛。从开始行走到出现疼痛的时间，称为跛行时间，其行程称为跛行距离。如行走速度恒定，跛行时间和距离愈短，提示血管阻塞的程度愈严重。

2) 体位性疼痛：肢体所处的体位与心脏平面的关系，可以影响血流状况，激发或缓解疼痛。动脉阻塞性疾病时，抬高患肢因供血减少而加重症状，伴有肢体远端皮肤苍白；患肢下垂则可增加血供而缓解疼痛，但浅静脉充盈延迟。相反，静脉疾病时，抬高患肢有利于静脉回流而减轻症状；患肢下垂则因加重瘀血而诱发或加重胀痛。

3) 温度差性疼痛：疼痛与环境温度相关。动脉阻塞性疾病时，热环境能舒张血管并促进组织代谢，减轻症状；如果热环境超过了血管舒张所能提供的血液循环，则疼痛加剧。血管痉挛性疾病，在热环境下血管舒张、疼痛减轻，寒冷刺激则使血管痉挛及疼痛加重；血管扩张性疾病则在热环境下症状加重。

(2) 持续性疼痛：严重的血管疾病，静息状态下仍有持续疼痛，又称静息痛。

1) 动脉性静息痛：无论急性或慢性动脉阻塞，都可因组织缺血及缺血性神经炎引起持续性疼痛。急性病变，如动脉栓塞可引起急骤而严重的持续性疼痛。由慢性动脉阻塞引起者，症状常于夜间加重，患者不能入睡，常取抱膝端坐体位，以求减轻症状。

2) 静脉性静息痛：急性主干静脉阻塞时，肢体远侧因严重瘀血而有持续性胀痛，伴有静脉回流障碍的其他表现，如肢体肿胀及静脉曲张等，抬高患肢可减轻症状。

3) 炎症及缺血坏死性静息痛：动脉、静脉或淋巴管的急性炎症，局部有持续性疼痛。由动脉阻塞造成组织缺血坏死，或静脉性溃疡周围炎，因激惹邻近的感觉神经引起持续性疼痛。由缺血性神经炎引起的持续性疼痛，常伴有间歇性剧痛及感觉异常。

2. 皮肤温度异常　皮肤温度与通过肢体的血流量相关，动脉阻塞性疾病时，血流量减少，皮温降低；静脉阻塞性疾病时，由于血液淤积，皮温高于正常；小动脉强烈痉挛致指(趾)冷感，过度舒张则感潮热。

3. 皮肤颜色异常　皮色呈苍白色或发绀，伴有皮温降低，提示动脉供血不足。皮色暗红，伴有皮温轻度升高，是静脉瘀血的征象。静脉瘀血，渗出于血管外的红细胞崩解造成色素沉着。

4. 感觉异常　周围血管疾病所发生的感觉异常除疼痛外还有潮热和寒冷、怠倦感、麻木、针刺或蚁行感等。

5. 肢体肿胀或萎缩　肢体肿胀多发生于下肢，静脉郁滞性肿胀一般为凹陷性水肿，以踝部与小腿最明显，通常不累及足。除浅静脉曲张外，常伴有小腿胀痛、色素沉着或足靴区溃疡等表现。抬高患肢，水肿可以明显减轻或完全消退。

肢体或趾(指)变细、瘦小、萎缩，均是由于局部动脉血液供应不足，长期缺乏必要的营养，加之由于疾病造成机体疼痛等限制患肢活动诸因素所造成。萎缩是慢性动脉功能不全的重要体征。

6. 溃疡和坏疽　动脉缺血性溃疡好发于肢体远侧，趾(指)端或足跟。溃疡边缘常呈锯齿状，底为灰白色肉芽组织，挤压时不易出血。由于溃疡底部及其周围神经纤维缺血，因而有剧烈疼痛。静脉性溃疡好发于足靴区，即小腿下 1/3，尤以内侧多见。初期溃疡浅，类圆形，单个或多个，以后可以较大且不规则。底部常为湿润的肉芽组织覆盖，易出血，周围有皮炎、水肿和色素沉着等，愈合缓慢且易复发。

肢体出现坏疽性病灶，提示动脉供血已不能满足静息时组织代谢的需要，以致发生不可逆转性变化。初为干性坏疽，继发感染后可转变为湿性坏疽。

笔记栏

三、辅助检查

血常规、血液流变、血脂、凝血功能检查、微循环检查、彩色超声多普勒、容积描计、节段血压测定、X 线平片及造影、放射性核素检查、核磁检查及计算机扫描血管三维成像(CTA)均对血管疾病的诊断有重要意义。临床检查时,应优先选择无损检查。由于技术的发展,彩超、核磁及 CTA 等在诊断水平上不断进步,有逐渐取代血管造影的趋势,但到目前为止,血管造影仍是周围血管疾病的主要诊断方法。

四、治疗

1. 内治　周围血管疾病虽然病因多端,但都离不开血瘀这个病机。因此,活血化瘀就成为周围血管疾病总的治则。应用活血化瘀这一总治则时,还必须结合寒热虚实的不同,针对每种疾病各个阶段的特殊性,进行辨证论治,灵活应用活血化瘀法,才能提高临床疗效。

(1) 理气活血化瘀法:适用于肝郁气滞血瘀证,凡周围血管疾病有气滞血瘀表现者均可应用,尤宜于病情随情志刺激而变化,或疾患使患者忧郁者。代表方剂如柴胡清肝汤、复元活血汤。

(2) 益气活血化瘀法:适用于气虚血瘀证,主要表现除有血瘀征象外,为病久并伴体倦、纳差、气短、心悸、舌淡苔白、脉虚弱无力等,常见于动脉狭窄、闭塞性疾病和深静脉血栓形成及血栓性深静脉炎的后期。代表方剂如补阳还五汤。

(3) 散寒活血化瘀法:即用温热的药物配合活血化瘀药物,解除寒凝,促使经脉舒通,血活瘀化,合乎"寒者热之"、"血得温则行"之义。代表方剂如当归四逆汤、阳和汤。

(4) 清热活血化瘀法:即用寒凉的药物配合活血化瘀药物,清解热邪,以使络宁血活瘀化,是"热者寒之"之义。代表方剂如四妙勇安汤。

(5) 祛湿活血化瘀法:即用燥湿或渗利的药物配合活血化瘀药物,以祛湿而通利气机,促使血活瘀化。代表方剂如二妙丸、参苓白术散。

(6) 补血活血化瘀法:即用补血的药物配合活血化瘀药物,以增血液而充盈脉道,促使血活瘀化。适用于血虚血瘀证,代表方剂如八珍汤、十全大补汤。

2. 外治　周围血管疾病的外治与其他外科疾病一样,可以根据病情选用熏洗、箍围、浸渍、热烘等外治法。

在周围血管疾病中,对坏疽的清创处理不同于其他外科疾病,必须顾及患肢的供血情况。清创必须在全身情况得到改善的条件下才能进行。在清创时要掌握以下原则:急性炎症期不做清创处理,炎症控制后适当清除坏死组织,在坏死组织的界限清楚后彻底清创。常用的清创方法有"鲸吞法"与"蚕食法"。所谓"鲸吞法",即在麻醉下将坏死组织自坏死组织与存活组织分界处进行消除。所谓"蚕食法",就是在换药时视其具体情况逐渐地将能清除的坏死组织清除。"蚕食"坏死组织时可应用化腐生肌中药,这些药物应用得当能起到祛腐生新的作用。

3. 手术、介入疗法　随着手术方式的不断改进、介入水平的不断提高,目前手术、介入疗法在临床上得到越来越广泛的应用。

第二节　下肢深静脉血栓形成

深静脉血栓形成是指血液在深静脉腔内不正常凝结,阻塞静脉腔,导致静脉回流障碍的疾病。全身主干静脉均可发病,尤其多见于下肢髂股静脉和股腘静脉。发于下肢者中医学称为股肿。其主要表现为肢体肿胀、疼痛、局部皮温升高和浅静脉怒张四大症状。肺栓塞是本病的严重并发症。

【病因病机】

本病多因血脉损伤、久卧伤气、气虚血瘀所致。

1. 血脉损伤　跌仆损伤、手术等可直接伤害人体,使局部气血凝滞,瘀血阻于脉络,脉络滞塞不通,营血回流受阻,水津外溢,聚而为湿,而发本病。

2. 久卧伤气　产后或因长期卧床,肢体气机不利,气滞血瘀于经脉之中,营血回流不畅,而发本病。清代《医宗金鉴》曰:"产后闪挫,瘀血作肿者,瘀血久滞于经络,忽发则木硬不红微热",较明确

笔记栏

地指出了本病的病因和发病特点。

3. 气虚血瘀　多因年老、肥胖、瘤岩等，致使患者气虚，气为血帅，气虚则无力推动营血运行，下肢又为血脉之末，气虚血瘀而致脉管阻塞，发为股肿。

西医学认为静脉损伤、血流缓慢和血液高凝状态是造成深静脉血栓形成的三大因素。

【临床表现】

下肢深静脉血栓形成发病部位不同，临床表现不一，可作如下分型。

1. 中央型　即髂-股静脉血栓形成。突然性、广泛性、单侧下肢粗肿是本病的临床特征。起病急骤，全下肢明显肿胀，患侧髂窝、股三角区有疼痛和压痛，浅静脉扩张，患肢皮温及体温均升高。左侧发病多于右侧。

2. 周围型　包括股静脉或小腿深静脉血栓形成。局限于股静脉的血栓形成，主要特征为大腿肿痛，由于髂-股静脉通畅，故下肢肿胀往往并不严重。局限在小腿部的深静脉血栓形成，临床特点为：突然出现小腿剧痛，患足不能着地踏平，小腿肿胀且有深压痛，行走时症状加重，休息或平卧后减轻，一般无全身表现。做踝关节过度背屈试验可致小腿剧痛[霍曼(Homans)征阳性]。

3. 混合型　即全下肢深静脉血栓形成。主要临床表现为：全下肢明显肿胀、剧痛，股三角区、腘窝、小腿肌层都可有压痛，常伴有体温升高和脉率加速(股白肿)。如病程继续进展，肢体极度肿胀，对下肢动脉造成压迫以及动脉痉挛，导致下肢动脉血供障碍，出现足背动脉和胫后动脉搏动消失，进而小腿和足背往往出现水疱，皮肤温度明显降低并呈青紫色(股青肿)，如不及时处理，可发生静脉性坏疽。

【诊断】

(一) 诊断要点

(1) 有手术、生产、外伤及长期卧床病史。常见于单侧下肢。

(2) 患肢疼痛，行走时加剧。

(3) 患肢肿胀，为可凹陷性。

(4) 皮肤温度升高或正常。

(5) 皮肤发白、暗红或青紫。

(6) 浅静脉扩张。

(二) 辅助检查

放射性核素检查、超声多普勒检查和体积描记仪检查，为无创性检查方法，有助于明确患肢血液回流和供血状况。静脉造影能显示静脉形态作出确定诊断。

【鉴别诊断】

1. 原发性下肢深静脉瓣膜功能不全　本病多发于成年人，多有从事较长期的站立性工作和重体力劳动者；发病隐匿，进展较缓慢，以双下肢同时发病为特征；患者双小腿水肿、沉重感，站立位肿胀明显，抬高患肢后则肿胀明显减轻或消失；后期可见较明显的浅静脉曲张及其并发症，如色素沉着、血栓性浅静脉炎、小腿溃疡等；应用肢体多普勒超声血流检测和深静脉血管造影，可明确诊断。

2. 淋巴水肿　发病缓慢，往往有数年以上病史，淋巴性肿胀并非指陷性，肿胀分布范围多自足背开始，逐渐向近心侧蔓延；皮肤和皮下组织增生变厚；逐渐形成典型的象皮肿，皮肤增厚、粗糙而呈“苔藓”状，色素沉着和溃疡形成者罕见，淋巴管造影可确诊。

【治疗】

本病一般采用中西医结合方法进行治疗。中医治疗早期多采用清热利湿、活血化瘀法，后期则重视健脾利湿、活血化瘀。

笔记栏

(一) 内治法

1. 湿热下注证

证候　发病较急，表现为下肢粗肿，局部发热、发红，疼痛，活动受限。舌质红，苔黄腻，脉弦滑。

治法　清热利湿,活血化瘀。

主方　四妙勇安汤(《验方新编》)加减。

成药　毛冬青片,每服 5 片,每日 3 次;或新消片,每服 5 片,每日 2 次。

2. 血脉瘀阻证

证候　下肢肿胀,皮色紫黯,固定性压痛,肢体青筋怒张。舌质黯或有瘀斑,苔白,脉弦。

治法　活血化瘀,通络止痛。

主方　活血通脉汤(经验方)加减。

成药　血府逐瘀胶囊,每服 6 粒,每日 2 次。

3. 气虚湿阻证

证候　表现为下肢肿胀日久,朝轻暮重,活动后加重,休息抬高下肢后减轻,皮色略暗,青筋迂曲;倦怠乏力。舌淡边有齿印,苔薄白,脉沉。

治法　益气健脾,祛湿通络。

主方　参苓白术散(《太平惠民和剂局方》)加减。

成药　参苓白术颗粒,开水冲服,每次 6 g,每日 3 次。

(二) 外治法

1. 急性期　芒硝 500 g、冰片 5 g,共研成粉状,装入纱布袋中,外敷患肢,每日 1 次。

2. 慢性期　活血止痛散煎汤熏洗患肢,每日 1 次,每次 30～60 分钟。

(三) 其他疗法

西医治疗深静脉血栓形成主张早期(72 小时内)手术取栓和溶栓及抗凝、祛聚、降黏、扩血管等疗法。对于急性肺栓塞和疼痛性股肿应采用中西医结合方法积极抢救。

【预防与护理】

(1) 饮食宜清淡,忌食油腻、肥甘、辛辣之品。严格戒烟,积极锻炼。

(2) 对高危患者(血液呈高凝状态)应服用活血化瘀中药或抗凝药物。

(3) 术后患者应慎用止血药物,按摩双下肢并尽早下床活动,以防本病发生。

(4) 患病 2 周内应卧床休息,略抬高患肢,以防栓子脱落引起并发症。

(5) 发病后期可使用弹力绷带或弹力袜,以压迫浅静脉,促进静脉血回流。

第三节　血栓性浅静脉炎

血栓性浅静脉炎是发生于肢体浅静脉的血栓性、炎性病变。临床表现以肢体浅静脉呈条索状突起、色赤、形如蚯蚓、硬而疼痛为特征。属于中医学“赤脉”“青蛇毒”“恶脉”“黄鳅痈”等范畴。葛洪《肘后备急方》载:“恶脉者,身中忽有赤络脉起如蚓状”。清代《医宗金鉴》中称:“此证生在小腿肚里侧,疼痛硬肿、长有数寸、形如泥鳅、其色微红,由肝脾二经湿热凝结而成。”

【病因病机】

本病多由湿热蕴结,寒湿凝滞,痰浊瘀阻,脾虚失运,外伤血脉等因素所致。

1. 湿热蕴结　饮食不节,恣食膏粱厚味、辛辣刺激之品,脾胃功能受损,水湿失运,火毒内生,湿热积毒下注脉中;或由寒湿凝于脉络,蕴久生热而成。

2. 肝气郁滞　情志抑郁,恚怒伤肝,肝失条达,疏泄不利,气郁日久,由气及血,脉络不畅,瘀血停积。

3. 外伤筋脉　长期站立、跌仆损伤、刀割针刺、外科手术等,均可致血脉受损,恶血留内,积滞不散,致生本病。

现代医学认为本病又称浅静脉血栓形成,病理特点是先有静脉损伤,后有血栓形成,常常发生

笔记栏

在四肢,也可以发生在胸壁。

【临床表现】

病变所发部位不同,其临床表现也有所差异:

1. 肢体血栓性浅静脉炎　受累静脉出现疼痛、红肿、灼热感,常可扪及结节或硬索状物,有明显压痛。当浅静脉炎累及周围组织时,可出现片状区域性炎块结节,则为浅静脉周围炎。患者可伴有低热。患处炎症消退后,局部可遗留色素沉着或无痛性纤维硬结,一般需1~3个月后才能消失。导管留置引起的化脓性浅静脉炎,可有明显的全身症状,并可导致败血症发生。

2. 胸腹壁浅静脉炎　多为单侧胸腹壁出现一条索状硬物,长10~20 cm,皮肤发红、轻度刺痛。肢体活动时,局部可有牵掣痛,用手按压条索两端,皮肤上可现一条凹陷的浅沟,炎症消退后遗留皮肤色素沉着。一般无全身表现。

3. 游走性血栓性浅静脉炎　多发于青壮年男子,以下肢多见,常常在一个区域内骤然出现条形或网状索状物,患处疼痛,局部有压痛,很少有全身反应。随着急性炎症消退,症状缓解,红肿充血逐渐被色素沉着所替代。发作具有间歇、游走和交替地在全身各处发病的特点。值得注意的是本病常与潜在性内脏肿瘤(尤其是肺、胰腺和生殖器官肿瘤)和血栓闭塞性脉管炎密切相关。

【诊断】

(一) 诊断要点

(1) 发于四肢,胸腹壁,沿静脉走行出现焮红、肿胀、疼痛。

(2) 检查时可扪及条索状物,有明显触痛。

(3) 多有局部静脉损伤史(包括穿刺、输液)。

(二) 辅助检查

血常规检查一般正常,少数可有白细胞计数增高,部分患者可出现血沉加快。多普勒超声检查结果可提示浅静脉血栓形成。

【鉴别诊断】

1. 结节性红斑　多见于女性,以春秋季节发病为多;皮肤结节多发生于两小腿伸侧,呈圆形、片状或斑块状,一般不溃烂;可有疼痛、发热、乏力、关节痛;血沉及免疫指标异常。

2. 结节性血管炎　多见于中年女性;皮损为皮下结节至较大的浸润块,多发于小腿和足跖部;结节多呈小圆形,表面红肿,后期可出现色素斑、点,结节可以破溃;病程较长,反复发作,肢端动脉搏动可减弱或消失。

【治疗】

本病早期以清热利湿为主,后期以活血散结为主。

(一) 内治法

1. 湿热蕴结证

证候　患肢肿胀、发热,皮肤发红、胀痛,喜冷恶热,或有条索状物;或微恶寒发热。舌红,苔黄腻或厚腻,脉滑数。

治法　清热利湿,解毒通络。

主方　清利通络汤(经验方)加减。

成药　活血解毒丸,每服6 g,每日2次;二妙丸,每服3 g,每日2次。

2. 脉络瘀阻证

证候　患肢疼痛、肿胀、皮色红紫,活动后则甚,小腿部挤压刺痛或酸痛,或见条索状物,按之柔韧或似弓弦。舌有瘀点、瘀斑,脉沉细或沉涩。

治法　活血化瘀,行气散结。

主方　活血通脉汤(经验方)加减。

成药　活血止痛胶囊,每服4粒,每日3次。

笔记栏

3. 肝气郁结证

证候　胸腹壁有条索状物，固定不移，刺痛，胀痛，或牵掣痛；伴胸闷、嗳气等。舌质淡红或有瘀点、瘀斑，苔薄，脉弦或弦涩。

治法　疏肝解郁，活血解毒。

主方　柴胡清肝汤(《外科正宗》)或复元活血汤(《医学发明》)加减。

成药　丹栀逍遥丸，每服 6 g，每日 2 次。

(二) 外治法

1. 初期　可用消炎软膏或金黄膏外敷，每日换药 1 次。局部红肿渐消，可选用拔毒膏贴敷。

2. 后期　可用熏洗疗法：当归尾 12 g、白芷 9 g、羌活 9 g、独活 9 g、桃仁 9 g、红花 12 g、海桐皮 9 g、威灵仙 12 g、生艾叶 15 g、生姜 60 g，水煎后熏洗。有活血通络，疏风散结之功。

(三) 其他疗法

可用抗生素治疗，少数病例可采取手术切除病灶及物理疗法。

【预防与护理】

(1) 发病后应注意休息，病情较重者应卧床并抬高患肢。

(2) 病变早期不宜久站、久坐。

(3) 忌食辛辣、油腻、鱼腥之品，戒烟。

第四节　下肢静脉曲张

下肢静脉曲张是指下肢浅静脉系统伸长、迂曲而呈曲张状态的疾病。临床以筋脉色紫、盘曲突起如蚯蚓状、形成团块为特征。中医学称曲张的静脉团块为筋瘤。《外科正宗》云："筋瘤者，坚而色紫，垒垒青筋，盘曲甚者结若蚯蚓。"

【病因病机】

由于长期站立工作，负重或妊娠，气血壅滞于下，筋脉扩张横解，交错盘曲而成；或因劳累后，血脉充盈，涉水淋雨，寒湿侵袭，筋挛血瘀而成。或因外伤筋脉，瘀血凝滞，阻滞筋脉络道而成。

西医学认为，下肢静脉曲张是由于静脉瓣膜缺陷、静脉瓣膜功能不全、静脉壁薄弱和静脉内压力持续升高所引起。

【临床表现】

好发于长久站立工作者或怀孕的妇女，多见于下肢的两小腿。

下肢静脉曲张以大隐静脉曲张为多见，单独的小隐静脉曲张较为少见；以左下肢多见，但双侧下肢可先后发病。临床表现为下肢浅静脉扩张、迂曲，下肢沉重、乏力感。可出现踝部轻度肿胀和足靴区皮肤营养性变化：皮肤色素沉着、皮炎、湿疹、皮下脂质硬化和溃疡形成(彩图 11－1)。

【诊断】

(一) 诊断要点

(1) 有长期站立及能够导致腹压增高的病史，多有下肢静脉曲张的家族病史。

(2) 下肢浅静脉迂曲扩张，下肢沉重、乏力感。

(3) 可出现踝部轻度肿胀和足靴区皮肤营养性变化。

(二) 辅助检查

超声多普勒检查显示大隐静脉瓣膜功能不全，或同时伴有深静脉瓣膜功能不全；静脉造影显示静脉血液倒流现象。

【鉴别诊断】

1. 下肢深静脉血栓形成后遗综合征　有深静脉血栓形成病史，浅静脉扩张伴有肢体明显肿胀。

笔记栏

如鉴别诊断仍有困难，应作双功彩色超声多普勒或下肢静脉造影检查。

2. 动静脉瘘 患肢皮肤温度升高，局部有时可扪及震颤或有血管杂音，浅静脉压力明显上升，静脉血的含氧量增高。

【治疗】

本病症状轻者，可用绑腿疗法或辨证论治，重症或有合并症者宜手术治疗。

（一）内治法

1. 劳倦伤气证

证候 久站久行或劳累时瘤体增大，下坠不适感加重；常伴气短乏力，脘腹坠胀，腰酸。舌淡，苔薄白，脉细缓无力。

治法 补中益气，活血舒筋。

主方 补中益气汤（《东垣十书》）加减。

成药 补中益气颗粒，每服 3 g，每日 3 次。

2. 寒湿凝筋证

证候 瘤色紫黯，喜暖，下肢轻度肿胀；伴形寒肢冷，口淡不渴，小便清长。舌淡暗，苔白腻，脉弦细。

治法 暖肝散寒，益气通脉。

主方 当归四逆汤（《伤寒论》）加减。

成药 济生肾气丸，每服 6 g，每日 2 次。

3. 外伤瘀滞证

证候 青筋盘曲，状如蚯蚓，表面色青紫，患肢肿胀疼痛。舌有瘀点，脉细涩。

治法 活血化瘀，和营消肿。

主方 活血散瘀汤（《外科正宗》）加减。

成药 舒筋活血片，每服 5 片，每日 3 次。

（二）外治法

患肢用弹力绷带包扎，长期使用有时能使瘤体缩小或停止发展。并发湿疹、臁疮者，参考有关章节。

（三）其他疗法

无手术禁忌证者，可行大隐或小隐静脉高位结扎和曲张静脉剥脱术。

【预防与护理】

（1）长期站立工作或分娩后，适当加强下肢锻炼，配合按摩等以促进气血流通，改善症状。

（2）患肢穿医用弹力袜或用弹力绷带，防止病情加重；并发湿疹者，积极治疗，避免搔抓感染。

第五节 下肢静脉性溃疡

下肢静脉性溃疡是继发于下肢慢性静脉功能不全而导致的小腿慢性溃疡。临床以小腿下部内外侧溃疡，经久难愈，愈后不久又溃为特征。中医学称为臁疮。《疡科心得集》说：“臁疮者，生于两臁，初起发肿，久而腐烂或津淫瘙痒，破而脓水淋漓……”

【病因病机】

本病多由禀赋不足、久站久立或担负重物，而致小腿筋脉横解，青筋显露，瘀停脉络，久而化热，或小腿皮肤破损染毒，湿热下注，酝酿成疮。

笔记栏

西医学认为下肢深、浅静脉瓣膜功能不全及交通支静脉功能不全引起相应静脉段的血液反流，引起或加重静脉高压，持续的静脉高压造成局部的营养障碍是引起静脉性溃疡的主要原因。

【临床表现】

本病多见于久立、久行者，常为筋瘤病的后期并发症之一(彩图 11－2)。

初起小腿肿胀、沉重感，局部青筋怒张，晨轻暮重，逐渐加重，并出现色素沉着、浅静脉炎、淤积性皮炎、湿疹等一系列静脉功能不全表现，继而在小腿下 1/3 处(足靴区)皮肤出现裂缝，自行破溃或抓破，糜烂、滋水淋漓，溃疡形成，当溃疡扩大到一定程度时，边缘趋稳定，周围红肿，或日久不愈，或经常复发。

后期疮口下陷，边缘突起如缸口，疮面灰白，滋水秽浊，继发感染则溃疡化脓，或并发出血。严重时，溃疡可扩大上至膝下至足背，深达骨膜。少数患者可因溃疡多年不愈，而导致癌变。

【诊断】

(一) 诊断要点

(1) 足靴区有慢性静脉功能不全表现。

(2) 溃疡发于小腿内外侧下 1/3 处(足靴区)。

(3) 溃疡边缘形如缸口，肉芽苍老、紫黯或苍白。

(4) 溃疡难愈，愈后易溃，反复发作。

(二) 辅助检查

病理检查除外结核及癌变。

【鉴别诊断】

1. 放射性溃疡　往往有明显的放射线损伤史；病变局限于放射部位；常由多个小溃疡融合成一片，周围皮肤变有色素沉着，或夹杂有小白点，损伤的皮肤或肌层明显僵硬，感觉减弱。

2. 结核性溃疡　常有其他部位结核病史；溃疡较深，呈潜行性，中央有干酪样坏死，边缘呈锯齿状，有败絮样脓水，疮周色紫，溃疡顽固，长期难愈。

3. 癌性溃疡　可为原发性皮肤癌，也可由臁疮经久不愈，恶变而来；溃疡状如火山，边缘卷起，不规则，触之觉硬，呈浅灰白色，基底表面易出血，病理检查可确诊。

【治疗】

中医学认为臁疮是本虚标实证，气虚血瘀为基本病机，益气活血，消除下肢瘀血是治疗的关键。

(一) 内治法

1. 湿热下注证

证候　小腿青筋怒张，局部发痒，红肿疼痛，继则破溃，滋水淋漓，疮面腐暗；伴口渴便秘尿赤。舌质红，苔黄腻，脉滑数。

治法　清热利湿，和营解毒。

主方　二妙丸(《丹溪心法》)合五神汤(《辨证录》)加减。

成药　四妙丸，每服 6 g，每日 2 次。

2. 气虚血瘀证

证候　病程日久，疮面苍白，肉芽色淡，周围皮色黑暗、板硬；肢体沉重，倦怠乏力。舌淡紫或有瘀斑，苔白，脉细涩无力。

治法　益气活血，祛瘀生新。

主方　补阳还五汤(《医林改错》)合四妙汤(《外科说约》)加减。

成药　当归补血丸，每服 9 g，每日 2 次。

(二) 外治法

疮面腐暗，渗液较多，宜用黄柏 30 g、蒲公英 30 g、苦参 30 g、五倍子 15 g、当归 15 g、牛膝 15 g 等，煎水温湿敷，每日 2 次。

腐肉已脱，疮面新鲜，外用生肌散换药，隔日 1 次。周围有湿疹者，用青黛散扑之。

笔记栏

中药外洗或中药换药后,无菌纱布覆盖疮面,再用弹力绷带包扎。

（三）其他疗法

局部控制感染,有手术适应证者可采用手术治疗。如大隐静脉高位结扎剥脱和曲张静脉切除术及交通支结扎术、静脉转流术、静脉瓣环缩术等。

【预防与护理】

(1) 忌食辛辣醇酒、荤腥发物。

(2) 患足宜抬高,忌长时间站立和走动。

(3) 疮口愈合后,宜经常使用弹力绷带,避免腿部皮肤损伤。

第六节　脱　疽

脱疽是指发于四肢末端,严重时趾(指)节坏疽脱落的一种慢性周围血管疾病,又称脱骨疽。其临床特点是好发于四肢末端,以下肢多见,初起患肢末端发凉、怕冷、苍白、麻木,可伴间歇性跛行,继则疼痛剧烈,日久患趾(指)坏死变黑,甚至趾(指)节脱落。好发于青壮年男子、老年人或糖尿病患者。《灵枢·痈疽》云:"发于足趾,名脱痈,其状赤黑,死之治;不赤黑,不死。治之不衰,急斩之,不则死矣。"相当于西医学的血栓闭塞性脉管炎、动脉硬化性闭塞症和糖尿病足等。

【病因病机】

脱疽是因脾气不健,肾阳不足,寒湿之邪侵袭,致瘀阻脉络,气血不畅,甚或痹阻不通而发病。脾肾阳气不足,不能温养四肢,复受寒湿之邪,则气血凝滞,经络不通,不通则痛;四肢气血不充,失于濡养,则皮肉枯槁。若寒邪久蕴,则郁而化热,湿热浸淫,则患趾(指)红肿溃脓,甚则坏疽脱落。热邪伤阴,阴血亏虚,则形体消瘦,疮面不愈。

【临床表现】

血栓闭塞性脉管炎又称 Buerger 病,首先侵袭四肢中小动静脉,以下肢多见,好发于男性青壮年。患者多有受冷、潮湿、嗜烟、外伤等病史。动脉硬化性闭塞症多发于老年人,常伴有高脂血症、高血压和动脉硬化病史,常累及大、中动脉;涉及腹主动脉及其远侧的主干动脉时,引起下肢慢性缺血的临床表现。糖尿病足伴有糖尿病病史,尿糖、血糖增高,可有大血管病变和微血管病变。根据疾病的发展过程,临床一般可分为三期。

一期(局部缺血期):患肢末端发凉、怕冷、麻木、酸痛,间歇性跛行,随着病情的加重,间歇性跛行越来越重。患足可出现轻度肌肉萎缩、皮肤干燥、皮色变灰、皮温稍低于健侧、足背动脉搏动减弱,部分患者小腿可出现游走性血栓性浅静脉炎。

二期(营养障碍期):患肢发凉、怕冷、麻木、酸胀疼痛,间歇性跛行加重,并出现静息痛,夜间痛甚,难以入寐,患者常抱膝而坐。患足肌肉明显萎缩,皮肤干燥,汗毛脱落,趾甲增厚,且生长缓慢,皮肤苍白或潮红或紫红,患侧足背动脉搏动消失。

三期(坏死期或坏疽期):二期症状进一步加重,足趾紫红肿胀,溃烂坏死,或足趾发黑、干瘪,呈干性坏疽。坏疽可先为一趾或数趾,逐渐向上发展,合并感染时,则红肿明显,患足剧烈疼痛,全身发热。经积极治疗,患足红肿可消退,坏疽局限,溃疡可愈合。若坏疽发展至足背以上,则红肿疼痛难以控制,病程日久,患者可出现疲乏无力、不欲饮食、口干、形体消瘦,甚则壮热神昏。

笔记栏

根据肢体坏死的范围,将坏疽分为三级:一级坏疽局限于足趾或手指部位,二级坏疽超越趾跖或指掌关节,三级坏疽发展至踝或腕关节及其上方。

本病发展缓慢,病程较长,常在寒冷季节加重,治愈后又可复发。

【诊断】

(一) 诊断要点

(1) 患肢出现不同程度的慢性缺血性症状。

(2) 患肢足背动脉或胫后动脉搏动减弱或消失。

(二) 辅助检查

肢体超声多普勒及动脉造影示受累动脉狭窄或闭塞。

结合发病年龄、伴随症状、病史及血脂、血糖等实验室检查,可明确脱疽的不同临床类型。

【鉴别诊断】

1. 三种脱疽的临床鉴别　见表 11－1。

表 11－1　三种脱疽的临床鉴别

项　目	血栓闭塞性脉管炎	动脉硬化性闭塞症	糖尿病足
发病年龄	20～45 岁	45 岁以上	45 岁以上
浅静脉炎	游走性	无	无
高血压	极少	大部分有	大部分有
冠心病	无	有	可有可无
血　脂	基本正常	升高	多数升高
血糖尿糖	正常	正常	血糖高、尿糖阳性
受累血管	中、小动静脉	大、中动脉	大、微血管

2. 雷诺综合征(肢端动脉痉挛症)　多见于青年女性;上肢较下肢多见,好发于双手;常因寒冷和精神刺激双手出现发凉苍白,继而发绀、潮红,最后恢复正常的三色变化(雷诺现象),指(趾)端溃疡少见,桡动脉(或足背动脉)搏动正常。

【治疗】

本病轻症可单用中、西药治疗,重症应中西医结合治疗。中医以辨证论治为主,但活血化瘀法贯穿始终。

(一) 内治法

1. 寒湿阻络证

证候　患趾(指)喜暖怕冷、麻木、酸胀疼痛,多走路则疼痛加剧,休息痛减,皮肤苍白,触之发凉,趺阳脉搏动减弱。舌淡,苔白腻,脉沉细。

治法　温阳散寒,活血通络。

主方　阳和汤(《外科全生集》)加减。

成药　阳和丸,每服 6 g,每日 2 次。

2. 血脉瘀阻证

证候　患趾(指)酸胀疼痛加重,夜难入寐,步履艰难,患趾(指)皮色暗红或紫黯,下垂更甚,皮肤发凉干燥,肌肉萎缩,趺阳脉搏动消失。舌黯红或有瘀斑,苔薄白,脉弦涩。

治法　活血化瘀,通络止痛。

主方　桃红四物汤(《医宗金鉴》)加减。

成药　脉管复康片,每服 8 片,每日 3 次。

3. 湿热毒盛证

证候　患肢剧痛,日轻夜重,局部肿胀,皮肤紫黯,浸淫蔓延,溃破腐烂,肉色不鲜;身热口干,便秘溲赤。舌红,苔黄腻,脉弦数。

治法　清热利湿,活血化瘀。

主方　四妙勇安汤(《验方新编》)加减。

笔记栏

成药　通塞脉片，每服 6 片，每日 3 次。

4. 热毒伤阴证

证候　皮肤干燥，毫毛脱落，趾(指)甲增厚变形，肌肉萎缩，趾(指)呈干性坏疽；口干欲饮，便秘溲赤。舌红，苔黄，脉弦细数。

治法　清热解毒，养阴活血。

主方　顾步汤(《外科真诠》)加减。

成药　通脉宝膏，每服 30 g，每日 2 次。

5. 气阴两虚证

证候　病程日久，坏死组织脱落后疮面久不愈合，肉芽暗红或淡而不鲜；倦怠乏力，口渴不欲饮，面色无华，形体消瘦，五心烦热。舌淡尖红，少苔，脉细无力。

治法　益气养阴。

主方　黄芪鳖甲煎(《医学入门》)加减。

成药　人参固本丸，每服 9 g，每日 2 次。

(二) 外治法

1. 未溃期　可选用冲和膏、红灵丹油膏外敷；亦可用当归 15 g、独活 30 g、桑枝 30 g、威灵仙 30 g，水煎取汁待温，浸泡患肢，每日 1 次；亦可用附子、干姜、吴茱萸各等份研末，蜜调，敷于患足涌泉穴，每日换药 1 次，如发生药疹即停用；亦可用红灵酒少许揉擦患肢足背、小腿，每次 20 分钟，每日 2 次。

2. 已溃　溃疡面积较小者，可用上述中药煎汤浸泡后，外敷生肌玉红膏；溃疡面积较大，坏死组织难以脱落者，可先用冰片锌氧油(冰片 2 g、氧化锌油 98 g)软化创面硬结痂皮，按疏松程度，依次清除坏死痂皮，先除软组织，后除腐骨，彻底的清创术必须待炎症完全消退后方可施行。

(三) 其他疗法

1. 手术治疗

(1) 坏死组织清除术：待坏死组织与健康组织分界清楚，近端炎症控制后，可行坏死组织清除术。

(2) 坏死组织切除缝合术：坏死组织与正常组织分界清楚，且近端炎症控制，血运改善，可取分界近端切口，行趾(指)切除缝合术或半足切除缝合术。

(3) 截肢术：当坏死延及足背及踝部，可行小腿截肢术，坏疽发展至踝以上者，可行股部截肢术。

(4) 植皮术：点状或邮票状植皮术适用于创面过大，难以自行愈合，但经治疗后血液循环改善，感染已被控制，肉芽新鲜者。

(5) 血运重建术：手术目的在于恢复肢体的血流，以改善肢体循环，恢复肢体功能，阻止组织坏疽发生或降低截肢平面。手术包括动脉内膜剥离术、动脉旁路手术、静脉动脉化等。

2. 介入治疗　是应用介入放射学手段治疗血管疾病的方法。其目的是使狭窄或闭塞的血管重新开放，以改善肢体血液循环，挽救肢体。常用的方法有经皮血管腔内成形术、经皮血管内支架置放术等。

3. 单方验方治疗

(1) 每日用毛冬青 100～200 g，煎水 400 mL，分 2 次口服。

(2) 复方丹参注射液 2～4 mL，肌内注射，每日 1～2 次；或复方丹参注射液 20 mL 加入 5%葡萄糖注射液 500 mL 中，静脉滴注，每日 1 次，2～4 周为 1 个疗程。

笔记栏

4. 病因治疗

(1) 动脉硬化性闭塞症：可应用降血压、降血脂药物。

(2) 糖尿病足：积极控制血糖，防治感染，促进肢体血液循环的恢复。

【预防与护理】

(1) 戒烟限酒，忌食辛辣炙煿之品。

(2) 冬季户外工作时，注意防寒，鞋袜宜宽大舒适保暖，每天用温水泡洗双足。

(3) 避免外伤。

(4) 患侧肢体运动锻炼，可促进患肢侧支循环形成。方法是，患者仰卧，抬高下肢 45°～60°1～2 分钟，然后两足下垂床沿 4～5 分钟，同时两足及足趾向下、上、内、外等方向运动 10 次，再将下肢平放 4～5 分钟，每日运动 3 次。坏疽感染时禁用。

第七节　雷诺综合征

雷诺综合征是指寒冷刺激或情绪波动时小动脉阵发性痉挛，受累部位出现苍白及发冷、青紫及疼痛、潮红后复原的典型症状的病症。传统上将单纯由血管痉挛引起，无潜在疾病的称为雷诺病，病程往往稳定；血管痉挛伴随其他系统疾病的称为雷诺现象，病程较为严重，可以发生指(趾)端坏疽，两者统称为雷诺综合征。本病属于中医学“手足厥冷”、“脉痹”范畴，《伤寒杂病论》中即有“手足厥冷，脉细欲绝者，当归四逆汤主之，若其人内有久寒者，加吴茱萸、生姜汤主之”。清代《医宗金鉴》记载：“脉痹，脉中血不和而色变也。”

【病因病机】

本病的发生多与脾肾阳虚，寒冷刺激，或情志变化，肝郁气滞有关。

1. 脾肾阳虚，寒冷外袭　素体阳虚，骤受寒冷，寒主收引，凝滞血脉，血运不畅，脉络不通，不通则痛；脾肾阳虚，不能温煦，故手足厥冷，肢体苍白或青紫。

2. 情志抑郁，肝气不舒　均可使肝主疏泄和藏血的功能失司，若疏泄不及，阳气不达四末，则肢端苍白；疏泄太过，血不归藏，瘀滞肢体，则见指端紫红、潮红；筋脉失养，则可见肢体麻木、疼痛。若气郁日久，郁而化热；或寒邪日久，从阳化热，热胜肉腐，故指端出现溃疡或坏疽。

西医学认为本病的病因尚未完全明确，可能与交感神经功能紊乱、免疫功能异常有关，另外，还可能与内分泌与遗传等因素有关。本病虽然常在感染、疲劳及月经期加重，但寒冷刺激和情绪激动是本病最主要的诱发因素。

【临床表现】

本病多发生于 20～40 岁的年轻女性，好发于手指，常为双侧性，偶可累及趾、面颊及外耳。典型症状是顺序出现苍白、青紫和潮红(彩图 11-3)。在疾病早期，多在寒冷季节发病，一次发作的延续时间为数分钟至几十分钟。随着病情进展，不仅发作频繁，症状持续时间延长，即使在气温较高的季节遇冷刺激也可发病，发作时，往往伴有极不舒适的麻木，但很少剧痛；间歇期，除手指皮温稍低外，无其他症状。指(趾)端溃疡少见，桡动脉(或足背动脉)搏动正常。

【诊断】

诊断要点

(1) 好发于女性，年龄多在 20～40 岁。

(2) 肢端皮肤有发作性、对称性及间歇性颜色变化。

(3) 寒冷刺激情绪紧张可诱发症状发作。

(4) 桡动脉、足背动脉搏动良好。

(5) 严重时指(趾)端并发浅表溃疡或坏疽。

(6) 冷水试验和握拳试验可诱发本病。

笔记栏

【鉴别诊断】

1. 手足发绀症　多见于年青女性，手足皮肤呈对称性均匀发绀，寒冷可使症状加重，此症常伴有皮肤划痕或手足多汗等自主神经功能紊乱现象;无周期性的皮肤颜色改变,情绪激动和精神紧张不诱发。

2. 网状青斑　是皮肤小动脉痉挛,毛细血管和静脉无张力性扩张引起的网状发绀斑纹。亦好发于女性,常见于下肢,寒冷或肢体下垂时青斑加重,伴有发冷、麻木和感觉异常,环境温度变暖或者抬高患肢后斑纹减轻和消失。

【治疗】

雷诺综合征,按症划分属中医学"手足厥冷"或"脉痹"范畴,若为气机不畅,脉道不利,宜用理气通脉法;若为寒凝于脉,阳气不达于脉,宜用温阳通脉法;病久留瘀,瘀血阻滞,治以活血通脉法;郁久化热,寒化为热,宜用养阴清热通脉法。

(一) 内治法

1. 阴寒证

证候　畏寒喜暖、肢端发凉、麻木疼痛,冷则肢端皮肤苍白、青紫、继转潮红,得温则缓解。舌淡紫,苔白润,脉沉紧。

治法　温经散寒,养血通脉。

主方　当归四逆汤(《伤寒论》)加减。

成药　阳和丸,每服 6 g,每日 2 次;毛冬青片,每服 5 片,每日 3 次。

2. 气滞证

证候　情绪激动或紧张即见肢端苍白、青紫、潮红,伴麻木胀痛;可有胸胁胀满、善太息、月经紊乱等症。舌淡红,苔薄白,脉弦。

治法　疏肝解郁,理气通脉。

主方　逍遥散(《太平惠民和剂局方》)加减。

成药　逍遥丸,每服 9 g,每日 2 次。

3. 血瘀证

证候　发作日久,除典型变色症状外,疼痛较甚,发绀时间延长,指(趾)变细,皮肤光薄,爪甲脆裂,指(趾)腹萎缩。舌黯或有瘀斑,苔薄白,脉细涩。

治法　活血化瘀,通络止痛。

主方　桃红四物汤(《医宗金鉴》)加减。

成药　血府逐瘀胶囊,每服 6 粒,每日 2 次。

4. 化热证

证候　病情日久,患指(趾)肿胀疼痛,皮色暗红,逐渐溃烂,形成小溃疡或浅表坏疽,疼痛加剧。舌红,苔黄腻,脉滑数。

治法　养阴清热,活血止痛。

主方　四妙勇安汤(《验方新编》)加减。

成药　毛冬青片,每服 5 片,每日 3 次。

(二) 外治法

1. 无溃疡及坏疽者　可选用温经散寒通络之品煎汤泡洗,每日 2 次。药物组成:桂枝 15 g、川乌 10 g、草乌 10 g、苏木 15 g、川椒 10 g、透骨草 20 g、艾叶 10 g。

2. 红肿或有溃疡者　可选用清热解毒消肿之品外洗。药物组成:金银花 20 g、地丁 15 g、蒲公英 15 g、马齿苋 15 g、虎杖 10 g、红藤 10 g、五倍子 15 g。

3. 溃疡日久不愈,无明显红肿流脓者　可外用生肌玉红膏或生肌散,每日换药 1 次。

笔记栏

(三) 其他疗法

(1) 保守治疗:一般以交感神经阻滞剂和直接扩张血管药物为主。如胍乙啶、妥拉唑林、利血平、前列腺素 E_1 等。

(2) 药物治疗无效,有手术适应证者可行交感神经节切除术或交感神经末梢切除术。

【预防与护理】

(1) 注意肢体保暖防寒。

(2) 调节情志,避免剧烈的情绪波动和精神紧张,保持乐观心态。

(3) 戒烟,避免外伤。

(4) 有自身免疫性疾病或其他系统性疾病,应同时进行治疗。

(陈　岩)

笔记栏

第十二章　甲状腺病

导学

通过学习，掌握甲状腺病的病因病机及甲状腺的检查方法；熟悉单纯性甲状腺肿、甲状腺炎、甲状腺腺瘤、甲状腺癌等常见病的诊断及辨证治疗；了解常见甲状腺病的鉴别诊断及手术适应证。

第一节　概　论

一、概念

甲状腺分左、右两叶，位于甲状软骨下方、气管的两旁，中间以峡部相连。甲状腺有合成、贮存和分泌甲状腺素的功能，其功能活动是与人体各器官、各系统的活动及外部环境相互联系、相互影响的，并受大脑皮质—下丘脑—垂体前叶系统的控制和调节。

中医学对甲状腺是从颈部经络与脏腑的络属关系进行认识与了解的。任脉起于胞中，下出会阴，经阴阜，沿腹部正中线上行，过胸部颈部，至下唇内，环绕口唇，与督脉相合于龈交穴。督脉起于胞中，下出会阴，沿腰脊正中上脑贯顶，经头部正中线，达额部、鼻部、上唇，与任脉交于龈交。另一支脉从小腹直上贯脐，再向上贯心，至咽喉与冲脉之脉会合。又一支脉起于目内眦，上行到前额，于头顶左右交叉、入脑。可见，颈前为任脉所主，又与督脉相连。而任督两脉皆系于肝肾，且肝肾之经脉皆循喉咙。所以甲状腺与任、督、肝、肾经络皆有一定联系，且络通于肝、肾、心。

甲状腺疾病属中医学瘿病范畴。因在颈绕喉而生，状如璎珞，故名。其特征为颈前结喉两侧漫肿或肿块，皮色不变，逐渐长大，病程缠绵，或可出现肝旺心虚等证候。

瘿作为病名，首见于《山海经》。随之《神农本草经·中经》记有海藻主“瘿瘤气”。《说文解字》说：“瘿，颈瘤也，从病婴音。”宋代《三因极一病证方论·瘿瘤证治》分瘿病为五，即石瘿、肉瘿、筋瘿、血瘿、气瘿。嗣后《医学入门·瘿瘤》又增“瘿气”名。现临床一般以气瘿、肉瘿、石瘿、瘿痈为多见。

二、病因病机

甲状腺疾病是在致病因素的作用下，脏腑经络功能失调，气滞、血瘀、痰凝，结于颈部，而逐渐发病。

1. 气滞　情志不畅，肝失疏泄，气机升降失常，则形成气滞。气郁日久，积聚成形，或与外来或内生致病因素合邪为病，即可导致瘿病的发生，如单纯性甲状腺肿（气瘿）。

2. 血瘀　气为血之帅，气行则血行，气滞则血凝。气滞日久必致血瘀，形成肿块，如甲状腺癌（石瘿）。

3. 痰凝　肝气郁滞，横逆犯脾，脾失健运，痰湿内生，或因外邪所侵，体质虚弱等，多能使气机阻滞，津液积聚为痰，痰凝成核，如甲状腺腺瘤（肉瘿）。

笔记栏

4. 痰火郁结　肝郁肺热，风温风火客于肺卫，积热上壅，热毒灼津为痰，痰火凝聚，搏结而成，如急性化脓性甲状腺炎（瘿痈）。

5. 冲任失调　冲脉为总领诸经气血之要冲，能调节十二经气血，任脉主一身之阴经。冲任失调,肝木失养,肾阴不足,可引起心悸、烦热、多汗及月经不调等一系列相应症状发生。如继发性甲状腺功能亢进。

三、中医辨证治疗

中医药治疗甲状腺疾病,重在消散局部形积。盖有形之积已化,则症状皆除。而欲使形积消散,贵在解郁化痰、祛瘀软坚,且宜从阴证论治。

1. 理气解郁　结块漫肿软绵,或坚硬如石,发病与精神因素有关,或见急躁易怒,胸闷善太息,苔薄白,脉弦滑。用逍遥散加减(《太平惠民和剂局方》)。常用药物有柴胡、川楝子、延胡索、香附、青皮、陈皮、木香、八月扎、砂仁、枳壳、郁金等。

2. 活血祛瘀　肿块色紫坚硬,表面凸凹不平,推之不移,痛有定处,肌肤甲错,舌紫黯,有瘀点瘀斑,脉涩或沉细。用桃红四物汤加减(《医宗金鉴》)。常用药物有桃仁、红花、赤芍、丹参、三棱、莪术、泽兰、乳香、没药、土鳖虫、血竭等。

3. 化痰软坚　肿块按之坚实或有囊性感,患处不红不热,咽喉如有梅核堵塞,胸膈痞闷,女性患者常见月经不调,苔薄腻,脉滑。用海藻玉壶汤加减(《外科正宗》)。常用药物有海藻、昆布、夏枯草、海蛤壳、海浮石、生牡蛎、半夏、贝母、黄药子、山慈菇、白芥子等。

4. 清热化痰　颈部肿胀疼痛,伴有发热,舌红,苔黄,脉弦数。多属痰火郁结,用柴胡清肝汤加减(《外科正宗》)。常用药物有柴胡、夏枯草、栀子、象贝母、青皮、黄芩、海蛤粉、瓜蒌仁、天花粉、连翘等。

5. 调摄冲任　面色无华,腰酸肢冷,月经量少色淡,甚或闭经,舌淡,苔白,脉沉细。多属冲任不调、肾阳虚衰,用右归饮加减(《景岳全书》)。常用药物有熟地、仙茅、淫羊藿、杜仲、枸杞、菟丝子、肉桂、附子等。

四、西医检查与治疗

(一) 检查

1. 一般查体　嘱患者端坐,双手放于两膝,显露颈部并使患者头部略俯下,使颈前部肌肉和筋膜松弛。

(1) 视诊:检查者位于患者对面观察颈部,如两侧是否对称,有无肿块隆起,注意其位置、大小、形态,有无血管充盈等。

(2) 触诊:可位于患者对面也可站在患者后面,双手放于甲状腺部触摸。一般先触摸健康部位,然后触摸肿块部位,要注意肿块位置、大小、数目、硬度、光滑度、活动度、有否压痛、边界是否清晰,并检查肿块是否随吞咽动作上下移动。触诊时还要注意有无震颤,气管有无移位,颈部淋巴结是否肿大等。

(3) 听诊:甲状腺功能亢进时,局部可听到收缩期连续性血管杂音。颈部非甲状腺肿块,不随吞咽动作上下移动,常见的有炎性淋巴结肿大、先天性颈部囊状淋巴管瘤、腮腺混合瘤、恶性肿瘤颈部淋巴结转移灶等,应予以鉴别。

2. 辅助检查

(1) 同位素甲状腺扫描:若为热结节,多为功能性甲状腺瘤、结节性甲状腺肿、慢性甲状腺炎等良性病变;若为温结节,多见于结节性甲状腺肿、甲状腺瘤或慢性甲状腺炎等病变;若为冷结节,多见于甲状腺癌、甲状腺囊性病变、囊内出血、慢性淋巴细胞性甲状腺炎、甲状腺结核等。

(2) B超、CT检查:能明确肿物大小、与周围组织关系,但不能确定性质。

(3) 针吸细胞学检查:术前可明确诊断以决定手术方式。

(4) 甲状腺的形态实质的改变,可能同时存在不同程度的功能异常。临床可酌情进行基础代谢率测定。

(5) 甲状腺摄^{131}I率测定:正常甲状腺24小时内摄取人体总^{131}I量的30%～40%。若在2小时

笔记栏

内超过总量的25%，或在24小时内超过总量的50%，且吸^{131}I高峰提前出线，都表示有甲亢。

（6）血清T_3和T_4测定：甲亢时，血清T_3可高于正常4倍左右，而T_4仅为正常的2.5倍，因此T_3更为敏感。另外，测定游离T_3、T_4更能反映甲状腺的功能状态。

（二）治疗

1. 药物治疗 常见药物有碘制剂、甲状腺素、激素类、抗生素等。

2. 手术治疗 根据疾病的不同可分别行甲状腺腺瘤摘除术、甲状腺大部切除术、甲状腺全切加颈淋巴结清扫术等。

3. 放射性^{131}I治疗 甲状腺有高度浓聚^{131}I能力，^{131}I衰变时放出β和γ射线（其中99%为β射线），β射线在组织内的射程仅为2 mm，故电离作用仅限于甲状腺局部而不影响邻近组织。甲亢病人^{131}I在甲状腺内停留的有效半衰期平均为3～4天左右，因而可使部分甲状腺上皮组织遭到破坏，从而降低甲状腺功能达到治疗的目的。

第二节 单纯性甲状腺肿

单纯性甲状腺肿，是指以甲状腺肿大为主要临床表现而不伴有明显的甲状腺功能亢进或减退的甲状腺疾病。多是由于缺碘、致甲状腺肿物质或相关酶缺陷等原因所致的代偿性甲状腺肿大。根据发病流行情况又分为地方性甲状腺肿和散发性甲状腺肿。中医学称之为气瘿。《诸病源候论》说："气瘿之状，颈下皮宽，内结突起，膇膇然亦渐长大，气结所成也。"临床以甲状腺肿大，能随吞咽上下移动为特征。我国多山各省（如云贵高原）的居民患此病的较多。女性患者多见。

【病因病机】

本病多因感受山岚水气、情志不畅、肾气亏虚、外邪侵入，导致气滞、痰凝，结于颈部而成。

1. 感受山岚水气 居住高山地区，感受山岚瘴气或久饮沙水，瘴气及沙水入于脉中，搏颈下而成，正如《诸病源候论·瘿候》说："诸山水黑土中出泉流者，不可久居，常食令人作瘿病，动气增患。"

2. 情志不畅 忧恚气结，情志内伤，肝气郁结，气滞则脾失健运，而不能运化水湿，以致痰湿内停，留结于结喉，积久聚而成形，乃成气瘿。

3. 肾气亏虚，外邪侵入 妇女经期、胎前产后、绝经期，以致肾气亏虚，水不涵木，肝旺气滞，且易为外邪乘虚侵入，亦能引起本病发生。

总之，居住地区水质过偏，情志内伤是本病的诱发因素，痰湿凝聚是本病的病机特点。

西医学认为本病的病因可分为三类：

（1）甲状腺激素原料（碘）的缺乏。

（2）甲状腺激素需要量的激增。

（3）甲状腺素生物合成和分泌的障碍。

【临床表现】

一般发生在青春期，在流行地区常发生于入学年龄时。多无全身症状。甲状腺可有不同程度的肿大，能随吞咽上下移动。早期，两侧呈对称的弥漫性肿大，腺体表面光滑，质地柔软（彩图12－1）。逐渐在肿大腺体的一侧或两侧扪及多个（或单个）结节，一般常存在多年，增长很慢，结节多数为实质性，也可有囊性变、钙化和纤维化，偶可发生癌变，甲状腺较大者可出现相应症状，如压迫气管造成呼吸困难，压迫喉返神经引起声嘶，胸骨后甲状腺肿尚可压迫上腔静脉造成颜面部青紫色浮肿，颈部和胸部表浅静脉扩张，亦可压迫食管引起吞咽不适感，但不会引起梗阻症状。

结节性甲状腺肿，可继发甲状腺功能亢进，也可发生恶变。

【诊断】

（一）诊断要点

（1）多见于女性患者，尤其在青春期、妊娠期、月经期及哺乳期。

笔记栏

(2) 甲状腺弥漫性肿大,质软,病期长者有结节。

(3) 无甲亢症状。

(二) 辅助检查

超声波探测可显示:对称,均匀性甲状腺增大,规则,或有囊肿。

【鉴别诊断】

1. 甲状腺腺瘤　甲状腺肿块多呈球状,边界清楚,质地柔韧。

2. 急性化脓性甲状腺炎　有急性发病史,甲状腺肿痛,质地较硬,伴发热、吞咽疼痛等全身症状。

【治疗】

本病是以甲状腺肿大,能随吞咽上下移动为主症的代偿性甲状腺肿大,发病与气滞、痰凝关系最为密切,故治疗以疏肝理气,化痰软坚为大法。

本病以内治为主,必要时手术治疗。

(一) 内治法

肝郁气滞证

证候　颈粗瘿肿,弥漫对称,肿胀边缘不清,皮色如常,质软无压痛,情绪紧张,月经期、妊娠期加重;伴胸闷不舒、胁痛腹胀、经来乳房胀病,少数疼痛。舌红,苔薄,脉弦。

治法　疏肝理气,软坚散结。

主方　四海舒郁丸(《疡医大全》)加减。

成药　复方夏枯草膏,每服 15 g,每日 2 次。

(二) 其他疗法

1. 针灸疗法

(1) 体针:取主穴曲池、阿是穴,配穴天突。肿大的甲状腺两侧选出对称点,即阿是穴,针刺 1～1.5 寸,有针感后退针,再刺曲池,隔日 1 次,15 次为 1 个疗程。

(2) 耳针:取内分泌区、甲状腺区,每日或隔日 1 次。

2. 手术治疗

(1) 适应证:① 较大结节性甲状腺肿,有明显压迫症状者。② 巨大甲状腺肿影响生活和工作者。③ 继发有甲状腺功能亢进症者。④ 疑为恶变者。⑤ 胸骨后甲状腺肿。

(2) 手术方法:可行双侧甲状腺次全切除术或病变严重一侧行腺叶切除术,病变较轻一侧行大部切除术。

【预防与护理】

(1) 在流行地区内,除改善水来源(如打深井)外,主要以食用碘化食盐(每公斤食盐加碘化钠或碘化钾 5～10 mg)作集体性预防,用至青春期过后。碘化食盐除有预防作用外,对患者也有一定治疗作用。

(2) 经常食用海带、紫菜等海产植物,尤其是儿童及青春期、妊娠期或哺乳期妇女。

(3) 平时保持心情舒畅,勿郁怒动气。

第三节　甲状腺腺瘤

甲状腺腺瘤是指发生于甲状腺的良性肿瘤。中医学称肉瘿。《外科正宗》说:“皮肉不变曰肉瘿”。临床以颈前无痛性肿块,质地柔韧,随吞咽动作上下移动,生长缓慢为特征。好发于青年及中年人,女多于男,约占甲状腺疾病的 60%,有恶变倾向,恶变率在 10%左右。

笔记栏

【病因病机】

本病多因情志不和,湿痰凝结而成。

由于情志抑郁,肝失调达,遂使肝旺气滞,肝旺乘土,脾失健运,饮食入胃,不能化生精微,形成湿痰内蕴。颈前乃属任脉所主,亦属督脉之分支,而任督之脉皆系于肝肾,因气郁湿痰内生,随经络而行,留注于结喉,气血为之堕滞,聚而成形,乃成肉瘿。

总之,情志不遂是本病的诱发因素,气滞、痰凝是本病病机特点。

西医学对本病的病因认识尚不清楚,有的学者认为,甲状腺腺瘤是由甲状腺内残存的胚胎细胞发展而形成。

【临床表现】

患者年龄多在30～40岁,以女性占多数。在结喉正中一侧或双侧有单个肿块,呈半圆形,表面光滑,可随吞咽动作上下移动,按之不痛,生长缓慢,一般无明显全身症状(彩图12－2)。有些患者可发生肿物突然增大,并出现局部疼痛,是因腺瘤囊内出血所致。巨大腺瘤可压迫气管移位,但很少发生呼吸困难和声带麻痹。部分患者可伴有急躁、心悸、易汗、脉数、月经不调、手部震颤等;或出现能食善饥、体重减轻、形体消瘦、神疲乏力、脱发、便溏等甲状腺功能亢进征象。少数患者可发生癌变。

【诊断】

(一)诊断要点

(1) 好发于30～40岁女性。

(2) 甲状腺内的单发结节质地柔韧,随吞咽上下活动。

(3) 部分患者可伴甲亢症状。

(二)辅助检查

(1) B超检查一般显示圆形或椭圆形肿物,边界清楚,实性者内回声高于正常甲状腺,呈均匀性强回声光团伴有囊变时,则呈不均匀回声或无回声。

(2) 同位素^{131}I扫描多显示温结节,囊肿多为凉结节,伴甲亢者多为热结节。

【鉴别诊断】

1. 甲状舌骨囊肿　肿块位于颈部正中,位置较低常在胸锁关节上方,一般不随吞咽动作上下移动,但随伸舌动作上下移动。

2. 甲状腺癌　可发生于任何年龄。早期多为单发结节,病史短,病程进展快,结节生长快、硬、表面不光滑,短期内可出现颈部淋巴结肿大,或邻近器官、组织受侵犯或压迫症状,如声嘶、呼吸或吞咽困难等。肿物移动度小,甲状腺扫描为冷结节,穿刺抽吸细胞学检查能明确诊断。

【治疗】

本病是以颈前无痛性肿块,质地柔韧,随吞咽动作上下移动为主症的甲状腺良性肿瘤。发病与气滞、痰凝关系最为密切,且久则气阴损伤,故治疗以理气解郁、化痰软坚、益气养阴为大法。

本病外治可用温经活血、散寒化痰之品外敷,但最主要的方法是手术治疗。

(一)内治法

1. 气滞痰凝证

证候　结喉正中附近单个瘿肿,圆形或卵圆形,随吞咽上下移动。舌淡红,苔薄白,脉弦。

治法　理气解郁,化痰软坚。

主方　逍遥散(《太平惠民和剂局方》)合海藻玉壶汤(《外科正宗》)加减。

成药　消瘿丸,每服3 g,每日3次。

2. 气阴两虚证

证候　颈部肿块柔韧,随吞咽动作上下移动;常伴有急躁易怒、汗出心悸、失眠多梦、消谷善饥、形体消瘦、月经不调、手部震颤等。舌红,苔薄,脉弦数。

治法　益气养阴,软坚散结。

主方　生脉散(《内外伤辨惑论》)合海藻玉壶汤(《外科正宗》)加减。

笔记栏

成药　增液冲剂，每服 20 g，每日 3 次。

(二) 外治法

1. 药物外治　可采用敷贴法，选用阳和解凝膏掺黑退消或掺桂麝散、回阳玉龙膏、消核膏。

2. 手术疗法

(1) 适应证：应用中药治疗 3 个月后，如果肿块无明显缩小，或伴有甲状腺功能亢进，或肿块坚硬有癌变倾向。

(2) 手术方法：应行包括患侧腺瘤的甲状腺大部或部分(腺瘤小)切除术。

【预防与护理】

(1) 保持心情舒畅，避免情绪激动，减少郁怒。

(2) 平素可进食海带、海藻等。

第四节　急性化脓性甲状腺炎

急性化脓性甲状腺炎是一种甲状腺组织的急性化脓性疾病。临床以突发寒战、发热，甲状腺部位红、肿、热、痛为特征。一般继发于邻近器官炎症或菌血症。中医文献称之为“瘿痈”。

【病因病机】

本病多因肝胃郁热，或风湿、风火客于肺胃，热积湿壅，蕴聚化毒化火所致。

1. 肝胃郁热　情志不畅，肝气郁结，又素嗜辛辣、烟酒，致使肝胃郁热，火毒上壅，留注于结喉，局部经络阻塞，气血凝滞，而发本病。

2. 火毒炽盛　风湿、风火客于肺胃，热积湿壅，蕴聚化毒化火，火毒炽盛，热胜肉腐，肉腐成脓。

3. 正虚毒盛　失治、误治，火毒炽盛，邪毒内陷，气血耗伤，无力托毒。

总之，外感、饮食不节、情志内伤是本病的诱因，热毒炽盛、气血壅滞为本病病机。

【临床表现】

本病多发于成年人。发病急骤，患者有畏寒、发热、全身不适及恶心、呕吐等全身症状。甲状腺局部可出现红、肿、热、痛，吞咽和颈部伸展时疼痛加重，可波及耳和枕部，严重者可形成脓肿，脓液可侵入颈深部组织、纵隔、气管等，可见气促、声音嘶哑、咳嗽，甚至吞咽困难等。体格检查可见甲状腺肿大、压痛，脓肿形成后触诊有波动感，有时也仅有凹陷性水肿，周围组织水肿，可有肿大及压痛的淋巴结(彩图 12－3)。

【诊断】

(一) 诊断要点

(1) 有口腔或颈部化脓性感染史。

(2) 起病急骤，有发热、畏寒等全身症状。

(3) 甲状腺表面皮肤红、肿、热、痛，腺体肿胀，边缘不清，疼痛向耳、枕部放射，或者局部出现硬性肿块，压痛明显，病情进一步发展至脓肿形成时，局部触诊有波动感。

(二) 辅助检查

1. 血常规　白细胞计数升高，核左移。

2. 甲状腺功能　正常。

3. 细菌学检查　穿刺吸脓培养，有助于确定感染病菌。

4. B 超　可发现甲状腺单叶肿胀或脓肿形成。

【鉴别诊断】

1. 急性化脓性颈淋巴结炎　患者颈部淋巴结肿大，经常有上呼吸道感染史、扁桃体炎或口腔感染史肿大的淋巴结，局部红肿压痛，并伴有全身症状。颈淋巴结的部位多在颌下及胸锁乳突肌的前

笔记栏

后,肿块不随吞咽活动。

2. 亚急性非化脓性甲状腺炎　主要病因为病毒感染引起。常继发于流感或病毒性腮腺炎之后,起病较急,发热,甲状腺肿大、压痛。检查可见血沉增快,白细胞正常,服抗生素疗效不显著。

【治疗】

本病是以突发寒战,发热,甲状腺部位红、肿、热、痛为主症的甲状腺急性化脓性感染。发病与肝胃郁热,夹痰蕴结关系最为密切,故治疗以疏肝清热,化痰散结为基本治则。

外治早期宜箍毒消肿,脓肿成熟时及时切开排脓。

(一) 内治法

1. 风热痰凝证

证候　发病急速,突然寒战发热,颈前局部结块疼痛明显;伴恶寒发热、头痛、口渴、咽干。舌红,苔薄黄,脉浮数。

治法　疏风清热化痰。

主方　牛蒡解肌汤(《疡科心得集》)加减。

成药　穿心莲片,每服4片,每日4次。

2. 气滞痰凝证

证候　肿块坚实,轻度作胀,重按才感疼痛,其痛牵引耳后枕部,或有喉间梗塞感,痰多;一般无全身症状。舌红,苔黄腻,脉弦滑。

治法　疏肝理气,化痰散结。

主方　柴胡疏肝汤(《景岳全书》)加减。

成药　柴胡疏肝丸,每服10 g,每日2次。

(二) 外治法

(1) 初期宜用箍围药,如金黄散、四黄散、双柏散,水或蜜调制外敷,每日1～2次。

(2) 若成脓宜切开排脓,八二丹药线引流,金黄膏外敷。

(三) 其他疗法

对高热和中毒症状严重者,应配合抗生素,并适当补充液体。

【预防与护理】

(1) 患病后宜食清淡的流质,如米汤、藕粉、豆浆、蛋汤、果汁等,尽量少食酸性和热性食物,忌食辛辣、海鲜等发物。

(2) 脓肿已成时,不要挤压,并及时有效地治疗,以防止扩散。

第五节　甲状腺癌

甲状腺癌是指发生于甲状腺腺体的恶性肿瘤。临床特点是结喉两侧结块,坚硬如石,高低不平,推之不移。中医文献称之为石瘿。《三因极一病证方论》说:"坚硬不可移者,名曰石瘿。"好发于40岁以上中年人。约占全身恶性肿瘤的1%。

【病因病机】

本病多因情志内伤、肝脾气逆、热毒伤津、阴液亏损,以致颈前气郁、痰湿、瘀血凝滞,郁久化热,热毒蕴结而发病。

笔记栏

1. 情志内伤,肝脾气逆　由于情志抑郁,反复的精神刺激等因素的影响,致使肝郁气滞,横逆犯脾,脾失健运,痰湿内生,气郁、痰湿、瘀血凝滞于颈前,则在颈前出现坚硬肿块。

2. 热盛伤津,阴液亏损　由于痰湿、气郁、痰血结聚,郁久而化热,热盛则伤津,阴液亏损,可使病情不断加重,绵绵不愈,故而出现颈前结块不断增大变硬,或溃破流血水,形倦体瘦,头晕目眩,腰膝酸软,声音嘶哑等症状。

总之,情志内伤,肝脾气逆是本病的主要诱发原因。气滞血瘀,痰湿凝聚,瘀热伤阴是本病的病机特点。

【临床表现】

多见于40岁以上患者,女多于男,或既往有甲状腺腺瘤病史。颈前多年存在的肿块,生长迅速,质地坚硬如石,表面凹凸不平,推之不移,并可出现吞咽时移动受限。可伴有疼痛,若颈丛神经浅支受侵,则耳、枕、肩部剧痛。若肿块压迫,引起喉头移位或侵犯喉部神经时,可引起呼吸或吞咽困难,甚或发生声音嘶哑。若侵蚀气管造成溃疡时,可有咳血。颈部静脉受压时,可发生颈部静脉怒张与面部浮肿(彩图12-4)。

甲状腺癌按病理表现可分为:

1. 乳头状腺癌　为最常见的甲状腺癌。多见于青年女性。此型生长缓慢,属低度恶性,转移多在颈部淋巴结。

2. 滤泡状腺癌　多见于中年人。此型发展较迅速,属中度恶性。主要转移途径是从血液到达肺和骨。

3. 未分化癌　多见于老年人。此型发展迅速,属高度恶性。发病早期即可发生局部淋巴结转移,或侵犯喉返神经、气管或食管,并常经血液转移至肺、骨等处。

4. 髓样癌　此型恶性程度中等。较早出现淋巴结转移,且可血行转移到肺。

【诊断】

(一) 诊断要点

(1) 甲状腺肿块质地坚硬,活动受限或固定不移,或合并有呼吸困难、吞咽不利等相应的压迫症状。

(2) 存在多年的甲状腺良性肿块,突然迅速增大变硬。

(二) 辅助检查

(1) 放射性同位素检查:甲状腺^{131}I扫描显示冷结节。

(2) 超声和CT检查:甲状腺肿物质地不均,内有钙化,边缘不整。

(3) 肿块局部针吸细胞学检查及病理切片检查可明确诊断。

【鉴别诊断】

1. 结节性甲状腺肿　多见于缺碘地区,病程较长,发展缓慢,初起为双侧甲状腺呈弥漫性肿大,随着年龄增长可发生多个大小不等的结节,表面光滑,质韧或较软,可随吞咽上下移动。除胸骨后甲状腺肿外,一般甚少发生压迫症状,可有局部坠重感。部分患者可合并甲亢,少数可发生癌变,病理切片是最重要的鉴别依据。

2. 甲状腺腺瘤　甲状腺肿物肿势局限,表面光滑,界限清楚,质地坚韧,推之活动,亦能随吞咽动作上下移动,生长缓慢,预后好。甲状腺同位素^{131}I扫描显示为温结节或凉结节。超声和CT检查显示肿物质地均匀,边缘光整,或为囊性。

【治疗】

本病发病与肝郁、血瘀、痰凝、热毒有密切关系,故治疗以疏肝解郁、活血散结、化痰软坚、解毒消肿为大法。有阴津受损者宜适当应用益养阴液的药物。由于甲状腺癌是恶性肿瘤,病情严重,临床治疗时,若为分化好的乳头状癌和滤泡癌,宜早期手术切除;若为未分化癌,则以放射治疗为主。手术后、放射治疗或化学治疗后,积极配合应用中药治疗,对预防癌瘤复发,减轻和消除放疗、化疗的副作用,提高机体抵抗力,延长患者寿命有很重要的作用,治疗宜以益气养阴、解毒散结为原则。

(一) 内治法

1. 痰凝毒聚证

证候　颈前肿块,发胀作痛,或为存在多年的甲状腺腺瘤突然迅速增大,质地变硬,表面凹凸不

笔记栏

平,吞咽时肿块上下移动受限,咳嗽痰多,胸闷或吞咽时局部发憋;小便黄,大便干结。舌质暗红,苔厚腻,脉弦滑。

治法　化痰软坚,解毒散结。

主方　海藻玉壶汤(《外科正宗》)加减。

成药　琥珀黑龙丹,每服 1 丸,每日 1 次。

2. 热毒蕴结证

证候　颈前肿块坚硬如石,灼热疼痛;咳吐黄痰,面部烘热,声音嘶哑,心烦急躁,多汗,口干口苦,小便黄赤,大便干结。舌质红,苔黄或少苔,脉弦数。

治法　清肝解郁,散结化毒。

主方　清肝芦荟丸(《外科正宗》)加减。

成药　小金丹,每服 0.6 g,每日 2 次。

3. 瘀热伤阴证

证候　晚期甲状腺癌,或溃破流血水,或颈部他处发现转移性结块;伴形倦体瘦,或声音嘶哑。舌紫黯,或见瘀斑,苔薄,脉沉或涩。

治法　和营养阴。

主方　通窍活血汤(《医林改错》)合养阴清肺汤(《重楼玉钥》)加减。

成药　六味地黄丸或二至丸,每服 6 g,每日 2 次。

(二) 外治法

可用阳和解凝膏掺阿魏粉敷贴。

(三) 其他疗法

1. 手术治疗

(1) 适应证:甲状腺癌属于乳头状癌、滤泡状癌、髓样癌三种类型者,一经确诊,均宜手术治疗。

(2) 手术方法

1) 乳头状癌:若癌肿尚局限在腺体内,颈部淋巴结无转移,可将患侧腺体,连同峡部全部切除,若已有淋巴结转移,则应同时彻底清除患侧的颈淋巴结。

2) 滤泡状癌:癌肿局限在腺体内,无颈部淋巴结转移时,可将患侧腺体,连同峡部全部切除。如已有颈部淋巴结转移,往往已有远处转移,对局部尚可以全部切除的腺癌,应将患侧和健侧的腺体全部切除,并彻底清除颈部的淋巴结。这样,一方面可防止由于原发癌的发展、增大而引起的压迫症状,另一方面可以试用放射性碘来治疗远处转移。

3) 髓样癌:切除患侧腺体,并彻底清除同侧的颈淋巴结。

2. 化学治疗　可用综合或姑息治疗。常用药物环磷酰胺及博来霉素等。

3. 内分泌治疗　常用药物是甲状腺素,每次口服 30～60 mg,每日 3 次,可以长期间歇服用。甲状腺素可抑制垂体前叶促甲状腺激素的分泌,从而对甲状腺组织的增生和癌瘤的发展有抑制作用。术后服用可预防本病的复发。治疗晚期甲状腺癌也有一定疗效,一般治疗乳头状癌、滤泡癌、髓样癌效果较好,治疗未分化癌效果甚差。

4. 放射治疗

(1) 放射线外照射:未分化癌有一定的放射敏感性,可采用镭或 X 线照射治疗,如合并有呼吸困难,应先行气管切开术。乳头状癌、滤泡癌和髓样癌一般不作放疗,但难以切除的残余癌、复发癌或骨转移癌,也可用放射线外照射。

(2) 放射性同位素碘治疗:主要用于治疗甲状腺癌远处转移者,由于滤泡癌吸碘稍多,故用以治疗滤泡癌转移效果较好。一般需先切除全部甲状腺,使转移癌增加吸碘能力,然后进行同位素放射治疗。

笔记栏

【预防与护理】

(1) 注意保持心情舒畅。

(2) 甲状腺腺瘤和结节性甲状腺肿若久治不愈，或突然增大变硬，均宜尽早手术切除，以免发生癌变。

(3) 采用放射治疗的患者，宜经常内服生地、沙参、玄参、麦冬、女贞子、旱莲草、夏枯草、太子参、茯苓等中药以养阴清热，平肝消肿，减轻或清除放射治疗的副作用。

（刘洪波）

笔记栏

第十三章　体 表 肿 瘤

导　学

通过学习，掌握中医学有关瘤、岩的概念以及病因病机、辨证治疗和常用药物，重点掌握神经纤维瘤（气瘤）、血管瘤（血瘤）、脂肪瘤（肉瘤）、皮脂腺囊肿（脂瘤）、失荣（颈部淋巴结转移癌或原发性恶性肿瘤）的概念、临床表现与诊断；熟悉中医治疗方法；了解其他疗法，鉴别诊断及手术疗法适应证。

第一节　概　　论

一、概念

肿瘤是机体中成熟的或正在发育的正常细胞在不同的有关因素的长期作用下，呈现过度增生或异常分化所形成的新生物。中医外科学中的“瘤”“岩”“失荣”等病证，因都有体表征象，故统称体表肿瘤论述。

瘤是瘀血、痰滞、浊气停留于机体组织间而产生的结块。其临床特点是：局限性肿块，多生于体表，发展缓慢，一般没有自觉症状。瘤的名目很多，《内经》中有筋瘤、肠瘤、脊瘤、肉瘤等。其中内脏肿瘤，后世文献多归属于癥瘕范畴。生于体表的肿瘤，《医宗金鉴・外科心法要诀》分为六种，即气瘤、血瘤、筋瘤、肉瘤、骨瘤、脂瘤。

岩是发生于体表的恶性肿物的统称，为外科疾病中最凶险者。因其质地坚硬，表面凹凸不平，形如岩石而得名。古代“癌”“岩”“嵒”“巖”等字义相同且通用。其临床特点是：多发于中老年人，局部肿块坚硬，高低不平，皮色不变，推之不移，溃烂后如翻花石榴，色紫恶臭，疼痛剧烈，难于治愈，预后不良，故有绝症之称。

由于解剖特点等因素，本章论述神经纤维瘤（气瘤）、血管瘤（血瘤）、脂肪瘤（肉瘤）、皮脂腺囊肿（脂瘤）、失荣（颈部淋巴结转移癌或原发性恶性肿瘤）五种疾病。

二、病因病机

瘤、岩是全身性疾病的局部表现，其发病原因较复杂，但归纳起来包括内因、外因两个方面。外因为六淫邪气，内因为正气不足和七情所伤。由于致病因素的作用，导致机体阴阳失调，脏腑功能障碍，经络阻塞，气血运行失常，气滞血瘀，痰凝毒聚等相互交结，而导致瘤、岩的发生。兹将其常见病因病机分述如下。

1. 六淫之邪　四时不正之气，乘虚内侵，导致气血凝结，阻滞经络，影响内脏的正常功能，邪浊与郁气、积血相合为病，留积不散，久之结为瘤、岩。

2. 情志郁结　七情所伤，情绪抑郁不畅，内脏的气机失于正常运行，气滞日久，必致血瘀，气滞血瘀长期蕴结不散，可逐渐形成瘤、岩。

3. 脏腑失调　脏腑功能失调，正气虚弱，邪气留滞，而致气滞血瘀，痰凝毒聚，互相搏结，而致瘤、岩。

笔记栏

4. 饮食不节　恣食辛辣厚味，脾胃受损，水湿不化，津液不布，温蕴日久，久成湿毒，或兼受邪火熬灼，凝结成痰，痰浊积聚，而为瘤、岩。

上述病因病机中，瘤主要是邪气偏盛，岩主要是正气不足，即机体抗病力减低。加之邪毒侵袭，日积月累，导致瘤岩的形成，正如明代李中梓《医宗必读》所言："积之成者，正气不足，而后邪气踞之。"总之，瘤岩病因病机的特点是：本虚而标实，正气亏虚为本，气滞、血瘀、痰凝、湿热或阴毒结聚为标。

三、中医辨证治疗

一般体表岩瘤在早、中期或未溃之前多以实证为主，晚期或岩瘤溃后则以虚证为主。根据临床辨证规律，一般分如下证型。

1. 气郁痰凝证　局部肿块硬韧，尚可活动，患部皮色不变，无痛；伴有胸闷，胁胀，纳差，精神抑郁等症状。舌质淡红，苔薄白或微黄腻，脉细弦。

2. 寒痰凝聚证　局部肿块质硬，表面光滑有弹性，肿块活动度较差，患部皮肤色白，无痛，肤温不高；伴周身倦怠，胸闷不舒，畏寒怕冷。舌质淡，苔白或白腻，脉沉而滑。

3. 毒热蕴结证　肿块增大，压痛，患处皮肤色红，肤温较高，或肿块溃烂，状如翻花，时流血水，痛如火燎，分泌物有恶臭味；伴发热，心烦，口渴，尿黄，大便干结。舌质红，少苔或苔黄，脉弦滑或滑数。

4. 气血瘀滞证　肿块坚硬，表面高低不平，推之不动，自觉疼痛或刺痛及胀痛，局部青筋显露；伴胁胀不适，易烦躁。舌质暗红或有瘀斑，苔薄黄，脉弦或涩。

5. 正虚邪实证　多见于岩的晚期。肿块增大，增多，有邻近或远处转移，或岩肿溃烂，渗流血水，疮面灰暗，高低不平，易出血，久不收口；伴全身消瘦，发热，面色皖白，身体倦怠，不思饮食等。舌质淡红，苔薄而微黄或少苔、无苔，脉细数。

四、治疗

(一) 内治法

1. 气郁痰凝证　治宜理气解郁，化痰散结。方用开郁散、通气散坚丸(《外科正宗》)加减。常用药物有：陈皮、青皮、香附、枳壳、枳实、柴胡、橘核、郁金、厚朴、川贝母、浙贝母、法夏、僵蚕、白芥子、胆南星、夏枯草等。

2. 寒痰凝聚证　治宜温经散寒，化痰散结。方用阳和汤(《外科全生集》)加减。常用药物有：鹿角胶、熟地、麻黄、白芥子、细辛、肉桂、台乌药、全蝎、浙贝母、法夏、乳香、没药、橘核、香附等。

3. 毒热蕴结证　治宜清热解毒，软坚散结。方用五味消毒饮(《医宗金鉴》)加减。常用药物有：十大功劳、黄柏、半枝莲、白花蛇舌草、肿节风、黄连、黄芩、夏枯草、鳖甲、七叶一枝花、龙葵、半边莲、川贝母、胆南星、银花、蒲公英、紫花地丁等。

4. 气血瘀滞证　治宜活血化瘀，软坚散结。方用活血散瘀汤(《外科正宗》)加减。常用药物有：丹参、川芎、桃仁、红花、赤芍、水红花子、五灵脂、三棱、莪术、水蛭、虻虫、土鳖虫、乳香、没药、苏木、鬼箭羽等。

5. 正虚邪实证　治宜益气养血、解毒散结。方用保元汤(《博爱心鉴》)或生脉饮(《医学启源》)加减。常用药物有：太子参、西洋参、人参、生黄芪、当归、炒白术、茯苓、沙参、麦冬、制首乌、黄精、菟丝子、淫羊藿、白花蛇舌草、肿节风、半枝莲、蒲公英、半边莲等。

(二) 外治法

1. 药物疗法

(1) 可辨证选用阳和解凝膏、冲和膏、金黄膏、阳毒内消散、阴毒内消散、桂麝散、红灵丹等外敷。

(2) 可选用紫金锭、小金丸、蟾酥丸、新癀片等研末调涂肿块部位。

(3) 对于腐脓未尽之溃疡面，可选用红升丹、白降丹或三品一条枪药线等。腐肉已尽，可用生肌

笔记栏

白玉膏或生肌玉红膏。

2. 手术治疗 根据病情选择手术，以切除肿块为目的。

3. 激光与冷冻疗法 可使癌性溃疡的癌组织坏死脱落。

(三) 其他疗法

放疗与化疗 选用放射治疗，对癌细胞敏感者，可直接杀灭癌细胞，疗效较好，并可适当应用抗肿瘤化疗药品。

第二节 神经纤维瘤

神经纤维瘤大多是由皮肤神经鞘膜的纤维组织所产生的一种体表良性肿瘤。中医文献称之为“气瘤”。以体表皮下出现多发性大小不等的肿块，质地柔软，推之能移，沿神经干分布，多呈念珠状排列为主要特点。

【病因病机】

本病多由于元气不足，忧郁或劳倦过度，肺气损伤，失其宣发，以致气滞痰凝，营卫不和，痰气凝聚肌表，积久成形而发病。西医认为其发病与遗传有关。

【临床表现】

本病多在儿童时发病，有的在出生时就发生病变，青春期后病情加重，年龄越大病情也可越严重。常发生于上肢的正中神经和尺神经区，以及下肢的大腿及小腿的后侧，也可发生于面部及躯干部。肿瘤多呈圆形或椭圆形，界限清楚，表面光滑，质地柔软，大部分突出于体表，用手压之凹陷，放手即可弹起，无粘连，推之能移，肿瘤数目不等，大小不一，少的只有几个，多则成十上百。小如豆粒，大如禽蛋，甚至大如拳状而下垂(彩图 13-1)。肿瘤表面的皮色可正常，或带淡红色。部分病例患部先出现咖啡斑，而后再发生赘瘤，咖啡斑可在初生儿已有，也可在以后发生。肿瘤生长缓慢大部分是良性的，少数可发生恶性变。若肿瘤突然增大，患部出现麻痹或过敏症状，则为恶变的先兆，转移少见。患者常可伴有发育不全、智力迟钝、骨畸形、颅骨不对称、隐睾、肢体肥大症、口腔肿痛、癫痫、视神经胶质瘤等表现。

【诊断】

(一) 诊断要点

(1) 多于儿童时期发病，青春期后病情加重，年龄愈大病情也愈重。

(2) 肿瘤呈多发性，沿神经干分布，多呈念珠状排列大小不等，数目不一，常小如豆粒，大如禽蛋。少的只有几个，多则成十上百。

(3) 常可伴有智力迟钝、发育不全、癫痫、口腔肿痛、骨畸形、颅骨不对称、隐睾、肢端肥大症等表现。

(二) 辅助检查

切取或切除肿瘤取活体组织行病理切片检查，可确诊。

【鉴别诊断】

1. 皮脂腺囊肿 肿瘤可单发，也可散在多发，形圆质软，肿物表面皮肤中央常有一针头大的开口，略带紫蓝色，挤之有白色油腻性分泌物溢出。继发感染时患部红肿热痛，甚或成脓溃破。

2. 多发性脂肪瘤 好发于肩、背、臀部、肩胛部、前臂等处，常对称分布，肿瘤数目不等，可发生数十个甚至数百个，瘤体较小，呈扁圆形或椭圆形，质地柔软如绵，可有压痛，推之能移。皮色不变，用手紧压瘤体基部，表面皮肤可出现“橘皮样”改变。

笔记栏

【治疗】

本病是以体表皮下发生多发性大小不等的肿块，质地柔软，沿神经干分布为主症的体表良性肿瘤。发病与肺气失宣，气滞痰凝关系密切，故治疗宜以宣肺调气，化痰散结为大法。由于本病一般肿瘤数目较多且多为良性，有少数可发生恶变，临床上宜以内服中药为主进行治疗，对疑有恶变的肿瘤应及时手术治疗。

（一）内治法

痰气凝结证

证候　肿瘤多发生于四肢屈侧，沿神经干分布，呈多发性，数目不等，大小不一，小如豆粒，大如禽蛋，甚或如拳而下垂，瘤体大部分突出体表，数目少的可只有几个，多则成十上百，质地柔软而有弹性，表面皮色不变或略带淡红，或有褐色色素斑。肿瘤生长缓慢，压之可有酸麻或触电感。舌质淡，苔薄白或白腻，脉濡缓或弦滑。

治法　宣肺调气，化痰散结。

主方　通气散坚丸(《外科正宗》)加减。

成药　通气散坚丸，每服 5 g，每日 2 次；或小金丸，每服 1.2 g，每日 2 次。

（二）外治法

生南星适量研极细末，以食醋调敷患部。

（三）其他疗法

1. 手术治疗

(1) 适应证：肿瘤发生于面部，损伤容貌，或瘤体过大，影响局部的功能活动，以及疑有恶变趋势的肿瘤，均宜手术治疗。

(2) 手术方法：局部常规消毒后，在局麻下行肿瘤切除手术。

(3) 注意事项

1) 术中注意彻底止血。

2) 疑有恶变趋势者，手术时除切除肿块以外，还应将肿瘤周围的组织也适当切除一部分，并切取肿瘤的活体组织行病理切片检查。确认有恶变者，术后宜配合应用放射治疗、化疗、中药治疗。

2. 结扎疗法　瘤体较大而蒂柄细小者，可用粗丝线作双套结结扎治疗。

3. 激光治疗　咖啡斑可选择激光治疗。

【预防与护理】

(1) 保持情志舒畅。

(2) 避免局部外伤、挤挤等刺激。

第三节　血管瘤

血管瘤是胚胎期由血管组织畸形发育所形成的肿瘤。中医文献称为“血瘤”。其特点是病变局部色泽鲜红或暗紫，或呈局限性柔软肿块，边界不清，触之如海绵状。80%属先天性，多见于女性。常见的有鲜红斑痣、毛细血管瘤和海绵状血管瘤。可发生于身体任何部位。

【病因病机】

由于心火妄动，逼血入络，血热妄行，脉络扩张，气血纵横，结聚成形，显露于肌肤而成。

【临床表现】

1. 毛细血管瘤　多在出生后 1～2 个月内出现，部分在 5 岁左右自行消失，多发生在颜面、颈部，可单发，也可多发。多数表现为在皮肤上有红色丘疹或小的红斑，逐渐长大，界限清楚，大小不等，质软可压缩，色泽为鲜红色或紫红色，压之可退色，抬手复原。

2. 海绵状血管瘤　表现为质地柔软似海绵，常呈局限性半球形、扁平或高出皮面的隆起物(彩图 13-2)，肿物有很大压缩性，可因体位下垂而充盈，或随患肢抬高而缩小，在瘤内有时可扪及颗粒

笔记栏

状的静脉石硬结,外伤后可引起出血,继发感染,可形成慢性出血性溃疡。

【诊断】

(一) 诊断要点

(1) 皮肤上有红色丘疹、红斑,或可见半球形或扁平状隆起的肿块,表面皮色呈红色、紫红色或正常肤色。

(2) 压之肿块可暂时缩小及退色,松手后又可恢复原来状态。

(3) 行肿瘤穿刺可抽出血液。

(二) 辅助检查

B超检查可明确肿块的大小,并可明确肿块内有液体。

【鉴别诊断】

血痣　指压其色泽和大小无明显改变,应与毛细血管瘤区别。

【治疗】

本病与先天遗传、心血妄动、气血瘀滞有密切关系,故治疗以抑火凉血、滋阴清热、行气活血、化瘀通络为大法。在内服中药治疗的同时,宜积极配合采用注射硬化剂或冷冻、压迫法等方法治疗。手术疗法要谨慎使用。因肿瘤常与深部血管相通,手术时不容易找到其广泛的交通支,易致大量出血。

(一) 内治法

1. 气滞血瘀证

证候　肿瘤呈斑片状或稍隆起,甚或呈结节状、疣状,突出在皮肤的表面患部皮色紫红或暗红。舌质紫黯或有瘀斑,苔薄,脉涩或沉涩。

治法　行气活血,化瘀通络。

主方　桃红四物汤(《医宗金鉴》)加减。

成药　大黄䗪虫丸,每服3 g,每日2次。

2. 心火妄动证

证候　皮肤上发生肿瘤,呈半球形或扁平状隆起,边界清楚,质地柔软如海绵,瘤体表面皮肤色红,压之肿瘤可暂时缩小及退色,放手后立即恢复原状;或伴有心烦、口渴等症状。舌质红,苔薄黄,脉细涩或数。

治法　抑火滋阴,和营祛瘀。

主方　芩连二母汤(《医宗金鉴》)加减。

成药　芩连二母丸,每服5 g,每日2次。

(二) 外治法

(1) 对小面积毛细血管瘤及海绵状血管瘤可用五妙水仙膏外搽。

(2) 清凉膏合藤黄膏外敷,包扎固定,每日换药1次,以促其消散。

(3) 若肿瘤出血,可用云南白药掺敷伤口,既可止血,又具消散作用。

(三) 其他疗法

1. 注射疗法　消痔灵注射液加1%普鲁卡因按1∶1混合后注入瘤体,缓慢注入,至整个瘤体稍高起为止。每次用药3~6 mL。隔1周可再注射1次。若瘤体尚未发硬萎缩,可用消痔灵2份、普鲁卡因1份,如上法进行注射。

2. 手术疗法　孤立病变可行手术切除。对病在头面部者要注意美容,以防术后瘢痕过大。

3. 冷冻疗法　对于浅表较小的血瘤可采用冷冻方法治疗。

4. 放射疗法　对于范围较大的血瘤也可应用放射治疗。

5. 激光疗法　对于浅表较小的血管瘤可选用脉冲激光治疗。

【预防与护理】

(1) 妊娠期间勿过食辛辣厚味,以免化热,引动胎火。

笔记栏

(2) 注意防止血瘤破溃出血。

第四节　脂肪瘤

脂肪瘤是脂肪组织增生而形成的一种良性肿瘤。中医文献称之为“肉瘤”。以体表出现单个或多个大小不等的圆形或扁圆形肿瘤，肿如馒头，软似绵，与周围组织无粘连，推之能移为特点。《外科正宗》云：“肉瘤者，软若绵，肿似馒，皮色不变，不紧不宽。”

【病因病机】

本病多因忧思郁怒或饮食不节，脾气受损，运化失调，湿痰内生，气郁凝结，而发病。

1. 忧思郁怒　由于情志内伤，忧思郁怒过度，引起肝失条达，木旺乘土，脾失健运，痰湿内生，以致气郁痰凝，而成病。

2. 饮食不节　过食肥甘厚味，损伤脾胃，运化失调，痰湿内生，气机不畅，痰气互结，致成瘤。

【临床表现】

常见于成年人，可发于任何部位，好发于肩、颈、背、肩胛间、臀部、前臂、上肢等处。肿块多为单个，少数患者为多发，大小不一，呈扁平团块状，或分叶状，瘤体质地柔软似绵，外观肿形似馒，用力可以压扁，推之可以移动，与皮肤无粘连，瘤体表面皮肤如常，亦无疼痛（彩图 13-3）。生长缓慢，长到一定程度后可停止生长，部分可自行萎缩、钙化或液化。另有一种多发性脂肪瘤，常发生于四肢、胸或腹部皮下，呈多个圆形或卵圆形结节，质地较一般脂肪瘤略硬，压之有轻度疼痛。

【诊断】

（一）诊断要点

(1) 患部见有肿块突出体表，大小不等，数目不一，表面皮色正常。

(2) 患部可触及扁平团块状或分叶状肿物，表面光滑，质地多柔软，推之能移，多无压痛。

（二）辅助检查

B 超检查可了解肿块的大小、数目，并可明确肿块为实质性。

【鉴别诊断】

神经纤维瘤　常见于皮肤或皮下组织，单发或多发，肿块呈结节状，硬韧而有弹性，沿神经走向分布。必要时可切肿块做病理诊断鉴别。

【治疗】

本病是以皮下出现单发性或多发性肿瘤，呈圆形或扁圆形，质地软绵，无粘连，推之能移为主要特点的体表良性肿瘤。发病主要与痰湿凝结，气血凝滞有关，故治疗以健脾祛湿，解郁化痰，软坚散结为大法。由于本病极少数也可能发生恶变，多发性者数目可达数十个甚至数百个，临证治疗时，单发性者以手术治疗为主，多发性者以中药治疗为主。

（一）内治法

痰湿凝结证

证候　肩、背、肩胛、臀部、前臂等处发生皮下肿物，瘤体数目不一，大小不等，少的可只有一个，多则可达数十个甚至数百个，呈扁平团块状，或分叶状，边缘清楚，质地柔软如绵，基底广而无根，推之能移，皮色不变。生长缓慢，极少数发生恶变者可迅速增大。舌质淡或舌体胖，苔薄白或白腻。脉濡缓或弦滑。

治法　健脾祛湿，解郁化痰，软坚散结。

主方　顺气归脾丸（《外科正宗》）加减。

成药　归脾丸，每服 9 g，每日 3 次。

（二）外治法

阳和解凝膏掺黑退消外敷患部。

笔记栏

（三）手术治疗

1. 适应证　单发性脂肪瘤，以及多发性脂肪瘤中迅速增大，伴有疼痛，疑有恶变的肿瘤均宜手术治疗。

2. 手术方法　常规消毒后，以 0.5%～1%普鲁卡因作局部浸润麻醉，待麻醉效果完善后，行肿瘤切除手术。

3. 注意事项

（1）应注意将瘤体完整地全部切除。

（2）疑有恶变者，切除瘤体后还应适当切除肿瘤周围的部分组织，并取活体组织作病理切片检查。

【预防与护理】

（1）保持心情舒畅，少吃含动物性脂肪丰富的食物。

（2）患部避免挤压碰撞等刺激。

第五节　皮脂腺囊肿

皮脂腺囊肿是皮脂腺管闭塞、皮脂淤积所形成的一种滞留性囊肿。中医文献称为"脂瘤"、"粉瘤"。《外科真诠・瘿瘤》云："先用线针于瘤头上针一分深。用手捻之，若是白浆便是粉瘤。"临床上以皮肤内出现圆形小肿块，质地较软，与表皮粘连，挤之可有脂粉渣样物质溢出为主要特点。

【病因病机】

（1）由于腠理津沫聚结而成病。《外科证治全书・瘿瘤》篇论粉瘤中说："乃腠理津沫，偶有所滞，聚而不散则渐成此瘤也。"这与现代医学认为本病是皮脂腺管阻塞，以皮脂潴留而成病的说法几乎同出一辙。

（2）痰湿凝滞于皮肤腠理之间亦可致发病。由于过食辛辣厚味荤腥发物等，损伤脾胃运化失调，痰湿内生，外泛肌腠，郁结不散，日久聚而成病。

【临床表现】

本病多发于青壮年，好发于头面、耳后、项背、臀部、阴囊等处。主要表现为在皮肤内出现肿物，小如豆粒，大如柑橘或鸡蛋，界限清楚，形圆质软。肿物与表皮紧密粘连，与深部组织不粘连，推之可以移动，表面皮肤可稍变薄，其中央部有一针头大小开口，常略带蓝黑色，用力挤之，有白色油腻性粉渣样物溢出，略带臭气(彩图 13-4)。仔细触摸有捻泥感。肿物生长缓慢，可终年存在，不会恶变，一般无明显自觉症状。若继发感染，湿热邪毒蕴结甚者，肿物可肿大、发红、灼热、疼痛，甚或形成脓肿，自行溃破或切开后，脓液中夹有粉渣样物质脓腔内有包囊，若不彻底去除，愈后肿物又可复发。肿瘤可单个发生，也可多发。有的患者可有多个黄豆至桂圆大小的肿瘤密集地布满于两臀部，最易化脓溃破，反复发作。部分患者肿块可散发全身，常如豆粒大小，少则数个或十几个，多的可达数十个，称为多发性皮脂腺囊肿。

【诊断】

诊断要点

（1）多发于青壮年。

（2）好发于头面、耳后、项背、臀部及阴囊等处。可单个或多个发生。

（3）肿物位于皮肤表层内，界限清楚，与表皮紧密相连，与基底无粘连，推之能移。

（4）中央有一针头大小的开口，略带蓝黑色，挤之可有白色油腻的粉渣样物溢出，略带臭气。

（5）肿物继发感染时，局部红肿热痛，甚或形成脓肿，溃后脓液中夹有粉渣样物。

笔记栏

【鉴别诊断】

脂肪瘤　脂肪瘤为单个或多个，瘤体大小不一，质地柔软如绵，按之可以压扁，推之可以移动，与皮下无粘连,无囊性感,张力较小,表面无黑色小孔。

【治疗】

本病与津沫聚结,痰湿凝滞有关。可单发或多发。肿瘤生长缓慢,虽不会发生恶变,但可继发感染。治疗一般应以手术治疗为主,若感染较甚,或为多发性者,可采用清热解毒、化痰除湿、软坚散结之法进行治疗。

(一) 内治法

本病一般不必内治。

(二) 外治法

对已感染但未成脓的皮脂腺囊肿,可用金黄膏或玉露膏外敷。已形成脓肿时,应切开引流,清除皮脂和脓液,再用棉球蘸少量升丹或七三丹或稀释后的白降丹塞入腔内,化去包囊,待囊壁蚀尽后再用生肌药收口,愈合后不易复发。

(三) 手术治疗

1. 适应证　单个或多个瘤体中较大的,皮脂腺囊肿未感染者以及感染后已成脓者均宜手术治疗。

2. 手术方法　皮脂腺囊肿未感染者行肿块切除手术,感染成脓者行切开排脓手术。

3. 注意事项

(1) 切除肿瘤时应将全部囊壁切干净,以避免复发。

(2) 切除肿瘤过程中,应力求完整地切除囊壁,勿使囊壁破裂,以免其内容物污染伤口而影响愈合。

(3) 囊肿感染成脓行切开排脓时,切口大小应适当,以利引流通畅,术后积极消炎,待炎症消退后,可再将囊壁彻底切除。

【预防与护理】

(1) 少食含动物脂肪丰富的食物,多食新鲜的蔬菜水果。

(2) 讲究卫生,注意保持皮肤清洁。

(3) 患部注意避免碰撞、挤压及搔抓。

第六节　失　　荣

失荣是指发生于颈部的癌肿。因其病变后期症见面容憔悴,形体消瘦,状如树木枝叶发枯,失去荣华,故称为失荣。相当于西医学的颈部淋巴结转移癌或原发性恶性肿瘤。多见于 40 岁以上的男性,属古代外科四大绝症之一。

【病因病机】

因足少阳胆经循行耳之前后,肝与胆相表里,故失荣的发生与肝胆关系密切。如七情内伤,忧思郁怒,肝失条达,气机不舒,气滞血瘀,阻于胆经颈络,则结为肿块;或脾虚运化失司,水湿津液凝聚为痰,痰瘀脏毒凝结于少阳、阳明之络,可发为本病。

【临床表现】

一般表现为颈部淋巴结肿大,生长较快,质地坚硬。病变开始时多为单发结节,可活动;后期肿块体积增大,数量增多,融合成团块或联结成串,表面不平,固定不移。一般无疼痛,但合并染毒时,可有压痛。日久癌肿溃破,疮面渗流血水,高低不平,形似翻花状。其肿痛波及范围可向面部、胸部、肩背部扩展。

【诊断】

(一) 诊断要点

(1) 颈部淋巴结肿大,生长较快,质地坚硬。

(2) 早期多为单发结节,可活动;后期肿块体积增大,数量增多,融合成团块,固定不移。一般无疼痛。

(3) 日久溃破,疮面渗流血水,高低不平,形似翻花状。

(二) 辅助检查

进行全面细致的体格检查,寻找原发病灶或作活组织病理检查以协助确诊。

【鉴别诊断】

1. 颈部淋巴结核　多发于青年及儿童。肿块位于颈部及耳后,但起病缓慢,肿块常融合成群,质地韧,溃后有脓及豆渣状物。常伴咳嗽、低热等。结核菌素试验阳性。

2. 颈部淋巴结炎　多见于儿童,冬春易发,初起时局部肿胀、灼热、疼痛而皮色不变,肿块边界清楚,常有邻近部位感染史。血常规示白细胞总数及中性白细胞比例可增高。

【治疗】

本病是以颈部淋巴结肿大为主症的恶性肿瘤。主因痰瘀脏毒凝结而成,故治疗以理气解郁,化痰散结为大法。本病应进行全面细致的体格检查,寻找原发病灶,合理选择放射或手术治疗,并配合中医辨证论治。

(一) 内治法

1. 气郁痰结证

证候　颈部或耳前、耳后有坚硬之肿块,肿块较大聚结成团,与周围组织粘连而固定,有轻度刺痛或胀痛,颈项牵扯感,活动转侧不利,患部皮色暗红微热;伴胸闷胁痛,心烦口苦等。舌质红,苔微黄腻,脉弦滑。

治法　理气解郁,化痰散结。

主方　化坚二陈丸(《医宗金鉴》)合开郁散(《洞天奥旨》)加减。

成药　小金片,每服 4 片,每日 3 次。

2. 阴毒结聚证

证候　颈部肿块坚硬,不痛不胀,尚可推动,患部初起皮色如常,以后可呈橘皮样变;伴畏寒肢冷,纳呆便溏。舌质淡,苔白腻,脉沉细或弦细。

治法　温阳散寒,化痰散结。

主方　阳和汤(《外科全生集》)加减。

成药　阳和丸,每服 3 g,每日 1 次。

3. 瘀毒化热证

证候　颈部岩肿迁延日久,肿块迅速增大,中央变软、周围坚硬,溃破后渗流血水,状如翻花,并向四周漫肿,范围可波及面部、胸部、肩背等处;伴疼痛,发热,消瘦,头颈活动受限。舌质红,苔黄,脉数。

治法　清热解毒,化痰散瘀。

主方　五味消毒饮(《医宗金鉴》)合化坚二陈丸(《医宗金鉴》)加减。

成药　犀黄丸,每服 3～6 g,每日 3 次。

4. 气血两亏证

证候　颈部肿块溃破以后,长期渗流脓血,不能愈合,疮面苍白水肿,肉芽高低不平,胬肉翻花;伴低热,乏力,消瘦等。舌质淡,苔白或无苔,脉沉细。

治法　补益气血,解毒化瘀。

主方　香贝养荣汤(《医宗金鉴》)或八珍汤(《正体类要》)合四妙勇安汤(《验方新编》)加减。

成药　人参养荣丸,每服 9 g,每日 2 次。

(二) 外治法

(1) 早期颈部硬肿为气郁痰结证者,可外贴太乙膏。

笔记栏

(2) 早期颈部硬肿若为阴毒结聚者,可外贴阳和解凝膏或冲和膏。

(3) 岩肿溃破,胬肉翻花者,可用白降丹掺于疮面,其上敷太乙膏。

(三) 其他疗法

局部病变可用X线放射治疗或配合全身化疗、手术治疗等。

【预防与护理】

(1) 加强营养,提高机体抗病能力。

(2) 保持心情舒畅,避免精神刺激。

(张　剑)

笔记栏

第十四章 其他外科疾病

导 学

通过学习，掌握冻疮、烧伤、压疮、尿石症、胆石病、急性阑尾炎、毒蛇咬伤的诊断及辨证治疗，有关冻疮、烧伤、毒蛇咬伤的相关知识；熟悉各病证的临床表现及急症的救治方法、严重全身冻疮的急救和复温方法、烧伤面积的计算方法及烧伤深度的分类方法、中小面积烧伤疮面的处理方法、急性阑尾炎的手术适应证、毒蛇咬伤危重症抢救原则；了解各病证的预防与护理。

第一节 冻 疮

冻疮是机体遭受寒邪侵袭所引起的局部或全身性损伤。相当于西医学的冷伤。冷伤分为非冻结性冷伤和冻结性冷伤两类。冻结性冷伤是冰点以下（一般在－5℃）的低温所致，分为全身冷伤（又称冻僵）和局部冷伤（又称冻伤）。非冻结性冷伤是冰点以上（由10℃以下到冰点以上）的低温引起，常见的是“冻疮”，其他尚有水浸手、水浸足、战壕足（坑道足）等。临床上以局部肿胀紫红、痛痒溃烂为特征，严重者可导致肢体坏死或死亡。

【病因病机】

《外科正宗》谓：“冻疮乃天时严冷，气血冰凝而成。”概括地说明了冻疮的发病原因主要为寒冷所致。寒邪外侵，血脉失于温通，以致气血凝滞，而成冻疮；若寒邪太盛，内中脏腑，则阳气绝于外，荣卫结涩，不复流通而死。此外，暴冻着热、暴热着冻也可导致气血瘀滞，而坏死成疮。

现代医学认为本病是因肌体受低温侵袭后，体温调节中枢失常，血液循环障碍和细胞代谢不良，继之复温后的微循环方面的改变，是冻伤引起组织损伤和坏死的基本原因。

【临床表现】

以儿童、妇女为多见。有在低温环境下长时间停留史。

1. 局部性冻疮 主要发生在手足、鼻尖、耳郭、面颊等暴露部位。轻者受冻部位先有寒冷感和针刺样疼痛，皮肤呈苍白、发凉，继则出现红肿、硬结或斑块，自觉灼痛、麻木、瘙痒；重者受冻部位皮肤呈灰白、暗红或紫色，并有大小不等的水疱或肿块，疼痛剧烈，或局部感觉消失。水疱溃后流脓、流水，甚至形成溃疡。严重的可导致肌肉、筋骨损伤。冻疮轻症一般经10天左右痊愈，愈后不留瘢痕。重症患者往往需经1～2个月，或气温转暖时方能痊愈。

根据冻疮复温解冻后的损伤程度，可将其分为四度。

Ⅰ度冻疮（红斑性冻伤）：伤及表皮层。局部红肿、充血；有热、痒、刺痛的感觉。

Ⅱ度冻疮（水疱性冻伤）：伤及真皮层。皮肤红肿更加显著，有水疱形成，疱内液体呈血清样或血性。疼痛较剧烈，对冷、热、针刺感觉不敏感。

Ⅲ度冻疮（腐蚀性冻伤）：伤及全层皮肤或皮下组织。创面由苍白变为黑褐色，感觉消失，创面周围红、肿、痛，并有水疱形成。若无感染，坏死组织干燥成痂，4～6周后坏死组织脱落，形成肉芽创面，愈合甚慢且留有瘢痕。

Ⅳ度冻疮（血栓形成与血管闭塞）：损伤深达肌肉、骨骼，甚至肢体坏死，表面呈死灰色、无水疱；

笔记栏

坏死组织与健康组织的分界在20日左右明显，通常呈干性坏死，也可并发感染而成湿性坏疽。局部表现类似Ⅲ度冻伤，治愈后多留有功能障碍或致残。

2. 全身性冻疮　由于肌肉和周围血管收缩，出现寒战、四肢发凉、发白或发绀。当体内热量继续丢失，体温逐步降低时，患者感觉麻木、四肢无力、疲乏、嗜睡等。继之，神志模糊、反应迟钝、幻觉幻视或进入昏迷。严重者，可出现心律失常、休克、心搏骤停以致死亡。

【诊断】

（一）诊断要点

(1) 有在低温环境下长时间停留史。

(2) 局部性冻疮：症状初起皮肤发白、发凉，自感麻木，疼痛，继而皮色紫红、肿胀，感觉灼痛、瘙痒，或结块，或起水疱、血疱，或溃烂。严重者出现发黑坏死，肢端脱落，感觉和功能丧失。

(3) 全身性冻疮：全身冻伤时先有寒战、皮肤苍白或发绀，有疲乏、无力等表现；继而，肢体僵硬，意识障碍，呼吸抑制，心跳减弱，心律失常；最后，呼吸、心跳停止。

（二）辅助检查

Ⅳ度冻疮怀疑有骨坏死时，可行X线检查；出现湿性坏疽或合并肺部感染时，白细胞总数和中性粒细胞数增加。

【鉴别诊断】

1. 类丹毒　多发生于接触鱼类和猪肉的手部，手指和手背出现局限性深红色或青紫色斑，肿胀明显，阵发性疼痛和瘙痒，有游走性，很少超越腕部。一般2周内自愈，不会溃烂。

2. 多形性红斑　多发于春秋两季，以手足、面部、颈旁多见，皮损为风团样丘疹或红斑，颜色鲜红或紫黯，典型者中心部常发生重叠水疱，形成特殊的虹膜状。常伴有发热、关节疼痛等症状。

【治疗】

本病因寒邪外侵，气血凝滞所致，故治宜温经散寒，补阳通脉为原则。

（一）内治法

1. 寒凝血瘀证

证候　局部麻木冷痛，肤色青紫或暗红，肿胀结块，或有水疱，发痒，手足清冷。舌淡苔白，脉沉或沉细。

治法　温经散寒，养血通脉。

主方　当归四逆汤(《伤寒论》)或桂枝加当归汤(《经验方》)加减。

成药　阳和丸，每服6 g，每日2次。

2. 寒盛阳衰证

证候　时时寒战，四肢厥冷，感觉麻木，幻觉幻视，意识模糊，蜷卧嗜睡，呼吸微弱，甚则神志不清。舌淡紫苔白，脉微欲绝。

治法　回阳救脱，散寒通脉。

主方　四逆加人参汤(《伤寒论》)或参附汤(《世医得效方》)加味。

成药　四逆汤口服液，每服20 mL，每日3次。

3. 寒凝化热证

证候　冻伤后局部坏死，疮面溃烂流脓，四周红肿色暗，疼痛加重；伴发热口干。舌红苔黄，脉数。

治法　清热解毒，活血止痛。

主方　四妙勇安汤(《验方新编》)加减。

成药　片仔癀胶囊，每服2粒，每日3次。

4. 气血虚瘀证

证候　神疲体倦，气短懒言，面色少华，疮面不敛，疮周围暗红漫肿、麻木。舌淡，苔白，脉细弱或虚大无力。

笔记栏

治法　益气养血，祛瘀通脉。

主方　人参养荣汤(《三因极一病证方论》)或八珍汤(《正体类要》)合桂枝汤(《伤寒论》)加减。

成药　十全大补丸，每服 9 g，每日 2 次。

(二) 外治法

1. Ⅰ度、Ⅱ度冻疮　红灵酒外涂患处，每日 3 次；或冻疮膏或阳和解凝膏外涂，每日 2 次；或芫花、甘草各 15 g，煎水洗浴患处，每天 3 次。

有水疱的Ⅱ度冻疮，局部消毒后，用无菌注射器抽出疱液，或用无菌剪刀在水疱低位剪口放出疱液，外涂冻伤膏、红油膏或生肌白玉膏等。

2. Ⅲ度、Ⅳ度冻疮　用 75%乙醇或碘伏液消毒患处及周围皮肤，有水疱或血疱者，用注射器抽液后用无菌纱布包扎保暖；有溃烂时用红油膏掺八二丹外敷；腐脱新生时，用红油膏掺生肌散或用生肌玉红膏外敷；局部坏死严重，可行清创术；肢端坏死界限清楚或湿性坏疽威胁生命时，可行截肢(趾、指)术。

(三) 其他疗法

1. 急救和复温　尽快使伤员脱离寒冷环境，快速复温。衣服、鞋袜等连同肢体冻结者，不可勉强卸脱，应用温水(40℃左右)使冰冻融化后脱下或剪开。立即施行局部或全身的快速复温，伤员应置于 15～30℃温室中，将伤肢或冻僵的全身浸浴于足量的 40～42℃温水中，保持水温恒定，使受冻局部在 20 分钟内、全身在 30 分钟内复温。复温以肢体红润、循环恢复良好、皮温达到 36℃左右为妥。体温恢复 10 分钟后神志可转为清醒，如果患者感觉疼痛可使用止痛剂。若无温水，可将伤员伤肢置于救护者怀中复温。早期复温过程中，严禁用雪搓、用火烤或冷水浴等。对呼吸、心跳骤停者要施行胸外心脏按压和人工呼吸、吸氧等急救措施。复苏过程中输注的液体可适当加温。

2. 西医治疗　全身性冻疮复温后出现休克者，给予抗休克治疗。并根据情况给予吸氧、输液、纠正酸碱失衡和电解质紊乱、维持营养、选用改善血液循环药物等。Ⅲ度以上冻疮注射破伤风抗毒素，并应用抗生素防治感染。严重冻伤有肌肤坏死者，多采用暴露疗法，待界限清楚后，切除坏死组织，较大创面可植皮，严重肢体坏疽者行截肢术。

【预防与护理】

(1) 普及预防知识，加强抗寒锻炼。

(2) 在寒冷环境下工作的人员加强劳动保护、注意防寒保暖。

(3) 防潮湿、防治汗足症，适当活动，以促进血液循环。

(4) 受冻部位禁火烤热烫，防止溃烂成疮。

(5) 保持受冻部位的清洁、干燥，防止继发感染。

(6) 进入低温环境前可适量高热量饮食。

(7) 不宜饮酒，饮酒后常不注意防寒，而且可能增加散热。

第二节　烧　　伤

因热力(火焰、灼热的气体、液体或固体)、电能、化学物质、放射线等作用于人体而引起的损伤，称为烧伤。中医文献又称为水火烫伤、汤火疮、汤泼火伤、汤火伤等。由于现代科学技术的发展，出现了化学烧伤、电击伤、放射性烧伤等。

中医学在治疗烧伤方面历史悠久，早在晋代《肘后备急方》中就有“烫火灼伤用年久石灰敷之，或加油调”和“猪脂煎柳白皮成膏”外敷的记载。《洞天奥旨》指出：“汤烫疮……轻则害在皮肤，重则害在肌肉，尤甚者害在脏腑”；“火烧疮遍身烧如黑色者难救，或烧轻而不致身黑者犹可疗也……”近代，我国在中西医结合防治烧伤方面取得了可喜成绩。

笔记栏

【病因病机】

强热侵害人体,导致皮肉腐烂而成。轻者,仅皮肉损伤;重者,除皮肉损伤外,因火毒炽盛,伤津耗液,损伤阳气,致气阴两伤。或因火毒内攻脏腑,导致脏腑失和,阴阳平衡失调,出现变证,危及生命。

西医学认为高温可直接造成局部组织细胞损害,发生变性、坏死。严重烧伤在早期可因大量体液丢失和剧烈疼痛引起休克。在体液回收期和焦痂脱落期,细菌感染可引起脓毒败血症。创面修复愈合可形成大量瘢痕或形成顽固性溃疡。另外,交流电对心脏损害较大,如果电流通过心、脑等重要器官,后果严重。

【诊断】

(一) 临床表现

1. 轻度烧伤　面积较小,局部皮肤潮红,肿胀,剧烈疼痛,或有水疱,一般无全身症状。

2. 重度烧伤　面积大,全身症状严重。病程一般分三期。

(1) 早期(休克期):往往发生在烧伤后48小时之内,主要为体液大量渗出和剧烈疼痛引起。表现为全身或局部出现反应性水肿,创面表现水疱、焦痂和大量体液渗出。患者烦躁不安,心率加快,呼吸短促,四肢厥冷,尿量减少。严重者出现神志淡漠、反应迟钝,面色苍白,呼吸气微,体温不升,血压下降。

(2) 中期(感染期):烧伤后热毒炽盛,体表大面积创面存在,局部创面晦暗,脓腐增多,出现坏死斑,有焦痂者,焦痂软化潮湿,或痂下积脓。全身抵抗力下降,火毒内陷,内攻脏腑。症见寒战高热,烦躁不安,口干唇燥,呼吸浅快,甚则神昏谵语,皮肤发斑,吐血衄血,四肢抽搐,食欲不振,腹胀便秘,小便短赤。

(3) 后期(修复期):局部创面基本愈合,深Ⅱ度烧伤愈合后,留有轻度瘢痕。Ⅲ度烧伤愈合后产生大量瘢痕或畸形愈合或形成顽固性溃疡。此期邪退正虚,患者形体消瘦,神疲乏力,面白无华,纳谷不香,腹胀便溏,口渴心烦,低热盗汗,口干少津。

3. 烧伤面积的计算

(1) 手掌法:伤员五指并拢时,一只手掌的面积占体表面积的1%。此法常用于小面积或散在烧伤的计算。

(2) 中国九分法:将全身体表面积分为11个9等份。成人头、面、颈部为9%;双上肢为2×9%;躯干前后包括外阴部为3×9%;双下肢包括臀部为5×9%+1%=46%。

(3) 儿童烧伤面积计算法:小儿的躯干和双上肢的体表面积所占百分比与成人相似。特点是头大下肢小,随着年龄的增长,其比例也不同。计算公式如下:

头颈面部面积=[9 +(12−年龄)]%

双下肢面积=[46 −(12−年龄)]%

4. 烧伤深度的计算　烧伤深度一般采用三度四分法,即Ⅰ度、Ⅱ度(又分浅Ⅱ度、深Ⅱ度)和Ⅲ度烧伤。Ⅰ度、浅Ⅱ度烧伤,一般称浅度烧伤(彩图14-1);深Ⅱ度和Ⅲ度烧伤,则属深度烧伤。

表14-1　烧伤深度的计算

分　度	深　度	创面表现	创面无感染时的愈合过程
Ⅰ度(红斑)	达表皮角质层	红肿热痛,感觉过敏,表面干燥	2~3天后脱屑痊愈,无瘢痕
浅Ⅱ度(水疱)	达真皮浅层,部分生发层健在	剧痛,感觉过敏,有水疱,基底部呈均匀红色、潮湿,局部肿胀	1~2周愈合,无瘢痕,有色素沉着
深Ⅱ度	达真皮深层,有皮肤附件残留	痛觉消失,有水疱,基底苍白,间有红色斑点、潮湿	3~4周愈合,可有瘢痕
Ⅲ度(焦痂)	达皮肤全层,甚至伤及皮下组织、肌肉和骨骼	痛觉消失,无弹力,坚硬如皮革样,蜡白焦黄或炭化,干燥。干后皮下静脉阻塞如树枝状	2~4周焦痂脱落,形成肉芽创面,除小面积外,一般均需植皮才能愈合,可形成瘢痕和瘢痕挛缩

笔记栏

烧伤的深度可因时间、条件而继续发展，如在烧伤后48小时左右，Ⅰ度烧伤可因组织反应继续进行而转变为Ⅱ度；深Ⅱ度烧伤处理不当可变为Ⅲ度。因此，在烧伤48小时后和创面愈合过程中，应分别对损伤深度复核。

5. 烧伤严重程度分类　为了设计治疗方案，需要对烧伤的严重程度进行分类，一般分为四类。

(1) 轻度烧伤：Ⅱ度烧伤面积在9%(小儿在5%)以下。

(2) 中度烧伤：Ⅱ度烧伤面积在10%～29%(小儿6%～15%)；或Ⅲ度面积在10%(小儿5%)以下。

(3) 重度烧伤：总面积在30%～49%；或Ⅲ度烧伤在10%～19%(小儿总面积在16%～25%，或Ⅲ度在6%～10%)；Ⅱ度、Ⅲ度烧伤面积虽达不到上述百分比，但已发生休克、严重呼吸道烧伤或合并其他严重创伤或化学中毒者。

(4) 特重烧伤：总面积在50%以上；或Ⅲ度烧伤20%以上(小儿总面积25%以上，或Ⅲ度烧伤在10%以上)；或已有严重并发症者。

(二) 实验室和其他辅助检查

重度烧伤休克期，血常规检查红细胞计数、血红蛋白量和红细胞压积明显增高，尿比重增高，血气分析示：低血钠、酸中毒；脓毒败血症时，白细胞计数骤升或骤降，并可见中性核左移及中毒颗粒。血培养阳性时有助于诊断。

【治疗】

小面积轻度烧伤，可单用外治法；大面积重度烧伤，必须内外兼治，中西医结合治疗。内治原则以清热解毒，益气养阴为主。外治在于正确处理烧伤创面，保持创面清洁，预防和控制感染，促进愈合为原则。深Ⅱ度创面要争取和促进痂下愈合，减少瘢痕形成；Ⅲ度创面早期保持焦痂完整干燥，争取早期切痂植皮，缩短疗程。

(一) 内治法

1. 火毒伤津证

证候　壮热烦躁，口干喜饮，便秘尿赤。舌红绛而干，苔黄或黄糙，或舌光无苔，脉洪数或弦细数。

治法　清热解毒，益气养阴。

主方　黄连解毒汤(《外台秘要》)合银花甘草汤(《外科十法》)加减。

成药　牛黄解毒片，每服2片，每日3次。

2. 阴伤阳脱证

证候　神疲倦卧，面色苍白，呼吸气微，表情淡漠，嗜睡，自汗肢冷，体温不升反低，尿少；全身或局部水肿，创面大量液体渗出。舌淡暗，苔灰黑，或舌淡嫩无苔，脉微欲绝或虚大无力等。

治法　回阳救逆，益气护阴。

主方　参附汤(《世医得效方》)合生脉散(《内外伤辨惑论》)加味。

成药　人参补膏，每服10 g，每日2次。

3. 火毒内陷证

证候　壮热不退，口干唇燥，躁动不安，大便秘结，小便短赤。若火毒传心，可见烦躁不安，神昏谵语；若火毒传肺，可见呼吸气粗，鼻翼翕动，咳嗽痰鸣，痰中带血；若火毒传肝，可见黄疸，双目上视，痉挛抽搐；若火毒传脾，可见腹胀便结，便溏黏臭，恶心呕吐，不思饮食，或有呕血、便血；若火毒传肾，可见浮肿，尿血或尿闭。舌红绛而干，苔黄或黄糙，或焦干起刺，脉弦数。

治法　清营凉血解毒。

主方　清营汤(《温病条辨》)或犀角地黄汤(《备急千金要方》)加减。

成药　清热地黄丸，每服2丸，每日2次。

4. 气血两虚证

证候　疾病后期，火毒渐退，低热或不发热，精神疲倦，气短懒言，形体消瘦，面色无华，食欲不

笔记栏

振，自汗，盗汗；创面肉芽色淡，愈合迟缓。舌淡，苔薄白或薄黄，脉细弱。

治法　补气养血，兼清余毒。

主方　托里消毒散(《医宗金鉴》)或八珍汤(《正体类要》)加金银花、黄芪。

成药　八珍丸，每服 6 g，每日 2 次。

5. 脾虚阴伤证

证候　疾病后期，火毒已退，脾胃虚弱，阴津耗损，面色萎黄，纳呆食少，腹胀便溏，口干少津，或口舌生糜。舌暗红而干，苔花剥或光滑无苔，脉细数。

治法　补气健脾，益胃养阴。

主方　益胃汤(《温病条辨》)合参苓白术散(《太平惠民和剂局方》)加减。

成药　参苓白术散，每服 9 g，每日 2 次。

(二) 外治法

1. 清创术　严格遵守无菌操作，尽量清除创面沾染。并发休克者，待休克纠正后施行。清创前可先注射镇静止痛剂。修剪创面处毛发和过长的指(趾)甲，然后用 37℃左右的无菌生理盐水、1‰苯扎溴铵或 2%黄柏液等冲洗创面，移除异物，修去失去活力的表皮，针吸或剪开大水疱，水疱皮应予保留，直至创面清洁。创面不宜用甲紫、红汞，以免妨碍创面观察。创周皮肤用碘伏或 1‰苯扎溴铵消毒。清创后肌内注射破伤风抗毒素 1 500 IU，重伤患者 2 周后再注射一次。

2. 传统疗法　根据创面的大小、部位、深浅，选用不同方法。一般肢体部位、中小面积烧伤创面多采用包扎疗法；头面、颈部、会阴部和大面积创面多采用暴露疗法。

(1) 初期：小面积Ⅰ、Ⅱ度烧伤可外涂京万红软膏、创灼膏、烧伤净喷雾剂、解毒生肌膏、烫伤油等，暴露或包扎；或用地榆粉、大黄粉各等份，麻油调敷后包扎，隔日换药一次。

较大面积的Ⅱ度烧伤，皮肤无破损者，抽出疱内液体后，用虎地酊喷洒创面，每日数次；水疱完整或水疱已破者，剪去破损外皮，外用湿润烧伤膏；或外用液状石蜡(灭菌后)100 mL 加入庆大霉素 80 万 U，调匀后外涂，每日数次。

Ⅲ度烧伤可外涂碘伏，保持焦痂干燥，防止感染。全身情况好者，于 3～6 天后采取分批多次切痂并植皮，或保痂开窗植皮；伤员情况及条件不允许切痂植皮时，可采用“蚕食脱痂”法，于伤后 2～3 周痂下自溶时，分批分区剪去痂皮并植皮；脱痂法较切痂法简便，但难免感染和延长治疗时间，故不宜作为首选的去痂方法。

(2) 中期：创面感染者，可根据创面大小、感染性质的不同，采用不同的外用药和方法。一般感染创面可外用 1%磺胺嘧啶银、碘伏；痂下积脓者，要尽快去痂引流，用上述药液浸泡或湿敷。对铜绿假单胞菌感染者，创面有绿色脓液，可用 10%醋酸磺胺米隆、1%庆大霉素纱布湿敷。

(3) 后期：腐脱新生时，用生肌白玉膏、生肌玉红膏或生肌散外敷。

3. 其他疗法

(1) 现场急救：迅速脱离热源。如邻近有凉水，可先浸泡或冲淋以降低温度。用消毒或清洁敷料、被单、衣服等简单包扎或覆盖创面，避免污染和再损伤；酸、碱等化学物质致伤时，迅速脱去被浸湿的衣服，用大量清水冲洗；大面积烧伤患者可使用盐酸哌替啶、吗啡等止痛；呼吸道烧伤出现呼吸困难时，应立即行气管切开，氧气吸入；昏迷患者立即输液抢救，并将伤员头部偏向一侧，防止呕吐物、血块阻塞呼吸道；呼吸、心跳停止者，立即进行人工呼吸、心脏按压；合并大出血者，立即止血；有骨折者予以简单固定。争取在短时间内，休克未发生前送医院，如有发生休克可能者，在途中继续静脉输液。

(2) 西医治疗原则：西医治疗轻度烧伤，主要是处理创面和防止局部感染；对大面积重度烧伤，则采取局部治疗和全身治疗并重的原则，对于严重吸入性损伤，应采取有效措施防止脏器功能障碍。烧伤后早期防治休克，尽快给予输液以恢复血容量，并给予营养支持，纠正酸碱失衡和水电解质紊乱。合理应用抗生素防治感染，可根据创面脓液细菌培养加药敏来选用足量敏感的抗生素。对深度烧伤创面多采用暴露疗法，采用积极的手术治疗，包括早期切痂(切除深度烧伤组织达深筋膜平面)或削痂(削除坏死组织至健康平面)，并立即皮肤移植。

笔记栏

【预防与护理】

(1) 加强劳动保护,开展防火宣传教育,健全防火灭火设备。

(2) 在家庭或幼儿园,开水、热粥、热汤要放好,避免烫伤小孩;教育儿童不要玩火。

(3) 严格无菌操作,接触患者的敷料、被单、物品等注意灭菌。

(4) 精心护理,勤翻身,防止压疮。

(5) 鼓励患者进食,加强营养,忌食辛辣、肥腻、鱼腥之品。

第三节　压　　疮

压疮是指局部组织长时间受压,血液循环障碍,局部持续缺血、缺氧、营养不良而致的软组织溃烂和坏死。压疮也叫褥疮,中医文献又称之为席疮。多见于半身不遂、下肢瘫痪、久病重病卧床不起、长时间昏迷的患者,以受压部初起红斑,继而溃烂,难以愈合为特征。好发于骶尾部、髋部、足跟部、脊背部。《外科启玄》说:"席疮乃久病着床之人挨擦磨破而成。"

【病因病机】

内因是由于久卧伤气,气虚而血行不畅;外因为躯体局部连续长期受到压迫及摩擦,导致气虚血瘀,局部肌肤失养,皮肉坏死染毒而成。

【临床表现】

初起受压部位皮肤淡红或紫红,继而出现破损,很快形成黑色腐肉,脓液稀少而臭,周围皮肤色红或紫,可伴有疼痛。坏死严重者深达骨骼,疮面迁延难愈(彩图 14 - 2)。

临床上把压疮分为四期:

一期(淤血红润期):为压疮初期,局部软组织受压后,表现红、肿、热、麻木或触痛。短时间不见消退。此期为可逆性改变。

二期(炎性浸润期):皮肤完整性受损,压疮继续发展,受压部位皮肤紫红色,皮下产生硬结,表皮出现水疱,易破溃,有痛感。

三期(浅度溃疡期):表皮水疱扩大、破溃,真皮创面有黄色渗出液,感染后脓液覆盖,溃疡形成,疼痛加重。

四期(坏死溃疡期):压疮严重期,真皮下层和肌层坏死,大量脓性分泌物,坏死组织发黑,有臭味,感染扩展可达骨面,毒素入血致脓毒症,引起全身感染。

【诊断】

诊断要点

(1) 有长期卧床史。

(2) 受压部位初期红肿热痛,继之出现水疱,皮肤变黑,形成干痂或溃疡。

【治疗】

加强护理,重在预防。外治为主,配合内治。注意饮食营养,并给予必要的支持疗法。

(一) 内治法

1. 气滞血瘀证

证候　受压皮肤出现红斑,继而紫黯红肿,或有破损。苔薄,舌边有瘀紫,脉弦。

治法　理气活血。

主方　血府逐瘀汤(《医林改错》)加减。

成药　血府逐瘀丸,每服 9 g,每日 2 次。

2. 蕴毒腐溃证

证候　压疮溃烂,腐肉及脓水较多,或有恶臭,重者溃烂可深及筋骨,四周漫肿;伴有发热或低

笔记栏

热，口苦且干，形神萎靡，不思饮食。舌红，苔少，脉细数。

治法　益气养阴、理湿托毒。

主方　生脉散(《内外伤辨惑论》)、透脓散(《外科正宗》)合萆薢渗湿汤(《疡科心得集》)加减。

成药　连翘败毒丸，每服 6 g，每日 2 次。

3. 气血两虚证

证候　疮面腐肉难脱，或腐肉虽脱，新肌色淡，愈合缓慢；伴面色无华，神疲乏力，纳差食少。舌淡，苔少，脉沉细无力。

治法　气血双补、托毒生肌。

主方　托里消毒散(《医宗金鉴》)加减。

成药　八珍丸，每服 6 g，每日 2 次。

（二）外治法

(1) 初起皮肤未溃，外擦红灵酒或红花酊，或外撒滑石粉后，局部按摩。或用红外线灯、频谱仪照射，每天 2 次。

(2) 溃烂后，尽可能剪除坏死组织，腐烂处可用九一丹或红油膏纱布外敷。

(3) 疮口脓腐脱净，可用生肌散、生肌玉红膏换药，必要时加用垫棉法。

【预防与护理】

(1) 对长期卧床患者应加强受压部位的皮肤护理，如保持清洁干燥、定时翻身等。

(2) 受压局部要垫气圈、棉圈、海绵垫等，可用气垫床，高密度海绵床垫。

(3) 床单应为纯棉，为患者更换床单时应防止拖、拉、拽，以防损坏皮肤。

(4) 积极治疗全身疾病，并给予必要的支持疗法，注意饮食营养。

第四节　尿 石 症

尿石症又称为尿路结石，是肾结石、输尿管结石、膀胱结石和尿道结石的总称，是泌尿外科常见疾病之一。尿石症属中医学“石淋”、“砂淋”范畴。以疼痛、血尿、小便涩痛及尿出砂石为主要表现。我国尿路结石的发病率为 1%～5%，男性多于女性，发病率约 3∶1，我国长江以南为多发地区。

【病因病机】

本病多由肾虚和下焦湿热引起，病位在肾、膀胱和溺窍，肾虚为本，湿热为标。肾虚则膀胱气化不利，尿液生成与排泄失常，或外感湿热，或湿热内生，蕴结膀胱，煎熬尿液，结为砂石；湿热蕴结，气机不利，气血交阻，通降失畅，不通则痛；热伤血络，迫血妄行，可引起血尿。

西医学认为尿石症的形成机制尚未完全清楚，有多种学说，肾钙化斑、过饱和结晶、结石基质、晶体抑制物质、异质促进成核学说是结石形成的基本学说。许多资料显示，尿路结石可能是多种影响因素所致。

【临床表现】

1. 上尿路结石　包括肾和输尿管结石，典型的临床症状是突然发作的肾或输尿管绞痛和血尿。其程度与结石的部位、大小及移动情况等有关。绞痛发作时疼痛剧烈，患者可出现恶心、呕吐、冷汗、面色苍白等症状。疼痛为阵发性，并沿输尿管向下放射到下腹部、外阴部和大腿内侧。结石较大或固定不动时，可无疼痛，但常伴有肾积水或感染。绞痛发作后出现血尿，多为镜下血尿，肉眼血尿较少，或有排石现象。有时活动后镜下血尿是上尿路结石唯一的临床表现。如果结石引起尿路完全性梗阻或固定不动(如肾盏小结石)，则可能没有血尿。

结石合并感染或输尿管膀胱壁段结石时，可有尿频、尿急、尿痛，伴发急性肾盂肾炎或肾积脓时，可有畏寒、发热、寒战等全身症状。

笔记栏

双侧上尿路结石或孤肾伴输尿管结石引起完全梗阻时,可导致无尿,出现尿毒症。

2. 膀胱结石 典型症状为排尿中断,并引起疼痛,放射至阴茎头和远端尿道,伴排尿困难和膀胱刺激症状。

3. 尿道结石 典型症状为排尿困难,点滴状排尿,伴尿痛,重者可发生急性尿潴留及会阴部剧痛。

【诊断】

诊断要点

1. 肾与输尿管结石

(1) 腰腹部绞痛或胀痛或隐痛。

(2) 与疼痛或活动有关的血尿。

(3) X线平片、排泄性尿路造影或B超或CT检查,有助于确诊。

2. 膀胱结石

(1) 有排尿中断等典型症状。

(2) 直肠指诊能扪及较大结石。

(3) B超或CT或膀胱镜或X线平片检查,均可获得确诊。

3. 尿道结石

(1) 有排尿痛和排尿困难等症状。

(2) 前尿道结石可用手直接扪得,后尿道结石直肠指诊可触及。

(3) B超和X线检查可明确诊断。

【鉴别诊断】

1. 胆囊炎 表现为右上腹疼痛且牵引背部作痛,疼痛不向下腹及会阴部放射,墨菲征阳性。经腹部X线平片、B超及血尿常规检查,两者不难鉴别。

2. 急性阑尾炎 以转移性右下腹痛为主症,麦氏点压痛,可有反跳痛或肌紧张。经腹部X线平片和B超检查即可鉴别。

【治疗】

结石横径小于1 cm,且表现光滑,无尿路梗阻、无感染,可采用中药排石;对于较大结石可先行体外冲击波碎石,再配合中药治疗。近年来还有经皮肾镜碎石取石术、输尿管镜取石术和腹腔镜输尿管取石术已经广泛的应用到临床中。

(一) 内治法

1. 湿热蕴结证

证候 腰痛或小腹痛,或尿流突然中断,尿频,尿急,尿痛,小便混赤,或为血尿,口干欲饮。舌红,苔黄腻,脉弦数。

治法 清热利湿,通淋排石。

主方 三金排石汤(经验方)加减。

成药 排石颗粒,每服20 g,每日3次。

2. 气血瘀滞证

证候 发病急骤,腰腹胀痛或绞痛,疼痛向外阴部放射,尿频,尿急,尿黄或赤。舌黯红或有瘀斑。脉弦或弦数。

治法 理气活血,通淋排石。

主方 金铃子散(《素问病机气宜保命集》)合石韦散(《太平惠民和剂局方》)加减。

成药 肾石通颗粒,每服15 g,每日2次。

3. 肾气不足证

证候 结石日久,留滞不去,腰部胀痛,时发时止,遇劳加重,疲乏无力,尿少或频数不爽,或面

笔记栏

部轻度浮肿。舌淡苔薄,脉细无力。

治法 补肾益气,通淋排石。

主方 济生肾气丸(《济生方》)加减。

成药 济生肾气丸,每服 9 g,每日 3 次;复方金钱草颗粒,每服 20 g,每日 3 次。两者交错服用。

(二) 其他疗法

根据病情选择使用体外冲击波碎石或手术治疗。

【预防与护理】

(1) 每天饮水量宜 2 000～3 000 mL,防止尿液浓缩,适度运动,预防结石产生或促进小结石排除。

(2) 调节饮食:根据结石成分、代谢状态等调节食物构成。高钙摄入者应减少含钙食物的摄入量,少用牛奶、奶制品、豆制品、巧克力、坚果类食品。草酸盐结石的患者应限制浓茶、菠菜、番茄、芦笋、花生等摄入。高尿酸的患者应避免高嘌呤食物,如动物内脏。经常检查尿 pH,预防尿酸和胱氨酸结石时,尿 pH 保持在 6.5。

(3) 及时治疗尿路感染,解除尿路梗阻。

第五节 胆石病

胆石病包括发生在胆囊和胆管的结石,是常见病和多发病。属中医学“胆胀”“黄疸”“癖黄”“胁痛”等范畴。胆石病的临床表现取决于结石所在部位,以及是否引起胆道感染和胆道梗阻等因素。但一般多以右上腹或剑突下出现阵发性绞痛、胀痛,痛引肩背,并伴有发热、寒战、恶心、呕吐、黄疸等为典型症状。我国胆石病常见多发,若与胆道感染一并统计,则在急腹症中占第 2 位。

【病因病机】

胆为中清之腑,其经脉络肝,以清、利、疏、通为宜,通降下行为顺,主贮藏与疏泄胆液。由此可见,胆石病主要由肝胆失于疏泄,湿热久蕴不散,胆汁煎熬而成石。

1. 饮食不节 暴饮暴食,恣食肥甘辛辣,伤及脾胃,中州运化失健,致水湿停聚,蕴化为热,阻于肝胆,胆汁郁积不畅,日久煎熬成石。

2. 蛔虫上扰 蛔虫上窜胆道,阻碍肝胆气机,久则蛔积成核,而转化为石。

3. 情志损伤 情志不畅,忧思恚怒,则导致气郁伤肝,肝郁气滞,则胆汁阻遏、湿热内生,日久则凝结为石。

结石既成,则进一步阻碍肝胆气机,疏泄无权,胆液壅滞,生湿化热,使已成之石渐趋增长,气滞瘀阻不散,内蕴湿热不清,则反复发作。

现代医学认为胆石病成因复杂,与多种因素有关。诸如胆汁本身的化学成分改变和代谢失调、胆道感染、胆道异物、胆道梗阻、胆管解剖变异、胃肠手术、饮食习惯等有关。

胆石按其成分分为胆固醇结石、胆色素结石及混合结石。胆石可发生在胆管系统的任何部位,胆囊内的结石为胆囊结石;左右肝管汇合部以下的包括肝总管结石和胆总管结石,为肝外胆管结石;汇合部以上的为肝内胆管结石。

【临床表现】

胆石病的临床症状取决于结石的大小、性质、所在部位和并发症。

1. 胆囊结石 大多数患者可无症状,仅在体格检查、手术和尸体解剖时偶然发现,称为静止性胆囊结石,有时仅上腹部或右上腹隐痛,或者有饱胀不适、嗳气、呃逆等,胆囊结石的典型症状为胆绞痛,典型的发作是在饱餐、进食油腻食物后或睡眠中体位改变时发生绞痛。疼痛位于右上腹或上腹部,呈阵发性,或者持续疼痛阵发性加剧,可向右肩胛部和背部放射,可伴有恶心、呕吐。检查时,

笔记栏

右上腹部压痛,有时还可扪及肿大的胆囊。临床症状也可在几小时后自行缓解。如胆囊结石嵌顿不缓解,则胆囊增大、积液;合并感染时,则可发展为急性化脓性胆囊炎或胆囊坏疽。较小的胆囊结石可从胆囊管排入胆总管,或继而排入十二指肠,或停留在胆总管,成为肝外胆管结石的来源之一,或嵌顿于胆总管下端壶腹部,而引起疼痛、发热和黄疸。

2. 肝外胆管结石　一般平时无症状或仅有上腹不适,当结石造成胆管梗阻时,可出现腹痛或黄疸,如继发胆管炎时,可有较典型的Charcot三联征:腹痛、寒战高热和黄疸。

(1) 腹痛:发生在剑突下或右上腹,多为绞痛,呈阵发性发作,或为持续性疼痛阵发性加剧,可向右肩或背部放射,常伴恶心、呕吐。

(2) 寒战高热:一般表现为弛张热,体温可高达39~40℃。

(3) 黄疸:胆管梗阻后可出现黄疸,其轻重程度、发生和持续时间取决于胆管梗阻的程度、部位和有无并发感染。出现黄疸时常伴有皮肤瘙痒,尿色变深,粪色变浅,完全梗阻时呈陶土样大便。

平日无发作时可无阳性体征,或仅有剑突下和右上腹深压痛。如合并胆管炎时,可有不同程度的腹膜炎征象,肝区叩击痛。胆囊或可触及,有触痛。

3. 肝内胆管结石　可多年无症状或仅有上腹和胸背部胀痛不适。并发急性胆管炎时,主要表现为寒战高热和腹痛,局限于某肝段、肝叶的可无黄疸。严重者出现急性梗阻性化脓性胆管炎、全身脓毒症或感染性休克。反复胆管炎可导致多发的肝脓肿,如形成较大的脓肿可穿破膈肌和肺,形成胆管支气管瘘,咳出胆砂或胆汁样痰;长期梗阻甚至导致肝硬化,表现为黄疸、腹水、门静脉高压和上消化道出血、肝功能衰竭。

体格检查可能仅可触及肿大或不对称的肝,肝区有压痛和叩击痛。有其他并发症则出现相应的体征。

【诊断】

诊断要点

1. 胆囊结石

(1) 长时间反复不止的右上腹不适,或急性发作的胆绞痛。

(2) 右上腹部压痛,有时还可扪及肿大的胆囊。

(3) B超检查发现胆囊内有强回声团,随体位改变而移动,其后有声影,即可确诊为胆囊结石,其准确率接近100%。CT、MRI也可显示胆囊结石,但不作为常规检查。

2. 肝外胆管结石

(1) 反复发作的上腹或右上腹绞痛。

(2) 腹痛后出现黄疸,黄疸随绞痛消失而缓解乃至消失。

(3) 可伴高热、寒战,恶心、呕吐等症状。

(4) B超或CT可发现结石。

3. 肝内胆管结石

(1) 上腹和胸背部胀痛不适多年。

(2) 反复发作寒战高热和腹痛,可伴有黄疸。

(3) B超诊断肝内胆管结石的准确率可达100%,可提示胆石存在的部位,有无胆管扩张,有无肝萎缩;CT亦可显示肝内胆管结石。

【鉴别诊断】

1. 右肾绞痛　始发于右腰或胁腹部,可向右股内侧或外生殖器放射,伴肉眼或镜下血尿,无发热,腹软,无腹膜刺激征,右肾区叩击痛或脐旁输尿管行程压痛。B超、腹部平片多可显示肾、输尿管区结石。

2. 胃、十二指肠溃疡穿孔　胃、十二指肠溃疡穿孔引起的腹痛应与胆石病引起的腹痛鉴别。胃、十二指肠溃疡穿孔患者多有溃疡病史,发病突然,腹痛剧痛,迅速蔓延至全腹,查体,全腹压痛、反跳痛及肌紧张,肠鸣音消失,多有肝浊音界消失。X线透视或摄片多有膈下游离气体。而胆石病引起的腹痛多局限于右上腹或上腹部,无气腹征。

笔记栏

3. 胰头癌或壶腹癌　应与胆石所致的梗阻性黄疸相鉴别。同为梗阻性黄疸，但胰头癌或壶腹癌患者一般情况较差，多有明显的进行性消瘦，黄疸多为无痛性并且进行性加深，很少出现波动，体检时常可扪及肿大而无压痛的胆囊。而胆石梗阻者多于腹痛后出现黄疸，其程度较轻并且可有波动。B 超、CT 检查有助于鉴别诊断。

【治疗】

原则上胆囊的小结石，肝外胆管结石横径≤1 cm，广泛的肝管或肝内胆管结石，胆总管切开取石后的残存结石，均可辨证选用中医药治疗。

（一）内治法

1. 肝胆气滞证

证候　右上腹或胁脘胀痛、窜痛，甚者绞痛，痛引肩背，嗳气吞酸，或恶心、呕吐、纳差，便秘。舌淡苔白或微黄，脉弦，或弦紧。

治法　疏肝理气，利胆排石。

主方　金铃子散（《素问病机气宜保命集》）合大柴胡汤（《金匮要略》）加减。

成药　乌军治胆片，每服 4 片，每日 3 次。

2. 肝胆湿热证

证候　右上腹或右胁肋阵发性绞痛，牵引肩背，恶心呕吐，发热或寒热往来，口干而苦，目黄，面黄，大便秘结，小便短赤。舌红，苔黄腻，脉弦滑或弦数。

治法　清热利湿，利胆排石。

主方　茵陈蒿汤（《伤寒论》）合大柴胡汤（《金匮要略》）加减。

成药　胆石通胶囊，每服 6 粒，每日 3 次。

3. 肝胆火毒证

证候　胁脘痛剧，持续不解，拘急拒按，痛引肩背，高热寒战，身黄尿黄，口干唇燥，甚则神昏谵语，血压下降。舌质红绛，苔干黄或黄燥，脉细数或滑数。

治法　清热解毒，通腑排石。

主方　茵陈蒿汤（《伤寒论》）合黄连解毒汤（《外台秘要》）加减。

成药　利胆片，每服 6～10 片，每日 3 次。

（二）其他疗法

1. 溶石治疗　适用于胆囊功能正常，无胆道感染、胆道梗阻的 X 线能穿透的胆固醇性胆结石。

（1）鹅去氧胆酸胶囊，12～15 mg/(kg·d)，分早晚两次服，疗程 6～24 个月。

（2）熊去氧胆酸胶囊，10～12 mg/(kg·d)，睡前顿服，疗程 6～24 个月。

2. 体外冲击波碎石治疗　仅用于胆囊结石，疗效欠佳。

3. 手术治疗　原则上凡不适合中医药治疗与中西医结合治疗的病例，或者虽然有非手术治疗的适应证，而经一段时间的治疗效果不佳者，均应手术治疗。

胆囊结石，采取胆囊切除术（包括开腹胆囊切除术和腹腔镜胆囊切除术及小切口胆囊切除术），必要时探查胆总管；肝外胆管结石，采用胆总管切开取石、T 管引流术，必要时行胆肠吻合术；肝内胆管结石，可采用胆管切开取石、胆肠吻合术，有适应证时行肝切除术。

【预防与护理】

（1）调节饮食，避免过食肥甘厚味。

（2）注意饮食卫生，积极防治肠蛔虫病。

（3）结石发作绞痛，并发感染的，宜观察血压、脉搏、体温，特别是腹痛情况变化，以便及时更改治疗方案。

（4）如病情变化，需中转手术的患者，应积极做好术前准备。

（5）估计有结石排出时，应留大便查石，最好对结石进行成分鉴定。

笔记栏

(6) 手术取石患者,按一般外科术后护理。

第六节　急性阑尾炎

急性阑尾炎是指阑尾的急性感染性病变。是外科常见病,是最多见的急腹症。临床以转移性右下腹疼痛,伴恶心、呕吐、发热、右下腹局限性压痛或拒按为特征。中医文献称为“肠痈”。肠痈病名最早见于《素问·厥论》:“少阳厥逆…… 发肠痈不可治,惊者死”。《金匮要略》总结了肠痈辨证论治的基本规律,推出了大黄牡丹皮汤等有效方剂,至今仍为后世医家所应用。

【病因病机】

中医学认为肠为六腑之一,其功能为传导水谷,分清别浊,化生气血,排泄废物,以通降下行为顺,滞塞上逆为病。若因外邪侵袭,寒温不适,情志不畅,饮食不节,过于劳累,特别是饱食后暴急奔走等,均可导致肠腑的传导失常,气机不利,继而出现气滞血瘀,湿热内蕴,瘀久化热,热胜肉腐成脓,发为肠痈。

现代医学认为本病主要是阑尾管腔阻塞,导致阑尾血运障碍,细菌入侵或阑尾畸形而引起阑尾炎症。其致病菌多为肠道内的革兰阴性杆菌和厌氧菌。

【临床表现】

1. 症状

(1) 腹痛:典型的腹痛发作始于上腹或脐部,数小时(6～8 小时)后转移并局限在右下腹。70%～80%的患者具有这种典型的转移性腹痛的特点。部分病例发病开始即出现右下腹痛。腹痛多表现为阵发性或持续性疼痛,逐渐加重,特殊位置的阑尾炎,其腹痛位置也有区别。

(2) 胃肠道症状:常伴有纳呆、恶心、呕吐、便秘或腹泻。弥漫性腹膜炎时可致麻痹性肠梗阻,腹胀、排气排便减少。

(3) 全身症状:早期乏力。炎症重时出现中毒症状,心率增快,发热,达 38℃左右。阑尾穿孔时体温会更高,达 39℃或 40℃。如发生门静脉炎时可出现寒战、高热和轻度黄疸。

2. 体征　右下腹压痛是急性阑尾炎最常见的重要体征。压痛点通常位于麦氏点,可随阑尾位置的变异而改变,但压痛点始终在一个固定的位置上。腹膜刺激征象:反跳痛,腹肌紧张,肠鸣音减弱或消失等。这是壁层腹膜受炎症刺激出现的防卫性反应。提示阑尾炎症加重,出现化脓、坏疽或穿孔等病理改变。右下腹包块:如体检发现右下腹饱满,扪及一压痛性包块,边界不清,固定,应考虑阑尾周围脓肿的诊断。

3. 特殊体征

(1) 结肠充气试验:患者仰卧位,用右手压迫左下腹,再用左手挤压近侧结肠,结肠内气体可传至盲肠和阑尾,引起右下腹疼痛者为阳性。

(2) 腰大肌试验:患者左侧卧,使右大腿后伸,引起右下腹疼痛者为阳性。说明阑尾位于腰大肌前方,盲肠后位或腹膜后位。

(3) 闭孔内肌试验:患者仰卧位,使右髋和右大腿屈曲,然后被动向内旋转,引起右下腹疼痛者为阳性。提示阑尾靠近闭孔内肌。

4. 直肠指检　阑尾位置较低时常在直肠右前方有触痛。当阑尾穿孔时直肠前壁压痛广泛。如有灼热、饱满、波动感时,则提示有盆腔脓肿存在。

【诊断】

笔记栏

(一) 诊断要点

(1) 典型的转移性右下腹疼痛,伴消化道症状。

(2) 体征及特殊体征阳性。

（二）辅助检查

1. 血常规　多数患者白细胞计数及中性粒细胞比例增高，白细胞计数常升至 $10\times10^9\sim20\times10^9$/L之间。

2. 尿常规　盲肠后位阑尾炎可刺激右侧输尿管，尿中可出现少量红细胞和白细胞。

3. B超检查　有时可发现肿大的阑尾或脓肿。

【鉴别诊断】

1. 胃、十二指肠溃疡穿孔　穿孔后溢液可沿升结肠旁沟流至右下腹部，很像急性阑尾炎的转移性腹痛。但患者多有溃疡病史，发病突然，腹痛剧痛，迅速蔓延至全腹，查体除右下腹压痛外，上腹乃至全腹压痛、反跳痛及肌紧张，肠鸣音消失，多有肝浊音界消失。X线透视或摄片多有膈下游离气体。

2. 右侧输尿管结石　腹痛多在右下腹，为突发性绞痛，并向会阴部及右大腿内侧放射，腹痛剧烈但体征不明显。肾区叩痛，尿液检查有较多红细胞。B超检查表现为特殊结石声影和肾积水等。X线片约90%在输尿管走行部位可显示结石影。

3. 妇产科疾病　① 右输卵管妊娠破裂：常有下腹疼痛和急性失血症状，消化道症状及炎症反应均不明显。有停经史，妇科检查阴道内有血液，阴道后穹隆穿刺有不凝固血液等。② 右卵巢滤泡或黄体破裂：临床表现与宫外孕相似。③ 右卵巢囊肿蒂扭转：腹痛突然而剧烈，盆腔检查可发现右侧囊性肿物。B超检查或CT检查可明确诊断。

此外，有时还需与急性胃肠炎、右侧肺炎和胸膜炎、急性胆囊炎、胆石症、急性肠系膜淋巴结炎等疾病进行鉴别。

【治疗】

六腑以通为用，通腑泄热是治疗肠痈的关键。急性单纯性阑尾炎及阑尾周围脓肿可采用中药治疗。反复发作或病情严重者，应及时采取手术治疗。手术方式可选择开腹手术或腹腔镜手术。

（一）内治法

1. 瘀滞证

证候　转移性右下腹痛，呈持续性、进行性加剧，右下腹局限性压痛；伴恶心纳呆，或有呕吐，可有轻度发热。苔白腻，脉弦滑或弦紧。多见于病变初期。

治法　行气活血，通腑泄热。

主方　大黄牡丹汤（《金匮要略》）合红藤煎剂（《经验方》）加减。

成药　新癀片，每服4片，每日3次。

2. 湿热证

证候　腹痛加剧，右下腹或全腹压痛、反跳痛、腹皮挛急；右下腹可摸及包块；壮热，纳呆，恶心呕吐，便秘或腹泻。舌红，苔黄腻，脉弦数或滑数。多见于酿脓期。

治法　通腑泄热，解毒利湿透脓。

主方　复方大柴胡汤（《医学资料选编》）加减。或大黄牡丹汤（《金匮要略》）合红藤煎剂（《经验方》）加败酱草、蒲公英。

成药　龙胆泻肝丸，每服9 g，每日3次。

3. 热毒证

证候　腹痛剧烈，全腹压痛、反跳痛、腹皮挛急；高热不退或恶寒发热，时时汗出，烦渴，恶心呕吐，腹胀，便秘或似痢不爽。舌红绛而干，苔黄厚干燥或黄糙，脉洪数或细数。多见于溃脓期。

治法　通腑排脓，养阴清热。

主方　大黄牡丹汤（《金匮要略》）合透脓散（《外科正宗》）加减。

成药　牛黄解毒丸，每服1丸，每日3次；犀黄丸，每服3～9 g，每日3次。

（二）外治法

无论脓已成或未成，均可选用金黄散、玉露散或双柏散，用水或蜜调成糊状，外敷右下腹；或用

笔记栏

消炎散加黄酒或加醋调敷;用金黄膏或玉露膏外敷。

采用通里攻下、清热解毒等中药,如大黄牡丹汤、复方大柴胡汤等煎剂 150～200 mL,行中药直肠滴入治疗,使药液直达下段肠腔,加速吸收,以达到通腑泄热排毒的目的。

(三) 其他疗法

1. 手术疗法 西医治疗急性阑尾炎的原则是早期行手术治疗。对急性单纯性阑尾炎还可采用经腹腔镜阑尾切除术。

2. 一般疗法 ① 补液:对禁食或脱水或有水、电解质紊乱者,静脉补液予以纠正。② 胃肠减压:阑尾穿孔并发弥漫性腹膜炎伴有肠麻痹者,应行胃肠减压,促进胃肠功能恢复。③ 应用抗生素:若确诊,均应合理使用抗生素。

【预防与护理】

(1) 预防肠道感染,驱除肠道内寄生虫。

(2) 调情志,节饮食,忌辛辣油腻之品,避免餐后剧烈运动。

(3) 重症患者卧床休息,并发腹膜炎及阑尾周围脓肿者应取半卧位。

第七节 毒蛇咬伤

毒蛇咬伤是人体被毒蛇咬伤后,毒素侵入人体内而引起的一系列局部及全身反应的危害性较大的症候群。临床特点是:毒蛇咬伤处有较粗大而深的毒牙痕,伤口疼痛或麻木,全身出现头晕头痛、胸闷气短、四肢无力、恶心呕吐,或寒战发热,肌肉酸痛。严重者内脏出血,心脏衰竭,呼吸停止而死亡。

毒蛇咬伤古文献称"蛇咬疮"。目前我国已知的蛇类有 219 种,其中毒蛇 50 余种,危害较大、能致人死亡的主要有 10 种。依照蛇毒的毒理不同,可将毒蛇分为神经毒、血循毒与混合毒 3 类。神经毒者有银环蛇、金环蛇、海蛇;血循毒者有蝰蛇、尖吻蝮蛇、竹叶青蛇和烙铁头蛇;混合毒者有眼镜蛇、眼镜王蛇和蝮蛇(彩图 14-3～14-9)。

毒蛇主要出没于山林、田野、海边等处,毒蛇咬伤在我国南方地区比较多见。

【病因病机】

中医学认为蛇毒系风、火二毒。风者善行数变;火者生风动血,耗伤阴津。风毒偏盛,每多化火;火毒炽盛,极易生风。风火相煽,则邪毒鸱张,必客于营血或内陷厥阴,形成严重的全身性中毒症状。

当毒蛇咬伤人体后,风火邪毒壅滞不通,则痛则肿;风火之邪化热,腐肌溶肉,故局部溃烂。风火相煽,蛇毒鸱张,正不胜邪,则邪毒内陷。毒热炽盛,内传营血,耗血动血,于是有溶血、出血的症状;火毒炽盛,最易伤阴,阴伤而热毒炽盛;热极生风,又有神昏谵语、抽搐等症。若邪毒内陷厥阴,毒入心包,可发生邪毒蒙闭心包的闭证;或邪热耗伤心阳的脱证。总之,风火毒邪均为阳热之邪,具有发病急,变化快,病势凶险的特点,其传变规律与温病近似,故辨证施治可以温病学理论为指导。

现代医学对蛇毒的理化性质、蛇毒对人的致病作用等作了较深入的研究。

1. 蛇毒的一般理化性质 蛇毒是一种复杂的蛋白质混合物,含有多种毒蛋白。新鲜毒液黏稠、透明或淡黄色,含水 65%,比重 1.030～1.080,加热 65℃以上,容易破坏。新鲜蛇毒呈弱酸性,腥苦味,与空气接触易生泡沫,在常温下 24 小时变性,冰箱内保存 15～30 天毒性不变,干燥蛇毒保持原毒力 25 年以上。眼镜蛇毒经 100℃加热 15 分钟,仍保持部分毒力,非经久煮不能破坏。凡能使蛋白质沉淀、变性的强酸、强碱、氧化剂、还原剂、消化酶及重金属盐类,均能破坏蛇毒。

2. 蛇毒的有毒成分 蛇毒主要成分是神经毒、血循毒和酶,其成分的多少或有无,随蛇种而异。

(1) 神经毒(风毒):主要是阻断神经肌肉的接头引起弛缓型麻痹,终致周围性呼吸衰竭,引起缺氧性脑病、肺部感染及循环衰竭,若抢救不及可导致死亡。

笔记栏

神经毒作用有两种表现，一种作用于运动神经末梢的突触前及突触后部位，主要抑制运动终板上的乙酰胆碱受体，使肌肉内的神经介质——乙酰胆碱不能发挥其原有的去极化作用，从而导致横纹肌松弛。故在临床上银环蛇咬伤危重型患者，其呼吸麻痹恢复较慢。眼镜蛇毒是另一种作用，对乙酰胆碱受体的功能无影响，却有抑制运动神经末梢释放介质的作用，这种呼吸麻痹的患者，用新斯的明有一定的疗效。

(2) 血循毒(火毒)：血循毒的种类很多，成分复杂，血循毒对心血管和血液系统产生多方面的毒性作用。

1) 心脏毒：毒性极强，可损害心肌细胞的结构及功能。高浓度的心脏毒能引起离体的蛙心收缩期停跳，低浓度的心脏毒却能起兴奋作用，此毒素对哺乳动物心脏有极强的毒害作用，发生短暂兴奋后转入抑制，心搏动障碍，心室纤颤，心肌坏死，最后心力衰竭而死亡。

2) 出血毒素：是一种血管毒，作用于细胞的黏合物质，使其通透性增加，而形态仍然完整，没有损害细胞的作用。如尖吻蝮蛇、蝰蛇等含有出血毒素，可以引起广泛性血液外渗透，导致显著的全身出血，甚至心、肺、肝、肾、脑实质出血而致死亡。

3) 溶血毒素：有直接和间接溶血因子，间接溶血因子为磷脂酶 A，将卵磷脂水解，分出脂肪酸而成溶血卵磷脂。直接溶血因子存在眼镜蛇、蝰蛇的蛇毒中，能直接溶解红细胞。直接与间接溶血因子有协同作用，近年来研究证明直接溶血因子与心脏毒是同一物质。

(3) 酶：蛇毒中含有各种酶，使蛇毒的致病作用更为复杂。根据国内外资料，已查明蛇毒中含的酶有 25 种左右，这里只简单介绍常见的四种酶。

1) 蛋白质水解酶：多种蛇毒均含有此种酶。它可损害血管壁内皮细胞，增加管壁的通透性，导致血浆外渗，组织水肿，局部肌肉坏死，甚至深部组织溃烂。

2) 磷脂酶 A：其毒性作用是间接溶血作用，它使卵磷脂转变为溶血卵磷脂而致溶血，所引起的溶血症是极为严重的。磷脂酶 A 可促成产生溶血卵磷脂而损及神经组织，或直接协助蛇毒中的神经毒或心脏毒进入神经组织中，结果表现出严重的外周神经症状。此酶还可以使毛细血管通透性增加而引起出血，并可释放组胺、5-羟色胺、肾上腺素、缓动素等，间接干扰心血管系统的功能。

3) 透明质酸酶：多数蛇毒中含有此酶。它能溶解细胞与纤维间质，破坏结缔组织的完整性，促使蛇毒从咬伤局部向其周围迅速扩散、吸收。

4) 腺苷三磷酸酶：破坏腺苷三磷酸，而减少体内能量供给，影响体内神经介质、蛋白质的合成，导致各系统的生理功能障碍。

3. 蛇毒的体内过程　毒蛇咬人时，其毒液通过管或沟状的毒牙注入皮下组织。蛇毒主要由淋巴吸收再进入血液循环分布全身。分子较小的神经毒等也可直接进入血液循环吸收。完好的皮肤沾染了蛇毒是没有危险的，因为蛇毒不能穿透完好的皮肤。蛇毒也不能穿透完好的黏膜，但经过蛇毒作用发生炎症反应却可以吸收蛇毒。蛇毒还可以通过原来有炎症、有破损或有溃疡的黏膜而吸收。

蛇伤早期，局部蛇毒比较集中，浓度较高。借助于其中的透明质酸酶使之易于扩散、穿透、迅速吸收。蛇毒扩散至周围组织与组织蛋白非特异性结合，游离蛇毒的扩散梯度降低，故在局部以较缓慢的速度吸收。急救时，及早作伤肢结扎则蛇毒在局部停留时间会延长。扩创、吸吮排毒及注射解毒药物均要及早进行。

蛇毒在体内的分布，一般认为肺、肾、心、咬伤局部、淋巴结等处含量较多，中枢神经系统极少。认为这可能与器官血流量、蛇毒吸收通路及血脑屏障阻挡有关。有关实验证明蛇毒与其靶细胞的特异性结合非常牢固。蛇毒吸收后在血液循环中存在较多且较久，这可能是蛇毒在血中与血浆蛋白结合而使之停留较久。

蛇伤早期游离的蛇毒可流经肾脏通过肾小球过滤排泄，而且还可以通过肝脏和网状内皮系统进行体内解毒。多数学者认为，人和动物的消化腺体分泌物能破坏蛇毒，肝脏有解毒作用，而且可以从小便排出约 70%的毒素。

笔记栏

【临床表现】

临床表现主要决定于毒蛇的毒腺所含毒素的性质,其轻重程度则与进入体内毒素的量和毒力成正比。此外,与受伤者的年龄、既往健康状况亦有关系。凡毒蛇咬伤后仅有局部反应或一般全身反应,而未出现全身中毒的典型症状或体征者,可作为轻度蛇伤;凡局部症状明显,并出现全身中毒的典型症状或体征者可作为中度蛇伤;凡局部症状明显并出现全身中毒严重的典型症状或体重者,可作为重度蛇伤;而有危象出现者可作为危型。

1. 局部症状　被毒蛇咬伤后,患部一般有较大而深的毒牙痕(彩图 14－10),而无毒蛇伤的牙痕小而排列整齐。患部如被污染或经处理,则牙痕常难辨认。神经毒的毒蛇咬伤后,局部不红不肿,无渗液,微痛,甚至麻木,常易被忽视而不及时处理,但所导向的淋巴结肿大和触痛。血液毒的毒蛇咬伤后,伤口剧痛、肿胀、起水疱,所属淋巴管、淋巴结发炎,有的伤口短期内坏死,形成溃疡。混合毒的毒蛇咬伤后,即感疼痛,且逐渐加重,伴有麻木感,伤口周围皮肤迅速红肿,可扩展整个肢体,常有水疱;严重者,伤口迅速变黑坏死,形成溃疡,所导向的淋巴结肿大和触痛。

2. 全身症状　神经毒的毒蛇咬伤主要表现为神经系统受损害,多在咬伤后 1～6 小时出现症状。轻者有头晕、出汗、胸闷、四肢无力等;严重者出现瞳孔散大、视物模糊、语言不清、流涎、牙关紧闭、吞咽困难、昏迷、呼吸减弱或停止、脉象迟弱或不整、血压下降,最后呼吸麻痹而死亡。

血循毒的毒蛇咬伤主要表现为血液系统受损害,有寒战发热,全身肌肉酸痛,皮下或内脏出血(尿血、血红蛋白尿、便血、衄血和吐血),继而可以出现贫血、黄疸等;严重者可出现休克、循环衰竭。

混合毒的毒蛇咬伤主要表现神经和血液循环系统的损害,出现头晕头痛、寒战发热、四肢无力、恶心呕吐、全身肌肉酸痛、瞳孔缩小、肝大、黄疸等,脉象迟或数;严重者可出现心功能衰竭及呼吸停止。

【诊断】

(一) 诊断要点

(1) 有毒蛇咬伤史。

(2) 咬伤处有牙痕,较大而深,如针戳样,1 个或 2 个。

(3) 伤处出血或流血不止,周围可有血疱、水疱、瘀斑;自觉伤处疼痛或麻木;伤肢肿胀,且迅速向近心端蔓延。

(4) 有相应的全身中毒症状。如头晕头痛、恶心呕吐、四肢无力、心慌短气等。

(二) 辅助检查

天然胶乳凝集抑制试验阳性。天然胶乳凝集抑制试验:① 方法:先用生理盐水(忌用碘酒、乙醇)将伤口及皮肤冲洗干净,用消毒刀片或注射针头于伤口牙痕中心处轻轻划痕,以微出血为度。然后用吸管从伤口上吸取少量微带血性的组织液,以 5 倍生理盐水稀释备用。第二步取清洁玻片(5～10 cm,用红漆划成 8 个方格,注明各格诊断的蛇种名称)1 张,先将稀释好的组织液滴入各格内,每格 1 滴(约 50 μl),继之滴入蛇种诊断Ⅰ液 1 滴至相应格内,混合摇动 1 分钟。然后再加入相应的蛇种诊断Ⅱ液,每格 1 滴,混合摇动 5～8 分钟后,观察其结果。② 临床意义:该试验为各种蛇伤的快速鉴定,均能在 5～8 分钟内得到结果。凝集者为阴性,说明非该蛇种所伤;均匀混浊为阳性,说明系该蛇种所咬伤。

【治疗】

(一) 急救措施

包括阻止或减少蛇毒的吸收,破坏或排除蛇毒。

笔记栏

1. 早期结扎　被毒蛇咬伤后,即刻用柔软的绳子或布带,或就近拾取适用的植物藤或茎叶等,在伤口上方超过一个关节,结扎松紧度以能阻断淋巴液和静脉血的回流,但不得妨碍动脉血流。每个 30 分钟左右松开绑扎一次 1～2 分钟,以防肢体因缺血坏死。结扎后即可用清水、冷开水、肥皂水等冲洗伤口,以洗去周围黏附的毒液。一般在急救处理结束或服有效蛇药半小时后即可除去绑扎。

注意不要反复绑扎和松放。

2. 局部降温　可以减轻疼痛，减少毒素吸收速度，降低毒素中酶的活力和局部代谢。方法是，先将伤肢浸于冷水中(4～7℃，不低于4℃，以防冻伤)3～4小时，然后改用冰袋。也可用1∶5 000的高锰酸钾冷溶液浸泡或冲洗。如被眼镜蛇咬伤，降温可延长至72小时。降温开始时有时局部疼痛可暂时加剧，但数分钟后疼痛即明显减轻。此时即将绑扎带除去。降温时注意全身保暖。

3. 伤肢休息　伤后行走要缓慢，切忌奔跑，以减少毒素的吸收。最好是将伤肢制动后平放运送。用镇静药使患者安静，但不宜用吗啡等抑制呼吸中枢的药物。

4. 扩创排毒　常规消毒后，沿牙痕作纵行切开1.5 cm，深达皮下或做"＋"切口，如有毒牙遗留应取出，同时以1∶5 000高锰酸钾溶液或过氧化氢溶液反复多次冲洗，使伤口处蛇毒破坏，接着可用吸乳器或拔火罐的方法，将伤口内毒液尽快吸出，促进局部排毒，以减轻中毒。但必须注意，凡尖吻蝮蛇、蝰蛇、蝮蛇咬伤后，伤口流血不止，且有全身出血现象，则不宜扩创，以免发生出血性休克。

5. 针刺排毒　出现肿胀时，可于手指蹼间(八邪穴)或足蹼间(八风穴)，皮肤消毒后用三棱针或粗针头，与皮肤平等刺入约1 cm，迅速拔出后将患肢下垂，并由近心端向远端挤压以排除毒液，但被蝰蛇、尖吻蝮蛇咬伤时应慎用，以防出血不止。

6. 火柴烧灼　在野外被毒蛇咬伤以后，可即用火柴头5～7个，放在伤口上点燃烧灼1～2次，以破坏蛇毒。这是一种简便而有效的野外急救方法。

7. 封闭疗法　毒蛇咬伤后，及早应用普鲁卡因加地塞米松局部环封。其方法是，在0.25%～0.5%普鲁卡因中，加入地塞米松5 mg或氢化可的松50～100 mg，在伤口周围与患肢肿胀上方1寸处作深部皮下环封。

如果血液毒中毒局部肿胀迅速，还可采用10%～15%乙二胺四乙酸二钠4 mL加入0.25%普鲁卡因80～100 mL中，在肢体的肿胀上方1～2 cm处环封，每日或隔日1次，以抑制蛇毒中蛋白水解酶的活性，防止或减轻局部组织坏死。

胰蛋白酶能直接破坏蛇毒，对多种毒蛇咬伤有效。其方法是，胰蛋白酶2 000 U加0.5%普鲁卡因5～20 mL，在牙痕中心及周围注射达肌肉层或结扎上端进行套式封闭。根据病情，12～24小时后重复注射，个别患者发生荨麻疹过敏反应，可用异丙嗪25 mg肌内注射。

8. 使用解蛇毒中成药　伤后可立即使用蛇伤成药，常用的药物有季德胜(南通)蛇药、上海蛇药、广州蛇药、群生蛇药、云南蛇药等，可以内服或以蛇药外敷伤口周围。昏迷患者可用注射剂型。

（二）内治法

根据毒蛇咬伤的毒理、病理和症状，将毒蛇咬伤分为风毒证、火毒证、风火毒证、蛇毒内陷证四个证型进行辨证施治。除根据不同蛇毒进行治疗外，还应注意民间治蛇伤的经验，即治蛇不泄，蛇毒内结，二便不通，蛇毒内攻。所以，在辨毒对症治疗的同时，还应把解毒、利尿、通便这一重要原则贯穿其中。

1. 风毒证

证候　局部伤口无红、肿、痛，仅有皮肤麻木感；全身症状有头昏、眼花、嗜睡、气急，严重者呼吸困难，四肢麻痹，张口困难，眼睑下垂，神志模糊甚至昏迷。舌质红，苔薄白，脉弦数。

治法　活血通络，驱风解毒。

主方　活血驱风解毒汤(经验方)加减。

早期，加车前草12 g、泽泻12 g、木通6 g等利尿排毒；大便不畅，加生大黄6 g、厚朴12 g通便泻毒；咬伤在下肢加独活9 g，咬伤在上肢加羌活9 g，引经用；视物模糊，瞳孔散大，加青木香12 g，菊花12 g；动风抽搐，加蜈蚣5 g、蝉衣3 g、全蝎6 g等以搜风镇惊。

成药　季德胜蛇药片，首次20片内服，以后每隔6小时服10片。另外，以蛇药外敷伤口周围。其他亦可选用当地蛇药。

2. 火毒证

证候　局部肿痛严重，常有水疱、血疱或瘀斑，严重者出现局部组织坏死；全身症状可见恶寒发

笔记栏

热,烦躁,咽干口渴,胸闷心悸,肋胀胁痛,大便干结,小便短赤或尿血。舌质红,苔黄,脉滑数。

治法　泻火解毒,凉血活血。

主方　龙胆泻肝汤(《医方集解》)合五味消毒饮(《医宗金鉴》)加减。

小便短赤,血尿,加白茅根 20 g、茜草 12 g 等利尿止血;发斑、吐血、衄血,加水牛角粉 30 g 以加强凉血化斑解毒;烦躁抽搐,加羚羊角 3 g、钩藤 12 g 以凉肝息风;局部肿胀甚,加赤小豆 30 g、冬瓜皮 15 g 以利水消肿。

成药　季德胜蛇药片,首次 20 片内服,以后每隔 6 小时服 10 片。另外,以蛇药外敷伤口周围。其他亦可选用当地蛇药。

3. 风火毒证

证候　局部红肿较重,一般多有创口剧痛,或有水疱、血疱、瘀斑、瘀点或伤处溃烂;全身症状有头晕头痛,眼花,寒战发热,胸闷心悸,恶心呕吐,大便秘结,小便短赤,严重者烦躁抽搐,甚至神志昏愦。舌质红,苔白黄相兼,后期苔黄,脉弦数。

治法　清热解毒,凉血息风。

主方　黄连解毒汤(《外台秘要》)合五虎追风散(《晋南史全恩家传方》)加减。

吞咽困难,加玄参 12 g、山豆根 12 g、射干 12 g 以清热利咽;烦躁不安或抽搐,加羚羊角 3 g、钩藤 12 g、珍珠母 15 g 以镇静安神息风;瞳孔缩小,视物模糊,加青木香 9 g、菊花 12 g;神志昏聩,加服安宫牛黄丸。

成药　季德胜蛇药片,首次 20 片内服,以后每隔 6 小时服 10 片。另外,以蛇药外敷伤口周围。其他亦可选用当地蛇药。

4. 蛇毒内陷证

证候　毒蛇咬伤后,失治、误治出现高热、躁狂不安、惊厥抽搐或神昏谵语;局部伤口由红肿突然变为紫黯或紫黑,肿热反而消减。舌质红绛,脉细数。

治法　清营,凉血,解毒。

主方　清营汤(《温病条辨》)加减。

神昏谵语,痉厥抽搐,加服安宫牛黄丸或紫雪丹;若正气耗散,正不胜邪,导致心阳衰微,出现面色苍白,淡漠神昏,汗出肢冷,则宜用人参 9 g、附子 10 g 以益气回阳。

成药　安宫牛黄丸,每服 1 丸;或紫雪丹,每服 1.5～3 g;季德胜蛇药片,首次 20 片内服,以后每隔 6 小时服 10 片。

(三) 外治法

经排毒方法治疗后,可用 1∶5 000 呋喃西林溶液或高锰酸钾溶液湿敷伤口,保持湿润引流,以防创口闭合。同时可以用鲜草药外敷,外敷草药可分为两大类,一是引起发泡草药,如生南星、野芋、鹅不食草等,可选 1～2 种捣烂,外敷伤处周围,以引发局部充血、发泡,借以拔毒外出,对创口已溃烂者不宜使用。另一类是清热解毒的草药,如半边莲、马齿苋、七叶一枝花、八角莲、蒲公英、芙蓉叶等,适用于肿胀较重者,可选择 1～2 种捣烂敷于伤口周围肿胀部位。敷药时不可封住伤口,以防阻碍毒液流出,并保持药料新鲜与湿润,确保较长时间的疗效,避免局部感染。如寻找草药不方便,还可以用内服的蛇药片,捣烂,水调外涂。对已有水疱、血疱者,可先用消毒注射器吸出渗出液,或开小口引流,然后再以呋喃西林溶液或依沙吖啶溶液湿敷。

后期创口溃烂有腐肉时,以九一丹撒于溃烂处,红油膏纱布盖贴,待腐脱新生,改用生肌散、红油膏纱布盖贴。

(四) 其他治疗

笔记栏

1. 抗蛇毒血清治疗　抗蛇毒血清又名蛇毒抗毒素,有单价和多价两种。抗蛇毒血清特异性较高,效果确切,应用越早,疗效越好。但对脑、心、肾等实质性器官已发生器质性改变时,则难以奏效。使用剂量多少,应根据该血清的效价和该种毒蛇排毒量来决定。一般应大于中和排毒量所需要的剂量。如使用抗蝮蛇毒血清,一般注射 1 安瓿(10 mL)即可,视病情也可以酌情增加。小孩用量与成人相等，不能减少。但都必须先做过敏试验，抽抗蛇毒血清 0.1 mL，用等渗盐水 1.9 mL 稀释，皮内注射 0.1 mL，15 分钟后，无红晕蜘蛛足者为阴性。阳性者要按脱敏法处理。同时可配合使用糖皮质激素，如氢化可的松、地塞米松等。

2. 危重症抢救原则　针对蛇伤肾衰竭可采取利尿、血液透析等方法。出现呼吸衰竭时给予呼吸兴奋药和氧气吸入，必要时进行辅助呼吸。溶血、贫血现象明显时予以输血。血压下降休克时，应及时进行扩容升压等抗休克治疗。临床检查应重视神经、心血管与血液系统改变，区分神经毒与血液毒对于治疗有指导意义。此外，治疗中应避免使用中枢神经抑制剂、肌松弛剂、肾上腺素和抗凝剂。常规使用破伤风抗毒素及抗菌药物防治感染。

【预防与护理】

(1) 搞好环境卫生，特别是清除杂草，填塞洞穴，注意宿舍、厨房和饲养禽畜等处的清洁卫生，使蛇无藏身之处。

(2) 行走山林草地蛇多出没的地方时，可以竹木棍打草驱蛇，夜间行走宜用照明用具，注意蛇卧于路上被误踩而咬伤。野外作业人员进行防蛇演练。

(3) 给患者安慰和解释，以消除思想负担，使患者树立战胜蛇伤的决心和信心。

(4) 绝对卧床休息，室内要安静，光线不要太强，空气宜流通。

(5) 密切观察病情变化，注意血压、脉搏、呼吸，如发现患者气急、脉搏快弱、面色苍白、血压下降等情况，应及时组织抢救。

(6) 给予富有营养的食物，充分饮水，如有西瓜时应尽量鼓励患者多吃，有利尿作用，可加速毒素排泄。

(7) 忌食牛羊肉、鱼、虾、蟹等腥味发物。

(8) 恢复期应鼓励患者多活动患肢，促使肢体早日恢复功能。

(张春晖)

笔记栏

方 剂 索 引

A

阿魏消痞膏(《景岳全书》阿魏膏)　羌活、独活、玄参、官桂、赤芍、穿山甲、生地、两头尖、大黄、白芷、天麻、红花各 15 g，木鳖 10 枚去壳，乱发一团，槐、柳、桃枝各 15 g。诸药用麻油 1 120 g，煎药至黑去渣，入发再煎，至发化，入黄丹收膏，以软硬适中为度。取阿魏、芒硝、苏合油、乳香、没药各 15 g，麝香 9 g 细末，入膏，退火，摊布上。

功用：祛风活血，消肿止痛，化痞散结。

用法：将膏药烘热贴患处，7 天 1 次。

安宫牛黄丸(《温病条辨》)　牛黄、郁金、水牛角、黄芩、黄连、栀子、雄黄、朱砂各 30 g，冰片、麝香各 7.5 g，珠粉15 g。研极细末，炼蜜和丸，每丸 3 g，金箔为衣，以蜡护之。

功用：清心解毒，宣窍安神。用于疔疮走黄及疮疡神昏谵语、狂躁痉厥之热盛者。

用法：每服 1 丸，脉虚者，人参汤送下。脉实者，银花薄荷汤送下。病重、体实者，每天 3 次。

B

八宝丹(《疡医大全》)　珍珠 3 g，牛黄 1.5 g，象皮、琥珀、龙骨、轻粉各 4.5 g，冰片 0.9 g，炉甘石 9 g。研极细末。

功用：生肌收口。用于溃疡脓水将尽者，阴证、阳证都可用。

用法：掺于患处。

八二丹(经验方)　熟石膏 8 份、升药 2 份。各研极细末，和匀。

功用：提脓祛腐。用于溃疡脓流不畅，腐肉难脱。

用法：掺于疮面，或制成药线插入瘘管，外用膏药或油膏盖贴。

八正散(《太平惠民和剂局方》)　木通、瞿麦、车前子、萹蓄、滑石、炙甘草、山栀子、大黄。

功用：清利湿热，通淋排石。用于泌尿系结石、前列腺肥大等属湿热者。

用法：水煎服。

其他剂型：八正合剂(每服 15 mL，每日 3 次)、八正胶囊(每服 4 粒，每日 3 次)。

八珍汤(《正体类要》)　人参、白术、茯苓、甘草、当归、白芍、地黄、川芎。

功用：补气补血。用于疮疡、皮肤病属气血两虚者。

用法：水煎服。

拔毒膏(《丹溪心法附余》)　没药、乳香、雄黄、五倍子、南皂角，研细粉。

功用：拔毒消肿止痛。用于肿毒、诸恶疮。

用法：醋调外敷患处。

板蓝根颗粒(《新编国家中成药》)　板蓝根。

功用：清热解毒、凉血利咽、消肿。适用于扁桃体炎、腮腺炎、咽喉肿痛、小儿麻疹等。

用法：每服 5～10 g，每天 3 次。

其他剂型：板蓝根冲剂(每服 1 袋，每日 2～3 次)。

白癜风丸(《新编国家中成药》)　补骨脂、黄芪、红花、川芎、当归、香附、桃仁、丹参、乌梢蛇、紫草、白鲜皮、山药、干姜、龙胆草、蒺藜。制成浓缩丸。

笔记栏

功用：益气行滞，活血解毒，利湿消斑，驱风止痒。主治白癜风。用于皮色变白呈斑点状，或成大片状，发展时期，皮色可显粉红色，白色之皮肤内毛发变白，有的中间可有褐色斑点等症。

用法：每服 1.5 g，每日 2 次。

白降丹(《医宗金鉴》)　朱砂、雄黄各 6 g，水银 30 g，硼砂 15 g，火硝、食盐、白矾、皂矾各 45 g。先将雄黄、皂矾、火硝、明矾、食盐、朱砂研匀，入瓦罐中，微火使其烊化，再和入水银调匀，待其干涸。然后用瓦盆一只，盆下有水，即以盛干涸药料的瓦罐覆置盆中，四周以赤石脂和盐卤层层封固，再以炭火置于倒覆的瓦罐上，如有空隙漏气处，急用赤石脂盐卤加封，约过三炷香(约 3 小时)即成。火冷定后开看，盆中即有白色晶片的药粉。

功用：腐蚀，平胬。用于溃疡脓腐难去，或已成瘘管，肿疡成脓不能自溃，疣、痣、瘰疬等，外敷消散药物效果不显著者。

用法：疮大者用 0.15～0.18 g，小者 0.03～0.06 g，以清水调涂疮头上；亦可和米糊为条，插入疮口中，外盖膏药。

白蚀丸(《新编国家中成药》)　紫草、灵芝、降香、补骨脂(盐炙)、丹参、红花、何首乌、海螵蛸、牡丹皮、黄药子、苍术(泡)、甘草、蒺藜、龙胆草。

功用：补益肝肾，活血祛瘀，养血驱风。用于治疗白癜风。

用法：每服 2.5 g，每日 3 次。孕妇、肝功能不全者禁用。

白屑风酊(经验方)　蛇床子 40 g、苦参片 40 g、土槿皮 20 g、薄荷脑 10 g。将蛇床子、苦参片、土槿皮共研成粗粉，先用 75%乙醇 80 mL，将药粉渗透，放置 6 小时后，然后加入 75%乙醇920 mL，依照渗漉分次加入法，取得酊剂约 1 000 mL(不足之数可加入 75%乙醇补足)，最后加入薄荷脑即成。

功用：祛风止痒。用于白屑风。

用法：搽擦患处，每天 3～5 次。有糜烂者禁用。

白玉膏(即生肌白玉膏)(经验方)　熟石膏 9 份、制炉甘石 1 份。熟石膏研粉，加入制炉甘石粉和匀，以麻油少调成膏，再加凡士林使成 70%的软膏。

功用：润肤，生肌，收敛。用于溃疡腐肉已尽，疮口不敛者。

用法：将膏少许匀涂纱布上外敷，并可掺其他生肌药粉于药膏上，效果更佳。

百部酊(经验方)　百部 10～25 g、75%乙醇 100 mL。每日振荡数次，1 周后去渣备用。

功用：祛风杀虫止痒。用于瘙痒性皮肤病。

用法：直接外涂皮损处。

百合固金丸(《医方集解》)　百合、川贝母、当归、白芍、甘草各 100 g，生地黄 200 g，熟地黄 300 g，麦冬 150 g，玄参、桔梗各 80 g。

功用：养阴润肺，化痰止咳。用于肺肾阴虚，干咳少痰，咽干喉痛。

用法：每服 6～9 g，每日 2 次。

斑秃丸(《新编国家中成药》)　地黄、熟地黄、制何首乌、当归、丹参、白芍(炒)、五味子、羌活、木瓜。辅料为炼蜜。

功用：滋补肝肾，养血生发。用于斑秃、全秃、普秃等。

用法：每服 9 g，每日 3 次。糖尿病患者禁服。

贝母瓜蒌散(《医学心悟》)　贝母 4.5 g，瓜蒌 3 g，花粉、茯苓、橘红、桔梗各 2.5 g。

功用：润肺清热，理气化痰。用于燥痰咳嗽，咳嗽呛急，咯痰不爽，涩而难出，咽喉干燥哽塞，苔白而干。

用法：水煎服。

萆薢分清饮(《医学心悟》)　川萆薢、石菖蒲、黄柏、茯苓、车前子、莲子心、白术。

功用：清热化湿。用于膏淋、白浊。

用法：水煎服。

其他剂型：萆薢分清丸(每日 6～9 g，每日 2 次)。

笔记栏

萆薢化毒汤(《疡科心得集》)　萆薢、归尾、丹皮、牛膝、防己、木瓜、薏苡仁、秦艽。

功用：清热利湿。用于湿热所致疮疡。

用法：水煎服。

萆薢渗湿汤(《疡科心得集》)　萆薢、薏苡仁、黄柏、赤苓、丹皮、滑石、通草、泽泻。

功用：清热利湿。用于脚湿气、下肢丹毒及湿疹等。

用法：水煎服。

碧云散(《医宗金鉴》)　鹅不食草、川芎各 30 g，细辛、辛夷各 6 g，青黛 3 g。研成细末，和匀。

功用：祛风清热。用于鼻渊流浊涕及鼻塞头痛者。

用法：搐鼻中。上药时，口中含清水一口。

冰狮散(《医宗金鉴》)　硇砂 0.6、大田螺(去壳，线穿晒干)5 枚、冰片 0.3 g、白砒(面裹煨熟，去面用砒)3.6 g。将螺肉切片，用白砒研末，再加硇砂共研细，以稠米汤糊搓成捻子，瓷瓶收贮。

功用：腐蚀解毒。

用法：用时将药捻插入针孔，外用纸糊封，贴核上勿动，10 天后四边裂缝，其核自落。

补阳还五汤(《医林改错》)　生黄芪、当归尾、赤芍、地龙、川芎、桃仁、红花。

功用：补气，活血，通络。用于中风半身不遂、截瘫、下半身痿废等。

用法：水煎服。

补阳还五口服液　按补阳还五汤组方制成的口服液。

功用：补气，活血，通络。用于中风后，半身不遂、口眼歪斜、语言謇涩、口角流涎、大便干燥、小便频数、遗尿不禁、苔白、脉缓等症。

用法：每服 10 mL，每日 3 次。

补中益气汤(《东垣十书》)　黄芪 3 g，人参、白术各 0.9 g，炙甘草 1.5 g，归身、橘皮、升麻、柴胡各 0.6 g。

功用：补中益气，升阳举陷。用于疮疡元气亏损，肢体倦怠，饮食少思。

用法：水煎服。

补中益气丸(《脾胃论》)　炙黄芪 200 g，炙甘草 100 g，党参、白术(炒)、当归、升麻、柴胡、陈皮各 60 g。

功用：补中益气，升阳举陷。用于脾胃虚弱，中气下陷所致的体倦乏力、食少腹胀、便溏久泻、肛门下坠。

用法：每服 9 g，每日 2 次。

C

侧柏叶酊(经验方)　二甲亚砜 100 g，侧柏叶乙醇浸出液加到 10 000 mL(取生侧柏叶 2 500 g，用 60%乙醇渗漉到 10 000 mL 即成)。

功用：凉血清热止痒。用于白屑风。

用法：每天 3～4 次搽擦患处。

柴胡清肝汤(《外科正宗》)　生地、当归、白芍、川芎、柴胡、黄芩、山栀子、天花粉、防风、牛蒡子、连翘、甘草。

功用：清肝解郁。用于痈疽疮疡，由肝火而成者。

用法：水煎服。

柴胡疏肝散(《证治准绳》引《统旨》)　柴胡、陈皮、川芎、芍药、枳壳、甘草、香附。

功用：疏肝理气。用于肝气郁结证。

用法：水煎服。

笔记栏

蟾酥合剂(经验方)　酒化蟾酥、腰黄、铜绿、炒绿矾、轻粉、乳香、没药、枯矾、干蜗牛各 2 g，麝香、血竭、朱砂、煅炉甘石、煅寒水石、硼砂、灯草灰各 1.5 g。各研细末，和匀。蟾酥另以烧酒化开为糊，徐徐和入药末，混合研匀，晒干，研成极细末，收贮听用。

功用：驱毒，消肿，化腐。用于疔疮、白喉、走马牙疳等。

用法：在红肿初起时，用上药(也可用煅石膏为赋形剂，成为30%～50%蟾酥合剂)以烧酒调涂患处，外敷贴太乙膏。至红肿消失，腐肉与健康组织起一裂缝时，改用10%蟾酥合剂(即上药1份，煅石膏9份)。至腐肉脱落阶段，再改用5%蟾酥合剂(即上药1份，煅石膏9份，煅炉甘石5份，海螺蛸5份)。亦可用吹药器将药喷入口腔、咽喉患处。

蟾酥丸、蟾酥饼、蟾酥条(《外科正宗》) 蟾酥6 g(酒化)，轻粉1.5 g，麝香、枯矾、寒水石(煅)、制乳香、制没药、铜绿、砒各3 g，雄黄6 g，蜗牛21个，朱砂9 g。上药各为末，先将蜗牛研烂，加蟾酥，方入其他药末捣匀，丸如绿豆大。亦可作饼、作条外用。

功用：驱毒，发汗。外敷化腐、消坚。内服治疔疮初起。

用法：每次3丸，用葱白嚼烂，包药在内，取热酒1杯送下，被盖卧，出汗为效。重证可再进1服。孕妇忌服。外用药条，可插入疮口中；药饼，可盖贴疮口上。

冲和膏(《外科正宗》) 紫荆皮(炒)150 g、独活90 g、赤芍60 g、白芷30 g、石菖蒲45 g。

功用：疏风，消肿，活血祛寒。用于疮疡阴阳不和、冷热相凝者。

用法：葱汁、陈酒调敷。

附 **冲和油膏** 凡士林8/10、冲和散2/10。调匀成膏。

功用：疏风，消肿，活血祛寒。

用法：摊纱布上，敷患处。

葱归溻肿汤(《医宗金鉴》) 独活、白芷、当归、甘草各9 g，葱头7个。

功用：疏导腠理，通调血脉。用于痈疽初肿之时。

用法：以水三大碗，煎至汤醇，滤去渣，以棉帛沾汤热洗，如凉再易之。

除湿胃苓汤(《医宗金鉴》) 苍术、厚朴、陈皮、猪苓、泽泻、赤茯苓、白术、滑石、防风、山栀子、木通、肉桂、甘草、灯心。

功用：清热燥湿，理气和中。用于蛇丹、湿疹等胃肠症状明显者。

用法：水煎服。

除脂生发片(《新编国家中成药》) 当归、牡丹皮、川芎、白鲜皮、蝉蜕、地黄、苦参、地肤子、防风、何首乌(制)、荆芥、僵蚕(麸炒)、蜈蚣。

功用：滋阴，养血，祛风，活络，止痒，除油脂。用于脂溢性脱发，头皮瘙痒，落屑，油脂分泌过多症。

用法：每服6片，每日3次。

痤疮洗剂(经验方) 沉降硫黄6 g、樟脑酯10 g、西黄芪胶1 g、石灰水加至100 mL。

功用：减少皮脂溢出，消炎。用于痤疮。

用法：外擦，每天3～4次。擦药前先用热水、硫黄肥皂洗涤患部。

穿心莲片(《新编国家中成药》) 穿心莲1 g(每小片含药量)。

功用：清热解毒、凉血消肿。用于邪毒内盛、感冒发烧、咽喉肿痛、口舌生疮、泄泻痢疾、热淋涩痛、痈肿疮疡、毒蛇咬伤。

用法：口服。每服2～3片(小片)，每日3～4次；或每服1～2片(大片)，每日3次。

D

大败毒胶囊(《新编国家中成药》) 大黄、蒲公英、陈皮、木鳖子、白芷、天花粉、金银花、黄柏、乳香(制)、当归、赤芍、甘草、蛇蜕(酒炙)、干蟾(制)、蜈蚣、全蝎、芒硝。

功用：清血败毒，消肿止痛。用于脏腑毒热，血液不清引起的梅毒，血淋，白浊，尿道刺痛，大便秘结，疥疮，痈疽疮疡，红肿疼痛。

用法：每服5粒，每日4次。

大柴胡汤(《金匮要略》) 柴胡12 g，黄芩、芍药、半夏、枳实各9 g，生姜15 g，大枣4枚，大黄6 g。

笔记栏

功用：和解少阳，内泻热结。主治少阳阳明合病。临床常用于治疗急性胰腺炎、急性胆囊炎、胆石症、胃及十二指肠溃疡等属少阳阳明合病者。

用法：上八味，以水一斗二升，煮取六升，去滓，再煮，温服一升，日三服。

大承气汤(《伤寒论》)　生大黄(后下)、枳实、厚朴、芒硝(冲服)。

功用：泻热攻下。用于疮疡、皮肤病、急腹症里热实证。

用法：水煎服。

大补阴丸(《丹溪心法》)　黄柏、知母、熟地黄、龟板。

功用：养阴清热。用于红斑狼疮、阴茎癌肝肾阴虚者。

用法：水煎服。

大分清饮(《类证治裁》)　茯苓、猪苓、泽泻、木通、山栀子、车前子、枳壳。

功用：清利湿热。治疗精浊、溺浊、水疝。

用法：水煎服。

大黄牡丹汤(《金匮要略》)　大黄 12 g，牡丹 3 g，桃仁 9 g，瓜子 12 g，芒硝 9 g。

功用：泻热破瘀、散结消肿。主肠痈初起，右少腹疼痛拒按，甚则局部有痞块，发热恶寒，自汗出，或右足屈而不伸，苔黄腻，脉滑数者。

用法：上五味，用水 600 mL，煮取 200 mL，去滓；纳芒硝，再煎沸，顿服之。

大黄䗪虫丸(《金匮要略》)　熟大黄、土鳖虫(炒)、水蛭(制)、虻虫(去翅足，炒)、蛴螬(炒)、干漆(煅)、桃仁、苦杏仁(炒)、黄芩、地黄、白芍、甘草。

功用：活血破瘀、通经消癥。用于瘀血内停所致的癥瘕、闭经，症见腹部肿块、肌肤甲错、面色黯黑、潮热羸瘦、经闭不行。

用法：口服。每服 3 g，每日 1～2 次。

大活络丸(《兰台轨范》)　蕲蛇(酒制)、乌梢蛇(酒制)、制草乌、乳香、没药、骨碎补、威灵仙、麻黄、防风、川芎、当归、红参、牛黄、天麻、熟大黄、麝香、血竭、熟地黄、天南星(制)、水牛角等 50 味。

功用：祛风，舒筋，活络，除湿。用于风寒湿痹引起的肢体疼痛，手足麻木，筋脉拘挛，中风瘫痪，口眼歪斜，半身不遂，言语不清。

用法：每服 1 丸，每日 2 次。

代抵当汤(《证治准绳》)　大黄、归尾、生地、炮山甲、芒硝、桃仁、肉桂。

功用：攻逐瘀血。用于膀胱蓄血引起的癃闭。

用法：水煎服。

胆石通胶囊(《新编国家中成药》)　蒲公英、水线草、绵茵陈、广金钱草、溪黄草、枳壳、柴胡、大黄、黄芩、鹅胆干膏粉。

功用：清热利湿，利胆排石。用于肝胆湿热，右胁疼痛，痞满呕恶，黄疸口苦，以及胆石症、胆囊炎、胆道炎属肝胆湿热证者。

用法：每服 4～6 粒，每日 3 次。

当归补血汤(《内外伤辨惑论》)　黄芪 30 g、当归(酒炒)6 g。

功用：补气生血。用于大失血后，面色萎黄、神倦乏力，或有低热、脉虚无力，疮疡溃后脓血过多等各种血虚证。阴虚火旺者忌用。

用法：水煎服。

其他剂型：当归补血丸(每服 1 丸，每日 2 次)。

当归龙荟丸(《2000 版药典》)　酒当归 100 g，龙胆(酒炙)100 g，芦荟 50 g，青黛 50 g，栀子 100 g，酒黄连 100 g，酒黄芩 100 g，盐黄柏 100 g，酒大黄 50 g，木香 25 g，人工麝香 5 g。

笔记栏

功用：泻火通便。用于肝胆火旺、心烦不宁、头晕目眩、耳鸣耳聋、胁肋疼痛、脘腹胀痛、大便秘结。

用法：口服。每服 6 g，每日 2 次。

其他剂型：当归龙荟片(每服 4 片，每日 2 次)。

当归拈痛丸(《医学启源》) 羌活、葛根、防风、茵陈、黄芩、知母、苦参、党参、炒白术、苍术、泽泻、猪苓、升麻、甘草。

功用：祛风清热，除湿止痛。

用法：每次 6 g，每日 3 次，口服。

当归四逆汤(《伤寒论》) 当归、桂枝、芍药、细辛、甘草、木通、大枣。

功用：温经散寒，养血通脉。用于血虚寒凝，手足寒冷或青紫，受寒后更甚，或冻疮初起未溃者。

用法：水煎服。

当归饮子(《重订严氏济生方》) 当归、川芎、白芍、生地、防风、白蒺藜、荆芥、何首乌、黄芪、甘草。

功用：养血祛风。用于血虚风燥型的瘾疹、湿疹、牛皮癣、白屑风等。

用法：水煎服。

蛋黄油(经验方) 煮熟鸡蛋黄 3～4 枚，放入锅内用文火煎熬，炸枯去渣存油备用。

功用：润肤生肌。用于乳头破碎、奶癣等病。

用法：外搽患处。

丹参片(《新编国家中成药》) 丹参 1 g(每片含药量)。

功用：活血化瘀。用于瘀血闭阻所致的胸痹等。

用法：口服。每服 3～4 片，每日 3 次。

丹栀逍遥散(《内科摘要》) 逍遥散(《太平惠民和剂局方》)(柴胡、白芍、当归、白术、茯苓、炙甘草、生姜、薄荷)加丹皮、栀子。

功用：疏肝健脾，和血调经。用于肝脾血虚，化火生热者。

用法：水煎服。

导赤散(《小儿药证直诀》) 木通、生地、生甘草、竹叶。

功用：清热利水。用于湿热型前列腺肥大。

用法：水煎服。

地黄饮子(《宣明论方》) 地黄、巴戟、山茱萸、苁蓉、肉桂、附子、茯苓、远志、菖蒲、麦冬、五味子、石斛、薄荷、生姜、大枣。

功用：补肾精，开心窍。

用法：水煎服。

颠倒散洗剂(经验方) 硫黄、生大黄各 7.5 g，石灰水 100 mL。将硫黄、大黄研极细末后，加入石灰水(将石灰与水搅挥，待澄清后，取中间清水)100 mL 混合即成。

功用：活血祛瘀。用于粉刺、酒渣鼻、白屑风等。

用法：外搽患处，每日 3～4 次。

丁桂散(经验方) 公丁香、肉桂各 30 g。共研细末。

功用：温化痰湿，散寒止痛。

用法：掺膏药或油膏内敷贴患部。

独活寄生汤(《备急千金要方》) 独活、桑寄生、秦艽、防风、细辛、当归、芍药、川芎、干地黄、杜仲、牛膝、党参、茯苓、甘草、肉桂心。

功用：养血通络，祛风湿。

用法：水煎服。

E

鹅黄散(《外科正宗》) 石膏(煅)、黄柏(炒)、轻粉各等份。研为细末。

功用：清热提毒。用于梅毒溃烂成片，脓秽多而疼甚者。

笔记栏

用法：干掺烂处，每天 2～3 次。

鹅掌风浸泡方(经验方)　大枫子肉、花椒、鲜凤仙花各 9 g，皂荚、土槿皮各 15 g，地骨皮 6 g，藿香 18 g，白矾12　g，米醋 1 kg。

功用：杀虫止痒。用于手足癣。

用法：将药浸入米醋内 24 小时，煎沸待温，将药汁放入塑料袋内，将患手(足)伸入袋中扎住，浸 6～12 小时，隔日将药汁煎沸待温再浸，共浸 3～4 次，浸泡后 7 天内不宜用碱水、肥皂水洗手(足)，如有皲裂者暂缓使用。

二白散(《外科大成》)　生南星、贝母各等份。共研细末。

功用：化痰散结。用于肉瘤、痰核。

用法：鸡子清和米醋调敷。

二陈汤(《太平惠民和剂局方》)　陈皮、半夏、茯苓、甘草。

功用：燥湿化痰。用于疮痒痰浊凝结之证。

用法：水煎服。

二矾汤(《外科正宗》)　白矾、皂矾各 120 g，孩儿茶 15 g，侧柏叶 250 g。

功用：杀虫止痒。用于鹅掌风。

用法：水煎，浸泡。

二号癣药水(经验方)　米醋 10 000 g，百部、蛇床子、硫黄各 240 g，土槿皮 300 g，砒石 6 g，斑蝥 60　g，白国樟 36 g，轻粉 36(或加水杨酸 330 g、冰醋酸 100 mL、醋酸铝 60 g)。先将砒石、硫黄、轻粉各研细末，再同其余药物和米醋浸在瓶中或缸中，俟 1 周后使用。

功用：杀虫止痒。用于鹅掌风。

用法：外搽，每日 1～2 次，也可浸用，约浸 20 分钟。有糜烂者禁用。

二妙散(丸)(《丹溪心法》)　苍术 180 g(米泔水漫)、黄柏 180 g(酒炒)。研为细末，水煮面糊为丸，如梧桐子大。现代将苍术、黄柏以 1∶1 的比例粉碎后，按照传统水泛丸的工艺制成。

功用：燥湿清热。用于湿热下注引起的炎症、红肿、渗出等症，如湿疹、臁疮等。

用法：每服 3～6 g，每日 2～3 次。淡盐汤送下。

二仙汤(经验方)　仙茅、淫羊藿、当归、巴戟、知母、黄柏。

功用：调摄冲任。用于瘾疹属冲任不调者。

用法：水煎服。

二至丸(《医方集解》)　女贞子 500 g，墨旱莲 500 g。

功用：滋补肝肾。主治肝肾阴虚。

用法：水煎服。

F

防风通圣散(《宣明论方》)　防风、荆芥、连翘、麻黄、薄荷、川芎、当归、白芍(炒)、白术、山栀、大黄(酒蒸)、芒硝各 15 g，石膏、黄芩、桔梗各 30 g，甘草 60 g，滑石 90 g。共研细末。

功用：解表通里，疏风清热，化湿解毒。用于疮疡肿毒、肠风痔瘘、瘾疹等。

用法：每次 6～12 g，每天 2～3 次。也可水煎服。

疯油膏(经验方)　轻粉 4.5 g、铅丹 3 g、飞朱砂 3 g。上药研细末，先以麻油 120 g 煎微滚，入黄蜡 30 g 再煎，以无黄沫为度，取起离火，再将药末渐渐投入，调匀成膏。

功用：润燥，杀虫，止痒。用于鹅掌风、牛皮癣、慢性湿疹等皮肤皲裂、干燥作痒者。

用法：涂擦患处，或加热烘疗法，疗效更好。

笔记栏

附　**疯杨膏**　即疯油膏 100 g 中加水杨酸 5 g 调匀即成。

功用、用法：同疯油膏。

复方金钱草颗粒(《新编国家中成药》)　广金钱草、车前草、石韦、玉米须。

功用：清热祛湿、利尿排石、消炎止痛。用于泌尿系结石，尿路感染属湿热下注证者。

用法：开水冲服。

复方青黛胶囊(《新编国家中成药》) 青黛、马齿苋、白芷、土茯苓、紫草、贯众、蒲公英、丹参、萆薢、白鲜皮、乌梅、五味子、山楂、建曲。

功用：清热解毒，化瘀消斑，祛风止痒。用于进行期银屑病、玫瑰糠疹、药疹。

用法：每服 4 粒，每日 3 次。

复方土槿皮酊(经验方) 10%土槿皮酊 40 mL(土槿皮粗末 10 g、80%乙醇 100 mL，按渗漉法制成)、苯甲酸 12 g、水杨酸 6 g、75%乙醇加至 100 mL(将苯甲酸、水杨酸加乙醇适量溶解，再加入 10%土槿皮酊混匀，量后将乙醇加至尽量)。

功用：杀虫止痒。用于鹅掌风、脚湿气等病。

用法：笔蘸药水，搽患处。

肤痒冲剂(《新编国家中成药》) 苍耳子(炒、去刺)、川芎、红花、白英、地肤子。

功用：祛风活血，除湿止痒。用于皮肤瘙痒症、湿疹、荨麻疹等瘙痒性皮肤病。

用法：每服 9 g，每日 3 次。消化道溃疡病患者慎用。

附桂八味丸(《金匮要略》) 熟地、山萸肉、干山药、丹皮、白茯苓、泽泻、附子、肉桂。上药为末，糊丸如梧桐子大。

功用：温补脾肾。用于命门火衰，脾肾两虚证。

用法：每天 9 g，淡盐汤送下，或水煎服。

附子理中汤(《三因极一病证方论》) 附子、人参、干姜、白术、炙甘草。

功用：温中健脾。用于脾胃虚寒，脘腹冷痛，呕吐泄泻，手足不温等病证。

用法：水煎服。

其他剂型：附子理中丸(每服 6 g，每日 2 次)。

G

甘草油(《赵炳南临床经验集》) 甘草 1 两，香油 10 两。甘草浸入油内 1 昼夜，文火将药炸至焦黄，去滓备用。

功用：解毒、润肤、清洁疮面。

用法：涂敷患处。

瓜蒌牛蒡汤(《医宗金鉴》) 瓜蒌、牛蒡子、天花粉、黄芩、陈皮、山栀子、皂角刺、金银花、青皮、柴胡、甘草、连翘。

功用：清肝经邪热。用于乳痈初起。

用法：水煎服。

顾步汤(《外科真诠》) 黄芪 30 g，人参 9 g，金钗 30 g，当归 30 g，银花 30 g，牛膝 30 g，菊花 15 g，甘草 9 g，蒲公英 15 g，紫花地丁 30 g。

功用：治脱疽。

用法：水煎服。

归脾汤(《济生方》) 人参、白术(土炒)、黄芪(炒)、茯神、枣仁(炒研)、龙眼肉各 6 g，生姜 3 片，大枣 2 枚，当归身、远志(去心)各 3 g，炙甘草、青木香各 1.5 g。

功用：养心健脾，益气补血。用于岩、乳痰等病，久溃不敛，气血两亏，心脾衰弱，心烦不寐者。

用法：水煎服。

其他剂型：归脾丸(每日 9 g，温开水送下)。

桂麝散(《药蔹启秘》) 麻黄 15 g，细辛 15 g，肉桂 30 g，牙皂 9 g，生半夏 24 g，丁香 30 g，生南星 24 g，麝香 1.8 g，冰片 1.2 g。研极细末。

功用：温化痰湿，消肿止痛。用于疮疡阴证未溃、乳癖等。

笔记栏

用法：掺膏药内贴之。

桂枝加当归汤(经验方)　桂枝、白芍、炙甘草、生姜、大枣、当归。

功用：养血和营，温经通络。用于脱疽、冻疮。

用法：水煎服。

桂枝汤(《伤寒论》)　桂枝、白芍、炙甘草、生姜、大枣。

功用：疏散风寒，调和营卫。用于风寒型瘾疹。

用法：水煎服。

其他剂型：桂枝颗粒(每服 6 g，每日 3 次)。

H

海艾汤(《外科正宗》)　海艾、菊花、薄荷、防风、藁本、藿香、甘松、蔓荆子、荆芥穗各 6 g。

功用：散风，止痒，护发。用于油风等。

用法：煎汤待温蘸洗之。

海浮散(《外科十法》)　制乳香、制没药各等量。共研极细末。

功用：生肌，止痛，止血。用于疮疡溃后脓毒将尽，乳癌溃破等。

用法：将药粉掺于患处，外盖油膏。

海藻玉壶汤(《外科正宗》)　海藻、陈皮、贝母、连翘、昆布、半夏(制)、青皮、独活、川芎、当归、甘草、海带。

功用：化痰，消坚，开郁。用于肉瘿、石瘿。

用法：水煎，饭前后服之。

黑虎丹(《外科诊疗学》)　灵磁石(醋煅)4.5 g，母丁香、公丁香(炒黑)各 3 g，全蝎(炒)7 只约 4.5 g，僵蚕(炒)7 只约 2.1 g，炙甲片 9 g，炙蜈蚣 6 g，蜘蛛(炒炭)7 只，麝香 1.5 g，犀牛黄 0.6 g，冰片3 g。共研细末。

功用：消肿提脓。用于痈、疽、瘰疬、流痰等，溃后脓腐不净，亦可用于对升丹有过敏者。

用法：掺少许在疮头上，外盖太乙膏，隔天换药 1 次。

黑退消(经验方)　生川乌、生草乌、生南星、生半夏、生磁石、公丁香、肉桂、制乳香、制没药各 15 g，制松香、硇砂各 9 g，冰片、麝香各 6 g。上药除冰片、麝香外，各药研细末后和匀，再将冰片、麝香研细后加入和匀，用瓶装置，不使出气。

功用：行气活血，祛风逐寒，消肿破坚，舒筋活络。用于疮疡阴证未溃者。

用法：将药粉撒于膏药或油膏上敷贴患处。

红灵丹(经验方)　雄黄、乳香、没药、火硝各 18 g，青礞石、冰片各 9 g，煅月石 30 g，朱砂 60 g，麝香 3 g。除冰片、麝香外，共研细末，最后加冰片及麝香，瓶装封固，不出气，备用。

功用：活血止痛，消坚化痰。用于痈疽未溃及初、中期阴茎癌。

用法：掺膏药或油膏上，敷贴患处。

附　**红灵丹油膏**　红灵丹 45 g，凡士林 300 g。先将凡士林熔化冷却，再将药粉徐徐调入，和匀成膏。

功用：活血止痛，消坚化痰。

用法：将油膏涂于纱布上贴之，每天换药 1 次。

红灵酒(经验方)　当归、肉桂各 60 g，红花、川椒、干姜各 30 g，樟脑、细辛各 15 g。95%乙醇 1 000 mL，浸泡 7 天去渣备用。

功用：活血，消肿，止痛。用于脱疽、冻疮等。

用法：外涂患处或蘸药揉擦。

笔记栏

红藤煎剂(《中医方剂临床手册》)　红藤、银花、紫花地丁、连翘、乳香、没药、丹皮、元胡、甘草、大黄。

功用：清热解毒、活血化瘀。治急性阑尾炎、阑尾脓肿。

用法：水煎服。

红油膏(经验方)　凡士林 300 g、九一丹 30 g、铅丹 4.5 g。先将凡士林烊化，然后徐徐将两丹调入，和匀成膏。

功用：防腐生肌。用于溃疡不敛，以及烫伤、创伤等创面较大者。

用法：将药膏匀涂纱布上，敷贴患处。

附　**红油膏纱布**　将纱布剪成 6 cm×12 cm 大小，20～30 块，用红油膏 60～90 g，共同放置于铝质饭盒内，经高压蒸气消毒备用。

功用：防腐生肌。

用法：按疮面大小，剪贴患处。

琥珀黑龙丹(《外科正宗》)　琥珀、血竭各 30 g，京墨、炒五灵脂、海带、海藻、南星(姜汁拌炒)各 15 g，木香 10 g，麝香 3 g。共研细末，炼蜜为丸，每丸重 3 g，金箔为衣。

功用：破瘀消肿，化痰软坚。用于各种肿瘤。

用法：每服 1 粒，每日 2～3 粒，黄酒送服。

虎挣散(经验方)　马钱子 500 g，穿山甲、川附子各 60 g。马钱子用清水浸 15 天，夏季每隔 1 天换水 1 次，冬季用温水浸之，换水 1 次，刮净皮毛，切成 0.3 cm 厚细条，投香油锅中，煎至油沫净.再煎数滚，透心黄脆，再放入黄土内，炒拌至土粉有油气，入筛内，筛去油土，再换土粉炒，如是 3 次，油净，取出，将马钱子研细。穿山甲以砂土炒松脆，研细。川附子用水浸 3 天，每天换水 1 次，晒干，再研细。以上三味合研细末。

功用：通经络，和营卫，健脾胃，消肿止痛。用于附骨疽、流痰。

用法：根据年龄病情和体质用药。成人 0.3～0.6 g，饭后 1 小时，黄酒送服。虚弱者酌减。孕妇忌服。

化斑解毒汤(《医宗金鉴》)　升麻、石膏、连翘(去心)、牛蒡子(研炒)、人中黄、黄连、知母、玄参。

功用：清热解毒。用于内发丹毒。

用法：加用竹叶 20 片，水煎服。

化坚二陈丸(《医宗金鉴》)　陈皮、半夏各 30 g，白茯苓 45 g，生甘草、川黄连各 10 g，炒白僵蚕 60 g。共研细末，荷叶汤泛，如梧桐子大。

功用：化痰散结。用于体表各种痰核。

用法：每服 6 g，每日 3 次，白开水送下。

化瘀祛斑胶囊(《新编国家中成药》)　柴胡、薄荷、黄芩、当归、红花、赤芍。

功用：疏风清热，活血化瘀。用于黄褐斑、酒渣、粉刺。

用法：每服 5 粒，每日 2 次。

槐角地榆丸(《外科大成》)　槐角炒黄 125 g，地榆炒黑、地黄炒焦、炒黄芩、炒荆芥各 62.5 g，枳壳 46 g，当归尾31 g。共研细末，炼蜜为丸，梧桐子大。

功用：清肠止血。用于痔漏肿痛出血者。

用法：每服 9 g，空腹，白开水送下，每日 2 次。

槐角丸(《太平惠民和剂局方》)　槐角 500 g，地榆、当归、防风、黄芩、炒枳壳各 250 g。共细末，炼蜜为丸。

功用：清肠止血，驱湿毒。用于肠风下血、肛门肿聚、痒痛。

用法：每天 1～2 次，每次 9 g，吞服或水煎服。

黄柏霜(经验方)　硬脂酸 200 g、单硬脂酸甘油酯 72 g、石蜡油 160 g、凡士林 40 g、尼泊金 1 g、苯甲酸钠 4 g、吐温- 80 10 g、三乙醇胺 50 g、二甲基亚砜 20 g、黄柏液(1∶4)500 g。取硬脂酸、单硬脂酸甘油酯、石蜡油、凡士林、苯甲酸钠及尼泊金置容器内加热 60℃使熔化(油相)。再取黄柏液、吐温- 80、三乙醇胺加入水溶液中，并加热至 60℃(水相)。将水相一次加入油相中，并用力搅拌至呈乳状，继续搅拌至冷即成。

笔记栏

笔记栏

功用：清热止痒。

用法：搽擦患处，每日3～4次。

黄柏溶液 2%～10%(经验方) 黄柏片10～50 g、硼酸1.5～7.5 g。黄柏片浸于500 mL蒸馏水中，经48小时，过滤，入500 mL盐水瓶中，隔汤煮沸30分钟，再加无菌蒸馏水补足500 mL，趁热加入硼酸，使彻底溶解，待冷。

功用：清热解毒。用于痈疽疮疡溃后，脓腐不脱、疼痛不止、疮口难敛者。

用法：将药液洗涤疮口；或以消毒纱布作湿敷用。

黄连阿胶汤(《伤寒论》) 黄连、黄芩、芍药、鸡子黄、阿胶。

功用：滋阴清火，养心安神。

用法：上五味，以水六升先煮前三物取二升去滓，纳胶烊尽，小冷，纳鸡子黄，搅令相得，温服七合，日三服。

黄连膏(《医宗金鉴》) 黄连9 g、当归15 g、黄柏9 g、生地30 g、姜黄9 g、麻油360 g、黄蜡120 g。上药除黄蜡外，浸入麻油内，1天后，用文火熬煎至药枯，去渣滤清，再加入黄蜡，文火徐徐收膏。

功用：润燥，清热，解毒，止痛。用于疮疡阳性者。

用法：摊纱布上，外敷疮面。

黄连解毒汤(《外台秘要》引《崔氏方》) 黄连9 g，黄柏、黄芩各6 g，栀子14枚。

功用：清热泻火。治一切实热火毒、三焦热盛之证。大热烦渴、口燥咽干、错语，不眠；或热病吐血、衄血，或热甚发斑、身热下利、湿热黄疸；外科痈疽疔毒、小便黄赤、舌红苔黄、脉数有力。

用法：水煎服。

黄连解毒丸(《外台秘要》) 黄连(酒浸)44 g，黄柏(酒炒)、黄芩(酒蒸)、大黄(酒炒)、栀子(炒)、滑石、川木通各176 g。制成1 000 g。

功用：泻火，解毒，通便。用于三焦积热，口舌生疮，目赤头痛，便秘溲赤，心胸烦热，热痢泄泻，咽痛衄血，疮疖痔血。

用法：每服10 g，每日2次。

黄连上清片(《中国药典》) 黄连、大黄、连翘、薄荷、旋覆花、黄芩、荆芥穗、栀子、防风、石膏、桔梗、黄柏、蔓荆子(炒)、白芷、甘草、川芎、菊花。

功用：清热通便，散风止痛。用于头晕目眩，暴发火眼，牙齿疼痛，口舌生疮，咽喉肿痛，耳痛耳鸣，大便秘结，小便短赤。

用法：每服6片，每日2次。

黄连油(经验方) 黄连素片2 g、麻油100 mL。将黄连素片研细，加入麻油中调匀即成。

功用：清热润燥止痒。用于湿疹、唇风等病。

用法：外搽患处，每日3～4次。

黄芪鳖甲煎(《医学入门》) 地黄、半夏、紫菀、知母、赤芍、黄芪、炙甘草、桑白皮、天门冬、鳖甲、秦艽、茯苓、地骨皮、柴胡。

功用：益气养阴、宣肺退热。治疗气阴两虚所致的五心烦热。

用法：水煎服。

黄芪桂枝五物汤(《金匮要略》) 黄芪、芍药、桂枝、通草、炙甘草、细辛、大枣。

功用：温经，活血利痹。

用法：水煎服。

黄芩清肺饮(《证治准绳》) 黄芩、栀子。

功用：清肺泄热。用于前列腺肥大肺热者。

用法：水煎服。

回阳玉龙散(《外科正宗》) 草乌、干姜各90 g，赤芍、白芷、南星各30 g，肉桂15 g。研细末。

功用：温经活血，散寒化痰。用于疮疡阴证。

用法：热酒调敷，也可掺于膏药内贴之。

附 **回阳玉龙油膏** 凡士林8/10、回阳玉龙散2/10。调匀成膏。

功用：温经活血，散寒化痰。用于疮疡阴证。

用法：敷贴患处。

灰皂散(经验方) 新出窑石灰、楠皂自然水(石碱)、黄丹(京丹)。

楠皂不拘量，放在房内通风的地方，使其自行吸收空气中的水分，慢慢溶化出液体，即叫自然水。溶多少，取多少，用玻璃瓶装好备用。

功用：有腐蚀性作用，能使痔核发生干性坏死。

用法：用时先取石灰粉(不拘量)放于小杯中，加上黄丹少许，调匀后，加入楠皂自然水，调成糊状，不宜过硬，也不宜过稀，调成后稍等几秒钟，将药涂于痔核面上。因此，药调成糊状后，会很快变成干硬，如发现过于干硬时，可立即加入一些楠皂水调匀，使保持一定的稀度，所以必须随调随用。如果调好后超过10分钟以上，便会失去效力。

活血化坚汤(《外科正宗》) 防风、赤芍、归尾、天花粉、金银花、贝母、川芎、皂角刺、桔梗、僵蚕、厚朴、五灵脂、陈皮、甘草、乳香、白芷。

功用：活血祛瘀，化坚消肿。用于瘰疬及瘿瘤、痰核等肿疡初起未溃脓者。

用法：水煎服。

活血解毒丸(《新编国家中成药》) 乳香(醋炙)、没药(醋炙)、蜈蚣、黄米(蒸熟)、石菖蒲、雄黄粉。

功用：解毒消肿，活血止痛。用于肺腑毒热，气血凝结引起的痈毒初起，乳痈乳炎，红肿高大，坚硬疼痛；结核；疔毒恶疮；无名肿毒。

用法：每服3 g，每日2次。

活血散瘀汤(《外科正宗》) 当归尾、赤芍、桃仁(去皮尖)、大黄(酒炒)、川芎、苏木、丹皮、枳壳(麸炒)、瓜蒌仁、槟榔。

功用：有活血逐瘀之功。用于瘀血流注及委中毒等。

用法：水煎服。

活血通脉汤(经验方) 当归、金银花、川芎各30 g，赤芍、土茯苓各90 g，桃仁60 g。共研细末，水泛小丸。亦可酌量配作汤剂。

功用：活血化瘀，清热散结。

用法：丸剂，每服3～6 g，每天3次；汤剂，每日1剂，水煎服。

活血丸(《新编国家中成药》) 当归89 mg，红花22 mg，大黄0.4 g，猪牙皂0.13 g，牵牛子0.24 g(每克含药量)。

功用：活血通经。用于血瘀经闭，行经腹痛。

用法：用温黄酒或温开水送服。一次3 g，一日1次。

活血止痛胶囊(《中华人民共和国药典》) 当归、三七、醋乳香、冰片、土鳖虫、煅自然铜。

功用：活血散瘀，消肿止痛。用于跌打损伤，瘀血肿痛。

用法：用温黄酒或温开水送服。每服3粒，每日2次。

活血止痛散(经验方) 透骨草、川楝子、当归、片姜黄、乳香、威灵仙、川牛膝、羌活、白芷、苏木、五加皮、红花、土茯苓、川椒。

功用：舒筋活血，消肿止痛。用于股肿。

用法：水煎熏洗患处。

藿香浸剂(《外伤科学》) 藿香30 g，黄精12 g，大黄12 g，皂矾12 g，醋500 g。

功用：止痒、杀虫。治手足癣及甲癣。

用法：将患病的手、足浸泡于醋中。每日浸泡数十分钟。甲癣及病情较重者，浸泡时间须延长。

笔记栏

治疗期间不用皂碱，甲癣应将病甲削薄后再浸泡。

J

季德胜蛇药片(《新编国家中成药》)　七叶一枝花、蟾蜍皮、蜈蚣、地锦草等药。经适宜的加工方法制成的片剂。

功用：解毒，消肿，止痛，化腐，生肌。用于毒蛇与毒虫咬伤、脑炎、流行性腮腺炎、带状疱疹、乙型肝炎、隐翅虫皮炎、耳郭软骨膜炎、阴茎包皮水肿、蚕豆黄、红斑狼疮等。

用法：每服4～10片，每日2～3次。

济生肾气丸(《济生方》)　熟地、山药、山萸肉、丹皮、茯苓、泽泻、附子、肉桂、车前子、川牛膝。共研细末，糊丸如梧桐子大。

功用：温补肾阳，化气行水。

用法：每日9 g，淡盐汤送下或水煎服。

加味五苓散(《类证治裁》)　猪苓、茯苓、白术各30 g，泽泻24 g，茴香12 g，肉桂5 g。共研粗末。

功用：温阳化气利水。用于水疝。

用法：每服12 g，加盐2 g，每日3次，水煎服。

加味逍遥丸(经验方)　柴胡、当归、白芍、白术(麸炒)、茯苓各300 g，甘草240 g，牡丹皮450 g，栀子(姜炙)450 g，薄荷60 g。

功用：疏肝清热，健脾养血。用于肝郁血虚，肝脾不和，两胁胀痛，头晕目眩，倦怠食少，月经不调，脐腹胀痛。

用法：每服6 g，每日2次。

健步强身丸(经验方)　知母、黄柏、龟甲(醋淬)、熟地黄、白芍、当归、黄芪(蜜炙)、人参、白术(麸炒)、茯苓、枸杞子、菟丝子。

功用：补肾健骨，宣痹止痛。用于肝肾阴虚、风湿阻络引起的筋骨痿软，腰腿酸痛，足膝无力，行步艰难。

用法：每服6 g，每日2次。

金匮肾气丸(《金匮要略》)　熟地、山药、山萸肉、丹皮、茯苓、泽泻、附子、肉桂。共研细末，糊丸如梧桐子大。

功用：温补脾肾。用于命门火衰，脾肾两虚证。

用法：每日9 g，淡盐汤送下或水煎服。

金花消痤丸(《新编国家中成药》)　金银花、栀子(炒)、大黄(酒炙)、黄芩(炒)、黄连、黄柏、薄荷、桔梗、甘草。

功用：清热泻火，解毒消肿。用于肺胃热盛所致的痤疮，粉刺，口舌生疮，胃火牙痛，咽喉肿痛，目赤，便秘，尿黄赤。

用法：每服4 g，每日3次。

金黄散(《医宗金鉴》)　大黄、黄柏、姜黄、白芷各2 500 g，南星、陈皮、苍术、厚朴、甘草各1 000 g，天花粉5 000 g。共研细末。

功用：清热除湿，散瘀化痰，止痛消肿。用于疮疡阳证。

用法：可用葱捣汁、酒、油、蜜、菊花露、银花露、丝瓜叶捣汁等调敷。

附　**金黄油膏**　凡士林8/10、金黄散2/10。调匀成膏。

功用：同金黄散。

用法：纱布摊敷患处。

笔记栏

金铃子散(《素问病机气宜保命集》)　金铃子、玄胡各30 g。共研细末。

功用：行气疏肝，活血止痛。

用法：每服9 g，酒或开水送下。

金锁固精丸(《医方集解》) 沙苑蒺藜、芡实各 60 g,炙龙骨、煅牡蛎各 20 g。共研细末,莲肉煮粉糊丸。

功用:固肾涩精。用于肾虚遗精、白浊。

用法:每服 10 g,每日 2～3 次,空腹淡盐汤送下。

荆防败毒散(《摄生众妙方》) 防风、柴胡、前胡、荆芥、羌活、独活、枳壳、炒桔梗、茯苓、川芎、甘草、薄荷。

功用:疏风散寒。用于风寒型瘾疹、疮疡初起有表证者。

用法:水煎服。

九华膏(经验方) 滑石 600 g,月石 90 g,龙骨 120 g,川贝、冰片、朱砂各 18 g。共研细末,放凡士林油中调匀使成 20%的软膏,冬季可适当加入香油。

功用:消肿止痛,生肌润肤。用于内、外痔发炎及内痔术后。

用法:外用。

九黄丹(经验方) 制乳香、没药、腰黄、炒月石、川贝各 6 g,石膏 18 g,红升 9 g,朱砂 3 g,冰片 0.9 g。各研极细末,和匀。

功用:提毒拔脓,祛瘀祛腐,止痛平胬。治一切痈疽已溃,脓流不畅,肿胀疼痛者。

用法:将药粉掺于患处,用膏药或油膏纱布盖之。

九一丹(《医宗金鉴》) 熟石膏 9 份、升药 1 份。各研极细末,和匀。

功用:提脓祛腐。用于溃疡、瘘管流脓未尽者。

用法:掺于疮面,或制成药线插入疮口或瘘管。

橘核丸(《济生方》) 橘核(炒)、海藻(洗)、昆布(洗)、海带(洗)、川楝子(打炒)、桃仁各 30 g,厚朴(去皮姜汁炒)、木通、枳实(麸炒)、延胡索(炒)、桂心、木香各 15 g。共为细末,酒糊为丸,如梧子大。

功用:疏肝行气,散瘀消肿,软坚利水。用于睾丸硬肿、阴囊肿大。

用法:每服 60 粒,每日 2 次,空腹淡盐汤送下。

K

开关散(《卫生宝鉴》) 皂角 6 g、细辛 0.9 g。研为细末。

功用:开关通窍。用于口噤不开、气息不通者。

用法:每用少许,喂入鼻中即醒。

开郁散(《洞天奥旨》) 柴胡、当归、白芍、白术、茯苓、香附、郁金、天葵草、全蝎、白芥子、炙甘草。

功用:疏肝解郁,化痰散结。用于治疗乳癖、乳痨、乳癌等。

用法:水煎服。

抗银片(经验方) 狼毒、血见愁。先将狼毒研成细粉,血见愁煎成流浸膏;将狼毒粉,放入血见愁流浸膏内,搅拌成颗粒状,轧片,每片含狼毒12.5 mg、血见愁 25 mg。

功用:活血解毒。治松皮癣。

用法:成人每天 3 次,每次 2 片,服药期间如有恶心呕吐等反应则停服,连服 2 周后检查血白细胞,如总数下降者则停药。

苦参片(经验方) 取苦参 167 g,粉碎成细粉,过筛,再取苦参 833 g,加水煎煮二次,第一次 3 小时,第二次 2 小时,合并煎液,滤过,滤液浓缩成稠膏,与上述细粉混匀,干燥,粉碎,过筛,制成颗粒,压制成 1 000 片,包衣,即得。

功用:清热燥湿,杀虫。用于湿热蕴蓄下焦所致的痢疾、肠炎、热淋及阴肿阴痒、湿疹等。

用法:每服 4～6 片,每日 3 次。

苦参酒(《朱仁康临床经验集》) 苦参 310 g,百部、野菊花、凤眼草各 90 g,樟脑 125 g。将前四味药装入大口瓶内,加入 75%乙醇(或白酒)5 000 mL,泡 7 天后去渣,加樟脑溶化后,备用。

笔记栏

功用：灭菌止痒。用于脂溢性皮炎、皮肤瘙痒症、单纯糠疹、玫瑰糠疹等。

用法：用毛笔刷外涂，每日 1～2 次。

苦参汤(《疡科心得集》)　苦参、菊花各 60 g，蛇床子、金银花各 30 g，白芷、黄柏、地肤子各 15 g，大菖蒲 9 g。

功用：祛风除湿，杀虫止痒。用于瘙痒性皮肤病。

用法：水煎去渣外用，临用时可加猪胆 4～5 枚。

枯痔钉(经验方)　砒石、明矾、朱砂、雄黄、没药。

第一步：取砒石 0.3 g，明矾 0.6 g(捣碎)，混合均匀后，置瓦壶内，四面用炭火烘，火力须猛，烧 2～3 小时(黑烟消逝，白烟出现即可)将瓦壶取出，待冷却后。即可得雪白的明矾与砒石的化合物。

第二步：① 明矾与砒石的化合物 4 份，朱砂 1 份，雄黄 2 份，没药半份；② 米饭(干米计算)8 份(煮成糊状)。把①项的四种成分先混合，捣碎，研成均匀粉末，并取出一成，与②项的米糊二成混合调匀，如太干可和开水，至可能搓成铁钉状的药锭，经过阴干或烘干，即可使用。

功用：腐蚀痔核。

用法：在距齿线上 0.3～0.5 cm 处，沿肠壁纵轴成 25°～35°方向旋转插入黏膜下痔核中心，深约 1 cm。插钉多少按痔核大小而定，每痔 1 次插 4～6 根，间距 0.3～0.5 cm，应使钉外露 1 mm，才能保持固定和防止插口出血。

枯痔散(经验方)　白矾 60 g，白砒、月石、雄黄、硫黄各 6 g。先将各药分别研成细末，除硫黄外，其他各药混合，装入砂罐内，将罐用纸封闭，中间剪一直径 1.5 cm 大的小孔。将砂罐置于炭火上煅制，不久即有黄烟从小孔中冒出，罐内也发出大小不均的响声。待黄烟变为青烟，烟量渐少，罐中声响均匀后(即罐中药物全部溶化时)，再从小孔中放入硫黄粉末，并将火力略为减小。待罐中声响消逝，青烟出尽后，将砂罐取下，候冷，倒出，置阴凉处退尽火毒，约 2 个月后，研成粉末，即可应用。

功用：腐蚀。用于内痔，使内痔枯萎脱落。

用法：将药粉掺涂患处。

枯痔液(经验方)　明矾(硫酸铝钾)6 g、苯酚 1 g、黄连 2 g、普鲁卡因 1 g、枸橼酸钠 1.5 g、甘油 20 mL、蒸馏水加至 100 mL。将黄连用蒸馏水洗净，煎熬 3 次合并过滤备用，得溶液①。将酚溶液加于甘油中得溶液②。取适量的蒸馏水加热，将明矾溶于水中，再加入枸橼酸钠及普鲁卡因，得溶液③。将溶液②缓缓不断加热搅拌下加入溶液③，得溶液④。量后将溶液①与④合并加蒸馏水至全量过滤，再用 3 号玻璃球滤过，装瓶封口，普通蒸气消毒 30 分钟备用。溶液应呈金黄色透明液体，pH3.5。

功用：使内痔硬化或坏死脱落。

用法：注射于痔核内。

坤灵丸(《新编国家中成药》)　香附(制)、甘草、白薇、益母草、黄芪、鸡冠花、麦冬、五味子、地黄、红花、木通、白术(炒)、赤石脂、茯苓、厚朴、肉苁蓉(制)、白芍(酒炒)、香附(制)、荆芥、牡丹皮、藁本、川贝母、没药、砂仁、延胡索、小茴香(盐制)、阿胶、红参、当归、鹿角胶、龟甲胶、川芎。

功用：调经养血、逐瘀生新。用于月经不调，或多或少，行经腹痛，子宫寒冷、久不受孕、习惯性流产、赤白带下、崩漏不止、病久气虚、肾亏腰痛。

用法：每服 15 粒，每日 2 次。

L

雷火神针灸(《外科正宗》)　蕲艾 9 g、丁香 1.5 g、麝香 0.6 g。

将后两药与蕲艾揉和，用纸卷成筒如指粗，塞入药艾备用。

功用：祛风，散寒，化湿，温通经络。用于阴证疮疡。

用法：临用时以肖山纸七层平放患处，点着雷火针，在纸上捺紧，待不痛起针。病重者再针熨 1 次。7 天后灸疮发作，即收效。

笔记栏

利胆片(《新编国家中成药》) 大黄、金银花、金钱草、知母、大青叶、柴胡、白芍、茵陈各 58 mg,木香 96 mg,黄芩 29 mg,芒硝 19 mg(每片含药量)。

功用:舒肝止痛,清热利湿。

用法:口服。每服 6～10 片,每日 3 次。

连花清瘟胶囊(经验方) 连翘、金银花、炙麻黄、炒苦杏仁、石膏、板蓝根、绵马贯众、鱼腥草、广藿香、大黄、红景天、薄荷脑、甘草。

功用:清瘟解毒,宣肺泄热。用于治疗流行性感冒属热毒袭肺证,症见发热或高热,恶寒,肌肉酸痛,鼻塞流涕,咳嗽,头痛,咽干咽痛,舌偏红,苔黄或黄腻等。

用法:每服 4 粒,每日 3 次。

连翘败毒丸(经验方) 金银花、连翘、大黄、紫花地丁、蒲公英、栀子、白芷、黄芩、赤芍、浙贝母、桔梗、玄参、木通、防风、白鲜皮、甘草、蝉蜕、天花粉。

功用:清热解毒,消肿止痛。用于疮疖溃烂、灼热发烧、流脓流水,丹毒疱疹,疥癣痛痒。

用法:每服 6 g,每日 2 次,温开水送服。

凉膈散(《太平惠民和剂局方》) 薄荷、连翘、栀子、竹叶、黄芩、甘草、大黄、芒硝。

功用:清热通里。

用法:水煎服。

凉血地黄汤(《外科大成》) 细生地、当归尾、地榆、槐角、黄连、天花粉、生甘草、升麻、赤芍、枳壳、黄芩、荆芥。

功用:清热凉血。用于内痔出血、血栓痔属于血热妄行者。

用法:水煎服。

凉血四物汤(《医宗金鉴》) 当归、生地、川芎、赤芍、黄芩、赤茯苓、陈皮、红花、甘草、生姜、五灵脂。

功用:活血祛瘀。用于酒渣鼻。

用法:水煎服。

凉血消风散(《朱仁康临床经验集》) 生地、当归、荆芥、蝉衣、苦参、白蒺藜、知母、生石膏、甘草。

功用:凉血疏风,清热止痒。

用法:水煎服。

羚角钩藤饮(《医宗金鉴》) 羚角片(先煎)4.5 g,霜桑叶 6 g,京川贝 12 g,鲜生地 15 g,双钩藤 9 g,滁菊花 9 g,茯神木 9 g,生白芍 9 g,生甘草 2.4 g,淡竹茹(与羚羊角先煎代水)15 g。

功用:凉肝熄风、增液舒筋。

用法:水煎服。

硫黄膏(经验方) 硫黄 5～20 g、75%乙醇适量、凡士林加至 100 g。

功用:杀虫,止痒,祛脂。用于疥疮、脓疱疮、癣病等。

用法:外涂。

六军丸(《外科正宗》) 蜈蚣(去头足)、蝉衣、全蝎、僵蚕(炒去丝)、夜明砂、穿山甲各等份。研末,神曲糊丸,如粟米大,朱砂为衣。

功用:疏通经络,破瘀消肿。用于肿块坚硬的瘿瘤。

用法:每服 9 g,饭后服用,酒送下。

六磨汤(《世医得效方》) 槟榔、沉香、木香、乌药、大黄、枳壳。

功用:理气止痛,通腑清热。用于气滞腹痛,大便秘涩而有热者。

用法:各磨汁半盏,和匀温服。

六神丸(《雷允上诵芬堂方》) 珍珠粉、西牛黄、麝香各 4.5 g,雄黄、蟾酥、冰片各 3 g。每 100 丸约干重 0.3 g。

功用:清凉解毒,消炎止痛。用于痈疽、疔疮、流注、无名肿毒、时邪疫毒、白喉、喉风、喉痈、乳蛾

笔记栏

等。外敷有退肿,止痛之功。但不能过多,因刺激表皮,有腐蚀之弊。

用法：成人每次 7～10 粒,每日 3 次吞服,儿童减半量,婴儿服 1/3 量。孕妇忌服。外敷以开水或陈酒烊化,敷患处。

六味地黄丸(《小儿药证直诀》)　熟地 240 g,山萸肉、干山药各 120 g,丹皮、白茯苓、泽泻各 90 g。上药为末,糊丸如梧桐子大。

功用：补肾水,降虚火。

用法：每服 9 g,每日 3 次,淡盐汤送下,或水煎服。

六一散(《伤寒标本》)　滑石 60 g、甘草 10 g。

功用：清暑利湿。

用法：每服 9 g,或入汤剂包煎。

六应丸(《经验方》)　珍珠 10 g、牛黄 15 g、蟾酥 10 g、腰黄 20 g、冰片 5 g、公丁香 40 g。共细末,泛芥子大丸。

功用：解毒,消炎,退肿,止痛。用于乳蛾、痈、疮疡、咽喉炎症,以及虫咬等。

用法：成人每次 10 粒,儿童每次 5 粒,婴儿每次 2 粒,每天 3 次。外用不拘多少,以冷开水或醋调敷患处。

龙胆泻肝汤(《医方集解》)　龙胆草、栀子、黄芩、柴胡、生地黄、泽泻、当归、车前子、木通、甘草。

功用：泻肝胆湿热、实火。用于湿疹、丹毒、足癣继发感染、接触性皮炎、蛇丹、肝脓肿、肛周脓肿及急腹症里热证者。

用法：水煎服。

癃闭舒胶囊(《国家基本药物》)　补骨脂、益母草、金钱草、海金沙、琥珀、山慈菇。

功用：温肾化气、清热通淋、活血化瘀、散结止痛。用于肾气不足、湿热瘀阻之癃闭所致尿频、尿急、尿赤、尿痛、尿细如线、小腹拘急疼痛、腰膝酸软等症;前列腺增生有以上症候者也可应用。

用法：口服。每服 3 粒,每日 2 次。

炉甘石洗剂(经验方)　炉甘石 10 g、氧化锌 5 g、苯酚 1 mL、甘油 5 mL 水(或饱和石灰水)加至 100 mL。

功用：消炎止痒。用于无渗出的急性瘙痒性皮肤病。

用法：充分摇匀后,直接外涂;也可加入 5%硫黄或 1%冰片或薄荷等。

M

麻黄桂枝各半汤(《伤寒论》)　桂枝、白芍、生姜、大枣、甘草、麻黄、杏仁。

功用：散风祛寒,调和营卫。

用法：水煎服。

麻黄汤(《伤寒论》)　麻黄、桂枝、杏仁、甘草。

功用：发汗解表,宜肺平喘。

用法：每服 1 剂,水煎取汁,分 2 次服。

麻仁润肠丸(《新编国家中成药》)　火麻仁、苦杏仁(去皮炒)、大黄、木香、陈皮、白芍。

功用：润肠通便。用于肠胃积热、胸腹胀满、大便秘结。

用法：每服 1～2 丸,每日 2 次。

马勃膏(经验方)　马勃 20 g、凡士林 80 g。马勃研末高压消毒后,用凡士林调成油膏。

功用：生肌收口。

用法：敷贴患部。

笔记栏

马齿苋合剂(经验方)　马齿苋 30 g,大青叶 15 g,紫草、败酱草、桃仁、红花、赤芍各 10 g。

功用：清热解毒,活血化瘀。

用法：水煎服。

脉管复康片(《新编国家中成药》) 丹参、鸡血藤、郁金、乳香、没药。

功用：活血化瘀、通经活络。用于瘀血阻滞、脉管不通引起的脉管炎、硬皮病、动脉硬化性下肢血管闭塞症。

用法：口服，每服4片，每日3次。

毛冬青片(《新编国家中成药》) 毛冬青提取物。

功用：心血管疾病用药，有扩张血管及抗菌消炎作用。用于冠状动脉硬化性心脏病、血栓闭塞性脉管炎，并用于中心性视网膜炎。

用法：口服，每服4～5片，每日3次。

煤红膏(经验方) 京红粉30 g、利马锥4 g(炼丹后剩下锅底的药粉)、白蜡4 g、凡士林加到100 g。前两药共研极细，白蜡、凡士林溶化后加入药粉，调匀成膏，即为30%的京红粉膏，然后再依需要调制成不同浓度的煤红膏。① 5%煤红膏，京红粉膏95 g，煤焦油5 g。② 10%煤红膏，京红粉膏90 g，煤焦油10 g。③ 15%煤红膏，京红粉膏85 g，煤焦油15 g。

功用：杀虫止痒，软坚祛鳞屑，化腐生肌。用于银屑病、慢性湿疹、神经性皮炎。

用法：先洗浴除去鳞屑，然后外搽煤红膏，扑以滑石粉，1～2天换药1次；由低浓度开始，根据皮损消退情况，可采用较高浓度的煤红膏。应注意不可大面积用本药，防止汞中毒。

梅花点舌丹(《外科全生集》) 没药、硼砂、熊胆、乳香、血竭、葶苈、大冰片、沉香各3 g，蟾酥、麝香各6 g，破大珍珠、朱砂、牛黄各9 g。各制细末，以人乳化开蟾酥，入药末和捣为500丸，如绿豆大，金箔为衣。

功用：清热解毒，消肿止痛。用于疔毒恶疮、无名肿毒、痈疖红肿、咽喉肿痛。

用法：每服1丸，和葱白打碎，酒吞，盖暖取汗，每日3次。或用醋化开，外敷患处。

密陀僧散(《外科正宗》) 硫黄、雄黄、蛇床子各6 g，石黄、密陀僧各3 g，轻粉1.5 g。共为细末。

功用：祛风，杀虫，止痒。用于白癜风、花斑癣、腋臭等。

用法：直接外扑或醋调等搽擦患处。

木瓜丸(经验方) 木瓜、当归、川芎、白芷、威灵仙、狗脊(制)、牛膝、鸡血藤、海风藤、人参、制川乌、制草乌。

功用：祛风散寒，活络止痛。用于风寒湿痹，四肢麻木，周身疼痛，腰膝无力，步履艰难。

用法：每服4 g，每日2次。

木萸散(经验方) 木瓜、吴萸、防风、全蝎、蝉衣、天麻、僵蚕、胆南星、藁本、桂枝、蒺藜、朱砂、雄黄、猪胆汁。

功用：祛风化痰，清热解毒。用于破伤风。

用法：水煎服。

N

内消瘰疬丸(《疡医大全》) 夏枯草240 g，玄参、青盐各150 g，海藻、贝母、薄荷、花粉、海蛤粉、白蔹、连翘、熟大黄、生甘草、生地黄、桔梗、枳壳、当归、硝石各30 g。共研细末，酒糊丸。

功用：化痰，消坚，止痛。用于瘰疬。

用法：每次9 g，温开水送下。

牛蒡解肌汤(《疡科心得集》) 牛蒡子、荆芥、连翘、山栀、丹皮、石斛、玄参、夏枯草各9 g，薄荷3 g(后下)。

功用：祛风清热、化痰消肿。用于头面颈项部的疮疡、牙龈肿痛等病初期、局部红肿热痛有硬结者。

用法：水煎服。

牛黄解毒丸(经验方) 人工牛黄、雄黄、石膏、冰片、大黄、黄芩、桔梗、甘草。

功用：苦寒辛凉，清热解毒。用于头晕目赤，咽干咳嗽，风火牙痛，大便秘结，牙龈肿痛，口舌生

笔记栏

疮,目赤肿痛等。

用法:每服1丸,每日3次。

牛皮癣膏(经验方)

① 雄黄、硫黄、洋樟、枯矾、明矾各60 g,砒石30 g。共研细末。

② 荆芥、防风、苦参、斑蝥、白芷、甘草、大黄、当归、槟榔、鹤虱、瓦松、花椒、生地、茴香、番木鳖、蛇床子、全蝎、蝉衣、土槿皮、巴豆、苍术各60 g,蜈蚣12条,砒石30 g。各药用麻油500 mL,春浸5天,夏3天,秋7天,冬10天,熬煎去渣,滴水成珠,再将熟油称准,每500 mL熟油加炒透广丹240 g(冬天改180~250 g),收膏。

功用:杀虫,止痒,润肤。用于松皮癣。

用法:将膏摊于布上,随患处大小敷贴,贴7天为1次,3次为1个疗程。在第1次敷贴时,将①方药粉均匀地撒在膏药上,烘热贴上,第2、3次不撒药粉。

按:在第1次敷贴后,皮肤会起一小片作痒;第2次敷贴,痒较轻;第3次敷贴,不痒,皮肤平复。

暖肝煎(《景岳全书》) 当归6~9 g,肉桂3~6 g,枸杞9 g,小茴香、乌药、茯苓各6 g,沉香3 g,生姜3~5片。

功用:暖肝温肾,行气止痛。用于肝肾阴寒。

用法:水煎服。

P

排石颗粒(《新编国家中成药》) 连钱草、车前子(盐水炒)、木通、徐长卿、石韦、瞿麦、忍冬藤、滑石、苘麻子、甘草。

功用:热利水、通淋排石。主治肾脏结石、输尿管结石、膀胱结石等病属下焦湿热证者。

用法:开水冲服。每服1袋,每日3次。

硼酸洗剂(经验方) 硼酸3~4 g、水加至100 mL。

功用:消炎,渗湿,止痒。用于皮炎、急性湿疹,及化脓性皮肤病糜烂、渗出较多者。

用法:冷湿敷或热湿敷。

皮癌净(河南省鹿邑县人民卫生防治院) 砒石3 g、指甲1.5 g、头发1.5 g、大枣去核1枚、碱发面30 g。将砒石研细末,再与指甲、头发同放入去核枣内,用碱发面包好,放入桑木炭中,煅烧成灰,研细末,备用。煅烧时注意:① 煅烧时须细心观察,轻轻翻动药团,使其煅烧均匀,但不能用力过大,以防破碎。② 煅烧时,见药团冒出白烟,臭气,烟过后,药团表面出现黄色小点,都是正常现象。③ 煅成的药团,当轻松如炭,轻敲辄碎,其色乌亮。如敲开药团,见枣内有红赤色细丝,指甲、头发末分开,未易破碎者,为未煅好。

功用:祛腐解毒。用于鳞状上皮癌。

用法:将药末直接撒于瘤体疮面上;或用麻油调成50%的糊剂,涂于瘤体疮面,每天或隔天1次。

铍宝消炎癣湿药膏(**消炎癣湿药膏**,《新编国家中成药》) 主要成分为:升药底、蛇床子、升华硫、樟脑、冰片、苯酚。

功用:杀菌、收湿、止痒。用于头癣、体癣、足癣、慢性湿疹、滋水瘙痒和疥疮等。

用法:外用。洗净患处后涂抹,一日数次。

皮肤病血毒丸(《新编国家中成药》) 茜草、桃仁、荆芥穗(炭)、蛇蜕(酒炙)、赤芍、当归、白茅根、地肤子、苍耳子(炒)、地黄、连翘、金银花、苦地丁、土茯苓、黄柏、皂角刺、桔梗、益母草、苦杏仁(去皮炒)、防风、赤茯苓、白芍、蝉蜕、牛蒡子(炒)、牡丹皮、白鲜皮、熟地黄、大黄(酒炒)、忍冬藤、紫草、土贝母、川芎(酒炙)、甘草、白芷、天葵子、紫荆皮、鸡血藤、浮萍、红花。

功用:清血解毒,消肿止痒。用于经络不和,湿热血燥引起的风疹、湿疹、皮肤刺痒、雀斑粉刺、面赤鼻齄、疮疡肿毒、脚气疥癣。

笔记栏

用法：每服 6 g，每日 2 次。

皮敏消胶囊(《新编国家中成药》)　苦参、苍术、防风、荆芥、蒺藜、白鲜皮、蜈蚣、青黛、蒲公英、紫花地丁、黄芩、黄柏、黄连、蝉蜕、紫草、地骨皮经加工制成的胶囊。

功用：祛风除湿、清热解毒、凉血止痒。用于急、慢性荨麻疹。

用法：口服，每服 4 粒，每日 3 次。急性荨麻疹，疗程 1 周；慢性荨麻疹，疗程 2 周。

枇杷清肺饮(《医宗金鉴》)　人参、枇杷叶、甘草、黄连、桑白皮、黄柏。

功用：疏风清肺。用于粉刺、酒渣鼻等。

用法：水煎服。

脾约麻仁丸(《伤寒论》)　大黄、厚朴、杏仁、白芍、麻仁、枳实。

功用：润肠通便，清热化湿。用于湿热燥结所致肛裂等。

用法：水煎服。亦可制成丸剂。

皮脂膏(经验方)　青黛、黄柏各 6 g，煅石膏、烟膏各 60 g(即土法烟熏烘硝牛皮后烟汁结成的残留物质)。共研细末，和匀，以药末 60 g 加凡士林 240 g，调匀成膏。

功用：清热杀虫止痒。用于湿疹、肛门瘙痒症等。

用法：外搽患处。

片仔癀(《新编国家中成药》)　牛黄、三七、蛇胆、麝香。

功用：清热解毒，凉血化瘀，消肿止痛。用于热毒血瘀所致急慢性病毒性肝炎、痈疽疔疮、无名肿毒、跌打损伤及各种炎症。

用法：每服 0.6 g，每日 3 次。

螵蛸丸(《类证治裁》)　桑螵蛸(炙)30 个，鹿茸(酥炙)、炙黄芪各 90 g，煅牡蛎、赤石脂、人参各 60 g。研末，山药糊丸。

功用：温补肾阳，固涩膀胱。用于老人小便失禁。

用法：每次 5 g，每天 2 次，淡盐汤送下。

平胬丹(《外科诊疗学》)　乌梅肉(煅存性)、月石各 4.5 g，轻粉 1.5 g，冰片 0.9 g。研极细末。

功用：腐蚀平胬。用于疮疡有胬肉突出，障碍排脓者，用之可使胬肉平复。

用法：掺疮口上，外盖膏药。

平消胶囊(《新编国家中成药》)　郁金、马钱子粉、仙鹤草、五灵脂、白矾、硝石、干漆(制)、枳壳(麸炒)。

功用：活血化瘀、散结消肿、解毒止痛。用于毒瘀内结所致的肿瘤患者，缓解症状、缩小瘤体、提高机体免疫力、延长患者生存时间。

用法：每服 4～8 粒，每日 3 次。

蒲公英胶囊(《新编国家中成药》)　蒲公英。

功用：清热消炎。用于上呼吸道感染、急性扁桃体炎、疖肿、乳腺炎。

用法：口服。每服 4 粒，每日 3 次。

蒲地蓝消炎片(《新编国家中成药》)　蒲公英、苦地丁、板蓝根、黄芩。

功用：清热解毒，抗炎消肿。用于疖肿、腮腺炎、咽炎、淋巴结炎、扁桃腺炎等的治疗。

用法：每服 5～8 片，每日 2 次。

普济消毒饮(《东垣试效方》)　黄芩(酒炒)、黄连(酒炒)、甘草(生)、玄参、连翘、板蓝根、马勃、牛蒡子、薄荷、僵蚕、升麻、柴胡、桔梗、陈皮。

功用：清热解毒，疏风消肿。用于疮疡阳证及颜面丹毒、发颐等。

用法：水煎服。

Q

七宝美髯丹(《邵应节方》)　制首乌 1 000 g，牛膝、补骨脂、茯苓、菟丝子、当归身、枸杞子各

笔记栏

400 g。分制后,共研细末,炼蜜为丸。

功用:补肾元,乌须发。

用法:每次 9 g,每天 3 次,空腹,淡盐汤或开水送下。

七厘散(《良方集腋》) 朱砂 1 钱 2 分(水飞净),麝香、冰片各 1 分 2 厘,乳香、红花、没药各 1 钱 5 分,血竭 1 两,粉口儿茶 2 钱 4 分。

功用:散瘀消肿,定痛止血,收口,舒筋。跌打损伤,筋断骨折,瘀血肿痛;刀伤出血,无名肿毒,烧伤烫伤。金疮,血流不止,金刃伤重,食嗓割断。汤泡火灼。闪腰挫气,筋骨疼痛,瘀血凝结。

用法:每服 1～1.5 g,每日 3 次。

七三丹(经验方) 熟石膏 7 g,升药 3 g。共研细末。

功用:提脓祛腐。用于流痰、附骨疽、瘰疬、有头疽等,溃后腐肉难脱,脓水不净者。

用法:掺于疮口上,或用药线蘸药插入疮中,外用膏药或油膏盖贴。

气血双补丸(《新编国家中成药》) 黄芪、何首乌(酒炙)、白芍、白术(麸炒)、当归、党参、川芎、甘草、熟地黄、女贞子(酒炙)、丹参。

功用:补气养血。用于气虚血亏引起的少气懒言,语言低微,面色萎黄,四肢无力形体消瘦,经血不调。

用法:每服 9 g,每日 2 次。

千捶膏(经验方) 蓖麻子肉 150 g,嫩松香粉(在冬令制后研末)300 g,轻粉(水飞)30 g,铅丹、银朱各 60 g,茶油(冬天需改为 75 g)40 g。须在大伏天配制。先将蓖麻子肉入石臼中捣烂,再缓入松香末,俟打匀后,再缓入轻粉、铅丹、银朱,最后加入茶油,捣数千捶成膏。

功用:消肿止痛,提脓祛腐。用于一切阳证,如痈、疽(有头)、疖、疔等。

用法:隔水炖烊,摊于纸上,盖贴患处。

附 **千捶膏**(简易制法) 上方去茶油,嫩松香(不需研末)增为 360 g,蓖麻子肉改为蓖麻子油 90 g。先将蓖麻子油和嫩松香一并入砂锅内,炖烊后,离火,以木棒不断搅匀,约 5 分钟,稍冷,再缓入银朱、铅丹,搅匀,最后缓入轻粉,搅匀成膏,用文火保温,摊于纸上,当时一次摊好备用。

功用:消肿止痛,提脓祛腐。用于一切阳证。

用法:敷贴患处。

千金散(经验方) 煅白砒 6 g,制乳香、制没药、轻粉、飞朱砂、赤石脂、炒五倍子、煅雄黄、醋制蛇含石各 15 g。共研细末。

功用:蚀恶肉,化疮腐。用于一切恶疮顽肉死腐不脱者,以及千日疮、鸡眼、痔瘘等。

用法:将药粉掺入患处,或黏附在纸线上,插入疮中。

前列安栓(《新编国家中成药》) 黄柏、虎杖、栀子、大黄、泽兰、毛冬青、吴茱萸、威灵仙、石菖蒲、荔核等。

功用:清热利湿通淋、化瘀散结止痛。主治湿热瘀血壅阻证所引起的少腹痛、会阴痛、睾丸疼痛、排尿不利、尿频、尿痛、尿道口滴白、尿道不适等证。

用法:将药栓置入肛门约 3～4 cm,每次 1 粒,每日 1 次,1 个月为一个疗程或遵医嘱。

前列通瘀胶囊(《新编国家中成药》) 赤芍、土鳖虫、穿山甲(炮)、桃仁、石韦、夏枯草、白芷、黄芪、鹿衔草、牡蛎(煅)、通草。

功用:活血化瘀、清热通淋,用于慢性前列腺炎属瘀血阻滞,兼湿热内蕴证。

用法:饭后服,每服 5 粒,每日 3 次,1 个月为一疗程。

前列腺汤(经验方) 丹参、泽兰、赤芍、桃仁、红花、乳香、没药、王不留行、青皮、川楝子、小茴香、白芷、败酱草、蒲公英。

功用:活血化瘀,行气导滞。用于慢性前列腺炎,以瘀滞见症为主者。

用法:水煎服。

芩部丹(《中草药资料选编》) 黄芩、丹参各 10 g,百部 18 g。

笔记栏

功用：清热润肺，活血抗痨。肺痨兼夹瘀血，潮热，咳嗽，胸痛如刺，或胸中肌肤甲错，面目黧黑，舌质黯或有瘀斑，脉沉涩者。亦用于皮肤结核、流痰、瘰疬。

用法：成人每服 4 片，每日 3 次。

芩连二母丸(《医宗金鉴》) 黄芩、黄连、知母、贝母(去心)、当归(酒炒)、白芍(酒炒)、羚羊角(镑)、生地、熟地、蒲黄、地骨皮、川芎各 30 g，生甘草 4.5 g。共为细末，侧柏叶煎汤，面糊为丸，如梧桐子大。

功用：抑火滋阴，养血凉血，安敛心神，调和血脉。用于血瘤。

用法：每次 70 丸，灯心煎汤送下。

青吹口散(经验方) 煅石膏 9 g、煅人中白 9 g、青黛 3 g、薄荷 1 g、黄柏 2 g、川连 1.5 g、煅月石 18 g、冰片 3 g。先将煅石膏、煅人中白、青黛各研细末，和匀，水飞(研至无声为度)，晒干，再研细，将其余 5 味各研细后和匀，用瓶装，封固不出气。

功用：清热，解毒，止痛。用于乳头破碎、口腔炎等。

用法：洗漱净口腔，用药管吹于患处，或搽患处。

附 **青吹口散油膏** 青吹口散 6 g、凡士林 30 g。先将凡士林烊化冷却，再将散徐徐调入，和匀成膏。

功用：清热，解毒，止痛。

用法：将油膏涂于纱布上贴之，每天换药 2～3 次。

青黛散(经验方) 青黛、黄柏各 60 g，石膏、滑石各 120 g。共研细末，和匀。

功用：收湿止痒，清热解毒。用于皮肤病、焮肿痒痛出水者。

用法：干掺，或麻油调敷患处。

附 **青黛散油膏** 青黛散 75 g、凡士林 300 g。调匀成膏。

功用：收湿止痒，清热解毒。用于皮肤病，焮肿痒痛出水者，兼有润肤作用。

用法：将药膏涂于纱布上贴之，或蘸药搽擦患处，或再加热烘疗法。

青蒿鳖甲汤(《温病条辨》) 青蒿、鳖甲、生地、知母、丹皮。

功用：养阴清热。用于疮疡、肛瘘、肛周脓肿、急腹症等属于阴虚内热者。

用法：水煎服。

青蒿鳖甲片(《新编国家中成药》) 青蒿 80 g、鳖甲胶 13.4 g、地黄 160 g、知母 80 g、牡丹皮 120 g。

功用：养阴清热。用于温病后期，夜热早凉，阴虚低热，热退无汗。

用法：成人每服 4～6 片，每日 3 次。

清肝解郁汤(《外科正宗》) 当归、川芎、白芍、生地、陈皮、半夏、香附、贝母、茯神、青皮、远志、桔梗、苏叶、栀子、木通、生甘草。

功用：清肝解郁，行滞散结。用于一切忧郁气滞，乳结肿硬，不疼不痒，久之渐渐作痛之症。

用法：水煎服。

清肝芦荟丸(《外科正宗》) 当归、生地(酒浸捣膏)、白芍(酒炒)、川芎 60 g，黄连、海粉、牙皂、甘草节、昆布、芦荟(酒洗)各 15 g。共研细末，神曲糊丸，如梧桐子大。

功用：清肝解郁，养血舒筋。用于筋瘤。

用法：每次 80 丸，食前后服之，白滚水下。

清骨散(《证治准绳》) 银柴胡、鳖甲、炙甘草、秦艽、青蒿、地骨皮、胡黄连、知母。

功用：养阴清热。用于流痰溃久，症见骨蒸潮热者。

用法：水煎服。

清解片(《新编国家中成药》) 金银花、金钱草、柴胡、夏枯草、连翘、石膏、牡丹皮、蒲公英。

功用：疏风解毒，清热解毒。用于风热感冒，症见发热头痛，鼻塞流黄浊涕，咽痛红肿。

用法：成人每次 5 片，每日 2～3 次，吞服；儿童减半量，婴儿服 1/3 量。

清利通络汤(经验方) 金银花、蒲公英、地丁、鸡血藤、炮甲珠、车前子、薏苡仁、茯苓、白花蛇舌草。

笔记栏

功用：清热利湿，解毒通络。用于血栓性浅静脉炎湿热证。

用法：水煎服。

清凉甘露饮(《外科正宗》)　犀角、银柴胡、茵陈、石斛、枳壳、麦冬、甘草、生地、黄芩、知母、枇杷叶。

功用：清热凉血。用于茧唇高突坚硬，或损破流血，或积热生痰，或渴证久作等。

用法：水煎服。

清凉膏(即清凉油乳剂,《医宗金鉴》)　风化石灰 500 g、清水 1 000 mL。将石灰(陈者佳)与水搅浑，待澄清后，吹去水面浮衣，取中间清水。每水 1 份加麻油 1 份，调匀，装瓶备用。

功用：清热润肤。用于烫伤初期、皮肤潮红或有水疱者。

用法：涂伤面，每日数次。有脓腐者，可加少许九一丹摇匀涂。

清凉油(《新编国家中成药》)　薄荷脑、薄荷素油、樟脑油、樟脑、桉油、丁香油、桂皮油、氨水。

功用：驱风镇痛、消炎止痒、清凉。主治外感风寒、风热中暑、蚊虫螫咬、烧伤烫伤以及晕车晕船。

用法：外用。

清热暗疮胶囊(《新编国家中成药》)　穿心莲、人工牛黄、金银花、蒲公英、大黄、山豆根、栀子、珍珠层粉、甘草。

功用：清热解毒，凉血散瘀，泻火通腑。用于治疗痤疮、疖痈等。

用法：每服 4 粒，每日 3 次。

清热泻脾散(《医宗金鉴》)　山栀(炒)、石膏(煅)、黄连(姜炒)、生地、黄芩、赤苓。

功用：清脾泄热。主治小儿心脾蕴热致患鹅口疮，白屑生满口舌者。

用法：灯心为引，水煎服。

清暑汤(《外科全生集》)　连翘、花粉、赤芍、甘草、滑石、车前、金银花、泽泻、淡竹叶。

功用：清暑，解毒，利尿。用于暑疖、脓疱疮等。

用法：水煎服。

清瘟败毒饮(《疫疹一得》)　生石膏 50 g，水牛角 30 g，生地黄 18 g，栀子 10 g，黄芩 10 g，连翘 10 g，知母 10 g，丹皮 10 g，黄连 6 g，赤芍 10 g，玄参 10 g，竹叶 10 g，桔梗 6 g，甘草 6 g。

功用：气血两清、清热解毒、凉血泻火。主治温疫热毒、气血两燔证。现代多用于治疗流行性出血热、败血症、脓毒血症、脑炎、病毒性脑炎、钩端螺旋体、麻疹等。

用法：水煎服。

清营汤(《温病条辨》)　犀角(磨粉冲服)、生地、玄参、竹叶心、金银花、连翘、黄连、丹参、麦冬。

功用：清营解毒，泄热养阴。用于有头疽、发颐、丹毒、药疹、红斑性狼疮、急腹症等热入营分，邪毒内陷者。

用法：水煎服。

清浊祛毒丸(《新编国家中成药》)　金沙藤、大血藤、蒲公英、牡丹皮、虎杖、地黄、山茱萸、广山药、茯苓、泽泻、益母草、黄芪。

功用：清热解毒，利湿去浊。用于湿热下注所致尿频，尿急，尿痛等。

用法：口服，每服 8 g，每日 3 次。

驱风油(《新编国家中成药》)　薄荷油、樟脑油、水杨酸甲酯等。

功用：驱风油，活血止痛。用于关节痛。

用法：外用。

祛湿健发汤(《赵炳南临床经验集》)　炒白术、猪苓、萆薢、白鲜皮、首乌藤各 15 g，泽泻、车前子、川芎、桑椹各 9 g，赤石脂、生地、熟地各 12 g。

功用：健脾祛湿、滋阴固肾、乌须健发。主治脂溢性脱发。

用法：水煎服，每服 1 剂，每日 2 次。

笔记栏

R

人参固本丸(《新编国家中成药》) 人参、生地黄、熟地黄、山茱萸、山药、泽泻、牡丹皮、麦冬、天冬、茯苓。辅料为蜂蜜。

功用：滋阴益气、固本培元。用于阴虚气弱、虚劳、咳嗽、心悸气短、骨蒸潮热、腰酸耳鸣、盗汗、大便干燥。

用法：口服，每服 1 丸，每日 2 次。

人参养荣汤(《三因极一病证方论》) 党参、白术、炙黄芪、炙甘草、陈皮、肉桂心、当归、熟地黄、五味子、茯苓、远志、白芍、大枣、生姜。

功用：补益气血，宁心安神。用于疮疡溃后气血虚弱，久不收敛者。

用法：水煎服。

其他剂型：人参养荣丸(每服 6～9 g，每日 1～2 次)。

如圣金刀散(《外科正宗》) 松香 210 g，生白矾、枯矾各 45 g。研极细末。

功用：收敛，收涩，止血。用于金疮出血不止。

用法：掺于患处，纱布扎紧。

乳疾灵颗粒(《新编国家中成药》) 柴胡、香附、青皮、赤芍、丹参、王不留行、鸡血藤、牡蛎、昆布、海藻、淫羊藿、菟丝子。

功用：舒肝活血，祛痰软坚。用于肝郁气滞所致乳癖，症见乳房肿块或结节等。

用法：每服 1～2 袋(每袋 14 g)，每日 3 次。

乳癖消(《新编国家中成药》) 鹿角、蒲公英、昆布、三七、赤芍、海藻、漏芦、木香、玄参、益母草、鸡血藤、三叉苦、连翘、功劳木、土茯苓等。

功用：活血化瘀、软坚散结。用于气滞血瘀所致乳癖、乳腺小叶增生，卵巢囊肿、子宫肌瘤者。

用法：每服 5～6 粒，每日 3 次。

乳增宁胶囊(《新编国家中成药》) 艾叶、淫羊藿、柴胡、川楝子、天冬、土贝母。

功用：疏肝散结，调理冲任。用于冲任失调、气郁痰凝所致乳癖，症见乳房结节，经前胀痛，经少色淡等。

用法：每服 2 g，每日 3 次。

润肠汤(《证治准绳》) 当归、甘草、生地黄、火麻仁、桃仁。

功用：养血清热润肠。用于疮疡阴虚内热、肠燥便结者。

用法：水煎服。

其他剂型：润肠丸(每服 6～9 g，每日 1～2 次)。

润燥止痒胶囊(经验方) 何首乌、桑叶、苦参各 291 g，制何首乌 265 g，生地黄 429 g，红活麻 150 g。制成 1 000 粒。

功用：养血滋阴，祛风止痒，润肠通便。用于血虚风燥所致的皮肤瘙痒；热毒蕴肤所致的痤疮肿痛，热结便秘。

用法：每服 4 粒，每日 3 次。

S

三黄丸(《外台秘要》) 黄连 90 g、黄芩 90 g、大黄 60 g。

功用：清上焦之火，润大便。乳石发动，虚热气壅不通，头痛，上焦有火而大便稍滞者。

用法：每服 9 g，每日 2 次。

三黄洗剂(经验方) 大黄、黄柏、黄芩、苦参各等份。共研细末，取 10～15 g，加入蒸馏水 100 mL、医用苯酚 1 mL。

功用：清热，止痒，收涩。用于急性皮肤病、疖病等有红肿焮痒渗液者。

笔记栏

用法：临用时摇匀，以棉花蘸药汁搽患处，每天 4～5 次。

三金排石汤(经验方)　金钱草 60 g，鸡内金 30 g，海金沙 20 g，石韦 15 g，萹蓄 15 g，车前子 15 g，瞿麦 12 g，滑石 12 g，木通 10 g。

功用：排石通淋、清热利湿。

用法：水煎服。

三妙丸(《医学正传》)　苍术 180 g、黄柏(酒炒)120 g、牛膝 60 g。共研细末，面糊为丸。

功用：清热化湿。用于湿疹、臁疮等，属于湿热内盛者。

用法：每次 9 g，淡盐汤送下。

三品一条枪(《外科正宗》)　砒石 45 g、明矾 60 g、明雄黄 7.2 g、乳香 3.6 g。将砒、矾两物研成细末，入小罐内，煅至青烟尽白烟起，片时，约上下通红，生火，放置一宿，取出研末，约可得净末 30 g。再加雄黄、乳香两药，共研成细末。厚糊调稠，搓条如线，阴干备用。

功用：腐蚀用于瘰疬、痔疮、肛瘘等。

用法：将药条插入患处，外以膏盖护之。

三石散(经验方)　制炉甘石、熟石膏、赤石脂各 90 g。共研细末。

功用：收涩生肌。用于皮肤病滋水浸淫者。

用法：麻油或凡士林调搽患处。

桑菊饮(《温病条辨》)　桑叶、菊花、杏仁、桔梗、甘草、薄荷、连翘、芦根。

功用：疏风清热。用于风热型瘾疹。

用法：水煎服。

散肿溃坚汤(《薛氏医案》)　柴胡、升麻、龙胆草、黄芩、甘草、桔梗、昆布、当归尾、白芍、黄柏、葛根、黄连、三棱、木香、瓜蒌根。

功用：清肝经湿热，活血软坚。

用法：水煎服。

沙参麦冬汤(《温病条辨》)　北沙参 10 g，玉竹 10 g，麦冬 10 g，天花粉 15 g，扁豆 10 g，桑叶 6 g，生甘草 3 g。

功用：甘寒生津，清养肺胃。用于燥伤肺胃、津液亏损而见口渴咽干；或干咳少痰、舌红少苔、脉细数者。

用法：水煎服。

上清丸(《中国药典》)　大黄(酒炒)、黄芩(酒炒)、黄柏(酒炒)、山栀子、连翘、防风、菊花、薄荷、荆芥穗、川芎、白芷、桔梗。

功用：清散风热，泻火解毒。用于风热感冒，发热头痛，口舌生疮，咽喉疼痛，大便秘结等上、中二焦热盛诸症。

用法：每服 6 g，每日 3 次。

少腹逐瘀汤(《医林改错》)　小茴香 1.5 g，干姜、延胡索、川芎、官桂各 3 g，当归、蒲黄各 9 g，赤芍、五灵脂各 6 g。

功用：活血祛瘀，温经止痛。

用法：水煎服。

参附汤(《世医得效方》)　人参、熟附子。

功用：回阳救逆。用于休克阳气将脱，四肢厥冷，气短呃逆，喘满汗出，脉微细者。

用法：水煎服。

参苓白术散(《太平惠民和剂局方》)　党参、茯苓、白术、山药、炙甘草、扁豆、莲子肉、薏苡仁、桔梗、砂仁。

功用：健脾渗湿。用于脾虚型湿疹、脓疱疮等。

用法：水煎服。

笔记栏

其他剂型：参苓白术丸(每服 3 g，每日 2 次)。

升丹(《医宗金鉴》)　水银 30 g，火硝 120 g，白矾 30 g，雄黄、朱砂各 15 g，皂矾 18 g。用升华方法制成，其纯粹成分是氧化汞。《医宗金鉴》《疡医大全》《外科真诠》等书所用升丹的组成大致相同。现在一般采用小升丹，附方于后。先将白矾、皂矾及火硝研细。另外将水银、朱砂及雄黄共研细末，以不见水银星为度，再入硝、矾一起研匀。取阳城罐用纸筋泥搪一指厚，阴干，不使生裂纹，搪泥罐子泥也可用，如有裂纹，以罐子泥补之，无裂纹方可入前药。罐口以铁油盏盖定，加铁梁盏，上下用铁丝扎紧，用棉纸蘸蜜，塞罐口缝间，外用煅石膏细末调醋封固，加炭火使盏热固定，置罐于铁架上，用木炭火锻炼三炷香(约 3 小时)。第一炷香宜用底火(就是火焰限于罐底)，如火大则汞先飞上。第二炷香，宜用大半罐火，以毛笔蘸冷水时时刷擦，勿使盏干。在升炼时可预以盐卤汁调罐子稀泥，用毛笔蘸泥水，糊刷罐口周围，勿使泄气。如罐上有绿烟喷出，是汞外走现象。三炷香尽，去火冷定，开看盏上有红色或黄色升丹，约 18 g 重，刮下，研极细，装罐备用。

功用：提脓去腐。

用法：掺疮口中，也可用药线蘸药插入，一般用熟石膏稀释成九一丹、八二丹、七三丹、五五丹应用。

附　**小升丹**(三升丹)　水银 30 g、白矾 24 g、火硝 21 g。

功用：同升丹，力较逊。

用法：同升丹。

神灯照法方(《医宗金鉴》)　朱砂、雄黄、血竭、没药各 6 g，麝香 1.2 g。共研细末。

功用：活血消肿，解毒止痛。用于痈疽轻症，7 天前后照之，未成者自消，已成者自溃，不起发者即起发，不腐者即腐。

用法：每次 0.9 g，红棉纸滚药搓捻，长约 20 cm，麻油浸透，用时点燃烟熏患处。

神效瓜蒌散(《寿世保元》)　瓜蒌、酒洗当归、甘草、乳香、没药。

功用：活血化瘀，理气止痛。用于治疗乳痈、痈疽肿痛。

用法：水煎服。

神应养真丹(《外科正宗》)　当归、川芎、白芍、天麻、羌活、熟地、木瓜、菟丝子。

功用：养血祛风。用于脱发。

用法：水煎服。

生肌散(经验方)　制炉甘石 15 g，滴乳石、血珀各 9 g，滑石 30 g，朱砂 3 g，冰片 0.3 g。研极细末。

功用：生肌收口。用于痈疽溃后，脓水将尽者。

用法：掺疮面上，外盖膏药或药膏。

生肌玉红膏(《外科正宗》)　当归、白蜡各 60 g，白芷 15 g，轻粉、血竭各 12 g，甘草 36 g，紫草 6 g，麻油 500 mL。先将当归、白芷、紫草、甘草四味，入油内浸 3 天，大勺内慢火熬微枯，细绢滤清，复入勺内煎滚，入血竭化尽，次入白蜡，微火化开。用茶盅 4 个，预炖水中，将膏分作四处，倾入盅内，候片时，下研细轻粉，每盅 3 g 搅匀。

功用：活血祛腐，解毒镇痛，润肤生肌。用于疮疡溃后脓水将尽、烫伤、肉芽生长缓慢者。

用法：将膏匀涂纱布上，敷贴患处，并依溃疡局部情况，可掺提脓、祛腐药于膏上同用，效果更佳。

生脉散(《内外伤辨惑论》)　孩儿参、麦冬、五味子。

功用：益气养阴。用于疮疡、烧伤、皮肤病、前列腺肥大气阴两虚者。

用法：水煎服。

生脉饮(《中国药典》)　按生脉散方制成口服液。

功用：益气，养阴。用于气阴两亏，心悸气短，自汗。

用法：每服 10～20 mL，每日 3 次。

肾石通颗粒(《新编国家中成药》) 金钱草、王不留行(炒)、萹蓄、延胡索(醋制)、鸡内金(烫)、丹参、木香、瞿麦、牛膝、海金沙。

功用:清热利湿,活血止痛,化石,排石。用于肾结石、肾盂结石、膀胱结石、输尿管结石。

用法:开水冲服。

湿毒清胶囊(《新编国家中成药》) 地黄、当归、丹参、蝉蜕、黄芩、白鲜皮、土茯苓、甘草、苦参。

功用:养血润燥,化湿解毒。祛风止痒。用于皮肤瘙痒证属血虚湿蕴皮肤者。

用法:每服 4 粒,每日 3 次。

四海舒郁丸(《疡医大全》) 青木香 15 g,陈皮、海蛤粉各 6 g,海带、海藻、昆布、海螵蛸各 60 g。共研细末为丸。

功用:理气解郁,软坚消肿。用于气瘿。

用法:每天 1～2 次,每次 9 g,水、酒送下均可。

四黄散、四黄膏(经验方) 黄连、黄柏、黄芩、大黄、乳香、没药各等量。共为细末为散剂,或以散剂加凡士林调为膏。

功用:清热解毒,活血消肿。用于阳证疮疡。

用法:散剂:水或银花露调敷患处。膏剂:将油膏摊纱布上敷患处。

四妙汤(《外科精要》) 生黄芪 9 g,当归 9 g,金银花 12 g,甘草节 3 g。

功用:益气养血、散瘀解毒。主治素体虚弱、痈疽发背、乳痈等症。

用法:水煎服。

四妙丸(《丹溪心法》) 苍术、牛膝各 125 g,黄柏(盐炒)、薏苡仁各 250 g。

功用:清热利湿,通筋利痹。用于湿热下注,两足麻木,筋骨酸痛等病证,如丹毒、急慢性肾炎、湿疹、骨髓炎、关节炎等。

用法:每服 6 g,每日 3 次。

四君子汤(《太平惠民和剂局方》) 人参、茯苓、白术、炙甘草。

功用:补元气,益脾胃。用于疮疡中气虚弱,脾失运化者。

用法:水煎服。

四苓散(《丹溪心法》) 白茯苓、泽泻、猪苓、白术。

功用:利水渗湿。用于疮疡湿邪内蕴,小便不利者。

用法:水煎服。

四妙勇安汤(《验方新编》) 玄参、当归、金银花、甘草。

功用:和营止痛,清热解毒。用于热毒型血栓闭塞性脉管炎。

用法:水煎服。

四逆加人参汤(《伤寒论》) 甘草、干姜、附子、人参。

功用:温阳益气。

用法:水煎服。

四逆汤(《伤寒论》) 附子、干姜、甘草。

功用:回阳救逆,温中止泻。用于阴寒内盛,阳气衰微,四肢逆冷,下利清谷或出冷汗,脉沉,微细欲绝者。

用法:每日 1 剂,水煎取汁,分 2 次服。

四七汤(《太平惠民和剂局方》) 半夏、茯苓、苏叶、厚朴、生姜、大枣。

功用:行气化痰。

用法:水煎服。

笔记栏

四神丸(《内科摘要》) 肉豆蔻 60 g,补骨脂 120 g,五味子 60 g,吴茱萸 30 g。

功用:温肾暖脾、固肠止泻。用于脾肾阳虚之肾泄证。

用法:上为末,用水一碗,煮生姜 120 g、红枣 50 枚,水干,取枣肉为丸,如桐子大。每服五、七十丸(6～9 g),空心食前服。

四物汤(《太平惠民和剂局方》) 熟地黄、归身、白芍、川芎。

功用:养血补血。用于疮疡血虚之证。

用法:水煎服。

四物消风饮(《医宗金鉴》) 生地黄、当归、荆芥、防风、赤芍、川芎、白鲜皮、蝉蜕、薄荷、独活、柴胡、红枣。

功用:养血祛风。用于瘾疹、牛皮癣等血虚风燥者。

用法:水煎服。

失笑散(《太平惠民和剂局方》) 五灵脂、蒲黄各等份。

功用:活血,行瘀,止痛。

用法:散剂,每服 6～12 g,包煎。

十全大补汤(《医学发明》) 党参、白术、茯苓、炙甘草、当归、川芎、熟地黄、白芍、黄芪、肉桂。

功用:补气补血。用于疮疡气血虚弱,溃疡脓液滑稀者。

用法:水煎服。

十全流气饮(《外科正宗》) 陈皮、赤苓、乌药、川芎、当归、白芍、香附、甘草、青皮、木香、生姜、大枣。

功用:疏肝解郁,健脾理气。

用法:水煎服。

石韦散(《太平惠民和剂局方》) 芍药、白术、滑石、葵子、瞿麦各 90 g,石韦(去毛)、木通各 60 g,王不留行、当归(去芦)、甘草(炙)各 30 g。共研细末。

功用:治肾气不足,膀胱有热,水道不通,淋沥不宣,出少起数,脐腹急痛,蓄作有时,劳倦即发,或尿如豆汁,或便出砂石,并皆治之。

用法:每次 6 g,每日 2～3 次,煎小麦汤调下,食前。

漱口方(经验方) 风化硝、白矾、食盐各 3 g。

功用:清热祛痰,杀虫解毒。

用法:加水 200 mL,煎开待凉,临用时,将煎成的药汁少许,加以 1/2 温开水,吹药前漱涤咽喉口腔。

双柏散(经验方) 侧柏叶、大黄各 60 g,黄柏、薄荷、泽兰各 30 g。共研细末。

功用:活血祛瘀,消肿止痛。用于疮疡初起红肿热痛、腹腔炎症包块、静脉炎等。

用法:水、蜜调制外敷。

舒筋活血片(《新编国家中成药》) 红花、狗脊(制)、槲寄生、泽兰叶、鸡血藤、络石藤、伸筋草、香附(制)、香加皮、自然铜(煅)。

功用:舒筋活络、活血散瘀。用于筋骨疼痛、肢体拘挛、腰背酸痛、跌打损伤。

用法:口服,一次 5 片,一日 3 次。

水疝汤(《房芝萱外科经验》) 肉桂、当归尾、赤芍、红花、小茴香、橘核、木香、二丑、乌药、甘草、牛膝、桂枝、生槟榔。

功用:温化寒湿,利水消肿。用治寒湿水疝。

用法:水煎服,并用第三煎液湿热敷局部。

水杨酸软膏 5%(经验方) 水杨酸 5 g,凡士林 95 g。调匀即成。

功用:杀真菌,止痒,软化角质。

用法:每天 3～4 次,外涂。

顺气归脾丸(《外科正宗》) 陈皮、贝母、香附、乌药、当归、白术、茯神、黄芪、酸枣仁、远志、人参各 30 g,木香、甘草(炙)各 9 g。

功用:健脾益气、理气消肿。主治肉瘤、软如绵、肿似馒、日久渐大、或微疼或不疼。

笔记栏

用法：上药研末，用合欢树根皮 120 克煎汤，煮老米糊为丸，如梧桐子大。每服 60 丸，空腹时用开水送下。

T

太乙膏(《外科正宗》)　玄参、白芷、归身、肉桂、赤芍、大黄、生地黄、土木鳖各 60 g，阿魏 9 g，轻粉 12 g，柳枝、槐枝各 100 段，血余炭 30 g，铅丹 1 200 g，乳香 15 g，没药 9 g，麻油 2 500 g。除铅丹外，将余药入油煎，熬至药枯，滤去渣滓，再加入铅丹，充分搅匀成膏。

功用：消肿清火，解毒生肌。用于一切疮疡已溃或未溃者。

用法：隔火炖烊，摊于纸上，随疮口大小敷贴患处。

桃红清血丸(《新编国家中成药》)　蒺藜(炒)、紫草、降香、拳参、白薇、桃仁(炒)、红花、制何首乌、甘草、苍术(炒)、龙胆、白药子、海螵蛸。

功用：调和气血，化瘀消斑。用于气血不和，经络瘀滞所致的白癜风。

用法：每服 2.5 g，每日 3 次。

桃红四物汤(《医宗金鉴》)　地黄、当归、芍药、川芎、桃仁、红花。

功用：养血，活血，祛瘀。用于疮疡皮肤病、脱疽之属于血瘀者。

用法：水煎服。

桃花散(《医宗金鉴》)　白石灰 250 g、大黄片 45 g。白石灰用水泼成末，与大黄片同炒，以灰变红色为度，去大黄，将石灰筛细备用。

功用：止血。用于疮口出血。

用法：掺于患处，纱布紧扎，或凉水调敷。

藤黄膏(经验方)　生藤黄粉、白蜡各 120 g，麻油 500 g。先将麻油煮沸，入白蜡熔化，加入藤黄粉调匀，收贮备用。

功用：解毒生肌。用于各种溃疡。

用法：薄摊纱布上，贴溃疡上，1 天 1 换。

天麻钩藤饮(《杂病证治新义》)　天麻、钩藤、石决明、山栀子、黄芩、川牛膝、杜仲、益母草、桑寄生、夜交藤、茯苓。

功用：平肝潜镇。用于皮肤病血虚肝旺者。

用法：水煎服。

天王补心丹(《摄生秘剖》)　柏子仁、玄参、五味子、天冬、酸枣仁、生地黄、人参、麦冬、桔梗、茯苓、当归、丹参、远志。

功用：滋阴清热，养血安神。适用阴亏血少证。症见虚烦心悸、睡眠不安、梦遗健忘、大便干燥、口舌生疮等。

用法：上药共为细末，炼蜜为小丸，用朱砂水飞 9～15 g 为衣，每服 6～9 g，温开水送下，或用桂圆肉煎汤送服；亦可改为汤剂，用量按原方比例酌减。

调元肾气丸(《医宗金鉴》)　生地(酒煎捣膏)、鹿角胶、蜂蜜各 120 g，山萸肉、山药(炒)、丹皮、白茯苓各 60 g，泽泻、麦冬(去心捣膏)、人参、当归身、龙骨(煅)、地骨皮各 30 g，知母、黄柏(盐水炒)各 15 g，砂仁(炒)、木香各 9 g。除鹿角胶、蜂蜜外其余各药共研细末，另用鹿角胶，老酒化调，加蜂蜜，同煎至滴水成珠，和药末为丸，如梧桐子大。

功用：补益肾气，散肿破坚。用于骨瘤。

用法：每次 80 丸，空心温酒送下。忌萝卜、酒、房事。

通腑排石汤(《中医外科查房手册》)　柴胡 10 g，川楝子 12 g，香附 10 g，枳实 10 g，川厚朴 10 g，郁金 12 g，木香 6 g，茵陈 18 g，金钱草 30 g，蒲公英 25 g，生大黄 9 g(后下)，芒硝 6 g(冲)。

功用：疏肝利胆、清热泻火、化石排石。适用胆石症肝郁火毒证。症见右上腹持续性疼痛、拘急拒按；高热寒战、尿黄便结，甚则神昏谵语等。

笔记栏

用法：水煎服。

通络活血方(《朱仁康临床经验集》) 归尾、赤芍、桃仁、红花、香附、青皮、王不留行、茜草、泽兰、牛膝。

功用：活血祛瘀，通经活络。用于结节性红斑、硬红斑、下肢结节病。

用法：水煎服。

通脉宝膏(《新编国家中成药》) 金银花、天花粉、野菊花、当归、蒲公英、赤芍、天葵子、石斛、鸡血藤、玄参、甘草、牛膝、苦地丁、延胡索(醋炙)、黄芩、黄芪、白术(麸炒)。

功用：清热解毒、益气滋阴、活血通络。用于血栓闭塞性脉管炎证属热毒炽盛、热盛伤阴者、及血栓性静脉炎等。

用法：口服，每次 25～50 g，每日 2 次或遵医嘱。

通气散坚丸(《医宗金鉴》) 人参、桔梗、川芎、当归、花粉、黄芩(酒炒)、枳实(麸炒)、陈皮、半夏(制)、白茯苓、胆星、贝母(去心)、海藻(洗)、香附、石菖蒲、甘草(生)各 30 g。研为细末，荷叶煎汤为丸，如豌豆大。

功用：宣肺调气，化痰散结。用于气瘤。

用法：每次 3～6 g，饭前用灯心、生姜煎汤送下。

通窍活血汤(《医林改错》) 赤芍、川芎、桃仁、红花、老葱、生姜、红枣、麝香、黄酒。

功用：活血化瘀。用于血瘀所致的酒渣鼻、白癜风、油风等。

用法：水煎服。

通塞脉片(《新编国家中成药》) 当归、牛膝、黄氏、党参、石斛、玄参、金银花、甘草。

功用：活血通络、益气养阴。用于气虚血瘀证，如中风、血栓性脉管炎等。

用法：每服 4～6 片，每日 3 次。

透脓散(《外科正宗》) 当归、生黄芪、炒山甲、川芎、皂角刺。

功用：透脓托毒。用于痈疽诸毒，内脓已成，不易外溃者。

用法：水煎服。

土茯苓合剂(经验方) 土茯苓 180 g、银花 60 g、连翘、生甘草各 30 g。

功用：清热解毒。用于梅疮解毒治疗。

用法：上药为 1 剂，分 5 天煎服完，25 天为 1 个疗程。

土槿皮酊 10%(经验方) 土槿皮粗末 10 g、80%乙醇 100 mL。按渗漉法制成即可。

功用：杀虫止痒。治鹅掌风、脚湿气、紫白癜风等病。

用法：搽擦患处，每日 3～4 次。手足部糜烂或皲裂者禁用。

托里消毒散(《医宗金鉴》) 人参、川芎、当归、白芍、白术、银花、茯苓、白芷、皂角刺、甘草、桔梗、黄芪。

功用：补益气血，托毒消肿。用于疮疡体虚邪盛，脓毒不易外达者。

用法：水煎服。

W

万灵丹(《医宗金鉴》) 茅术 240 g，何首乌、羌活、荆芥、川乌、乌药、川芎、甘草、川石斛、全蝎(炙)、防风、细辛、当归、麻黄、天麻各 30 g，雄黄 18 g。共研细末，炼蜜为丸，朱砂为衣，每丸 9 g。

功用：解表发汗，祛风理湿，温通经络。用于附骨疽风寒湿邪型初起，恶寒发热，筋骨疼痛，以及麻风初起，麻木不仁等证。

用法：每次 1 丸，葱头、豆豉熬汤或温酒送下。

乌军治胆片(《新编国家中成药》) 乌梅、大黄、佛手、枳实、牛至、生栀子、甘草、槟榔、威灵仙、姜黄。

功用：疏肝解郁，利胆排石，清里泻热，理气止痛。用于胆囊炎、胆道感染、胆道手术后综合征等

笔记栏

属于肝胆湿热者。

用法：每服 4 片，每日 3 次。

乌蛇止痒丸(《新编国家中成药》)　乌梢蛇、防风、蛇床子、苦参、黄柏、苍术、人参须、牡丹皮、蛇胆汁、人工牛黄、当归。

功用：养血祛风，燥湿止痒。用于皮肤瘙痒、荨麻疹。

用法：每服 2.5 g，每日 3 次。

无比山药丸(《太平惠民和剂局方》)　山茱萸 15 g，泽泻 20 g，熟地 20 g，茯苓 15 g，巴戟天 10 g，牛膝 15 g，赤石脂 10 g，山药 25 g，杜仲 15 g，菟丝子 20 g，肉苁蓉 15 g。

功用：健脾补肾。用于脾肾两虚、食少肌瘦、腰膝酸软、目眩耳鸣。

用法：每服 9 g，每日 2 次。

五宝散(《医宗金鉴》)　钟乳石 12 g(如乳头下垂，敲之易碎，似蜻蜓翅者方真)，朱砂、冰片各 3 g，珍珠、琥珀各 6 g(豆腐内煮，半炷香时取出)。各研极细，和匀，用药 6 g，另加飞罗面 24 g，再研和匀，瓷罐密收。

功用：清凉解毒。用于杨梅疳疮结毒及婴儿湿疹。

用法：每用土茯苓 150 g，水 3 碗，煎至 2 碗，滤去渣，分作 3 次，每次加五宝散 0.3 g 和匀，每天 3 次；儿童减半，婴儿服 1/3。如鼻腐烂，每天于土茯苓内加辛夷 9 g，煎服，以引药上行。忌海腥、牛、羊、鹅肉、酒、煎炒等。

五倍子散(《医宗金鉴》)　用五倍子大者 1 个，凿一孔，用阴干车前草揉碎，填入五倍子内，用纸塞孔。湿纸包，煨片时，取出待冷去纸，研为细末。每药末 3 g 加轻粉 0.9 g、冰片 0.15 g，共研极细。

功用：收敛收涩。用于内痔坚硬疼痛难忍者。

用法：干搽痔上。

五倍子汤(《疡科选粹》)　五倍子、朴硝、桑寄生、莲房、荆芥各 30 g。

功用：消肿止痛，收敛止血。用于痔疮脱肛等。

用法：煎汤熏洗患处。

五福化毒丸(《外科正宗》)　水牛角浓缩粉、青黛 20 g，连翘、玄参、甘草各 60 g，黄连、芒硝各 5 g，牛蒡子(炒)、地黄、桔梗、赤芍各 50 g。共研细末，炼蜜为丸，每丸 3 g。

功用：清热解毒，凉血消肿。用于血热毒盛，小儿疮疖，痱毒，咽喉肿痛，口舌生疮，牙龈出血，痄腮。

用法：每服 1 丸，每日 3 次。

五虎汤(《霉疮秘录》)　斑蝥、蜈蚣、大黄、穿山甲、僵蚕。

功用：活血解毒止痛。用于梅毒结于筋骨。

用法：水煎服。

五苓散(《伤寒论》)　猪苓 9 g、泽泻 15 g、白术 9 g、茯苓 9 g、桂枝 6 g。

功用：利水渗湿，温阳化气。主治脾虚不运，气不化水之水湿内停证。

用法：水煎服。或制散剂，每服 6～9 g，每日 2～3 次。

五虎追风散(《晋南史全恩家传方》)　蝉衣、胆南星、天麻、全蝎、僵蚕。共研细末。

功用：祛风镇痉。用于破伤风。

用法：每次 3～6 g，每天 2～3 次，也可水煎服。

五神汤(《辨证录》卷十三)　茯苓 30 g，车前子 30 g，金银花 90 g，牛膝 15 g，紫花地丁 30 g。

功用：利湿清热。适用于多骨痈、委中毒、足癣、足底疔等。

用法：水煎服。

笔记栏

五味消毒饮(《医宗金鉴》)　金银花 20 g，野菊花 15 g，蒲公英 15 g，紫花地丁 15 g，紫背天葵子 15 g。

功用：清热解毒、消散疔疮。疔疮初起、发热恶寒、疮形如粟、坚硬根深、状如铁钉，以及痈疡疖肿、红肿热痛、舌红苔黄、脉数。

用法：水一盅，煎八分，加无灰酒半盅，再滚二三沸时，热服，被盖出汗为度。

五妙水仙膏(经验方)　五倍子、石碱、生石灰等制成软膏剂。

功用：消炎解毒，祛腐生新，收敛杀菌。

用法：外用，有特发性瘢痕疙瘩史者慎用或忌用。

五五丹(经验方)　熟石膏、升药各 15 g。共研细末。

功用：提脓祛腐。用于流痰、附骨疽、瘰疬等，溃后腐肉难脱，脓水不净者。

用法：掺于疮口中，或用药线蘸药插入，外盖膏药或油膏，每天换药 1～2 次。

五子衍宗丸(《新编国家中成药》)　枸杞子、菟丝子(炒)、覆盆子、五味子(蒸)、车前子(盐炒)

功用：肾虚精亏所致的阳痿不育，遗精早泄、腰痛、尿后余沥。

用法：口服。水蜜丸，每服 6 g，每日 2 次。

X

犀黄丸(《外科全生集》)　犀黄 0.9 g，麝香 4.5 g，乳香、没药各 30 g。先将乳香、没药各研细末，再加犀黄、麝香共研；用煮烂黄米饭 30 g，入药粉捣和为丸，如莱菔子大，晒干忌烘。

功用：解毒消痈，化瘀散结。用于岩、瘰疬、横痃、流注、小肠痈等。

用法：每日 3～9 g，温开水或陈酒送下。

犀角地黄汤(《备急千金要方》)　犀牛角、生地黄(捣烂)、牡丹皮、芍药。

功用：凉血，清热解毒。用于疮疡、药疹、红斑性狼疮、烧伤、脓毒败血症、急腹症等热入营血，热毒炽盛者。

用法：水煎服。

锡类散(《金匮翼》)　青黛 30 g，象牙屑 15 g，牛黄、人指甲各 1.5 g，珍珠、冰片各 0.9 g。各研细粉，混匀成散。

功用：解毒化腐。用于口疮、口糜、咽喉糜烂肿痛。

用法：将药粉吹入患处。

豨莶丸(经验方)　豨莶草。不拘多少，用黄酒拌，九蒸九晒，研细粉，炼蜜为丸，如梧桐子大。

功用：祛风胜湿。用于白驳风等。

用法：每次 9 g，空腹陈酒或开水送下。

夏枯草膏(《丸散膏丹集成》)　夏枯草 740 g，当归、白芍(酒炒)、玄参、乌药、象贝(去心)、炒僵蚕各 15 g，昆布、桔梗、陈皮、川芎、甘草各 9 g，酒炒香附 30 g，红花 6 g。上药共入砂锅内，水煎浓汁，布滤去渣，将汁复入砂锅内，文火熬浓，加白蜜 240 g，再熬成膏备用。

功用：养血，软坚，化痰。用于瘰疬。

用法：每日 1～2 匙，开水冲后温服。

仙方活命饮(《医宗金鉴》)　穿山甲、皂角刺、当归尾、甘草、金银花、赤芍、乳香、没药、天花粉、陈皮、防风、贝母、白芷。

功用：消肿散结，活血祛瘀。用于痈疽肿疡、腹腔炎症包块等。

用法：水煎服。

先天大造丸(《医宗金鉴》)　人参、白术(土炒)、当归身、白茯苓、菟丝子、枸杞、黄精、牛膝各 60 g，补骨脂(炒)、骨碎补(去毛微炒)、巴戟肉、远志(去心)各 30 g，广木香、青盐各 15 g，丁香 9 g。以上共研细末。熟地 12 g 酒煮捣膏；仙茅浸去赤汁，蒸熟去皮，捣膏；何首乌去皮，黑豆同煮，去豆捣膏，胶枣肉捣膏；肉苁蓉去鳞并内膜，酒浸捣膏；各 60 g。紫河车 1 具，白酒煮烂，捣膏。将药末与膏共合一处，炼蜜为梧子大丸。

功用：补气血，壮筋骨。用于流痰溃后脓稀难敛、气血两亏者。

用法：每日 70 丸，空腹温酒或开水送下。

笔记栏

香贝养荣汤(《医宗金鉴》)　白术(土炒)6 g,人参、茯苓、陈皮、熟地黄、川芎、当归、白芍(酒炒)、贝母(去心)、香附(酒炒)各 3 g,桔梗、甘草各 1.5 g,生姜 3 片,大枣 2 枚。

功用:补气补血。治疮疡、失荣、皮肤病等属气血两虚者。

用法:水煎,空腹时服。

香砂六君子汤(《时方歌括》)　人参、茯苓、白术、炙甘草、制半夏、陈皮、木香、砂仁。

功用:健脾理气。用于脾胃气虚,寒湿阻滞中焦,症见脘腹胀痛、嗳气纳呆、呕吐、泄泻等。

用法:水煎服。

消炎解毒丸(《新编国家中成药》)　蒲公英、金银花、甘草、防风、连翘。

功用:清热解毒,凉血消炎。用于疮疡热毒,红肿疼痛,小儿疮疖。

用法:每服 3.6 g,每日 2 次。

消风导赤汤(《医宗金鉴》)　牛蒡子、黄连、白鲜皮、生地、赤苓、薄荷、银花、灯心、木通、甘草。

功用:清热解毒,祛风利湿。用于疱疹样皮炎、婴儿湿疹等。

用法:水煎服。

消风散(《外科正宗》)　当归、生地、防风、蝉蜕、知母、苦参、胡麻、荆芥、苍术、牛蒡子、石膏、甘草、木通。

功用:疏风清热祛湿。用于湿疹、接触性皮炎、牛皮癣属风热者。

用法:水煎服。

消风止痒颗粒(《新编国家中成药》)　防风、蝉蜕、地骨皮、苍术(炒)、亚麻子、当归、地黄、木通、荆芥、石膏、甘草。

功用:消风清热,除湿止痒。用于丘疹样荨麻疹、湿疹、皮肤瘙痒症。

用法:每服 6 g,每日 3 次。

消核丸(《类证治裁》)　盐水炒橘红、赤茯苓、熟大黄、连翘各 30 g,黄芩、山栀各 24 g,半夏、元参、牡蛎、花粉、桔梗、瓜蒌各 21 g,僵蚕 15 g。共研末,蒸饼为丸。

功用:清热化痰,软坚消肿。用于皮肤痰核、瘰疬。

用法:每次 10 g,每天 3 次。

消疬丸(《外科真诠》)　玄参、牡蛎(煅)、川贝等份。米糊为丸,如梧桐子大。

功用:软坚化痰。治阴虚火旺所致之瘰疬。

用法:每次 9 g,温开水送下。

消瘰丸(《许履和外科医案医话集》)　生牡蛎、玄参、川贝、夏枯草。

功用:化痰软坚、滋阴降火。用于痰火凝结之瘰疬痰核。

用法:共为末,炼蜜为丸,如桐子大,每服 9 g,日二服。

逍遥蒌贝散(经验方)　柴胡、当归、白芍、茯苓、白术、瓜蒌、贝母、半夏、南星、生牡蛎、山慈菇。

功用:疏肝理气,化痰散结。用于乳癖、瘰疬、乳癌初起等。

用法:水煎服。

逍遥散(《太平惠民和剂局方》)　柴胡、白芍、当归、白术、茯苓、炙甘草、生姜、薄荷。

功用:疏肝解郁,调和气血。用于乳癖、失荣、瘰疬、粉刺、油风等之属于肝气郁结者。

用法:水煎服。

其他剂型:逍遥丸(每服 6 g,每日 2 次)。

消瘿丸(《新编国家中成药》)　昆布 300 g,海藻 200 g,蛤壳 50 g,浙贝母 50 g,桔梗 100 g,夏枯草 50 g,陈皮 100 g,槟榔 100 g。

功用:散结消瘿。用于痰火郁结所致的瘿瘤初起;单纯型地方性甲状腺肿。

用法:口服。每服 1 丸,每日 3 次,饭前服用;小儿酌减。

消银片(经验方)　地黄、牡丹皮、赤芍、当归、苦参、金银花、玄参、牛蒡子、蝉蜕、白鲜皮、防风、大青叶、红花。

笔记栏

功用：清热凉血，养血润燥，祛风止痒。用于白疕血热、血虚风燥证，皮疹点滴状，基底鲜红色，表面覆有银白色鳞屑，或鳞屑较厚，干燥，瘙痒。

用法：每服5～7片，每日3次。

消痔灵注射液(《新编国家中成药》) 明矾40 mg、鞣酸1.5 mg、三氯叔丁醇5 mg、低分子右旋糖酐注射液0.1 mL、枸橼酸钠15 mg、亚硫酸氢钠1.5 mg、甘油0.1 mL(每mL含药量)。

功用：收敛，止血。用于内痔出血、各期内痔及静脉曲张性混合痔。内痔嵌顿发炎、皮赘性外痔忌用。

用法：内痔局部注射。内痔出血、早期内痔用相当于内痔体积量的本品原液注射到黏膜下层。中晚期内痔及静脉曲张性混合痔分四步注射：第一步注射到内痔上方黏膜下层动脉区；第二步注射到内痔黏膜下层；第三步注射到黏膜固有层；第四步注射到齿线上方痔底部黏膜下层。第一步和第四步以1%普鲁卡因稀释本品成1∶1浓度；第二步和第三步以1%普鲁卡因稀释本品成2∶1浓度。根据痔的大小，每个内痔注入6～13 mL，总量20～40 mL。

消痔散(经验方) 煅田螺30 g、煅咸橄榄核30 g、冰片1.5 g。

功用：消痔退肿止痛。用于内痔脱出、直肠脱垂。

用法：共研细末和匀，用油调敷患处。

附 **消痔膏** 凡士林8/10、消痔散2/10。调匀成膏。

功用：消痔退肿止痛。

用法：搽患处，纱布盖贴。

小儿化湿汤(经验方) 苍术、陈皮、茯苓、泽泻、炒麦芽、六一散。

功用：健脾化湿。用于婴儿湿疹渗液多者。

用法：水煎服。

小金丹(《外科全生集》) 白胶香、草乌头、五灵脂、地龙、马钱子(制)各45 g，乳香(去油)、没药(去油)、当归身各22.5 g，麝香9 g，墨炭3.6 g。各研细末，用糯米粉和糊打千捶，待融和后，为丸，如芡实大，每料250粒左右。

功用：破瘀通络，祛痰化湿，消肿止痛。用于流痰、瘰疬、瘿、附睾结核、肿瘤等疾病。

用法：每次1粒，每天2次，陈酒送下。孕妇忌服。

小金片(经验方) 马钱子(制)216 g，地龙、制附子各234 g，全蝎、制没药各117 g，姜半夏、五灵脂各225 g，制乳香126 g。共研细末和匀，加辅料(黏合剂)轧制成片，每片含生药量0.3 g。

功用：破瘀通络，祛痰化湿，消肿止痛。用于流痰、瘰疬、瘿、附睾结核、肿瘤等疾病。

用法：成人每日2次，每次4片，温开水送下；儿童减半。孕妇忌服。

小金丸(《中华人民共和国药典》(2000年版)) 麝香30 g，木鳖子(去壳去油)、制草乌、枫香脂、五灵脂(醋炒)、地龙各150 g，乳香(制)、没药(制)、当归(酒炒)各75 g，香墨12 g。

功用：散结消肿，化瘀止痛。适用于阴疽初起，皮色不变，肿硬作痛，多发性脓肿，瘿瘤，瘰疬，乳岩，乳癖等症状。

用法：每服1.2 g，每日2次，儿童减半。孕妇禁用。

泻热汤(《外科全生集》) 黄连、黄芩、连翘、当归尾、木通、生甘草。

功用：苦寒泄热。用于脱囊，阴囊破烂属热盛毒盛者。

用法：水煎服。

泻心汤(《金匮要略》) 黄连、黄芩、大黄。

功用：清热解毒。

用法：水煎服。

新癀片(经验方) 肿节风、三七、人工牛黄、猪胆粉、肖梵天花、珍珠层粉、水牛角、浓缩粉、红曲、吲哚美辛。

功用：清热解毒，活血化瘀，消肿止痛。用于热毒瘀血所致的咽喉肿痛、牙痛、痹痛、胁痛、黄疸、

笔记栏

无名肿毒等。

用法：每次 4 片，每日 3 次。

新六号枯痔注射液(经验方)　氯化钙 12 g、氯化铵 3 g、加注射用水至 100 mL。上配方调匀→溶解→过滤(3 号细菌漏斗过滤)→分装(可分装为 5 mL、10 mL、100 mL 等不同规格)→消毒(普通蒸汽消毒 1 小时或煮沸消毒 0.5 小时)备用。

功用：使内痔坏死脱落。

用法：注射于痔核内。

辛夷清肺饮(《外科正宗》)　辛夷、黄芩、山栀、麦冬、百合、石膏、知母、甘草、枇杷叶、升麻。

功用：疏风清肺。用于热疮。

用法：水煎服。

醒消丸(《太平惠民和剂局方》)　乳香(去油)、没药(去油)各 30 g，麝香 4.5 g，雄精 15 g。先将乳、没、雄三味各研称准，再合麝香共研，煮烂黄米饭 30 g，入药末。捣为丸，如莱菔子大，晒干，忌烘(《外科证治全书》醒消丸方中麝香改为 0.9 g)。

功用：和营通络，消肿止痛。用于痈、流注等。

用法：每次 3～6 g，热陈酒送下或温开水送下；儿童减半，婴儿服 1/3。一般连服 7 天后，停药 3 天。孕妇忌服。

芎归二术汤(《外科正宗》)　白术、苍术、川芎、归身、人参、茯苓、米仁、皂刺、厚朴、防风、木瓜、木通、甲片(炒)、独活各 3 g，银花 6 g，甘草(原书未示用量)，精猪肉 60 g，土茯苓 120 g。

功用：健脾养血，祛风解毒。用于杨梅结毒，已成未成，筋骨疼痛，步履艰辛，及溃后腐肉臭败，不能生肌收敛者。

用法：水煎服。

雄黄软膏(经验方)　雄黄、氧化锌各 10 g，羊毛脂 30 g，凡士林加至 100 g。

功用：杀虫，止痒。用于手足癣、白疕及慢性皮肤病变。

用法：外涂。

血府逐瘀汤(《医林改错》)　当归、生地黄、桃仁、红花、枳壳、赤芍、柴胡、甘草、桔梗、川芎、牛膝。

功用：活血祛瘀，通络止痛。用于脱疽、白疕、急腹症血瘀者。

用法：水煎服。

其他剂型：血府逐瘀胶囊(每服 6 粒，每日 2 次)。

荨麻疹丸(《新编国家中成药》)　白芷、防风、白鲜皮、薄荷、川芎、三棵针、赤芍、威灵仙、土茯苓、荆芥、亚麻子、黄芩、升麻、苦参、红花、何首乌、蒺藜、菊花、当归。

功用：清热祛风，除湿止痒。用于风湿热而致的荨麻疹、湿疹、皮肤瘙痒等症。

用法：每服 10 g，每日 2 次。

Y

阳毒内消散(《药蔹启秘》)　麝香、冰片、青黛各 6 g，白及、南星、姜黄、炒甲片、樟冰、铜绿各 12 g，轻粉、胆矾各 9 g。研极细末。

功用：活血，止痛，消肿，化痰，解毒。用于一切阳证肿疡。

用法：掺膏药上敷贴。

羊睾丸汤(经验方)　阳起石 20 g，仙茅、淫羊藿、肉苁蓉、生地、熟地各 15 g，菟丝子、枸杞子、五味子、山萸肉、巴戟天各 10 g，附子 9 g，羊睾丸 1 对。

功用：温补肾阳，益肾填精。用于男子不育肾阳虚衰证。

用法：水煎服。

阳和解凝膏(《外科全生集》)　鲜牛蒡子根叶梗 1.5 kg，鲜白凤仙梗、川芎各 120 g，川附、桂枝、大黄、当归、肉桂、草乌、地龙、僵蚕、赤芍、白芷、白蔹、白及、乳香、没药、续断、防风、荆芥、五灵脂、木

笔记栏

香、香橼、陈皮各 60 g,苏合油120 g,麝香 30 g,菜油 5 kg。白凤仙熬枯去渣,次日除乳香、没药、麝香、苏合油外,余药俱入锅煎枯,去渣滤净,称准分量,每油 500 g 加黄丹(烘透)210 g,熬至滴水成珠,不黏指为度。撤下锅来,将乳、没、麝、苏合抽加入搅和,半月后可用。

功用:温经和阳,行气活血,驱风散寒,化痰通络。用于疮疡阴证、乳癖等。

用法:置铜勺中,加热,烊化,摊布上,贴患处。

阳和汤(《外科全生集》)　熟地黄、白芥子、炮姜炭、麻黄、甘草、肉桂、鹿角胶(烊化冲服)。

功用:温阳通脉,散寒化痰。用于虚寒型流痰、附骨疽和脱疽。

用法:水煎服。

阳和丸(《赵炳南临床经验集》)　肉桂、附子、干姜各 4 钱,白芥子 1 两、麻黄 2 钱。

功用:温经回阳、活血通络、散寒燥湿。

用法:每服 1～2 丸,每日 2 次,温开水或温黄酒送下。

羊蹄根散(《医宗金鉴》)　羊蹄根(即土大黄)24 g、枯白矾 6 g。各研细末,和匀。

功用:杀虫,收涩,止痒。用于牛皮癣。

用法:用醋调搽患处,每天 1～2 次。

养血生发胶囊(经验方)　熟地黄、当归、羌活、木瓜、川芎、白芍、菟丝子、天麻、制何首乌。

功用:养血补肾,祛风生发。用于斑秃,全秃,脂溢性脱发,头皮发痒,头皮屑多,油脂多与病后、产后脱发。

用法:每服 4 粒,每日 2 次。

养阴清肺汤(《重楼玉钥》)　大生地 6 g,麦冬、玄参各 5 g,生甘草、薄荷各 2 g,贝母、丹皮、炒白芍各 3 g。

功用:养阴清肺。用于石瘿。

用法:水煎服。

烟熏散(经验方)　苍术 45 g,松香、鹤虱各 60 g,大枫子 150 g,五倍子 75 g,苦参、黄柏、防风各 45 g,白鲜皮 15 g。共粗末。

功用:杀虫止痒。用于牛皮癣、慢性湿疹等。

用法:取草纸两张,上置药物 6 g,卷成纸条,点火将烟熏于患处,每次 10～15 分钟。用药量多少可依据癣疮范围大小而决定,一般 12 g(6 g 约能燃 10 分钟),每天 2 次。温度可依据患者耐受程度而定。

咬头膏(经验方)　铜绿、松香、乳香、没药、生木鳖、蓖麻子(去尖)、杏仁各 3 g,巴豆 6 g,白砒 0.3 g。捣成膏,为丸,如绿豆大。

功用:有腐蚀之功。用于疮疡已成脓而不能自破者。

用法:每次 1 粒,放于膏药上,贴于疮疡中心。

药制丝线(《外科正宗》)　羌花 15 g、壁钱 6 g、丝线 9 g。先将芫花、壁钱加水 2 碗,煎至 1 碗去渣,再加入丝线文火煎至水干。将线阴干备用。

功用:腐蚀。用于瘘管。

用法:挂线或结扎患处。

野菊花栓(《新编国家中成药》)　野菊花浸膏、聚乙二醇。

功用:抗菌消炎。用于前列腺炎及慢性盆腔炎等疾病。

用法:肛门给药。每服 1 粒,每日 1～2 次,或遵医嘱。

一号癣药水(经验方)　土槿皮、大枫子肉、地肤子、蛇床子、白鲜皮、苦参各 300 g,硫黄、枯矾、樟脑各 150 g,50%乙醇 20 000 mL。将土槿皮打成粗末,大枫子肉捣碎,硫黄研细,枯矾打松,用 50%乙醇温浸,第 1 次加 8 000 mL 浸 2 天后,倾取清液,第 2 次再加 6 000 mL,再浸 2 天,倾取清液,第 3 次加6 000 mL,去渣取液,将 3 次浸出的药液混合,再以樟脑用 95%乙醇溶解后,加入药液中,俟药液澄清,倾取上层清液备用。

笔记栏

功用：杀虫止痒。治鹅掌风、脚湿气、圆癣等病。

用法：搽擦患处，每日3～4次。有糜烂者禁用。

一扫光(《外科正宗》)　苦参、黄柏各500 g、烟胶500 g、枯矾、木鳖肉、大枫子肉、蛇床子、点红椒、樟脑、硫黄、明矾、水银、轻粉各90 g、白砒15 g。共研细末，熟猪油1 120 g，化开，入药搅匀，作丸如龙眼大，瓷瓶收贮。

功用：杀虫止痒。治白秃疮、疥疮、白屑风等。

用法：搽擦疮上。

异功散(《小儿药证直诀》)　人参、白术、茯苓、炙甘草、陈皮。

功用：健脾益气，行滞。

用法：每天1剂，水煎取汁，分2次服。

益胃汤(《温病条辨》)　沙参、麦门冬、细生地、玉竹、冰糖。

功用：养胃益阴。用于疮疡、皮肤病属胃阴不足者。

用法：水煎服。

茵陈蒿汤(《伤寒论》)　茵陈蒿、山栀子、大黄。

功用：清利湿热。用于湿热型的粉刺、白屑风、急性胆囊炎、胆石病等。

用法：水煎服。

阴毒内消散(《药蔹启秘》)　麝香3 g，轻粉、腰黄、川乌、炒甲片、阿魏(瓦上炒去油)各9 g，丁香、牙皂、良姜、制乳香、没药各6 g，樟脑12 g，肉桂3 g，胡椒3 g。研极细末。

功用：温经散寒，消坚化痰。用于一切阴证肿疡。

用法：掺膏药上敷贴。

银花甘草汤(《外科十法》)　金银花9 g，生甘草9 g。

功用：清热解毒。主治热疖。疔疮，热毒疮疡初起，红肿热痛。

用法：水煎服，或代茶频饮。又可煎汁洗涤溃疡面。

银翘散(《温病条辨》)　连翘、银花、牛蒡子、桔梗、薄荷、鲜竹叶、荆芥、淡豆豉、生甘草、鲜芦根。

功用：疏风清热。用于疮疡、皮肤病属于风热者。

用法：水煎服。

银翘解毒丸(《新编国家中成药》)　银花、连翘、薄荷、芥穗、淡豆豉、牛蒡子、桔梗、淡竹叶、甘草。

功用：辛凉解表，清热解毒。用于风热感冒，发热头痛，咳嗽口干，咽喉疼痛。

用法：每服9 g，每日2次。

右归丸(《景岳全书》)　熟地黄8份、山药4份、山萸肉3份、枸杞子4份、菟丝子4份、杜仲4份、鹿角胶4份、当归3份、附子2～6份、肉桂2～4份。上药按比例称足，共为细末，炼蜜为丸。

功用：补益肾阳。用于疮疡，皮肤病属肾阳不足者。

用法：每服9 g，每日1～2次，也可水煎服。

右归饮(《景岳全书》)　熟地6～30 g，山药、枸杞、甘草、杜仲、肉桂各6 g，制附子9 g，山茱萸3 g。

功用：温肾填精。用于肾阳不足证。

用法：水煎服。

玉露散(经验方)　芙蓉叶。研成极细末。

功用：凉血，清热，退肿。用于疮疡阳证。

用法：可用麻油、菊花露、银花露或凡士林调敷患处。

玉露油膏　凡士林8/10、玉露散2/10。调匀成膏。

功用：凉血，清热，退肿。用于疮疡阳证。

用法：敷患处。

芋艿丸(经验方)　香梗芋艿(拣大者)，不拘多少。将芋艿切片晒干，研细末，用陈海蜇(漂淡)、

笔记栏

大荸荠煎汤泛丸。

功用：消痰，软坚，化毒，生肌。用于瘰疬。

用法：每次 9 g，陈海蜇、荸荠煎汤送下；或白汤下。

玉屏风散(《丹溪心法》) 防风、黄芪各 30 g，白术 60 g。共研细末。

功用：益气固表止汗。

用法：开水送服，每服 6～9 g，每日 2 次。也可按原方用量比例酌减煎服。

玉枢丹(即**紫金锭**，《霍乱论》) 山慈菇、五倍子各 60 g，千金子霜 30 g，雄黄、朱砂各 23 g，红芽大戟 45 g，麝香 6 g。共为细末，糯米汤调，制成锭剂。

功用：解毒辟秽，活血消肿。用于霍乱、痧胀、瘟疫、喉风、蛇犬咬伤等。

用法：每次 0.6 g，捣碎冲服。外用，醋磨调敷患处。

郁金银屑片(《新编国家中成药》) 秦艽 30 g，当归 30 g，石菖蒲 30 g，关黄柏 30 g，香附(酒炙)30 g，郁金(醋炙)30 g，醋莪术 30 g，雄黄 30 g，马钱子粉 30 g，皂角刺 30 g，桃仁 30 g，红花 30 g，乳香(醋炙)30 g，硇砂 12 g，玄明粉 18 g，大黄 18 g，土鳖虫 36 g，青黛 24 g，木鳖子 24 g。

功用：疏通气血、软坚消积、清热解毒、燥湿杀虫。用于银屑病(牛皮癣)。

用法：口服。每服 3～6 片，每日 2～3 次。

玉真散(《外科正宗》) 生南星、白芷、防风、羌活、天麻、白附子各等量。共研为细末。

功用：祛风镇痉。用于破伤风。

用法：每次 3～6 g，热酒调服，也可煎服。

云南白药胶囊(《新编国家中成药》) 保密方

功用：化瘀止血、活血止痛、解毒消肿。用于跌打损伤、瘀血肿痛及各类出血。

用法：每服 1～2 粒，每日 4 次。

熨风散(《疡科选粹》) 羌活、防风、白芷、当归、细辛、芫花、白芍、吴茱萸、官桂各 3 g。研成细末。

功用：温经祛寒，散风止痛。用于流痰、附骨疽等。

用法：取赤皮葱连须 240 g，捣烂，同药末和匀，醋炒热，布包，热熨患处。

Z

脏连丸(《证治准绳》) 黄连 240 g(研净末)、公猪大肠(肥者一段，长 36 cm)。将黄连末装入大肠内，两头以线扎紧，放砂锅内，下煮酒 1 250 mL，慢火熬之，以酒干为度。将药肠取起，共捣为泥。如嫌湿，再晒 1 小时许，复捣为丸，如梧桐子大。

功用：清化大肠湿热。用于内痔实证者。

用法：每次 3～9 g，每天 2 次。

增生平片(《新编国家中成药》) 山豆根、拳参、北败酱、夏枯草、白鲜皮、黄药子。

功用：清热解毒、化瘀散结。适用于食管和贲门上皮增生，具有呃逆、进食吞咽不利、口干、口苦、咽痛、便干舌暗、脉弦滑，热瘀内结表现者。

用法：每服 8 片，每日 2 次；疗程 6 个月，或遵医嘱。

增液汤(《温病条辨》) 玄参、麦冬、生地黄。

功用：养阴增液。用于疮汤、皮肤病阴液受损者。

用法：水煎服。

真武汤(《伤寒论》) 茯苓、芍药、生姜、白术、附子。

功用：温补脾肾。用于红斑狼疮脾肾阳虚证。

用法：水煎服。

珍珠散(经验方) 煅白石脂 9 g，煅石决明 75 g，煅龙骨 15 g，煅石膏 60 g，麝香 1.5 g，冰片、煅珍珠各 3 g。共研极细末，装瓶备用。

笔记栏

功用：生肌收敛。用于痈疽溃后久不收口者。

用法：撒于疮面，外贴膏药。

知柏地黄丸(《医宗金鉴》)　熟地、山萸肉、干山药、丹皮、白茯苓、泽泻、知母、黄柏。上药为末，炼蜜为丸。

功用：养阴清热，泻火利湿。

用法：每天服 9 g，淡盐汤送下或水煎服。

止带方(《世补斋·不谢方》)　猪苓、茯苓、车前子、泽泻、茵陈、赤芍、丹皮、黄柏、栀子、牛膝。

功用：清利湿热，止带，佐以解毒杀虫。

用法：水煎服。

止痛如神汤(《医宗金鉴》)　秦艽、桃仁、皂角子、苍术、黄柏、当归尾、泽泻、槟榔、熟大黄。

功用：清热，祛风，利湿。用于痔核肿胀疼痛者。

用法：水煎服。

止痒扑粉(经验方)　绿豆 50 g、氧化锌 5 g、樟脑 1 g、滑石粉加至 100 g。将绿豆、氧化锌、滑石粉研细后，再加入樟脑，研匀即成。

功用：清热，收涩，止痒。用于夏季皮炎、痱子等。

用法：干扑患处，每日 3～5 次。

脂溢洗方(《朱仁康临床经验集》)　苍耳子、王不留行各 30 g，苦参 15 g，明矾 9 g。煎水半盆。

功用：收敛止痒。用于面游风。

用法：洗前剪短头发，反复洗头，每天 2 次，每次 15 分钟。

治瘊方(经验方)　熟地 12 g，赤芍、桃仁、红花、丹皮、赤小豆、白术、牛膝各 9 g，首乌、杜仲各 6 g，穿山甲 3～6 g。

功用：养血化瘀。用于疣而皮疹广泛者。

用法：水煎服。饮酒者每煎加白酒 30 mL 冲服，连服至脱落为止。

治疣方(经验方)　灵磁石、紫贝齿、代赭石、生牡蛎、桃仁、山慈菇、白芍、地骨皮、黄柏。

功用：活血通络，平肝潜镇。用于疣而皮疹广泛者。

用法：水煎服。

痔特佳胶囊(《新编国家中成药》)　槐角、地榆炭、黄芩、当归、枳壳、防风、鞣质、阿胶。

功用：清热消肿、凉血止血、收敛。用于一二期内痔、血栓性外痔、肛窦炎，对其他痔疮有缓解作用。

用法：每服 2～4 粒，每日 2 次。

滋阴除湿汤(《外科正宗》)　川芎、当归、白芍、熟地、柴胡、黄芩、陈皮、贝母、知母、地骨皮、泽泻、甘草、干姜。

功用：滋阴除湿，化痰通络。用于附睾结核初起。

用法：水煎服。

紫草油(《疮疡大全》)　紫草、当归、地榆、黄芩、黄柏、甘草、白芷、冰片等多味药组成，以麻油加热提取。

功用：有消炎解毒、消肿止痛、祛腐生肌、收敛止血之功效，为治疗感染性伤口、外伤及烧伤的首选药物。

用法：直接涂患处，或用无菌纱布浸渍后敷于创面，每 2 天换药 1 次，有感染者清除分泌物后上药。

笔记栏

紫金锭(《新编国家中成药》)　山慈菇三两，红大戟一两半，千金子霜一两，五倍子三两，麝香三钱，朱砂一两，雄黄一两。

功用：辟瘟解毒、消肿止痛之功效。主治中暑、脘腹胀痛、恶心呕吐、痢疾泄泻、小儿痰厥；外治疔疮疖肿、痄腮、丹毒、喉风。

用法：外用。

紫兰方(《简明中医皮肤病学》)　马齿苋 60 g，板蓝根 30 g，紫草根 30 g，薏苡仁15 g。便秘加大黄10 g(后下)，口渴加花粉 15 g。

功用：清热解毒、疏风散结。

用法：水煎服。

紫雪丹(《太平惠民和剂局方》)　寒水石、石膏、滑石、磁石、升麻、玄参、甘草、水牛角、羚羊角、沉香、丁香、朴硝、硝石、辰砂、木香、麝香。

功用：清热镇惊。用于内外烦热不解、发斑、发黄、瘴毒、疫毒及小儿惊风、疮疡内陷、疔毒走黄、神识昏迷等。

用法：每服 0.9～1.5 g，每日 3 次。病重者每次可增至 3 g，温开水送下。

紫雪胶囊(《新编国家中成药》)　寒水石、石膏、滑石、磁石、玄参、木香、沉香、升麻、甘草、丁香、芒硝、硝石、水牛角浓缩粉、羚羊角、朱砂、人工麝香。

功用：清热开窍，镇惊安神。用于瘟热不解、高热烦躁、小儿急热惊风、疮疡内陷、疔疮走黄、神识昏迷等。

用法：每服 1.5～3 g，每日 2～3 次，温开水送服。孕妇忌服。小儿遵医嘱服用。

竹叶黄芪汤(《医宗金鉴》)　人参、黄芪、石膏(煅)、半夏(炙)、麦冬、白芍、川芎、当归、黄芩、生地、甘草、竹叶、生姜、灯心。

功用：滋阴生津清热。用于有头疽属阴液不足，热甚口渴者。

用法：水煎服。

竹叶石膏汤(《伤寒论》)　竹叶 15 g、石膏 30 g、半夏 9 g、麦门冬 15 g、人参 5 g、甘草 3 g、粳米 15 g。

功用：清热生津，益气和胃。

用法：水煎服。

左归丸(《景岳全书》)　熟地黄 8 份、山药 4 份、山萸肉 4 份、枸杞子 4 份、菟丝子 4 份、角胶 4 份、龟板胶 4 份、牛膝 3 份。上药按比例称足。共为细末，炼蜜为丸。

功用：滋补肾阴。用于疮疡、皮肤病属肾阴不足者。

用法：每日 1～2 次，每服 6 g，盐水送服。或水煎服。

(杨　柳)

笔记栏

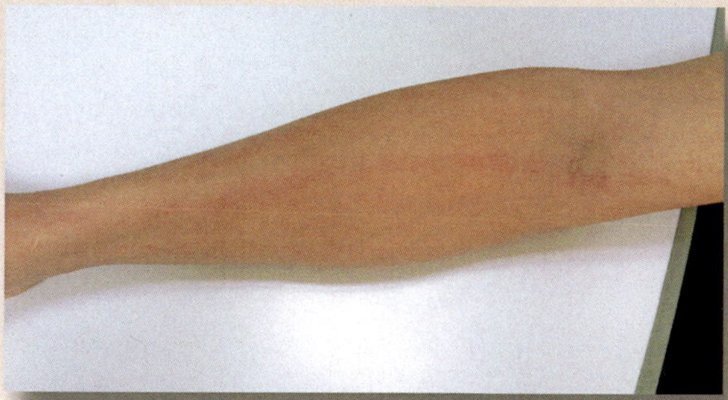

彩图 6–1　疔（淋巴管炎）

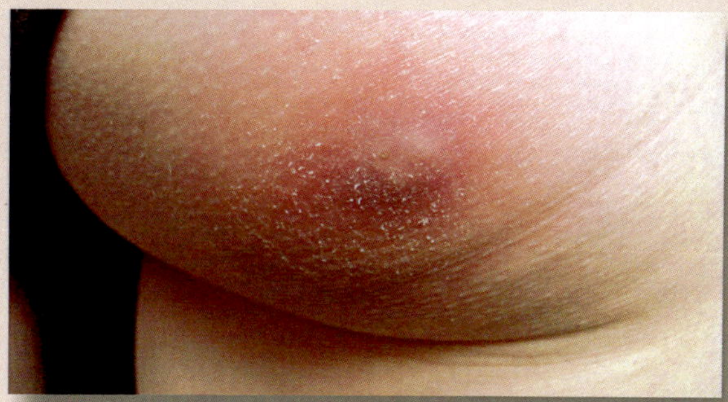

彩图 6–2　发（臀痈）

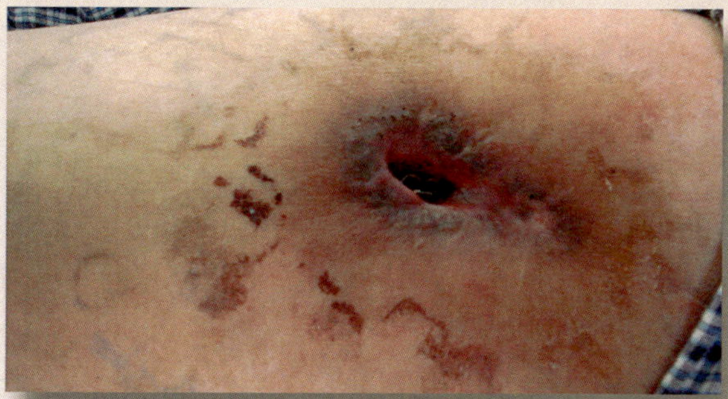

彩图 6–3　窦道

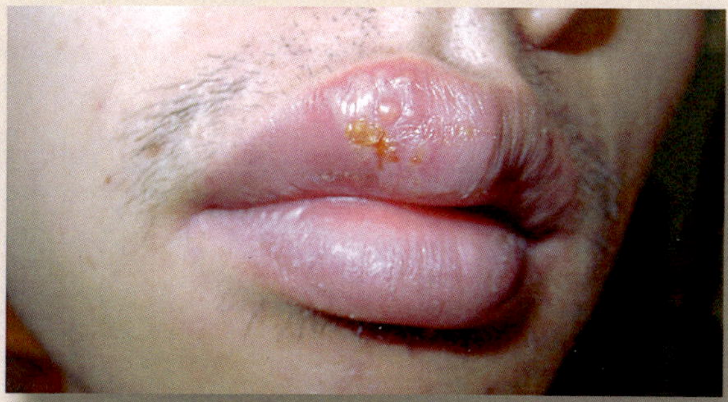

彩图 7–1　单纯疱疹

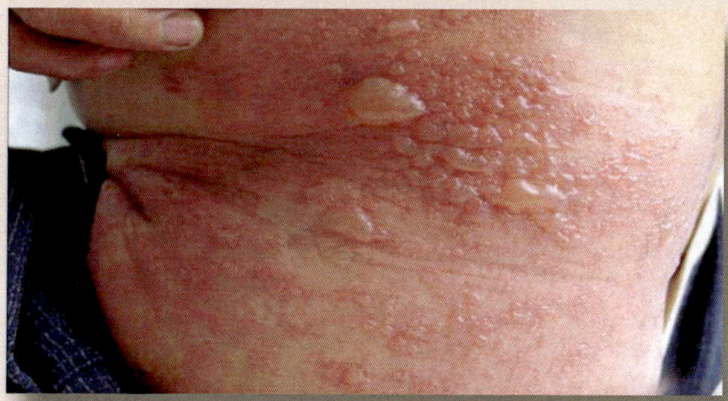

彩图 7–2　带状疱疹

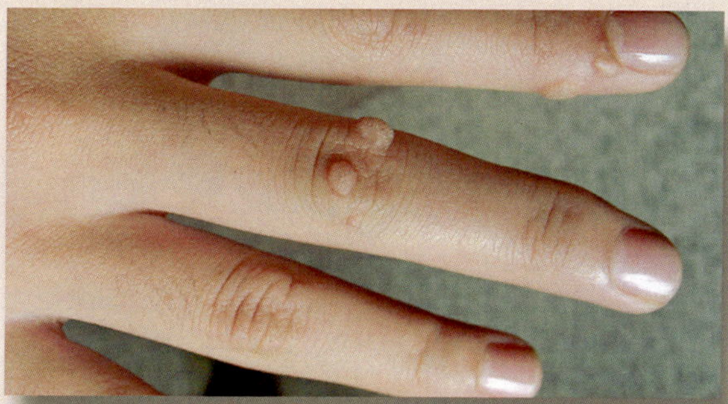

彩图 7–3　寻常疣

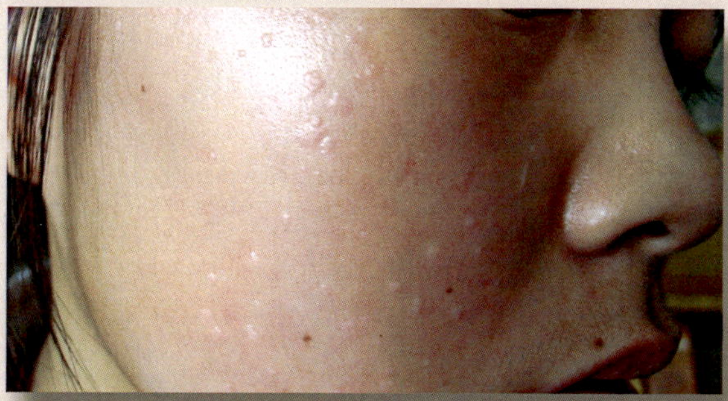

彩图 7–4　扁平疣

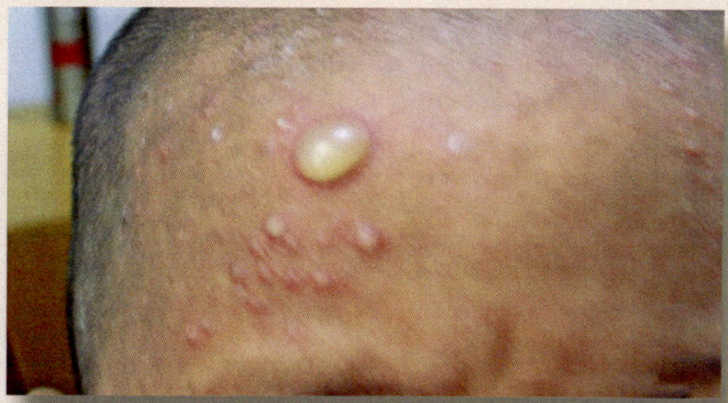

彩图 7–5　脓疱疮

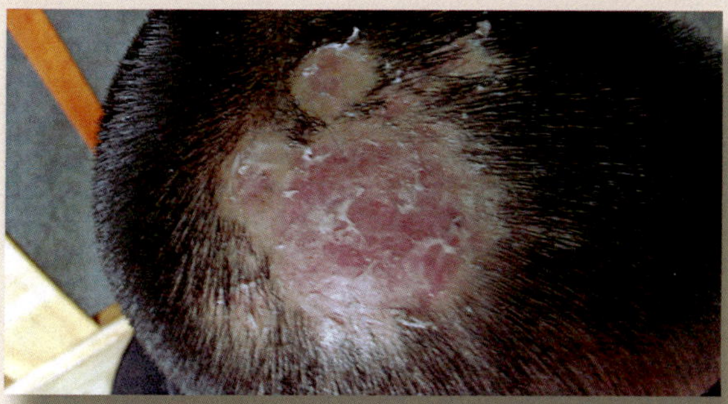

彩图 7–6　白癣

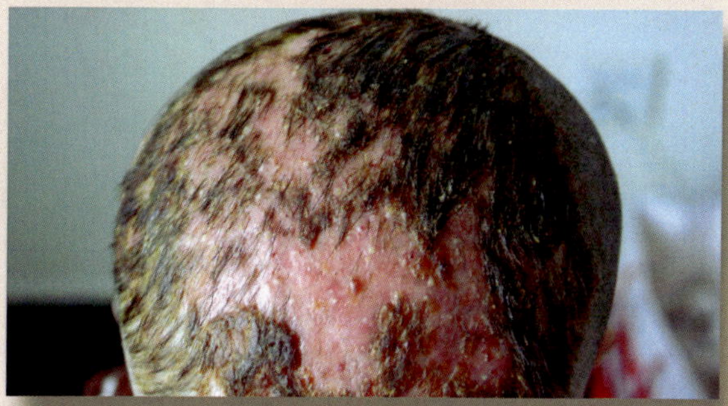

彩图 7–7　黄癣

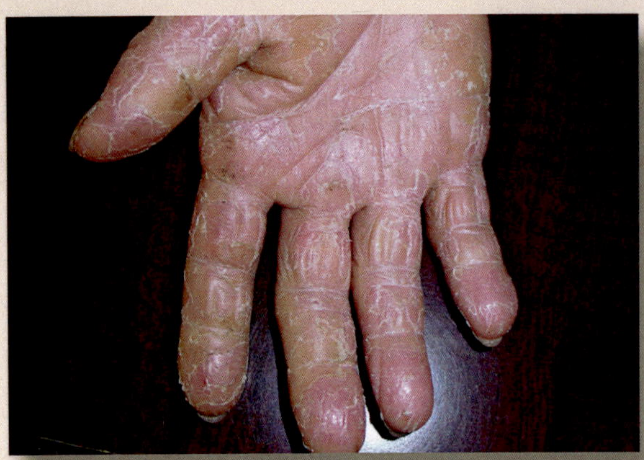

彩图 7–8　手癣

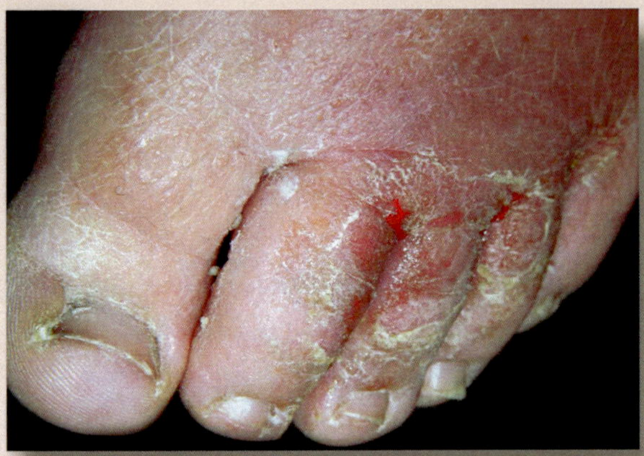

彩图 7–9　足癣

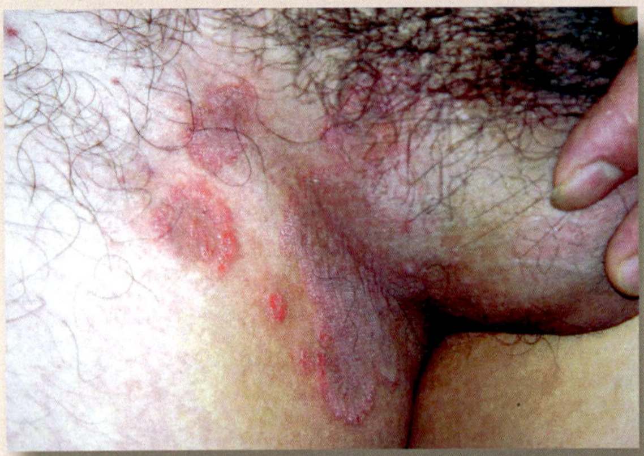

彩图 7–10　阴癣（股癣）

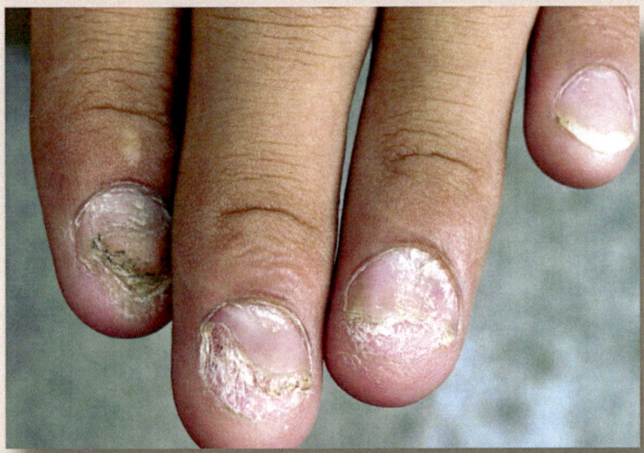

彩图 7–11　手甲癣

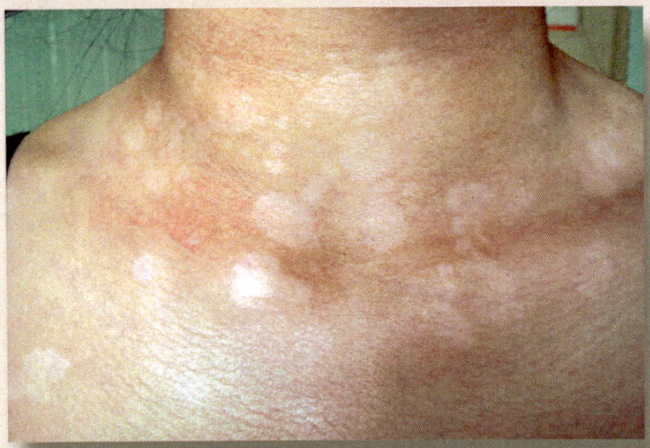

彩图 7–12　花斑癣

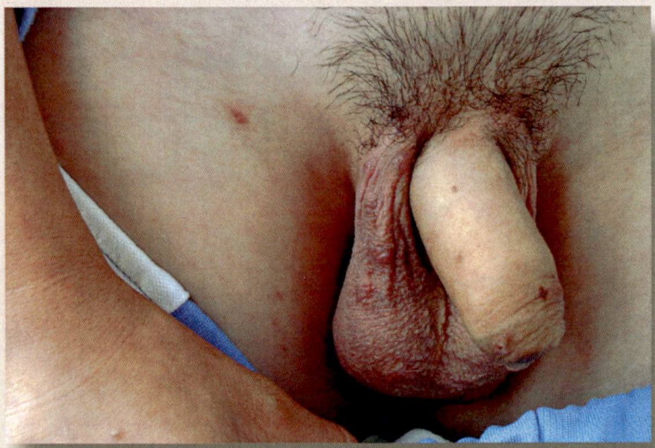

彩图 7–13　疥疮

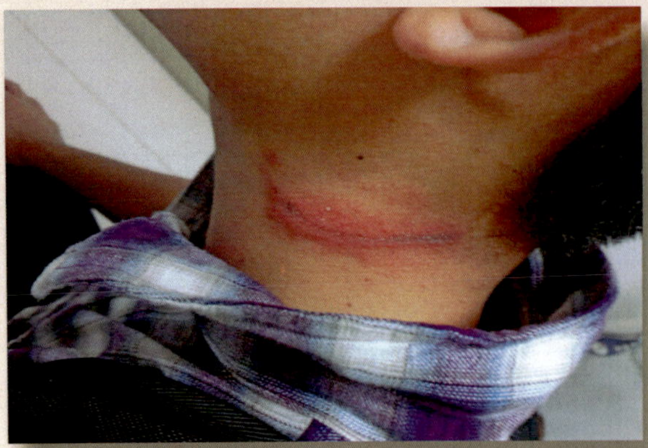

彩图 7–14　隐翅虫皮炎

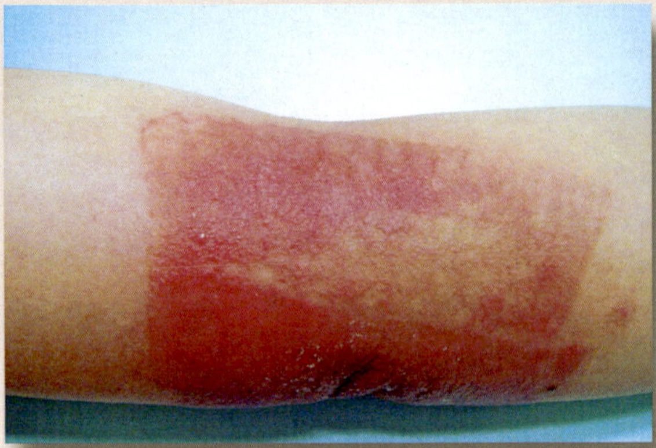

彩图 7–15　接触性皮炎

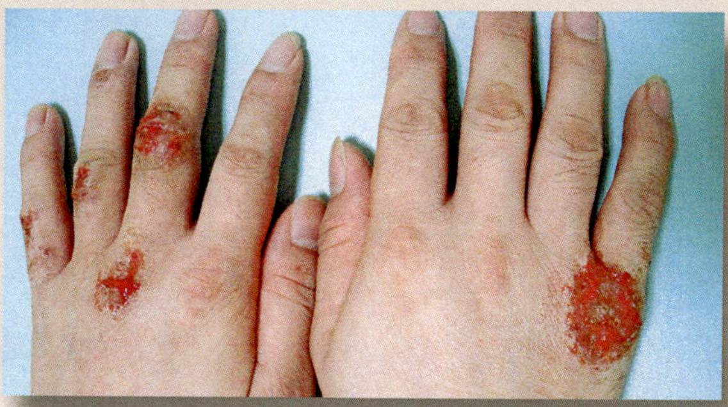

彩图 7-16　急性湿疹（手部）

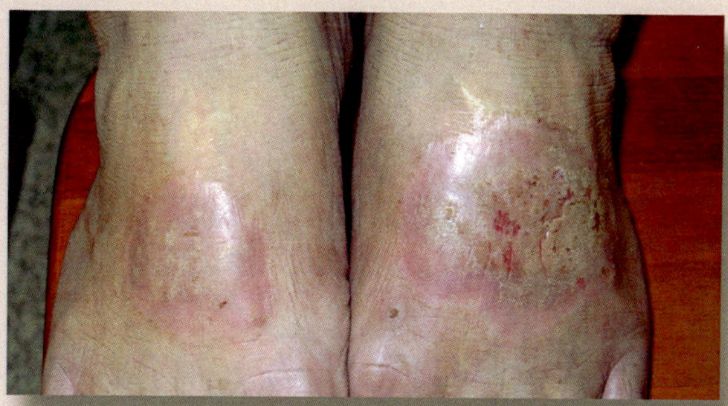

彩图 7-17　慢性湿疹（足部）

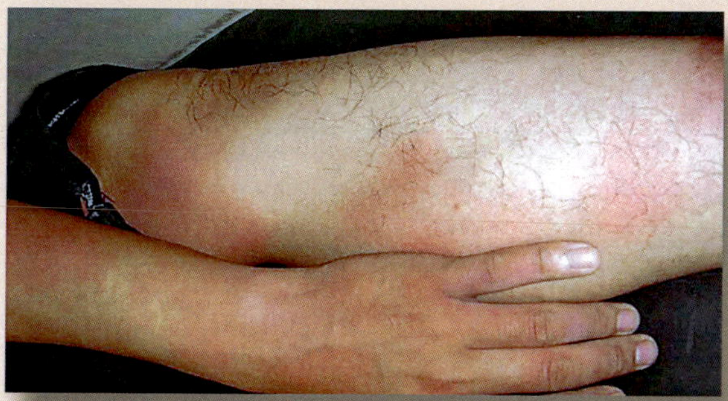

彩图 7-18　药物性皮炎

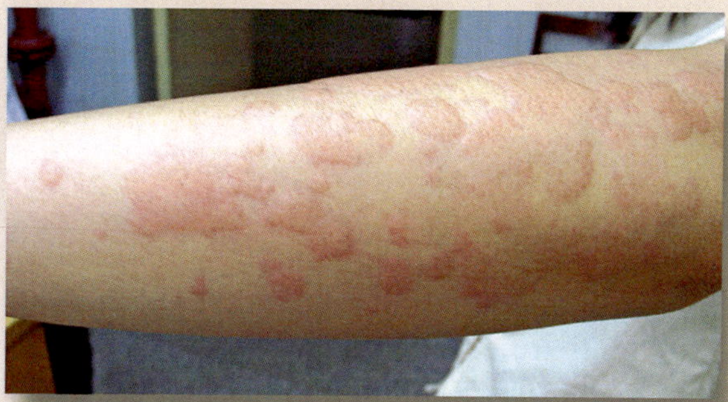

彩图 7-19　荨麻疹

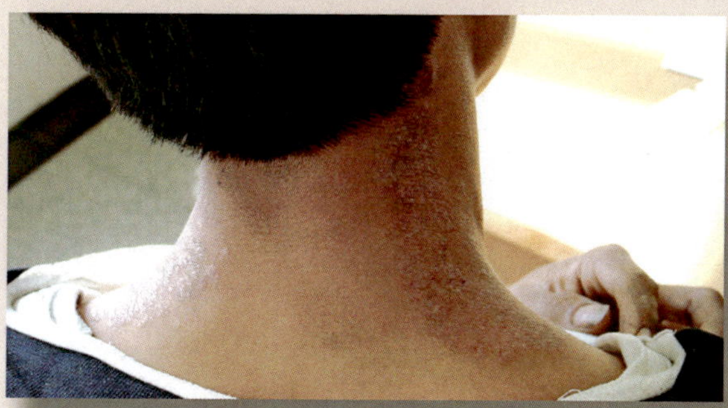

彩图 7-20　神经性皮炎

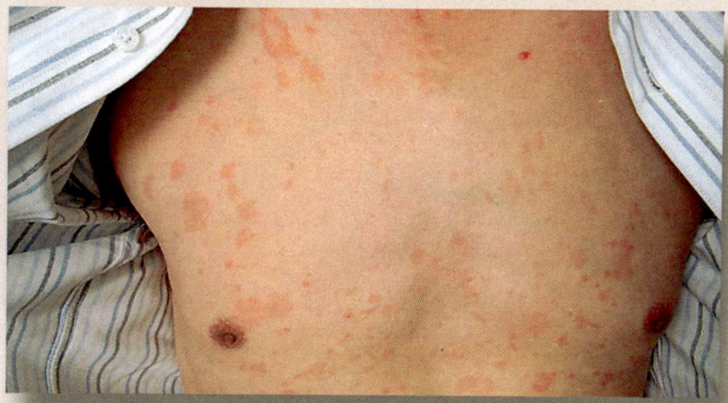

彩图 7-21　玫瑰糠疹

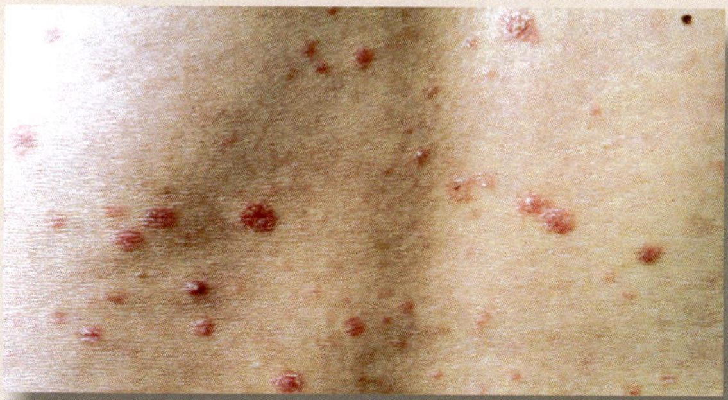

彩图 7-22　银屑病

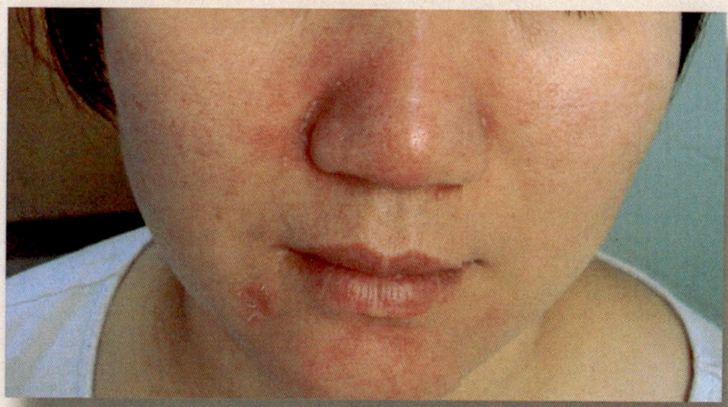

彩图 7-23　脂溢性皮炎

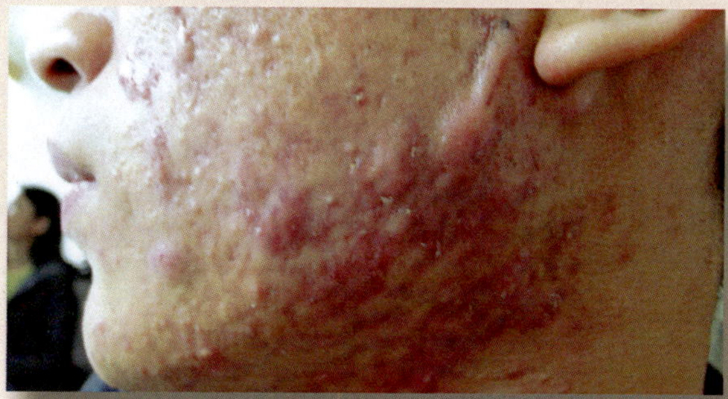

彩图 7-24　痤疮

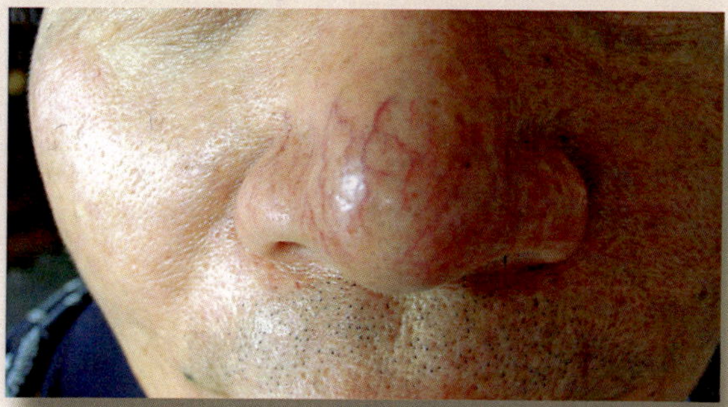

彩图 7-25　酒渣鼻

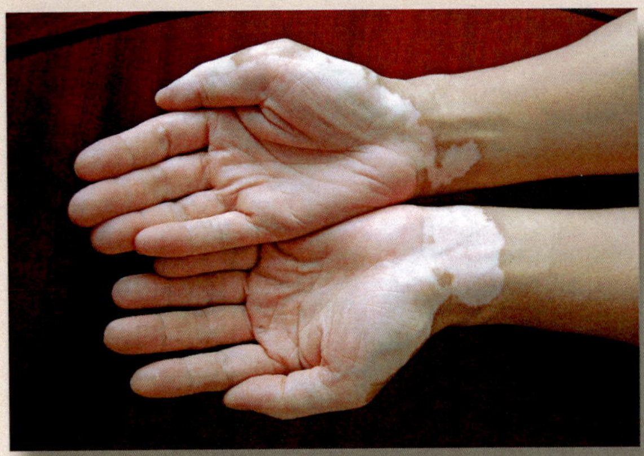

彩图 7-26　白癜风

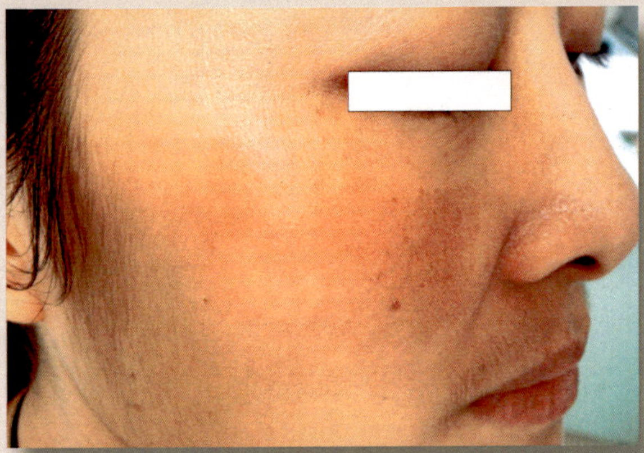

彩图 7-27　黄褐斑

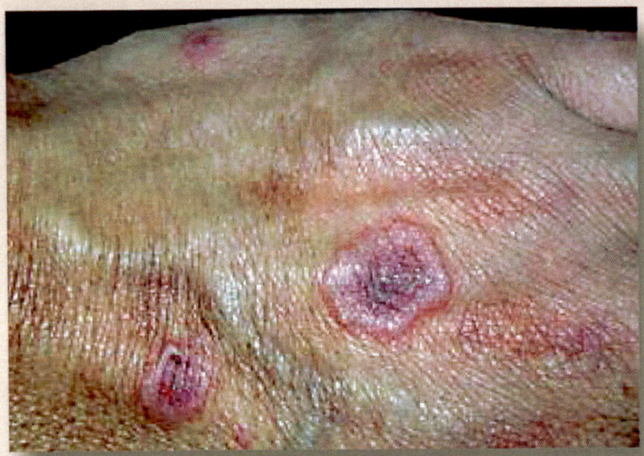

彩图 7-28　多形性红斑

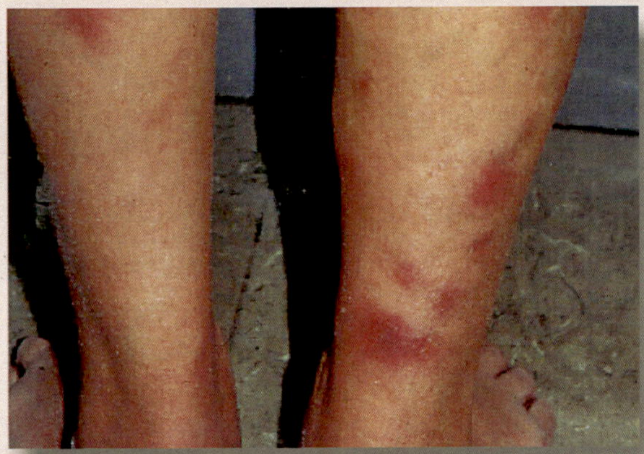

彩图 7-29　结节性红斑

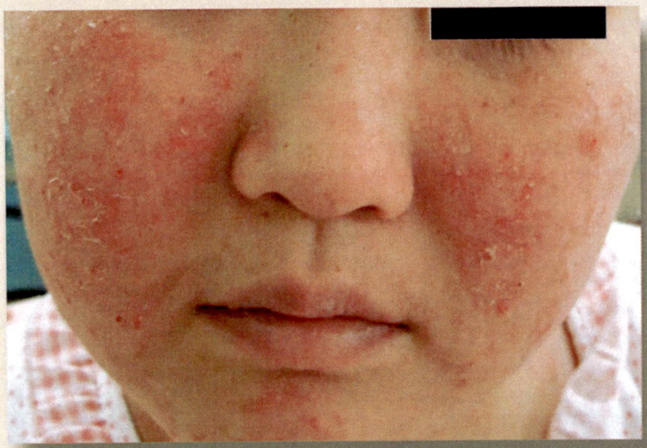

彩图 7-30　红斑狼疮

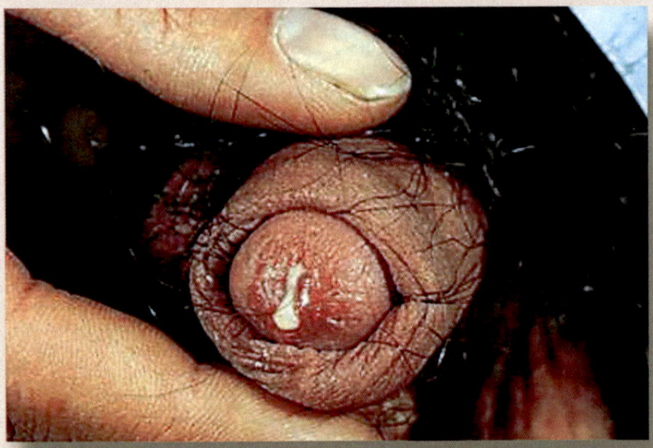

彩图 7-31　淋病

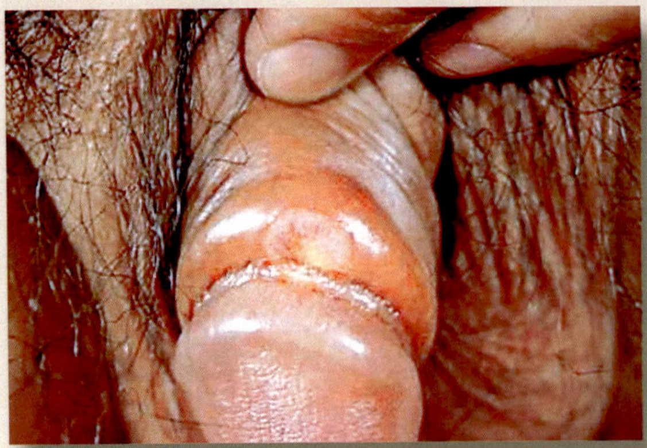

彩图 7-32　梅毒（硬下疳）

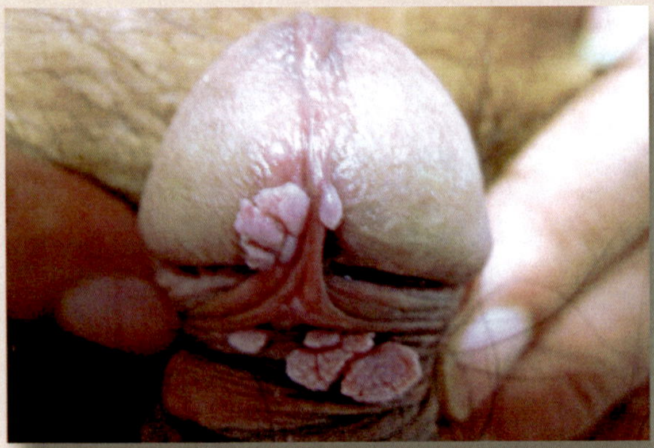

彩图 7-33　尖锐湿疣

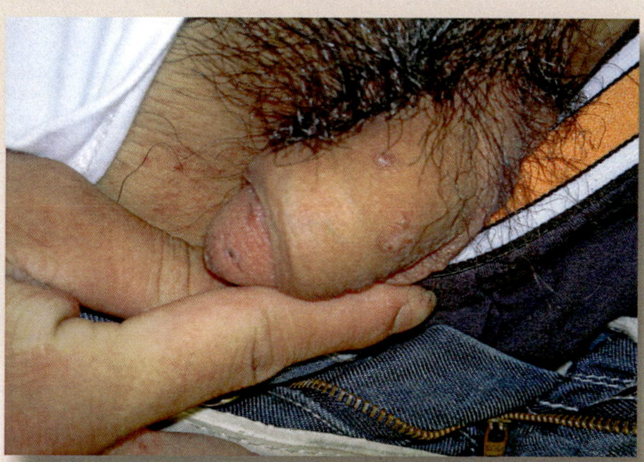

彩图 7–34　生殖器疱疹

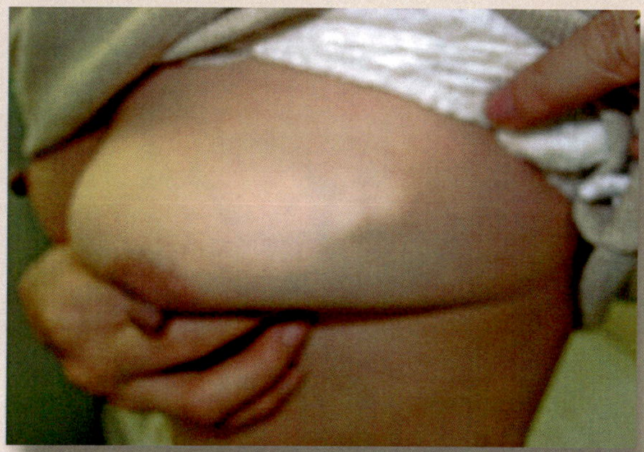

彩图 8–1　乳房纤维腺瘤

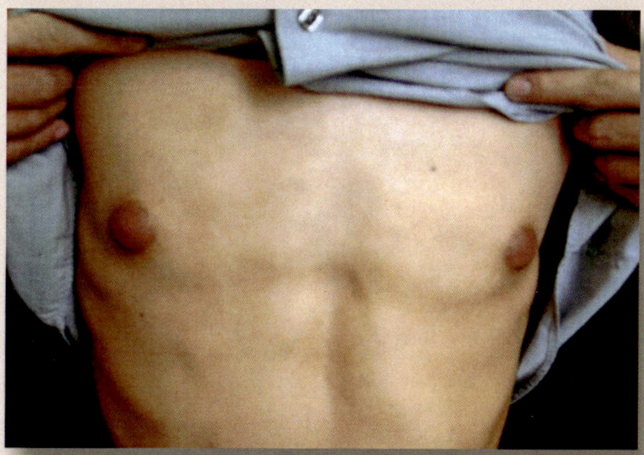

彩图 8–2　男性乳房异常发育症

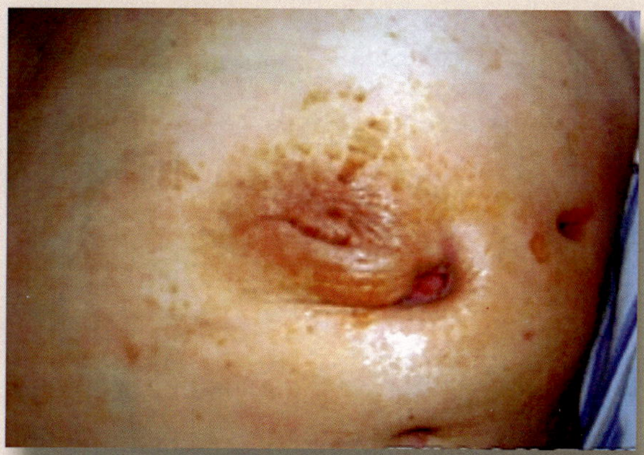

彩图 8–3　乳漏

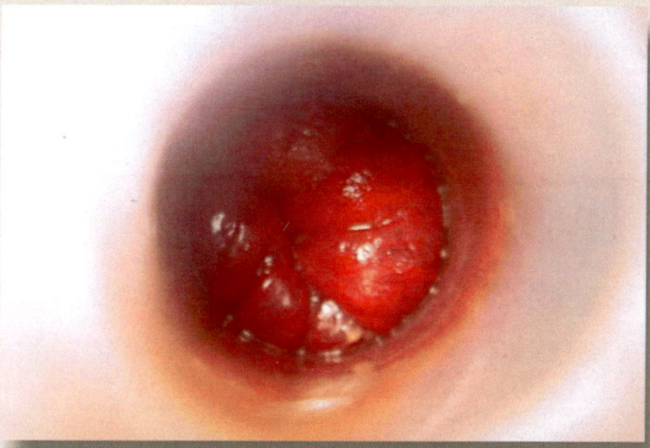

彩图 9–1　内痔（Ⅰ期）

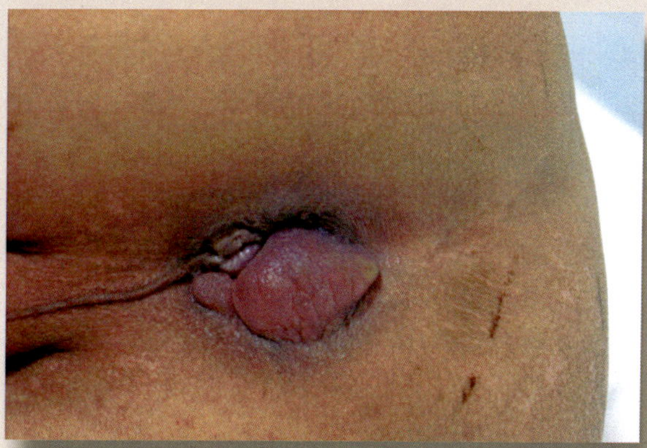

彩图 9–2　外痔

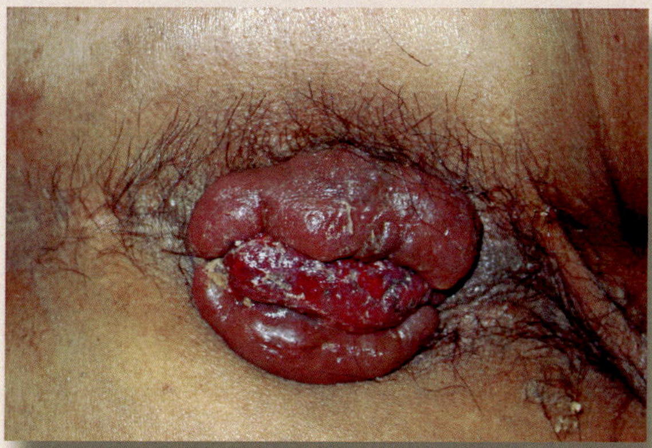

彩图 9–3　混合痔

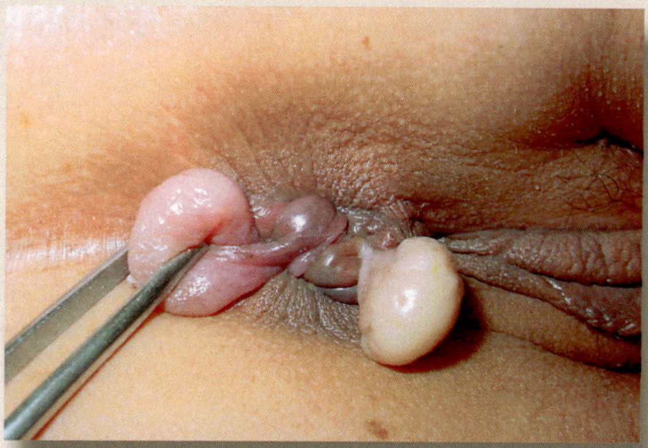

彩图 9–4　肛乳头炎

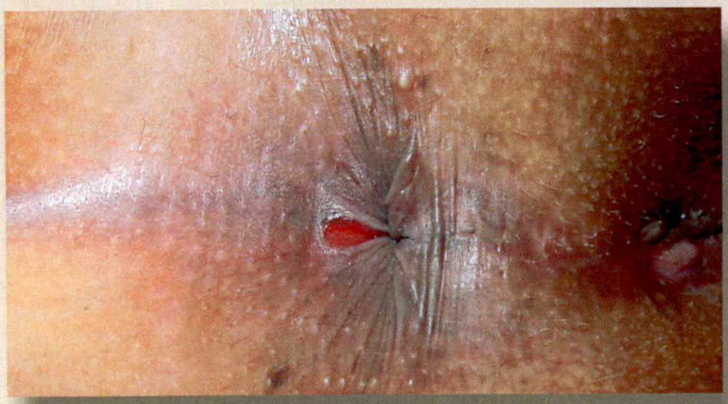

彩图 9–5　肛裂（新鲜）

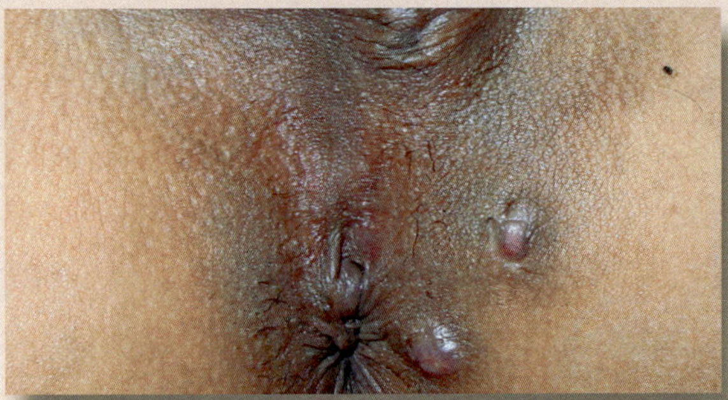

彩图 9–6　肛漏（复杂性）

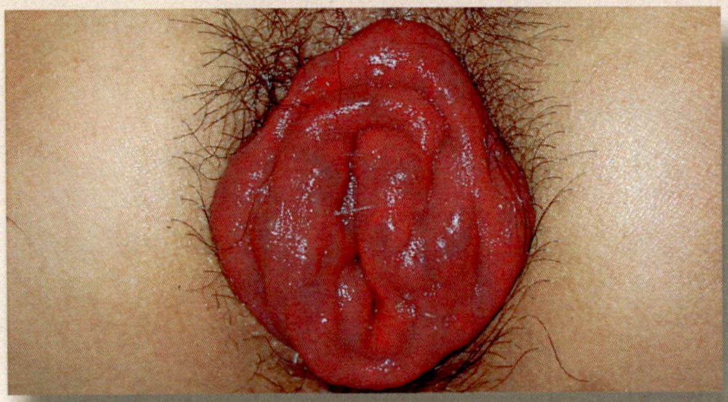

彩图 9–7　脱肛（Ⅰ度）

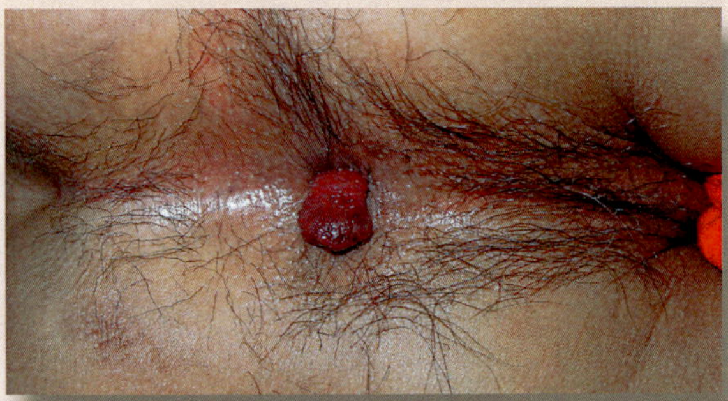

彩图 9–8　直肠息肉

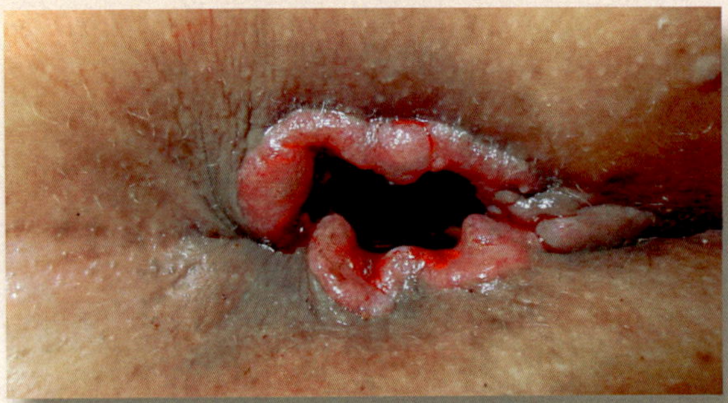

彩图 9–9　肛管直肠癌

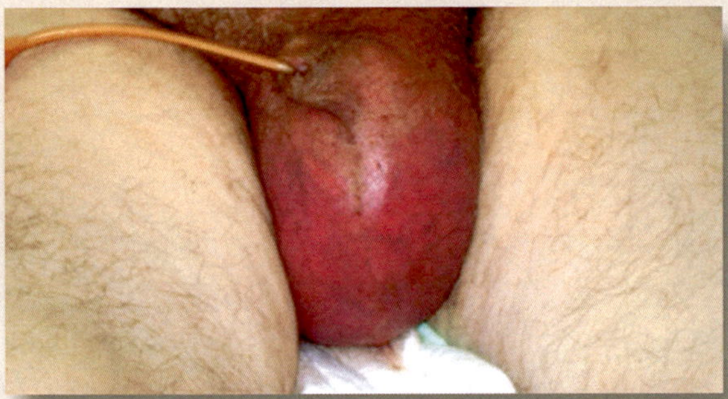

彩图 10–1　阴囊蜂窝组织炎

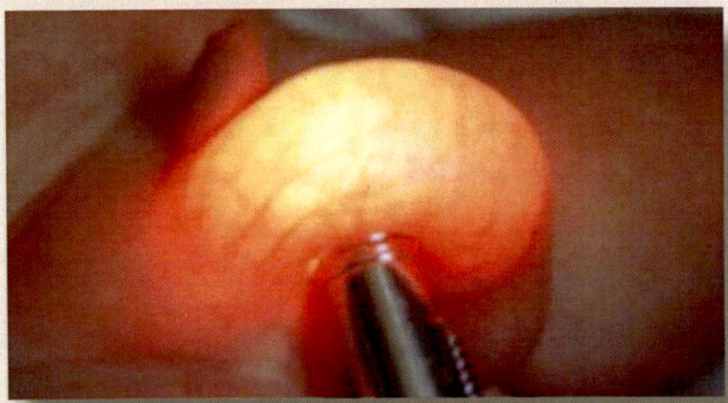

彩图 10–2　鞘膜积液（透光试验）

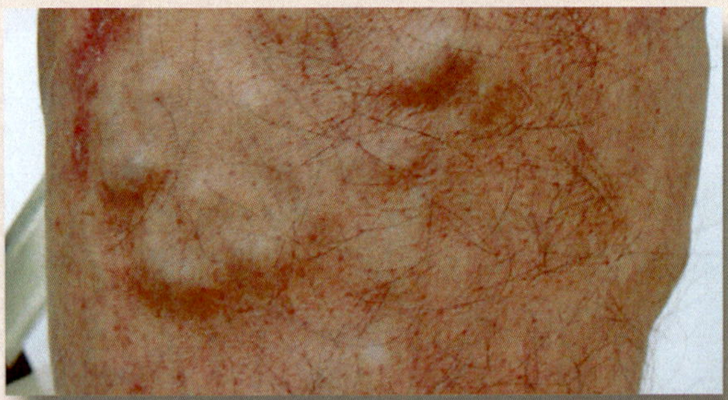

彩图 11–1　静脉曲张

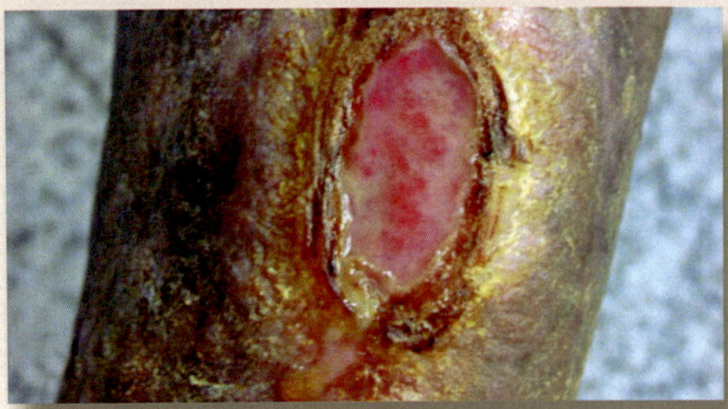

彩图 11–2　下肢静脉性溃疡

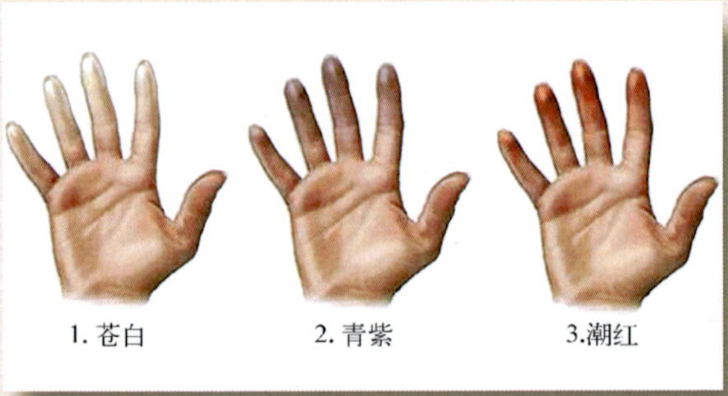

彩图 11–3　雷诺综合征

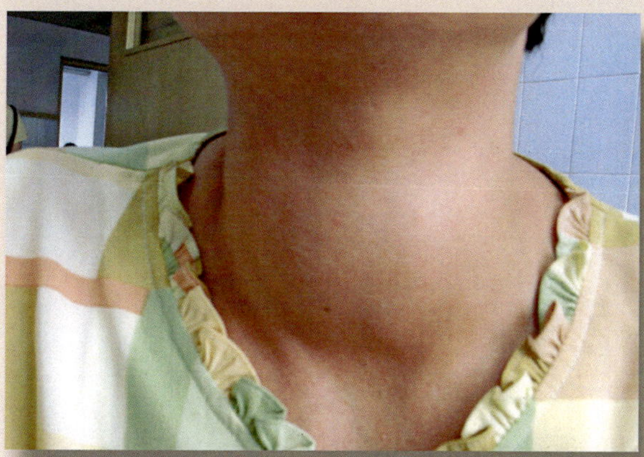
彩图 12–1　单纯性甲状腺肿

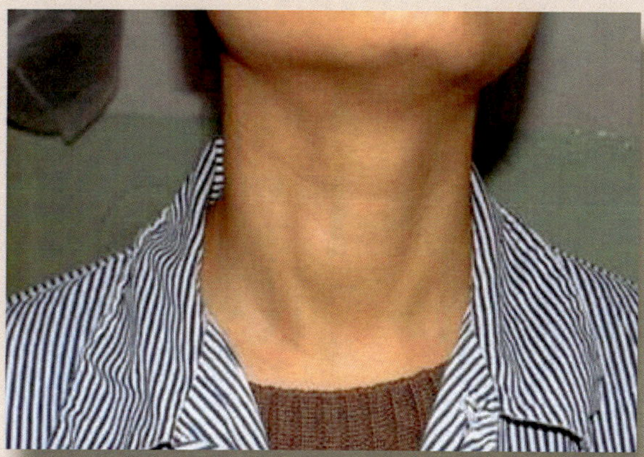
彩图 12–2　甲状腺腺瘤

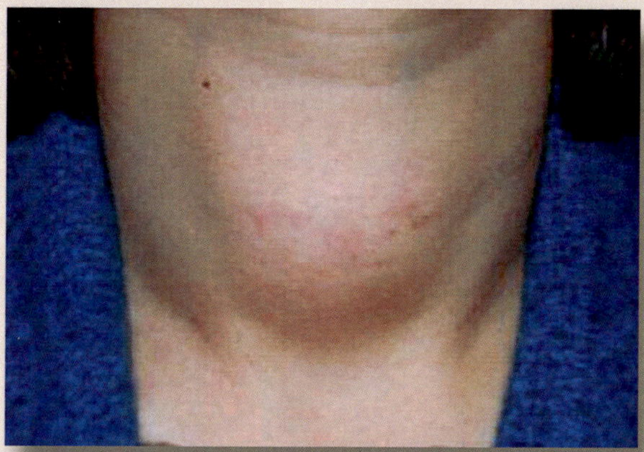
彩图 12–3　甲状腺炎

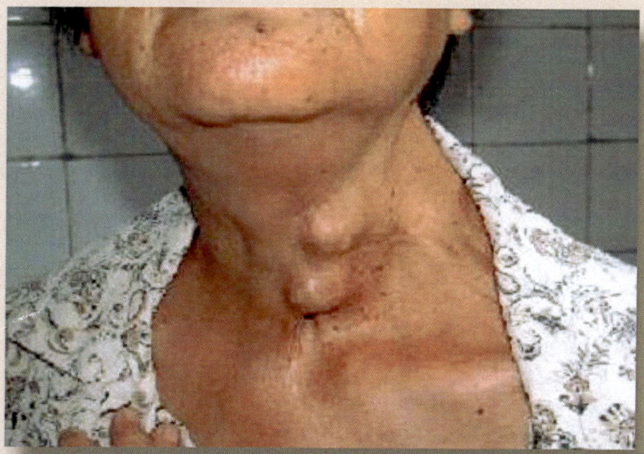
彩图 12–4　甲状腺癌

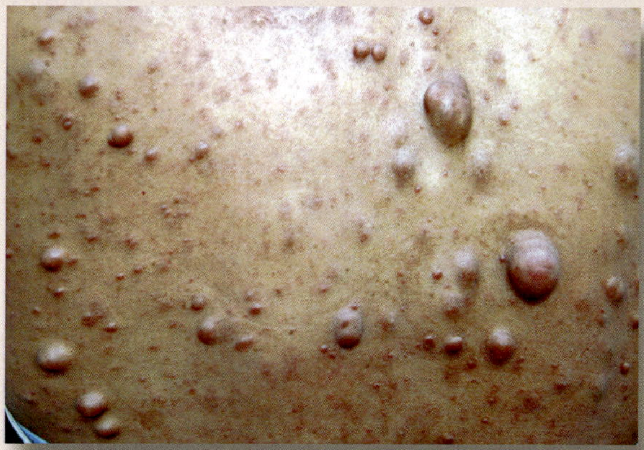
彩图 13–1　神经纤维瘤

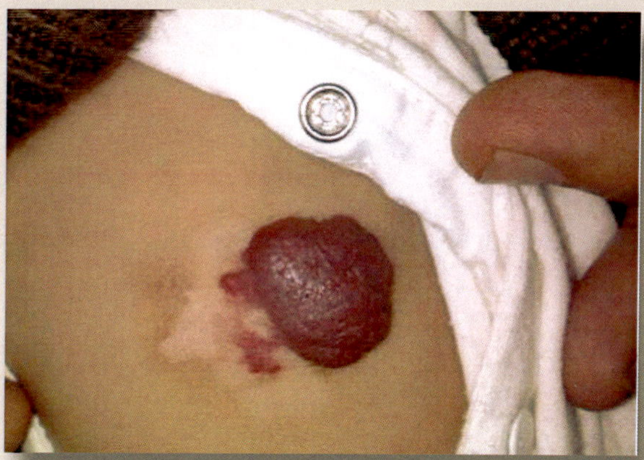
彩图 13–2　海绵状血管瘤

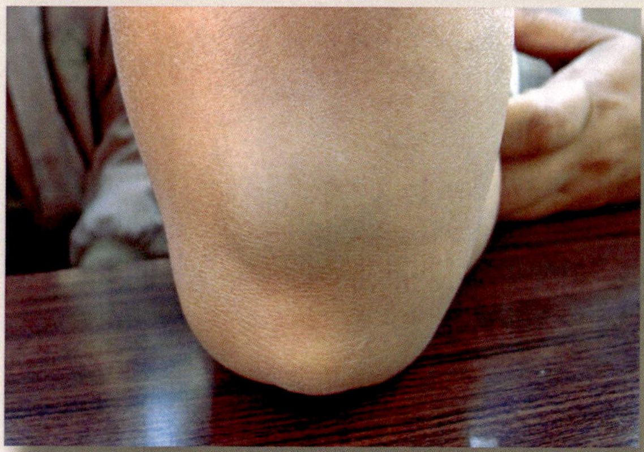
彩图 13–3　脂肪瘤

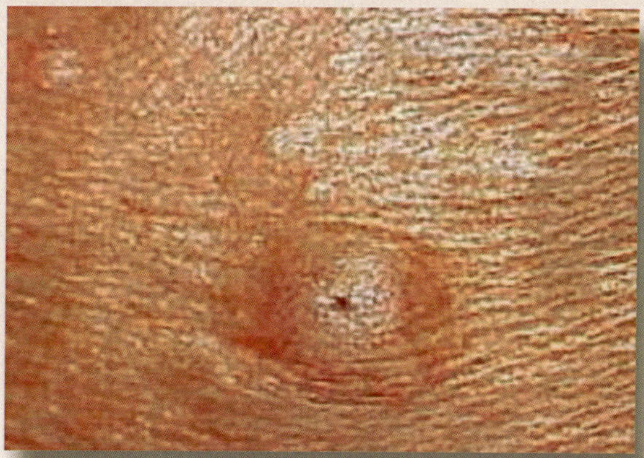
彩图 13–4　皮脂腺囊肿

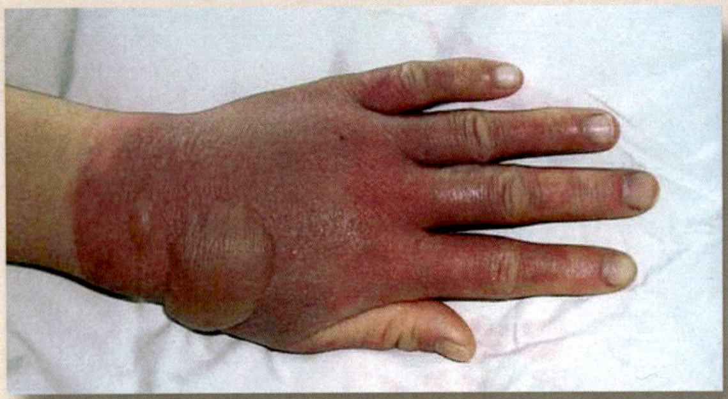

彩图 14–1　烧伤（浅度）

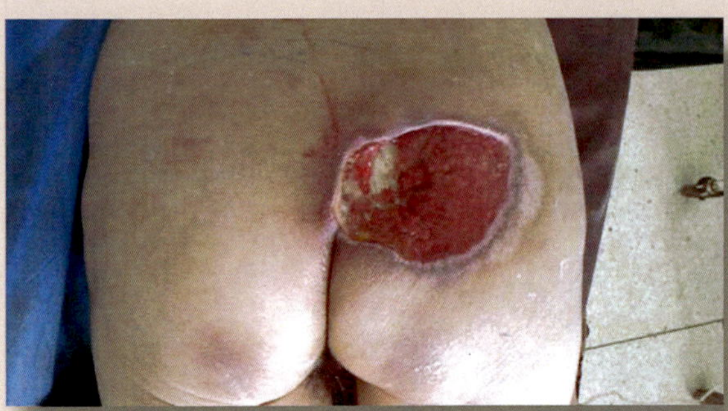

彩图 14–2　压疮

彩图 14–3　银环蛇

彩图 14–4　蝰蛇

彩图 14–5　尖吻蝮蛇

彩图 14–6　竹叶青蛇

彩图 14–7　海蛇

彩图 14–8　眼镜王蛇

彩图 14–9　蝮蛇

彩图 14–10　毒蛇咬痕